문예신서
57

中國甲骨學史

吳浩坤・潘 悠

梁東淑 譯

東文選

中國甲骨學史

吳浩坤·潘 悠

中國甲骨學史

© 吳浩坤·潘 悠, 1985

河南省 安陽縣 小屯村과 이를 휘감은 洹水 및 殷墟 유적지 정경

《中國歷史參考圖譜》제2집)

王殿榮

孫品讓

王國維·羅振玉 등과 함께

郭沫若

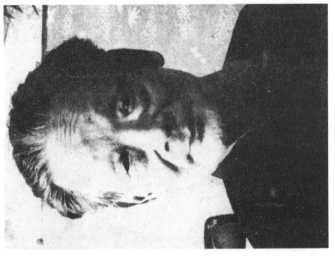

董作賓

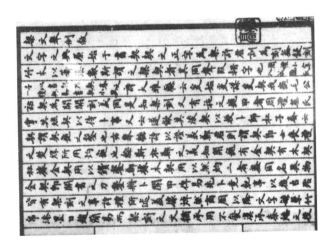

최초의 甲骨文 연구 저서: 《契文擧例》

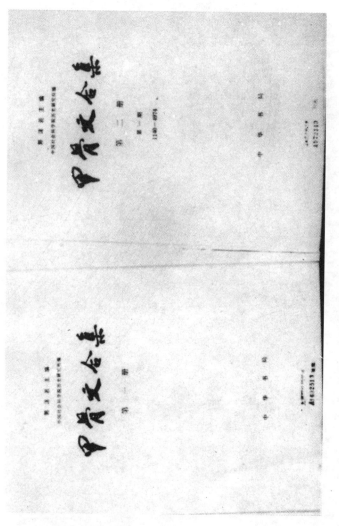

甲骨文의 수록을 집대성한 저서: 《甲骨文合集》

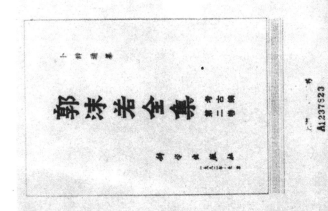

甲骨學의 발전에 공헌한 郭沫若

干支表（《殷契卜辭》165，《甲骨文合集》37986）

商代 世系를 기록한 卜辭

(《殷契粹編》112, 113)

《甲骨文合集》6834正 일부

征伐 卜辭

《甲骨文合集》6057正

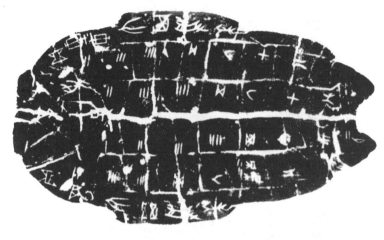

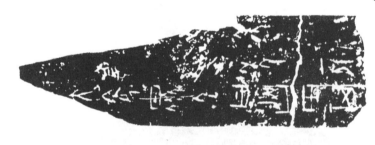

農業　卜辭

《殷墟文字乙編》6422

《殷墟書契續編》2・28・5

狩獵 卜辭

（《殷墟文字乙編》2908）

生育 卜辭
(《殷墟文字乙編》7731)

卜夕卜辭　　　《殷墟文字甲編》3917 大龜七版之五

《甲骨文錄》42

伐祭 卜辭

(《小屯南地甲骨》636 H17:95)

鳥星이 기록한 卜辭
《殷墟文字乙編》6664

四方風名이 기록한 卜辭
(《甲骨文合集》14294)

相間 刻辭
(《殷契佚存》400)

鹿頭 刻辭
(《殷墟文字甲編》3940)

韓國語版 序

中國 文化는 세계 문화와 깊은 연관을 맺고 있다. 中國 文化의 정수라고 일컫는 것들은 대부분 외국 전문가의 관심과 폭넓은 지지층을 형성하고 있다. 이는 中國 文化가 中國의 것인 동시에 세계 문화 보고의 일부로서 인류 문화 발전에 일익을 담당했던 까닭이라고 하겠다.

甲骨文은 바로 中國 文化 정수 중의 하나로서 中國 고대 문화 발전 중 최고봉을 이루었다. 그러므로 1899년, 甲骨文은 발견되자마자 서양의 선교사 方法斂·庫壽齡·明義士, 일본 학자 林泰輔 등이 다투어 구매하며 연구의 대열에 동참함으로써 甲骨文이 歐美나 日本에 소개되기 시작하였고, 드디어 전세계에 알려지게 되었다. 이에 편승해 甲骨文을 연구하는 中國의 학자나 외국의 한학자들이 날로 증가하였고, 연구 성과 또한 큰 결실을 맺었다. 이는 甲骨文이 지고의 학술 가치를 지니고 있으며, 훌륭한 인재들을 甲骨文 영역으로 끌어들여 연구에 매진케 하는 무한한 매력을 가지고 있음을 충분히 증명해 주고 있는 것이다.

오늘날, 한편으로 90여 년에 걸친 中外 學者들의 공동 노력으로 甲骨文 연구가 당대의 玄學으로 부상해서 활발히 연구되는 국제적인 학문으로 주목을 받고 있으며, 다른 한편으로 신흥 학문 분야인 甲骨文 연구는 그 영역이 꾸준히 확대되고 있고, 연구된 각 부문의 문제들도 심층적인 연구가 계속 진행되고 있는데, 이는 甲骨文이 아직도 젊고 활력이 넘치는 학문으로 더욱 많은 인재들의 연구가 요구됨을 대변하고 있다. 아울러 학술 연구에 뜻을 둔 청년들이 자기의 번득이는 지혜와 정력을 쏟아 볼 만한 가치가 충분한 분야라는 것도 다시 한 번 강조하고 싶다. 우리가 《中國甲骨學史》를 집필한 목적도 이 분야에 처음 발을 딛는 초학자들에게 징검다리가 되어 주기 위함이었다.

1985년《中國甲骨學史》가 나온 이래 1987·1991년 上海의 人民出版社에서 연이어 출판했고, 1990년 臺北 貫雅文化工事에서 繁體字로 출판했으며, 금번 胡厚宣 교수의 추천으로 한국 淑明女子大學校 中文科 梁東淑 교수가 번역하여 한국에서 출판하게 되었다. 무엇보다도 한국의 여러 학자들을 위시해서 청년 학우들과 학술적인 교류를 갖게 되어 기쁘며, 출판의 기회를 준 東文選에 감사한다.

著者 識

《甲骨學引論》序
胡厚宣

　　1899년(淸, 光緖 25年) 甲骨文字의 발견 이래, 혹자는 甲骨文字를 알게 된 지 이미 80여 년이 지났다고 말하고 있다. 이 80여 년의 세월이 아주 길다고 할 수는 없다. 그러나 甲骨文字의 考釋·著錄·연구에서 이룩한 성과는 실로 크다. 그 요인을 살펴보면, 한편으로는 물론 中外 學者의 노력을 빼놓을 수 없지만, 다른 한편으로는 역시 甲骨文 자체가 갖고 있는 중요한 학술적 가치에 따른 것이라고 하겠다.

　　甲骨文은 商朝 후반기 殷代 帝王이 龜甲·獸骨을 이용하여 占卜을 할 때 써놓았던 卜辭와 약간의 記事文字를 말한다. 엄격히 말한다면 卜 辭와 記事文字는 순수한 역사 기록이라고는 할 수 없다. 그러나 수량 이 많고 내용이 풍부하며, 또한 시대가 비교적 이르기 때문에 甲骨甲은 줄곧 중국의 古文字와 古代史 연구에, 특히 商代 歷史 연구의 가장 직 접적이고도 중요한 역사 자료가 되어 왔다.

　　만약 과거의 연구에 아직 무언가 부족한 곳이 있다면, 그것은 먼저 이 일에 종사했던 사람의 수가 너무 적었고, 전문가들이 많지 않았기 때문이었다고 할 수 있다. 왜 이렇게 되었는가? 내 생각으로는 甲骨 자 료의 분산으로 한데 모으기가 어려웠고, 청년들이 甲骨文을 두렵게 생 각하여 선뜻 이 분야의 연구로 들어서지 못한 것이 중요한 원인이었다 고 본다. 그래도 기쁜 것은 몇 년 사이 각종 상황에 근본적인 변화가 있는 것이다.

　　기억하기로 1978년 長春에서 소집한 제1차 古文字學術討論會에서는 대표가 겨우 50여 명이었으나 1982년 太原에서 소집한 제4차 古文字 硏究會의 정식 대표는 1백30여 명이었고, 그외 참가자까지 합치면 모두 2백여 명이었다. 그 중 다수는 甲骨學의 전문가들이었다. 이처럼 빠른 발전은 우리에게 큰 기쁨과 위안이 되었다. 내년 西安에서 소집될 회의에 입회와 참가를 원하는 수는 한층 증가하고 있는데, 특히 청년들의 甲骨文에 대한 관심과 흥미가 더욱 고조되어 자신의 총명함과 지혜를, 자신의 청춘과 정력을 甲骨學 연구에 쏟기로 다투어 결심하고 있다. 이와 동시에 해외 학자들의 甲骨文 연구에 대한 열정 또한 날로 증대되어 성과도 많았고, 아울러 중국 학자들과의 교류도 빈번하게 이루어지고 있다. 예를 들면 작년에 하와이에서 소집된 商代文明國際討論會, 금년 홍콩에서 개최된 古文字討論會 등이 있었는데, 일부 학자들은 여러 차례 甲骨文의 고향 安陽 殷墟에서 국제적 甲骨學討論會를 개최할 것을 건의하였다. 甲骨學은 이미 최근 국제적으로 연구가 가장 활발한 학문 분야가 되었다. 주지하다시피 甲骨學 연구는 계속 이어져 끊임없는 발전을 하게 될 것으로 사료되며, 이는 실로 고무적인 일이라 아니할 수 없다.

이제 더 나아가 甲骨學과 商代史의 연구가 전면적으로 전개될 수 있는 조건은 이미 성숙되었다. 이는 바로 《甲骨文合集》의 출판으로, 1백 85종의 서적 중에 수록된 10만여 편의 甲骨과 중국 내외에 분산되어 아직 수록되지 않은 甲骨의 진수를 한데 모아 편찬하여 甲骨學者들이 다시는 자료를 찾는 데 머리를 싸매거나 시간을 낭비하지 않게 되었기 때문이다. 학자들은 이제 총력을 기울여 연구에만 종사할 수 있게 되었다. 甲骨 卜辭의 연구와 학습에 뜻을 둔 청년들이 자료를 집대성한 《甲骨文合集》을 한 차례 통독하고, 매편의 甲骨에서 매항의 卜辭에 이르기까지 주의 깊게 읽는다면 반드시 명실상부한 전문가가 될 수 있다고 확신한다.

그러나 처음 학문을 시작하는 사람이 《甲骨文合集》을 읽고 진귀한 이 역사적 자료를 정복하려 한다면 먼저 甲骨文字의 인식과 이에 필요한 甲骨學 지식을 겸비하지 않으면 안 된다. 현재 甲骨文을 공부하려는 청년은 많지만 적당한 참고서가 없는 것이 가장 어려운 일이다. 陳夢家 선생의 《殷墟卜辭綜述》은 자신의 견해가 뚜렷하고 깊이 있게 서술된 거작이기 때문에 안타깝게도 많은 청년들이 쉽게 이해하지를 못한다. 吳浩坤·潘悠 두 사람이 편저한 《甲骨學引論》은 분명 젊은이들의 甲骨文을 배우려는 시급한 요구에 부응하리라 본다. 예를 들면 본서 제5장에서 문자를 논함에 있어 먼저 古文字의 발전 과정을 설명하고, 이어 비교적 상세하게 甲骨文의 형체 구조를 분석한 후 전문가들이 고석한 甲骨文字의 연구 방법을 소개하여, 독자로 하여금 글자 인식의 기초를 다지게 해주고 있다. 卜辭를 통독하기 위해서는 글자를 인식해야 할 뿐 아니라, 한 글자가 문장 중에서 다른 글자와 결합시의 해석·文例·文法의 이해 등도 매우 중요하기 때문에 본서 제4장과 제6장은 이 방면의 지식을 증가시키도록 돕고 있다. 문자를 인식하고 문장을 해독하는 甲骨文 연구의 최종 목적은 역사 연구와 甲骨文을 응용하여 古文字學·古文獻學·考古學 방면과 관련된 문제를 해결하는 데 있다. 본서 제9장과 제10장은 甲骨文과 여러 학문의 관계를 설명하여 독자의 방향 탐색을 일깨워 줄 것이다. 이외에도 甲骨의 발견·발굴·저록·연구에서 斷代와 辨僞 등에 이르기까지 반드시 알아야 될 甲骨學과 甲骨學史 방면의 지식은 기타 각장에 모두 요점적으로 소개되어 있다. 어쨌든 본서는 자료가 풍부하고 비교적 체계적인 참고서로서 《甲骨文合集》을 읽기 전에 반드시 읽어야 하는 유익한 입문서이다.

《甲骨學引論》의 저자는 나의 제자로 일찍이 復旦大學 歷史學科에서 나로부터 《先秦兩漢史》·《考古學》·《古文字學》·《甲骨學商代史》를 공부하였다. 근래 들어 둘은 각기 復旦大學과 華東師範大學 歷史科의 교수직을 맡아 《商周史》·《甲骨金文槪論》과 《甲骨學》 등의 과목을 가르치고 있다. 그들은 《甲骨學引論》의 편찬을 위해 정열을 쏟았으나 결점이 없다고 할 수는 없다. 이후 더욱 세심한 노력으로 수정하여 내실을 기함으로써 수준을 높일 것으로 기대한다. 현재를 기준으로 해도 본서는 甲骨學 연구 분야에 발을 딛는 사람들에게 추천할 가치가 충분한 좋은 참고서라고 다시 한 번 강조하고 싶다.

1983년 12월 28일

*《甲骨學引論》은 胡厚宣 敎授가 본서를 위하여 붙여 준 原書名이다. 본 총서 편자의 건의에 따라 저자는 書名을 《中國甲骨學史》로 고쳐 주었지만, 胡敎授 序의 원모습을 살려 序文을 써준 그의 뜻에 보답하고자 하였다. ── 《中國文化史叢書》編者注

《中國甲骨學史》序
戴家祥

19세기 말엽 河南 安陽에서 출토된 商代 甲骨文字는 中國의 漢字 발전에 진귀하고 직접적인 사적 사료를 제공하였고, 동시에 문화사적으로 볼 때 대서특필할 만한 가치가 있는 일이다. 대체적으로 말하자면 甲骨은 小屯村의 농민이 논밭을 경작하다가 우연히 발견하였다. 처음에는 藥材商이 크게 돈을 남기던, 소위 '龍骨'이 되었다가 王懿榮의 발견과 애호로 인해 范維卿·趙執齋 등 골동상인에게 전해져 그들의 독점물이 되기도 했었다. 王懿榮이 비록 甲骨文이라는 이 오랜 문물을 인식했지만 깊은 연구를 진행하지는 못했다. 1905년초 瑞安 孫詒讓이 저술한 《契文舉例》에서야 비로소 甲骨文의 학술 가치가 인정되었다. 海寧 王靜安 선생은 연구 방법상 새로운 돌파구를 열어 잇따라 《殷卜辭中所見先公先王考》와 《殷卜辭中所見先公先王續考》를 저술했다. 그후 《殷周制度論》을 써서 급기야 학계의 폭넓은 지지를 받았다. 1926년 겨울, 鍾祥 李濟 박사는 山西 夏縣 西陰村에서 고고 발굴을 일단락지은 후, 王靜安 선생의 건의를 받아 역사 사실의 근거를 갖춘 문화 유적을 선택하여 근대 과학적인 방법, 즉 지층의 층위에다 서열에 따라 연대의 전후를 대비시켜 발굴했다. 1929년 이후 李濟 박사의 주도하에 殷墟의 과학적 발굴 작업이 시작되었고, 또한 지층 관계 및 甲骨文과 공존된 유물의 연구 중 商代의 文化 면모에 대해 비교적 전면적인 인식을 하게 되었다.

특히 小屯·龍山과 仰韶의 三層 관계를 발견하게 되어 신석기 시대 말기 문화와 원시 사회의 연구에까지 학술적 의의가 광범위하게 미치게 되었다. 신중국 성립 후 국가 기본 건설의 활발한 발전에 따라 고문화 유적을 대량으로 발견하였다. 古文物의 새로운 보호를 위해 야외 발굴 고고학자들이 어려움을 무릅쓰고 中國 전역의 유적을 두루 살펴 새롭고 많은 수확을 얻었다. 예를 들면 甲骨은 小屯 殷墟 한 곳에만 있는 것이 아니고 鄭州와 기타 지방에서도 발견되었고, 陝西・岐山・周原에서는 대량으로 발견되었다. 종적으로 말한다면, 위로 成湯 건국 이전까지 거슬러 올라가고, 아래로는 西周 초기까지 이어지면서 얻어진 많은 자료는 夏商周 세 문화가 어느 정도의 계승 관계를 가지면서 새로운 발전이 있었음을 증명하였다. 횡적으로 말한다면, 이 한 형태의 문화는 考古學上의 척도가 되어 동으로는 遼寧・渤海灣, 남으로는 江南, 서로는 川陝, 북으로는 內蒙古의 광활한 지역까지 두루 商代의 유적・유물이 발견되어 이들 지역이 商文化의 영향을 받아 청동 문화가 꽃피워졌다는 것을 알게 되었다. 이러한 사실들은 3,4천 년 이전 中國 선조의 생산 활동 지역이 이처럼 광활하고, 그들이 창조하여 남긴 문화 유산이 이처럼 풍부하고 찬란하며 다채로웠다는 것을 설명해 주는 것이다. 진실로 후손으로 하여금 존경해 마지않게 한다.

이제 甲骨學은 이미 세계적인 학문이 되었고, 中國 내외의 많은 전문학자들의 탐구와 연구 흥미를 유발시키고 있다. 게다가 괄목할 만한 성과까지 얻었는데, 이는 결코 우연이 아니고 상술한 바와 같은 甲骨文 자체가 지니고 있는 중요한 학술 가치가 유도해 낸 필연적인 결과이다. 따라서 甲骨學 연구에 뜻을 둔 사람들이 다만 새로운 자료를 발견하거나 연구 과정중 새로운 창견을 얻기만 하면 이 분야에서 응분의 학술적인 위치를 굳힐 수 있게 되었다. (예를 들면 이전 연구 성과에 대한 실증, 이전의 부정확한 설명을 부정하거나 이전의 결핍을 보충하는 것.) 이러한 기회는 신중국 성립 이전에는 있을 수 없는 것이었다.

甲骨 연구에는 자료 문제의 애로가 가장 크다. 과거에는 甲骨文 전문 서적의 종류는 많았으나 인쇄량이 너무 적고 가격 역시 높아 이 분야의 보급과 발전에 저해 요소가 되었다. 오늘날에 와서는 가시적으로

개선되었다.《甲骨文合集》이 한 질의 책(현재는 전질 13권이 완간되었음)은 당대 전문가들의 진위 감별 과정을 거치고 세심히 선택한 결과의 결정체로 배우려는 사람들에게 집대성된 믿을 만한 자료를 제공한 것이다. 그러나 젊은 세대가 어떻게《合集》을 이용할 것인지에 대해서는 여전히 어려움이 있다. 여기에는 甲骨學槪論 혹은 甲骨學 목록학 방면의 저작이 요점을 간추려 주고 방향을 제시하여, 그들에게 어떻게 이 학문을 이해하며, 어떻게 쉽게 시작하여 깊은 경지로 들어갈 것이며, 어떻게 甲骨學 연구 행렬에 당당하게 참여하게 할 것인가 도와 주는 길잡이가 필요하다. 吳浩坤·潘悠의《中國甲骨學史》는 바로 이 목적을 위해 씌어진 것이다. 동시에 본서는 그들이 復旦大學과 華東師範大學의 歷史科에서 가르치는 과정에서 완성되었다. 이 책을 읽은 후에는 甲骨學에 관한 체계적인 지식을 얻을 수 있을 것이고, 또한 책에 소개한 중요한 실마리를 근거로 한 걸음 더 나아가 관련 자료를 찾아냄으로써 더욱 깊이 배우고 연구할 수 있게 될 것이다.

1984年 元旦

차 례

제3장 卜甲과 卜骨

제4장 卜法과 文例

제11장 甲骨文 연구의 회고

제 1 장
甲骨文의 발견, 수집과 전파

제1절 甲骨文의 발견

中國은 유구한 역사와 빛나는 전통을 지녔고 문화 유산이 풍부한 나라로서 지상과 지하에 많은 유적이 보존되어 있으며, 고대의 유물이 전국에 산재해 있다. 그 중에서도 세상 사람들의 주목을 받는 '甲骨文'은 商周 두 시대가 남긴 가장 진귀한 역사 문물 중의 하나이다. '甲'이라고 하는 것은 龜甲을 말하는 것이고, '骨'이라고 하는 것은 주로 獸骨을 지칭한다. 옛날 사람들은 미신을 신봉했기 때문에 甲骨을 사용하여 길흉을 점치곤 하였다. 점을 친 후에는 甲骨 위에 卜辭나 占卜과 관련된 記事文字를 새겨 놓았는데 이것이 바로 '甲骨文字'이며, '甲骨文'이라고 약칭한다.

19세기 말엽, 商代 후기의 甲骨文이 발견되기 이전에 사람들은 단지 金石碑에 문자를 새겼다는 것만을 알았을 뿐 甲骨이 글을 쓰는 도구가 되었다는 사실은 알지 못하였다. 甲骨과 함께 簡牘·印章·封泥·瓦當 등이 대량 출토되었는데, 특히 甲骨의 발견으로 금석학의 내용이 풍부해졌을 뿐만 아니라 근대 考古學의 형성과 발전을 촉진시켰으며, 동시에 고대 역사의 연구가 새로운 단계로 도약하였으니 그 의의는 실로 비길 데 없이 크다.

甲骨文의 명칭, 甲骨이 출토된 연대, 甲骨이 출토된 지점을 비롯하여 누가 가장 먼저 갑골을 인식하게 되었는지에 이르기까지 반드시 이해해야 할 부분을 나누어 설명하면 아래와 같다.

1. 甲骨文의 명칭

殷墟에서 甲骨文이 발견되고, 또 그 연구가 중시된 후에 학자들은 서

로 다른 각도에서 각기 다른 명칭을 붙여 왔다. 예를 들면

첫째, '龜'·'龜甲'·'甲文'·'龜甲文'·'龜甲文字' 혹은 '龜版文' 등으로 칭했다. 그러나 甲骨文은 龜甲 위에 새겨진 것만이 아니라 獸骨 위에 새겨진 것도 많고, 심지어는 사람의 머리 위에 씌어진 것도 있으므로 단지 '龜'나 '龜甲文字'라고만 하는 것은 전체를 포괄하기에 부족하다.

둘째, '契'·'契文'·'殷契'·'龜刻文'·'甲骨刻文' 혹은 '甲骨 刻辭'라고 칭했다. 물론 甲骨文은 칼로 새긴 것이 많이 보이지만, 붓으로 쓴 것도 적지 않으므로 '契文'이라는 것을 그 명칭으로 하기에는 적합하지 않다.

셋째, '貞卜文'·'貞卜文字'·'卜辭'·'甲骨 卜辭'·'殷 卜辭' 혹은 '殷墟 卜辭'라고 칭하는 것이다. 甲骨文에는 卜辭를 제외하고도 적지 않은 記事文字가 있다.

넷째, '殷墟書契'·'殷墟文字' 혹은 '殷墟遺文'이라고 칭한 것이다. 殷墟에서 발견된 문자를 살펴보면 甲骨文 외에 銅器·玉器·石器와 陶器 등이 있으므로 甲骨文은 殷墟文字의 전모를 포괄할 수 없다. 또한 은허 이외에서도 지속적으로 甲骨文이 발견되고, 특히 周原에서도 갑골이 출토되어 甲骨文의 출토 범위가 확대되었기 때문에 '殷墟文字' 역시 타당하지 못하다.

다섯째, '商簡'이라고 부르는 것이다. 時經訓의 《河南地志》 제7장 '古物' 제1절에서 말하기를 "골동상인 등이 龜版이라고 이름하였다. 羅振玉이 지은 《殷墟書契考釋》에서는 獸骨이라고 판단하였는데, 화학 실험을 하여 보니 확실히 竹簡이었지만 광물질과 화합하여 마치 뼈처럼 빛났다. 羅振玉의 책에서 뼈로 여긴 것은 잘못이다"고 하였다. 甲骨을 죽간으로 알았고, 화학 실험 운운한 것은 골동상인에게 기만당한 것으로 더욱 황당무계하다.

이들을 종합해 볼 때, 이상 모든 명칭은 '甲骨文'이나 '甲骨文字'라

고 부르는 것보다 합당하지 못하다.[1]

《甲骨年表》[2]와 《五十年甲骨學論著目》[3]에 의하면 '甲骨文' 또는 '甲骨文字'라고 칭한 논저는 1923년에 陸懋德이 쓴 《甲骨文의 역사와 그 가치 甲骨文之歷史及其價値》, 1924년 容庚이 쓴 《甲骨文의 발견과 그 고석 甲骨文之發現及其考釋》, 1925년 王國維가 쓴 《殷墟 甲骨文字 및 그 목록 殷墟甲骨文字及書目》이 있고, 이어 일본인 林泰輔가 쓴 《甲骨文地名考》, 胡光煒의 《甲骨文例》, 聞宥의 《甲骨文의 과거와 미래 甲骨文之過去與將來》, 郭沫若의 《甲骨文字硏究》, 董作賓의 《甲骨文斷代硏究例》, 孫海波의 《甲骨文編》 등이 있는데, 이 명칭은 많은 학자들의 인정을 받은 것으로 보인다.

甲骨文의 발견에서 갑골학의 성립과 명칭의 확정은 몇십 년의 짧은 기간 내에 확립된 것이다. 정식으로 발표된 논문이나 전문 서적 중 '甲骨學'이라는 명칭을 정식으로 사용한 것은 1931년 周予同이 쓴 《關于甲骨學》을 처음으로 꼽을 수 있다. 이후 1933년 朱芳圃가 지은 《甲骨學文字編》, 다음해에 쓴 《甲骨學商史編》, 1944년과 1945년 胡厚宣이 쓴 《甲骨學商史論叢》의 1집과 2집이 계속 출판되는 영향하에 '甲骨學'이라는 명칭은 이때부터 확정되었다고 할 수 있다.

2. 甲骨 출토 연대

劉鶚은 1903년 《鐵雲藏龜自序》에서 甲骨文이 1899년(淸, 光緖 25년, 己亥)에 출토되었다고 간주하고 "龜版은 己亥에 출토되었다 龜版己亥歲出土"고 하였다.

羅振玉은 《鐵雲藏龜序》에서 "光緖 己亥에 이르러 고대의 龜骨이 나왔다"고 하였고, 또 1913년 《殷墟書契前編自序》에서도 "光緖 25년 己亥年이 실제로 洹陽에서 龜甲이 출토된 해이다"고 말하였다.

山東省 濰縣에 주재하고 있는 미국 장로회의 선교사 方法斂(Frank Herring Chalfant)은 《中國原始文字考》에서 "1899년 衛輝府 부근 古朝歌城 옛터에서 古物이 발견되었다"고 하였다.

1931년 汐翁은 《龜甲文》[4]에서 甲骨이 1898년(淸, 光緖 24년, 戊戌)에 출토되었다고 하였다.

그렇다면 1898년인가, 아니면 1899년인가? 가장 먼저 甲骨을 인식하고 수집한 학자 중의 한 사람인 王襄은 이에 대해 새로운 의견을 제시하였다. 그는 《題易穭園殷契拓册》에서 "발견할 당시는 농부들이 땅콩을 수확할 때로 우연히 땅 속에서 이를 발견하였으나 그 귀함을 알지 못하였다. 山東省 濰縣의 골동상 范維卿이 古器物을 팔면서 그의 생각을 말하였는데, 고향의 아저씨인 孟定生이 이를 듣고 古簡이라 여겼다. 서둘러 탐방하여 알아보니 때는 淸 光緖 戊戌年 겨울로 접어들던 10월이었다. 그 다음해 가을, 그것을 또 가져와 살 것을 간청하면서 龜版이라고 불렀다. 사람들이 殷契에 대해 알게 된 것은 이때부터이다"[5]고 하였다.

王襄의 말에 따르면 처음 발견된 것은 1898년 겨울이었으나, 1899년 가을에 세상 사람들이 알게 되었다는 것이다. 이 설은 비교적 믿을 만하다. 그러나 甲骨의 출토는 더 빨랐을 수도 있다. 그 이유는 고대에 厚葬의 풍속이 있었을 뿐더러 도굴 또한 성행하였기 때문이다. 安陽의 侯家莊에서 발견된 殷代의 왕릉은 漢人에 의해 도굴된 흔적이 있으므로 어떤 사람들은 멀리 秦漢 두 시대까지 甲骨의 발견을 소급하기도 하지만,[6] 추측만 무성할 뿐 문자로 기록된 바는 없다.

羅振玉은 甲骨을 사모으기 위해 1911년 동생 振常 등을 安陽에 보내어 조사케 하였다. 羅振常은 《洹洛訪古游記》에서 최초로 1898-1899년보다 수십 년 전에 甲骨이 출토된 사실을 주장하면서 다음과 같이 피력하였다. "이 지역에 매장된 龜骨은 30여 년 전에 이미 발견되었기 때문에 지금 처음으로 출토된 것은 아니다. 어느 해 누군가가 밭을 가는

데 수 개의 뼛조각이 흙 속에서 나왔다고 했다. 그것을 살펴보니 표면에 그림 같은 것이 새겨져 있고 검붉은 빛을 띠고 있어서 어떤 물체인지 알 수 없었다. 북쪽 지방에서는 매장물이 많아서 매번 밭을 갈 때마다 약간의 기이한 물건들이 나타나곤 했다. 그러한 지역을 파헤쳐 보면 왕왕 청동기나 옛날 동전·거울 등을 발견할 수 있어서 상당한 수입을 올리기도 했다. 뼈가 나와 이상히 여긴 사람은 더 깊이 판 결과 훨씬 많은 것을 얻을 수 있었다. 그것들을 보관하고 있었으나 묻는 이가 없었다. 근대에는 이러한 동물이 없는 터에 大胛骨이 나오자 주민들이 이를 보고 龍骨이라 여겨 약방에 가지고 가서 보였다. 약재 중에는 龍骨·龍齒라는 재료가 있는데 지금은 龍이 없으니 사람들이 古骨로 대신했으나 이것을 문제삼지는 않았다. 더욱이 古骨의 가루가 칼에 베인 상처에 잘 들어서 약방에 내다 팔면 한 근당 몇 전은 받을 수가 있었다. 마을의 농부들은 여가가 있을 때마다 수시로 발굴을 하여 상당한 소득을 얻었고, 그러한 뼈들 중 큰 것은 따로 골라서 팔았다. 뼈를 사들이는 사람은 글자가 새겨진 것은 사지 않는 경우도 있어서 글자 부분은 도려내고 팔았다. 작은 조각이나 글자가 많아 제거하기 어려운 것들은 물이 마른 우물에 버렸다."[7]

한편, 安陽 주재 장로회 목사인 캐나다인 明義士(James M.)는 그의 저서 《甲骨硏究》에서 다음과 같이 말하였다. "초기에 甲骨을 소장한 사람도 그 출처를 알지 못하였다. 1899년 이전에는 小屯人들은 甲骨을 龍骨이라 하여 약재로 사용하였다. 최초로 발견된 甲骨은 모두 濰縣 范維卿의 손을 거쳤다. 范維卿은 아주 소상히 알고 있었으나 처음에는 사람들에게 올바로 가르쳐 주지 않았고, 劉鶚(鐵雲)에게는 湯陰牖里라고 가르쳐 주었다. 나는 이미 정확한 장소를 찾아냈고, 또 范維卿과 小屯人들에게 들은 바로는 淸 光緖 25년 이전 小屯에 李成이라는 이발사가 있었는데, 龍骨을 가루로 만들어 칼에 벤 데 바르는 약으로 썼다는 것이다. 북쪽에서는 龍骨이 오래 전부터 나왔는데 사람들은 이상히 여기지 않았다. 骨片·甲版·鹿角 등은 글자가 있는 것이나 없는 것 모두 龍骨이라 하였다. 당시의 小屯 사람들은 甲骨 위에 글자를 새긴 것이 아니라 자연히 생긴 것으로 알았다. 글자가 있는 것은 팔리지 않으므로 글자를 깎아내고 약방에 팔아야 했다. 李成은 龍骨을 모아 약방에 팔았는데 한 근에 엽전 6냥을 받았다"[8]고 하였다.

이러한 주장들은 甲骨의 발견이 어느 해 어느 날 불쑥 발견되어 세상에 알려진 것이 아님을 뒷받침하고 있다. 따라서 우리는 마땅히 1898-1899년 이전 安陽의 농민들이 갑골을 발견해 내었고, 뒤에 골동 상인들이 이를 알고 北京과 天津 일대에 전매하였으며, 1899년에 王懿榮이 그것이 고대의 유물임을 알고 높은 값으로 사들이게 됨으로써 세상에 알려지게 된 것이라고 인식해야 할 것이다. 그러나 만약 甲骨文 발견의 연대를 확정해야 한다면 1899년 光緒 25년 己亥를 택함이 타당하다.

3. 甲骨 출토 지점

1899년 甲骨文의 발견 초기부터 몇몇 소장가와 古器物 연구가들은 다투어 甲骨을 사들였다. 골동상인들은 폭리를 취하기 위하여 정확한 출토지를 비밀에 부쳤다. 어떤 사람은 河南의 湯陰이라 했고, 어떤 사람은 衛輝라 하였다. 당시의 劉鶚·羅振玉과 일본인 林泰輔·富岡謙藏, 미국의 方法斂 등은 모두 그들의 속임수에 넘어갔다.

劉鶚은 《鐵雲藏龜自序》에서 "龜版이 己亥年에 河南 湯陰縣의 牖里城에서 발견되었다"고 하였고, 羅振玉은 《殷商貞卜文字考自序》에서 "光緒 己亥年에 나는 河南의 湯陰에서 古龜甲과 獸骨이 발견되었다는 말을 들었다"고 하였다. 일본의 林泰輔가 지은 《淸國 河南 湯陰에서 발견된 龜甲 獸骨 淸國河南湯陰發現之龜甲獸骨》,[9] 富岡謙藏이 지은 《古麥

里城에서 출토된 龜甲에 대한 설명 古麥里城出土龜甲之說明》[10] 역시
范維卿에게 속임을 당한 흔적이 남아 있다.

羅振玉은 《集蓼編》에서 "골동상인은 衛輝에서 나왔다고 속였다"고
말했다. 1903-1904년 方法斂은 山東省 濰縣에서 골동상 趙執齋의 말을
곧이듣고 "1899년 河南 衛輝 부근의 古朝歌城 옛터에서 특이한 옛 물
건이 나왔다"[11]고 하였다.

훗날 羅振玉이 다방면으로 알아본 결과 甲骨은 湯陰이나 衛輝에서
나온 것이 아니라 安陽에서 서북쪽으로 5리쯤 떨어진 小屯村에서 나
왔음이 밝혀졌다.

羅振玉은 《殷墟古器物圖錄序》에서 1908년에 甲骨의 정확한 출토지
를 알아냈다고 밝혔다. 그는 "光緖 戊申에 나는 貞卜文字의 출토지가
洹濱의 小屯이라는 것을 알았다. 이말은 山東省의 골동상 范某에게 직
접 들은 것이다"고 하였다. 또한 《殷商貞卜文字考序》에서 말하기를,
1910년 "河南省에서 온 골동상으로부터 龜甲과 獸骨 수천 편을 입수
하여 그 중 특이한 7백 편을 모았으며, 또한 발견 지점은 安陽에서 서
쪽으로 5리에 있는 小屯이며, 湯陰이 아님을 알게 되었다"고 하였다.
1911년 羅振玉은 安陽에 사람을 보내 甲骨을 사오게 하였으며, 1915년
에는 친히 安陽에 가서 살펴보기도 하였다. 이로써 초기 甲骨의 출토
지점과 출토 상황이 기본적으로 분명해졌다고 할 수 있다. 이는 훗날
의 과학적 甲骨 발굴과 甲骨學 및 商代史를 본격적으로 연구하는 데
유리한 조건을 제시하여 주었다.

4. 甲骨을 최초로 인식한 사람

羅振常의 《洹洛訪古游記》, 明義士의 《甲骨研究》에서는 모두 1899년
이전 小屯村의 농민들이 일찍이 甲骨을 발견하였으며, 약재 '龍骨'로

만들어 약방에 팔았다고 기록하고 있다. 1899년(淸, 光緒 25년)에 이르러서야 山東省 福山 사람인 王懿榮이 최초로 甲骨 위에 새겨진 것이 고대의 문자임을 알아내었다. 전하는 말에 의하면, 王懿榮이 그해 北京에서 관리로 있을 때 학질에 걸려 한약을 복용하였는데 그 중에 龍骨이 있었다. 그 약은 宣武門 밖 야채 시장통에 있는 達仁堂이라는 한약방에서 지어 왔는데, 王懿榮은 몸소 약봉지를 열어 봤다가 龍骨 위에 篆文이 새겨져 있음을 발견하였다. 본래 金石學者였던 王懿榮은 銘文에 정통하여 이 뼈들이 매우 오래 된 것임을 깨달았다.

　그는 사람을 그 약방에 보내어 내력을 묻고 글자가 비교적 선명한 것들을 전부 사들였다. 이리하여 甲骨文字가 세상에서 주목받게 되었다는 것이다.[12]

　근래에는 王懿榮이 학질에 걸려 약을 지어먹다가 甲骨文을 발견하였다는 설에 대해 의문을 제기하는 사람이 있다. 첫번째 의문은 北京 야채 시장통에는 淸 光緒 연간에 '達仁堂'이라는 약방이 없었다는 것이고, 두번째 의문은 한약방에서는 龍骨을 잘게 부수어 팔았기 때문에 근본적으로 글자가 새겨진 조각은 있을 수 없다는 것이다. 세번째로, 당시에는 글자가 새겨진 甲骨을 원하는 사람이 없었으므로 글자를 다 깎은 후에야 약방으로 넘어갔다는 것이다. 사실 王懿榮이 제일 먼저 甲骨文을 인식했다는 것은 의심할 바 없지만, 그가 어떻게 甲骨文을 알아내었는가 하는 것은 그리 중요한 문제는 아니다. 그가 약을 먹다가 우연히 발견했다는 것은 전하는 말에 불과할 뿐이다.

　王懿榮의 둘째아들 王漢章은《古董錄》에서 "光緒 己亥·庚子 연간을 돌이켜볼 때 유현의 골동상 陳씨 성을 가진 자가 河南 湯陰縣 경계에 있는 小商屯 지방(安陽 小屯村의 잘못)에서 商代의 동기를 대량으로 캐내었다는 말을 듣고 그곳에 가보니 그가 모두 가져가고 겨우 龜甲 조각만 남아 실망이 컸다. 발굴했다는 장소에 가서 살펴보니 고대의 牛骨·龜版이 그곳에 쌓여 있었다. 그 지방 사람들에게 물으니 牛骨은 밭을 기름지게 하는 데 쓰이고, 龜版은 약재상들이 약재로 쓰기 위해 사간다고 하였다. 그가 비교적 큰 뼈를 골라 살펴보니 글자의 배열이 가지런하고 篆文도 籀文도 아닌 것 같아 가지고 와 先親에게 여쭈었다. 先親께서는 꼼꼼히 살피고 자세히 고석한 뒤 이것이 商代의 卜骨이며, 문자는 篆文과 籀文 이전의 것임을 확인한 동시에, 많은 돈을 주고 모두를 사겠다고 분부하셨다"[13]고 하였다.

王懿榮의 아들이 말하는 바와 같이, 골동상으로부터 사서 甲骨을 알게 되었다는 설은 믿을 만하다. 또한 金石學者로서 銘文에 정통한 왕의 영이 甲骨文을 '篆・籀文 이전이라고 확인'한 것 역시 자연스러운 일이다. 출토 지점과 복사의 내용이 확실하게 규명되기 전에 그가 이미 '商代의 卜骨'이라는 것을 알아내었다는 점은 높이 평가받을 만하다.

汐翁은 《龜甲文》에서, 劉鶚은 王懿榮과 동시에 甲骨文을 인식한 사람이며 王懿榮보다 먼저 甲骨을 발견하고 사들였다고 말했다. 이 설은 근거 있는 말은 못 된다. 왜냐하면 劉鶚 자신이 王懿榮이 가장 먼저 甲骨을 수집한 사람이라는 것을 인정하였기 때문이다. 劉鶚은 다음과 같이 말하고 있다.

"甲骨이 출토된 후, 山東省의 상인들이 이를 얻게 되었는데 모두 감추어 두고 비싼 가격을 요구했다. 庚子年 范維卿이 1백여 편을 가지고 北京으로 와서 王懿榮에게 보이니 그는 희색이 만면하며 후한 값으로 샀다. 그후 濰縣의 趙執齋가 수백 편을 얻었는데 역시 王懿榮에게 팔았다. 얼마 후 義和拳亂이 발생하여 王懿榮은 순국하였다. 壬寅年, 観察로 있던 그의 아들 翰甫가 아버지의 빚을 갚기 위하여 소장품을 팔았는데 龜版 1천여 편을 마지막으로 내놓아 내가 모두 샀다."[14]

이밖에 羅振玉・王國維・明義士 등도 王懿榮을 가장 먼저 甲骨을 인식한 사람으로 인정하고 있다.[15] 이것으로 볼 때 이 설은 상당히 근거가 있는 것으로 보여진다.

제2절 초기 甲骨의 수집과 전파

1. 中國 학자의 수집 상황

王懿榮은 字가 正儒 또는 廉生이며, 諡號는 文敏으로 山東省 福山 사람이다. 그는 최초로 甲骨文字를 인식한 사람이며, 동시에 최초로 甲骨을 수집한 사람이다. 1899년 가을, 王懿榮은 山東省 濰縣의 골동상인 范維卿으로부터 甲骨 12편을 편당(혹은 字당이라는 설도 있다) 은 2냥을 주고 사들였다. 1900년 봄, 역시 范維卿은 또 甲骨 8백여 편을 가져와 고가로 王懿榮에게 팔아 2백 金을 얻었다. 이 중 완전한 甲骨 1편에는 모두 52자가 있었다고 한다. 같은 해 濰縣의 또 다른 골동상인 趙執齋로부터 甲骨 수백 편을 1백여 金을 주고 사들였다. 그해 가을에 義和團 운동이 일어났는데, 王懿榮은 國子監祭酒로서 團練大臣의 중임을 맡고 있었다. (國子監은 당시 유일한 國立大學으로, 祭酒는 大學總長에 해당한다.) 제국주의의 8국 연합군이 입성하자 王懿榮은 순국하였고, 소장하고 있던 1천여 편의 甲骨 대부분은 그의 아들 王翰甫가 劉鶚에게 팔았다. 일부는 天津新學書院에 기증하였는데, 미국인 方法斂이 모사하여 《甲骨卜辭七集》에 실었으며, 나머지 약간은 1939년 唐蘭이 펴낸 《天壤閣甲骨文存》에 실려 있다.

王懿榮과 동시에 甲骨을 수집한 사람으로 天津의 王襄과 孟定生을 꼽을 수 있다. 王襄은 《題所錄貞卜文冊》·《題易穭園殷契拓冊》에서 1898년 겨울 이미 范維卿으로부터 甲骨이 출토되었다는 소식을 들었는데, 孟定生은 古簡으로 추측하였으나 실물을 보지 못하여 확인할 수 없었다고 자술하였다. 다음해인 1899년 가을, 范維卿이 甲骨을 가져와 팔려 했을 때 이미 王懿榮이 그것을 알아냈고, 그것을 일러 '龜版'이라

하였다. 王襄·孟定生은 처음에 약 5,6백 편을 사들였고, 후에 王襄은 北京과 天津에서 甲骨 4천여 편을 계속 사들였는데, 그 중 1천1백25편 은 그의 《簠室殷契徵文》에 실려 있다. 胡厚宣은 "이 책은 인쇄가 정밀 하지 않고 잘리기도 해서 책이 출판되자 모두들 자료로 쓰기에 부족하 다고 여겨 활용하지 않았다. 그러나 기실 王襄은 감별에 뛰어나 책 속 에 위조품은 없었다. 뒤에 일부 완전한 탁본이 羅振玉의 《殷墟書契續 編》에 다시 실림으로써 의심했던 문제는 해결되었다"[16]고 하였다.

王懿榮·王襄·孟定生 이외에 甲骨을 수집한 사람으로는 端方이 있 다. 端方은 淸朝의 대신으로 총독을 지냈다.《甲骨年表》에는 다음과 같 이 기록되어 있다. 1899년 "山東省 濰縣의 골동상인 范維卿이 端方에 게 고대 유물을 사주기 위해 河南 武安과 彰德 사이를 왕래하다가 문 자가 새겨진 甲骨을 보고 약간을 구하여 端方에게 주니 端方은 기뻐하 여 1자당 은 2냥 5전을 쳐주었다. 范維卿은 힘닿는 대로 사주었다. 지 금도 小屯村 사람들은 이 이야기를 미담으로 전하고 있다."[17]

좀더 후에 갑골을 구하려고 애쓴 사람은 劉鶚이다. 劉鶚은 字가 鐵雲 또는 蝶雲이고, 號는 鴻都百煉生이며, 江蘇省 丹徒 사람이다. 수학에 정통하고 일찍이 治水 사업에 종사하였으며, 津鎭 철로의 개조를 거듭 주장하였다. 또한 당시 山西省의 지방행정관으로서 외자를 도입하여 山西省의 철광 개척을 계획하기도 하였다.

劉鶚은 甲骨 5천 편을 차례로 사들였는데, 그 중 1천여 편은 王懿榮 이 소장하던 것이었다. 그밖에 3백여 편은 方藥雨가 范維卿에게서 사 들인 것을 劉鶚에게 전매한 것이다. 趙執齋는 劉鶚의 부탁으로 고대 齊·魯·趙·魏 나라의 주위를 1년 동안 분주히 다닌 결과, 甲骨 3천여 편을 더 수집해 주었다. 1903년에 그의 문학 저서인 《老殘游記》가 발표 될 무렵, 그는 그가 소장한 甲骨 1천58편을 골라 《鐵雲藏龜》를 편찬하 여 세상에 내놓았다. 吳昌綬는 《鐵雲藏龜序》에서 말하길, "鐵雲은 글씨 가 새겨진 古龜甲 5천여 편을 얻어 그 중 1천 편을 신중히 선별하여 1

권의 책으로 편찬해 세상에 내놓았다. 옛날에 古文字라고 칭할 수 있는 것은 彝鼎 이외에 貨幣·鈢印뿐이었다. 濰縣 陳編修에 소장된 도기나, 海豊 吳閣學의 泥封 등은 모두 최근 50년간에 출토된 것이다. 그 숫자는 1천1백여 개에 이르니 지금 사람들은 옛사람보다 진귀한 것을 볼 수 있는 복을 더 누리는 셈이다. 이번의 龜甲 古文은 또 다른 길을 열었는데, 오랫동안 매장되었지만 땅이 보물을 감추지 않고 드러냄으로써 오래 되고 기이한 것을 좋아하는 사람들에게 탐색거리를 제공하였다. 王懿榮은 그 선두를 이끌었으니 큰 안목을 지녔다"고 하였다.

王懿榮은 甲骨 수집에 가장 먼저 심혈을 기울인 사람인데, 庚子年 8국 연합군이 침입하자 순국하였고, 劉鶚 역시 甲骨 수집에 열중하였으나 北京의 굶주린 백성들에게 곡식을 나누어 준 죄로 1910년 新疆 지역으로 유배되었다가 객사하였다. 甲骨學에 공로가 큰 두 학자가 모두 순국한 것은 심히 애석한 일이다.

劉鶚이 죽은 후 그가 소장한 甲骨은 모두 흩어졌는데, 그 중 약 1천여 편이 卜子休에게 돌아갔다가 뒤에 上海의 영국계 유대인 哈同(Hardoon)의 부인에게 팔렸다. 1917년 王國維가 이들을 정리하여 《戩壽堂所藏殷墟文字》를 편찬하였다. 이 甲骨들은 여러 번의 우여곡절 끝에 신중국〔毛澤東 정부 수립 후의 중국〕 성립 이후에는 上海博物館에 소장되었다. 그밖의 1천3백여 편은 葉玉森에게 돌아갔는데, 葉玉森은 그 중에서 2백40편을 골라 1925년 《鐵雲藏龜拾遺》라는 책을 펴냈고, 甲骨 실물은 다시 上海博物館의 소유가 되었다. 그외 수십 편은 미국인 福開森(john calvin Freguson)이 소장했는데, 이들은 1933년 商承祚가 펴낸 《福氏所藏甲骨文字》에 수록되어 있다. 또 다른 1백여 편은 西泠印社의 吳振平에게 돌아갔는데, 이것들은 또 1939년 李旦丘가 쓴 《鐵雲藏龜零拾》에 실렸다. 그외 2천5백여 편은 1926년 商承祚 등이 사들였다. 商承祚는 이 중에서 보기 드문 내용과 글자의 변화가 특이한 甲骨 6백여 편을 손으로 탁본하여 1933년 《殷契佚存》에 수록하였다. 이 甲骨의

일부분은 前중앙대학에 소장되었으며, 1941년 李孝定이 《中央大學史
學系所藏甲骨文字》로 펴내었다. 또 다른 일부는 束世徵에게 돌아갔다
가 1947년 曁南大學에 기증되었으며, 신중국 성립 이후에는 復旦大學
歷史科에서 소장하고 있다. 또 다른 일부는 陳中凡이 소장하고 있었는
데 董作賓이 《甲骨文外編》에 수록하였다. 위 세 종류는 1945년 胡厚宣
이 《甲骨六錄》에 넣었다. 또 일부는 前중앙연구원 역사언어연구소에
소장되어 있었으나, 1951년 胡厚宣은 본인이 소장하고 있던 것과 합
쳐 《戰後南北所見甲骨錄》에 수록했다.[18]

羅振玉의 字는 叔蘊 또는 叔言이고, 號는 雪堂이며 노년에는 貞松老
人이라 하였다. 浙江省 上虞 사람이다. 淸末에는 학부참사관과 京師大
學 농과대학장 등을 역임하였으며, 中華民國(1912년) 이후에는 淸의 遺
民이라고 자처하며 淸의 부활을 꾀하기도 하였다. 1934년 다시 나와 滿
族 정부의 벼슬을 지냈다. 그의 정치적인 입장과 사상은 봉건적이며 반
동적이지만 고고학적 식견이 뛰어나 일생 동안 학계에 지대한 공헌을
하였다. 특히 史料의 수집과 보급 차원에서의 공적은 무시할 수 없다.

羅振玉은 1894년 劉鶚의 집에서 가정교사를 지내며 교류가 깊어져
그의 장녀 羅孝則을 제자인 劉鶚의 아들 劉大紳에게 시집보냈다. 1902
년 劉鶚의 집에서 甲骨 탁본을 보고 "張敞·杜林·揚雄·許愼 등 漢 이
래 소학자들이 보지 못한" 문자라고 감탄하며 劉鶚에게 《鐵雲藏龜》를
펴낼 것을 권하고 자신이 서문을 썼다. 이는 甲骨文字 수록의 효시인
동시에 羅振玉이 甲骨文字와 관계를 맺은 계기이다. 1906년 그는 학부
참사관으로 있으면서 北京에서 고대 문물을 수집하기 시작하였는데,
처음에는 골동상인으로부터 간접적으로 사들였으나 1911년에는 동생
振常을 하남 안양으로 보내어 채굴하게 하였다. 1915년 봄, 日本에서
돌아온 후에는 직접 安陽으로 가 살펴보았고, 그 과정을 《五十日夢痕
錄》에서 상세히 밝히고 있다. 郭沫若은 《中國古代社會研究》에서 '卜辭
출토의 역사'에 대해 논하면서 "羅振玉은 中國에서 제일 가는 근대 고

고학의 선구자이다. 그의 수집은 종래의 골동가의 수집과 차이가 있는데, 그는 문자가 있는 뼛조각만을 수집한 것이 아니라 출토된 각종 기물에도 주의를 기울였다. 1916년, 그는 친히 安陽 小屯을 답사했다. 이런 정열과 식견은 종래의 고고학자에게서는 볼 수 없었던 것이다"고 하였다.

羅振玉은 혼자 힘으로 여러 곳을 탐문하여 甲骨 3만 편 이상을 얻었으며, 《殷墟書契》(《殷墟書契前編》)·《殷墟書契菁華》·《鐵雲藏龜之餘》·《殷墟書契後編》·《殷墟書契續編》과 《殷墟古器物圖錄》 등 중요한 참고서를 잇따라 편찬하여 甲骨文의 수집과 탁본·인쇄·보급 등 각 방면에 지대한 공헌을 하였다.

2. 외국인의 甲骨 수집 상황

甲骨文이 발견된 지 4년째인 1903년, 山東省 濰縣에 주재했던 미국인 선교사 方法斂과 靑州의 영국 침례교의 선교사 庫壽齡(Couling)은 濰縣에서 함께 대량의 甲骨을 사들였다. 이는 歐美人이 甲骨과 관계를 맺은 최초의 일이다. 그들은 그 중 4백여 편을 영국인이 관할하는 亞洲文會博物館에 팔기도 하였다.

1904년 겨울, 小屯村의 지주 朱坤은 甲骨 몇 수레를 얻었는데, 이 甲骨들은 한 무더기 한 무더기씩 河南에서 山東으로 흘러 들어갔고, 方法斂·庫壽齡 두 사람이 모두 사들였다. 1906년 이후에는 계속 미국 프린스턴대학·카네기박물관·스코틀랜드 황실박물관·대영박물관·시카고 Field Museum of Natural History 등에 팔았다. 그뒤 方法斂은 이 甲骨 등을 모사해서 《庫方二氏藏甲骨卜辭》를 펴내 1935년 中國에서 출판하였다. 계속해서 1906년에 方法斂은 《中國原始文字考》(미국 피츠버그 《카네기박물관 보고》 제4권)를 출판하여 歐美에 甲骨文字를 소개하고 연구한 첫번째 사람이 되었다.

庫壽齡의 《河南之卜骨》에 의하면, 그는 세 차례 中國에 와서 甲骨과 다른 기물을 사들였고, 돌아가서 각지의 박물관에 팔았다.[19] 郭沫若은 그 책 중에 삽입된 도판을 면밀히 살핀 후 모든 骨片・玉器 등에 새겨진 甲骨文字는 장사치들이 모방하여 새긴 것으로 판단했다. 이로써 羅振玉이 《殷墟古器物圖錄・附說》에서 "殷墟에서 나온 뼈나 화살촉이 적지 않았는데, 당시 주민들이 이를 가지고 왕왕 龜甲文字를 모방하여 그 위에 그림을 새겨넣음으로써 고대 유물을 찾아 河南 일대에 오는 歐美人을 속였다"는 말이 완전히 사실임을 증명하였다.[20]

1909년 독일인 威爾茨는 靑島에서 甲骨 7백11편을 사들였으나 제2차 세계대전 후에 행방을 알 수 없게 되었고, 衛禮賢(Wilhelm Richard)은 72편을 사들였으나 그 중 70편은 현재 스위스 巴騷 민속진열관에 있으며, 1편은 독일 佛郎佛 중국학원에 소장되어 있고, 나머지 1편은 유실되었다. 이 72편의 甲骨은 方法斂의 《甲骨卜辭七集》에 수록되어 있는 것들이다.

초기에 歐美人이 수집한 甲骨은 적어도 5천 편 이상에 이를 것으로 추측된다.

일본인 西村博・三井源右衛門 등은 일찍부터 甲骨의 수집에 종사하였다. 1903년 《鐵雲藏龜》가 출판되자 日本 고등사범 교수인 문학박사 林泰輔는 책에 실린 甲骨이 위조된 것이 아닌가 의심하였다. 1905년 東京 文求堂이 구매했던 甲骨文字 1백 版을 팔려고 내놓자 林泰輔는 그 중 우선 10판을 사들여 그 실물을 본 후에 의심을 풀었고, 1909년 《淸國 河南 湯陰에서 발견된 龜甲 獸骨 淸國河南湯陰發現之龜甲獸骨》이라는 글로 이를 널리 알렸다. 당시 일본인들 중에는 회의적인 견해를 가진 사람이 여전히 많았으나 林泰輔는 홀로 특별한 관심을 가지고 甲骨 6백 편을 더 사들여 연구를 계속하였다. 1917년 林泰輔는 商周遺文會・權不齋・聽氷閣・繼述堂 등에서 소장하고 있던 甲骨 실물 탁본을 합하여 《龜甲獸骨文字》를 편찬하였다. 1918년 林泰輔는 또 친히 안양으로 가서 답사하고 문물을 수집하였다. 이때부터 甲骨을 수집한 일본인이 날로 증가하였다. 郭沫若은 1932년 東京·京都 두 곳에서 아홉 사람이 소장한 甲骨을 보았는데 이미 3천 편 이상이었다. 그는 "나는 이곳에 체류하는 기회에 여러 사람이 소장한 것을 모아 1권의 책으로 만들고자 했다. 작년 초가을, 탐방을 시작해 江戶에서 보았던 바를 계산해 보면 東大 고고학 교실 소장 약 1백 편, 上野博物館 20여 편, 東洋文庫 5백여 편, 中村不折의 약 1천 편, 中島蠛山의 2백 편, 田中子祥의 4백여 편으로 이미 2천 편 이상이다. 11월 초순, 子祥의 둘째아들 震二를 데리고 京都에 가서 다시 본 바로는 京大 고고학 교실 소장 4,50편, 內滕湖南 박사 20여 편, 故 富岡君擓의 7,8백 편으로 도합 3천여 편에 이르렀다. 이밖에 많은 수집가가 있다고 들었으나 여러 가지 이유로 실물을 보지 못하였다"[21]고 하였다. 1933년 郭沫若은 그 중에서 비교적 중요한 것을 골라 《日本所藏甲骨擇尤》를 펴냈는데 《卜辭通纂》에 수록되어 있다.

1931년〔日本이 동북 3성을 침공한 9·18사변〕 후, 日本 제국주의자들은 華北에서의 특수한 지위를 이용하여 殷墟의 문물을 대량으로 도굴하였다. 1937년, 金祖同은 日本에서 甲骨을 모아 탁본하였는데 단지 東京 일대의 河井荃廬·中村不折·堂野前種松·中島蠛叟·田中救堂·三井源右衛門 등 6인이 소장한 甲骨만으로도 이미 3,4천 편이 되었다. 金祖同은 그 중 특이한 것 1천4백59편을 선별하여 《殷契遺珠》를 펴냈다. 이 밖에 京都大學 인문과학연구소 소장 甲骨 3천여 편, 기타 기관과 개인이 소장하고 있는 것까지 합하면 1만여 편 이상이 될 것으로 추측된다. 많은 수의 甲骨이 있음에도 행방을 몰라 수록되지 못한 점은 실로 애석한 일이다.

캐나다인 明義士는 1914년 안양에서 장로회 목사를 담임할 때, 殷墟에서 甲骨이 출토되었다는 말을 들었다. 그는 백마를 타고 洹水의 남쪽 해안을 배회하며 고대 유물 출토의 상황을 살폈다. 그는 《殷墟卜辭自序》에서 다음과 같이 말하고 있다.

"甲寅年 봄 무렵, 나는 늙은 백마를 타고 河南 彰德의 북쪽 洹水의 남쪽 해안을 배회하고 있었다. 때는 바로 밭을 갈아 목화를 심을 시절이라 깨어진 기와와 도자기 조각들이 나왔다. 농부가 이를 주워 밭두렁에 버렸는데 깨어진 도자기 몇 편은 고색이 창연해 보여 흥미가 일었다. 가까이 다가가서 깨어진 도자기를 두루 살펴보게 되었으나 강굽이에 이르자 오래 된 물건이 더 이상 나오지 않았다. 이것들은 오랜 세월 중에 물에 떠밀려 냇가로 흘러 들어온 것이 아니고 모래 속에 묻힌 것이었다. 낮은 웅덩이 일대에는 버드나무 가지에 싹이 트기 시작하였고, 누더기옷을 입은 아이들 몇 명이 팔에 바구니를 걸고 차잎으로 쓰기 위한 부드러운 버들잎을 따고 있었다. 낯선 사람을 본 그들은 모두 내 옆으로 모여들었다. 나는 우물가에 앉아서 도자기더미를 관찰하고 있었다. 한 아이가 물었다. '당신은 무얼 하고 있나요?' 내가 '깨진 도자기를 찾고 있다'고 하자 '어디에 쓸 거냐'고 물었다. 내가 '좋아서'라고 하자 다시 '뼛조각을 좋아하느냐'고 물었다. 내가 '그렇다. 어떻게 생겼는지 보고 싶다'고 하자 그 아이는 '당신에게 龍骨을 보여 줄 수 있다. 그 위에는 글자도 있다'고 하였다. 나는 그 말을 듣고 더욱 흥미가 생겼다. 나는 그 아이를 따라 강굽이의 주위를 돌고 황량한 모래밭을 지났다. 그 밑의 작은 동굴에 이르렀는데 그 동굴은 서쪽으로 기운 언덕 위에 있었고 언덕 사이에는 뼈로 가득했다. 그곳은 殷代 武乙 때의 고도 殷墟였다…… 그로부터 몇 날을, 나는 늙은 백마를 타고 넘나들며 故城의 유적을 밟았다."[22]

明義士는 은허를 발견한 첫번째 인물로 자부하였으나 이미 甲骨을 알아낸 사람이 있으며, 殷墟의 고증은 오히려 羅振玉에 의해 이루어졌음은 알지 못하였다. 明義士는 당초 考古學에 밝지 못하였지만 오랜 연구 끝에 진위를 감별하는 능력을 가지게 되었다. 明義士는 1917년 《殷

墟卜辭》를 편찬할 때 소장한 甲骨이 이미 5만 편이라고 하였으나 과장이 없지 않다. 그러나 이후에 소장한 것을 계산하면 실제로 3만 편 이상이었을 것으로 추측된다. 그가 소장한 甲骨은 南京 캐나다 대사관과 濟南 齊魯大學에 나누어 보관되었고, 여러 차례 국외로 반출하려다 실패하였다. 신중국 건립 이후, 캐나다 대사관이 소장한 것은 南京博物館에 넘겨졌는데 하나하나 점검해 보니 모두 2천3백90편이었다. 齊魯大學은 1만여 편을 정리해 냈지만 이미 부식하여 산산조각이 되었다. 이것들은 다시 山東文物管理委員會에서 보존하고 있다. 이밖에 대형이며 완전한 甲骨은 이미 그가 외국으로 유출시킨 것으로 사료된다. 캐나다 토론토 황실 安大略(Andrew)博物館은 현재 4천여 편의 갑골을 소장하고 있는데, 캐나다 국적의 中國 학자 許進雄 박사가 조각들을 복원하여 3천1백76편을 《殷墟卜辭續編第一集》에 수록 편찬하였다. 이것은 明義士가 그 옛날 소장했던 것이었다.[23]

3. 초기 甲骨의 출처

1899년부터 1928년까지 30년 동안 小屯村 주민들은 끊임없이 개인적으로 甲骨을 발굴하였다. 여러 해 동안 거듭된 조사에 의해 규명된 것은 대략 아홉 차례였다.

1. 1899-1900년, 小屯村 사람들이 마을의 동북쪽 劉某氏의 소유 20畝(1畝 =100m²)의 중간쯤에서 최초로 발굴하였다. 王懿榮·端方·劉鶚·王襄 등이 소장한 甲骨은 대략 이때 출토된 것이다.

2. 1903년, 《鐵雲藏龜》가 출판된 후 甲骨을 구하려는 골동상인들이 小屯村에 몰려들었다. 1904년 겨울, 지주 朱坤이 소작민들을 데리고 마

을 북쪽 해변가, 즉 劉氏의 집 20묘의 북동쪽과 朱坤의 집 14묘의 사이에 장막을 쳐놓고 생활하며 오랫동안 작업을 계속하였다. 이때 얻은 甲骨文字는 여러 수레가 넘었다. 후에 마을 사람 霍文元·劉金聲 등이 홍기를 들고 싸워서 소송을 제기하기까지 되었는데, 지방관이 금지령을 내려서야 비로소 개인적인 발굴이 그치게 되었다. 羅振玉과 庫壽齡·方法斂 등이 사들인 甲骨의 상당수가 14畝에 달한 朱坤의 땅에서 출토된 것이었다.

3. 1909년, 마을 사람들은 小屯村 앞 張學獻의 땅에서 도랑을 파다가 많은 甲骨을 발견했다. 그러나 지주의 허락을 얻지 않았기 때문에 충돌이 일어나, 張氏의 어머니와 농민은 큰 싸움이 벌어졌다. 이때 얻은 甲骨은 羅振玉이 모두 사들였다.

4. 1920년, 華北의 5개 성에는 큰 가뭄이 들어 마을 사람은 추위와 배고픔에 못 이겨 마을 북쪽 해안에서 甲骨을 발굴하기로 약속했다. 이전에 甲骨이 출토된 곳에서 다시 찾기 시작하였고 부근 마을 주민도 참가하였다.

5. 1923년 봄, 張學獻은 채소밭에서 何國棟의 도움을 받으며 스스로 발굴을 했는데 大骨版 2개를 얻었다. 骨版 전체에 적지 않은 문자가 있었다. 후에 이것들은 明義士에게 팔렸다.

6. 1924년, 마을에서 담을 쌓으려고 땅을 파다가 또 甲骨文字가 묻힌 한 구덩이를 발견했는데 그 중에 아주 큰 것도 있었다. 그것들도 대부분은 明義士의 소유가 되었다.

7. 1925년, 마을 사람들이 마을 남쪽 대로변에서 甲骨文字를 발굴하

여 여러 광주리를 얻었다. 牛胛骨은 길이가 1자가 넘는 것도 있었다. 일설에 의하면, 그것들은 상해 상인에게 모두 팔렸고, 그 중 일부는 劉體智에게 돌아갔다고 하였다.

8. 1926년, 張學獻은 土匪들에게 인질로 잡혀가 막대한 돈을 요구당했다. 마을 사람들은 甲骨을 발굴하여 張氏 집안과 반을 나누기로 약속하고 지난번 大骨版을 발굴한 張氏 집 채소밭을 대거 발굴했다. 여기서 얻은 甲骨이 상당히 많았는데 역시 明義士가 사갔다.

9. 1928년 봄, 북벌군이 安陽에서 전쟁을 할 때 병사들이 洹河 남쪽에 주둔하여 小屯村 사람들은 농사를 망쳤다. 4월에 전쟁은 끝났으나 주민들은 생활고에 시달리다가 마을 앞 광장에서의 대규모 발굴을 계획하였다. 이때 얻은 甲骨文字는 모두 上海와 開封 상인에게 팔았다.

대략적인 통계에 의하면, 상술한 甲骨의 총수는 약 8만 片 이상으로 추정되었다.[24]

제 2 장

殷墟 발굴과 기타 지역의 考古 발견

제1절 殷墟의 확정에 관하어

甲骨文의 발견은 考古學의 성립과 밀접한 관계가 있으며, 여러 측면에서 큰 공헌을 하였다. 그 중에서 安陽 殷墟의 확정은 그 의의가 더욱 크다고 하겠다.

앞서 서술한 바와 같이 甲骨 발견초에는 골동상이 甲骨 재료를 독점하기 위해서 甲骨이 河南 湯陰 혹은 衛輝에서 출토되었다고 거짓말을 했다. 劉鐵雲·孫詒讓은 이를 바로잡지 못했고, 羅振玉은 먼저 확실한 출토 지점을 알아낸 후 한편으로 친히 安陽에 가서 고찰하고, 다른 한편으로는 漢代 이래의 문헌을 근거로 지금의 '安陽河'가 바로 酈道元《水經注》의 '洹水'라는 것을 확인했다. 그리고 河南 安陽의 '小屯'은 《史記·項羽本紀》에서 項羽가 章邯과 '洹水 남쪽 殷墟에서 만나기로' 약속했던 바로 그 '殷墟'라는 것을 고증했다. 이는 매우 중요한 고증이었다. 실로 戴家祥이 "출토 지점이 확정되면 殷商의 역사 연구에 대해서는 가장 믿을 만하고 기본적인 방향이 제시되는 것이다"[1]고 했던 말과 부합된다.

羅振玉은 1908년 甲骨의 출토 지점을 확실하게 알게 된 뒤, 1910년 《殷商貞卜文字考自序》에서 "발견 지점은 湯陰이 아니고, 安陽縣에서 서쪽으로 5리 떨어진 小屯이었고, 그곳은 武乙의 옛터였다. 새겨져 있는 글 중에서 殷代 제왕의 諡號 10여 개를 찾았는데, 이로써 이 卜辭는 실제 殷 왕실의 유물임을 확신하게 되었다. 이들 문자는 비록 간략하지만 사학자들의 잘못을 바로잡을 수 있었고, 小學의 원류를 고증할 수 있었으며, 고대의 점치는 법을 알 수 있었다"고 하였다.

小屯은 殷代 수도이고, 卜辭는 '殷 왕실의 유물'임을 확신할 수 있게 된 것은 큰 수확이었다. 그러나 이때는 단지 '武乙의 옛터'임을 추정할 수 있을 뿐이었다. 1915년, 羅振玉은 《殷墟書契考釋》에서 한 걸음 더 나아가 安陽 小屯, 즉 "洹水가 흐르는 옛 궁터인 이곳은 옛날에는 亶甲이라 칭했다. 지금 卜辭로 고증하건대 武乙에 들어와서 帝乙에 나아갔다"는 것을 확인하였다. 이같이 殷墟가 포함하는 연대는 武乙·文丁·帝乙의 3대로 확대되었다. 1925년 王國維는 《古史新證》에서 羅振玉의 설을 수정하여, "지금 龜甲·獸骨이 출토된 지점은 바로 鄴의 서쪽으로 《古紀年》의 설과 일치된다. 그리고 卜辭 중 '父甲一牡 父庚一牡 父辛一牡'(《後編》上 25쪽)(父甲에게 수소 1마리, 父庚에게 수소 1마리, 父辛에게 수소 1마리로 제사 지낼까요)라고 한 이 골편은 武丁 때 점친 것이고, 또 卜辭 중에 기록된 제왕은 武乙·文丁에까지 이르러, 이로써 盤庚 이후 帝乙 이전까지 모두 殷墟에서 살았음을 알았다. 《竹書紀年》에 실린 바를 알아 홀로 그 사실을 깨달았다"고 말했다.

羅振玉·王國維의 殷墟에 관한 고증은 후대의 殷墟 발굴과 甲骨의 斷代 연구에 새 길을 개척했다.

郭沫若의 《卜辭通纂序》에서도 帝乙이 沫로 천도할 때까지 殷墟에 있었다고 했다. 董作賓 등은 여러 차례의 발굴과 갱위 분포·출토 상황에 근거하여 水災 때문에 殷墟에서 천도한 것이 아니고, 실은 나라가 망해 폐허가 된 것임을 알았다. 수많은 말기의 卜辭는 帝乙 시대로 그치지 않았는데, 이로써 《竹書紀年》에 "盤庚이 殷으로 천도한 이래 紂의 멸망에 이르기까지 2백73년 동안 천도하지 않았다"는 설은 완전히 믿을 만하다고 확신할 수 있다.

스웨덴 지질학자 安特生(Anderson)은 1914년부터 1925년까지 中國의 농상부 광업 고문직을 맡게 되어 河南·甘肅·靑海 등지에서 고고 발굴 작업을 하면서 仰韶村 등 신석기 시대 유적지를 발견했고, 《중화의 아득한 옛 문화 中華遠古之文化》·《甘肅考古記》·《황토의 아들과 딸 黃土底兒女》·《中國史前硏究》등을 저작했다. 그는 1923-1924년에 甘肅 일대의 조사에서 땅 위에서 주운 陶片(발굴해서 얻은 것이 아니다)을 부근 동부에서 출토한 도자기와 형이상학적 방법으로 비교하여 이미 진부해진 李希霍芬의 '중국 문화는 서쪽에서 왔다는 설 中國文化西來說'의 부활을 시도하였다.

李濟(號는 濟之)는 1925년 淸華硏究院에서 강사로 임용되어 考古學을 강의하며 '중국 문화는 서쪽에서 왔다는 설'을 부정하고 스스로 발굴에 임했다. 古書에서 말하는 堯의 도읍 平陽, 舜의 도읍 蒲坂, 禹의 도읍 安邑을 李濟는 山西省 경내라고 생각하였다. 이에 1926년 겨울(10월 15일부터 12월초까지)에 山西省 夏縣 西陰村 灰土峇 유적지의 발굴 작업을 착수했다. 지질학 교수 袁復禮도 동참하였는데, 그 발굴 결과 仰韶와 유사한 문화 유물 40여 상자를 발굴하였다. 1927년《西陰村 선사 시대의 유물 西陰村史前的遺存》이라는 발굴 보고서를 썼고, 梁思永은 부분적인 도기 조각을 더욱 분석하여《山西 西陰村 선사 유적지 중의 신석기 시대 도기 山西西陰村史前遺址中之新石器時代的陶器》를 써 냈다. 西陰村의 발굴 작업은 중국인 스스로 근대 과학적인 방법을 이용해서 考古學 연구에 임할 있는 길을 열어 놓았고, 中國 考古學의 탄생을 알리는 서막을 올렸다.

戴家祥의 회고에 의하면, 1926년말 淸華硏究院은 교무처장의 책임하에 李濟의 고고 발굴의 성공을 환영하는 다과회를 열었다. 회의에서 李濟는 발굴 경과를 보고하고 半個의 누에고치와 기타 신석기 시대 중요 유물을 아울러 전시했다. 李濟는 夏縣 西陰村 유적지의 내용물이 풍부한 것으로 보아 그곳을 夏 문화의 유적지일 것으로 추정하였다.

王國維는 회의상에서 세계 역사의 발전 규율에 근거하면 문화 발원지는 모두 물가 근처였던 바 산골짜기일 수 없다고 다른 견해를 발표했으며, 고서에서 말하는 平陽·蒲坂·安邑 등지가 꼭 山西省 경내라고 말할 수 없다고 하였다. 그는 마지막으로 중국 고대 문화(少皥 文化)는 동방에서 발전된 것으로, 옛날 사람들이 山西에 간 것은 홍수 관계로 일시적인 이주였기 때문에 역사적인 근거가 있는 동방의 옛터를 발굴하여야 한다고 지적하였다. 王國維의 견해는 그후의 殷墟 발굴에 어느 정도 영향이 있었다.

제2절 1928-1937년의 殷墟 발굴

1. 발굴의 원인

1928년 가을, 前중앙연구원 역사언어연구소가 성립된 후 최대 목표는 과학적으로 殷墟 유적지를 발굴하고자 한 일이었다.

胡厚宣은 당시 시급히 殷墟를 발굴하게 된 직접적 원인을 네 가지로 개괄했다.

"첫째, 甲骨文은 중요한 역사 자료이기 때문에 여러 해 동안 歐美와 日本 제국주의자들이 대량으로 수집했던 관계로 판매상들이 집중적으로 발굴했지만 출토한 甲骨은 대다수가 이미 종적을 알 수 없게 되었다. 둘째, 이같은 비과학적인 발굴은 발굴할 때마다 더욱 큰 손실을 가져왔다. 甲骨만을 수집하고자 했기 때문에 다른 기물을 훼손시켰고, 지하의 형태를 뒤죽박죽으로 만들었다. 셋째, 殷墟 유적지는 甲骨이 있어 시대가 명확하므로 기타 유적지를 밝히는 척도가 될 수 있기 때문이다. 만약 기타 유적지의 문제를 해결하려면 반드시 먼저 殷墟를 발굴해야 한다. 넷째, 근대 考古學의 과학적 방법을 응용해서 殷墟를 발굴하되 甲骨文字의 발굴 외에 더 중요한 것은 지하의 형태에 주의하고, 기타 기물·공구·인골·짐승뼈의 발굴을 통하여 甲骨文字로 해결할 수 없는 殷代 전반에 걸친 모든 문화의 문제를 규명해야 하기 때문이다."[2]

또한 前중앙연구원의 《본 연구소의 安陽 殷墟 발굴 경과 本所發掘安陽殷墟之經過》와, 李濟의 《현대 考古學과 殷墟 발굴 現代考古學與殷墟發掘》[3]에서 '발굴의 원인과 작업의 취지'에 관하여 상세히 논했기 때문에 여기에서는 더 말하지 않겠다.

2. 발굴 전의 준비

1928년 8월, 前중앙연구원 역사언어연구소는 먼저 편집장 董作賓을 安陽에 파견해서 근년간 小屯村의 甲骨 출토 상황을 조사했다. 董作賓은 먼저 彰德十一中學校 교장 張尙德, 安陽 尊古齋肆의 주인 王嘉瑞, 花園莊 私塾의 교사 闇金聲 등을 차례로 만나 상황을 파악하고 나서, 小屯村 주민에게서 일부 甲骨을 수집함과 아울러 洹水 西岸에서 실제 조사를 시작했다. 董作賓은 조사 후 甲骨文字는 아직 완전히 발굴되지 않아 계속 발굴할 가치가 있다고 판단했다.

前중앙연구원의 《十七年度總報告》에 의하면 董作賓의 다음과 같은 의견을 긍정적으로 받아들였다.

"董作賓은 17년 8월 安陽에서의 실제 조사 후, 일찍이 羅振玉이 洹陽에 묻혀 있는 보물을 탐색했으나 아무것도 얻지 못했다고 한 말은 사실과 다름을 알게 되었다. 금년 봄 많은 사람이 小屯 좌측 지역을 멋대로 파헤쳐 많은 유물을 얻었는데 그곳의 캐나다 선교사 明義士가 모두 사갔다. 만약 정부가 나머지 땅을 사들여 문자 이외의 영역을 탐색하고 연구하지 않으면 차후 손실이 더욱 클 것 같다."[4]

이로써 발굴 준비 작업의 기초는 이미 완료되었다.

3. 15차 발굴의 개황

1. 1928년 10월, 前중앙연구원은 董作賓을 安陽 小屯에 다시 파견하여 발굴 준비 작업을 지휘하게 했다. 13일부터 30일까지 세 구역으로 나누어 진행했다. 제1구는 마을의 동북 洹河 해변, 제2구는 마을의 북쪽, 제3구는 마을 중앙이었다. 이 발굴에서 옛 기물 10여 종과 甲骨文

字 7백84판을 얻었다.[5]

2. 1928년 12월, 연구원은 李濟를 역사언어연구소 考古組의 주임으로 초빙하여 安陽 발굴 작업을 지휘하게 했다. 李濟는 이에 董作賓 등을 초청하여 함께 安陽에 가 다음 봄에 있을 정식 발굴 작업을 준비했다. 1929년 3월 安陽 洹上村에 사무실을 설치하고 마을의 중앙·남쪽·북쪽 세 군데로 나누어 발굴했다. 3월 7일 작업을 시작해서 5월 6일에 마쳤는데 甲骨文字 6백80판, 고기물·짐승뼈·조개껍질·도기 조각 등을 많이 얻었다.[6]

3. 1929년 10월 7일, 李濟·董作賓 등은 安陽에 가서 다시 작업을 시작했다. 21일, 갑자기 河南省 정부는 何日章을 대표로 安陽에 파견하여, 安陽의 고고 발굴 당국은 다른 省 사람의 월권 행위를 용납하지 않는다고 선포하고 자신들이 직접 발굴 작업을 했다. 고고 발굴단의 작업은 잠시 멈추지 않을 수 없었다. 그후 중앙연구원 蔡元培 원장이 여러 번 교섭을 하여 11월 15일 발굴을 재개하였고, 12월 12일 끝마쳤다. 그간 甲骨文字 2천7백42판을 발굴했고, 고기물의 수확도 적지 않았다.[7]

何日章이 보낸 사람들도 2개월 동안의 발굴에서 많은 甲骨文字와 古器物을 얻었다. 1930년, 何日章은 또 두 차례나 安陽에 사람을 보내 문자가 있는 甲骨 3천6백56판을 발굴해 냈다.

중앙연구원의 安陽 고고 발굴 작업은 河南 지방 봉건 세력과의 마찰로 인해 잠시 중단되었다. 1930년 가을에는 山東省 정부와 합동으로 山東古迹研究會를 결성, 山東 濟南 龍山鎭 부근 城子崖를 발굴하기 시작한 결과 신석기 시대의 黑陶 문화 유적지를 발견했다. 이는 殷墟 문화 연구에 중요한 비교 자료로 제공되었다.

4. 1931년 중앙연구원은 河南省의 지방 봉건 세력과 여러 차례 교섭

끝에 3월, 李濟는 전체 인원을 이끌고 다시 安陽에 갔고, 河南省 정부 또한 關百益 등을 파견하여 참가했다. 평균적으로 매일 1백여 명의 인원을 고용했고, 작업은 小屯村 북쪽에서 유적지를 A·B·C·D·E 다섯 구역으로 나누어 진행했으며, 3월 21일에 시작하여 5월 12일에 끝마쳤는데, 文字가 있는 甲骨은 도합 7백81판이고 그외에 사슴 머리뼈에 새겨진 문자와 기타 유적·유물도 발견되었다. 이와 동시에 梁思永 등은 또 四盤磨와 後岡 2개 지구를 발굴했다. 후강에서 문자가 있는 骨版 1편을 발견했는데 이는 小屯 이외의 지역에서 발굴한 첫번째 甲骨文字였다. 또 그곳의 하층에서 彩陶 조각을 얻었고, 가운데층에서 黑陶 조각을 얻었으며, 상층에서 灰陶 文化 퇴적층을 발견하여 仰韶·龍山·小屯 세 문화의 시대 전후 관계를 해결하게 되었다. 이는 考古學上 매우 중요한 발견이었다.[8]

5. 1931년 11월 7일에서 12월 19일까지 다시 제5차 殷墟 발굴을 시작했다. 지점은 小屯村 중앙과 북쪽, 즉 전에 나눈 B·E지구와 새로 추가한 F지구의 세 곳인데, 문자가 있는 甲骨 3백81片을 발견했다. 1928년 시굴 때 출토한 甲骨의 坑位와 지하 형태를 탐구하기에 힘썼는데, 그 결과 殷代人이 거주한 원형 동굴과 기물이 저장된 토굴을 발견했고, 甲骨文字가 그 중에 산재해 있어 "甲骨이 있던 곳은 쌓아둔 것이지 표류해와 묻힌 것이 아님"을 증명해 주었다. 이로써 제1차에서 제3차까지의 발굴에서 殷墟는 홍수로 매몰되었다고 가정했던 설은 잘못임을 규명했다. 이외에 마을 북쪽에서 殷代의 건축 유적지를 아울러 발견했다.[9]

6. 1932년 4월 1일에서 5월 31일까지 小屯村 북쪽 B·E 두 구역에서 제6차 殷墟 발굴을 시작했다. 작업의 중점은 유적지의 탐색에 편중되었다. 발굴 결과 여러 번 개조한 殷代 왕궁 건축과 墓葬, 도기 조각과 문자가 있는 甲骨 1版을 발견했다.[10]

7. 1932년 10월 19일에서 12월 15일까지 小屯 북쪽 A · B · C · E 네 구역에서 제7차 발굴을 했다. 60미터 길이의 건축 기지가 발견되었는데, 터 위에는 다듬어진 주춧돌이 배열되어 있었다. 유적지와 건축 기지의 거주 분포 상황이 앞의 발굴 때보다 더욱 뚜렷했다. 小屯村 북쪽 6백 미터 이내에는 여러 종류의 건축 기지가 겹쳐 있고, 뒤엎어진 구덩이가 사이사이 널려 있어 殷代人의 종묘와 궁실의 소재였음을 설명해 주었다. 문자가 있는 甲骨 29片을 위시해서 1백여 상자의 기물을 발견했다. 또 붓으로 검게 '祀' 자를 쓴 흰 도기 조각을 발견했는데, '唯王某祀 왕모년'라는 문장의 끝부분일 것으로 간주되었다. 이 발견은 蒙恬이 처음 붓을 만들었다는 설이나 혹은 붓은 戰國 時代부터 쓰기 시작하였다는 舊說을 시정하는 데 근거로 삼을 수 있게 되었다.[11]

8. 1933년 10월 20일에서 12월 25일까지 郭寶鈞의 지휘로 小屯村 북쪽 D구역에서 제8차 발굴을 진행했다. 이때 문자 있는 甲骨 2백57片을 얻었다. 이외에 또 동서 양쪽으로 펼쳐진 집터 두 곳을 발견했다. 동쪽은 길이 30m, 너비 9m, 돌주추 외에 구리주추 10개가 있었고, 서쪽은 길이 20m, 너비 8m였다. 그외에도 유적지와 유물들이 적지 않았다.[12]

제8차 발굴과 동시에 四盤磨와 後岡에서도 계속 발굴을 했다. 後岡의 亞자형의 목곽 대묘에서 순장된 인골 28점을 발견했는데, 이는 殷代 노예주 계급이 사람을 죽여 순장한 명확한 증거라고 하겠다.

9. 1934년 3월 9일에서 4월 1일까지 小屯 북쪽 D · G 두 구역에서 제9차 발굴을 시작해 문자 있는 甲骨 4백41片을 얻었다. 3월 29일 侯家莊 농민 侯新文은 侯家莊 남쪽에서 甲骨文字 수십 片을 발견했는데 비밀리에 골동상에 가서 "좋은 값을 주면 팔겠다"고 흥정했다. 董作賓이 이 사실을 알고 즉각 小屯의 작업을 중지하고 전체 인원을 이끌고 侯家莊으로 가 발굴을 했으며, 10元을 주고 이들 甲骨을 모두 샀다. 4월 2일에

서 5월 31일까지 侯家莊에서 얻은 문자 있는 甲骨은 15片이고, 그 안에 '大龜七版'이 있었는데 배뼈가 6판, 등뼈가 1판이었다. 모든 판이 대체로 완전하고 문자가 전판에 가득한 이 甲骨은 모두 廩辛·康丁 시대의 史官 '猶'가 점쳐 기록한 것이었다. 이는 1929년 제3차 발굴 때 얻은 '大龜四版' 후 또 한 차례의 중요한 발굴이었다. 이로부터 甲骨文字의 출토 지점이 小屯·後岡에 이어 또 侯家莊 한 곳이 더 추가되었다.[13]

10. 殷墟 제8·9차 발굴중 後岡에서 殷代의 大墓를 발견했는데, 이는 발굴자들에게 安陽은 殷의 수도일 뿐 아니라 殷代 陵도 발견할 수 있으리라는 매우 큰 암시를 주었다. 그래서 1934년 가을에서 1935년 가을까지 희망을 품고 제10차에서 제12차까지 발굴했는데, 비록 문자 있는 甲骨은 발견하지 못했지만 예상대로 侯家莊 西北岡의 대규모 발굴중에 이곳은 殷代의 '皇陵'의 소재지였다는 것이 증명됐다.

1934년 10월 3일 梁思永은 제10차 발굴을 지휘했다. 작업 지점은 侯家莊 서북강이었는데 동서 두 구역으로 나누어 실시했다. 서쪽 구역에서 대규모 墓葬 4기를 발견했고, 동쪽 구역에서 작은 묘 63기를 찾았는데 그 중 32기를 발굴했다. 작은 묘의 갱 안에는 사람 머리, 머리 없는 肢體, 혹은 온전한 몸체가 있었고, 대부분의 묘혈에는 순장품이 전혀 없거나 있어도 아주 적어, 이 사람들은 노예주 계급의 희생물이었음을 설명해 주고 있었다. 이외에 부수적으로 同樂寨를 발굴했는데 仰韶·龍山과 小屯 시기의 문화가 3층으로 퇴적되었음을 발견했고, 아울러 석기·조개·골기·도기·청동기 약간을 얻었다.[14]

11. 1935년 3월 15일 제11차 발굴을 하였다. 작업 인원은 李光宇와 王湘이 증원되었고, 미국의 배상금으로 조성된 장학금을 받아 영국으로 유학간 夏鼐도 이번 야외의 고고 발굴에 참가했다. 작업 지점은 여전히 侯家莊 서북강이었고, 동서 양구역으로 나누어 제10차 때 완결하

지 못했던 작업을 계속했다. 서쪽 구역의 큰 묘를 깊이 12-13m까지 완전히 파 내려가 墓制와 殉葬 상황에 대해 더욱 철저히 이해할 수 있었다. 동쪽 구역에서 작은 묘 4백11기를 발견했는데 제10차에서 발굴한 32기와 합하면 4백43기이고, 순장자의 상태는 지난번과 같이 온전하거나 머리가 잘리기도 하였으나 車馬坑과 기타 동물 순장은 제10차 발굴에서는 볼 수 없었던 것이었다. 매장된 청동기, 백색 대리석으로 만든 입체 조각, 골기·옥기와 진록색 돌제품 같은 유물은 아주 정교하고 아름다웠다.[15]

12. 1935년 9월 5일 侯家莊 西北岡에서 제12차 발굴을 했다. 고용된 작업 인원은 5백 명으로 殷墟 발굴 이래 최대의 작업이었다. 작은 묘 7백85기를 발견했고, 앞의 두 차례와 합하면 1천2백28기였다. 대묘는 앞의 두 차례와 합쳐서 10기를 발견했다. (가묘도 1기 포함되었다.) 侯家莊 서북강에서 殷代 묘를 발굴한 동시에 또 侯家莊 건너 언덕 范家莊의 북쪽과 廣益 방직 공장 서쪽 大司空村의 동남쪽을 발굴했다.[16]

13. 1936년 봄, 또 洹水 북쪽 해안의 殷代 능 소재지의 서북강을 돌아 洹水 남쪽 殷의 도읍지 小屯村까지, 앞의 9차 발굴에서 완성하지 못한 작업을 계속했다.

3월 18일 郭寶鈞의 지휘로 제13차 발굴을 했다. 작업 지점은 小屯村의 북쪽에서 B·C 두 구역을 집중적으로 진행하여 6월 24일 끝맺었는데 99일이 걸렸다.

과거 小屯의 발굴은 '點'에서 '線'으로 진행하고 점차 소규모 '面'〔처음 한 點을 파고, 다음으로는 점과 점이 연결된 線상을 파며, 마지막으로 이들이 포함된 面을 파는 발굴 방법〕으로 확대 전개하였는데, 이로 인하여 궁실·覆穴·지하 창고의 터를 찾았다. 제13-15차는 전면적으로 '넓게 파헤치는 平翻' 계획을 실행하여 지하의 흔적을 일목요연하게 드러내 주었는데, 이는 바로 가장 과학적인 방법으로 진행한 小屯 유적지의 연구로서 공전의 발견을 했다. 이 발굴의 가장 중요한 수확은 완전 무결한 甲骨文字의 저장고인 YH(殷墟灰坑)127 원형 갱의 발견인데, 너비는 약 2m, 깊이는 1m 가량의 구덩이로 龜甲이 가득 차 있었다. 그곳에서 龜甲 1만 7천88片, 우골 8片 등 모두 1만 7천96片을 얻었다.

과거에 '大龜四版'·'大龜七版'을 발견한 적이 있으나 이번에는 완전한 龜甲 2백여 판을 발견했으니 확실히 만인을 놀라게 한 대발견이었음에 틀림없다. 뿐만 아니라 朱砂나 먹으로 씌어진 문자가 가득했고 대부분 卜兆가 새겨져 있으며, 모두 위에서 아래로 새겼고, 序數의 숫자는 1부터 10까지 정연했다. 또 貞人 殼·빋의 이름은 甲橋의 뒤쪽에 있는 예가 매우 많았다. 이러한 종류의 예들은 모두 甲骨學上 아주 중요한 발견이었다.

14. 1936년 9월 20일 梁思永은 제14차 발굴을 지휘했다. 먼저 小屯村 북쪽의 C구역에서 작업하였고, 그 뒤 점차 I지구까지 넓혀 갔다. 문자가 있는 龜甲 2片과 銅器·玉器 등 비교적 많은 양을 얻었다. 계속해서 제12차에서 발굴했던 大司空村을 더욱 철저하게 발굴했다.

15. 1937년 3월 16일부터 石璋如의 지휘 아래 제15차 殷墟 발굴을 진행했다. 小屯村 북쪽의 C구역을 집중 발굴하여 거주 유적지·묘장·銅器·石器·玉器 등의 유물을 발견하였고, 또 문자 있는 龜甲 549片, 골판 50片 등 모두 599片을 얻었다.[17]

상술한 15차에 걸친 발굴은 대체로 아래와 같이 몇 단계로 요약할 수 있다.

제1-3차는 시험 발굴의 성질을 갖고 있으며, 小屯村에서 甲骨과 기타 유물을 찾는 데 중점을 두었다. 결론적으로 말해서 발굴 범위는 협소하였고, 인원과 경비는 한계가 있었으며, 작업 방법도 완전하지 못했다.

제4차부터 인원과 경비가 증가되고 발굴 범위도 확대되었으며, 과거처럼 마구 갱을 파던 방법을 개선하여 구역을 나누어 발굴하는 등 비교적 큰 진전을 보였다. 또한 殷墟 유적지의 연구에 치중했으며, 유물의 획득에만 집착하지 않은 결과 궁실터를 발견하게 되었다.

제10-12차에서는 작업 지점을 小屯村으로부터 侯家莊 西北岡으로 옮기고, 발굴의 주안점도 거주 유적지로부터 묘지로 바꾸었다. 비록 甲骨은 발견하지 못했지만, 이로 인하여 殷代 능을 비롯해서 殷代 도읍에서 출토된 것보다 훨씬 풍부하고 진귀한 유물을 발견해 냈고, 殷代 통치 계급이 사람을 殉葬했던 잔혹한 사실도 알게 되었다.

제13-15차 발굴은 유적지의 연구에 중점을 두었다. 작업 지점은 다시 小屯村으로 돌아와 '넓게 파헤치는' 방법을 실시하였다. 그 결과 궁실 이외의 종묘 건축을 발견했을 뿐만 아니라 殷人이 종묘에서 거행한 성대한 의식(人祭와 人殉을 포함)을 이해하게 되었고, 한 구덩이를 가득 채운 甲骨의 출토는 殷墟 발굴 이래 가장 경이로운 발견이 되었다.

총 15차 발굴로 문자가 있는 龜甲인 字甲과 문자가 있는 獸骨인 字骨 2만 4천9백18片을 얻었다. 그 중 앞의 9차의 발굴에서 字甲 4천4백11片, 字骨 2천1백2片, 도합 6천5백13片을 얻었다. 이것들은 《殷墟文字甲編》(著錄 3938호)에 선별되어 수록되었다.

제13-15차 발굴에서 字甲 1만 8천3백7片, 字骨 98片 등 모두 1백8천4백5片을 발굴했는데, 이것들은 《殷墟文字乙編》(著錄 9105호) 상중하 3집에 실렸다.

또 1929년 何日章 등은 安陽을 두 차례 발굴하여 字甲 2천6백73片, 字骨 9백83片, 모두 3천6백56片을 얻었다. 후에 關百盆이 이들을 골라 탁본하여 《殷墟文字存眞》(모두 8집인데 매집마다 1백 片을 골라 영인)을 출판하였다. 또 孫海波는 《甲骨文錄》(모두 9백30片을 영인)을 편찬했다.

읽고 기억하기에 편리하도록 15차 발굴의 시간·지점·작업 인원을 도표로 만들면 다음과 같다.

15차 殷墟 발굴 개황

次	發掘 時期	發掘 地點	主管人	參 加 者
1	1928년 10월 13일 至 10월 30일	小屯村北, 東北, 村中	董作賓	李春昱, 趙芝庭, 王 湘, 張錫晋, 郭寶鈞
2	1929년 3월 7일 至 5월 10일	小屯村北, 村中 村南	李 濟	董作賓, 董光忠, 王慶昌, 王 湘, 裴文中
3	1929년 10월 7일 至 21일 11월 15일 至 12월 12일	小屯村北, 西北	李 濟	董作賓, 董光忠, 張蔚然, 王 湘
4	1931년 3월 21일 至 5월 11일	小屯村北, 后岡 四盤磨	李 濟	董作賓, 梁思永, 郭寶鈞, 吳金鼎, 劉嶼霞, 李光宇, 王 湘, 周英學, 關百蓋, 許敬參, 馬元材, 谷重輪, 馮進賢, 石璋如, 劉 燿
5	1931년 11월 7일 至 12월 9일	小屯村北, 村中, 后岡	董作賓	梁思永, 郭寶鈞, 劉嶼霞, 王 湘, 馬元材, 李英伯, 郝升霖, 張 善, 石璋如, 劉 燿
6	1932년 4월 1일 至 5월 31일	小屯村北, 侯家庄, 高井台子, 王裕口, 霍家小庄	李 濟	董作賓, 吳金鼎, 劉嶼霞, 王 湘, 李光宇, 周英學, 石璋如
7	1932년 10월 19일 至 12월 15일	小屯村北	李 濟	董作賓, 石璋如, 李光宇, 馬元材
8	1933년 10월 20일 至 12월 25일	小屯村北, 四盤磨, 后岡	郭寶鈞	石璋如, 劉 燿, 李景聃, 李光宇, 馬元材
9	1934년 3월 9일 至 5월 31일	小屯村北, 侯家庄南地, 后岡, 南霸台	郭寶鈞	石璋如, 劉 燿, 李景聃, 祁延霈, 尹煥章, 馮進賢
10	1934년 10월 3일 至 12월 30일	侯家庄西北岡, 同樂寨	梁思永	石璋如, 劉 燿, 祁延霈, 胡厚宣, 尹煥章, 馬元材

次	發掘 時期	發掘 地點	主管人	參 加 者
11	1935년 3월 15일 至 6월 15일	侯家庄西北岡	梁思永	石璋如, 劉 燿, 祁廷霈, 李光宇, 王 湘, 胡厚宣, 尹煥章, 馬元材, 夏 鼐
12	1935년 9월 5일 至 12월 16일	侯家庄西北岡, 大司空村, 範家庄	梁思永	石璋如, 劉 燿, 李景聃, 李光宇, 祁廷霈, 高去尋, 尹煥章, 潘 愨, 王建勳, 董培憲, 李春岩
13	1936년 3월 18일 至 6월 24일	小屯村北	郭寶鈞	石璋如, 李景聃, 祁廷霈, 王 湘, 高去尋, 尹煥章, 潘 愨, 孫文青
14	1936년 9월 20일 至 12월 31일	小屯村北, 大司空村	梁思永	石璋如, 王 湘, 高去尋, 尹煥章, 潘 愨, 王建勳, 魏鴻純, 李永淦, 石 偉, 王思睿
15	1937년 3월 16일 至 6월 19일	小屯村北	石璋如	王 湘, 高去尋, 尹煥章, 潘 愨, 王建勳, 魏鴻純, 李永淦, 石 偉, 張光毅

　前중앙연구원의 15차 殷墟 발굴은 이전에 자행되던 도굴과 어지럽게 파헤치던 것에 비하면 장족의 발전이고, 또한 지대한 성과를 올려 中國 考古學의 기초를 굳혔다고 할 수 있다. 그 중 야외 작업을 통해 수많은 탁월한 고고학자를 배출했던 점은 더욱 칭송할 만한 가치가 있다. 그러나 胡厚宣·陳夢家 같은 대가들이 지적한 바와 같이 발굴 작업과 연구가 이상적인 연계와 명확한 분담이 이루어지지 않음으로써 발굴 보고가 즉시 정리·공포되지 않아 학자들이 적절하게 최신의 자료를 이용할 수 없었다. 더욱이 발굴중 고대 사회·문화의 면모를 전체적으로 다루는 데 주의하지 않았다. 특별히 왕실 이외의 일반인들의 생활과 그 유적지의 탐색을 소홀히 했던 점은 여전히 적지 않은 미비점과 한계가 있었음을 설명해 주고 있다.[18]

제3절 戰後 출토된 甲骨의 수집과 수록

1937년, 日本 제국주의의 침략 전쟁 발발은 前중앙연구원의 殷墟 발굴 작업을 중단토록 했다. 항전 기간 日本人은 소위 '조사단'과 '연구반'을 조직하여 화북·동북 일대에서 유적지를 파헤쳐 中國의 귀중한 문물을 대량으로 약탈해 갔다. 그 중 하남의 고고 발굴을 전담한 기관으로는 화북종합조사연구소가 있었다. 개인적인 조사나 탐구는 더욱 빈번하였는데 胡厚宣의 통계에 의하면, 1938년 봄 慶應義塾大學 文學部는 北支 학술조사단을 조직하여 大山柏의 지휘 아래 安陽 일대를 조사했다. 같은 해 가을, 동방문화연구소의 水野清·岩間德也 등은 安陽 侯家莊에 와 조사하고 발굴에 착수했다. 1940년에서 1941년까지는 東京帝國大學 考古學 교실 인원들도 安陽에 와 발굴에 착수했다. 1942년에서 1943년까지 하남에서 주둔한 일본 군대는 그들의 앞잡이들을 내세워 대대적으로 도굴한 결과, 발굴한 고기물이 적지 않았는데 모두 일본으로 가져갔다.

대전 후기와 종전 후, 미국인과 국민당은 또 대량으로 中國 고기물을 빼앗아 가거나 대만으로 실어갔다. 한때 도굴이 성행하여 많은 고기물이 도적질당했는데, 이들은 북경·상해로 운송되거나 외국으로 흘러들어갔다. 1939년, 安陽 주민들은 武官村에서 靑銅大鼎 1점을 발견한 바 '馬槽鼎'(司母戊鼎)이라 칭했다. 손잡이 끝까지 총높이는 133cm, 길이 110cm, 폭 78cm, 무게 875kg에 달하는 대형 기물이었기 때문에 밖으로 운반할 수 없어 다시 묻어 버렸다. 日本人은 이 소식을 듣고 다각적으로 수색하였으나 결국 찾지 못했다. 1946년 다시 발굴하여 南京博物館으로 보냈다가 현재는 中國歷史博物館에 소장되었다. 이는 安陽에서 출토된 청동기 중 가장 크고 무거운 것인 동시에, 가장 웅장하고 정교하며 형체 또한 아름답다.[19]

대전 후 출토된 甲骨文字의 대부분은 이미 외국으로 흘러나갔고, 그후 北京·天津·上海 등지에서 힘써 수집하여 여러 저서에 수록해 참고할 수 있는 것은 약 1만여 편이다. 항전이 승리하자 胡厚宣은 즉시 후방으로부터 北京·天津으로 가 조사와 수집을 재개했다. 1946년 가을 齊魯大學을 따라 成都에서 濟南으로 돌아왔는데, 上海와 南京을 들렀을 때 많은 甲骨을 수집했다. 그는 고가로 구입한 수천 편의 甲骨과 일부 탁본한 것 외에 공·사적으로 소장된 것을 빌려 탁본하고, 혹은 탁본을 빌려 일일이 모사하고 수록해서 전쟁 후 甲骨文字의 수집과 전파에 지대한 공헌을 했다.

전쟁 후에 새로 발굴된 자료로 편찬한 중요한 저서를 열거해 보면 대략 12종이 된다.

1. 于省吾,《雙劍誃古器物圖錄》, 1940年版, 4片.
2. 黃　濬,《鄴中片羽》3집, 1942年版, 215片.
3. 李旦丘,《殷契摭佚》, 1941年版, 118片.
4. 胡厚宣,《元嘉造象室所藏甲骨文字》, 1946年版, 270片.
5. 胡厚宣,《頌齋所藏甲骨文字》, 1946年版, 13片.
6. 胡厚宣,《雙劍誃所藏甲骨文字》, 1946年版, 254片.
7. 李亞農,《殷契摭佚續編》, 1950年版, 343片.
8. 胡厚宣,《戰後寧滬新獲甲骨集》, 1951年版, 1145片.
9. 胡厚宣,《戰後南北所見甲骨錄》, 1951年版, 3276片.
10. 郭若愚,《殷契拾掇》, 1951年版, 560片.
11. 郭若愚,《殷契拾掇二編》, 1953年版, 495片.
12. 胡厚宣,《戰後京津新獲甲骨集》, 1954年版, 5642片.[20]

제4절 1950년 후의 과학적 발굴과 수확

신중국 성립 후 당과 정부는 고고 발굴과 고대 문물의 보존 작업을 매우 중시했다.

1950년부터 일련의 정책 법령을 공포했는데, 한편으로는 진귀한 문물의 유출을 방지하고, 한편으로는 도굴과 '보물을 파내는 식'의 비과학적 발굴을 지양하려는 의도였다. 이를 위해 文化部는 文物局을 설립하여 전국의 문물관리 작업을 지도했고, 各省은 서로 연계를 갖는 문물관리위원회를 설립했다. 중국과학원은 또 고고연구소를 단독으로 설립하여 각지의 고고 연구를 지도하였다. 국가 기본 건설의 활기찬 전개에 따라 전국 각지에서도 수많은 옛 문화 유적지를 발견했기 때문에 때맞추어 이것들을 급히 정리해야 할 요구가 절실했다. 따라서 조직적이고 계획적인 발굴 작업은 더욱 특별한 관심과 지지를 얻었다. 고고 작업을 확대시킨 사람들은 마르크스주의 · 毛澤東 사상의 지도하에서 각종 유적 · 유물의 발굴 연구를 통해 고대의 정치 · 경제와 물질 문화의 면모를 제시하는 데 노력함으로써 계급 투쟁과 사회 · 역사 발전의 규율을 천명하여 과거 중국의 考古를 위한 고고와는 비교할 수 없는 경지에 이르게 하였다.

1. 1950년 봄과 그후 수차에 걸친 殷墟 발굴

신중국 초기, 小屯의 중요한 문화 유적지에는 일찍이 전문적인 보관소가 설립되었다. 1961년 국무원은 또 殷墟를 중국의 핵심적인 문물보존지구로 공포했다. 1950년부터 지금까지 중국과학원 고고연구소는 河南省 문화국 문물공작대와 함께 도합 10여 차례에 걸쳐 발굴을 전개했다. 그간의 발굴 상황을 나누어 서술하면 아래와 같다.

1. 1950년 4월 12일에서 6월 10일까지 중국과학원 고고연구소가 설립되자마자 安陽 殷墟에서 제1차 발굴을 시작했다. 발굴 작업은 郭寶鈞이 지휘하고, 작업 인원으로는 趙銓·馬得志·魏善臣과 北京大學 대학원생 安志敏과 당시 平原省 문물관리위원회의 裴毓明·王興之·王珍卿 등이었다. 발굴 지점은 洹水의 남북 두 구역으로 구분하였다.

洹水 북쪽은 후가장 서북강 殷陵 동부 가장자리와 武官村 북쪽에 걸쳐 있는데 노예주의 대묘 6기를 발견했고, 노예를 잘라 제사하고 순장한 대묘의 배열된 구덩이 17개, 무질서하게 매장한 구덩이 8개를 발견했다.

洹水 남쪽은 小屯村 殷代 도읍의 궁실·종묘 서쪽을 둘러싸고 있는데 四盤磨를 중심으로 거주 유적지 세 곳, 灰土坑 4개, 中小墓 17기를 발굴했다.

武官村 대묘의 허리 부분 갱 안에는 사람 1명과 銅製 무기 1점이 매장되었는데 아마도 묘주인 殷王의 경호원으로 추정된다. 순장자는 묘의 동쪽에 남자 17명, 서쪽에 여자 24명, 모두 41명이었는데 피살되거나 묶인 흔적은 없었다. 어떤 묘는 목관 이외에 殉葬된 사람과 작은 짐승이 있었는데, 이들은 묘주의 신하이거나 시종일 것으로 간주되었다. 남북 墓道에는 마차를 끄는 말, 문을 지키는 개와 경비하는 무사가 분포되어 있었다. 묘실 사방에는 34두의 사람 머리가 있고, 그외에 말이 있는 구덩이와 기타 짐승뼈가 산재해 있었다. 대묘 부근 배열된 17기 묘 중에서 1기의 유골 형태만 마구 흐트러져 있었을 뿐 기타 16기는 모두 머리가 없이 엎드려 있고 부장품도 없었다. 그 중 12기에는 각각 사람뼈 10구가 있고, 4기 중에는 6구·8구가 있었으며, 나머지 2기에는 9구가 있었다.

배열된 구덩이 남쪽 8기의 흩어진 묘 중에 매장된 사람수는 일정하지 않았지만 엎드려진 채 머리가 없는 것으로 보아 묘주를 제사 지낼 때 희생된 사람들로 간주되었다.

前중앙연구원은 安陽 殷墟의 궁전과 능묘를 발굴했을 때 일찍이 사람을 희생시켜 제사 지낸 사실을 발견했다. 그 중 한 묘의 순장자는 거의 3,4백 명이나 되었지만 이 자료가 아직 공포되지 않은 채 유물은 이미 전부 臺灣으로 옮겨져 버려, 1950년 초기 한때 연구하는 데 어려움이 있었다. (현재에는 侯家莊 1001·1002·1003·1004·1217·1500·1550 등 대묘의 보고가 출판되었다.)

1950년 3월 19일 《光明日報》는 郭寶鈞의 《殷周의 殉葬 사실에 대한 기록 記殷周殉人之史實》을 발표했고, 3월 21일에는 郭沫若의 《殷周의 순장 사실에 대한 기록을 읽고 讀了'記殷周殉人之史實'》를 발표해서 학계의 폭넓은 관심을 불러일으켰다. 당시 토론에 참가한 학자는 20여 명에 달했고, 수십 편의 논문이 발표되어 신중국 성립 이후 사학계 최초의 열띤 학술 토론이 벌어졌다.

이번 발굴에서 얻은 유물은 매우 많았다. 그 중 四盤磨에서 발견한 문자 있는 甲骨 1판에는 3행 16자가 씌어 있는데, 일반 卜辭의 문자 나열 방법과 판이하게 달랐다. 이 발견은 甲骨文字의 출토 지점이 小屯村·侯家莊 남쪽·後岡 세 곳 이외에 또 한 곳을 늘려 네 곳으로 증가시켰다.[21]

2. 1953년에서 1954년 사이 중국과학원 고고연구소는 安陽 大司空村에서 전후 세 차례 발굴 작업을 통해 殷代 묘장 1백66기를 발견했고, 殷代 車馬 구덩이 한 곳, 殷代 유적지 열 곳을 찾아냈다. 거마가 묻힌 갱의 발견은 殷代 거마 제도에 실물 증거를 제공했다. 또 농업 생산에 이용한 청동으로 만든 삽 한 자루를 발견했는데, 명확한 사용 흔적이 있고, 전체 길이는 22.45cm, 날의 너비 8.5cm인데 상단에 네모난 구멍이 있어 나무 손잡이를 넣어 쓸 수 있게 제작되었다. 우리가 알고 있는

바에 의하면, 商代의 청동 농기구는 大司空村에서 발견된 이 청동삽 외에 1960년 安陽 苗圃에서 또 1점을 발견했는데, 길이 21cm, 날의 너비 11cm였다.[22]

3. 1955년 가을, 河南省 문화국 문물공작대는 安陽 小屯을 또 발굴했다. 출토물은 다량의 도기 조각·骨材와 골기가 있고, 그 중 小屯村 동남쪽에서 문자가 있는 卜骨 1片을 발견했다. 그 위에 "丁卯, 癸亥日에 점을 칩니다. 王은 商으로 들어갈까요? 乙丑日에 대왕이 후회하지 않으면, 크게 길할 것이다 丁卯, 癸亥卜, 王其入商. 乙丑王弗每. 弘吉"고 새겨져 있었다. 또 소형의 장방형 집터를 발굴했는데 이러한 집터 형식은 鄭州 초기부터 安陽 殷商 시기에까지 계속 사용되었던 것이고, 유물 중에는 대량의 골재, 폐골재와 가공한 골기로 만든 물건, 혹은 미완성품까지 있어 安陽 殷墟의 骨制공장을 찾는 데 실마리를 제공했다.[23]

4. 1957년 8월, 安陽 小屯村 동남쪽 2리 高樓莊의 서쪽에 있는 薛家莊의 남쪽에서 기반 공사를 하다가 殷代 유적지와 대량의 유물을 발견했다. 특기할 만한 것은 殷代 전후기의 灰層과 청동제련 유적지가 두 곳 있고, 도요지와 골제소가 있었다. 그외에 8기의 殷代 묘 중에서 청동·옥·도기 등 70여 점, 문자 없는 甲骨 39片, 문자 있는 龜甲 1片을 정리해 냈다. 이곳은 殷墟 외에 또 甲骨이 출토된 새로운 곳이었다.[24]

5. 1958년 봄, 河南省 문화국 문물공작대는 다시 大司空村의 옛묘 53기를 발굴했는데, 그 중 51기는 殷代 말기의 묘였다.[25]

6. 1958-1959년, 중국과학원 고고연구소 安陽 발굴대는 小屯 서쪽·苗圃 북쪽·張家墳·白家墳·梅園莊·孝民屯·北辛莊·范家莊·後岡·大司空村·武官 북쪽 등 열한 곳에서 발굴을 전개했다. 참가자는

도합 35명이고, 발굴 면적은 4천여 제곱미터였다. 大司空村 114호 灰坑에서 마디도 자르지 않은 조잡한 卜骨 2片을 발굴했는데, 1편 정면에는 '辛貞在衣'라는 4자가 새겨져 있었고, 나머지 1편에는 '文貞'이라는 2자가 새겨 있었는데, 글자체가 어찌나 가늘고 작은지 연습삼아 새긴 卜辭 같았다. 이는 小屯·後岡·侯家莊·四盤磨·高樓莊 이후 여섯번째로 甲骨이 출토된 지점이다.[26]

7. 1962년, 중국과학원 고고연구소 安陽 발굴대는 다시 大司空村을 발굴했다. 발굴 지점은 1953년에 발굴한 殷代 묘지 서북쪽 1백여 미터 밖인데, 남쪽은 1959년 가을에 발굴한 곳과 접해 있었다. 이번 발굴로 殷代 문화층의 分期에 대해 보다 깊은 이해를 하게 되었다.[27]

8. 1971년, 중국과학원 고고연구소 安陽 발굴대는 後岡 최고봉의 남쪽 약 1백 미터 밖에서 발굴을 진행했다. 仰韶 文化 유적지 한 곳을 중점적으로 발굴하여 35기 殷代 묘와 14기 東周 시대 묘를 조사 정리했다. 그 중 殷 묘의 한 가지 특이한 현상은 노예 殉葬이 보편적으로 이루어졌다는 점인데, 이 시대는 殷墟 말기에 속했다. 과거 여러 차례에 걸쳐 발굴을 했기 때문에 유물은 단지 도기 30점, 청동기물 2점, 청동무기 5점, 청동공구 3점과 기타 약간의 기물이 있었을 뿐인데, M48에서 출토된 글자가 새겨진 甲骨 조각도 이에 포함된다.

1972년 1월 28일에서 3월 30일까지 또 後岡에서 발굴을 하였는데, 지점은 1959년 발굴한 원형 갱의 동남쪽인 高樓莊村 내였다. 여기에서 仰韶·龍山·殷 文化 등 세 문화의 퇴적층이 발견되었다. 殷 文化 유적은 비록 殷墟에서 늘 볼 수 있는 것이었지만, 이번 발굴로 殷墟 文化 분기에 대한 확실한 실마리를 찾았다. 지층 퇴적과 출토 유물을 볼 때 과거에 분획된 大司空村 1·2期와 비슷했다.[28]

9. 1972년, 安陽 小屯村 주민 張五元은 마을 남쪽 도로변의 작은 도랑을 파다가 황토 속에서 卜骨 조각들을 발견했는데, 그 중 6片에 卜辭가 새겨져 있었다. 그는 즉각 중국과학원 고고연구소 安陽 발굴대에 보고했다. 때가 엄동설한이어서 발굴이 불편해 安陽 발굴대는 卜骨이 출토된 지점에 우선 보호 시설을 만들었다. 1973년 3월 하순에서 8월 10일, 10월 4일에서 12월 4일까지 安陽 발굴대는 연이어 마을 남쪽에서 두 차례 발굴을 하여 甲骨 5천41片을 발견했다. 卜甲 70片, 卜骨 4천9백59片, 牛肋骨 조각 4片, 그리고 가공하지 않은 골재 8片이 포함되었다.

이번은 신중국 성립 이후 安陽 殷墟에서 甲骨이 가장 많이 출토된 발굴이었다. 게다가 이 甲骨은 모두 명확한 지층 관계를 가지고 있고, 또 도기가 같이 있어 甲骨의 斷代 분기와 동시에 殷墟 文化의 분기에까지 새로운 증거를 제공했다.[29]

1975년 10월, 고고연구소는 '小屯南地甲骨整理班'을 결성하여 이 큰 무더기 甲骨 자료를 먼저 흙과 녹을 제거하고, 단단하게 붙이고, 짝을 맞추고, 조각을 맞추어 綴合하고, 탁본을 뜨는 등 전문성을 요하는 작업을 전개했다. 이 큰 무더기 자료를 가능한 한 빨리 독자와 만날 수 있게 하기 위해서 완성된 제1단계 기본 작업에 기초하여 먼저 《小屯南地甲骨》 상권을 집필해, 中華書局에서 이들을 제1·제2 2권으로 나누어 1980년 10월 출판하였다. 이후 다시 하권을 출판했는데 釋文과 摹寫는 물론 이와 관계 있는 색인을 실었다. 상권 중 《發掘簡報》와 일치하지 않는 甲骨 출토의 통계숫자 및 일부 회갱과 卜辭의 분기 문제에 관해서는 《小屯南地甲骨》을 기준으로 삼아야 할 것 같다.

10. 1976년 安陽 殷墟에서 노예를 제사 지내고 묻었던 구덩이의 발굴로 인해 商代 통치 계급의 잔혹한 면모가 또 한 차례 적나라하게 폭로되었다.

1976년 武官村 대묘 부근에서 모두 1백81개의 제사갱이 발견되었는데, 3기의 대묘 사이에 규칙적으로 배열되어 있고 대부분 남북향이며 몇 개는 동서향인데 한 덩어리로 연달아 널려 있었다. 전체 넓이는 대략 몇만 제곱미터로 추정되었다. 층층이 겹쳐진 것을 볼 때 남북향의 제사갱은 武丁 시대에 해당하고, 동서향의 갱은 대략 祖甲 이후로 추정된다. 초기 남북향 갱 중, 각 갱 안에는 8-10具의 머리가 잘리고 몸체가 구부러진 남성 청장년의 인골이 있었다. 말기 동서향 갱 안에는 온전한 성인 여성 혹은 아동의 유골이 있고 사람수는 점점 적었다. 단지 1959년에 발견한 10기의 나란한 묘와 1976년 발굴한 1백81개의 제사갱을 통계내어 보면 도합 인골 1천1백78구가 나왔는데 적게는 1,2명에서 많게는 수십 명이며, 가장 많은 수는 2,3백 명에 달했다. 胡厚宣은 祭祀 卜辭를 연구하여, 사람을 제물로 제사 지낸 것과 관련된 甲骨 1천3백50片, 卜辭 1천9백92條에서 모두 1만 3천52명을 찾아냈고, 그외에 1천1백45條 卜辭에는 사람수가 기입되지 않았다. 희생물로 사람을 바칠 때에는 적으면 몇 명, 많으면 수십 명, 가장 많게는 3-5백 명에 달했는데, 역시 武丁 시대에 가장 많이 희생되었고, 祖庚·祖甲 시대가 그 다음, 廩辛·康丁과 武乙·文丁 때가 祖庚·祖甲 시대보다 약간 많았으나 帝乙·帝辛 때에는 현저하게 줄었다.

卜辭와 발굴된 유물을 기초로 볼 때 초기에 많았고, 말기는 점차 줄어드는 상황이 기본적으로 일치하고 있었다.[30]

11. 1976년, 중국과학원 고고연구소 安陽 발굴대는 小屯에서 완전하게 보존된 殷代 노예주 귀족의 묘, 즉 殷墟 5號墓인 '婦好'墓를 발굴했는데, 이는 신중국 이후 또 한 차례의 중대한 발견이었다.

1975년 겨울, 安陽 殷墟 '宮殿' 유적지 서남쪽을 조사하여 지금의 小屯村 북쪽에서 대략 서쪽으로 1백 미터 치우친 곳의 언덕에서 집터 여러 곳을 발견했는데 엄동설한으로 발굴이 불편했기 때문에 다시 덮어두었다. 1976년 정식으로 발굴을 시작하여 1천 제곱미터의 발굴 범위

내에서 집터 10여 곳, 회갱 80개, 殷 묘 10여 기를 발견했다. 그 중 5號墓는 이 발굴 가운데 중요한 수확이었다. 묘의 규모는 아주 크다고 할 수 없지만 묘실이 전혀 손상되지 않아서 1천6백 점이 넘는 아주 풍부하고 아름다운 기물로 차 있었고, 그외에 바다조개가 7천여 개 가까이 있었다. 출토된 청동기는 명문에 따라 다음과 같이 7조로 나뉘었다. 7조의 명칭은 婦好·司母辛·司쟁母·亞弜·亞其·亞啓·束泉으로, 그 중 婦好·司母辛 2조는 묘주의 신분과 墓葬 연대를 판단하는 관건이 되었다. 고고연구소 安陽 공작대의 발굴 보고에 의하면 우선 武丁 시기의 묘장으로 초보 판정했다.[31]

12. 1969년에서 1977년, 중국과학원은 또 安陽 殷墟의 서부, 동으로 小屯村에서 약 1천5백 미터에 위치한 白家墳·梅園莊·北辛莊·孝民屯의 사이에서 殷墟와 다른 시기의 묘장 9백39기와 거마갱 5개를 발굴했다. 묘장 형식·장례기구·매장 형식·순장인과 기타 순장품의 다름에 근거하여 이 묘들의 주인은 다른 계급·계층에 속하는 것으로 간주되었으나, 혈연 관계를 가진 종족의 조직이 사후에 공동의 '族墓地'에 매장했을 것으로 추정하는 것은 보류하였다. "바로 이런 점에서 우리는 殷代의 족묘지와 원시 사회의 씨족 묘지와는 질적인 구별이 있음을 알 수 있었다."[32]

신중국 성립 후 殷墟에서 출토된 甲骨文字의 총계는 5천여 片으로 추정된다.

1950년 四盤磨에서 발굴된 문자 있는 卜骨 1片.
1955년 小屯村 동남쪽에서 문자 있는 卜骨 1片.
1957년 高樓莊에서 문자 있는 龜甲 1片.
1958-1959년, 1971-1972년 小屯 서쪽에서 발견된 문자 있는 龜甲 2片, 문자 있는 字骨 13片.

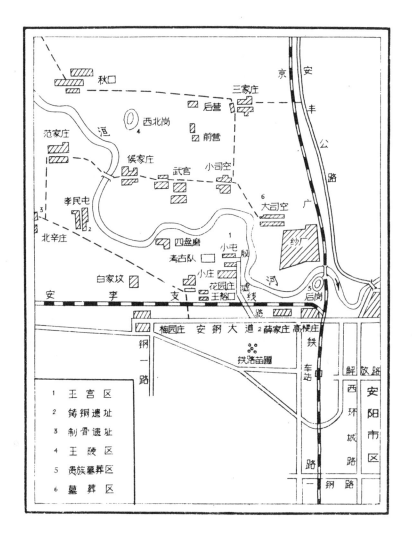

殷墟의 위치 및 주요 유적 분포도

1959·1961·1974년 安陽 苗圃 북쪽에서 문자 있는 龜甲 2片, 문자 있는 字骨 1片.

1971년 後岡에서 문자가 새겨진 뼛조각 1片.

1973년 小屯 남쪽에서 문자 있는 龜甲 70片, 문자 있는 字骨 4천9백

63片(牛肋骨 조각 4片 포함).

1928년 이래로 반세기의 殷墟 발굴 작업을 통해 3천여 년 동안 매몰되었던 궁전 건축터·商 王陵·귀족 혹은 평민묘·각종 작업장·창고·공구·무기·禮器 등이 줄지어 발견된 바, 이는 중국 考古學上 가장 위대한 성과의 하나였다. 그 중 YH127갱과 小屯 남쪽에서의 甲骨의 발견은 甲骨學史上 가장 중대한 수확이었다.

殷墟의 범위는 매우 넓다. 야외의 고고 발굴에 의하면 총면적은 24 km² 이상이었다. 洹河 남쪽 해안은 대체로 위로 商代 왕궁(지금의 小屯村 부근)이 중심이 되고, 주위는 수공업 공방·민간인 거주지·묘장 등이 둘러싸고 있다. 洹河 북쪽 해안은 왕릉(지금의 武官村·侯家莊 일대)이 중심이 되어 商王과 귀족의 능묘와 수천을 헤아리는 죽은 노예들의 제사갱이 있고, 주위에는 商代의 취락과 평민의 묘장이 있었는데 계급에 따라 다른 대우를 받았던 분명한 차이를 보여 주고 있다. 이는 商代 후기 노예제 사회의 역사 연구에 매우 풍부하고 상세한 역사적 자료를 제공해 주었다.

2. 殷墟 이외에서 출토된 殷商 甲骨

신중국 성립 후 安陽 殷墟 이외의 많은 지역에서 계속적으로 商 文化 유적지가 발견되었다. 그 중 鄭州의 商城 유적, 湖北 黃陂 盤龍城 유적, 河北 藁城 商 文化 유적과 江西 淸江의 吳城 문화 유적 등은 모두 극히 중요한 발견이었다. 그 중 甲骨 발견의 상황을 간단하게 서술하면 아래와 같다.

• **殷墟 이외에서 출토된 文字 없는 甲骨의 예**
신중국의 고고학자들은 계속해서 殷墟를 발굴하였을 뿐 아니라 황하 중하류 남북 양안과 長江 유역에서 대대적으로 고고 조사와 발굴 작업을 전개하였고, 이어서 河南 輝縣·安陽·鄭州·偃師·洛陽·陝縣·澠池·新鄕 및 河北省·山東省·陝西省·山西省 등 여러 지역에서까지 商代 유적을 발견하였는데, 卜骨(수골에 점친 것)과 卜甲(귀갑에 점친 것)도 출토되다. 早商 문화 초기의 卜骨은 불로 지지고 鑽(골판 뒤에 판 둥근 홈)이 없거나, 혹은 불로 지지고 鑽이 있었다. 그러나 모두 鑿(골판 뒤에 판 타원형 홈)한 흔적은 없고 투박하고 거칠게 처리되었다. 早商 文化 후기의 卜骨은 대부분 불로 지지고 鑽이 있고 불로 지지고 鑽이 없는 것이 적었다. 또한 殷墟와 같은 시기의 甲骨도 있었는데 이들은 鑽과 鑿을 겸하여 초기 문화와 뚜렷한 구분이 있었다.

1950년 鄭州 부근에서 가장 먼저 商代 文化의 유적지를 발견하였다. 1955년부터 국가 기본 건설에 부응하기 위하여 二里岡·南關外·白家莊·銘功路 서쪽·紫荊山 북쪽·人民公園·洛達廟·旭旵王村 등지에서 계획적인 발굴을 하였고, 그 결과 대다수 지역에서 商代 初期 文化의 특징을 갖고 있는 卜骨과 소량의 卜甲을 발견하였다. 예를 들어 1952년 二里岡에서 출토된 3백75편의 卜骨과 39편의 卜甲 조각들은 소의 견갑골과 거북의 腹甲이 주종을 이루고 있으며, 손질법·구멍 파는 법(鑽法)·불로 지지는 법(灼法) 등에서 모두 뚜렷한 특징이 있었다. 특히 牛頭骨로 된 卜骨 1편이 가장 특이했다.[33] 1953년 8월 하순과 9월 초, 二里岡에서 발견된 것 중 鑿이 있는 龜甲 1편을 또 얻었다.[34] 1954년 二里岡 및 紫荊山·人民公園에서는 한 무더기의 卜骨과 소량의 龜甲이 발견되었다.[35] 또한 1954년 11월 南關外에서 早商의 卜骨을 발견하였다.[36] 뒤이어 1955년 겨울 집중적으로 南關外 유적을 발굴하였는데 그 유적지는 모두 4층으로 구분되어 있었다. 제1층은 戰國 時代 문화층이고, 제2·3층의 유물은 二里岡 上下 양층의 출토물과 완전히 같았다. 제4층의 시대는 二里岡 하층보다 빨랐다. 제2층에서 제4층까지의 早商 문화층에서 卜骨·卜甲이 모두 1백30여 점 출토되다.[37] 1956년

鄭州 洛達廟의 商代 유적의 시굴중 14 · 17 · 18 · 26호 4갱 안에서 동일 문화에 속하는 유물을 발굴하였는데, 대략 二里岡 商代 文化 하층보다 빠르다. 그 중 불로 지졌으나 鑽鑿이 없는 卜骨 3편을 발견하였다.[38] 같은 해 鄭州 旭岾王村 殷 문화층에서 鑽鑿이 있는 卜骨 20편을 얻었다. 이 문화층의 시대는 鄭州 人民公園 商代 상층 문화(鄭州 商代 후기 문화)와는 서로 비슷하거나 약간 늦다.[39]

1956년 陝縣 七里舖 商代 유적지에서 비교적 완전한 卜骨 24편이 출토되었는데, 그 중에는 羊 견갑골 11편, 돼지 견갑골 9편, 소 견갑골 4편이 있었다. 양 · 돼지뼈는 원형이 그대로 보존되어 있었고, 소뼈는 손질된 것이었다. 또 부서진 龜甲 1편이 있었는데 다듬어진 듯했다. 그러나 불에 지진 흔적과 兆紋은 보이지 않았으며, 대략 二里岡 卜骨과 비슷하고 또한 早商의 특징을 갖추고 있었다.[40]

1959년 2월 南陽市 十里廟村 동쪽 商代 유적지 중에 卜骨이 있음을 발견하였는데, 시대는 安陽 小屯村의 殷代 후기 문화와 대체적으로 같았다.[41]

1959년 4월 偃師 灰咀 유적지를 발굴하여 卜骨 세 조각을 얻었는데, 위에는 불로 지진 흔적이 있으며, 그 중 한 조각은 돼지의 견갑골이었다. 이 유적지는 商代 초기 문화의 특징을 갖추고 있으며, 鄭州 洛達廟 것과 비슷하였다.[42]

그밖에 新鄉 潞王墳 유적지 상층에서 卜骨 3점과 하층에서 卜骨 1점이 출토되었으며, 澠池鹿寺 유적지에서 출토된 卜骨은 부서진 조각이 많았고, 비교적 완전한 것 4점이 있었다. 이들 卜骨도 早商의 특징을 보여 주었다.[43]

河北省 邢台지구, 즉 기차역 서쪽 · 曹演莊 · 尹郭村 · 賈村 · 東先賢村 등과 같은 商代 유적지에서는 1956년부터 1958년까지 모두 卜骨 · 卜甲의 출토가 있었다.[44]

邯鄲에서는 1957년 가을 澗溝村 · 龜山寺 등의 殷商 유적지를 발굴하여 약간의 卜骨과 卜甲을 얻었다.[45] 藁城台西村은 1956년부터 商代 유적지를 발견하기 시작하였고, 1972·1973년의 발굴에서는 전·후기로 시기가 구별되는 문화 유적 중에서 약간의 卜骨과 卜甲을 발견했다.[46]

山東 濟南 大辛莊에서는 신중국 성립 후 계속적으로 소량의 卜骨과 卜甲을 얻었다.[47]

이외에 山西 太原 光社에서도 卜骨의 출토가 있었다.[48]

殷墟 이외에서 출토된 문자 없는 甲骨의 상황은 대체로 상술한 바와 같다.

● 殷墟 이외에서 출토된 文字 있는 甲骨의 예

殷墟 이외에서 출토된 문자 있는 甲骨은 매우 드물어 손가락으로 셀 정도이다.

1953년 봄 鄭州 二里岡 早商 유적지에서 '연습삼아 새긴 문자'가 있는 동물의 견갑골 1점을 발견했는데, 이것은 매우 중요한 발견이었다.[49] 1955년 鄭州 南關外에서 또 문자 있는 뼛조각 1片을 발견했다.[50]

裴錫圭의 《신중국 이후 古文字 자료의 발견과 정리 解放以來古文字資料的發現和整理》에 의하면, 鄭州 二里岡에서 발견된 商代 초기에 속한 1편의 卜骨에는 '屮'자가 새겨 있었고, 또 다른 1편은 문자수가 비교적 많고 지층은 분명치 않았으나 여전히 초기에 속한다고 하였다.[51]

李學勤은 《安陽 小屯 이외에서 출토된 문자 있는 甲骨을 논함 談安陽小屯以外出土的有字甲骨》에서 또 洛陽 東關泰山廟에서 출토된 문자 있는 갑골을 제시하였다.[52]

3. 周原 甲骨의 발견

暢文齋·顧鐵符의 《山西 洪趙縣 坊堆村에서 출토된 卜骨 山西洪趙

縣坊堆村出土的卜骨》에서는 1954년 10월 일찍이 문자 있는 卜骨 한 조각을 발견했다고 소개하였다. 鑽한 모양이나 鑿한 흔적, 새긴 글자체 및 卜骨과 함께 출토된 초승달 모양의 골장식품과 그 구조로 보면, 商代의 유물이 아니라 東周나 趙나라의 것이 분명했다.[53]

李學勤의 《談安陽小屯以外出土的有字甲骨》에서는, 山西省 洪趙縣 坊堆村에서 출토된 완전한 肩胛骨 위에 '化宮鼎三止又疾, 貞'〔《西周甲骨的幾點研究》(《文物》 1981년 9기)에는 '北宮□三匋(斯)又(有)疾, 貞'으로 되어 있다〕이라는 8자가 있는 바, 분명 西周의 것인데 暢·顧는 시대를 너무 늦게 잡았다고 지적했다. 이 밖에 1956년 1월 陝西省 長安의 張家坡에서는, 대응되는 숫자가 있는 卜骨을 발견했는데 역시 西周의 것이었다. 李學勤은 "西周 卜辭의 발견은 문자 있는 甲骨이 반드시 商代의 것이라는 선입견을 깨뜨렸다"[54]고 했다.

1975년 北京 昌平縣 白浮村의 西周墓 중에서 甲骨 1백여 편을 발견했는데, 대부분 문자가 없었으나 문자가 있는 부서진 조각도 몇 판 있었다. 1片에는 '貞' 자가 새겨져 있었고, 또 다른 片에는 '不止'라는 두 자가 새겨져 있었다. 또 다른 1편에 '其祀'라 새겨졌고, 다른 것에는 "천신·지신이 순조롭게 할까요 其上下韋馭"라고 새겨져 있었다.[55]

1977년 7-8월, 周原考古隊가 岐山 鳳雛村 甲組 건축 墓址를 발굴했을 때 한 무더기 甲骨文을 발견하였다. 이 건축 기지의 시대는 西周初에 속하며, 처음에 이 기지를 종묘 건축이라고 판정하였다. 甲骨文은 건축 기지 내 서쪽 제2호 방의 한 구덩이 속에서 출토되었는데, 편집 번호는 77Q·F·F1·H11이다. 그 구덩이에서 甲骨 1만 7천여 편이 출토되었는데 그 중 1만 6천7백여 편은 거북의 腹甲이며, 3백여 편은 소의 견갑골이다. 현재 문자 있는 卜甲 1백90여 편을 완전히 정리했으나 卜骨에 문자는 나타나지 않았다. 이미 발견된 卜甲上의 총자수는 6백여 자이고, 每片의 문자수는 각기 달라서, 적은 것은 1자, 많은 것은 30자가 된다. 그러나 대부분의 갑골이 아직도 흙뻘에 묻혀 있어 더욱 철저하게 씻어내는 작업이 시급하다.

이번에 출토된 卜甲의 내용은 매우 광범위해서 제사·보고·수확·출입·사냥·정벌을 점친 것이 있고, 그밖에 인명·관명·지명·열두 달과 시간 기록 방법 등에 관계되는 기록이 있다.

신중국 성립 이전에는 西周의 甲骨文을 발견한 적이 없었다. 그 이래로 간헐적인 발견이 있었지만 그 수가 아주 적었고 字數도 많지 않았다. 岐山 鳳雛村의 이번 발견은 수량과 문자는 물론이고 내용도 모두 전에 없던 대수확이었다.

1944년, 郭沫若은 일찍이 "西周의 문화는 대체로 殷나라 사람의 문화 유산을 계승하였다…… 殷代 사람은 점을 자주 쳤고, 周代 사람 또한 점을 쳤다. 다만 지금 우리가 周代 사람의 甲骨文字를 발견하지 못했을 따름이다. 따라서 아무도 周代의 것이 없다고 단정할 수 없다"[56]고 예언하였다.

그러나 李亞農은 오히려 "우리는 殷代 사람이 아주 미신적이어서 일거일동에 점을 쳐 행했던 점을 알고 있다. 그들이 점칠 때에 사용한 재료는 뼈였는데 이것이 큰 특징이다. 이 때문에 심지어 殷代 文化를 卜骨 文化라고 칭하는 사람도 있다. 그러나 西周 시대로 접어들면서 甲骨을 사용해 점치는 방법이 蓍草를 사용해 점치는 방법으로 아주 빠르게 변화되었다. 점치는 방법이 다르다는 것은 곧 殷周 두 종족의 종교와 신앙이 달랐음을 뜻한다. 같은 시대였고, 국경이 서로 접해 있으며 또한 동일 민족으로서 그 종교와 신앙이 다르다면, 이것이 가능하단 말인가? 불가능하다. 단순히 이 점만으로도 우리는 殷周의 두 종족은 起源이 다르다고 단정할 이유가 된다"[57]고 말하였다.

殷周의 두 민족의 기원이 같은지 다른지에 대한 문제는 금후에 더욱 철저히 연구해야 할 것이다. 그러나 周原 甲骨의 발견은 적어도 李亞農이 상술한 논점에 문제를 제기하게 된다.

周原 甲骨의 발견이 이처럼 중요한 까닭에는 아래와 같은 주의를 기

울여야 할 몇 가지 사항이 있다.

1. 早周 도성인 岐邑의 소재지를 확정했다. 甲骨이 출토된 甲組 궁실 건축 기지는 분명 당시의 종묘 소재지였다. 지금의 岐山 鳳雛村 일대는 바로 당시 岐邑의 중심지이다. 이 점을 분명히 하면 周 文化 기원 탐색의 관건이 될 수 있다. 《詩・大雅・綿》의 "古公亶父께서 아침 일찍 말을 달려 땅을 찾아 헤매시다 서쪽으로 흐르는 물 기슭을 따라 岐山 밑의 기름진 땅에 이르시니…… 여기에 모두 모여 계획을 세워 거북점을 쳐보시고는 머물러 살 만하다 하시고 궁실을 지으셨다네"라고 한 역사 자료에 확증될 만한 유력한 증거를 얻게 되었다. 그러나 문헌에는 岐邑에 대한 네 가지 설이 있다. 첫째 美陽縣 서북에 있다는 설, 둘째 中水鄕에 있다는 설, 셋째는 바로 美陽城이라는 설, 넷째는 지금의 岐山縣 동북 50리에 있다는 설이다. 이번 考古 발견에서 早周 古城 岐邑은 지금의 岐山縣 京當公社 賀家大隊가 중심이라는 것을 실증하였는데, 古書에서 말한 美陽縣 서북에 있다는 첫째 설과 일치하고 있다.[58]

2. 周原 甲骨에는 殷代 왕 '文武帝乙'(紂의 아버지 帝乙)・'成唐'(成湯)을 제사 지낸 내용이 있고, 또 '大甲'에게 "周方伯에게 풍년과 풍족함을 내리소서 周方伯豊年厚足"라고 가호를 비는 卜辭도 있다. 安陽 殷墟 甲骨에서 보이는 "周侯에게 명하려는데, 다음달에 재앙이 없겠습니까 令周侯今生月亡田"(《甲》436)와 《史記・殷本紀》의 商王 紂가 "姬昌에게 화살과 도끼를 주며 정벌하게 하였고, 그를 西伯으로 봉했다 賜(姬昌)弓矢斧鉞, 使得征伐, 爲西伯"고 한 기록이 서로 증명되며, 이는 武王이 商을 멸하기 전에는, 商과 '小邦周'가 분명 종속 관계에 있었다는 것을 설명해 준다. 그러나 부속국이 종주국의 조상을 제사 지낸 사례는 문헌에서 찾아보기 드물다.

3. 周原 甲骨에는 貞人이 없고 글자가 극히 작아서, 가장 큰 글자는 길이 8mm, 너비 5mm이며, 가장 작은 글자는 길이·너비 각각 1mm이다. 字體의 풍격은 완전히 殷末 제5기에 근접하고 있다.

그 중 "癸巳日에 文武帝乙의 종묘에서 彝祭를 드릴까요. 묻습니다: 대왕께서 成唐에게 邲祭를 지내고 또 祝祭禦祭를 드릴 때 두 여인을 올릴까요? 또 彝祭·血祭를 드리는데, 숫양 3마리, 돼지 3마리를 올리면 족할까요 癸巳. 彝文武帝乙宗. 貞: 王其邲祭成唐, □鼎祝示(禦)及二女, 其彝血牡三, 豚三, 叀又(有)足"(H 11:1)라는 卜辭 내용이 있다.

郭沫若의《卜辭通纂考釋》제781片에는 "及은 服자이고, 의미는 俘와 같다. 牢·彎과 동격으로 쓴 것을 보면 사람을 희생물로 쓴 것이다"고 하였다. 上記 卜辭 '及二女'에서도, 牡·豚과 동격인 것을 보면 이 역시 사람을 희생하여 드린 제사의 기록인 것이다.

이러한 몇 가지 예들은 모두 周代 사람들이 殷商 文化를 계승했다는 증거가 될 수 있다. 이로 미루어 보아《論語·爲政》편에 孔子가 "周는 殷의 예법을 따랐으니, 이를 비교해 보면 장단점이나 損益되는 바를 가히 알 수 있다 周因于殷禮, 所損益可知也"고 한 내용은 결코 근거 없는 말이 아니다.[59]

제3장
卜甲과 卜骨

제1절 甲骨의 유형

점을 치는 미신적인 관습은 신석기 시대 말기의 龍山 文化 중에 이미 출현하였다. 山東 歷城의 城子崖, 河南 安陽의 後岡, 侯家莊의 高井台子, 同樂寨 등지에서는 모두 점을 쳤던 牛胛骨과 극히 소수이지만 鹿骨을 발견했다. 다만 그때에는 글자를 새기는 습관이 없었을 따름이었다.[1]

商代 초기는 여전히 뼈를 사용하여 점치는 것이 주가 되었고, 또 소·양·사슴·돼지의 肩胛骨을 같이 사용했는데, 龜甲을 사용한 예는 아주 적었고 문자의 새김도 드물었다. 商 후기에는 甲骨이 함께 사용되었는데, 때로는 甲의 사용이 骨을 사용한 경우보다 많았고, 卜辭도 대량으로 출현했다.

점치는 데 사용한 龜甲과 짐승뼈의 종류·부위 등을 나누어 논하면 다음과 같다.

1. 卜 甲

鄭州·洛陽 등지의 早商 유적지 중에서 고고학자들은 점치는 데 사용했던 약간의 龜甲을 발견했다. 대체적으로 거북을 '신과 통하는 靈物'로 여긴 소위 '靈龜 思想'은 아마도 이때 이미 생겨났던 것 같다. 武丁 이후 卜甲이 대량으로 출현했는데 이는 荊楚로 통하고 있어서 龜甲이 남방으로부터 공물로 바쳐진 것과 관계가 있다.

• 腹 甲

商代는 龜甲으로 점을 쳤는데, 대다수는 腹甲을 사용했다. 그러나 背

甲 혹은 손질된 背甲을 사용한 예도 없지 않다.

《周禮·太卜》注의 "거북의 腹甲으로 점을 쳤다 卜用龜之腹甲"와 《史記·龜策列傳》의 "太卜官은 吉日을 택하여 거북을 손질하고 배뼈를 취하였다 太卜官因以吉日剔取其腹下甲"는 구절들은 기본적으로 옛사람들이 거북을 사용했던 실제 상황을 반영하고 있다.

羅振玉의 《殷商貞卜文字考》에서는 "거북으로 점칠 때는 우선 거북의 下甲을 취하였다. 내가 소장한 거북에서는 上甲(背甲을 가리킨다)을 보지 못했다"고 하였고, 《殷墟書契考釋》에서는 "거북으로 점을 쳤고, 짐승뼈로도 점쳤다. 거북은 腹甲을 사용했고 그 背甲은 버렸다" 또 "背甲은 두꺼워서 兆紋이 나오기 어려울 뿐더러 甲面이 평평치 않았으므로 腹甲을 사용했다"고 말했다. 陳夢家는 羅振玉이 古書의 영향을 받았지만 그의 《殷墟書契》(前編·後編·續編 포함) 중에는 사실상 이미 帝乙·帝辛 시대의 背甲 刻辭 여러 片을 수록하였다고 하였다.[2]

• 背甲과 손질한 背甲

은허에서 발견된 背甲의 卜兆나 卜辭는 腹甲과 비슷하다. 또 손질한 背甲은 구멍 뚫린 타원형을 이루고 있어, 신발바닥 모양인 돌칼 형상과 비슷하다.

1931년 봄 제4차 殷墟 발굴에서 小屯村 북쪽 E16 갱에서 불로 지진 흔적이 있는 背甲을 발견했다.[3]

같은 해 가을 제5차 발굴에서는 小屯村 북쪽 "E57 원형 갱에서 2개의 커다란 龜背甲이 발견되었다. 이것은 背甲의 중앙부를 좌우로 똑같이 잘라 2개가 되도록 한 것이었다. 비록 잘 다듬었지만 腹甲같이 광택이 나지는 않았는데 그런 대로 사용할 수는 있었다."[4]

1934년 제9차 발굴에서 侯家莊 H·S·20원형 灰土坑의 저층에서 부서진 背甲 몇 조각을 발견하였다.[5]

1936년 제13차 발굴에서는 小屯村 북쪽 YH127 원갱 중에서 龜甲 1

만 7천88片을 출토했는데, 그 중 손질하여 구멍을 뚫은 背甲 12편이 있었다.[6)]

陳夢家 등 학자들은 이처럼 신발바닥 모양과 비슷하게 손질된 背甲 위에 구멍 하나가 뚫려 있는 것을 보고, 甲骨도 구멍을 뚫어 꿰어서 책으로 만들 수 있다고 믿고, 이것들을 바로 '典册'의 '册' 자의 象形字라고 여겼다. 그러나 "완전한 龜背甲은 툭 튀어나와 평평하지 않기 때문에 鑽을 뚫고 불로 지져 卜兆를 내거나 卜辭를 새기기에 아주 불편하였다. 그러므로 龜背甲을 사용해 점칠 때는 왕왕 가운데를 중심으로 양분하였다. 武丁 때의 龜背甲은 背面의 잘라낸 가장자리에서도 항상 甲橋나 甲尾에 새겨진 것과 같은 記事文字가 새겨 있었는데 우리는 이를 일러 '背甲 刻辭'라 했다."[7)]

龜로 점을 칠 때는 주로 腹甲을 사용했고 간혹 背甲을 썼는데, 그 상황은 상술한 바와 같다. 腹甲 중에는 甲橋와 甲尾 부위가 있는데 주의할 만한 가치가 있다.

• 甲 橋

甲橋 刻辭는 腹甲의 좌우 甲橋 위에 새긴 文字이다. "龜腹甲의 중간 부분 좌우 양쪽 가장자리에는 背甲과 서로 연결된 골격이 있다. 이는 腹甲이 背甲과 연결하는 교량 역할을 하고 있어, 학자들은 이를 甲橋라 이름하였다. 거북의 腹甲과 背甲을 갈라낼 때 背甲은 그 둥근 주위를 평평하게 다듬었고, 腹甲은 때때로 양가장자리를 볼록 튀어나오게 남겼다. 武丁 때는 이런 橋骨의 뒷면에 간단한 記事文字를 새겼는데, 우리는 이를 '甲橋 刻辭'라 명했다."[8)]

• 甲 尾

甲尾 刻辭는 腹甲의 오른쪽 꼬리뼈의 정면에 새긴 것이다.
"거북의 腹甲 정면의 꼬리 끝에 새겨진 것을 '甲尾 刻辭'라 하는데,

唐蘭은 이를 가리켜 '尾右甲 卜辭'라 했다."[9]

2. 卜 骨

殷代에 짐승뼈로 점을 칠 때 가장 흔히 사용한 뼈는 소의 肩胛骨이고, 그 다음은 양·사슴·돼지의 것이며, 때로는 牛肋骨·牛距骨·鹿頭骨도 발견되었다.

李濟는 小屯 殷墟의 앞의 6차 발굴을 결론지어 말할 때 "점은 甲骨로 쳤지만 전해 내려오는 것 중 문자가 기록되지 않은 것이 대부분이며, 문자가 있는 것은 10분의 1에 불과하다. 甲은 腹甲이 위주가 되고 背甲은 곁들여 사용한 정도이며, 뼈는 소의 肩胛骨이 가장 많았고, 때로는 양·사슴의 肩胛骨도 사용했다"[10]고 하였다.

고생물학자 楊鍾健은 은허에서 출토된 짐승뼈에 대해 철저한 감정을 하여 전문서와 논문을 썼다. 신중국 성립 후 陳夢家는 일찍이 은대에 짐승뼈를 사용한 문제에 대해 楊鍾健에게 도움을 청하여 1953년 3월 12일 아래와 같은 대답을 얻었다.

첫째, 점치는 데 사용한 肩胛骨에는 사슴(여러 종류의 사슴)·말·돼지·양·소 등 각종 동물의 것이 망라되어 있다. 다만 肩胛骨은 점치는 데 사용되었거나, 문자를 새긴 후 출토될 때 대체로 부서져 있어 그것이 어느 동물의 肩胛骨인지를 분별하기 어려웠다. 이로 인해 개별적인 언급을 할 수밖에 없다.

둘째, 肋骨의 사용은 소 이외에도 사슴 등 기타 동물의 것을 사용하였다. 肋骨이 일단 잘게 잘려진 뒤에는 어느 동물의 것인지 감정해 내기 매우 어렵다. 특히 牛肋骨은 어느 종류의 소인가 더욱 분별하기 어렵다.

셋째, 상술한 소에는 두 종류의 소, 즉 소(Bos exiguus Mats)와 물소

(Bubalus mephistopheles Hopw)가 포함된다. 이것들은 다만 습관상의 구별이 있을 뿐이다. 소는 들에서 생활하는 것이고, 물소는 주로 늪에서 생활하여 들·산에서의 생활은 그리 익숙지 않다. 당초의 용도가 어떤 것이었는지는 알 길이 없다.[11]

• 牛胛骨과 骨臼 刻辭·骨面 刻辭

은대에 점치는 데 사용한 짐승뼈는 소의 肩胛骨이 가장 많다. 牛肩胛骨은 骨臼와 骨版 두 부분으로 나뉜다. 骨版은 점을 친 후 문자를 새기는 데 사용했고, 관절 부분인 骨臼에는 記事文字를 새겼으므로 骨臼 刻辭라고 칭한다. "1개의 완전한 牛胛骨은 좁은 부분의 끝이 둥근 관절로 되어 있다. 점치기에 앞서 이 둥근 관절을 반원형으로 잘랐는데 이 부분을 학자들은 骨臼라고 이름지었다. 武丁 시대에 뼈로 점을 칠 때 이 관절 부위인 骨臼에는 매번 卜辭와는 무관한 사건을 기록했는데 이것이 이른바 '骨臼 刻辭'이다." 또 骨版 앞뒷면의 가장자리도 늘 이용했는데, "만일 정면에 새길 때는 骨面이 넓고 얇은 가장 아래쪽에, 뒷면에 새길 때는 늘 가장자리 부위를 택했다. 그 이유는 구석진 곳을 택해 복사와는 상관 없는 일들을 새겼던 것이다. 이러한 記事文字를 우리는 '骨面 刻辭'라 이름했다."[12]

• 牛肋骨

소뼈에는 肩胛骨 이외에 肋骨에도 문자를 새긴 예를 볼 수 있다.

李濟는 제5차 발굴에서 "출토품 중에 문자가 새겨진 牛肋骨이 있었는데 예전에 이러한 예는 본 적이 없다"[13]고 했다. 董作賓은 이 늑골을 근거로 해서 "제4기(武乙·文丁 시대)에는 牛肋骨을 함께 사용하여 문자를 새겼다"[14]고 여겼다. 그러나 이 늑골은 "문자가 매우 조잡하고 鑽했거나 불로 지져 卜兆를 낸 흔적이 없는, 애초부터 문자 연습을 위해 새긴 것으로서 일반적인 卜辭가 아니다"[15]고 했다.

安陽 小屯과 鄭州 二里岡에서 출토된 소 늑골은 모두 학습용 새김이며, 약간은 記事文字를 쓰기도 했다. 문자가 있는 소 늑골을 보면 다음과 같다.

1) 제5차 安陽 小屯에서 발굴
2) 《京津》3922 구매품
3) 《善》4551 구매품
4) 《善》12517 구매품
5) 鄭州 二里岡에서 출토

2)-4)는 거의 小屯村에서 출토된 것이며, 2)-5)는 모두 학습용으로 새긴 것이다.[16)]

胡厚宣은 《전후 北京·天津에서 새로 얻은 甲骨集 서문 戰後京津新獲甲骨集自序》에서 "3922편 같은 것은 소 늑골 계통이다. 殷王은 갑골로 점을 쳤는데 甲은 龜甲이고, 腹甲과 背甲 두 가지를 겸용했다. 骨은 소뼈로 매번 肩胛骨을 썼다. 소 늑골을 사용한 것은 이미 알다시피 중앙연구원이 발굴해 얻은 단 1편인데 《殷墟文字甲編》에 수록하였다. 지금 이것을 합하면 모두 2편이지만 새겨진 것은 記事文字이지 卜辭가 아니다"고 하였다.

그밖에 李學勤이 직접 미국 피츠버그의 카네기 박물관을 방문하여 과거에 논쟁이 되었던 肋骨 刻辭를 본 바를 근거로 할 수 있다(《庫方》985, 1106으로 綴合되어 있다), "이 늑골은 鑽灼의 흔적은 없다. 그러나 문자의 모양이 뒤바뀌거나 조금도 문란하지 않고, 또 습작 같지도 않다. 우리는 늑골에 卜辭가 있을 수 있음을 안다. 鄭州 二里岡에서 수집된 1편이 바로 그 실례이다. 일반적으로 商代에 점치는 데 사용한 뼈는 胛骨에 한정되었다고 인식하고 있는데, 肋骨이 점치는 데 어떻게 사용되었는가는 연구 토론할 가치가 있는 과제이다. 카네기 박물관의 甲骨

중에서 나는 또 1편의 肋骨 刻辭, 즉 《庫方》 996을 검출해 냈다. 이것은 가늘고 작은 肋骨로 '丁卯, 膚歲三'이라는 5자가 새겨져 있었다. 이는 복사가 아니고 제사와 관련 있는 記事 刻辭였다. 肋骨 刻辭는 매우 희귀하다. 그래서 이 1편 역시 상당한 가치가 있다"[17]고 하였다.

결론적으로 말해서 肋骨이 卜骨에 사용되었는가 안 되었는가, 肋骨 刻辭에는 복사가 포함되어 있는가 하는 문제는 여전히 연구가 기대되는 부분이다.

• 脛骨 · 象骨에 대한 오인

소 견갑골의 가장자리 부분은 卜兆를 따라 파열되면 긴 막대 모양으로 쪼개진다. 羅振玉은 과거에 脛骨(종아리뼈)이라고 오인하였다. 은허에서 발굴된 뼈들을 근거로 하면 경골에 卜辭를 새긴 예는 결코 없었다. 그밖에 《殷墟書契菁華》에 수록된 4개의 大胛骨에 대해, 羅振玉은 "점치는 데 사용한 뼈로 아주 큰 것은 아마도 코끼리뼈인 것 같다"[18]고 했었다. 王襄은 "甲辰 · 乙巳 사이 여가를 틈타 문자를 연구하기 시작하여 이러한 뼈에는 龜甲과 象骨 두 종류가 있음을 알았다. 이는 바로 옛날 점치는 데 사용한 물건이다"[19]고 하였다. 董作賓도 胛骨 중 특히 큰 것은 象骨이라 여겼다. 陳夢家는 脛骨이라고 한 것은 오인한 것이고, 象骨은 다만 추측일 뿐이라고 생각했다. 胡厚宣은 "羅振玉이 脛骨이라 여긴 것은 바로 肩胛骨의 가장자리뼈를 잘못 인식한 것이고, 또 王襄 · 董作賓이 甲骨 중 특히 큰 것은 분명 象骨이라 했는데, 殷代의 소는 대부분 물소이며 물소의 胛骨은 본래 황소의 것보다 컸던 사실을 몰랐던 탓이다"[20]고 지적하였다.

• 牛距骨

高去尋은 《殷墟에서 출토된 소 복사뼈 刻辭 殷墟出土牛距骨刻辭》에서 제13차 殷墟 발굴중 小屯村 북쪽 제6호 회갱(YH0006 南井)에서 卜

骨 1편을 발견했는데, 楊鍾健이 감정한 결과 완전하게 보존된 소의 왼쪽 복사뼈라 하였다고 기술하였다. 그것의 刻辭는 '뒷면 아래'의 작은 볼록면 위에 있었다. 첫줄 맨 끝 字의 오른쪽 밑부분이 그 뼈에 있는 작고 오목한 구멍 안쪽으로 밀려 들어갔다. 刻辭는 위로부터 아래로 씌어졌고, 오른쪽에서 왼쪽으로 행을 나누어 배열하였는데, 殷代의 일반적인 銅器銘文이나 짐승뼈에 문자를 새기는 상황과 같았다. 문자의 획이 어떤 것은 비교적 깊었다. 새겨진 문자 안에 원래는 朱砂를 칠했는데 비교적 얕은 곳에는 선홍색 빛이 이미 부분적으로 퇴색해졌다.[21]

이외에 몇 조각 소의 복사뼈를 더 발견했지만 모두 문자는 없었다.

• 牛肱骨과 牛頭 刻辭

鄭州 二里岡에서 출토된 卜骨 중 소의 肱骨(팔뼈)과 頭骨이 있었다. 제3차 殷墟 발굴에서 獸頭 刻辭 2版을 얻었는데, 董作賓은 《獲白麟解》[22]에 발표하였고, 이와 관련된 논문은 方國瑜의 《獲白麟解質疑》,[23] 唐蘭의 《獲白兕考》,[24] 裴文中의 《跋董作賓獲白麟解》[25] 등이 있다. 사실인즉 하나는 牛頭 刻辭였고 다른 하나는 鹿頭 刻辭이며, 기린이나 들소 같은 동물은 아니었다.

• 기타 卜骨

鄭州 二里岡에서 羊胛骨·鹿胛骨·猪胛骨이 출토되었고, 輝縣 琉璃閣에서 猪胛骨이 출토되었으며, 洛陽 中州路에서 羊胛骨이 출토되었다. 이 어깨뼈들은 모두 점치는 데 사용되었으나 刻辭는 없었다. 일부 소수 민족들이 소·양·사슴·돼지 등 동물의 머리뼈를 점치는 도구로 삼았던 풍속은 中古 時代까지도 남아 있었다.

• 鹿頭 刻辭와 人頭 刻辭

위에서 제3차 발굴에서 얻은 2판의 獸頭 刻辭를 언급하였는데, 그 중

하나는 鹿頭 刻辭였다. 그 위에 "己亥日에 대왕께서 鼗에서 사냥을 하다. 왕 (某年) 9월에······ 己亥, 王田于鼗, 才(在)九月, 隹王······"(《甲》 3941)라고 새겨 있었다. 제4차 발굴시 또 鹿頭 刻辭를 하나 얻었는데 위에 "戊戌日에 대왕께서 葊에서 사냥을 하다. 文武丁에게 祊祭를 지내다. 王은 ······를 정벌하고 돌아오는 길에 戊戌王葊田, 文武丁祊, 王來正(征)······"(《甲》 3940)라고 새겨 있었다. 이상의 두 사슴 머리각사는 帝乙·帝辛 시대의 記事 刻辭이다.

더욱 놀라운 것은 바로 人頭 刻辭의 발견이다. 陳夢家의 통계에 따르면 모두 6片의 人頭 刻辭가 있다.

1) □丑用于······義友······(郭若愚, 《殷契拾掇二編》 49)
2) ······且乙伐······人方白(伯)(明義士, 《表較新舊版殷墟書契前編幷記所得之新材料》[26])
3) ······用······(陳夢家未出刊拓本, 《甲室雜集》)
4) ······胇······(劉體智 善齋舊藏)
5) ······隹······(郭若愚, 《殷契拾掇二編》 87)
6) ······白(伯)······(胡厚宣, 《甲骨續存》1. 2358)

陳夢家는 이것이 전쟁에 패하여 포로가 된 방국 추장을 죽여 殷의 先王에게 제사 지낸 후, 그 두개골 위에 새긴 記事 刻辭라고 여겼다.[27]

제2절 甲骨의 크기와 字數

1. 卜甲·卜骨의 크기

殷商의 甲骨은 지금부터 3천 년 전의 옛 유물이다. 너무 긴 세월이 흘렀기 때문에 그 자체가 부서지고 갈라졌다. 더욱이 도굴당하고, 발굴과 전파·탁본하는 과정에서 알게 모르게 파손되었기 때문에, 이미 출토된 10여만 편의 甲骨을 보더라도 작은 조각이 대다수이며, 비록 완전한 大版도 상당량이 발견되기는 하였지만 그 수는 비교할 수 없이 적다.

앞서 언급한 바와 같이 초기에 출토된 진품, 즉 1900년 范維卿이 王懿榮에게 팔았던 8백 편 중에는 大甲 1판이 있었는데 그 위에 52자가 씌어 있었고, 1922년 張家 채소밭에서 출토된 2점의 大骨版 윗면에도 문자의 흔적이 매우 많았다. 그외에도 또 다른 발견이 있었다. 羅振玉은 초기 최대의 소장가였는데, 그동안 甲骨 3만 편 이상을 모았다. 그의 책에는 물론 완전한 甲骨을 수록하였으며, 특히 1914년에 출판된 《殷墟書契菁華》에는 그가 소장한 것 중 가장 큰 肩甲骨을 정선하여 영인한 것들을 실었다.

그후 前중앙연구원이 1929년 제3차 발굴에서 大龜 4판을 얻었고, 1934년 제9차 발굴에서는 大龜 7판을 얻었으며, 1936년 제13차 발굴에서는 완전한 龜腹甲 2백여 판을 얻었는데, 그 중 5판은 胡厚宣이 《제13차 殷墟 발굴에서 얻은 귀갑문자례 第十三次發掘殷墟所得龜甲文字擧例》(미발표)에 소개하였다.

卜甲·卜骨의 크기를 볼 때 부서진 것은 포함하지 않고, 완전한 龜甲과 牛胛骨로만 치더라도 그 크기는 전혀 다르다.

• 卜甲의 크기

학자들의 조사에 따르면 가장 큰 腹甲은 제13차 殷墟 발굴 도중 YH127 갱에서 얻은 것으로, 길이 44cm, 너비 35cm인데 이미 파열되어 지금은 《乙》4330·4773, 2편으로 짜맞추어 놓았다.[28] 가장 작은 것은 길이 11.5cm, 너비 6.5cm이다.[29] 중간 크기는 길이 18-30cm, 너비 10여 cm 정도의 것이 많다.

龜背甲의 가장 큰 것은 길이 35cm, 너비 15cm이며, 가장 작은 것은 길이 27cm, 너비 11cm이다. 背甲을 손질한 것으로 큰 것은 길이 15-16cm, 너비 5-6cm 정도이며, 작은 것은 길이 12cm, 너비 5cm 정도이다.

《初學記》권30 鱗介部와 《太平御覽》권931 鱗介部는 《逸禮》를 인용하여 "천자가 사용한 거북은 1자 2치이며, 제후는 8치이고, 大夫는 6치이며, 선비는 4치이다 天子龜尺二寸, 諸侯八寸, 大夫六寸, 民士四寸"고 하였는데, 지금 殷商 龜甲으로 보면 거의 이런 구별은 없는 것 같다.

• 卜骨의 크기

오늘날 黃河 유역에는 황소만 있을 뿐 물소는 없다. 그러나 고대 黃河 유역의 기후는 지금보다 따뜻하여 열대 및 아열대 동물인 코끼리·물소·들소 등이 살았다.[30] 점치는 데 사용된 코끼리뼈나 들소뼈는 아직 보지 못했기 때문에 뼈 중 큰 것은 대부분 牛胛骨이라고 할 수 있다.

1929년 가을, 河南博物館은 小屯村 殷墟에서 祖甲 때의 완전한 형태의 卜骨 1판을 발굴하여 《甲骨文錄》42호로 수록하였는데, 길이 36.5 cm, 너비 21.5cm 정도가 되는 소의 右胛骨이었다.

완전하고 큰 牛胛骨은 거의 은허의 제3차·제5차 발굴시에 얻은 것들인데, 지금은 《殷墟文字甲編》2902·2906·3587·3588호로 편집되어 있다. 그러나 그 중 가장 큰 것은 劉體智가 소장한 右胛骨로 郭若愚가 쓴 《殷契拾掇二編》의 159호인데, 총길이 42cm, 너비 24cm로 《甲骨文錄》에 수록된 것보다 크다.

牛胛骨 중 가장 큰 것은 길이 43cm, 너비 28cm이다. 이 커다란 소의 甲骨은 羅振玉이 소장했으며,《殷墟古器物圖錄》44호로 수록되어 있다. 卜甲·卜骨의 크기에 관해서는 胡厚宣의《甲骨學緖論》을 참고로 할 수 있다.

2. 卜甲·卜骨上의 字數

甲骨 刻辭의 자수는 적게는 몇 자, 많게는 수십 자인데, 가장 긴 문장은 1백여 자에 달한다. 그것은 西周 청동기 銘文과 어깨를 나란히 하고,《尙書》의 일부 篇章과 비길 수 있을 정도이다.

• 長 文

어떤 사람은 복사의 가장 긴 문장은 50여 자라고 하는데, 대개는《殷墟書契菁華》제2片과《卜辭通纂》제592片을 가리켜 한 말이다. 전자의 글자수는 51자, 후자의 글자수는 54자이다. 그후 어떤 사람은 前중앙연구원이 소장한 3.2.0259편(《卜辭通纂》제427片)에 근거해 가장 긴 것이 64자(실제는 65자)라 말한다. 胡厚宣은《殷墟書契菁華》제3片과 제5片은 동일한 牛胛骨의 正反 2면이어서 복사 내용이 서로 연결되는데, 모두 93자라고 하였다.[31] 내용은 다음과 같다.

　　癸丑卜, 悦貞:旬亡囚. 三日乙卯□有艱, 單邑登尿于錄□□□□□丁巳㝵子登尿□□□□□鬼亦得疾□□□□□. 四日庚申, 亦有來艱自北, 子嬞告曰, 昔甲辰征于奴. 俘人十有五人, 五日戊申, 方亦征, 俘人十有六人. 六月. 在㐱.
　　癸丑日에 점을 치고 貞人 悦이 묻습니다: 다음 10일간 재앙이 없겠습니까? 3일 뒤 乙卯日에 재앙이 있겠다…… 4일 뒤 庚申日에 역시 북쪽에서 재앙이 왔다. 子孼이 고하기를 지난 甲辰日 蚰를 정벌해 15명을 잡아갔고, 5일 뒤 戊申日에는 方이 침범해 와 16명을 잡아갔다고 했다. 6월 臺에서.

후에 于省吾가 소장한 갑골을 보고 그는 또 "그 중 1편의 牛骨 記事刻辭(《雙劍誃所藏甲骨文字》 제212片) 뒷면에는 干支表가 있으며, 정면에는 170-180자의 記事 刻辭가 있다. 기록된 내용은 帝乙·帝辛 때의 전쟁 포로인 병사·장군·수레·말·방패·화살과 포로가 된 수령을 조상에게 제사 지낸 일이 기록되어 있다. 우리가 이미 출토한 10여만 片의 甲骨文 중에서 이것은 가장 긴 문장이며, 또한 商末의 가장 중요한 전쟁 문헌이다"[32]고 하였다.

앞으로 甲骨의 새로운 발견이나 짜맞추는 綴合 작업의 발전에 따라서, 刻辭의 長文 예증은 많아질 수 있을 것이다. 그러나 卜辭는 결국 점친 문장이므로 분명 한계가 있다. 설령 記事 刻辭라도 商代의 典籍으로 간주할 수는 없는 것이다.

商代에는 典籍이 있었는가 없었는가 하는 문제는 연구할 충분한 가치가 있다.

《尙書·多士》에는 殷을 멸망시킨 후 殷의 백성을 周로 데려왔을 때에, 周公이 "殷代의 조상들에게는 書冊과 典籍이 있었다 惟殷先人, 有冊有典"고 했던 말이 기록되어 있는데, 분명 근거가 있는 말이라고 본다. 지금은 비록 商代의 典籍을 직접 발견하지는 못하였으나 간접적인 자료는 적지 않다.

劉淵臨의 《은대의 귀책 殷代的龜冊》에서는 손질한 背甲에 구멍을 뚫은 것을 '龜冊'이라고 칭했다.[33] 그러나 출토된 10여만 편의 甲骨 중 겨우 10여 편의 구멍 뚫린 背甲이 발견되어, '龜冊'은 殷人들에게 "서책과 전적이 있었다"는 사실을 인정하기에 부족할 뿐만 아니라, 오히려 은 문화의 발전 수준을 낮추는 격이 되었다. 그러면 어떻게 "殷代의 조상들에게는 서책과 전적이 있었다"는 말을 증명할 수 있겠는가? 우리는 甲骨文字 자체에서 증거를 찾아야 한다고 생각한다. 甲骨文에 册자가 있는데, ⊞·⊞이라고 되어 있어 마치 명주끈이나 가죽으로 대쪽을 엮어 묶은 모양이다.

《史記·孔子世家》는 孔子가 만년에 《易經》읽기를 좋아하여 "책끈이 세 번이나 끊어졌다 韋編三絶"고 하였는데, 이는 簡册에 구멍을 뚫어 끼운 줄을 가리켜 한 말이다. 典자는 甲骨文에 ⊞으로 되어 있어 마치 두 손으로 책을 들고 있는 모양이다. 金文 册자는 甲骨文과 같은데 典자가 간혹 ⊞으로 되어 있어 簡册이 받침대 위에 높이 올려 있는 모양으로, 서책을 담아둔다는 뜻이다. 이는 필시 실제 생활 중에 이미 典籍의 출현이 있었고, 그런 연후에 언어와 문자로 반영되었을 것으로 추정된다. 바꾸어 말하면, 甲骨文 속의 册자와 典자는 바로 簡册을 모은 상형문자라는 것이다.

《墨子》중에는 자주 "죽간과 포백에 글을 쓰고 금석에 새겨서 후세 자손에게 전해 준다 書之竹帛, 鏤之金石, 傳遺後世子孫"고 했고, 《韓非子》또한 "선왕은 죽간과 포백에 이치를 담았다 先王寄理于竹帛"고 기록되어 있다. 甲·骨·石·金을 사용하여 문자를 새겼거나 만들었고, 竹·帛 등의 재료를 이용하여 글을 썼던 것은 분명 고대의 실제 상황을 반영한 것이다.

商代에 甲·骨·金·石 등의 재료와 새길 수 있는 도구가 있었음은 의심의 여지가 없다. 문제는 竹·帛과 붓이 있었냐는 것이다. 甲骨文에는 竹자와 竹자로 만들어진 문자가 있고, 고대 黃河 유역의 기후가 오늘날보다 따뜻하여 漢代 이전 북방에서 보편적으로 대나무를 심었다. 商代에 絲와 帛이 있다는 것은 甲骨文 및 고고 발굴에서 얻은 실물에 의해 이미 증명되었다.

郭沫若은 商代의 붓의 유무에 대하여 "商代에 필기구가 있었음은 말할 필요가 없다. 새김칼 이외에 붓도 있었다. 이는 문자 중에 '聿'자나

'聿' 자가 편방이 되는 문자가 있는 것으로 증명되었다. 甲骨文의 '聿' 자는 𦘒로 되어 있고, '畵' 자는 𢁒로 되어 있다. 金文 역시 대체로 비슷하다. 聿은 옛날의 筆자로 마치 오른손에 붓을 잡고 있는 모양인데, 《說文》에서는 "쓴다는 뜻이다. 楚나라는 聿, 吳나라는 不律, 燕나라는 弗, 秦나라는 筆이라 하였다"고 풀이하였다. 《爾雅·釋器》에 "不律은 筆을 말한다 不律謂之筆"고 하였고, 郭璞의 注에는 "蜀나라 사람들은 筆을 일러 不律이라 한다"고 하였다. 한국에서는 筆을 일러 Put이라 했고, 월남은 But이라 하며, 日本은 Fude(訓讀)나 Hitsu(音讀)라 했는데 전자는 옛 音이고, 후자는 지금의 음이다. 이러한 독음은 古今中外를 막론하고 모두 筆의 음이 변천된 것이다"[34]고 했다.

董作賓은 "도구의 존재를 입증하기에 가장 중요한 발견은 붓으로 써놓은 글씨를 찾은 것인데, 이것은 붉거나 검은 먹으로 써놓고 미처 새기지 않은 문자였다. 필순의 처음과 끝, 필봉의 마무리가 아주 뚜렷하였다. 그러므로 殷代에 문자를 쓸 때 훌륭한 붓을 사용했었다고 단정할 수 있다. 당시에는 단지 3편의 骨版 위에 문자를 쓴 흔적이 있었는데 13차 발굴에서 얻은 龜腹甲과 背甲에서 더욱 많이 발견되었다"[35]고 하였다. 殷代의 帛書, 혹은 毛筆을 사용해서 쓴 竹簡·木牘 및 이들을 망라해 놓은 典籍들이 모두 보존되기 어려운 재질이었던 점은 실로 애석한 일이다. "3천여 년 동안 지하에 묻혀 있었으니 아마 다시는 볼 수 없을지 모른다."

상술한 바와 같이 甲骨 卜辭 이외에, 人頭·牛頭·鹿頭·牛肋骨·牛距骨 및 銅器·石器·玉器·陶器·角器에서도 각각 문자가 발견되었다. 그러나 대다수는 제작자나 소유자를 표시하는 문자이고, 때로는 記事 刻辭도 있다. 記事의 내용에는 甲骨의 출처를 기록한 것이 있고(다음절에서 詳論), 干支表를 기록한 것(《卜辭通纂》1—5片), 전쟁의 공적을 기록한 것(《雙劍誃所藏甲骨文字》212片 같은 것)도 있다. 또 수렵에 관한 기록이 있고(상술한 鹿頭 刻辭에 기록되었고, 또 牛肋骨 위에 새겨진

武丁 때의 記事 刻辭인 '宰豐 刻辭'에도 사냥을 기록하였다), 포상을 기록한 것도 있다. (예를 들면 玉片 위에는 몇 줄의 조개꾸러미를 상으로 준다고 새겼고, 또 1959년 安陽 後岡 殺殉坑에서 출토된 圓鼎의 銘文 중에는 "왕이 戎에게 조개 20꾸러미를 상으로 내리다 王賞戎鄠貝卄朋"고 기록하고 있다.) 이런 명문이나 記事는 적게는 1,2자, 많게는 10여 자가 되며, 청동기 명문은 긴 것이 40여 자에 이르는 것도 있다. 이러한 기록은 은인이 미신을 숭상하여 어떤 일에 부딪치면 귀갑과 짐승뼈를 사용해 길흉을 점쳤고, 그 위에 점친 날짜, 점치는 사람의 이름, 점친 내용, 점친 결과를 써서 새겼다는 것을 알 수 있다. 동시에 보편적으로 사용하던 문자로 이것들을 기록하거나 교제의 수단으로 삼았음을 설명하고 있다.

● 單字

현재 발견된 甲骨文은 대부분이 殷代의 貞卜文字이기 때문에 상당한 한계가 있어, 지금까지 약 4천여 개의 單字를 찾았을 뿐이다. 아래에 여러 학자들이 單字를 考釋해 수록한 字典을 열거하면 다음과 같다.

1915년 羅振玉의 《殷墟書契考釋》은 4백85자를 연구 분석하였고, 의문이 가는 문자 1천3자를 넣어 수록한 문자는 모두 1천4백88자였다. 1927년 증보판 《殷墟書契考釋》은 의문이 가는 것 중 85자를 더 고석해내어, 이미 고석한 것이 5백70자, 의문이 가는 것은 9백18자였다.

1923년 商承祚의 《殷墟文字類編》에는 고석한 문자 7백89자와 의문가는 7백86자를 합하여 모두 1천5백75자를 수록하였다.

1929년 王襄의 《簠室殷契類纂》에는 고석된 문자 8백73자와 의문이 가는 1천9백94자를 합하여 모두 2천8백67자를 수록하였다.

1933년 朱芳圃의 《甲骨學文字編》은 이미 고석한 9백56자를 수록하였다.

1934년 孫海波는 8종의 저서와 6천4백17편의 甲骨에 근거해서 고석한 1천6자, 의문 가는 1천1백12자, 도합 2천1백18자를 《甲骨文編》에 수록하였다. 1956년 신판 《甲骨文編》에는 밝혀진 자와 모르는 單字를 합하여 모두 4천5백여 자를 수록하였는데, 그 중 이미 밝혀진 것이 1천4백25자라고 통계하였다.

1965년 李孝定의 《甲骨文字集釋》에는 인식된 1천3백77자를 수록하였다.

甲骨文의 單字는 비록 4,5천 자 정도라고 하나, 알 수 있는 字는 반도 안 된다. 어림잡아 2천여 자 내외일 따름이다. 그래서 甲骨學者들의 문자를 고석해야 하는 임무는 어렵고도 막중하다. 그 이유는 지금까지 고석된 文字들은 일상적으로 많이 사용하여 쉽게 알아낼 수 있었던 字들이었지만 남겨진 字들은 고석하기 극히 힘든 어려운 字들이라는 데 고석의 어려움이 있기 때문이다.

제3절 甲骨의 수량과 산지

1. 甲骨의 수량

　80여 년간 출토된 甲骨의 총수량을 정확하게 통계내기는 실로 어렵다. 그 주된 이유는 이미 수록된 책 중에는 위조품이 있을 뿐만 아니라 여러 번 중복된 부분도 있기 때문이다. 만일 이러한 부분들을 일일이 더한다면 분명 그 총수는 실제의 숫자를 훨씬 초과할 것이다. 아직 수록되지 않은 甲骨은 中國 내외의 공공 기관이나 개인의 수중에 있다. 과거에는 어떤 부서, 혹은 어떤 사람이 얼마간을 소장하고 있는지 파악할 수 있었는데 중도에 혹은 과장하고 혹은 축소시켜 결국 사실과 다르게 전해졌고, 게다가 오랜 시간이 지나 자연히 변화가 생기기도 하였다. 그외에도 물론 일부 甲骨은 중국 내외에서 몇몇 유명 인사들에게 흘러 들어가기도 하였다. 설사 앞 두 항의 자료가 확실하게 정리되었다 하더라도 후자의 행방은 끝내 알 길이 없어 그 총수 또한 실제의 숫자와 차이가 있다. 따라서 구체적으로 확실한 숫자를 말하기란 실로 어려운 일이다. 그러나 어렵게만 생각하고 어떠한 조사나 통계를 내지 않는다면, 어찌 3천 년 전의 진귀한 문물에 대한 책임 있는 태도라 할 수 있겠는가!

　胡厚宣은 이미 수록된 자료서 및 中國 내외 공사 기관에 소장한 甲骨을 조사한 결과에 근거하여 《甲骨文 발견의 역사 및 그 자료의 통계 甲骨文發現之歷史及其材料之統計》를 발표하였다.[36] 그후 증보·수정을 거쳐서 1951년에 《50년간 출토된 갑골의 총계 五十年甲骨文出土的總計》를 저술했는데, 그 결론은 "대략 16만여 편이다"고 하였다. 아울러 그는 이것은 "단지 대략적인 추정일 따름이다"[37]고 덧붙였다. 이 16만여 편의 甲骨은 이미 수록된 71종의 자료서 중의 4만여 편과, 아직 수록되지 않은 중국 내외 공사 기관에 소장된 12만 편을 포함한 것이다. 그러나 이미 수록된 책은 중복되어 있는 부분을 추려내지 못하였고, 개인이 소장하여 아직 수록하지 않은 것, 예를 들어 羅振玉·明義士·劉體智 등 세 사람이 소장하고 있다는 6만여 편 역시 다소 과다하게 추산되었다고 할 수 있다. 그러나 신중국 성립 후 小屯 南地에서 5천여 편이 새로이 발견되었고, 周原 甲骨 또한 1만 7천여 편에 달해 두 가지가 상쇄되면 현재의 총수는 약 16만여 편에 이르니 실제의 숫자와 가깝다고 할 수 있다.

2. 甲骨의 산지

• 龜甲 산지

殷代 龜甲은 대부분 남방에서 공물로 바쳐 온 것이다. 이 점은 고문헌의 기록과 고고 자료에서도 증거를 찾을 수 있다.

《尙書·禹貢》에 "아홉 갈래의 강줄기에서는 큰 거북을 바쳤다"고 했으며, 孔疏에 이르기를 "1자 2치 크기는 큰 거북이라고 할 수 있는데, 이는 아홉 갈래의 강물 속에서 나온 것이다"고 하였다.

《詩·魯頌·泮水》에 "머나먼 淮 땅의 오랑캐들이 조공하러 찾아와 큰 거북과 상아, 귀한 구슬, 남쪽에서 나는 금을 바쳤다"고 하였다. 《正義》는 《漢書·食貨志》를 인용하여 "거북이 1자가 되지 않으면 보배라 할 수 없다. 이는 元龜를 말하는데 거북 중 큰 것을 일컫는 것이다"고 하였다.

《國語·楚語下》에 "또 云連徒洲라는 큰 못이 있는데 그곳은 金·木·竹箭이 산출되는 곳이다. 龜甲·珍珠·獸角·象牙·皮革·새털·장식용 쇠꼬리 등은 군수물자로 돌연한 환란에 대비해야 하는 것들이다"고

했으며, 韋昭 注에 "楚에는 云夢이 있다" "龜는 吉凶의 징조를 보여 준다"고 하였다.

《莊子·秋水篇》에서는 "내가 듣기로는 초나라에 영험한 거북이 있는데 죽은 지 3천 년이 되었다. 왕이 보자기로 싸고 상자에 넣어 종묘에 소중히 간직하고 있었다. 이 거북은 죽은 뒤에 뼈가 귀하게 여겨지기를 바랐을까, 그보다 진흙 속에서 꼬리를 끌며 살기를 바랐을까"라고 하였다.

《今本竹書紀年》에는 "周나라 厲王 원년에 楚나라 사람이 와서 거북과 조개를 바쳤다"고 기록되어 있다.

《史記·龜策列傳》에서 太史公이 말하길 "내가 강남에 이르렀을 때 여러 가지 행사를 보고 나이 든 사람에게 물으니, 거북이 천 살이 되면 연꽃잎 위를 떠다니며 논다"고 하였다. 또 말하길 "영험한 거북은 강물 가운데에서 나오며, 廬江郡에도 철마다 길이 1자 2치가 되는 거북이 나와서 20마리를 太卜官에게 바쳤고, 太卜官은 길일에 뼈를 갈라내어 그 腹甲을 취하였다"고 하였다.

이상의 옛 문헌은 모두 큰 거북이 남방에서 왔음을 말하고 있다. 그밖에 몇몇 地方志에도 남방에 거북의 산지가 많다고 기록하고 있다.

은허 복사에 '氏龜'·'不氏龜'라는 기록이 있는데 氏는 '보내다' 또는 '바치다'는 뜻이다. 대다수는 어떤 지방으로부터 왔는지 정확하게 명시하지 않고 있다. 그러나 몇 군데는 남방으로부터 왔음을 명기하여 귀갑이 주로 남방에서 왔다는 설을 증명해 주고 있다. 卜辭에 이르길,

貞: 屮(有)來自南氏龜. (《前》4. 54. 4, 《乙》6670)
묻습니다: 남쪽에서 龜를 보내올까요?
貞: 龜不其南氏. (《前》4. 54. 5, 《林》2. 18. 8)
묻습니다: 龜를 남쪽에서 보내오지 않을까요?
屮來自南氏龜. 不其氏. (《丙》621)

남쪽에서 龜를 보내올까요, 보내오지 않을까요?

1929년 前중앙연구원 역사언어연구소는 제3차 殷墟 발굴에서 얻은 완전한 龜甲을 北平 靜生生物調査所 秉志에게 감정을 청하였는데, 秉志는 "이 껍질의 구조는 희랍의 들거북과 비슷하다. 이들을 특별히 안양 들거북이라고 명명한다"[38]고 하였다. 소위 들거북이란 육지에서 나는 비교적 작은 거북이다.

前北平 地質研究所 卡美年도 일찍이 殷墟 발굴에서 얻은 龜甲을 감정한 적이 있는데, 그는 《河南安陽遺龜》라는 글에서 다음과 같이 말하였다.

"中國의 膠龜(Ocadia sinensis)와 地龜(?)(Geoclemys reevesii)는 지금도 존재하는 종류들이다. 전자는 다만 남방(福建·廣東·廣西·海南과 臺灣)에서 나는 것이나 후자는 매우 광범위하게 中國 전역에서 나며, 또한 인공적으로 배양된 경우도 자주 있다. 후자의 화석은 周口店(제3지점)의 하층(초기) 更新統層에서 발견된 바 있다. (《古生物志》 丙·十·一을 참조)"[39]

《殷墟文字乙編》의 4330번은 가장 큰 龜腹甲으로, 길이 44cm, 너비는 약 35cm나 된다. 등에는 2백4개의 鑽이 뚫려 있다. 伍獻文은 葛萊(Gray)의 《大英博物館龜類志》를 참고로 하여 이 큰 거북이 현재 말레이 반도에서 나오는 거북류와 같은 종류임을 증명하였다.[40]

상술한 바에 의해, 殷代에 점치는 데 사용한 龜甲 중 작은 것은 육지거북이고, 대다수 큰 龜甲은 남방 江淮·珠江 유역에서 공물로 바쳐 온 것이며, 그 중 특히 큰 것은 바로 바다거북이라고 확정할 수 있었다.

또 胡厚宣의 《武丁時五種記事刻辭考》에 의하면, "누가 약간을 들여왔다 某入若干"는 기록은 모두 龜甲을 바친 사실을 기록한 것이라고 했다. 이런 類의 刻辭는 다만 '甲橋'·'甲尾'·'背甲' 등 세 곳의 龜甲 刻辭에만 쓰였을 뿐이고, '骨臼'·'骨面' 등 牛骨 刻辭 중에는 결코 보이지 않는다. 이로 보아 소가 많은 북방에는 소뼈로 점치는 데 자급이 가능했고, 龜甲은 주로 남방에서 산출되었기 때문에 자급이 가능한 소수를 제외하고 대다수는 타지로부터 들여온 공물에 의존하였음을 알 수 있다.

甲骨文을 통해 볼 때, 거북을 바친 사람들에 대해서는 人名·官名 혹은 地名·方國名을 적었고, 또 신분이 확실하지 않은 사람도 있음을 고찰할 수 있었다. 대체로 거북을 바친 사람은 商 왕실의 관리가 아니고 商 왕실과 관계가 밀접한 사람이었다. 이미 수록된 자료에 의하면, 바쳐진 거북의 숫자는 적으면 1마리, 많으면 5백 마리(《乙》4519호의 "雀이 龜 5백 마리를 들여왔다 雀入龜五百")로 모두 4천여 마리의 거북을 바쳤다. 만일 殷墟 발굴에서 출토되었지만 미발표된 '甲橋 刻辭' 등을 포함시켜 통계한다면, 한 차례 공납 중 가장 많은 수는 1천 마리에 이르고, 전체의 숫자를 추정하면 1만 마리 이상이나 된다.[41]

本章의 제1절에서 말한 바와 같이, 鄭州 二里岡 早商 유적지에서 이미 약간이나마 卜甲이 출현된 것은 商人 문화에 어떤 변화가 생겼음을 설명해 주고 있고, 귀갑을 점치는 데 사용한 것으로 보아 그때 벌써 '靈龜' 사상이 생겨났을 것으로 여겨진다. 그러나 盤庚이 殷으로 도읍을 옮긴 이후부터 본격적으로 龜甲을 사용해 점을 치기 시작하였다. 이미 출토된 10여만 편의 甲骨로 보면 卜甲의 수는 심지어 卜骨을 능가하는데, 이는 분명 武丁(高宗) 시대에 국력이 강성하여 荊楚를 정복하고, 남방의 통로를 관통시켜 원산지로부터 귀갑을 끊임없이 공납받은 것이 그 주요 원인이었다고 볼 수 있다.

《詩·商頌·殷武》에 "씩씩한 은나라 왕께서 일어나 荊楚의 오랑캐를 치고 그 험준한 땅에까지 깊이 들어가 그 무리를 사로잡았으며, 그 나라를 가지런히 다스리시니 湯王 자손의 공이로세. 우리 나라 남쪽에 있는 荊楚여, 湯王이 계실 적에는 氐羌 무리들은 감히 바쳐 오지 않을 수 없고, 氐羌의 임금은 오직 商나라만을 섬겼음을 알리라" 하였고, 孔疏에 이르길 "高宗 이전의 시대에는 殷道가 중도에 쇠퇴하여 궁실이 예물을 받지 못하였고, 荊楚도 모두 배반하였다. 高宗은 덕이 있어 荊楚를 정벌하고 궁실을 바로 하셨도다. 그가 돌아가신 뒤에도 자손은 그를 찬미하고, 시인은 그 공덕을 숭앙하여 이 시를 노래하는도다"고 하였다. 이 시는 武丁이 남쪽을 정벌하여 승리한 성세를 묘사한 생생한 기록이리다.

이미 출토된 甲骨로 보면, 武丁·祖庚·祖甲 때에 龜甲을 많이 사용했고, 뼈를 사용한 경우는 매우 적은데, 아마 군사상의 승리와 직접적인 관계가 있을 것 같다. 그러나 祖甲 이후에는 殷代의 국력이 다시 쇠퇴하였으므로 廩辛·康丁·武乙·文丁 시대에는 소뼈를 많이 사용하여 점을 치게 된 원인이 되었을 것이다. 이는 다만 추측일 따름이다.

• 牛骨의 출처

殷墟 발굴을 분석한 내용을 보면, 소에 관한 기록이 확실히 많다. 때로 黃牛·㹈牛·幽牛·白牛·董牛 등과 같이 소의 색깔까지 기록한 것이 있고, 특히 𤛥牛·物牛 혹은 勿牛라고 불리는 것이 가장 많이 보인다.

勿자는 과거에 物·勿[42]로 해석했으나 잘못 풀이된 것이다. 董作賓은 黎의 初文이라고 여겼고, 郭沫若은 䴴의 초문이며 假借하여 黎黑의 黎자가 되었다고 하였다.[43]

卜辭에 소의 색깔을 기록하였을 뿐 아니라 조상에게 소를 제물로 드려 제사 지냈던 예도 적지 않게 기록되었다. 사용한 소의 숫자는 1마리에서 수 마리, 혹은 10, 20, 30마리부터 1백 마리까지 있고, 가장 많은 예는 한번에 소 1천 마리를 사용한 경우가 있다.[44] 제사에 동물을 희생시킨 방법에는 燎·沈·貍·俎·卯 등이 있다. 이렇게 희생되는 소는 틀림없이 일부를 식용으로 사용한 후에, 牛骨은 점치는 재료로 사용됐을 것이다. 胡厚宣은 일찍이 이미 출판된 30종의 甲骨 자료서를 근거로, 967회의 牛祭에서 적어도 8천2백10마리 이상의 소를 사용하였다고 통계하였다.

商代는 비록 농업이 주요 산업이었지만 목축업도 상당히 발달하여 소의 수량 역시 대단히 많았다.

이미 출토된 16만 편의 甲과 骨의 비율은 대략 7:3이다. 그러나 귀 갑은 깨어지기 쉬워 片이 작고, 우골판은 비교적 큰 바, 완전한 귀와 골의 수량은 대강 비슷하다. 전체적으로 占卜에 사용한 거북은 1만 마리 이상이고, 소를 사용한 예는 대략 5천 마리 정도로 추산된다.

또 武丁 때의 背甲·骨臼·骨面 刻辭에는 "某人이 약간을 수집했다 三自某若干"는 구절이 있는데, 三은 乞로서 龜甲·牛骨을 수집한 일을 기록한 것이다. 관련 자료 중 거북을 수집했던 사람은 여섯, 뼈를 수집했던 사람은 아홉이 보이는데, 그 중에는 武丁의 妃·史官, 그리고 가까운 신하들이 있다.

수집한 수량에 대해서 郭沫若은 《殷契粹編考釋》에서 '七包屮 一乙' (《後下》 33. 10)·'四包屮 一𠙵'(《林》 2. 30. 12)를 예로 삼아 "七包· 四包라는 단위 외에 낱개로도 많이 있으므로 一包는 뼈 하나를 칭한 것은 아니다. 낱개의 경우 1개 이상을 넘지 않기 때문에 一包는 분명한 쌍일 것이다"고 생각했다. 이것은 매우 정확한 추론이다. 包는 甲骨文에 ✑로 되어 있는데, 王襄·董作賓은 矛로 해석하였고,[45] 唐蘭은 "발이 없는 돼지 모양을 거꾸로 쓴 것이다"[46]고 해석하였다. 于省吾는 屯이라 했고,[47] 陳夢家는 弋라 하였으며,[48] 胡厚宣은 匹이라[49] 해석했다. 다만 背甲과 胛骨上의 記事 刻辭에 몇 군데 '✑'라 했을 뿐이다. 그러나 背甲과 胛骨은 모두 쌍으로 되어 있어(背甲은 반으로 자르면 2쪽이 되고, 牛肩胛骨은 좌우 쌍으로 되어 있다) 무슨 字로 해석하든 여기서는 한 쌍의 의미를 지닌다. 武丁 시대에 背甲을 모아 기록한 예로는 "열 쌍 十✑"이나 "열 쌍하고 또 하나 十✑又一" 등이 있고, 胛骨을 모았던 가장 많은 수는 "오십 쌍 五十✑"이며, 가장 적게는 "다섯 쌍 五✑"이라는 기록이 있다.

龜甲·牛骨의 산지에 대한 연구는 胡厚宣의 《武丁 시대 5종 記事刻辭 고찰 武丁時五種記事刻辭考》·《殷代 거북점의 내원 殷代卜龜之來源》[50]과 張政烺·胡厚宣의 《殷代 거북점의 내원에 관해서 關于殷代卜龜之來源》[51]를 참고해 볼 수 있다.

제 4 장

卜法과 文例

제1절 卜 法

1. 卜法의 변천

甲骨文字는 占卜을 토대로 한 卜辭의 기록에 주안을 두고 있다. 占卜
의 방법은 龍山 文化에서 계승되어 내려온 것이다. 尹達은 "小屯 文化
중에 스며 있는 많은 요소들은 龍山 文化 유산을 흡수하고, 이를 더욱
발전시켜 찬란한 殷商 文化를 형성한 갖가지 요소들이다"고 말하고,
또 "龍山 文化 시대에 이미 骨卜의 사용을 알고 있었다. 小屯 文化는 이
러한 전통을 계승하고 더욱 발전시켜 商代의 모든 정신 생활의 맥인 占
卜 관습을 이룬 것이다"[1]고 하였다.

龍山 文化 중의 卜法은 비교적 간단하여 일반적으로 鑽鑿은 없고 불
에 지진〔灼〕 흔적만 있으며, 지진 곳은 조밀하고 일정한 규칙이 없다.
1930-1931년에 山東省 歷城 城子崖 龍山 문화층에서 卜骨 6편을 발견
하였는데, 그 중 4편은 牛胛骨이고 1편은 鹿胛骨이며 나머지 1편은 종
류를 알 수 없었지만, 모두 문자가 없었다.

卜兆는 鑽鑿을 거치지 않고 직접 骨面 위를 지져 유도해 낸 것이었
다. 河南 安陽 侯家莊의 高井台子・同樂寨 등지에서 발견된 龍山式 無
字卜骨은 모두 지진 흔적만 있고 鑽鑿을 하지는 않았다. 陝西 灃西 客
省莊에서 발견된 6片의 羊胛骨은 완전하게 자연 그대로의 형상이 보
존된 채 어떠한 손질도 가하지 않았고 鑽鑿도 하지 않았으며, 오직 骨
面 위에 약간의 지진 흔적이 있을 뿐이었다. 지진 흔적은 2개에서 10개
까지 있었으나 균등하지 않았고, 배열 역시 불규칙했다. 기타 지역의 신
석기 시대 말기 문화층에서도 역시 유사한 것들이 발견되었다.

河南 偃師 二里頭, 登封 玉村, 鄭州 洛達廟, 旭旮王村, 上街, 洛陽 東

干溝, 陝縣 七里舖 등지의 二里頭 類型 文化 중에서 출토된 다수의 卜骨에는 지진 흔적만 있고 鑽鑿하지 않아 陶器와 마찬가지로 농후한 河南 龍山 文化의 풍격을 그대로 지니고 있었다.

鄭州 二里岡의 早商 유적지 중에는 이미 소량의 卜甲과 문자가 있는 卜骨이 출현하였다. 대부분의 卜骨에는 지진 흔적과 鑽한 흔적이 있고, 또 더러는 지진 흔적만 있고 鑽한 흔적은 없어 龍山 文化에 비하면 진보하였으나, 후기의 殷墟 卜骨과 비교해 보면 손질하는 방법에 있어서는 다소 원시적이라고 할 수 있다. 1952년부터 지금까지 발굴된 卜骨 375편, 卜甲 11편을 예로 들어 대략적인 상황을 적어 보면 다음과 같다.

1. 재료: 점복에 사용된 獸骨의 대부분은 牛胛骨이고, 소수의 사슴·돼지·양의 견갑골과 소의 두개골이 있다. 卜甲은 모두 거북의 腹甲이다.

2. 손질법: 사슴·양·돼지 등의 작은 獸骨은 자연 상태 그대로를 유지하고 손질을 하지 않았다. 소의 두개골 역시 마찬가지였다. 牛胛骨의 경우 骨臼는 그대로 보존하거나 3분의 1을 잘라내었고, 혹은 거의 반을 잘라내었다. 骨臼 밑의 관절은 잘라내거나 그냥 두기도 하였다. 견갑골의 안쪽(척추 부분)의 骨臼 밑부분은 한쪽 끝을 절개하였고, 견갑골의 양쪽 가장자리는 모두 잘라낸 흔적이 있다. 견갑골의 돌출근은 일반적으로 평평하게 잘라냈는데 돌출 부위 반까지만 잘라낸 것도 1개 있었다. 龜腹甲의 가장자리 부분은 깎아냈다.

3. 파내는 법〔鑽法〕: 대부분은 한 줄로 팠고, 극소수 두 줄로 판 예도 있다. 구멍의 모양은 밑이 뾰족한 원, 평평한 원, 둥그스름한 원형으로 팠는데, 그 중 둥그스름하게 파진 것이 가장 많다. 이번 발굴에서 청동 송곳 1개가 발견되었는데, 송곳 몸체의 굵기와 구멍의 지름이 서로 부

합되고 파낸 구멍은 모두 둥그스름한 원형으로 파여 있어, 기타 다른 뾰족한 원, 평평한 원의 구멍도 끝이 각기 다른 청동 송곳으로 파낸 것임을 미루어 알 수 있다. 구멍의 배열은 구멍이 많은 것일수록 밀집되어 있고, 적은 것은 듬성듬성하게 배열되어 있을 뿐 특별한 규칙은 없었다. 구멍은 모두 胛骨의 안쪽에 있으나 일부는 동일한 卜骨의 앞뒤 양면에 모두 구멍과 불에 지진 흔적이 있는 것도 있다. 두개골과 龜甲 上의 뚫린 구멍, 그리고 불에 지진 흔적은 모두 안쪽에 있었다.

4. 불로 지지는 법〔灼法〕: 牛胛骨이나 龜腹甲의 대부분은 파낸 원형의 구멍 안을 불로 지졌고, 돼지·노루·양의 뼈는 왕왕 구멍을 파지 않고 뼈 위의 비교적 얇은 부분에 직접 불로 지졌다. 그 이유는 구멍이 밀집되고 일정한 규칙이 없으며, 파는 구멍이 깊으면 왕왕 지진 흔적이 둥글어지기는커녕 卜兆가 나타나는 면까지 꿰뚫어 버리기 때문이다.[2]

殷墟에서 출토된 甲骨은 모두 세심한 손질을 거친 것으로, 龜甲 중 腹甲이나 背甲을 막론하고 모두 안쪽의 튀어나온 뼈를 제거했다. 牛胛骨의 대부분은 관절뼈와 척추를 제거해 버렸고, 鑽·鑿·灼을 정연하게 배열시켜 함께 시행하였는데 그 위에 대부분 卜辭나 記事文字를 새겼다. 표면화된 종종의 상황들은 이때 占卜이 상당히 중시되었고, 占卜 기술에 대한 인식이 상당히 높은 수준에 이르렀음을 보여 준다.

과거에 사람들은, 商代人들은 점을 칠 때 거북을 사용했고 周代人들은 筮(蓍草)를 사용하였던 까닭에 민족이 다르면 占卜을 포함한 종교 신앙 역시 같지 않다고 여겼다. 그러나 오늘날의 관점으로는 그 이론이 결코 정확하다고 볼 수 없다. 그 이유는 단지 商周 두 文化의 서로 다른 면만을 보았고(이 점이 지나치게 강조되었다) 공통적인 면은 찾지 않았기 때문이다. 즉 서로 계승되면서 내면적으로 연계를 이루었던 점은 보지 못한 까닭이었다.

사실상 商人은 대량의 龜甲·獸骨을 이용해서 점을 쳤을 뿐만 아니라 筮를 사용할 줄도 알았고, 八卦를 演繹할 줄도 알았다. 《世本》에서는 "巫咸이 筮를 했다 巫咸作筮"고 말하였고, 譙周의 《古史考》에서는 "商代의 巫咸은 筮를 잘했다 商時巫咸善筮也"고 한 데는 무엇인가 근거가 있었을 것으로 사료된다.

1950년 이후 安陽 四盤磨에서 발견된 卜骨 한 조각에는 몇 문자로 조합된 기호가 있었는데, 그후 商周 두 시대의 銅器銘文과 周原 甲骨 중에서도 똑같은 기호가 발견되었다. 唐蘭은 이런 문자는 豊鎬 일대의 한 민족이 사용하다 이미 잃어버린 문자[3]라고 여겼다.

郭沫若은 다음과 같이 말하였다.

"1950년 安陽 四盤磨에서 발견된 獸骨 위에는 刻文이 있었다. 그 하나는 '奉曰陳'이고, 또 하나는 '秦曰𤣪'이다. 그 이외에 또 하나로 독립된 𡘙이 있는데, 앞의 두 글과는 순서가 반대이다. 이들 셋은 모두 骨片을 가로로 놓고 수직으로 새긴 것으로, 일반적인 卜辭의 새김 원칙과 다르다. 앞의 두 예를 근거로 하면, 새겨진 3개의 문자가 분명히 명사인 것으로 보아 만약 인명이 아니면 종족·국명인 듯하다.

1956년 西安지구 周代의 豊鎬 유적지에서도 역시 유사한 두 예가 발견되었다. 하나는 가로로 놓여 있는 骨片 위에 세로로 𤇾과 𤇾이 새겨져 있었고, 다른 하나에도 역시 𤇾과 𤇾의 두 문자가 있었는데, 하나는 가로로 하나는 세로로 새겨져 있었다. 이 두 骨版의 문자가 없는 다른 면에는 원형의 구멍이 있어 卜骨임에 의심할 여지가 없었다. 그러나 새겨진 문자는 오히려 卜辭가 아니었다.

이와 유사한 문자들은 주대 銅器銘文 중에 더욱 많이 남아 있다. 예를 들면 《效父敦》에 '왕이 效父에게 銅 장식 3개를 내린 것을 기념하기 위해 彝를 만들다 休王錫效父: 三, 用作厥寶尊彝'는 銘文이 있는데 彝자 밑에 𤕰자(《懷米山房吉金圖》卷上 第22쪽 참조)가 있고, 《中斿父鼎》에 '中斿가 아버지를 기념하기 위하여 鼎을 만들다 中斿父作寶尊

鼎'는 銘文이 있는데 鼎자 밑에 𤔔자(《三代吉金文存》卷六 第18쪽 참조)가 있다.

또 《董伯簋》에 '董伯이 彝를 만들다 董伯作旅尊彝'고 하였는데 彝자 밑에 𤔔자(同上, 卷三 第40쪽 참조)가 있을 뿐 아니라, 宋代에 출토된 《中齊》중의 하나는 周 成王 때의 器物로 銘文 끝에 '臣尙中, 臣𤔔𤔔' 라는 6字(《宣和博古圖錄》卷二 第19쪽 참조)가 있다. '尙中'은 인명이니 뒤의 두 문자 역시 인명일 것이다." 郭沫若은 또 "이렇게 새겨진 문자들은 彩陶上의 부호와 같은 계통임이 분명하다"[4]고 덧붙였다.

張政烺이 1979년 古文字學會 年會 때 한 보고에 따르면, 이들은 八卦를 응용하여 해석할 수 있다고 했다. 매기호들은 통상 6개의 숫자로 조성되었는데, 소용된 숫자에 一·五·六·七·八은 없다. 홀수는 陽爻를 대표하고 짝수는 陰爻를 대표하는데 이들을 합하면 重卦가 만들어진다는 것이다. 회의에 참석한 많은 사람들은 그의 논지에 동의하였다. 後에 張政烺은 더욱 깊이 있게 연구하여《주초 청동기 명문 중의 역괘에 대한 풀이의 시도 試釋周初靑銅器銘文中的易卦》라는 글을 발표하였다.[5]

安陽 四盤磨와 殷代 동기상에 나타난 八卦 부호는 殷末에 이미 筮를 사용할 줄 알고 있었음을 설명해 준다. 張亞初·劉麗는 武丁 卜辭 '𮥠'(巫, 즉 筮)에 관한 기록을 보고, 商代人은 적어도 武丁 시대에 이미 占筮를 알았다고 주장하였다.[6] 이 주장은 商代人이 筮를 사용한 역사적 사실을 더욱 굳게 뒷받침해 준다.

周原 甲骨은 鑽鑿을 겸행하였고 정연하게 배열하였으며, 卜辭의 문자는 字體가 섬세하고 작지만 商末 第5期 帝乙·帝辛 때의 字體 풍격과 완전히 접근되어 있어 商 文化를 계승한 사실을 명백히 보여 주고 있다.

周初에 龜로 점쳤던 사실은 고문헌 중에도 일찍이 기록된 바 있으나, 단지 周原 甲骨의 물증이 발견되지 않아 사람들이 큰 관심을 기울이지 않았을 뿐이다. 예를 들면 《詩經》에 아래와 같은 글이 실려 있다.

周나라의 너른 들은 비옥하여 쓴나물 씀바귀도 엿처럼 달다네.
이에 계획을 시작하여 거북으로 점쳐 보시고는
머물러 살 만하다 하시고 여기에 집을 지으셨네.
周原膴膴, 堇荼如飴. 爰始爰謀, 爰契我龜. 曰"止," 曰"時," "築室于玆."
(《大雅・綿》)

이에 근거하면, 대왕이 豳에서 岐로 이주하여 머물 곳을 정하고 읍을 만들 때 거북으로 점을 쳐 결정하였음을 알 수 있다.

점을 친 뒤 괘를 보니 왕께서 이 호경 땅으로 옮겨와야 길하다 하셨네.
거북이 바로 알려 주었고 무왕께서는 이루셨으니
훌륭하여라, 무왕이시여!
考卜維王, 宅是鎬京. 維龜正止, 武王成之. 武王烝哉!
(《大雅・文王有聲》)

周代人에게는 일찍이 '滅商'의 의지가 있었다. 文王은 岐山에서 豊京으로, 武王은 또 豊京에서 鎬京으로 옮겨갔는데, 무릇 이러한 정치・군사 중심의 점진적인 동쪽으로의 이동은 바로 殷商 王朝의 정복이라는 최후의 목적에 다다르기 위한 것이었다. 천도를 하고 성을 축조하고 새로운 도읍을 정하는 일은 국가 제일의 중대사일진대 당시 사람들의 제한적인 지식 수준에서는 어쩔 수 없이 거북점을 이용하여 길조를 얻어고내서야 비로소 단호히 결정할 수 있었을 것이다.
《尚書》에는 아래와 같이 기록되어 있다.

文王께서 나에게 큰 보배로운 거북을 남겨 주시어, 하늘의 밝으심을 이어받게 하셨으니…… 이제 나에게 큰일이 생겼으며 이 일에 대한 점괘도 길하다…… 그러므로 나는 그대들과 더불어 동쪽을 정벌하려는 것이다. 하늘의 명은 틀림이 없을 것이고, 점복의 지시도 이렇게 하라고 말하였도다.

　宁(文) 王遺我大寶龜, 紹天明. ……我有大事, 休, 朕卜幷吉……肆朕誕以爾東征. 天命不僭, 卜陳惟若玆. 《大誥》

　武王이 죽자, 三監(武庚·管叔·蔡叔)과 淮夷가 반란을 일으켰고, 周公은 成王의 재상이 되어 장차 殷을 치려고 《大誥》를 지었다. 여기에서는 文王이 남겨 준 크고 보배로운 거북을 이용하여 上帝의 의도를 묻기 위해 점을 쳤는데 점괘가 모두 길하다고 하여 곧 동쪽을 정벌하기로 용단을 내렸다는 것이다.

　大保(召公)는 아침에 洛 땅에 이르러 살 곳을 점쳤다. 그는 길한 점괘를 얻고 곧 측량하여 설계하기 시작하였다.

　大保朝至于洛, 卜宅, 厥旣得卜, 則經营. 《召誥》

　나는 乙卯日 아침에 洛邑으로 와서 황하 북쪽의 黎水를 점쳐 보았고, 또 澗水 동쪽과 瀍水 서쪽을 점쳐 보았는데 오직 洛만이 길하였습니다. 다시 한 번 동쪽을 점친 결과도 洛만이 길하였습니다. 이리하여 사자를 파견하여 지도와 함께 점친 결과를 바치는 바입니다.

　予惟乙卯, 朝至于洛師. 我卜河朔黎水, 我乃卜澗水東, 瀍水西, 惟洛食. 我又卜瀍水東, 亦惟洛食. 伻來, 以圖及獻卜. 《洛誥》

　이상은 成王 때 洛邑을 세웠던 일을 적은 내용이다. 내용 중 '得卜'은 길한 卜兆를 얻었음을 이르는 말이고, '伻來, 以圖及獻卜'은 파견된 使者가 지도와 길한 卜兆를 바친 것을 가리키는 것이다. 〔《尚書繹義》(屈萬里)에서는 이 구절을 "成王을 洛邑으로 모셔와 定都의 안을 논의하고 길조로 나타난 卜非를 헌납하려 한다"고 풀이하고 있다.) 이들 卜兆는 물론 모두 거북으로 점쳐서 나온 兆紋을 가리킨 것이다.

총괄하면, 周代는 大王(古公亶父) 이래로 이미 龜卜을 사용하였다는 것이다. 더 이른 시기로 거슬러 올라가 볼 수 있을까? 아마도 가능할 것이다. 일찍이 武丁 시기에 商周 두 종족은 이미 왕래가 있었다. 武丁 때에는 "周를 치다 撲周"·"周에게 명하다 令周"·"周에서 시집온 왕비 婦周" 등의 卜辭가 있었음은 商周 두 종족 사이에 전쟁이 있었고, 동시에 臣屬과 通婚의 우호 관계가 있었음을 설명해 준다. 또 武丁 때의 甲橋 刻辭에는 "周에서 들여왔다 周入"(《合》118反, 《丙》274)·"周에서 10판을 들여왔다 周入十"(《乙》5452)고 기재되어 있어, 周가 비록 서북의 편벽한 곳에 있지만 비교적 큰 육지거북을 잡으면 종주국에 헌납했음을 설명해 준다. 이렇게 周代人이 龜甲·獸骨을 사용하여 占卜했던 풍속의 기원은 응당 大王(古公亶父)보다 몇 세대 더 이른 시기로 그 상한선을 정하여야 할 것이다.

西周는 대략 成王·康王 이후부터 龜卜의 관습이 날로 감소했고, 일반적으로 筮占이 성행했다. 그 원인을 살펴보면 대개 筮占에 쓰는 蓍草의 채집과 占卜하는 방법이 쉬웠기 때문일 것이다. 게다가 남방의 楚人은 武庚을 추종하여 반란을 일으켰고, 周와 楚는 서로 감정이 악화되어 昭王 때에는 몇 차례 荊楚를 정벌하였다. (문헌과 金文에 기록이 많다.) 급기야 '남쪽을 정벌하러 가 돌아오지 못한 지경'에까지 이르게 된 상황에서, 西周 통치자의 남방 확장 전략이 실패되자 남방으로부터 거북의 공납이 중단된 것도 역시 원인 중의 하나로 간주할 수 있다. 그렇다 하여도 春秋戰國 時代까지 국가나 왕실의 중대사를 龜卜으로 결정하였기 때문에 "평시에는 筮를 사용하나 중대사의 경우 龜를 쓴다 筮短龜長"는 說이 있게 되었다.[7]

秦漢 이래, 당시의 중앙 정부는 여전히 점복을 전담하는 太卜을 두고 그 일을 관장하였으니, 占卜 숭상의 뿌리가 심원함을 가히 짐작할

수 있다.

2. 殷代人들의 占卜 순서

殷代人은 도대체 어떻게 占卜을 했을까? 그 과정을 구체적으로 명확하게 말하기는 어렵다. 그러나 문헌의 기록과 殷墟에서 출토된 실물에 의하면 아래와 같은 몇 가지 절차가 있었음을 도출해 낼 수 있다.

1. 龜甲은 주로 남쪽 지방에서 공납품으로 바쳐 왔지만 현지에서 채집된 것도 있다. 牛骨의 대부분은 현지에서 채집하여 얻은 것이다. 이같은 재료의 수집은 필수적으로 요구되는 작업이다.

2. 龜甲을 쪼개서 腹甲을 정리한다. 腹甲은 완전한 것이 많은데 주요 손질법은 표면의 아교질을 제거한 후, 울퉁불퉁 고르지 못한 곳을 갈아 평평하게 했다. 背甲은 두 가지의 가공 방법이 있는데, 하나는 가운데뼈를 중심으로 양쪽이 똑같게 자르고, 또 하나는 양쪽을 똑같이 자른 후 가운데뼈 부근의 평평하지 못한 곳과 首尾의 양끝을 둥글게 잘라내어 신발바닥과 같은 모양인 개조된 背甲을 만드는 것이다.

牛胛骨과 기타 獸胛骨은 꼭 같은 2개의 뼈가 좌우에 펼쳐졌다. 牛肩胛骨의 손질법은 먼저 관절의 볼록한 부분〔臼角〕을 제거하고 안쪽에 튀어나온 곳을 갈아 평평하게 한다. 胛骨의 앞뒷면, 도려낸 곳, 그외 다른 부분도 긁고 갈아내는 과정을 거친다.

상술한 바와 같이 龜甲·獸骨을 기본적으로 가공한 후(때로 손질되지 않은 것도 있다) 사용시를 대비하여 비축하였다. 小屯村의 한 사람은 1928년으로부터 "수년 전 小屯村 북쪽(朱家 14묘의 땅을 가리키는 것으로, 후에 E區로 칭해졌다)에서 占卜用 거북 재료를 저장했던 곳을 발견하였는데 크고 작은 수백 개의 龜甲들은 모두 腹과 背가 완전한 龜甲이었다"[8]고 하였다. 그밖에 安陽 발굴에서도 이미 깎아서 손질해 놓은 肩胛骨과 자르고, 갈고, 깎아 다듬는 등의 손질을 전혀 하지 않은 獸骨들이 발굴되었다.

3. 《周禮·春官·龜人》에 "봄이 되면 龜에 동물의 피를 발라 점치기 전에 먼저 제사를 지냈다 上春釁龜, 祭祀先卜"고 하였는데, 注에 이르기를 "釁이라는 것은 살생하여 신에게 피로 제사드리는 것이다"고 하였다. 《孟子·梁惠王上》에는 "소를 끌고 묘당 앞을 지나는 사람이 있었는데, 왕이 그 소는 어디로 가는 중이냐고 하니, 죽여서 그 피로 새로 만든 종의 틈에 바르려고 한다 有牽牛而過堂下者, 將以釁鐘"고 하였고, 趙岐 注에는 또 "새로 종을 주조하면 틈 사이를 살생한 짐승의 피를 바르는데 이로 제사 지내는 것을 釁이라 한다"고 하였는데 그 의미는 거의 같다.

武丁 때 다섯 종류의 記事 刻辭에는 모두 "某에게 약간의 제물로 제사하다 某示若干"는 기록이 있는데, 많은 학자들은 이것이 곧 龜甲·牛骨을 제사 지낸 일이라고 단정하고, 殷代人은 甲骨을 얻은 후에는 반드시 먼저 일송의 제사를 지내고 그후에 사용했다고 하였다. 이는 《周禮》의 "봄이 되면 龜에 동물의 피를 발라 점치기 전에 먼저 제사를 지냈다"는 의미와 부합된다고 할 수 있다.

董作賓은 산 거북을 처리할 때 먼저 衁·釁·祓祭를 지낸 후에야 거북을 죽였다고 여겼고, 《新獲卜辭寫本》 381호의 "거북에게 衁祭를 지내는데 제물로 소 3마리를 쓸까요 衁龜三牛"라는 구절을 인용하여 殷代人은 거북에게 衁祭하였다는 것을 증명하였다.[9]

결국 제사는 거북을 죽이기 전에 행했는가, 아니면 기본적인 손질을 끝낸 후에 행했는가에 대한 더 많은 연구가 필요하다. 그러나 靈驗을 추구했다는 차원에서 보면 占卜을 행하기 전에 제사를 지냈다는 것이

무난할 것 같다.

4. 殷墟 甲骨에는 鑽이나 鑿, 또는 鑽鑿이 동시에 행해진 것도 많았다. 먼저 원형의 鑽을 뚫고, 다시 타원형의 鑿을 上下로 길게 파낸 후에 불로 지졌다. 鑽鑿과 불로 지지는 것은 주로 안쪽에 행했으나 극소수는 정면 밑부분에 鑽鑿하기도 했다. 《莊子·外物篇》에는 "일흔두 구멍을 뚫고 점을 쳐 조금의 틈새도 없었다 七十二鑽而無遺策"고 기록되어 있다. 〔無遺策의 풀이는 莊子疏에 遺는 失로 策는 謀로 보아 '점괘가 모두 맞았다'는 뜻으로 풀이했으나, 董作賓은 遺는 留餘, 策은 冊의 동음가차로 보아 '귀판에 조금의 틈새도 없다'로 보았다. 작은 귀판에 72개의 구멍을 뚫었으니 여백이 없다는 말이 수미일관된다. (董作賓,〈殷代龜卜之推測〉) 오늘날의 腹甲에는 1백59개의 鑽(《丙》 350), 1백61개의 鑽(《丙》 97)과 2백4개의 鑽(《乙》 4330)에 이르는 것도 있다. 무릇 鑽의 과정을 거친 甲骨은 반드시 鑽한 부분을 불로 지졌고, 鑿한 것은 鑿의 옆을 지졌다. 그리고 나면 정면의 각질에 卜兆가 나타나는데 파열된 흔적인 兆紋은 가로나 세로로 뻗는 일정한 규율이 있다.

《周禮》에서는 지질 때 나무막대에 불을 당겨 태운다고 하였지만, 나무에 불을 당겨 바닥을 직접 태울 때는 화력이 약하고 타는 시간이 짧아 파열무늬가 나타날 수 없다. 그러나 鑽鑿한 구멍 속에 불이 세게 붙은 둥근 막대로 지지게 되면 지진 자국이 원형의 흔적으로 남는다.

陳夢家는 "鑽이 있고 없고를 막론하고 불로 지진 곳은 모두 鑿 바로 옆이다. 그러므로 정면에 반드시 兆干·兆枝가 나타나게 되어 卜자형을 이룬다. 이로써 불로 지지는 灼이나 鑽은 鑿의 좌우에서 행하여지기 때문에, 이는 정면에 나타나는 兆枝의 방향을 결정하는 것이다. 만약 안쪽의 경우 灼이나 鑽이 좌측에 있으면 정면의 兆枝는 우측을 향하게 되는 것을 알 수 있다. 甲과 骨의 卜兆는 대체로 일정한 방향으로 나타난다.

腹甲: 좌측 것이면 兆枝는 우측으로, 우측 것이면 兆枝는 좌측으로 향한다.

背甲: 좌측 것이면 兆枝는 우측으로, 우측 것이면 兆枝는 좌측으로 향한다.

胛骨: 右骨의 兆枝는 우측으로, 좌골의 兆枝는 좌측으로 향한다.

이들의 원칙은 龜甲의 卜兆는 腹甲이나 背甲, 左甲이나 右甲을 막론하고 일률적으로 千里路라고 하는 중심선을 향하여 뻗게 되어 있다. 胛骨의 卜兆 방향은 일률적으로 척추뼈(관절 부분) 쪽을 향한다. 그러나 胛骨의 卜兆 방향은 龜甲처럼 엄밀하지는 않아 예외가 있다(卜兆가 骨脊 쪽으로 향하지 않고 안쪽으로 향해 있기도 하다)"[10]고 말하였다.

鑽鑿 이전의 과정은 바로 점복을 행하기 전의 준비 과정이다. 불로 지져 卜兆가 나타나게 하는 것은 정식으로 점복이 시작되는 것을 의미한다.

5. 鑽鑿한 곳을 불로 지지고 나면 卜·卜·卜·卜과 같은 卜兆가 나타난다. 비교적 온전한 甲骨에는 수많은 鑽鑿한 구멍이 있으며, 불로 지진 후에는 불에 지진 자국과 반대쪽에 卜兆가 나타나는데, 그것들은 일반적으로 좌우 대칭이 되는 일정한 체계를 갖추고 있다.

背甲에 鑽鑿한 모양,

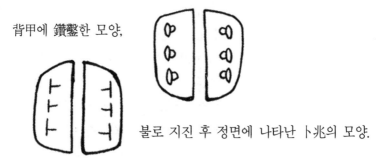

불로 지진 후 정면에 나타난 卜兆의 모양.

腹甲에 鑽鑿한 모양,

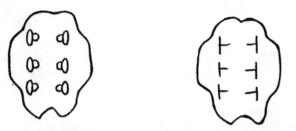

불로 지진 후 정면에 나타난 卜兆의 모양.

牛骨의 左右 肩胛骨에 鑽鑿했을 때의 左右 대칭 모양.

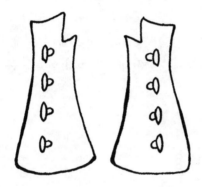

불로 지진 후에 나타난 卜兆의 左右 대칭 모양.

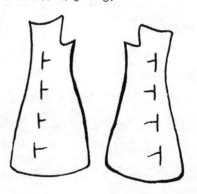

《周禮·春官》에는 占卜을 관장하는 관리와 占卜 순서가 기록되어 있는데 대체로 아래와 같다.

1) 龜人: 取龜·攻龜(거북을 가져오고, 거북을 다듬는다)
   (占卜 전에 하는 준비 작업)
2) 太卜: 命龜(점치고자 하는 일을 고한다)
3) 菙氏: 掌共燋契(불로 지지는 재료를 제공한다)
4) 卜師: 作龜(불을 당겨 龜를 지진다)
5) 占人: 占龜(卜兆의 균열상을 보고 吉凶을 판단)·系幣(命龜했던 일과 卜兆를 策에 쓰고, 이들을 龜에 매단다)

《周禮》에서 말한 周代의 제도가 정확하다고 믿을 수는 없지만, 문헌에 언급해 논 占卜의 순서는 전해져 내려온 여러 설들을 근거로 기록했다고 할 수 있다.[11]

3. 卜辭의 체제와 내용

점을 친 후에는 점친 내용을 卜兆 옆에 새겼는데, 그것을 卜辭라고 한다. 卜辭를 새기는 일은 점복 중 최후의 과정에 속하며 《周禮》 占人의 '系幣'와 유사하다.

卜辭의 내용과 체제를 설명하기 전에 우선 새기는 방법을 살펴보아야 할 것 같다.

卜辭는 먼저 글을 쓰고 나중에 새긴 것인가, 아니면 글을 쓰지 않고 곧바로 새긴 것인가, 그렇지 않으면 쓴 것만을 새기는 것인가에 대해 학설이 일치하지 않는다.

胡厚宣은 "일반적으로 먼저 글을 쓰고 난 후에 새기고, 더러 능숙한 사람은 글 쓰는 과정 없이 곧바로 새겼다. 만약 미숙련자가 글을 쓰지 않고 새기면 오자·탈자·사족처럼 불필요한 획의 출현을 피할 수가 없을 것이다"고 했다. 그리고 또 "중앙연구원의 殷墟 발굴 때 붓으로 써놓은 많은 甲骨도 발견됐는데, 염료는 붉은색과 검은색 두 종류가 있었다. 그 중 어떤 것은 절반 가량만 새겼고, 어떤 것은 아직 새기지 않은 채 있었는데 모두 《殷墟文字乙編》에 수록하였다. 이것들은 글자를 쓰고 난 다음에 새겼음을 증명해 주는 좋은 자료이다"고 하였다.

董作賓 역시 卜辭는 먼저 쓰고 나중에 새긴 것이라고 여겼는데, 그는 《殷墟文字乙編》 序에서 다음과 같이 말하였다.

"甲骨 중에 붓을 사용하여 글씨를 쓴 흔적이 있다. 《甲編》에 글씨를 쓰고 새기지 않은 문자의 예를 3版(《甲》 870·2636·2940)이나 실었으므로 우리는 殷代에 이미 붓을 사용하였고, 甲骨文字는 먼저 쓰고 나중에 새긴 문자였다는 것을 단정할 수 있다. 현재 《乙編》에는 붓을 사용하여 글을 쓴 상황을 더욱 확실하게 해주는 예가 많다. 《甲編》에 수록된 세 조각의 骨版은 文武丁 시기의 유물이라는 것을 분명히 알았고, 《乙編》에 수록된 것은 대부분 武丁 시기에 쓴 복사로, 이것들은 글을 쓰고 난 후에 새기는 것을 잊어버린 것들이다. 붓으로 써놓은 것은 拓印되어 나오지 않아 편집할 때 사진으로 바꾸어 썼다. 미술전람회에 전시되었던 《乙編》의 13·0·14048인 背甲 1편이 기억나는데, 이는 背甲의 右半 쪽으로 좌측이 부러졌다. 정면에는 모든 卜兆에 문자가 새겨져 있고, 좌측 상단 모서리에 다음과 같은 卜兆가 있다.

壬申卜, 爭貞: 帝令雨.
壬申日에 점을 치고 爭이 묻습니다: 上帝가 비를 내려 줄까요?

문자의 필획은 정교하면서도 강했다. 안쪽 우측 상단 모서리의 '壬申'이라는 글과 반대되는 곳에는 다음과 같이 씌어 있다.

貞: 帝不其令雨.

묻습니다: 上帝가 비를 내려 주지 않을까요?

문자는 아직 새기지 않은 상태지만 필획이 굵고 부드러운 것이 분명히 貞人 爭의 필적이었다. 그는 붓을 위로부터 아래로, 좌에서 우로 사용하였음을 알 수 있었다. 모든 과정이 현재의 붓글씨 쓰는 필순과 다름이 없었다. 또 새기는 방법은 먼저 모든 자의 세로획을 새기고, 후에 가로획을 새겼는데 글을 쓰는 방법과는 매우 달랐다. 이 판의 안쪽에는 써놓고 새기지 않은 글 4행이 있는데, 색은 짙은 赤土色을 띠어 마치 朱砂로 쓴 것 같은데 먹물이 약간 섞인 때문인 것 같았다. 또 '貞乎'라고 쓰인 2자는 서체가 매우 거칠고, 가운데의 가는 획은 새겼지만 완성시키지는 못했다. 이것이 바로 먼저 쓰고 나중에 새겼던 실례이다.

또 《乙編》의 13·0·13536號로 수록된 전에 전시된 적이 있는 腹甲 1版이 있는데, 정면의 상황을 보면, 卜兆는 새겨져 검은색으로 칠이 되었고 卜兆를 나타내는 숫자에는 붉은색을 칠했으며, 2행의 卜辭는 모두 새겨서 붉은색을 칠했다. 내용은 다음과 같다.

辛巳卜, 爭貞: 畟不其受年.

辛巳日에 점을 치고, 爭이 묻습니다: 畟은 좋은 수확을 얻지 못하겠습니까?

貞: 蜀不其受年. 二月.

묻습니다: 蜀은 좋은 수확을 얻지 못하겠습니까? 2월에.

안쪽의 상황은 우측 가장자리 甲橋에는 "雀이 2백50판을 들여왔다 雀入二百五十"고 씌어 있는데, 새긴 후에 붉은색을 칠하였고, 중간에는 붓으로 쓴 문자가 2행 있는데, 거기에는 "묻습니다: 畟·蜀에 좋은 수확이 있을까요 貞燮·蜀受年"·"왕이 점친 결과를 보고 燮과 蜀에 좋은 수확이 있겠다고 말했다 王固曰, 燮罘蜀受年"고 씌어 있다. 양면은 모두 한 사람이 쓴 필체인데, 한면에는 씌어만 있고 한면은 새겨졌다."

郭沫若은 甲骨文字는 손이 가는 대로 새긴 것이지, 결코 먼저 글을 쓰고 나중에 새긴 것이 아니라고 주장하며 다음과 같이 말하였다.

"나는 일찍이 글자를 연습한 뼈 1片(《殷契萃編》제1468片)을 발견하였는데, 내용은 甲子에서 癸酉까지 10개의 干支를 版의 正反 양면에 반복하여 몇 행을 새겼다. 그 중 1행은 유독 정연하고 문자가 수려할 뿐아니라 문장 역시 규정에 합당했다. 그러나 나머지는 삐뚤삐뚤하고 문자가 제대로 되지 않았으며 규정에 맞지도 않았다. 여기에서 규칙적이고 정돈된 1행은 스승이 새긴 것이고 삐뚤삐뚤한 몇 줄은 제자가 새긴 것임을 알 수 있다. 그러나 서투른 것들 중에 어떤 문자는 규정에 맞고 숙련된 형태를 보이고 있는데, 이는 스승이 한쪽에다 시범으로 새겨 주었음을 나타낸다. 이런 상황은 오늘날 붓글씨를 처음 배울 때 선생님이 붉은 글씨로 바로잡아 주는 관습과 같다고 하겠다. 이렇게 볼 때 甲骨文은 먼저 글씨를 쓰고 나중에 새긴 것이 아니고 손이 가는 대로 새긴 것이라는 것을 알 수 있다."[12]

《卜辭通纂》第6片 骨版 위에는 1월과 2월, 각 30일의 干支와 약간의 다른 문자가 새겨져 있다. 문장은 8행으로 모두 1백30자이다. 앞 2행의 첫번째 字는 완전히 새겨졌지만 제3행부터 제8행까지 사이에는 단지 '二月'의 '二'자(第4行 끝)만이 가로획이 있을 뿐, 그 이외의 응당 가로획이 있어야 할 글자의 가로획이 새겨져 있지 않다. 이는 새기는 사람들이 시간을 절약하고 새김상의 편리를 도모하기 위해 먼저 모든 세로획을 파고 甲骨을 옆으로 돌려 세로 상태에서 가로획을 새겼다는 것을 설명해 준다. 그외에도 여전히 가로획이 새겨져 있지 않은 문자가 있다. 이렇게 새기지 않은 가로획 부분에 붓으로 쓴 흔적이 보이지 않는데, 이 점은 卜辭는 먼저 글을 쓰지 않고 곧바로 새긴 것임을 분명하게 설명하고 있으나, 이것으로 전체를 개괄하기는 어렵다. 총괄해 보면, 卜辭는 먼저 붓으로 글씨를 쓴 후에 새긴 것도 있고, 또 글씨를 쓰지 않고 곧바로 새긴 것도 있으며, 혹은 새긴 후에 다시 붓으로 붉거나 검은색을 입힌 것도 있을 뿐 아니라, 심지어는 松綠石을 상감하여 예술 장식을 한 것도 있어서, 각종의 형태가 두루 망라되었다고 할 수 있다. 卜辭는 일률적으로 먼저 쓰고 나중에 새겼다고 말하는 것이 반드시 옳다고는 할 수 없지만, 모두가 손 가는 대로 새긴 것이라고 말하는 것도 전체를 포괄하지는 못한다.

卜辭를 새기는 방법에는, 작은 문자는 한 칼에 새기는 單刀法을 사용하고 큰 글자에는 두 번에 새기는 雙刀法을, 굵은 획의 문자는 판 곳을 다시 파는 復刀法을 사용하였다. 일반적으로 말하면, 刀法이 능숙할수록 글자의 형체가 아름다웠다. 몇몇 연습으로 새기는 것을 제외하면 이들 文字의 형체는 확실히 고대로부터 전해 내려오는 독보적인 '篆刻' 예술의 진수임이 틀림없다.

• 卜辭의 체제

殷代人들의 占卜 과정에는 일정한 절차가 있고, 卜辭를 쓰고 새기는 데도 역시 고정적인 격식이나 체제가 있다. 즉 某某日에 점치고, 某史官이 묻고(어떤 때는 殷王이 직접 물었다), 어떤 일을 하고자 하는데 吉하겠는가, 不吉하겠는가, 몇월에 점침 등과 같은 절차와 과정이 있다.

점괘가 나오고, 그날이 지난 후에 靈驗하게 맞았다면, 그 맞아 들어간 상황을 보충하여 새긴다. 그래서 하나의 완전한 복사는 아래와 같은 4개 부분으로 구성되어 있다.

敍辭(述辭 또는 前辭라고도 칭한다): 먼저 점을 치는 시간·장소와 점을 치는 사람을 기록한다.

命辭: 거북에게 命하는 말로, 거북에게 묻고자 하는 일을 고한다.

占辭: 卜兆에 의거해 吉凶을 판단한다.

驗辭: 점친 후에 그 결과가 들어맞았는지 여부를 기록한다.

그러나 점을 칠 때마다 매번 전과정을 기록하는 것은 아니고 때로는 몇 가지 부분을 생략시켰다. 여러 가지 다른 辭例를 들어 대략적인 내용을 살펴보자.

1) 敍·命·占·驗辭가 모두 기록된 경우

敍辭: 戊子卜, 殼, 貞

命辭: 帝及今四月令雨, 貞: 帝弗其及今四月令雨?

占辭: 王固曰: 丁雨, 不, 由辛.

驗辭: 旬丁酉允雨. (《乙》3090)

敍辭: 戊子日에 점을 치고 殼가 묻습니다.

命辭: 上帝가 오는 4월 비를 내려 줄까요? 묻습니다: 上帝가 오는 4월 비를 내려 주지 않을까요?

占辭: 王이 점친 결과를 보고 "丁日에 비가 오겠다. 그렇지 않으면 辛日에는 오겠다"고 했다.

驗辭: 열흘 뒤 丁酉日에 과연 비가 왔다.

2) 敍·命·占辭가 기록된 경우

敍辭: 癸巳王卜, 貞

命辭: 旬亡畎?

占辭: 王固曰: 吉. (《粹》1462)

敍辭: 癸巳日에 왕이 점을 치고 묻습니다.

命辭: 다음 열흘간에 재앙이 없을까요?

占辭: 王이 점친 결과를 보고 "吉하겠다"고 했다.

敍辭: 癸丑卜, 貞

命辭: 今歲受禾?

占辭: 弘吉.

敍辭: 在八月, 唯王八祀. (《粹》896)

敍辭: 癸丑日에 점을 치고 묻습니다.

命辭: 올해 풍성한 수확을 얻을까요?

占辭: 크게 길하겠다.

敍辭: 대왕 8년, 8월에.

3) 敍・命・驗辭가 기록된 경우

敍辭: 甲申卜, 殻貞

命辭: 帚(婦)好冥(娩), 不其妨(嘉)?

驗辭: 三旬出一日甲寅冥, 允不吉, 隹女. (《乙》7731)

敍辭: 甲申日에 점을 치고 殻이 묻습니다.

命辭: 婦好가 출산을 하는데 길하지 않을까요(딸을 낳을까요)?

驗辭: 30일하고도 하루 뒤인 甲寅日에 출산을 했는데 과연 길하지 않았다. 딸을 낳았다.

4) 命・占・驗辭가 기록된 경우

命辭: 㱿其有疾?

占辭: 王占曰: 㱿其有疾, 隹丙庚不吉.

驗辭: 旬又七日庚申喪㱿. (《乙》4130)

命辭: 㱿에게 병이 있겠습니까?

占辭: 왕이 점친 결과를 보고 "㱿에게 병이 있겠다. 丙日이나 庚日이 불길하다"고 했다.

驗辭: 17일 뒤 庚申日에 과연 죽고 말았다.

命辭: 翌辛丑不其啓?

占辭: 王固曰: 今夕其雨, 翌辛丑啓(晴).

驗辭: 之夕允雨, 辛丑啓. (《菁》8)

命辭: 다음 辛丑日에 날이 맑지 않을까요?

占辭: 왕이 점친 결과를 보고 "오는 저녁 비가 오겠다. 다음 辛丑日
은 맑겠다"고 했다.

驗辭: 그날 저녁 과연 비가 왔고, 辛丑日은 맑았다.

5) 叙·命辭만 기록된 경우

叙辭: 庚戌卜.

命辭: 王立〔黍〕受年, 王勿立黍弗其受年? (《乙》6964)

叙辭: 庚戌日에 점을 칩니다.

命辭: 왕이 黍의 추수 현장을 시찰하면 풍성한 수확을 얻을까요? 왕
이 시찰하지 않으면 풍성한 수확을 얻지 못할까요?

6) 命·占辭만 기록된 경우

命辭: 畟受年, 蜀受年?

占辭: 王固曰: 畟眔蜀受年. (《乙》6423)

命辭: 畟에 풍년이 들까요? 蜀에 풍년이 들까요?

占辭: 왕이 점친 결과를 보고 "畟과 蜀에 풍년이 들 것이다"고 했다.

7) 命·驗辭만 기록된 경우

命辭: 其焚벌(擒)?

驗辭: 癸卯允焚, 隻(獲)兕十一, 豕十五, 兎卅五. (《乙》2507)

命辭: 불몰이 사냥을 할까요?

驗辭: 癸卯日에 과연 불몰이 사냥을 해서 코뿔소 11마리, 돼지 15마
리, 토끼 25마리를 잡았다.

8) 占·驗辭만 기록된 경우

占辭: 王固曰: 屮(有)希(祟), 其屮來娓(艱).

驗辭: 迄至九日辛卯, 允屮來娓自北, 虫敏妾告曰: 土方侵我田十人.
(《菁》6)

占辭: 왕이 점친 결과를 보고 "앙화의 조짐이 있어 재앙이 오겠다"
고 했다.

驗辭: 9일 뒤 辛卯日에 이르러 과연 재앙이 북쪽에서 왔다. 虫族의
敏妾이 와서 "土方이 우리 촌락을 침략해 10명을 잡아갔다"고 보고하
였다.

9) 敍辭만 기록된 경우

敍辭: 庚戌卜, 王. (《粹》1329)

　　　庚戌日에 점을 치고, 왕이⋯⋯.

敍辭: 甲午卜, 王. (《粹》1330)

　　　甲午日에 점을 치고, 왕이⋯⋯.

10) 命辭만 기록된 경우

命辭: 帝令雨弗其足年, 帝令雨足年. (《前》1·50·1)

命辭: 上帝가 비를 내리는데도 풍성한 수확을 얻지 못할까요? 上帝
가 비를 내리면 풍성한 수확을 얻을까요?

11) 占辭만 기록된 경우

占辭: 王固曰: 吉, 受屮年. (《乙》6726)

왕은 점친 결과를 보고 "길하겠다. 좋은 수확을 얻겠다"고 말했다.

12) 驗辭만 기록된 경우

驗辭: 八日辛亥允戈伐二千六百五十人, 在米. (《通》19)

驗辭: 8일 뒤인 辛亥日에 과연 2천6백50인을 羌에서 무찔렀다.

• 卜辭의 내용

과거에는 殷墟에서 출토된 甲骨文은 모두 왕실의 것으로 여겼다. 최근 들어 왕의 卜辭가 아닌 非王 卜辭에 관해 연구하던 학자들은 대다수의 卜辭는 商 王室에서 점을 친 후에 기록한 것이고, 그 내용은 주로 왕의 소망과 활동을 반영한 것이지만, 일부분 왕실과 친밀한 관계에 있던 세력 있는 一家의 상황을 반영해 놓은 것도 있다고 여겼다. 이런 종류의 복사는 '子 卜辭·婦 卜辭' 또는 '多子族 卜辭'라고 부른다. 그러나 王卜辭이든 非王 卜辭이든간에 이들을 귀납 분석하고 분류 배열을 하여야만 비로소 체계적인 자료로 활용될 수 있을 것이다.

羅振玉은 甲骨文 單字를 貞卜文字라고 부르고, 문장을 이룬 것은 卜辭라고 칭하는 한편 내용에 따라 卜辭를 분류하였다. 그는《殷墟書契考釋》에서 卜辭를 祭·告·辜·出入·田獵·征伐·年·風雨 등 8항으로 분류하였고, 이외에 雜卜을 하나 더 두었다.

王襄은《簠室殷契徵文》에서 天象·地望·帝系·人名·歲時·干支·貞類·典禮·征伐·游田·雜事·文字 등의 12항으로 나누었다.

董作賓은《殷曆譜》에서 祭祀·征伐·田狩·游·辜·行止·旬·夕·告·勺·求年·受年·日月食·有子·娩·夢·疾·死·求雨·求啓의 20항으로 분류하였다.

胡厚宣은《戰後南北所見甲骨錄》과《戰後京津新獲甲骨集》에서 來源·氣象·農産·祭祀·神明·征伐·田獵·芻魚·行止·卜占·營建·夢幻·疾病·死亡·吉凶·災害·諸婦·多子·家族·臣庶·命喚·成語·紀數·雜項의 24항으로 세분하였다.

郭沫若은《卜辭通纂》에서 干支·數字·世系·天象·食貨·征伐·畋游 등 7항으로 분류하였다.

陳夢家는《殷墟卜辭綜述》에서 祭祀·天時·年成·征伐·王事·旬

夕 등의 6항으로 귀납하였다.

卜辭의 수량면에서 보면, 商代 卜辭에는 上帝나 조상을 제사하고, 벼의 풍작과 풍년을 기원하고, 비를 구하며, 작황이 좋고 수확이 많기를 바라는 등의 농업을 중심으로 한 내용이 가장 큰 비중을 차지하고 있다. 그 다음으로는 왕과 왕비·왕자 등에게 재앙이 있을 것인가를 묻는 卜辭로, 열흘 동안을 점치고, 하루 저녁을 점치고, 上帝가 재앙을 내릴 것인가, 조상이 해를 끼칠까 하는 여부를 점치는 것들이다. 또 여러 方國을 정벌한 내용과 포로를 잡은 상황을 점치는 데까지 걸쳐 있다. 물론 사냥이나 고기잡이, 왕의 출입에 관한 점도 예외일 수 없는데, 이는 商王의 여흥을 위한 것이다.

商代는 일찍이 干支로 날짜를 기록하였고, 이름을 十干으로 불렀기 때문에 干支자가 특히 많다. 숫자도 이미 一에서 十·百·千·萬까지 셈할 수 있었고, 天象 방면에서 이미 일식과 월식·윤달·구름·무지개·바람·비 등의 변화 상황도 인식하고 있었다.

결론적으로 말하면, 卜辭의 내용은 상당히 풍부하고 내면적인 질서와 규율이 정연하다. 만약 보다 치밀하게 과학적인 분류를 전개한다면 입문에 편리할 뿐 아니라 깊은 연구에도 큰 도움을 줄 수 있어 그 중요성은 적지 않게 강조되고 있다. 새로 출판된《甲骨文合集》은 기본 골격을 크게 4항으로 나누고, 다시 22항으로 세분하였다. 크게 나눈 4항은 1) 계급과 국가, 2) 사회·생산, 3) 과학·문화, 4) 기타이고, 세분된 22항은 1) 노예와 평민, 2) 노예주 귀족, 3) 관리, 4) 군대·형벌·감옥, 5) 전쟁, 6) 방국과 지역, 7) 공납, 8) 농업, 9) 어업·사냥·축목, 10) 수공업, 11) 상업·교통, 12) 천문·역법, 13) 기상, 14) 건축, 15) 질병, 16) 生育, 17) 귀신 숭배, 18) 제사, 19) 길흉몽환, 20) 卜法, 21) 문자, 22) 기타 등이다. 분류가 비교적 상세하고 과학적이다.

제2절 文 例

中國人의 서법 체제는 일반적으로 우측에서 좌측으로 향하면서 위에서 아래로 내리쓴다. 근래에 와서 좌측에서 우측으로, 위에서 아래로 쓰는 가로쓰기식을 주로 채용하고 있다. 그러나 아직도 노년층에서는 여전히 내리쓰는 전통을 선호한다. 이러한 내리쓰는 전통의 기원은 殷商 시대까지 거슬러 올라간다.

殷代人들은 銅器·玉器·石器 등의 銘文을 새길 때나 甲骨의 記事 刻辭를 쓸 때 모두 위에서 아래로, 우측에서 좌측으로 쓰는 소위 '아래로 쓰고 왼쪽으로 진행' 하는 형식을 유지했다. 그러나 유독 卜辭를 쓰고 새길 때에는 이런 체제를 완전히 타파하고 '아래로 쓰고 왼쪽으로 진행' 하는 것과 '아래로 쓰고 오른쪽으로 진행' 하는 대칭적인 방법을 채택하였다.

이렇게 특수한 卜辭의 文例를 살펴보면, 이는 書寫의 편리를 추구해서가 아니고 占卜에서 얻은 卜兆와 서로 밀접한 관계가 있기 때문이었다. 일반적으로 卜兆는 좌우 대칭을 이루기 때문에 卜兆 옆에다 새겨야 하는 卜辭는 서로 안쪽을 향하게 되고, 卜兆를 향해 글을 새기게 된 것이다.

龜腹甲은 卜兆가 안쪽을 향해 있어 우측의 卜兆는 兆枝가 좌측을 향하므로 卜辭는 오른쪽에서 왼쪽으로 써간다. 좌측의 卜兆는 兆枝가 우측을 향하게 되어, 卜辭는 왼쪽에서 오른쪽으로 써간다.

龜背甲은 비록 두 부분으로 나뉘지만 그 卜兆와 卜辭의 상황은 腹甲과 동일하여, 우측 절반의 卜兆는 좌측을 향하게 되고 卜辭는 오른쪽을 향해 쓰며, 좌측 절반의 卜兆는 우측을 향하게 되고 卜辭는 왼쪽을 향해 써 간다.

그러나 龜甲의 首尾와 좌우 양가장자리의 卜辭는 대개가 다 바깥쪽에서 안쪽으로 향해 있어 우측에 있는 것은 좌측으로, 좌측에 있는 것은 우측으로 써서 前例와는 상반된다. 전자를 '迎兆 刻辭'(《甲》 3917)라 하고, 후자를 '順兆 刻辭'(《乙》 7748)라고 한다.

만약 牛胛骨일 경우 右骨의 卜兆는 우측을 향하고, 卜辭는 왼쪽으로 써 간다.(《錄》 42) 左骨의 卜兆는 좌측을 향하고, 卜辭는 오른쪽으로 쓴다.(《屯南》 1128) 오직 骨臼 가까이의 부분은 左든 右든 서로 대칭을 이루어 前例에 구속되지 않는다.(《屯南》 2287)

이상과 같이 文例를 대략 설명할 수 있으나, 龜甲은 물론 牛骨도 卜辭를 쓰고 새기는 데에는 예외가 있다.

동일한 판에도 다른 내용의 卜辭가 새겨 있는데, 초기의 것은 이들을 주로 위에서 아래로 배열시켰지만, 후기의 것은 아래에서 위로 배열한 경우도 많았다. 또 같은 일을 여러 번 물었던 예도 많은데, 일반적으로 시간에 따라 연속적으로 점쳐 물었다. 그러나 한 가지 일을 一·三에서 물었고, 二·四에서는 다른 일을 점친 예도 있는데, 이러한 것을 '相間 刻辭'라고 부른다.(《前》 1·50·1, 《佚》 400)

卜兆 옆에 卜辭를 새길 때 종종 吉辭·序辭·告辭·用辭·御辭·兆辭 등 부대 요소들을 새겨넣기도 하였다. 탁본된 조각을 읽을 때 卜辭와 혼동해서 읽지 말아야 할 것이다.

吉辭는 卜兆의 파열상을 보고 길흉을 확정하는 데 쓰는 말이다. 일반적으로 卜兆의 가로획이 갈라져 나올 때 위로 향할 경우 대개 吉로 간주한다. 吉에도 세분되어 제5기 卜辭에는 '告'(《粹》 907)·'大吉'(《明》 456)·'弘吉'(《粹》 896) 등이 있다.

序辭는 점친 순서를 기록한 것인데, 일반적으로 다섯 번에서 그치는 것이 많으나(《乙》 6725·7781), 때로는 일고여덟에서 열 번까지 점복한 경우도 있다.(《乙》 6422·6458·7456) 胡厚宣은 《卜辭同文例》에서 한 가지 일을 여러 번 점친 것들을 지적해 내었는데, 한 가지 일을 열한 번, 열두 번, 열세 번, 열네 번 내지는 열여덟 번까지 점쳤던 예도 있었다. 제13차 발굴에서 얻은 큰 甲版에 武丁 시기의 卜辭가 있는데 내용은 다음과 같다.

　　戊申卜, 㱿貞: 帝其降我堇(嘆). 一月. 貞: 帝不我我堇(嘆).
　　戊申日에 점을 치고 㱿이 묻습니다: 上帝가 우리 商에 가뭄이 들게 할까요? 1월에. 묻습니다: 上帝가 우리 商에 가뭄이 들게 하지 않을까요?

　　그러나 특이한 것은 卜兆의 순서를 나타내는 숫자는 十 이후에 다시 一부터 시작되고 十一・十二 등은 결코 合文으로 쓰지 않았다는 것이다.[13] 《禮記・曲禮》에 "점칠 때 세 번을 넘기지 않는다 卜筮不過三"고 하였고, 鄭注에 "吉兆를 구하는 것은 세 번을 넘지 않는다. 魯가 네 번 점치니 《春秋》에서 그것을 비방하였다"고 하였다. 《禮記》에 기록된 周代人들이 점복했던 상황을 그대로 믿어야 할지 알 수 없으나, 殷代人에게는 이러한 제한이 없었다.

　　告辭가 제1・2기의 甲骨 중에 '二告'라고 새겨진 例는 《乙》 2456・3409・6375에서 볼 수 있다. 어떤 사람은 '上吉'로 해석하였다. 후에 《掇》 2・456과 《京津》 3163 2版에서 '三告'가 발견되었고, 《續存》 1430片에서 '四告'가 발견되어 비로소 '上吉'이라는 해석은 옳지 않고, '二告'라고 해야 하는 것임을 알게 되었다. 그 의미가 과연 어떠한지는 확실하지 않다. 또 '小告'라는 글이 있는데(《粹》 774) 이 역시 제1기 卜辭의 용어이다.

　　用辭에는 '用'(《粹》 596)・'不用'(《後下》 26・7, 《佚》 227)・'玆用'

(《鄴三下》45 · 12, 《續》1 · 31 · 1) · '玆不用'(《粹》598) · '玆毋用'(《甲》3688) 등이 있다. 아마도 이것들은 占卜의 실행 여부와 채용 여부를 기록하였던 것으로 여겨진다.

御辭의 의미도 위와 같다. '玆御'(《前》2 · 11 · 6, 《通》676) · '不御' (《乙》285) 등도 있는데, 이 역시 실행할 것인가 하지 않을 것인가 하는 의미를 지닌다.[14]

兆辭에는 '不용共'(《乙》6881)이 있는데, 楊向奎는 '不玄冥'이라고 고석하고 卜兆가 분명하여 다시 점칠 필요가 없음을 이른다고 하였다.[15] 胡光煒는 '不䵼黿'(망설이지 않는다)라고 고석하고 '不跼躇'의 假借로 보았다.[16]

제 5 장
文 字

제1절 古文字의 발전과 변천

1. 漢字의 기원

"문자는 언어의 표상이다. 어떤 민족의 문자일지라도 언어와 마찬가지로 사람들의 생활을 통해 無에서 有로, 적은 것에서 수없이 증가되고 헤아릴 수 없는 시행착오를 거쳐 사회적 약속으로 확정되었으며, 점차 배양되고 다듬어지면서 이룩된 것이다. 그것은 한 사람, 한 시대의 산물이 아니라 사회 발전을 통해 발전된 것으로서 장구한 역사적 과정을 지니고 있다. 한 민족의 생명이 존재한 후 만약 강대한 외세의 장기적 억압만 받지 않는다면 문자도 언어와 마찬가지로 부단히 발전하게 되는 것이다. 그것들은 마치 생명이 있는 것처럼 끊임없이 신진대사를 하고 잠시도 중단한 적이 없으며, 한시도 중지할 수 없는 것이다."[1]

文字 출현 전, 사람들은 생산 경험과 생활 지식을 단지 구술하거나 시범을 보였을 뿐이어서 대대로 기술을 전수하기는 어려웠고, 총괄적으로 수준을 높이기는 더욱 어려웠다. 이것은 원시 사회의 발전이 느렸던 원인 중의 하나이다. 文字 발명 이후에는 이러한 제한된 조건들이 극복되어 인류 사회에 비교적 빠른 발전을 가져다 주었다. 따라서 역사학자들은 문자의 출현을 문명 시대의 시작으로 보았는데, 이는 이치에 맞는 말이다. 그러나, 문자의 발생과 발전은 실로 오랜 과정 속에서 이루어진 것으로, 黃帝의 사관이었던 "倉頡이 문자를 만들었다"는 말처럼 결코 한 사람 한 시대의 산물은 아니다.

구석기 시대말 인류는 이미 猿人·古人으로부터 新人으로 발전하였으며, 인류 사회의 형성과 인간 체질의 형성은 상호 적응 관계에 있었다. 당시 黃河 유역 대부분의 곳에서는 인류가 이미 원시인으로부터 오랜 발전을 거쳐 모계 씨족 사회의 초기 단계로 접어들었다. 생산의 발전, 씨족 사회의 형성은 인간들로 하여금 빈번한 교제와 어떤 수단을 이용하여 기억을 돕도록 촉구했다. 심지어 모든 귀중한 경험을 자손 후대에 전하고자 하는 욕망까지 일어났는데, 이는 매우 자연스러운 일이었다. 考古學者들은 山西省 朔縣 峙峪人의 유적지에서 새긴 흔적이 있는 많은 骨片을 발견했다. 만약 이것이 의도적으로 새긴 부호라면 우리가 전해 들었던 문자 발명 이전의 "새끼를 묶어 사건을 기록함 結繩記事"과 "나무에 새겨 문자로 삼음 契木爲文"의 흔적이라고 추론해도 이상할 것이 없는 인간의 실제 생활의 필요에서 얻은 산물이라고 할 수 있다.[2] 그러나 이런 骨片에 새긴 흔적은 아직 峙峪人이 의식적으로 새긴 부호라고는 단언할 단계는 아니어서 고고학 방면에 새로운 발견과 더욱 세밀한 연구를 기대할 수밖에 없다.

西安 半坡는 신석기 시대 仰韶·彩陶 文化의 전형적인 유적지로, 당시 사람들은 모계 씨족 체제의 번영 시기로 접어들고 있었다. 半坡에서 출토된 陶鉢 주둥이 주위에는 2,30종의 부호가 새겨져 있는데, 가장 흔한 것은 짧은 세로획 'ㅣ'이고, 그 다음은 'Z'형이다.[3] 이것은 오늘날 정확하게 알 수 있는 表意 작용을 했던 가장 오래 된 문자 부호로 '중국 원시문자의 잔영'일 것이다.

于省吾는《古文字 연구의 약간 문제에 대하여 關于古文字研究的若干問題》에서 "고고 작업을 했던 사람들은 이것을 부호로 여기지만, 나는 문자 起源 단계에서 만들어진 간단한 문자로 여긴다"고 하면서, "五는 ×, 七은 +, 十은 ㅣ, 二十은 ‖, 示는 丁, 玉은 丰, 矛는 ↑, 艸는 ϓ, 阜는 ⸖ 등과 같은 예를 들어 밝힐 수 있다"[4]고 피력하였다. C[14] 측정에 의하면, 半坡 유적지는 대략 지금부터 6080±110년, 혹 5600±105년 전으로, 漢字의 기원을 그때까지로 거슬러 올릴 수 있으니, 혹자는 중국 문자는 이미 6천 년의 발전 역사가 있다고 말한다. 郭沫若은 "채도와 흑도에 새겨진 부호는 분명 漢字의 원시 단계였다"[5]고 주장하였다.

모계 사회에서 부계 씨족 사회로 향하는 과도기의 大汶口 文化에서
도 문자 부호가 발견되었는데, 唐蘭의 고석에 의해 아래 4자의 뜻은 확
실히 밝혀졌다.

　1) 苯(音忽): 꽃송이 모양.
　2) 斤⟨그림⟩: 짧은 손잡이가 있는 錛의 모양.
　3) 戌⟨그림⟩: 긴 손잡이가 있는 大斧의 모양.
　4) 炅(音熱): 모두 3字를 발견했는데 그 중 2개의 繁體字는 ⟨그림⟩형
인데, 윗부분은 日, 가운데는 火, 아래는 山으로, 마치 태양이 비치어
산에 불이 일어나는 것 같은 모양이고, 나머지 1개의 簡體字 ⟨그림⟩는 단
지 日 밑에 火만 있다.

大汶口 文化는 仰韶와 龍山 文化 사이에 존재했던, 지금부터 대략 5,
6천 년 전의 文化인데, 약 2천 년 정도의 발생과 발전의 시기를 거쳤다.
이러한 문자 부호는 大汶口 말기에 출현한 中國 경내에서 발견된 비교
적 이른 原始文字 중의 하나임에 틀림없다. 唐蘭은 이것을 일러 '少皡
文化'라고 단언한 바, 중국은 지금부터 6천여 년 전(大汶口 초기) 이미
문자가 있는 문명 시대(노예 사회를 가리킨다)로 접어들었다고 할 수 있
다. 그가 大汶口 말기의 자료를 가지고 초기 문명의 증거로 삼았던 점
은 적지 않은 비평을 받았다. 唐蘭의 이와 관련된 논문은《大汶口 文化
의 陶器文字로 본 中國 최초 문화의 연대 從大汶口文化的陶器文字看
我國最早文化的年代》[6]·《大汶口 文化의 사회 성질과 大汶口 陶器文字
에 대한 재론 再論大汶口文化的社會性質和大汶口陶器文字》[7]·《中國은
6천여 년의 문명사를 가졌다 中國有六千多年的文明史》·《大汶口 文化
는 少昊 文化임을 논함 論大汶口文化是少昊文化》[8] 등이 있다.
　于省吾는 ⟨그림⟩자의 윗부분은 해 모양, 중간은 구름 모양, 아랫부분은
다섯 산봉우리 모양이라고 여겼으며, 그는 다음과 같이 피력하였다.

"산 위의 구름이 막 떠오른 태양을 받치고 있다. 이는 이른 아침 해가 떠오르는 경관으로 한 폭의 그림을 연상케 한다. 따라서 나는 이 字는 원시의 旦자이며 會意字라고 여기는데 楷書體로는 旦이다. 旦자는 甲骨文에서는 ᄋᄆ, 周 金文에서는 ᄆ 으로, 모두 아랫부분의 山자가 생략되었다. 《說文》에서는 "旦은 日을 따랐고 一 위에 있다. 一은 땅이다 旦, 從日見一上, 一地也"고 하여, 이미 문자를 만들 때의 의미와 부합되지 않는다. 그러나 이 旦자의 발견은 지금부터 4천 년 전후, 즉 夏代 龍山 文化 시기에 이미 3개의 편방으로 구성된 會意字가 출현하였다는 것을 말해 준다. 이것을 통해 우리는 당시에 더욱 이른 시기의 간단한 獨體字로부터 발전된 合體字도 있었다고 추정할 수 있다. 그 당시는 原始文字가 발생하여 나날이 발전되던 시기라고도 할 수 있으니 2,3개의 편방으로 구성된 다른 合體字도 적지 않을 것이다."⁹⁾ 이것은 당연한 논리지만, 더 원시적인 초기 문자를 찾을 수 없으니 실로 유감스러운 일이다.

裘錫圭는 《漢字 형성 문제의 초보 탐색 漢字形成問題的初步探索》에서 "大汶口 文化의 象形 符號는 古漢字와 유사점이 매우 많은 것으로 볼 때 그들은 일맥상통한 관계를 가지고 있는 듯하다"고 여겼다. 그는 또 "다각적으로 추측하건대 陵陽河 말기 유적지의 연대는 기원전 3천 년 중기일 것이다. 즉 漢字 형성의 역사를 말하자면, 大汶口 文化의 原始文字와 商代 문자 사이에는 아직도 이것들을 이어 줄 중요한 부분이 빠져 있다. 또 이미 발견된 大汶口 文化의 原始文字는 단지 씨족의 이름을 나타내는 간단한 문자들뿐이어서, 이것으로 당시 原始文字의 전모를 정확히 알 수는 없다. 이미 발견된 商代 前期 문자에서도 언어와 연관성을 가진 명확하게 기록된 자료를 찾지 못했다. 이러한 상황들은 漢字 형성 문제를 연구하는 데 커다란 어려움을 가져다 준다"¹⁰⁾고 말하고 있다.

최근에 발견된 二里頭 文化에 대한 고고학계와 사학계의 보편적 의견은 이미 계급 사회로 돌입한 夏 文化의 대표적인 유적지일 것이라는 것이다. "크게 주목해야 할 가치가 있는 것은 二里頭 도기, 즉 大口尊과 같은 陶器의 주둥이 안쪽에 새겨진 20여 종의 符號의 발견인데, 특히 ㅐ·ㄴ·杀·ㅐ·勿·涨 등은 당시의 문자이었을 가능성이 크다"[11] 고 하였다.

2. 商周 두 시대의 甲骨·金文과 기타 文字

앞서 서술한 도기에 새겨진 부호와 약간의 다른 문자들은 단지 단편적인 자료이지만, 대체적으로 볼 때 일부는 문자의 맹아기 상태이거나 혹은 문자의 초창기 단계에 있는 것들이다. 비교적 체계적인 문자 자료를 정리해 보면 淸末 이전까지 두 종류가 있다. 하나는 商周 두 시대 청동기의 銘文 등 실물 자료인데 宋代 이래 상세하게 수록하고 연구되었고, 다른 하나는 東漢 시대 許愼이 지은 《說文解字》로 古文字를 해설한 유일한 경전이다.

甲骨文字 발견 이후 《說文》은 더 이상 성스럽고 불가침적인 경전이 되지는 못하였다. 이는 甲骨文의 시대가 그것에 비해 1천4,5백 년이 빠르기 때문이다. 金文의 전성기는 甲骨文보다 늦고, 수량 또한 甲骨文에 비해 많지 않다. 그 예로 羅振玉의 《三代吉金文存》은 청동의 수록을 집대성한 책인데, 4천8백35점이 수록되어 있고, 劉體智의 《小校經閣金文拓本》은 6천4백56점으로 증가되었으며, 福開森의 《歷代著錄吉金目》에서도 1만 점의 청동기가 있을 뿐이다. 그러나 지금까지 발견된 甲骨은 16만 片에 달한다.

오늘날 이미 발견된 商代 문자는 甲骨文을 제외하고도 陶文·玉石文·金文이 있는데, 그 중 甲骨文의 수량이 가장 많고 가장 중요하게 인식되어 商代 문자를 대표하기에 충분하다.

甲骨文은 '六書'의 구조 규율을 갖추었고, 오늘날의 漢字와도 기본적으로 일치하여 초창기 단계를 이미 벗어나서 상당히 긴 발전 역사를 가졌다고 하겠다.

陳夢家는 "武丁 卜辭는 정형화된 漢字의 초기 형태를 대표하지만, 그래도 가장 오래 된 문자는 아니다. 武丁 시대 문자 중 세 종류의 기본 유형(象形·假借·形聲)은 아직도 완전한 단계로 성숙되지는 않았으니, 이때는 漢字 創始 과정의 말기 현상으로 보이며, 그 이전에 漢字는 적어도 5백 년 정도의 발전 역사를 가졌다"고 보았다.

이는 너무 비약시켰다는 생각이 든다. 郭沫若·唐蘭·于省吾 등은 아득히 먼 문자의 맹아기 상태, 즉 신석기 시대에 새겨진 부호로부터 甲骨文 이전의 漢字까지 이미 2,3천 년의 장기 발전과 변천이 있었다고 여겼다. 이 견해는 상당히 보수적인 생각일지 모른다. 그러나 지금까지 발견된 원시 사회 후기, 夏代와 早商의 문자는 극소수에 불과하기 때문에 商代 후기의 甲骨文이 中國에서 가장 오래 되고도 가장 진귀한 문자 자료로 간주되고 있다.

西周의 문자는 기본적으로 商代 문자와 일맥상통하며, 같은 체계에 속한다. 周原 甲骨과 殷商 말기 帝乙·帝辛 시대의 복사(제5기 甲骨)와 매우 유사하다. 西周의 청동기와 그 명문도 殷末의 것과 비교할 때 서로 흡사하다. 甲骨 卜辭에 근거하면, 일찍이 武丁 시대에는 이미 '撲周'·'令周'·'婦周' 등의 기록이 있어 당시 周族은 반란을 일으키기도 하고 복종도 하였으며, 때로는 商 왕조의 정벌 대상이 되기도 하고, 때로는 종속국이었으면서 더불어 通婚이나 우호적 왕래가 있었음을 설명하고 있다. 또 고고 조사 발굴에 의하면, 오늘날 岐山·扶風 일대에서 商代 文化가 널리 발견되는데(殷墟 제1·2기에 해당), 이곳은 일찍이 商 왕조의 세력 범위에 들었던 곳으로 고문헌에 "太王이 岐山으로 천도했다 太王遷岐"고 기록된 것은 북방의 다른 부락의 습격을 피하기 위함이었던 것으로 설명할 수 있다. 周族은 오랫동안 야만족 戎狄과 뒤섞여 살아서 商族에 비해 문화가 훨씬 뒤떨어져 있었다. 태왕이 岐山으로 천도한 이후 商 文化의 도움을 받음으로써 부락 역량은 급속히 발전했고, 三代에 걸친 근 1백 년간의 노력 끝에 강성하게 일어나 결국 殷商 왕조를 멸망시켰으니 이는 결코 우연만은 아니다.

商代 청동기에는 일반적으로 기물을 만든 사람의 이름이 새겨졌는데, 때로는 누구를 위해 만들었다거나 씨족의 칭호가 기록되어 있기도 하였다. 서주 초기 청동기는 많지 않고, 銘文 또한 길지 않다. 器形은 육중하고 탄탄할 뿐 아니라, 花紋은 중후하며, 문자는 세밀하고 엄정한 것이 은말의 유풍이 고스란히 배어 있다. 成·康 두 시기 이후 청동기는 크게 발전되면서 제작상 그 시대의 독특한 풍격을 형성하였을 뿐 아니라 명문도 방대해졌다. 예를 들면 成王 때 '令彝'는 1백87자, 康王 때 '大盂鼎'은 2백91자, '小盂鼎'은 3백90자, 孝王 때 '曶鼎'은 3백92자, 宣王 때 '毛公鼎'은 4백97자로 문헌 자료와 겨눌 만하고, 그 중요성은 왕왕 문헌의 기록을 능가하고 있다. 甲骨文은 칼로 새겼기 때문에 자획의 중간이 비었지만, 金文은 먼저 틀에 쓴 것을 파내고 주조하여 필적을 사실적으로 볼 수 있어 일맥상통한 중에서도 다름이 있다고 하겠다.

기원전 771년 幽王이 犬戎에게 살해됨에 따라 다음해 平王은 동쪽 洛邑으로 천도하고 鎬京(潼關 서쪽 영토 포함)을 秦襄公에게 내어 주어 지방 문화가 秦國에 의해 계승되었으며, 문자는 籀文이 통용되게 되었다. 오늘날 秦國에서 나온 '秦公毀'·'秦公鐘' 및 石鼓文을 보면 西周 金文과 흡사하고, 단지 字體가 비교적 납작하여 金文보다는 조금 더 정연할 따름이다. 東周 시대에 왕권이 쇠락해지면서부터 왕실의 중요한 기물은 거의 자취를 감추게 되었지만, 제후들의 기물은 한층 증가되어 형체와 문양이 자유로이 발전했을 뿐 아니라, 銘文 字體도 그 종류가 다양해지면서 대체로 두 가지 다른 방향으로 발전하였다.

첫째, 春秋 말엽부터 남방의 吳·越·蔡·楚 諸國들은 종종 의장용으로 사용된 병기 위에 예술적인 문자를 새기기 시작했다. 어떤 것은 필획에 圓點을 더하고, 어떤 것은 일부러 획을 삐쳐나가게 하였으며, 어떤 것은 필획의 외부에 새(鳥) 모양의 장식을 더하는 등 字體의 정연함과 미관을 애써 추구하여 예술적인 방향으로 크게 발전함으로써 繆篆·鳥篆·蟲篆의 기원이 되었다.

둘째로, 春秋戰國 무렵, 특히 戰國 時代 이후 제련 기술의 진보와 철제로 만든 공구가 널리 사용됨에 따라 농업·수공업 및 상품 교환이 크게 발전하고 문자의 응용도 나날이 활성화되었으며 널리 보급되었다. 이로써 동방 6국의 문화는 더욱 발달하게 되어 문자는 점차 簡化를 추구하게 되었고, 이런 까닭에 세상에 전해 내려온 인장·화폐·도기상의 문자는 물론 兵器上의 명문, 청동기에 새겨진 장인의 이름, 제조자의 이름 및 근세에 출토된 竹簡·帛書 등의 문자에 이르기까지 극도로 간화되고, 문자를 흘림체로 쓰게 되었는데, 이러한 문자를 草篆 또는 古隷라고도 했다. 이는 篆書에서 隷書로의 과도기였던 바, 지역적인 차이에 따라 나름대로 크게 발전하여 "문자의 형체가 서로 다름 文字異形"의 현상을 보이게 됨으로써 정신 문명의 교류를 크게 제한시켰다. 이는 진시황이 6국을 통일한 후 '문자의 통일 書同文字' 정책을 추진하지 않을 수 없게 만든 원인 중의 하나였다고 본다.

3. 秦漢 두 시대 小篆과 隷書의 추진

秦 始皇 26년(B.C. 221년) 6국을 통일한 진은 강력한 봉건 전제주의와 중앙집권 정책을 시행·추진하였는데, 그 중 문자의 정리와 개혁도 포함되었다. 후한 때 許愼은 《說文解字·序》에서 "秦 始皇帝가 천하를 통일했던 초기, 승상 李斯는 문자 통일을 아뢰고 秦文과 일치되지 않은 文字를 파기하였다. 李斯는 《倉頡篇》, 中車府令 趙高는 《爰歷篇》을, 太史令 胡母敬은 《博學篇》을 지었는데, 모두 《史籍》大篆을 기본으로 했고, 더러는 고치거나 줄였던 바 바로 小篆이다"고 하였다. '문자를 통

일 '書同文' 한 결과, 商周 두 시대 이래의 古文字, 즉 '大篆'을 정리하고
규범에 따라 '小篆'을 만들어 일명 '秦篆'이라고도 칭하였는데, 이것은
역사적인 추세에 순응한다는 차원에서 수천 년간 자연적으로 발전한
문자를 의도적으로 과감하게 정리한 전략적인 의미도 포함되어 있었다.

《漢書·藝文志》의 기록에 의하면 《倉頡》 7장, 《爰歷》 6장, 《博學》 7장
은 前漢 初에 이르러 변화되었는데, 향리의 선생들이 《倉頡》·《爰歷》·
《博學》 3편을 합쳐서 60자를 1장으로 하여 55장을 만들어 《倉頡篇》이
라 칭하였다. 일명 《三倉》이라고도 했다. 前漢 武帝 시대는 秦 始皇 시
대와 비교해 볼 때 정치 상황에 새로운 발전이 있었는데, 이에 편승해
司馬相如의 《凡將篇》과 元帝 때 史游의 《急就篇》, 成帝 때 李長의 《元
尙篇》 등의 字書가 잇따라 저술되었다.

漢初에 이들을 합친 《三倉》에는 3천3백 자가 수록되어 있고, 平帝 때
揚雄이 지은 《訓纂篇》 89장에는 5천3백40자로 늘어났다. 許愼은 "많은
저서 중에 실린 것을 거의 다 망라했다 群書所載, 略存之矣"고 하였다.

許愼은 《史籀》 및 李斯·揚雄의 책에서 취하고, 박학다식한 사람들을
널리 배방하였으며, 그의 스승인 《春秋左氏傳》의 저자 賈逵에게서 배
워 《說文解字》를 지었다. 이는 小篆을 주체로 삼고, 古文·籀文도 수록
하였으며, 전체를 14편으로 나누고, 單字 9천3백53字, 重文 1천1백63字
를 수록하였다. 내용으로 볼 때 대부분 先秦 字體와 漢代 이전의 문자
에 대한 訓詁를 망라하였고, '讀若法'으로 音을 달았다. 문자 형체 및
편방의 구조에 따라 5백40部로 나누고, 戰國 이래 '六書' 이론을 총괄
하여 체계적으로 문자를 해석할 수 있는 방법을 창안함으로써 中國 고
대 언어 문자의 연구에 지대한 공헌을 하였다.

앞에서 언급한 대로 小篆과 隷書는 사실상 戰國 時代 이래 이미 존재
했었다. 그 정연한 자체는 곧 篆書의 기원이 되고, 거칠면서도 날리는
듯한 자체는 점점 隷書로 접어들게 되었다. 이 두 字體의 중요한 차이
는 運筆이 같지 않은 데에 있다. 예를 들면 圓筆이 方筆로 변하였고, 弧

線이 直線으로 변해 쓰기가 더욱 편리해진 것이다. 篆書는 중후한 石刻類에 사용하였고, 대량의 공문서는 간단하고 편리한 隸書를 쓴 것이다.

《漢書·藝文志》에 이른바 "이때 비로소 隸書를 만들었는데 이는 官獄에 많은 일이 발생하게 되니 점차 문자의 획수를 생략하고 쉽게 쓰게 바꾸어 하급 관리들에게 사용토록 하기 위해서이다 是時始造隷書矣, 起于官獄多事, 苟趨省易, 施之於徒隷也"고 말한 것은 이러한 추세 때문이었다. 단지 '비로소 만들었다 始造'는 말은 결코 새로운 창조를 일컬은 것이 아니라 예서로 簡化를 실시한다는 사실이 이미 官方의 승인을 받았고, 보편적인 사용이 가능하다는 것을 뜻한다. 後漢 章帝 때 왕이 公卿大臣에게 조서를 내리거나, 상부에 문서나 상소를 올릴 때 예서는 당시 통용되던 중요한 字體가 되었는데, 이 역시 문자 발전의 필연적인 결과였다고 하겠다.

小篆과 隸書가 널리 쓰여짐은 어떤 의미로는 '古文字'의 종결이었다고 할 수 있다. 왜냐하면 秦漢 두 시대 이후로는 아직 학자들의 정리와 연구를 거치지 않은 지하에서 출토된 약간의 銅器의 銘文·璽印封泥文字·玉石 銘刻 및 簡牘·帛書를 제외하고는, 비록 字體에 적지 않은 변화가 있었다 할지라도 기본적으로 쉽게 인식할 수 있어 오늘날에 와서는 더 이상 古文字 연구의 주요 대상이 되지 못했기 때문이다.

제2절 甲骨文의 형체 구조

羅振玉은 《殷墟書契考釋》 서문에서 殷商 역사를 연구함에 세 가지 어려움이 있다고 다음과 같이 피력하였다.

"太史公은 商代 일을 많이 수록했다. 《詩》·《書》에 근거하고, 《系本》을 참고로 하였으며, 周 宣王시 宋의 大夫였던 正考父가 교정한 것은 단지 5篇만 남았다. 《書序》에 수록된 것 중 유실된 것이 반 이상이고, 《系本》은 오늘날 이미 유실되어 옛것을 더듬어 보려고 한들 미치지 못함이 첫째 어려움이다. 卜辭의 문장은 간략하고 길어야 10여 마디, 그 중에도 짧은 것이 반수가 넘는데다 文字 또한 가차된 것이 많아 뜻을 파악하기 쉽지 않음이 둘째 어려움이다. 古文은 물체의 형체에 따라 字形을 이루어 繁簡이 임의대로 쓰였고, 한 字에 다른 형체가 수십 개에 이르며, 쓰는 법도 일관성이 없다. 어떤 때는 몇 마디 중 1,2자는 거꾸로 씌었고, 두 문자를 합쳐 合文을 이룬 것도 7,8자가 되는 등 體例가 분명하지 않아 혼동되기 쉬우니 세번째 어려움이다."

그는 이어 "오늘날 이 세 가지 어려움을 극복하고 터득하는 방법을 얻으려 한다면 바라건대 먼저 문자를 고찰하는 것이 순서이다"고 덧붙였다.

郭沫若은 《甲骨文字研究》 서문에서 말하기를 "내가 卜辭를 연구하는 목적은 中國 사회의 기원을 탐구하려는 데 있기에 文字學·史學·地學에 매달리고 싶지 않았다. 그러나 문자를 해독하는 것은 연구 토론의 첫걸음인 까닭에 이것 역시 주의를 기울이지 않으면 안 되었다. 또 문자는 사회·문화의 주요한 요소 중의 하나이니 사회의 생산 상황과 조직 관계를 알고, 나아가 그 문화의 전체적인 윤곽을 파악하기 위해서는 문자를 떠나 접근할 수 없다"고 하였다.

于省吾는 《殷契駢枝》 서문에서 "쉬는 날이면 틈틈이 卜辭를 훑어보고 난 후 卜辭에서 많은 학문적인 단서를 찾을 수 있다고 확신한 바, 문자 해독하는 것이 선행되어야 할 일이라고 생각했다"고 하였고, 그는 《甲骨文字釋林》 서문에서 거듭 똑같은 관점을 피력하여 "甲骨文의 연구는 여러 각도에서 이루어질 수 있지만, 문자를 고증하고 해석하는 것이 그 기초 작업이다"고 하였다.

甲骨文의 발견은 고대 역사의 연구에 귀중한 자료를 제공했다. 그러나 이 자료를 이용하려는 사람은 반드시 최우선적으로 문자의 해독이라는 단계를 거쳐야 한다. 상술한 바와 같은 羅振玉・郭沫若・于省吾의 견해는 확실히 사람들을 일깨우기에 충분했다. 그런데 甲骨 발견 초기에는 학자들이 스스로 문자를 찾고 고석해야 했으나, 오늘날 80여 년의 연구 끝에 맺은 많은 연구 성과는 甲骨學을 배우려는 후학들이 이용하도록 제공되어, 이제 甲骨學을 배우는 사람들은 지극히 편리한 조건하에서 선배의 자취를 밟으며 한 걸음 더 전진할 수 있게 되었다.

1. 甲骨文 상용자의 예

여기에 《甲骨文編》에서 5백여 자를 골라 干支・數字・天象・地理・人事・用器・動植物 등 순으로 분류 배열하여 간단한 표를 만들었다. 그 중 여러 가지 형체를 가진 字들도 있는데, 두세 가지 字形을 골라 참고로 제공하였다.

甲	十 寧滬 1·14		戌	佚 28	燕 165
乙	甲 3		亥	甲 2414	乙 7195
丙	甲 2356		一	鐵 148·1	
丁	甲 630		二	粹 416	
戊	鐵 241·3 / 前 3·4·1		三	前 6·2·3	
己	甲 2490		四	甲 504	
庚	後上 5·1 / 前 3·10·2		五	粹 1149 / 後上 26·6	
辛	鐵 164·4 / 佚 427		六	鐵 135·3 / 菁 1·1	
壬	甲 2764		七	前 2·20·4	
癸	鐵 112·3 / 續存 2712		八	甲 297 / 菁 4·1	
子	菁 6·1 / 後下 1 / 佚 59		九	佚 28	
丑	菁 3·1 / 甲 2264		十	前 1·5·5	
寅	菁 5·1 / 林 1·15·3 / 前 3·7·2		廿	甲 668 / 乙 4556	
卯	鐵 39·4 / 乙 6664		卅	甲 478 / 鐵 72·1	
辰	菁 5·1 / 佚 414		卌	京津 50 / 乙 921 / 京都 530B	
巳	甲 23 / 鐵 146·4		五十	甲 2123 / 前 4·8·1	
午	鐵 258·1 / 燕 284		六十	甲 3113 / 南明 432 / 佚 934	
未	鐵 197·1 / 續存 2734 / 戩 2·6		七十	乙 2149	
申	鐵 163·4 / 林 1·15·12		八十	燕 410	
酉	鐵 28·4 / 乙 6718 / 佚 374		百	甲 878 / 乙 7131反 / 前 6·42·8	

二百	乙 754反	乙 7153			年	甲 1493	後上 31·11			
三百	甲 3576	佚 543			旬	甲 1055	鐵 70·1	京都 3080		
四百	乙 5339反	續存 295			天	甲 3690	乙 1538			
五百	乙 4519反	前 7·9·2			日	乙 3400	佚 3744			
六百	後下 43·9				旦	甲 185	粹 702			
八百	粹 1079				昏	粹 715	寧滬 1·681	佚 292		
九百	庫 156				昃	乙 18	寧滬 1·69			
千	甲 2907	佚 324			月	鐵 99·1	寧滬 1·234	前 2·22·1		
二千	後下 43·9				夕	鐵 16·1	粹			
三千	乙 6581				明	乙 6420反	前 4·10·4			
四千	鐵 258·1				星	乙 1877	前 7·26·3			
五千	前 7·15·4				晶	佚 506	甲 675			
六千	佚 483				鳳(風)	拾 7·9	後上 14·8	鐵 55·3		
八千	粹 119				雲	粹 2·4·11	前 7·43·2			
萬	前 3·30·5				雷	粹 1570	後下 7·1·12	前 7·26·2		
三萬	粹 1171				雨	鐵 32·3	乙 9104	後上 32·10		
今	甲 638	後上 11·9			霖	前 4·47·2				
昔	後上 28·3	菁 6·1	後下 5·3		霾	前 6·4·9				
春	粹 1151	拾 7·5	庫 1708		雰	乙 971	前 5·39·6			
秋	鐵 153·2	前 4·5·5			虹	前 7·43·2				

東	甲 1929	前 6·26·1		氾	前 4·3·6		
南	燕 5	鐵 14·1	鐵 240·1	洹	前 6·32·5	簠地 47	掇 2·476
西	甲 2121	乙 6673反	甲 740	涿	京津 3590	後下 19·9	
北	林 1·21·2	甲 1636	拾 11·18	汝	拾 9·2		
中	乙 7741	前 1·6·1	京都 723	淮	前 2·16·2		
方	甲 1269	粹 1071	佚 40	湳	甲 623	粹 950	
旁	甲 2464	林 1·17·15		洪	林 1·8·12		
土	粹 17	前 7·36·1		泉	鐵 203·1	後下 39·15	
丘	乙 4320	乙 4518	佚 733	享	京津 1046	鐵 152·3	
阜	甲 2327	菁 3·1		京	掇 2·111	甲 2132	
麓	粹 664	前 2·28·3	後上 15·7	高	京津 576	甲 23	京都 3241
邑	甲 2987反	甲 2311		郭	甲 145	甲 547	甲 494
面	甲 3401	菁 1·1	珠 186	亳	甲 1640	無想 40	
彊	後下 4·7			戶	甲 589	乙 1128	
商	粹 1239	甲 2327	甲 2416	啟	甲 1859	乙 3555	前 7·24·2
周	前 7·31·4	乙 2170		門	甲 527		
州	前 4·13·4			宅	乙 2256	續 5·30·3	
川	前 4·13·2	甲 1647		家	前 4·15·4	前 7·38·1	
水	甲 903	寧滬 1483		室	甲 161		
河	鐵 60·2	鐵 127·2		宮	甲 573	前 4·15·3	

字	甲骨形	字	甲骨形
宙	乙763	兄	甲2292　乙7750　佚518背
安	乙6432	弟	乙484　乙8722　庫453
官	乙4832　續存下763	甴(叔)	前1·39·3　後下13·2　京都4808
宰	乙8688　掇1·131	兒	前7·16·2
宣	後上24·7	孫	前7·15·2　甲2001　燕731
定	珠503	且(祖)	前1·9·6　鐵48·4
寧	甲2722　粹1202	匕(妣)	甲355　鐵199·1
王	乙7795　前1·2·2　王前5·15·5	奭	粹322　乙3037反　粹255
公	甲1378　粹405　公金621	長	後上19·6
侯	乙892　佚93	老	燕654　鐵763　明1203
白(伯)	京津4832　南明175	考	前7·35·2　後下35·2　後下35·5
男	鐵132·2　前8·7·1　林2·22·12	女	鐵164·1
君	後下13·2　續存1507	母	甲230　菁4·1
尹	戩25·13　前1·52·2	后(毓)	前2·24·8　前1·30·5　戩3·11
臣	甲2851　佚733	如	鐵13·1　佚504
我	甲949	妥	菁10·14
余	乙1239　後下35·3	好	鐵31·1　續4·30·7
朕	甲1500　甲2304	妠(嘉)	甲3000　鐵53·2
夫	乙1874	婦	甲668　乙8713
父	甲795　甲2903	姬	前1·35·6　京津5080

字	갑골문 (출전)	字	갑골문 (출전)
妾	燕808 / 後上6·3	止	甲1440 / 乙3797 / 甲2744
妃	乙453 / 續5·34·4	之	甲170 / 前4·34·7 / 後下36·1
嬪	鐵261·1 / 前7·30·3	正(征)	乙2036 / 甲3940
娥	鐵98·4 / 乙8896	足	甲1640 / 摭續214
媚	乙519 / 乙3443	出	菁4·1 / 前7·43·2 / 後上29·10
嬉	林1·21·12 / 珠371背	各	甲256 / 佚665
姓	前6·28·2	生(往)	甲190
敏	菁2·1 / 乙1916	追	鐵97·4 / 乙9085反
娶	菁7·1	逐	甲3339 / 甲620 / 前6·46·3
人	甲792 / 菁5·1 / 後上1·17·1	通	京津3136 / 甲709 / 京都1857
元	乙261 / 前3·22·6	造	粹1037 / 鄴初下33·8
仁	前2·19·1	逆	甲2011 / 乙4856反
尻	乙8295反 / 佚745	遘	甲522 / 粹101
從(比)	甲1035 / 後上27·2 / 戩4·7	趨	錄129 / 前4·37·3
衆	甲354 / 拾4·16 / 林1·20·14	跽	前6·25·1 / 續存1673
及	甲209 / 前6·62·7	歷	寧滬1·446 / 前1·33·1
尾	乙4293	步	甲3003
先	甲218 / 後下24·9 / 林1·26·7	涉	前1·53·3 / 粹1178
企	前5·27·6 / 京津2849 / 庫1091	陟	鐵139·1 / 寧滬1·592
此	戩174 / 甲1503	降	前7·38·1 / 甲473

歸	後下 34·4	甲 427	鐵 152·1		占	鐵 77·1	前 8·14·2	
曹	乙 2882	後下 12·3			合	甲 2555		
遣	甲 1540	後下 12·4			可	摭續 10	京都 43B	
口	甲 940	甲 1215			司	甲 264	鄴三下 469	
去	甲 764	前 7·9·3			唐	錄 266	甲 1556	
旨	甲 3065	前 191·4			谷	前 2·5·4		
召	甲 810	前 2·22·1			同	甲 3916	金 53	
休	甲 55	明 1396			吕	乙 1980		
伊	甲 744	佚 374	京都 2998		克	甲 417	乙 8464	
依	乙 4761	前 6·34·2			吳	前 4·29·4		
宿	甲 921	摭 15	寧滬 1·348		品	甲 796		
大	甲 387	佚 393			辟	甲 1046	前 4·15·7	
亦	甲 896				各	後下 13·15	佚 725	
因	續存 2218				吉	鐵 159·1	戩 16·1	
死	甲 1165	乙 105	前 5·41·3		咸	甲 2907	乙 1984反	
來	錄 669				名	乙 7808	前 6·1·4	
疾	乙 2203	乙 35			告	甲 174	甲 755	佚 890
自	甲 392	甲 2339	後下 29·15		吹	甲 2974	乙 1278反	
曰	甲 2393				韋	甲 350	乙 248	
言	甲 499	乙 766	拾 8·1		訊	續 3·31·5		

字	출처	출처	출처
問	後下 2·9·10	明 813	
聞	餘 9·1	續存 175	
耳	鐵 138·2	後上 30·5	續存下 73
取	甲 202	後下 37·8	
立	甲 820		
竝	甲 607		
并	甲 774	鐵 59·2	
行	甲 574		
首	甲 653	柏 23	前 6·7·1
頁	乙 8780	坊間 2·198	
復	乙 184		
若	甲 205	鐵 125·3	
丞	京津 1110		
令(命)	粹 506		
印	乙 100		
鬼	甲 3343	菁 5·1	
齒	甲 2319	乙 5883	林 1·6·2
目	乙 960	後下 34·5	
眉	明 1854	前 6·50·6	
見	甲 2124	甲 2040	

字	출처	출처	출처
望	甲 3122	續存 623	
相	甲 4057	簠雜 89	前 7·37·1
省	5	後上 30·6	
自	後下 34·7		
旅	甲 929	佚 735	
兵	京津 1531	後下 29·6	
刀	甲 3085		
利	前 2·18·2	粹 1162	
初	前 5·39·8		
幸	甲 2809	佚 323	
執	甲 1268	前 5·36·4	
圉	甲 2415	菁 1·1	京都 369
刖	前 6·20·1	前 6·55·5	
剏	鐵 250·1	前 4·32·8	
失	甲 3117	鐵 231·2	錄 336
至	粹 1003		
族	甲 948	南明 575	
弓	乙 6404	乙 137	
射	甲 555	燕 90	
箙	鐵 2·4		

衛	甲1167	乙750反		角	乙2048	前4·35·3	
戈	甲622	後上10·11		解	後下21·5		
武	甲3339			舟	甲637	寧滬1·183	
或	鐵117·3			受	京津4497		
戒	乙657	粹1162		車	拾12·16	菁3·1	南明641
伐	前7·15·4	粹136		輿	前5·6·6	佚949	
鬥	乙6988	粹1324		朋	甲777	燕832	前5·4·7
力	甲211	庫203		貝	甲777	鐵1044	甲1650
坙	粹1221	林1·28·5	甲3510	得	後下29·14	前5·29·4	
耤	前6·17·5	前7·15·3	乙8151	買	佚462	甲276	乙8738
田	菁1·1	粹1223	拾6·1	敗	前3·27·5	乙7705	
畯	前十·28·5			貯	乙752	後下18·8	
疇	甲2124			寶	甲3330	甲3741	
畋	乙324	前6·11·2		爰	乙7041反	乙3787	
牧	乙1277	後下8·12		易	甲3364	前7·31·3	
网	甲3113	乙2626	庫653	盆	鐵223·4	佚759	
禽	鐵十2·1	甲2285		盂	甲2395	甲3939	
單	乙10+9	前7·26·十	菁5·1	血	鐵50·1	京都1272	
狩	鐵10·3	甲2299	拾6·3	皿	甲2473	前5·3·7	燕798
史(吏事)	甲68	粹12++		盡	前1·44·6	前1·45·1	

字	甲骨文 (出處)			字	甲骨文 (出處)		
盖	前2·37·8	京都1852		巫	甲216		
貞(鼎)	拾5·10	乙8982	甲2418	示	甲282	乙972反	林1·18·10
鬲	甲2132	乙2544	粹1543	宗	甲521	後上18·5	
壺	乙2924	前5·5·5	庫203	祀	甲668	甲3687	乙6881
登	珠1186			祐	菁10·10	續5·5·6	
卽	甲717			祝	甲743	前4·18·8	乙2214
旣	燕2	乙2093		福	乙2103	甲2684	前4·23·7
饗(鄉卿)	燕588	燕728		祭	甲2416	前1·41·7	
彭	甲1158	戬43·1		叙	甲66	續存49	
鼓	甲1164	前5·1·1	乙663	賓	甲304	佚325	
喜	甲178	粹1487		宜(俎)	續16·3	前7·20·3	
豐(豐)	甲1933	京津4228	寧滬3·4	有(又右)	粹13	後下3·10	甲1289
쯤	前5·1·6	粹237	甲657	歲	前7·83·2	佚229	
奠	甲1691	佚163		蔡(殺)	戬33·9	甲3016	粹302
食	甲1289	粹700		御	燕72	乙748反	粹2095
飮	菁4·1	佚648		舞	甲2345	甲2858	前7·35·2
災	鐵53·1	前2·24·6		魯	京津4217	珠403	
禍	菁5·1	鐵215·4	佚749	彜	前5·1·3	掇2·158	
摹(求)	甲169	戬22·6	佚894	沈	續存1889	後下4·3	
帝	甲779	乙6666	鐵109·3	酒	甲2121	京都1932	

上	二 甲1164	二 前7·32·4			般	乙962	甲2308		
下	二 乙6672	一 佚979			內	鐵13·2			
多	甲815				外	前1·5·2			
少	乙16				次	後下42·6			
小	甲630	佚426	林1·26·4		其	甲662	甲2366		
不	甲1565	甲2363	佚230		亘	甲903	戩35·4	粹421	
弗	鐵28·2	甲660			亞	甲2464	前7·39·2		
氣(乞迄)	三 前7·36·2				作	鐵81·3	甲1013		
才(在)	甲214	乙7191反	佚419		文	寧滬3·247	京都2852	甲3940	
于	戩37·3	前8·4·7			交	甲806	續存1461		
工	甲1161	前2·40·7			衣	甲337	甲1190		
井	甲308	粹1163			裘	前7·6·3			
乎	甲621	乙7360			尢	甲3121	前7·40·2		
亡	乙7817	續存1756			弘	鐵159·1	續存下229		
尤	甲27	後上5·3			敖	零23	京都2146		
乃	前5·30·3	掇1·454			更	乙7680	佚439		
氏	後下21·6				效	乙5323	後下10·16		
厹	甲2908	京津2512			政	燕686			
升	甲550	乙7723			教	甲1251	粹1162		
凡	甲134				敝	簠游122	拾6·11		

新	甲 2113	燕 126			羽	鐵 60·4	京津 4762		
黃	甲 1647	乙 4534	京津 637		習	甲 920	明 715		
異	甲 394	乙 1493	南明 418		册	乙 207	甲 1560		
畏	乙 669	鐵 146·2			典	錄 760	後上 21·3		
左	粹 597				齊	乙 992	前 2·15·3		
友	甲 3063	林 2·16·19			火	甲 1074	後下 39·9	南明 599	
共	續 5·5·3				炎	後上 13·5	粹 1190		
對	甲 740	前 4·36·4	佚 657		赤	鐵 10·2	菁 9·5	乙 2908	
專	前 6·5·4	林 1·28·7			光	南明 258			
畫	乙 6952	甲 2134			焂	拾 8·2	粹 653		
興	甲 1479	寧滬 1·603			寮	甲 10	拾 1·3	佚 928	
用	鐵 160·2	粹 55			𡋹	前 5·33·1			
再	前 7·1·3				焚	鐵 87·1	京津 1437	摭續 121	
兌	甲 626	京都 782			熹	前 5·8·5	後下 41·7		
石	乙 1277	京 2463			入	鐵 49·2	乙 6591	鐵 281·3	
聲	後下 7·10	粹 1225			終	乙 368	乙 3340		
磬	前 4·10·5	錄 758			率	甲 308			
邕	林 2·2·13	鐵 210·3			絲(玆)	鐵 178·2			
面	前 4·11·6				系	鐵 2·2	乙 1598		
春	鄴三下 43·6	京津 4265			糸	粹 816	乙 105	乙 6733	

絲	後下 8·7	燕 5·1		柏	佚 195		
束	甲 430	乙 9004	林 2·25·6	楚	粹 1547	粹 73	
幽	後下 9·5			喪	佚 605	佚 549	粹 947
奚	甲 783			困	粹 61		
帛	前 2·12·4			采	乙 12	鐵 242·1	前 5·36·1
生	甲 200	粹 1131		樂	前 5·1·2		
丰	前 2·10·6	甲 2902	佚 426	米	後上 25·9		
邦	前 4·17·3			稻	乙 2593	錄 146	
囷	前 7·20·1	京都 3146		禾	甲 191	京都 2983	後上 24·9
莫	甲 2034	續存 1938	京津 4300	黍	甲 2999	甲 2665	粹 879
蒿	甲 3940	菁 10·10		來	戩 37·4	甲 2123	鐵 24·2
木	甲 2520	鄴二下 3		麥	甲 1218	甲 3918	明 1966
林	錄 621	京都 2308		秉	後下 10·14	珠 572	
森	後下 3·2	金 472		嗇	續存 751	乙 124	餘 16·1
農	甲 96	乙 5329	乙 282	秦	甲 571	後下 37·8	
桑	前 1·6·6			穌	京津 4832		
乘	粹 1109	佚 638	京都 918	鳥	甲 806	乙 1052	京津 2859
析	乙 1182	掇 2·158		雀	鐵 8·2	京津 2134	
宋	京都 1949	京都 3122		隻(獲)	甲 478	前 2·34	佚 518
杞	乙 8895	後上 13·1	後下 37·5	隹	前 2·9·6	後上 9·12	

字	출전 1	출전 2	출전 3		字	출전 1	출전 2	출전 3
雉	通別 2·4·12	前 2·34·6			義	掇 2·45	後下 13·5	
雇	乙 8872	師友 1·80			犬	乙 6141	甲 2928	鐵 76·3
雛	前 2·35·5	前 2·28·7			狼	粹 1552	京都 673	
舊	前 415·4	庫 1516			犯	甲 318	佚 785	
雚(觀)	甲 1850	寧滬 1·286			豕	後下 1·4	後下 7·40·13	
鳴	甲 2415	珠 578			彘	甲 900	乙 3400	後上 18·5
雞	粹 976	京津 4455			囿	京津 2651	前 4·16·8	
龍	甲 1632	乙 7388反	戩 43·1		夔	甲 2418	鄴二下 41·1	
麗	乙 1405	粹 1214			橐	甲 3180	餘 12·3	
虫	後下 8·15	燕 631			鹿	甲 265	鐵 42·1	京津 14·91
蜀	明 2330	甲 3340	京津		陷	鐵 107·3	前 6·41·4	
它	甲 1654	寧滬 1·480			兔	乙 3767	甲 270	
牛	甲 525	粹 39	乙 3331		馬	鐵 2·2	寧滬 1·521	前 4·46·3
牡	甲 636	甲 387	乙 8810		虎	餘 17·1	前 4·45·1	甲 1433
牝	後上 25·10	寧滬 1·281	前 4·21·5		龜	甲 984	鐵 2·118	
牢	甲 546	乙 1983			兕	甲 1635	前 7·34·1	
羊	甲 231	錄 646	後下 33·9		象	前 3·31·3	乙 7342	
羌	甲 119	佚 162	續存 1884		爲	乙 1049	前 5·30·4	
姜	錄 303	甲 182	乙 3130反		魚	佚 812	掇 2·54	
羞	甲 1394	籀文 84	甲 2006		漁	前 5·44·2	佚 926	甲 3660

2. 甲骨文과 '六書'

漢字의 구조 법칙을 옛사람들은 총괄해서 '六書'라고 일컬었는데, 象形·指事·假借·形聲·會意·轉注가 그것이다. 六書는 문자 변화의 법칙을 근거로 귀납시킨 것이기 때문에 먼저 六書가 있고 이에 따라 造字된 것은 아니다. 문자의 제조는 자연발생적인 것이었고, 보편적인 응용 이후 여섯 가지 법칙으로 귀납되었다. 中國 최초의 목록학자였던 전한 말의 劉歆은 《七略》 중에 六書를 거론하였는데, 그 순서는 象形·象事·會意·形聲·轉注·假借였다. 後漢 때 班固는 《漢書·藝文志》에서 이 설을 받아들여 象形·象事·象意·象聲·轉注·假借로 칭하였다. 鄭衆은 《周官》 保氏注에서 象形·會意·轉注·處事·假借·諧聲이라 하였고, 許愼은 《說文解字·序》에서 指事·象形·形聲·會意·轉注·假借로 조정했다.

아래에서 '六書'의 이론에 의거하여 甲骨文이 이들 조건을 갖추고 있는지 살펴본다.

• 象 形

사실 묘사법의 차원으로 보면 구석기 시대에 이미 繪畵가 있었고, 신석기 시대에는 회화와 문자가 분리되었다. 甲骨文 시대까지 象形文字가 상당수 남아 있었지만, 이미 線化·符號化되었다.

《說文》에서 "象形이라는 것은 그려서 그 물체를 이루는 것이고 형체를 따르므로 구불구불한데, 日·月이 이에 속한다 象形者, 畵成其物, 隨體詰詘, 日·月是也"고 하였다.

오늘날 甲骨文字의 象形字를 보면,

1) 천상에서 취한 것…… ⊙(日)·☽(月)

2) 땅의 이치에서 취한 것…… ⌂(土) · 田(田)

3) 식물의 가지를 모방한 것…… 米(木) · 禾(禾)

4) 인체의 형상을 본뜬 것…… 人(人) · 女(女)

5) 동물의 특징을 본뜬 것…… 羊(羊) · 鹿(鹿) · 象(象) · 豕(豕) · 犬(犬) · 虎(虎) · 馬(馬) · 兔(兔) · 蟲(蟲) · 魚(魚) · 燕(燕) · 龜(龜)

등 쟈세히 음미할수록 무궁한 맛을 느끼게 한다.

容庚은 《甲骨文字의 발견과 그 고석 甲骨文字之發現及其考釋》에서 "양의 뿔은 곡선 모양이고, 사슴뿔은 갈라짐을 나타내었으며, 코끼리는 긴 코를 닮았고, 돼지는 말리는 꼬리를, 개는 그 긴 몸체를, 호랑이는 큰 입을, 말은 탐스러운 긴 목덜미와 꽁무니, 토끼는 긴 귀와 꼬리, 벌레들은 넓은 머리와 굽은 몸, 물고기는 갈라진 꼬리와 가는 비늘, 제비는 족집게 같은 입과 넓게 편 날개, 거북은 쳐든 머리와 갑옷을 입은 모양을 취하였다. 때로는 서 있거나 누워 있는 모양, 혹은 좌편이나 우편에서, 혹은 정면으로 바라본 것이나 측면에서 바라본 모양 등 물체의 형태를 본떴기 때문에 마치 그림과 다를 바 없다"[12]고 하였다.

종합해 보면, 甲骨文의 象形은 이미 원시적인 그림이 아니고, 특징을 포착하여 형상화했기 때문에 누구나 한 번 보면, 그것이 대표하는 물체가 무엇인지 곧 알 수 있다. 이미 사물을 簡化하였고, 나아가 일종의 言語 符號로 만든 것이다.

• 指 事

《說文》에서 "指事라는 것은 보아서 알 수 있고, 관찰하여 그 뜻을 보게 되는 바 上·下가 이에 속한다 指事者, 視而可識, 察而可見, 上·下 是也"고 하였다.

인류의 진화는 사실을 표현할 뿐 아니라 뜻을 나타내는 表意의 방향으로 발전해 나아갔다. 甲骨文에서 上은 二·○, 下는 二·○로 썼는데, 짧은 획의 위치가 어디에 있는가를 지시해 주고 있다. 또 夼(天)은 사람 머리의 꼭대기, 즉 巓이다. 《說文》에는 "天, 顚也"라고 하였다. 丌(元)을 《孟子·滕文公下》에서는 "용사는 그 우두머리 잃음을 잊지 못한다 勇士不忘喪其元"고 하였는데, 元은 곧 首이다. 宋(末)은 나뭇가지의 소재를 가리키고, 米(本)는 나무의 뿌리가 어디 있는가를 가리키는 것이다. 指事는 바로 하나의 기호로 특정한 곳을 지정하는 것이다.

于省吾는 《古文字 중 음 부호가 첨가된 指事字의 한 예에 대한 풀이 釋古文字中附劃因聲指事字的一例》에서 "上下 2자와 1에서 9까지의 숫자는 모두 추상적인 指事字에 속한다. 指事는 六書 중의 하나이다. 六書는 후세 사람들이 귀납 방법으로 모든 문자를 여섯 가지 범주로 분류한 것이다. 六書 중의 象形·會意·形聲은 그런 대로 쉽게 구분된다. 그러나 《說文》 학자들의 指事에 대한 이론은 매우 분분하여, 여기서 번거롭게 모두 인용하지는 않겠다. 象形과 指事를 구별함에 있어 物은 형태가 있기 때문에 모양이 있고, 事는 형태가 없어 반드시 지시하는 바가 있어야 뜻을 알 수 있는 것이다. 會意와 指事의 다름은, 會意字는 2개 혹은 2개 이상의 독립된 편방으로 구성되어 있다는 점이다. 指事字에 속한 어떤 字는 독립된 편방조차도 갖추고 있지 않고 지극히 간단한 점이나 획으로 이루어진 원시적인 指事字도 있고, 어떤 것은 겨우 하나의 독립된 편방이 있다고는 하나 정식 편방이 아닌 간단한 점획으로 그 작용을 하는데 이들은 나중에 생긴 指事字이다"[13]고 피력하였다. 于省吾가 이 글 중에서 분석한 '소리 뜻한 획을 붙인 指事字'는 東·重·夕·百·千·尤·弘·寅·甬·甘·每·毋·今·少·幷·喬·太·音·氏·世 등이 있다.

•假 借

《說文》에서 "가차라는 것은 원래 그 글자가 없는데 소리에 의해 나타내려는 일을 기탁하는 바 令·長이 이에 속한다 假借者, 本無其字,

依聲托事, 令·長是也"고 하였다.

사회가 발전함에 따라 象形·指事字로만은 부족하게 되어 이에 '依聲托事,' 즉 언어 중에 어떤 말은 말만 있고 문자가 없어 同音字를 빌려 표시하게 된 것이다. 그러나 假借字는 단지 소리를 대신하는 작용만 할 뿐 文字 자체의 의미는 서로 같지 않다. 따라서 象形字의 소리를 빌려 동음인 기타 사물 및 동작을 나타내는 부호로 사용하였다. 빌려서 사용한 후 그 글자가 가진 원래의 뜻은 소실되어 버리고 동음의 代替字로 변했는데 그 예는 다음과 같다.

甲骨文 '鳳'은 봉황을 나타내는 字인데 '風'으로 빌려 썼다. 그러나 字形은 여전히 봉황 모양(鳳)이다. 父는 도끼를 뜻하며, 甲骨文에는 ↘, 金文에는 ↓라고 써서, 손에 도끼를 잡고 있는 모양인데 이를 빌려 父로 썼다. 또 甲骨文의 來은 보리 麥자인데 점차 往來의 來로 빌려 사용하였으니 形義와는 무관하다.

秦漢 두 시대에 군현제를 실시함에 있어 漢나라의 현 중 大縣의 장관을 令, 小縣의 장관을 長이라고 했다. 이들을 나타내는 '令'·'長'이라는 문자는 없지만, 큰 소리로 명령을 내린다는 '令'자를 빌리고, 나이가 많은 사람이 長이 된다는 의미에서 '長'자를 빌려 官名을 삼았으니 이것이 바로 '依聲托事'이다. 그러나 여기서 빌려 쓴 것은 引伸義이지 本義를 빌린 것은 아니다.

그외에 不·勿·弗·弱은 모두 부정사로 빌려 쓴 자들이다. 이들 字는 각각 본의를 가지고 있으나 부정사로 쓰인 말에 문자가 없어 이들字에서 소리만 빌린 것〔同音通假〕이기 때문에, 엄격히 말하면 본래 문자가 없어 소리에 의해 假借한 것과는 다르지만 습관적으로 假借라고 한다.

•形 聲

《說文》에서 "形聲이란 사물의 유형으로 문자의 뜻을 삼고 비유되는 자를 음으로 취하여 문자를 완성시키는데 江·河가 여기에 속한다 形聲者, 以事爲名, 取譬相成, 江·河是也"고 하였다.

通假字가 많아짐에 따라 동음자를 분명히 구분해 내지 못하게 되자 偏旁 符號를 더하는 방법이 시도되었다.

한 문자가 반은 形符(혹은 意符), 반은 聲符로 이루어진다. 예를 들면 壴(盂)의 아래는 形이고, 위는 소리가 된다. 祀(祀)는 왼쪽은 뜻, 오른쪽은 소리이다. 또 工자로 음을 만든 문자로는 水를 붙인 江, 糸를 붙인 紅, 鳥를 붙인 鴻(大鳥)이 있다. 甲骨文 중에는 적지 않은 형성자가 있었는데, 완전한 통계는 아니지만 대략 20퍼센트 정도를 차지한다. 造字의 간편함과 소리내어 읽기 쉬운 까닭에 秦漢 두 시대에 와서는 이미 形聲자가 漢字의 주체로까지 발전하게 되었다.

梁啓超는 "象形·指事·會意는 形에서 발전된 字에 속하고, 形聲·轉注·假借는 소리에서 발전된 字에 속한다.《說文》의 1만 5백16자 중 형성자는 8천4백7자이고, 象形·指事·會意字는 모두 합쳐도 겨우 1천여 자에 불과하다. 그것들 중에는 소리를 겸한 문자가 3분의 1이고, 소리에 의하여 가차되었다가 本義가 변화해 버린 자가 또 3분의 1이다. 그런즉 中國 문자는 10 중 9가 소리와 관련되어 있다"[14]고 하였다. 그러므로 古文字를 연구하기 위해서는 音韻에 밝아야 한다는 논리가 바로 여기에 있는 것이다.

• 會 意

《說文》에 "회의라는 것은 몇 가지 종류의 자들을 늘어놓고 뜻을 합하여 문자가 지향하는 새로운 의미를 찾아내는 것으로 武·信이 이에 속한다 會意者, 比類合誼, 以見指撝, 武·信是也"고 하였다.

즉 두 문자의 뜻이 합쳐져서 하나의 새로운 문자를 이룬 것이다.《說文》에 이르기를 "止戈를 합하여 武를 만들었다"고 하였는데 甲骨文에서는 武가 𦥔로 되어 있다. 余永梁은 "行과 止를 따랐고, 戈를 들어 조종하며 큰길로 나아가니 武이다"[15]고 하였고, 唐蘭 역시 戈와 止를 택한 것은 그치다는 의미가 아니고, 戈를 메고 가는 모양으로, 위엄 있고 장엄한 의미가 내포되어 있다고 여겼다.

甲骨文 明은 ◐으로, 해와 달이 서로 비추고 있는 모양이다. 또 ◖◗자라고도 하는데 달빛이 창문을 비추는 모양인 會意字로 詩的 정취가 물씬 풍기고 있다. ☖는 손에 막대를 잡고 불을 들어올리는 모양으로 燭의 의미가 있다. ☗은 손에 솥을 들고 그릇을 씻으니 다 되었다(盡)는 뜻이다. 卩자는 ☖로 옛사람들이 돗자리를 깔고 앉는 관습이 있었던 바 ☖는 자리에 쭈그리고 앉아 있는 모양이다. 卩자로 만들어진 ☖(卽)자는 사람이 쭈그리고 앉아서 밥을 먹고 있는 모양이고, ☖(旣)는 사람이 음식을 다 먹고 몸을 돌려 가는 모양이다. ☖는 음식이 담겨 있는 그릇인데 위에 뚜껑을 더하면 食(食)자가 된다. ☖은 饗의 초기 글자이다. 甲骨文·金文 중에 卿·鄉·饗자는 서로 구분이 없는데 두 사람이 마주 보고 음식을 먹는 모습이다. 《說文》에서 卩자의 본뜻이 "기쁜 소식 瑞信"이라 했고, 字形은 "서로 합하는 모양 象相合之形"이라고 했는데 잘못 풀이한 것이다.

• 轉 注

《說文》에는 "轉注라는 것은 동류의 문자 중 한 자를 부수로 내세우고 서로 뜻을 주고받는 것인데 考·老가 이에 속한다 轉注者, 建類一首, 同意相受, 考·老是也"고 하였다.

'建類一首'의 의미를 徐鍇는 《系傳》에서 "老와 耋耄는 늙었다는 뜻으로 같은 유형에 속한다. 耋耄는 모두 老에서 시작되니 老가 그 유형에서 대표가 된다"고 하였고, 소위 '同意相受'라는 것을 段玉裁는 注에서 "의미가 대략 같아 뜻을 서로 주고받는다"고 하였다. 즉 갑은 을과 같고, 을은 갑과 같으니 서로 바뀌어 풀이가 되는 것이다. 또 이 지방의 문자로 다른 지방의 문자를 해석하기도 하였는데, 이는 각 지방의 방언

이 문자 중에 날로 삽입되어 주석을 달지 않으면 안 되었기 때문이었다.

甲骨文 중 이런 유형의 글자는 그리 많지 않다. 考를 甲骨文에서는 ﹅(《前》2·2)·﹅(《後下》35)라고 하였고, 老는 甲骨文에서 ﹅(《前》4·52)·﹅(《前》7·35)·﹅(《後下》30)·﹅(《庫》637)라고 썼다.

결국 甲骨文의 발견은 六書 이론의 연구와 造字 근원을 탐색하는 데 《說文》보다는 더 오래 되고 믿을 만한 자료를 제시하여 주었다.

3. 甲骨文의 자체 변화

甲骨文字가 비록 六書를 갖추었다고 하나 문자의 형성 초기로부터 이미 오랜 시간이 지났고, 여전히 변화 발전하던 중에 있어 완전히 定型을 이루지는 못했다. 예를 들면 동일 시기 내의 몇몇 문자에 여러 가지 서법이 있을 뿐 아니라 다른 시기, 즉 武丁의 卜辭에서 帝乙·帝辛의 卜辭에 이르기까지 상용되던 글자의 서법에도 많은 변화가 있었다. 戴家祥은 일찍이 이 점에 관심을 갖고 《商周字例》란 책을 저술하여 甲骨文을 金文 및 《說文》에 수록된 篆文·籒文과 연관지어 연구 분석한 결과 字體 변화를 아홉 가지 유형으로 귀납시켜 분류하였다. 즉 繁簡例·形演例·增省例·假借例·互易例·重復例·移置例·書嬗例·音歧例가 그것이다. 하나의 例 안에 形과 聲이 같지 않은 것은 몇 가지 예를 따로 들었다. 이 저서는 1929년 발표된 《中山大學語史所周刊》7권 82기의 《商周字例自序》와, 正文의 《商周字例例證篇》제6장 '重復例'를 朱芳圃가 빌려 읽고 보관한 것을 제외하고는 모두 유실되었다.

1956년 胡厚宣이 上海를 떠나올 때, 戴家祥에게 復旦大學의 '甲骨學' 강의를 대신하도록 부탁했다. 戴家祥은 《甲骨文으로 본 漢字의 발생·발전 및 구조 규율 從甲骨文看漢字的發生發展及其結構規律》을 강의하면서, 이 9종의 字例를 상세히 분석하였고 근자에 와서 대학원생을 대상으로 古文字學을 강의하면서, 董作賓의 이론을 보태어 字例를 10종으로 개정하였다. 최근 대가상의 수업을 두 차례 들었던 기록을 정리하여 그의 동의 아래 다음과 같이 소개한다.

• 象形文字의 정면 · 측면 · 동작 변화의 例

裘자는 ⿱로 가죽을 벗겨 걸어 놓은 모양이다. 또 ⿰(《前》7 · 6,《後下》8 · 8)라고도 하는데 가죽옷의 겉에 털이 있는 모양이다. 鹿자는 측면에서 보면 ⿰(《前》4 · 47)이고 정면에서 보면 ⿰(《前》3 · 33)이다. 錄은 ⿰으로, 마치 사슴 가죽이 걸려 있는 모양이다. 麓자는 《說文》古文의 기록에 의하면 錄을 따라 ⿰인데 갑골문에서는 ⿰(《前》2 · 23)으로 麓 · 菉과 통용된다. 또한 형태가 다름으로 해서 字義 역시 다른 경우도 있는데, ⿰(《前》5 · 17)는 사람이 먹고 있는 모양이고, ⿰(《鐵》178)는 사람이 먹는 일을 끝마친 형태이다.

• 象形文字 점 · 획의 繁 · 省例

한 문자를 만드는 데 획이 많고 적음을 상관하지 않고 그림에 가깝게 기본 특징을 묘사해 냈다. 예를 들면 羊자는 ⿰(《前》1 · 12) · ⿰(《後上》21) · ⿰(《前》4 · 50), 鹿자는 ⿰(《前》4 · 8) · ⿰(《前》3 · 32), 其자는 ⿰ 혹은 ⿰이며, 芬자는 ⿰ 혹은 ⿰이다. 自자는 ⿰ 혹은 ⿰이고, 玉자는 王 혹은 ⿰으로 묘사하였다.

• 補助 符號를 넣거나 생략시킨 例

편방을 더한 자도 있고 생략한 자도 있다. 예컨대 畢은 ⿰(《前》5 · 14) 혹은 ⿰(《前》1 · 29)이라고도 하였고, 啓는 ⿰(《鐵》245) 혹 ⿰(《前》5 · 21), 敏은 ⿰(《前》5 · 17) 혹 ⿰(《前》2 · 2)이라고 하였다.

周代 金文 중에서도 이런 예가 있다.

《毛公鼎》중 '專命專政'의 專(⿰)는 《詩 · 商頌 · 長發》중 "정사를 너

그렇게 펴셨으니 온갖 복록 한몸에 모두셨도다 敷政優優, 百祿是遒"의 敷인데 《毛公鼎》에서는 생략하여 ⼌라고 하였다.

《禹貢》중 篆文 隸書體인 '禹敷土'를 古文에서 '禹尃土'라고 한 것이 이를 증명한다.

《大盂鼎》의 "고로 하늘이 그의 아들을 돕고 보호한다 古天子翼臨子" 중의 '古'는 바로 '故'인데 보조 형부인 攵을 생략하였다. 三體石經에서 篆文의 '故'를 古文에서 '古'라고 한 예가 모두 여기에 속한다.

《鄧孟壺》의 孟는 從女冃聲(媚)이다. 冃는 帽로 읽는다. 《儀禮·士冠禮》에서 "남자 나이 20이 되면 冠을 쓴다 男子二十而冠"고 하였는데 틀어올린 머리에 꽂은 장식을 冠이라 하고, 아래로 늘어뜨린 것을 帽라고 했다. 冃는 m聲이고, 目 역시 m聲이어서 생략시킬 수 있었다. 瑂의 或體로 珇가 있다. 孟자를 王國維는 嫚자로 여겼는데 從女曼聲이다. 鄧나라의 성씨가 曼인 까닭에 王國維는 曼을 嫚이라고 해석한 것이다. 실제로 曼과 冒는 통용된다.

齍를 과거에는 妻·皿 2자로 분석했는데 실제로는 齍자이다. 齍는 從齊妻聲인데 妻는 齊이므로 '妻'를 생략할 수 있었던 것이다.

𢍏는 삼태기의 모양이다. 𢍏는 形符 ↑↑를 더한 것이고, 𢍏는 聲符 廾를 더한 것이다.

𦥑는 치아의 모양인데, 후에 聲符 止를 더하여 齒를 이룬다.

𢏚는 한 손은 舟를 밀고 한 손은 무언가를 받는 모양인데, 후에 形符 ⼌가 더해져 𢏚(授)가 되었다.

•形聲 符號가 바뀐 例

形聲字 중 形은 바꿀 수 있으나 聲은 바꿀 수 없는 字가 있다. 예로 ⼌(《前》2·9)를 들면 이는 鴉자로 鳥에서 연유되었는데, 鳥는 긴 꼬리의 금수이다. ⼌자는 雅자로 隹에서 연유되었는데, 隹는 짧은 꼬리의 금수이다.

形은 바꿀 수 없으나 聲은 바꿀 수 있는 字가 있다. 예를 들면 驪를 甲骨文에서는 𣎴(《前》4·47)라 하는데 從馬利聲이다.

《說文》에서는 驪라고 하였고 從馬麗聲이다. 고대에 利·麗는 똑같이 來母音에 속하였던 바, 䮻자는 나중에 麗를 따라 驪로 만들었다.

會意字의 形符 역시 바꿀 수 있다. 예컨대 牡·牝·逐이다. 甲骨文 牡의 형체는 𤘔(《前》1·20)·𤘬(《前》1·28)·𤘩(《前》6·47)·𤙷(《前》7·17)가 있고, 牝은 𤘤(《後上》25)·𤙓(《前》5·43)·𤙑(《前》1·24)·𤙒(《前》6·46)이 있다. 逐자는 𤛞(《前》3·33)·𢓧(《前》2·23)·𣎴(《前》6·46)이 있다. 이 3자의 형부는 牛·羊·豕·鹿·馬에서 연유되었는데, 이 역시 甲骨文에 아직 정형이 이루어지지 않았던 까닭에 어떤 동물이든간에 호환됨에 제한이 없었음을 설명하고 있다.

形符를 상호 교환해서 사용한 예는 많다. 辵과 彳를 호환하고, 逜·㣲·㣲·遑를 往·征·德·𧻚·復으로 쓸 수 있는 경우이다. 彳의 음은 杭인데, 초기 문자의 자형에는 사람이 彳彳 중에 있어서 彳人이 되었다. 止(趾)가 彳을 대신하여 辵가 되었는데, 그 중 발의 모습인 趾를 생략하여 彳이 되었으므로 辵(辵)은 彳와 호환이 가능했다. 辵는 또 足과 서로 교환되니 '齊侯鐘'의 𢓖를 躋으로 쓸 수 있고,《遇鼎》의 𢓖은 踽로 쓸 수 있으며, 远의 다른 자체로는 踵이 있는 바 從足更聲이다.

目과 見도 서로 바꿀 수 있으니, 그 예는 睹·覩이다. 肉과 머리를 나타내는 頁을 서로 바꾼 예는 𩔖·顧이고, 米와 食을 바꾼 예는 粒·飵이며, 言과 口를 바꾼 예는 詠·咏이다.

또 재료의 다름으로 形義의 부호가 변한 것에는 盂·杯·鈈와 盤·槃·鎙 같은 자가 있다.

•形聲 符號가 중복된 例

形符가 중복된 것: 磬, 𣪊(《前》7·42)·𣪈(《前》2·43); 鼓, 𣪊(《前》4·1)·𣪈(《後下》14).

聲符가 중복된 것: 翊의 🔲(《後上》 30)

하나의 형에 2개의 소리가 붙은 것: 🔲자에서 韭는 形이고, 帘와 次는 소리이다. 🔲자에서 米는 형부이고, 台·隶는 음을 나타낸다.

• 形聲 符號의 위치가 이동된 例

한 문자의 形符나 聲符는 좌우 혹은 상하로 이동될 수 있다. 예를 들면 祀는 🔲(《前》 3 · 27) · 🔲(《前》 3 · 28)로 쓸 수 있고, 娥자는 甲骨文에서는 🔲(《前》 4 · 52), 즉 娿이다. 🔲는 小篆에서는 🔲, 籒文에서는 🔲이다. 覥는 小篆에서는 🔲, 籒文에서는 🔲라고 하였다.

周 金文《免敦》 중에 있는 '🔲🔲' 2자는 昧爽인데, 昧자는 形符 日의 위치가 이동된 것이고, 爽자는 從日喪聲이다.《宗周鐘》의 '服茲遺 🔲 來逆邵王' 중 🔲자의 🔲는 門자 속으로 이동되어 閜이 되었다.

• 聲이 같아 通假된 例

甲骨文에서 鳳자를 빌려 風으로 썼고, 來(《前》 1 · 25)는 본래 보리를 일컬은 字이었는데 🔲(《前》 4 · 40)를 빌려 往來의 來로 사용하였다. 🔲(《前》 1 · 24)는 父자로 도끼를 손으로 잡고 있는 형상인데, 부모의 父로 빌려 썼다. 🔲(《後下》 8)은 10개의 조개를 묶어 朋이라고 하는 화폐의 계산 단위로 썼는데, 친구라고 하는 朋으로 빌렸다.

🔲(《前》 1 · 8)은 꽃받침이었는데, 勿·弗과 같은 부정의 뜻으로 빌려 썼다. 齊와 次는 同音으로 通假된 것이다.《王子🔲彣盧》의 '🔲彣' 2자는 王國維가 嬰齊, 즉 초의 令尹인 子重의 이름이라고 생각한 반면, 郭沫若은 鄭의 嬰齊로 여겼다. 嬰次는 바로 嬰齊이고, 粢와 齋가 통용되었으며, 資와 齋가 통용된 예가 그 좋은 증거라고 하겠다.

• 同義字로 대용시킨 例

제2인칭의 若·汝·爾·而·乃는 서로 대용이 가능하다. 제3인칭의

他・其・渠도 역시 서로 대용할 수 있다. 初・首・肇・祖는 모두 시작하다는 의미가 있고, 賚・貢・錫・予는 모두 상을 내리다는 뜻이 있다.

• 六書의 소속을 재구분한 例

甲骨文 象形字 呆(《前》2・3)은 天으로, 사람의 정수리를 부각시킨 모양이다. 이로 指事字 天(《前》2・27)을 만들었는데, 사람 정수리의 위치라고 특별히 지명한 것이다. 또 會意字 夫(《前》4・16)을 만들었는데, 사람머리 위에 있는 것을 하늘이라고 한 것이다.

象形字 ⅲ(《甲》2828)・⋙(《甲》2124)는 홍수로 재난이 일어난 모양이다. 후기 甲骨文에서는 ⅲ(《新》218)로 변하였다. 즉 川에다 才의 소리를 붙여 물의 재난이란 뜻을 나타내었다. 屮(《寧》1・101)는 戈에다 소리 才를 붙여 병기로 인한 재난을 뜻해 象形字가 形聲字로 변한 것이다.

圃는 甲骨文에서 冊(《前》7・20)라고 하여 식물농원의 모양을 본뜬 象形字이다. 小篆에는 圃라고 하여 형성자로 변했다.

鬲는 다리 속이 볼록한 고대의 세발 솥〔鬲〕의 형태이다. 或體字는 歷라고도 하였는데, 이는 瓦에다 厤聲을 붙인 形聲字가 되었다.

• 古今音의 차이로 나뉜 例

古今 文字의 독음은 사뭇 달랐다. 淸代 錢大昕은 고대에 輕脣音이 없었음을 발견했는데, 이것은 古文字 연구에 큰 도움이 되었다. 예컨대 ⋙(翌) 중 ⋙는 蟁의 本字이고 벌집 모양인데, 嚣과 音이 같다. 여기서 蠶라고 하면 聲符가 중복되어 있다.

또 聿(筆, 象形)을 楚에서는 聿, 吳에서는 不律, 燕에서는 弗, 秦에서는 筆이라고 했다. 律은 I音, 弗은 F音, 筆은 b音인데, 이는 輕脣音과 雙脣音의 차이 때문이다. 언어의 변화 법칙을 파악하지 못하면 音韻學을 이해할 수 없고, 효과적으로 甲骨文을 연구할 수도 없다.

제3절 甲骨文字의 고석 방법

甲骨文字를 고석하는 방법은 선배 학자들이 이미 전문적으로 논했거나 문자를 고석했던 그들의 저서 중에 구체적으로 언급되었다. 대표적인 견해를 소개하기 전에 먼저 甲骨文字를 풀어 읽는 과정을 이야기해 보자.

古文字나 上古 역사 연구에 뜻이 있는 대학 문과 학생 및 甲骨文 애호가들이 甲骨文이라는 이 문자 수단을 빨리 배우고 익히고자 하는 급한 마음에서 먼저 甲骨文을 배우고 나면 商周 金文, 戰國 秦漢의 竹簡·帛書, 碑刻文字를 미루어 연구할 수 있을까 하는 의문이 제기될 수 있는데, 이것은 숙고해 볼 만한 문제이다. 현재 선배 학자의 노력에 의해 이미 1천여 자가 넘는 甲骨文字를 고석했지만 그 중에는 의견이 분분하거나, 믿고 따를 수 없는 부분도 있다. 만약 주입 암기식 방법으로 이 많은 문자를 기억하고 나서 제1차적인 자료(甲骨 수록집이나 甲骨 실물 포함)를 본다 해도 안 될 것은 없으며, 어떤 의미로는 오히려 첩경이 될 수도 있다. 그러나 이런 지식은 결국 산 지식이라 할 수 없고, 이 것으로 만족해서도 안 된다. 그 이유는 자신이 形·音·意의 기초를 굳게 하지 못하면 여러 설이 분분한 各家의 고석을 앞에 두고 어느 설이 옳고 어느 설이 그른지 구분할 수 없으며, 잘못 헤아리거나 '그릇된 것을 옳은 것으로 오인하는' 지경에 이르게 될 수도 있기 때문이다. 그래서 역시 《說文解字》를 기초로 하고, 金文을 참고해서, 문자 자체의 발전과 변화 법칙을 이해한 뒤 甲骨文을 인식하는 것이 최선의 방법이다.

과거에 孫詒讓·羅振玉 등은 "許愼의 《說文》을 기초해 金文으로 거슬러 올라가고, 金文을 기초로 文字를 살펴" 甲骨文 수백 자를 고석해 내었다고 했는데, 이는 효과를 얻을 수 있는 기본 방법이며 필수 과정이라고 할 수 있다.

金文을 참고해야 하는 데에는 의문의 여지가 없다. 許愼의 저서에는 적지 않은 결함과 착오가 있는데도 불구하고 왜 이것이 古文字를 배우고 연구하는 데 기초가 되는가. 이유인즉 첫째로 《說文》은 秦 始皇이 文字를 통일한 후의 秦篆, 즉 小篆을 중심으로 하였고, 小篆 9천3백53자를 보존하고 있다. 小篆은 또 기원전 221년 이전의 秦文, 즉 籒文을 간화한 것이다. 현재 《說文》에서는 籒文이라고 특별히 명시한 자는 2백19자뿐이지만,《史籒》15편 중에 秦篆과 같아 명시할 필요가 없었던 자는 적어도 수천 자가 秦篆 속에 남아 있다. 이들은 商周 두 시대의 甲骨文과 일맥상통하거나 다소 변화되었다 해도 분명한 승계 관계를 볼 수 있어 "독자들은 이를 통해 위로는 造字의 근원을 거슬러 올라갈 수 있고, 아래로는 隸書·行書·草書의 변화 흔적을 판별할 수 있다." 다시 말해서 《說文》은 古文字와 후대 문자를 연결시키는 교량인 것이다.

둘째,《說文》은 漢字 형체 및 편방 구조에 근거하여 같은 종류를 분류하였고, 아울러 '六書' 이론에 의거하여 체계적으로 문자를 해석했으므로 독자가 漢字의 특성이나 체제를 이해하는 데 편리하며, 더욱 빠르게 파악할 수 있다. 요컨대 먼저 《說文》을 배워 기초를 잘 닦고 다시 金文 및 甲骨文을 배우면, 순조롭게 연구 목적에 도달할 수 있고 기초 실력도 탄탄해질 수 있다. 즉 各家가 분석한 바를 변별하고 정확한 선택을 할 수 있을 뿐만 아니라, 또 스스로도 古文字를 고석할 수 있는 능력을 점차 기를 수 있게 된다. 그러나 이러한 과정은 비교적 많은 시간이 필요한 것만은 사실이다.

어떤 경로를 거쳐 문자를 이해하고 고석에 접근했든지간에 선배 학자의 경험은 우리들이 참고삼을 만한 가치가 있다. 王國維·唐蘭·于省吾·徐中舒 등은 모두 文字 고석의 전문가로 그들의 완벽에 가까운 이론은 원칙을 갖춘 고석 경험의 결정체이어서, 원리를 깊이 깨닫게 해주고 문자 고석의 진정한 길로 인도하며, 스스로 터득할 수 있는 능력을 개발시켜 준다. 아래에서 그들이 고석해 놓은 성과의 일부를 발췌해

독자에게 참고로 제공한다.

1. 王國維의 《毛公鼎考釋序》

王國維는 서문에서 "周初부터 지금까지 3천 년이 지났고, 秦漢까지라 해도 1천 년이 지났다. 이 1천 년 동안의 문자 변화와 그 맥락을 고스란히 찾을 수는 없어 古器物에 새겨진 문자에는 알지 못하는 字가많다. 고대 문자는 假借字가 매우 많았고, 周에서 漢代까지는 音 또한자주 변했다. 假借된 문자는 하나하나 그 근원을 구할 수 없기 때문에옛 기물상의 문자의 뜻을 통할 수 없는 부분 역시 많다. 옛 기물의 문자를 해석했던 옛사람들은 한 문자라도 모르는 字를 없게 하고, 뜻이 통하지 않는 것이 하나도 없게 하려고 억지로 끌어다 붙이는 일이 적지않았다. 견강부회하는 것도 잘못이지만, 한 자를 알지 못하여 그 뜻이통하지 않는데, 생각대로 써놓은 것 또한 잘못이다. 무릇 文章은 古今을막론하고, 상하 서로 관련되고 통순되지 않은 것이 없다. 오늘날 통용되는 문자는 사람들이 모두 읽을 수 있고 이해할 수 있다. 《詩》·《書》·彝器銘文은 옛날에 통용된 문자인데 오늘날 읽기 어려운 것은 현대 사람들이 고대를 이해하는 것이 현대를 이해하는 것만 못한 까닭이다. 만약역사적인 사실과 문물 제도를 고찰하면 그 시대의 상황을 알 수 있게된다. 《詩》·《書》를 근본으로 삼아 문자의 義例를 살펴보고, 古音을 고찰하여 뜻의 가차를 통하게 하며, 彝器를 참고삼아 문자의 변화를 터득하면 이것으로 저것을 이해할 수 있게 된다. 다시 말하면 갑을 미루어을을 추론할 수 있게 되는 것이다. 그런즉 문자의 알지 못한 점이나 뜻이 통하지 않는 것을 알아차릴 수 있게 된다. 그런 후에도 알지 못한 점은 남겨 뒷날의 군자를 기다리는 것이 도리이다"[16)고 하였다.

이 말은 바로 甲骨文·金文 등 古文字를 고석함에 있어 문자로 문자를 논할 수는 없고, 관계된 역사 사실과 문물 제도를 연관지어 당시의 사회 상황을 깊이 이해해야 한다는 것이다. 이러한 전제하에 《詩》·《書》 등 고문헌과 古代 韻書 및 銅器銘文을 참조하고 形·音·義 3요소를 서로 비교 연구하여, 종합 분석하는 것은 古文字를 인식하고 고석하는 기본 방법이다. 또 아는 것은 아는 대로, 모르는 것은 모르는 대로 사실 대로 받아들이며, 무릇 모르는 字는 '비워 두었다가 현자의 풀이를 기다려야 하는 것'이다. 이것은 배우는 자가 꼭 따라야 할 학문적인 태도이다. 만약 임의로 견강부회한다면 古文字 연구는 제 길로 들어서지 못하게 될 것이다.

2. 唐蘭의 《殷墟文字記》 自序와 기타

唐蘭은 서문에서 다음과 같이 말하였다. "고증에 임했을 때 색다른 것을 많이 찾아내는 것을 귀히 여기지 않고, 정확한 것을 귀히 여겨야 한다. 비록 작고 단편적인 것이라도 오랫동안 축적시키면 반드시 관통하게 된다. 진실하지 못하고 확실치 않은데 다만 새롭고 기이한 것만 구한다면 비록 많을지라도 무엇을 이루겠는가. 나는 민국 8년(1919년)부터 문자를 연구했는데 孫仲容의 저술을 가장 신빙성 있게 받아들였다. 무릇 한 문자를 해석함에 반드시 그 편방을 분석하고, 그 역사를 고증하여 진실을 추구하기에 힘쓰며, 신기하거나 그릇된 설을 제멋대로 받아들이지 않았다. 십수 년 동안 이 원칙에 따라 해석해 낸 결과, 성과가 점점 많아졌지만 다른 사람에게 보이기를 오히려 조심하고 서두르지 않았다.

古文字의 해석이 어려운 점은 편방이 小篆과 현저하게 달라져 오랫동안 심혈을 기울여 몰두하지 않으면 때로 생각이 떠올라도 인식해 내지 못한 점이다. 즉 편방을 안다 하여도 그 字가 오늘에 전하지 않고,

혹 字形이 동일하여도 音義가 후세와 완연히 다른 것이 있다. 이런 것은 모든 古代 刻辭와 詞例를 읽는 데 익숙하거나 訓詁學·聲韻學에 밝은 학자가 아니면 통할 수 없다. 설령 音義가 통해도 本義가 확실하지 않은 것이 많아 이해할 수 없으며, 비록 지하 유물·역사 전설을 살펴보고 다른 민족의 사회·문화를 증거로 삼는다 해도 역시 전부 알 수가 없다. 오랫동안 배우면 배울수록 더욱 어려움을 느끼는데, 이 점은 내가 신중하지 않을 수 없는 이유이다.

학자들의 폐단은 왕왕 색다른 것을 찾아 범속함 속에서 돋보이기를 좋아하여, 아침에 한 뜻을 발견하면 저녁에 이미 선포하고, 넓게 전해지면 異說이 등장하여 서로 시비를 따지니 배우는 학생은 정신이 산만하게 되어 주된 바를 포착하지 못하게 되므로 자못 경계할 일이다. 내가 해석한 殷墟 文字는 옛사람에 비해 거의 배가 된다. 그러나 오랫동안 발표하지 않고 있어 혹자는 이를 허물하기도 하였다. 휴일 한가한 틈을 타 우선 약간을 적어서 기록해 두었다가 확신 있고 정확한 것이 아니면 책에 기록하지 않았으니 의혹됨이 없다. 지난날에 나는 기이한 자가 있으면 王靜安 선생에게 묻곤 했는데, 돌아가신 지 벌써 8년이 되었다. 붓을 잡아 이처럼 序를 쓰니 어느 사이 눈물이 앞을 가린다. 다시 가르침을 청하지 못하는 것이 한스럽다."[17]

이 글에서는 주로 학문하는 태도를 이야기했다. 《古文字學導論》에서는 古文字 자형을 분별하는 방법을 네 가지로 귀납시켜 제시하였다.

1) 대조법, 또는 비교법(근대 문자와의 비교)
2) 推勘法(文意를 찾아 연역적으로 해석하는 방법)
3) 偏旁分析
4) 역사적 고증

이 중에서 첫째·둘째 방법은 과거 문자학자들이 古文字를 연구할 때

보편적으로 응용하던 것이다. 세번째 방법은 宋代 학자들이 이미 시도했으나, 초보 단계에 머물렀고 孫詒讓에 이르러 비로소 완성된 경지에 이르게 되었다. 당란은 "편방분석법은 송대 사람들이 이미 사용했었다 …… 그러나 이 방법을 사용한 경우는 아주 적었을 뿐만 아니라 대부분 쉽게 알 수 있는 문자였다. 간혹 판별하기 어려운 문자에 직면하면 역시 임의로 추측하였다. 그러나 孫詒讓은 편방분석법을 가장 잘 활용했다. 그의 책을 보면 해석된 매文字들이 모두 정밀하게 분석된 것임을 깨닫게 된다. 그의 방법은 이미 인식된 古文字를 약간의 單字로 분석해 냈는데, 이것이 바로 편방이다. 다시 각 單字의 여러 가지 다른 형식을 모아 그것들의 변화를 보았다. 만약 많은 사람이 인식하지 못한 문자를 보면 그 자를 몇 개의 單字로 분리시켜 분석하고, 각 單字가 분석되면 다시 합쳐 그 字를 전체적으로 해석하였다. 이 방법은 모든 어려운 문자를 다 인식할 수는 없어도, 이렇게 해서 파악된 文字들은 대개 정확하였다. 孫詒讓이 해석한 문자는 현대적 안목으로 볼 때, 만족스럽지 못한 부분도 많이 있지만 이것이 병폐가 되지는 못하였다. 그의 최대의 공적은 이런 치밀한 방법을 우리에게 남겨 준 것이다. 이런 방법으로 인해 우리는 비로소 알기 어려운 字들을 신화적인 해석에서 벗어나 진정한 文字學의 길로 이르게 한 것이다"고 하였다.

네번째 방법은 세번째 방법과 상호 보충 관계에 있으며, 唐蘭이 특히 강조한 바이다.

그는 "우리가 정밀하게 문자의 편방을 분석했는데, 분석한 후에도 여전히 알 수 없는 字 또는 의문이 있을 때, 그 문자 풀이의 과정을 살펴보아야 한다. 여기서 우리는 단호하게 근거나 출처가 확실치 못한 說은 배제해야 하며, 자료를 수집하고, 명확한 증거를 찾아 객관적으로 귀납시켜야 한다. 이런 연구 방법을 나는 '역사적 고증'이라고 칭하였다. 편방분석법은 횡적 부분을 연구하는 것이고, 역사적 고증은 종적 부분을 연구하는 것이다. 이 두 가지 방법은 古文字 연구에서 가장 중요하며,

그 중 역사 고증이 특히 중요하다"고 역설하였다. 그는 또 "문자의 형체는 어떤 때는 오랫동안 고정되었고 어떤 때는 부단히 유동적이었다. 편방 분석은 고정적 형식을 연구하는 데 이롭고, 유동 상태는 그 역사를 고증하지 않으면 안 된다. 우리가 古文字學을 일종의 과학으로 확립시키기 위해서는 이 두 방법 중 하나라도 뺄 수 없다"[18]고 하였다.

3. 于省吾의《甲骨文字釋林序》

于省吾는《古文字 연구의 약간 문제에 대하여 關于古文字研究的若干問題》에서 甲骨文과 金文을 어떤 방법으로 연구해야 하는지 치밀한 견해를 보였고, 그후《甲骨文字釋林》序文에서, 비교적 전면적으로 이 문제를 논하였다.

그는 다음과 같이 피력하였다. "甲骨文의 연구는 다양하게 이루어 질 수 있으나 기초적인 일은 문자의 고석이다. 문자 고석을 비교적 빠르게 진전시키기 위해서는 방법론이 매우 중요하다. 과거, 古文字 고석의 방법에 대해 오랫동안 유물변증법과 惟心主義의 형이상학적 논쟁이 있었다. 古文字는 객관적으로 존재하기 때문에 형태를 알 수 있고 音을 읽을 수 있으며 義를 찾아낼 수 있다. 이 形·音·義는 상호 관련성이 있어, 어떤 古文字도 독립적으로 존재할 수는 없다. 古文字 연구에 있어서, 문자의 形·音·義의 상호 관련성을 주의해야 하고, 각 문자와 동시대의 다른 문자와의 횡적 관계, 매문자가 다른 시대를 거치면서 발생·발전·변화된 종적 관계도 주의해서 보아야 한다. 만약 이런 관계를 구체적이고, 전면적으로 깊이 분석한다면 객관적인 인식을 할 수 있을 것이다.

어떤 사람들은 이런 유물변증적 인식 방법을 이해하지 못하여 '3천여 년 전에 존재했던 문자를 연구·토론하는 것은 마치 보물찾기를 하는 것과 마찬가지이다'고 하였다. 이 한 마디가 끼친 영향은 古文字 고석의 전개를 알 수 없는 유심주의 나락으로 빠지게 했던 것이다. 반드시 유의해야 할 점은 지금까지 전해진 일부 古文字의 音과 義는 일시에 정확히 알 수 없다 할지라도 그 字形은 확실히 변하지 않는 객관적 존재라는 것이다. 그러므로 字形은 우리가 實事求是적으로 연구를 진행하는 데 필요한 유일한 기초 근거이다.

어떤 사람은 '문자를 考釋하는 데 있어서 義를 버리고, 形을 취할 때 꽉 막혀 통하지 않으며, 形을 접어두고 義를 취하여야 할 때가 있다'고 하였다. 이런 방법은 완전히 本末이 전도된 것이며, 필경 주관성에 이끌려 문자만 보고 뜻을 풀이하게 되어, 마치 발을 깎아 신에 맞추듯이 객관적인 字形의 원리를 바꾸어 자기 중심적으로 풀이할 우려가 있다. 이것은 과학적인 방법과 완전히 반대로 흘러간 것이다. 이 방면에서 淸代 고증학자들의 성과는 참고하고 취할 만한 가치가 있는 것이 많다. 淸代 고증학에도 한계성을 면치는 못했지만, 증거가 없으면 믿지 않았고, 사실에서 옳음을 찾았던 그들의 연구 정신은 높이 인정할 만하다.

결론적으로 오늘날 古文字를 고석하는 데 있어 우선 마르크스주의 유물변증법을 파악하는 데 노력하고, 옛사람의 우수한 성과를 받아들이는 데 주의를 기울여야 한다. 그래야만 비로소 古文字 고석 작업이 빠르게 진전될 것이다."[19]

4. 徐中舒의 《漢語古文字字形表序》

徐中舒는 서문에서 관련 있는 字들을 연결하여 字形에 대한 과학적인 연구를 해야 한다는 의견을 제시하였다.

그는 "漢語의 古文字字形學은 北宋 시대에 이미 시작되었고, 이후 古文字 자료가 끊임없이 발견되었다. 특히 근 80년 이래에 대량의 甲骨文

이 출토되었으며, 많은 문자학자의 노력 끝에 漢字字形學 연구는 장족의 발전을 해왔다. 부족한 점이라면 과거 文字學을 연구한 사람들은 문자를 가지고 문자를 논했고, 널리 자료를 인용하여 증명하면서도 은밀히 혼자 연구하여 추측해 낸 것이 대부분이어서 결국 이상적이지 못한 데가 있었다. 그들은 문자와 문자간의 대응 관계를 표출시켜 체계적으로 연구한 경우는 드물었다.

예컨대 史자를 해석함에 있어, 손으로 대막대를 잡고 있는 것(從又持簡)으로 생각했으나, 甲骨文에서 史를 원래 ♯로 썼다는 것을 알지 못했다. ♯은 干戈라는 干의 本字이다. 옛사람들이 수렵하고 전쟁을 할 때 두 가닥으로 갈라진 나무막대를 무기로 삼아 유사시에는 그것으로 사람과 짐승을 쳤고, 평시에는 그것으로 자신을 보호하였다. ♯는 손에 ♯을 잡고 있는 것으로, 고대 인류는 수렵에 종사하여 음식물을 얻었는데, 이는 당시의 大事였다. 史의 본뜻은 事이다. 文史의 史는 引申된 뜻이다.

丫는 인류가 최초로 사용했던 무기였다. 갈라진 나무 양끝에 예리한 석기를 묶은 것이 丫이다. 갈라진 나무 사이에 무거운 돌을 묶은 것은 ♯・♯으로 나타냈으며, 돌격하여 적진을 함락시킬 때 두드리며 전진할 때 쓰는 무기로 사용되었다. 그러므로 ♯의 갈라진 나무 부분을 생략하면 명중한다는 中이 되며, ♯은 전쟁의 戰이 된다. 馬王堆帛書《老子》甲乙本 31장 중 甲本에서는 戰이라고 하였고, 乙本에서는 單이라고 했는데, 이는 좋은 증거이다. 우리는 관련 있는 字를 연결하여 丫의 원뜻을 이해할 수 있는데, 이러한 漢字의 字源과 語源은 더 많은 예를 들지 않더라도 쉽게 수긍할 수 있다. 만약 古文字를 이처럼 연구하면 古文字學은 점차 과학적인 탄탄대로에 들어갈 수 있을 것이다"[20)고 하였다.

과거 徐中舒가 《耒耜考》를 저술할 때, 耤・劦・男・利・方자들을 모아 농기구의 형태와 연결하여 종합적으로 고찰하면서 바로 이런 고석 방법을 응용했는데 학계의 전폭적인 인정을 받았다.

제 6 장

文　法

甲骨文字를 배우고 연구할 때, 특히 甲骨文으로 商代 역사를 논할 때는 단지 몇몇 낱개의 문자를 밝히는 것만이 능사가 아니라 그보다 더욱 중요한 것은 문장을 통독할 수 있는 능력이다. 한 문장을 확실하게 이해하지 못하면 字와 문장에 대한 뜻이 분명치 않아서 경솔하게 여러 가지 억측과 추단이 야기되고, 문자만 보고 뜻을 풀이하게 되거나, 혹은 억지로 맞추는 폐단이 생기게 된다. 그러나 문장을 통독한다는 것은 간단한 일이 아니어서, 우선 卜辭의 문법에 대한 대체적인 이해가 있어야 하며, 그런 후에 武丁에서 帝乙·帝辛에 이르기까지 각기 다른 시기의 卜辭를 반복하여 읽고 연구하여야만 비로소 통독해 낼 수 있게 된다.

胡光煒는 1928년 저술한《甲骨文例》2권 중, 하권《辭例篇》에서 常用虛字 20개의 用法을 면밀히 관찰하는 등 이미 많은 문법 연구에 신중을 기하고 있었다. 그후에 管燮初는《殷墟 甲骨 刻辭의 어법 연구 殷墟甲骨刻辭的語法研究》[1]에서 甲骨文의 문법 현상을 전면적이고 체계적으로 논하였으며, 陳夢家는《殷墟卜辭綜述》[2]에서 특별히 章을 할애하여 문법에 대해 논하였으며, 詞類分析은 더욱 상세히 연구하였다. 그들의 연구 성과는 처음 공부하는 사람이나 甲骨 연구에 종사하는 사람들에게 중요한 참고 자료가 될 것이다.

여기서 句型과 詞類를 구별하여 간단히 소개한다.

제1절 句型

문장을 구성하는 주요 성분에는 主語 · 述語 · 賓語(직접목적 · 간접목적) 이외에 修飾語가 있다. 甲骨文의 주요 형식은 오늘날의 中國語와 기본적으로 같은 '主—動—賓'의 형식으로 되어 있다. 즉 主語가 앞에 오고, 動詞가 중간에 오며, 賓語가 맨 뒤에 온다.

貞: 自般其出(有)禍. (《佚》193)
묻습니다: 自般에게 재난이 있을까요?

貞: 西土受年. (《乙》7009)
묻습니다: 서쪽 지역은 풍년이 들까요?

婦好弗疾齒. (《乙》3164)
婦好는 잇병이 나지 않을까요?

帝令雨. (《乙》3769)
上帝는 비를 내려 줄까요?

그러나 두 가지의 예외가 있다. 하나는 主語가 動詞 · 賓語 뒤에 놓이는 것이고, 다른 하나는 賓語가 動詞 앞에 놓이는 경우이다.
主語가 맨 뒤에 놓이는 예는 지극히 적다.

受年商. (《師友》2 · 47)
商은 풍년이 들까요?

受年王. (《乙》98)
대왕은 풍년을 얻을까요?

主語 '商'과 '王'을 뒤에 놓은 까닭은 動詞 '受'가 능동·피동으로 나뉘지 않았기 때문이며, 受는 授와 통한다. '受年商'과 '受年王'은 바로 授年于商·授年于王이 된다.

賓語가 動詞 앞에 오는 甲骨文의 예는 많다. 楊樹達은 《甲骨文 중의 전치빈어문 甲文中之先置賓辭》[3]에서 네 가지 예를 들었다.

甲) 帝不我莫. (《鐵》53·3)
上帝는 우리에게 가뭄이 들게 하지 않을까요?

乙) 畵鹿禽. (《粹》953)
畵 지역의 노루를 잡을 수 있을까요?

丙) 叀多子族令從冬蜀葉王事. (《後下》38·1)
多子族에게 冬蜀을 따르게 하면 王의 하명을 잘 완수할까요?

△令多子族從犬侯眔冬蜀葉王事. (《前》5·7·7+6·5·17)
多子族에게 犬侯와 冬蜀을 따르라고 하면 王의 하명을 잘 완수할까요?

勿隹洗(沚)馘令. (《庫》1023)
沚馘에게 명령하지 말까요?

△王勿從洗(沚)馘. (《庫》1027)
왕은 沚馘와 연합하지 말까요?

王㞢洗(沚)戜從伐土方. (《續》6・16・7)
왕은 沚戜와 연합하여 土方을 정벌해도 될까요?

△王從洗(沚)戜伐土方. (《後上》17・6)
왕은 沚戜와 연합하여 土方을 정벌해도 될까요?

丁) 㞢畫田. (《戬》11・6)
畫에서 사냥을 할까요?

王其田于畫, 禽大豚. (《甲》3639)
대왕이 畫에서 사냥하면 큰 돼지를 잡을 수 있을까요?

앞의 例 중에 △부호가 있는 것은 賓語가 動詞 앞에 오지 않는 경우이다.

甲항 '帝不我冀' 에서 '帝' 는 上帝로 主語이며, '不' 은 否定副詞이고, 代名詞 '我' 는 賓語이다. '冀' (嘆)은 動詞로 가뭄을 뜻한다. 여기에서 賓語 '我' 가 動詞 '冀' 앞에 놓였는데, 이는 賓語가 앞에 놓인 例이다. 楊樹達은 '문장 중에 否定副詞가 있고 賓語가 앞에 온' 경우는 《詩・江有汜》의 "나를 못 본 체하고 지나다 不我過"와 같다고 하였다.

陳夢家는 否定詞가 있는 詞라고 賓語가 다 앞에 오는 것이 아니라 문장에서 賓語가 앞에 오는 데는 다음과 같은 조건이 있다고 했다. 즉 否定副詞 '不' 과 인칭대명사 '我' 가 있는 문장에서만 賓語가 앞에 올 수 있다는 것이다.

예를 들면 다음과 같다.

긍정적 물음
且辛㞢我.

부정적 물음
且辛不我㞢. (《前》1・11・5)

祖辛이 우리에게 재앙을 내릴까요? 祖辛이 우리에게 재앙을 내리지 않을까요?

父甲不我壱. (《林》1·2·8)
父甲이 우리에게 재앙을 내리지 않을까요?

大甲其壱我. (《河》272)
大甲이 우리에게 재앙을 내릴까요?

帝其莫我. (《庫》1811)
上帝는 우리에게 가뭄이 들게 할까요?

帝不我莫. (《燕》785)
上帝는 우리에게 가뭄이 들게 하지 않을까요?

下上若, 受我又.
지신·천신이 순조롭게 해주어 우리는 신의 가호를 받을 수 있을까요?

下上弗若, 不我其受又.
(《庫》1544+1592)
지신·천신이 순조롭게 해주지 않아 우리는 신의 가호를 받지 못할까요?

上子受我又.
上帝는 우리가 신의 도움을 받도록 할까요?

上子不我其受又. (《後上》8·6)
上帝는 우리가 신의 가호를 받도록 하지 않을까요?

伐呂方, 帝受我又.
(《林》1·11·13)
呂方을 정벌하는데 上帝는

勿伐呂, 帝不我其受又.
(《前》6·58·4)
呂方을 정벌하지 않으면 上帝는

우리에게 신의 가호를 받게   우리에게 신의 가호를 받지
할까요?   못하게 할까요?

위의 예를 보면 긍정적인 물음에서는 전치되지 않았고, 부정적 물음에서 '不·我'의 조건을 구비한 것들은 전치되었다. 그러나 '不·我'의 조건을 구비하였다고 반드시 전치되는 것은 아니어서 "우리는 좋은 수확을 얻지 못할까? 我不其受年"(《粹》867)·"우리는 좋은 수확을 얻지 못할까? 我不受年"(《粹》865) 같은 예에서 賓語 '年'은 전치되지 않았다. 陳夢家의 보충 의견은 취할 만하다.

乙항의 '畫鹿禽'에서 楊樹達의 의견은 다음과 같다. 畫 地方의 鹿은 動詞 禽(擒)의 賓語이다. 그러나 《粹》 953의 전체 문장은 "雀(人名)射畫(地名)鹿, 屮(禽). 射畫鹿"인데, 楊樹達의 例文에 오류가 있어 이 辭를 賓語前置의 예로 볼 수 없다.[4]

丙항에서는 타동사 '令'·'從' 뒤에 直接賓語 '多子族'·'沚戓'가 전치되었다.

丁항에서는 자동사 '田'(畋) 뒤에 間接賓語 '畫'가 전치되었다.

楊樹達은 卜辭에서 종종 '宙'과 '隹'가 賓語 앞에 놓이며, '惟'와 뜻이 같다고 보았다. 陳夢家는 賓語 전치에 있어서 介詞 '宙'·'隹'가 항상 필요하다고는 생각지 않았으며, 이런 介詞가 動詞 앞에 전치되지 않아도 된다고 여겼다. 그 예로 "대왕은 舌方을 정벌할까요, 대왕은 舌方을 정벌하지 말까요? 宙王往伐舌, 勿隹王往伐舌"(《前》 4·31·3) 같은 것이 있다. 이 2개의 介詞는 卜辭 중에서 구분이 되며, 항상 '惟'와 통하는 것은 아니다. 宙는 긍정에 쓰이며, 그것의 부정은 '勿隹'이다.

    宙沚戓從, 勿隹沚戓從.(《佚》182)
    沚戓와 연합할까요, 沚戓와 연합하지 말까요?

王宙北羌伐. (《前》4・37・1, 《善》5246)
대왕은 북쪽의 羌人들을 정벌할까요?

勿隹土方正. (《粹》1106)
土方을 정벌하지 말까요?

이상, 긍정에 '宙'를 사용하고, 부정에 '勿隹'를 사용하였으며, 모두 목적어가 전치된 경우이다.[5]

이외에도 殷代人은 점을 치며 긍정・부정으로 묻고, 한 가지 일에 대해 여러 번 점을 쳤다. 또 약간의 卜辭로 組를 이루었다. 이렇게 組를 이룬 卜辭 중에서 중심이 되는 완전한 卜辭를 제외하고, 그 나머지 중복되거나 부수적인 부분은 생략할 수 있었다. 〔문법 설명과 직접 관련이 없는 敍辭의 번역은 생략함.〕

예) 主語 생략
　　壬寅貞: 子漁亡禍?
　　　　　　又禍? (《粹》1263)
　　壬寅貞: 子漁에게 재앙이 없을까요?
　　　　　　재앙이 있을까요?

이 卜辭는 子漁의 재앙 여부를 물었다. 우선 재앙이 없겠는지 물었고, 다시 재앙이 있겠는지를 물을 때 主語 '子漁'를 생략했다.

예) 動詞 생략
　　丙申卜, 即貞: 宙中丁歲先?
　　　　　　　　 宙父丁? (《粹》299)
　　丙申卜, 即貞: 中丁에게 먼저 歲祭를 드릴까요?

父丁에게 먼저 드릴까요?

　이 卜辭는 어느 선왕에게 歲祭를 먼저 지내야 할지, 즉 中丁인지 父
丁인지를 물었다. 父丁을 물어볼 때는 動詞 '歲'와 부사 '先'이 생략되
었다.

　　예) 動詞·直接賓語 생략
　　　乎伐舌, 人才.
　　　勿, 人才. (《粹》1089)
　　　舌方을 치게 명할까요?
　　　치게 명하지 말까요?

　이 卜辭는 어떤 사람을 불러서(呼) 舌方을 치는 일에 대해 묻는 것이
다. 같은 類의 辭例로 "多臣에게 舌方을 치게 명할까요? 乎多臣伐舌方"
(《前》4·31·3)·"宰에게 舌方을 치라고 명하지 말까요? 貞: 勿乎宰伐
舌"(《甲》332)가 있다. 이런 句型은 複雜句에 속하는 兼語式이다. 즉 첫
째 謂語 '乎'의 賓語 '多臣' 혹은 '勿乎'의 賓語 '宰'는 두번째 謂語
'伐'의 主語이다. 상기 예문에서 긍정문인 '乎伐舌'의 兼語는 이미 생
략되었고, 부정문에서는 '乎·伐' 2개 動詞와 '伐'의 直接賓語 '舌'이
전부 생략되었다.

　　예) 主語·動詞·間接賓語 생략
　　　丁巳, 王賓大丁□□, 亡禍?
　　　貞: 物? (《粹》175)
　　　대왕께서 大丁에게 □□ 賓祭를 드리는 데 재앙이 없을까요?
　　　貞: 없을까요?

이 卜辭는 왕이 大丁에게 제사 지내는 데 재앙이 있을지 없을지를 물었다. 부정물음에서 '貞: 物'이라 했는데, 物을 빌려 勿의 의미로 사용한 것이며, 主語 '王'과 動詞 '賓' 및 間接賓語 '大丁' 등이 모두 생략되었다.

예) 動詞·間接賓語 생략

其告秋上甲, 二牛?

三牛, 四牛? (《粹》88)

소 2마리를 올려 上甲에게 가을 수확을 알리는 제사를 드릴까요?

소 3마리 또는 4마리를 드릴까요?

殷代人들은 수확할 무렵 조상에게 먼저 告하는 제사를 지냈다. 卜辭에서 흔히 '告麥'(여름의 수확)·'告秋'(가을의 수확)라는 내용을 볼 수 있다. 이 卜辭에서는 우선 上甲에게 2마리 소를 제수품으로 제사 지낼 것에 대해 물어보고, 나중에 3마리 혹은 4마리로 제사 지낼 것인가를 물어보았는데, 이때 動詞·賓語가 생략되었다.

긍정·부정으로 기록된 對貞 卜辭에서 부정의 물음은 왕왕 否定副詞만을 남겨두고 모두를 생략해 버린다.

乙丑卜, 即貞: 王賓唐叔, 亡尤?

貞: 毋? (《鄴》38·1)

乙丑卜, 即貞: 대왕께서 唐에게 叔祭를 드리는 데 친히 임하시어 공경스럽게 儐禮를 행하시면 재앙이 없을까요?

貞: 없을까요?

□□卜, □貞: 舌方出, 帝不隹(我㞢𡆥禍)?

□□卜, □貞: 勿? (《續》 3·3·1)

□□卜, □貞: 舌方이 침범했는데 上帝가 우리에게 재앙을 내리지 않을까요?

□□卜, □貞: (내리지) 않을까요?

壬午卜, 卽貞: 其攸?

貞: 勿? (《通》 別二上野 2)

壬午卜, 卽貞: 때려 죽여 (제물로) 드릴까요?

貞: 그렇게 드리지 말까요?

其又亳土?

弜! (《粹》 21)[6]

亳土에 侑祭를 드릴까요?

드리지 말까요!

문장의 구조는 簡單句와 複雜句 2개의 유형으로 대별된다고 결론지을 수 있다. 이에 대해 나누어 서술하면 다음과 같다.

1. 簡單句

간단구는 부가 성분이 없는 單句를 가리킨다. '主語―자동사'·'主語―타동사―賓語' 구조가 흔히 볼 수 있는 형식이다.

전자의 예로는 "왕이 고기를 잡다 王漁"(《通》 748)를 들 수 있는데, 王이 主語이며 漁가 자동사이다. "이번에 왕이 출타하다 今者王出"(《粹》 1053)에서는 王이 主語이며, 出이 자동사이다.

후자의 예로는 "우리는 戠를 치지 말까요? 貞: 我勿伐戠"(《通》 別一

中村17)가 있는데, 대명사 我가 主語이고, 伐은 타동사이며, 猷는 賓語이다. "父乙이 왕에게 재앙을 내리지 않을까요? 貞: 父乙弗它王"(《乙》5222)에서는 父乙이 主語이고, 它(재앙)는 타동사이며, 王은 賓語이다.

만약 '主語—불완전자동사—賓語'와 같은 句型에서는 보통 賓語 앞에 介詞가 붙여진다. 예를 들면 "이번 7월에 王이 商으로 들어가도 될까요? 貞: 今七月王入于商"(《通》752)·"대왕이 사냥을 가는데 재앙이 없을까요? 戊寅卜, 行貞:王其往于田, 亡災"(《粹》1017) 등이 있다. 이것은 불완전자동사와 타동사를 형식적으로 구분한 징표이다.

그러나 介詞를 사용하지 않은 경우도 있는데, "우리는 商으로 들어가지 말까요? 我弗入商"(《粹》1298)가 그 예이다. 불완전자동사가 심지어는 賓語를 갖지 않은 것도 있으니, "왕은 들어올까요? 王入"(《粹》623)가 그 예이다. 그러나 이런 句型은 극히 드물다.

이외에 簡單句의 句型에는 '主語—形容詞'·'主語—名詞'·'—타동사—賓語'·'—자동사'·'—불완전자동사—賓語'·'—形容詞' 등의 형식이 있다. 예를 들어 증명해 보면 다음과 같다.

예) 主語—形容詞

壬午卜, 㕥子敏(晦)?

壬午卜, 㕥子不其敏? 允不. (《甲》3000)

㕥子에게 병(기색이 나쁨)이 나지 않을까요?

㕥子에게 병이 나지 않을까요? 과연 나지 않았다.

'㕥子'는 主語이고, '敏'는 形容詞로서 述語의 중요 요소이다.

예) 主語—名詞

二月父㦰. (《通》6)

2月에 도끼로 나무를 한다.

管燮初는 刻辭에서 名詞를 述語로 삼은 문장은 극히 적다고 했지만, 위의 例와 같이 확실히 이런 용법이 있다. 〔父는 斧의 초문이고, 𣪊은 枿·欘로 풀이하는데 斧枿은 二月에 해야 하는 중요한 일을 말한다. 甲骨文에서는 도끼로 나무를 하다는 의미와 가깝다.〕

예) ─타동사─賓語
壬戌卜, 貞: 弗受又(有)又(祐)? 《甲》3913)
신의 가호를 받지 못할까요?

이 卜辭는 主語가 없고 단지 타동사와 賓語만 있다. '受又又' 혹은 '受屮又'는 卜辭의 관용어이다.

예) ─자동사
癸亥卜: 今日雨?
癸亥卜: 甲雨? (《甲》741)
오늘 비가 내릴까요?
甲日에 비가 내릴까요?

이 卜辭는 主語가 없고, 단지 述語만 있다. 述語 중의 謂語 '雨'는 자동사이다.

예) ─불완전자동사─賓語
壬申卜, 宁貞: 褎于河? (《甲》2998)
黃河 신에게 褎祭를 드릴까요?

이 卜辭는 主語가 없고, '燠'는 불완전자동사이며, '河'는 賓語이다. 賓語 앞에 혹 介詞 '于'를 사용하거나, 혹은 介詞를 사용하지 않는데 의미상 어떤 구별은 없다.

예) 一形容詞
弘吉. (《粹》806)
크게 길하다.

이 辭도 主語가 없고, 단지 述語 하나만 있다. 謂語 중의 '吉'은 形容詞이며, '弘'은 狀態副詞로 '吉'의 정도를 수식한 것이다.

管燮初는 일찍이 무작위로 1천 句의 單句를 취해 문장의 구조에 따라 분석한 결과 主語가 있는 문장이 26퍼센트, 主語가 없는 것이 64퍼센트, 賓語가 있는 문장이 54퍼센트, 賓語가 없는 문장이 46퍼센트를 차지하였다. 다시 謂語를 구성하고 있는 주요 詞類에 따라 분석해 본 결과 動詞句가 절대 다수를 차지하고, 形容詞句는 10분의 1도 안 되었다. 繫詞(단지 '曰'만 있는 문장)句와 名詞句는 몇 개 없었다.[7]

2. 複雜句

管燮初에 의하면 複雜句는 雙賓語・連動式・兼語式과 문장 형식이 主語나 賓語가 된 경우, 複合句 및 각종 句型이 綜合된 경우 등 여섯 종류의 句型으로 분석하였다.

• **雙賓語句**(직접・간접목적어)
인명・인칭대명사로 된 間接賓語가 앞에 오고 直接賓語는 뒤에 온다. 예를 들면 "上帝는 우리에게 도움을 줄까요? 帝受(授)我又(佑)"(《乙》

5408)에서 '我'는 間接賓語이고, '佑'(祐)는 直接賓語이다.

• 連動式

일명 幷立式이라고도 하는데 문장의 述語 중에 2개 혹은 2개 이상의 動詞가 있으며, 동일한 主語의 연속 행위를 표현한다. 예를 들면 "𫹉이 나아가 사냥을 하는데 돌아오지 못할까요? 2월에 癸未卜, 穷貞: 𫹉往田(畋), 不來歸, 二月"(《甲》3479) 중에 '往·田·來歸'는 主語 '𫹉'의 세 가지 연속 동작을 나타내고 있다.

• 兼語式

이런 문장은 2개의 述語를 가지고 있으며, 첫째 謂語 중의 賓語는 둘째 謂語의 主語를 겸하게 된다. 예를 들면 "대왕은 [illegible]에게 명해 동쪽을 정벌하게 할까요? 甲子卜, 王從東戈乎医[illegible]"(《甲》622)가 있다. 于省吾는 [illegible]을 𢦏로 해석하고, 郭沫若은 "이는 馘자이다"고 했다. 첫째 謂語 중의 賓語 医(侯)는 둘째 謂語의 主語를 겸하고 있다. 그러나 이런 兼語를 생략하는 경우가 있는데 앞서 들었던 예문 "舌을 정벌하게 명할까요? 乎伐舌"(《粹》1089)가 그 예이다.

• 문장 형식이 主語나 賓語로 쓰인 경우

완전한 문장이 主語나 賓語로 쓰였지만 어법상 이들의 작용은 여전히 單詞와 같다. 전자의 예는 "월 중 첫째달인 정월에는 麥을 먹는다 月一正曰食麥"(《通》6)이고, 후자의 예는 王이 점친 결과를 보고 말했다. "丁日에 비가 오겠다. 아니면 辛日에 오겠다." 열흘 뒤 丁酉日에 과연 비가 왔다 王固曰丁雨, 不亩辛. 旬丁酉允雨"(《乙》3090)이다.

'月一正'과 '丁雨'는 모두 문장 형식을 갖추고 있으면서 전자에는 主語, 후자에는 賓語로 쓰였다.

• 複合句

複合句의 두 分句 사이에 대부분 連詞를 사용하지 않는다. 예로 "오늘 비가 올까요? 농작물 수확이 좋지 않을까요? 貞: 今其雨, 不隹齒(穡)"(《通》439)가 있다.

또한 連詞를 사용하는 것도 있는데, 예를 들면 "우리가 巳日에 嬪祭를 드리면 上帝가 순조롭게 해줄까요? 우리가 巳日에 嬪祭를 드리지 않으면 上帝가 순조롭게 하지 않을까요? 我其巳賓(祀嬪), 乍(則)帝降若; 我勿巳賓, 乍帝降不若"(《通》367) 등이다.

• 각종 句型이 종합된 경우

連動式에 單句가 합해진 경우가 있는데 예를 들면 "나아가 돼지를 쫓는데 잡을 수 있을까요? 辛未卜, 亘貞: 往逐豕, 隻(獲)"(《甲》3339)가 있다.

兼語式에 單句가 합해진 것도 있다. 예를 들면 "呪에게 명해 東土에서 祊祭를 드리게 할까요? 祖乙과 武丁에게 告祭를 드릴까요? 8월에 貞: 令呪方(祊)東土, 告于且乙于丁, 八月"(《粹》249)가 있다. 兼語式에 兼語式이 가해진 것도 있다. 예를 들면 "裒에게 명해 屯에게 식량을 주어 그로 하여금 서방의 군사를 주관하게 하라고 할까요? 3월에 丁巳卜, 賓貞: 令裒易(錫)屯食, 乃令西史, 三月"(《通》別一·大二)가 있다.

문장 형식이 賓語가 된 復句에 單句를 첨가한 것도 있다. 예를 들면 "왕이 점친 결과를 보고 '길하겠다. 전승을 하겠다'고 말했다. 그날 과연 戈方을 무찔렀다. 13월(윤달)에 王固曰: 吉, 屮. 之日允戈戈方, 十三月"(《乙》4069) 등이다.[8]

제2절 詞 類

상술한 바와 같이 卜辭에는 簡單句와 複雜句 두 종류가 있다. 간단구는 어떤 부가 요소도 첨가되지 않은 문장이다. 그러나 일반적으로 명사와 動詞는 반드시 있어야 한다. 卜辭 중의 품사는 10여 종이나 된다. 그 중에는 名詞·代名詞·數詞·量詞·動詞·形容詞·副詞 등의 實詞와 關係詞·語助詞 등의 虛詞가 있는데, 이를 구분하여 설명하면 다음과 같다.

1. 實 詞

실사의 중요 작용은 어휘의 의미를 규정하고, 실체·성질·상태·동작·변화·숫자 등의 개념을 나타낸다.

• 名 詞
명사는 사람, 또는 사물의 명칭을 나타내는 品詞로, 보통명사와 고유명사 두 종류가 있다. 陳夢家는 보통명사를 1) 物名, 2) 期名, 3) 區位, 4) 身分, 5) 集體 등 다섯 가지로 분류하였다.

1) 物名: 人·馬·日·雨·牝·鷄·河·室 등이 있는데, 象形字 또는 形聲字로 되어 있다.

2) 期名: 일단의 시기를 나타내는 것으로, 아래 두 종류가 있다.
(甲) 12시간보다 긴 시간을 나타내는 것으로, 祀·歲·旬·月·日·夕 등이 있고, 그 앞에는 항상 과거·현재·미래 '3시기'를 나타내는 附加

詞가 덧붙여진다. 즉 과거를 나타내는 '昔'·'之', 현재를 나타내는 '今'·'兹', 미래를 나타내는 '翌'·'來'·'生' 등이 있다.

(乙) 12시간보다 짧은 시간을 나타내는 것으로 朝·莫·明·旦·夕·食·仄·昏 등이 있으며, 昔, 今, 來 등 부가사를 붙일 필요는 없다. 상술한 期名에서 莫·旦 등은 象形字이고, 旬·歲 등은 假借字이며, 年·月·夕·日은 象形字의 引申이고, 祀는 形聲字의 引申이다.

3) 區位: 區域과 方位를 포괄한다. 區域을 나타내는 자에는 鄙·麓·邑·土·方 등이 있으며, 그 앞에는 방위 성질의 부가사 東西南北 (명사가 아니다)이 붙을 수 있다. 卜辭에 "東方神에 燎祭를 지낼까요? 燎于東"·"西方神에 燎祭를 지낼까요? 燎于西"·"北方神에 燎祭를 지낼까요? 燎于北"(《續》1·52·6, 《後上》24·5, 《珠》464)가 있는데, 이러한 方位詞는 名詞이다. 卜辭에서 介詞 '于' 다음에는 항상 名詞, 즉 人名·地名·期名이 온다. 區域字에는 象形字인 土·邑이나 形聲字인 鄙·麓이 있고, 方位字는 대부분이 假借字이다.

4) 身分은 세 가지로 나눌 수 있다.
　(1) 권위를 나타내는 경우: 王·后·君·侯·田·白(伯) 등.
　(2) 직위를 나타내는 경우: 尹·工·卜·史 등.
　(3) 친족 관계를 나타내는 경우: 公·祖·妣·父·母·兄·弟 등.

5) 集體名詞에는 族·自(師)·衆 등이 있는데, 집합된 무리를 나타낸다.

고유명사에는 인명·지명·方國部族 등이 있다.[9]
명사는 주로 문장에서 主語·賓語·修飾語로 사용된다. 예를 들면 "대왕은 土方을 정벌하지 말까요? 王勿隹土方正(征)"(《林》1·27·13)에서

'王'은 권위를 나타내는 보통명사이고, 主語로 사용되었다. '土方'은 方國部族이라는 고유명사인데 賓語로 사용되었다. "우리는 풍성한 곡식(수수)의 수확을 거둘 수 있을까요? 我受黍年"(《戩》26·6)에서 '年'은 巛(災)·田(禍)·又(祐)와 같이 보통명사 중의 추상명사로, 여기에서는 '가을의 수확'으로 해석할 수 있으며, 賓語로 사용되었다. 黍는 보통명사 중의 구체적인 사물 명칭인데 '年'의 수식어로 사용되었다.

•代名詞

대명사에는 인칭대명사·지시대명사 두 종류가 있고, 문장에서 主語·賓語·修飾語 역할을 한다.

1) 1인칭인 余·朕·我 같은 인칭대명사는 卜辭에서 수량의 구별이 있다. 주격·목적격이 단수일 때 '余'를 사용하고, 복수일 때 '我'를 사용하며, 소유격이 단수일 때 '朕'을 사용하고, 복수일 때 '我'를 사용한다. 예를 들면 "내가 婦姪의 아들을 나의 아들처럼 생각하면 안 될까요? 己亥卜, 王: 余弗其子婦姪子"(《前》1·25·3)에서 '余'는 殷王이 자신을 칭한 것이므로 단수이고 주격이다.

"先妣께서 나에게 재앙을 내릴까요? □辰卜, 王貞: 妣隹乍余禍"(《後下》30·5)의 '余' 역시 殷王이 자신을 칭한 것이며, 단수이고 목적격이다.

'我受年'(《粹》869)·'受我又(祐)'(《前》4·37·6)는 '商受年'·'受(授)商又(祐)'에 해당한다. '我'는 집합명사이고, '我'의 주격·목적격은 '우리 我們'이고, 1인칭 복수이다. '朕'의 소유격은 '나의 我的'이고, '我'의 소유격은 '우리의 我們的'이다. 전자의 예는 "내가 나의 아버지에게 죄를 지어 우리가 오랫동안 가뭄에 의한 고통을 받게 될까요? 乙酉卜, 王貞: 余亏朕考工征我冀"(《前》4·46·1)가 있고, 후자의 예는 "우리의 조상에게 出祭를 드릴까요? 出于我祖"(《粹》878)·"舌方이 우리의 서쪽 벽지 촌락을 침략했다 吾方亦侵我西鄙田"(《菁》1)가 있다.

2) 2인칭 주격·목적격은 단수·복수를 불문하고, '女'(汝)를 사용하며, 소유격에는 '乃'를 사용한다. 卜辭에서 3인칭은 찾아볼 수 없다. 〔卜辭에서 드물게 3인칭으로 쓰인 其의 예를 볼 수 있다. "나는 그의 배우자에게 燎祭를 드려야 할까요? 庚寅卜, 王: 余燎于其配"(《合》1864)는 삼태기 모양이다. 강조부사 또는 3인칭 대명사로 가차되어 삼태기는 竹을 붙여 箕를 만들어 전용시켰다.〕

陳夢家는 卜辭에 나타난 '出'의 용법은 명사를 대신하는 작용이 있는데, 이것은 아마도 3인칭일 것이라고 여겼으며,《周書》의 '厥' 西周金文의 '㞢'에 해당한다고 생각했다.

3) 지시대명사에는 '玆'와 '之'가 있다.
   (1) '玆'는 복사에서 '88' '玆'라고 하였다. 지시대명사 '玆'는 '此'로 해석되며, 항상 앞에 전치사 乃·若·自·在 등이 붙여진다. 예를 들면 "대왕이 점친 결과를 보고 길흉을 판단해 말했다: 이번에 무언가 재앙이 있겠다. 과연······ 王占曰: 乃玆亦出希(祟)若偁"(《菁》3)·"날이 흐리면 올해 재앙이 있을까요? 日若玆晦, 佳年禍"(《前》5·17·5)·"우리 상나라는 이제부터 순조로울까요? 我自玆佳若"(《明續》228)·"군대는 이곳에 오래 머물지 말까요? 㠯(師)毋才(在)玆徙"(《前》1·9·7)가 있다.

지시형용사로 쓰이는 '玆'는 시간을 나타내며, '今'으로 해석한다. 예를 들면 "이번 2월에 큰비가 내릴까요? 乙酉卜, 大貞: 及玆二月出(有)大雨"(《通》386)가 있다.
   (2) '之'는 卜辭에서 '止'로 썼는데 '止'(止)의 아래에 '一'을 붙인 것이다. 지시대명사로 쓰인 '之'는 인물이나 지역을 가리킨다. 예를 들면 "父甲에게 구하면 王이 신의 도움을 받을까요? 그에게 구하지 않

아도 순조로울까요? 其蚕(求)才(在)父甲. 王受又; 弜已蚕于之, 若"(《粹》335)에서 '之'는 '父甲'이라는 인물을 가리킨다.

"大乙에게 제사하는데 王이 宫에서 향연을 올릴까요? 그곳에서 향연을 드리지 않아도 순조로울까요? 大乙事, 王饗于宫; 弜饗于之, 若"(《粹》141), 여기에서 '之'는 지명 '宫'을 가리킨다.

지시형용사 '之'는 '是'로 해석된다. 예를 들면 "오늘 壬申日에 비가 올까요? 이날 과연 비가 왔다 貞: 今日壬申其雨? 之日允雨"(《乙》3414)·"오늘 저녁 비가 올까요? 이날 저녁 과연 비가 왔다 庚辰卜, 叀貞: 今夕雨? 之夕〔允〕雨"(《粹》769)가 있는데, 여기서 '之日'·'之夕'은 곧 '是日'·'是夕'이다.

陳夢家는 "왕은 이곳에 도착해서 㳇에 侑祭를 드릴까요? 王從于之, 出㳇"(《鐵》82·1)와 "亞는 이곳에 도착해서 㳇에 侑祭를 드릴까요? 亞從于止, 出㳇"(《後上》25·9)라는 2개의 卜辭를 비교하여 '止'와 '之'가 통용됨을 알았고, 후에도 줄곧 이와 마찬가지로 나타났다. 이들은 모두 전치사 '于'의 뒤에 위치한다.

西周 金文《史䛬殷》중의 "史䛬이 畢公으로부터 貝를 상으로 받은 일을 아침 저녁으로 자신을 독려하는 일로 삼았다 其于之朝夕監"와 《尚書·君奭》의 "응당 이 점을 알아야 한다 肆其監于玆"는 말은 같은 내용이다. 그러므로 이들 중의 '于之'와 '于玆'는 실제로 같은 뜻으로 보고 있다. 이 說은 매우 정확하다.

• 數 詞

甲骨文의 숫자 중에는 一=≡亖가 있는데, 가로획을 쌓아 그려 수를 기록한 것이다. 五는 처음에는 Ⅹ였으나 후에 Ⅹ가 되었는데, 때로는 ×라고 한 것도 찾아볼 수 있다. 六은 초기에는 ∧이었으나 入과 혼동되기가 쉬워서 介·八·介·介 등의 형태로 썼다. 七은 甲骨文·金文에

서 모두 +으로 썼는데, 甲자와 형태가 동일하며, 商과 西周 때도 변화는 없었다. 周 말기《秦公殷》에서는 +이라고 썼고, 한대 초기의 金文과도 동일한데 조금 후에 七로 변했다. 처음 甲骨文을 연구하던 孫詒讓을 포함하여, 淸代 이전 金文을 연구하던 사람은 이것이 정수 十·百·千중의 十이라고 생각하였는데, 羅振玉에 이르러 비로소 정확하게 규명되었다. 八은 八혹은 〉〈이라고 표기했는데, 周代 金文에서도 동일하다. 九는 ᘒ 혹은 ᘒ로 표시했고, 周代 金文에는 ᘒ 혹은 ᘒ라고 썼으니 변화는 크지 않다. 十은 |으로 썼는데, 周代 金文에서는 ◆·┃·┃·┃ 등의 형태로 표시했다.

二十은 合文인 ᘮ로, 三十은 ᘯ로 썼으며, 四十은 ᘰ로 나타내었다. 五十은 ᘱ라고 했는데, 劉鶚 이래로 '十五'의 合文으로 오인되어 오다가 郭沫若의《釋五十》[10]에서 비로소 10 이상 정수의 合文을 판별해 내었는데, 이들은 혼동하기 쉽기 때문에 周代 金文에서는 ᘲ로 바꾸어 기록했었다. 이외에도 卜辭에는 百·千·萬 등의 숫자가 있다.

이런 숫자는 일반적으로 基數라 하며, 문장에서 명사의 수식어가 되는 주요 용법을 가지고 있다. 일반적으로 명사 뒤에서 보충어로 많이 사용된다. 예를 들면 "과연 호랑이 1마리, 노루 40마리, 犾 1백64마리, 麑 1백59마리를 잡았다 允禽, 隻(獲)虎一, 鹿卌, 犾一百六十四·麑一百五十九"(《乙》2908)·"祖乙에게 又祭를 드리는데 羌人 10명을 드릴까요? 甲辰貞: 又且乙, 伐羌十"(《粹》246)가 있다.

때로는 名詞 앞에서 定語로 사용되기도 한다. 예를 들면 "과연 2천6백56인을 무찔렀다 允戈伐二千六百五十六人"(《後下》43·9)·"우리는 노루를 잡을까요? 과연 돼지 8마리를 잡았다 壬辰卜, 王: 我隻鹿? 允隻八豕"(《乙》3214)가 있다.

이상의 숫자는 또 一·二·三·四 등의 순서를 표현할 수 있으니 序數詞로도 사용되었다. 殷代人들은 한 가지 일에 대해서 여러 번 점을 쳤는데, 과연 몇 번의 점을 쳤는가?

卜辭에 "첫 占卜에 씀 元卜用"(《續》1·39·9)·"세번째 占卜에 씀 三卜用"(《前》8·12·6)·"네번째 占卜에 씀 其用四卜"(《粹》1256)·"다섯번째 占卜에 씀 用五卜"(《甲》268)·"여섯번째 占卜에 씀 用六卜"(《乙》5399)과 같은 내용은 모두 점을 몇 번 쳤는지 나타냈고, 반드시 名詞 앞에 놓였다.

商王의 廟號에는 항상 숫자가 앞에 덧붙여져 있다. 그 예로 '四祖丁'이 있는데 王國維는 大丁·沃丁·中丁 이후 네번째로 이름이 丁인 사람이 祖丁이라 여겼다. 郭沫若은 王國維說을 따랐다. 卜辭에 '小丁'이 있는데, 郭沫若은 大丁·中丁 이후의 祖丁이라고 고증하였다.[11] 陳夢家는 《綜述》第12章 '廟號上'에서 역시 '四祖丁'과 '小丁'을 祖丁으로 여겼다.[12] 그러나 '문법'을 다룬 章에서 '四祖丁'은 大丁·中丁·小丁 이후의 '네번째 조상 丁'이라고 하였으니,[13] 전후 모순이 있으나 그가 제시한 '四'와 '大'·'中'·'小'는 모두 순서를 나타내고 있으며, 서수사로 사용되었다는 견해만은 확실하다.

殷代에는 干支로 날을 기록하는 관습이 성행하였는데, 즉 甲乙丙丁戊己庚辛壬癸와 子丑寅卯辰巳午未申酉戌亥를 배합시켜 '60甲子'를 만들었다. 만일 甲子·乙丑·丙寅·丁卯…… 등의 차례로 숫자를 대신하면, 바로 날짜를 세는 서수가 된다.

• 量 詞

量詞는 單位詞이기도 하다. 卜辭에 나타난 양사에는 朋·升·卣·丙·匹·半 등이 있다. 예를 들면 "조개 10꾸러미 冑貝十朋"(《甲》777)·"조개 2꾸러미를 하사하다 易(錫)貝二朋"(《南坊》3·81) 등이 있는데, 貝를 셀 때는 朋을 단위로 삼고 있음을 설명하고 있다.

"향주 2승 1유 ▨二升一卣"(《續》1·40·5)·"향주 3유 ▨三卣"(《甲》

1139)는, 鬯(香酒)을 셀 때는 升·卣를 단위로 삼았음을 설명하고 있다.

"차 2대 車二丙"(《劍》212)·"말 20필 馬卄丙"(《前》2·19·1)·"말 30필 馬卅丙"(《京都》1702)에서는 車·馬를 세는 단위로 丙을 사용하였음을 설명하고 있다.

"7쌍 반 七彡屮一〉"(《後下》33·10)·"古가 10쌍 반을 들여와 제사하다 古示十彡又一〉"(《粹》1504)가 있는데, 이것들은 骨臼 刻辭로, 牛胂骨을 계산하는 단위사를 모아 통계한 것이다. 彡자를 董作賓은 矛, 郭沫若은 包, 于省吾는 屯, 陳夢家는 弋, 胡厚宣은 匹로 해석했고, 〉자를 郭沫若은 乙, 陳夢家는 半으로 해석했다.

量詞는 문장에서 賓語 혹은 修飾語로 사용되며, 항상 數詞와 연용된다. 甲骨文·金文에서 量詞의 위치는 名詞·數詞의 뒤에 오고, '名詞─數詞─量詞'의 순서로 구성되며, 오늘날 '數詞─量詞─名詞'로 배열하는 습관과는 다소 차이가 있다.

•動 詞

動詞는 사람이나 사물의 동작·행위·변화를 나타내는 품사이며, 문장에서의 주요 용법은 謂語가 되는 것이다. 일반적으로 완전한 卜辭에서 動詞는 결코 없어서는 안 되는 주요 성분이다.

動詞는 자동사·불완전자동사·타동사 등 세 종류가 있다.

1) 자동사

'風'·'雨'·'啟'·'易日' 등은 動詞로 사용될 때 모두 자동사이다. 예를 들면 "오늘 비가 올까요? 今日雨"(《鐵》53·2)는 賓語가 없어도 의미가 완전하다. 또 "왕은 고기를 잡을까요? 王漁"(《通》748)·"왕은 출타해도 될까요? 王出"(《續》3·35·5)·"侯는 다음달에 오게 될까요? 侯于來月至"(《粹》1273)·"沚馘는 올까요? 沚馘는 오지 않을까요? 沚馘其來? 沚馘不其來"(《乙》727)·"雀은 죽지 않을까요? 그렇지 않으

면 雀은 죽게 될까요? 貞: 雀不囚? 貞: 雀其囚"(《甲》2996) 중에서, 漁‧
出‧至‧來‧囚 등도 자동사이다.

  2) 불완전자동사
  往‧入‧涉‧狩 등과 上帝‧祖上에게 제사 지내는 대부분의 제사 명
칭 出‧又‧告‧翌‧彡‧酌‧歲‧牡‧莽‧煑 등도 역시 불완전자동사
이다. 불완전자동사는 대부분 賓語를 가지고 있고, 賓語가 없는 경우
도 있다. 일반적으로 賓語 앞에 전치사가 오는데, 때로는 전치사가 생
략되는 경우도 있다.

  3) 타동사
  卜辭에서 征伐‧수렵‧일상 생활을 서술하는 正(征)‧伐‧逐‧追‧
隻(獲)‧凸(擒)‧令‧乎(呼)‧又(有) 등과 같은 動詞는 대부분 타동사
이다. 타동사는 賓語를 가지고 그 賓語는 대개 動詞 뒤에 오는데, 가끔
賓語가 앞에 오는 예도 있다.

  •形容詞
  卜辭 중에 형용사는 大‧小‧多‧少‧黑‧白‧黃‧幽‧赤‧高‧敏‧
吉‧新‧舊 등이 있다. 주요 용법은 名詞를 수식하거나 직접적으로 名
詞 앞에 위치해서 사람 혹은 사물의 상태를 설명한다. 그러나 때로는
形容詞로 謂語 역할을 감당하게 하는 간단한 문장 형식도 있다.

  •副 詞
  副詞는 동작, 행위, 발전 변화, 성질, 상태의 정도, 범위, 시간 등을 나
타낸다. 副詞는 動詞‧形容詞를 수식할 수 있으나 名詞를 수식할 수는
없고, 謂語가 될 수도 없다.
  甲骨文에서 副詞는 상태‧의문‧부정 등 세 종류로 나눌 수 있다.

1) 상태부사

動詞나 形容詞의 상태를 수식한다. 예를 들면 "월식이 있을까요? 月
又戠"(《甲》755) "또 재앙이 있을까요? 亦㞢(有)戠"(《通》735)의 '又'·
'亦'은 중복을 나타낸다. "돌아왔다 乃歸"(《甲》761)의 '乃'는 語氣를
나타내며, "夷方을 정벌했다 自正夷方"(《粹》1184)의 '自'는 語氣를 강
조시킨 것이며, "과연 비가 왔다 允雨"(《乙》3090)의 '允'은 '과연'의 의
미를 가지고 있다. "크게 길하다 弘吉"(《粹》806)의 '弘'은 정도를 수식
한다.

2) 의문부사

卜辭 중에 "오늘 저녁 비가 올까요? 그렇지 않으면 오늘 저녁 비가
오지 않을까요? 貞: 今夕其雨? 貞: 今夕不雨"(《甲》3404)·"오늘 癸日
비가 올까요? 내일 甲日에 비가 오지 않을까요? 甲日 비가 올까요? 길
하겠다. 그날 비가 조금 왔다 今日癸其雨? 翌日甲不雨? 甲其雨? 吉, 兹
小雨"(《粹》761)·"왕은 나아가 舌方을 정벌할까요? 그렇지 않으면 왕
은 舌方을 정벌하면 안 될까요? 貞: 㞢王往□舌? 貞: 勿隹王往伐舌?"
(《通》478)·"왕은 母戊에게 侑祭를 드리는 데 여인 1명을 바칠까요? 신
의 가호가 있을까요? 소를 드리면 왕은 신의 가호가 있을까요? 王其又
母戊一刿, 此受又? 㞢牛, 王此受又"(《粹》380)가 있는데, 이 중 '其'·
'㞢'·'此'는 모두 의문부사이고 質問詞가 아니다.

3) 부정부사

卜辭 중에 부정부사에는 不·弗·勿·㫃·弜·毋 등이 있다. '弜'은
앞선 학자들이 풀이하지 못했는데, 張宗騫이 최초로 《卜辭弜弗通用
考》[14]에서 부정사로 사용됨을 발표하였다. 그러나 陳夢家·裘錫圭는
'弜'과 '弗' 2자는 분명하게 구별된다고 하였다. 陳夢家는 侯家莊에서
나온 廩辛 시대 大甲 중 '弗'·'不'·'弜'·'勿'의 쓰임을 보고, 이 네

가지는 각기 차이점을 가지고 있다고 하였다. 그 중 '弜'은 中期 卜辭에서 성행하였는데 이 점이 또한 큰 특색이라 하였다.[15]

裘錫圭는 다음과 같이 피력하였다.

"卜辭에 '不'·'弗'·'叀'·'弜'이 가장 많이 보이고, '勿'·'毋'는 훨씬 적다. '叀'은 發射 중 '發'의 初文이며, 부정사로 많이 사용된다.

文例로 볼 때 '叀'과 '勿'은 가차해서 동일한 말을 나타냈을 가능성이 있다. 그러나 '叀'과 '勿'은 본래 한 문자가 아니니, '叀'을 '勿'로 해석할 수는 없다. '叀'과 '弜'은 용법이 매우 유사하며, '勿'과 마찬가지로, 현대어로 번역하면 '叀……'·'弜……'·'勿……'은 '不要……'로 해석할 수 있고, 염원을 나타내는 부사이다.

'不'·'弗'의 용법은 상당히 유사하여 '不……'과 '弗……'은 '不會……'로 해석할 수 있는데, 이것은 가능성과 사실을 나타내는 부사이다.

卜辭 중에 '受年'의 부정은 '不受年'·'弗受年'이라고 했고, '叀受年'·'弜受年'이라고 표현한 辭例는 찾아볼 수 없다. 이것은 殷代人이 '좋은 수확을 얻을 수 있을까요?'라고 물어야 하기 때문이었지, '좋은 수확을 원합니까, 원하지 않습니까?'라고 묻지 않았기 때문임을 설명하고 있다.

이와 반대로 정벌에 관한 복사에서는 출정할 필요가 있는지 없는지를 물어보았으므로 부정사 '叀'을 사용하였고, '叀不叀田'은 '이렇게 해야 할까요?'라고 묻는 것이기 때문에 부정사 '弜'을 사용했다. '叀'과 '弜'은 음이 비슷할 뿐 아니라 용법도 유사하므로, 동일한 품사가 각각 달리 假借되었다고 할 수 있다."[16]

管燮初는 卜辭 연구를 바탕으로 부정사 勿·弗·不 3자의 용법례를 간단하게 표로 만들었는데, 여기에 참고 자료로 제공한다.[17]

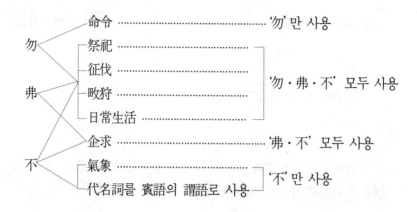

命令 ································· '勿'만 사용

祭祀 ·································

征伐 ·································

畋狩 ································· '勿·弗·不' 모두 사용

日常生活 ·························

企求 ································· '弗·不' 모두 사용

氣象 ·································

代名詞를 賓語의 謂語로 사용 ──── '不'만 사용

2. 虛 詞

虛詞는 각종 句와 節간의 관계와 어조를 나타내는 어법상의 의미를 지닌다.

• 關係詞

관계사는 사물의 관계, 또는 동작 발생의 시간, 장소의 조건 및 인물과 의 관계를 설명한 것으로 連詞와 介詞가 있다.

連詞의 중요 역할은 문장에서 詞나 分句를 연결시켜 준다. 예를 들면

惠母己眾子癸酚. (《粹》340)
母己와 子癸에게 酚祭를 드릴까요?

余其從多田于多白正盂方. (《甲》2395)
나는 多田과 多白을 이끌고 盂方을 정벌할까요?

妣庚召牢又一牛.

妣庚에게 쉽祭를 드리는 데 제수용 소와 또 소 1마리를 바칠까요?

允禽三百又卌八.
과연 3백 마리하고, 또 48마리를 잡았다.

丁未, 貞: 彳歲于劦, 冓; 丁未貞: 彳歲于祭, 冓. (《粹》431)
彳祭와 歲祭를 드리려고 하는데, 劦祭에 冓하게 될까요? 彳祭와 歲祭를 드리려고 하는데, 祭祭에 冓하게 될까요?

丁未, 貞: 彳歲叀祭, 冓; 彳歲于祭, 冓. (《粹》422)
彳祭와 歲祭를 드리려고 하는데, 祭祭에 冓하게 될까요? 彳祭와 歲祭를 드리려고 하는데, 祭祭에 冓하게 될까요? 〔제사 복사에서 '冓'는 제사시 신령이 내려와 음식을 흠향하므로 주제자와 만남을 뜻한다.〕

屮于且乙牢屮一牛屮殼. (《前》1·10·2)
祖乙에게 屮祭를 드리는 데 제수용 소 그리고 소 1마리를 드리며, 또 작은 돼지도 드릴까요?

등이 있는데, 위의 '眔·于·又·叀·屮'는 人名·祭祀名·희생물·숫자 또는 2개의 分句를 연결시키고 있는데, 모두 連詞에 속한다.
管燮初는 일반 連詞 외에 '조건연사'가 있다고 하였다. 예를 들면

我其已宁, 乍帝降若; 我勿已宁, 乍帝降不若. (《通》367)
우리가 賓祭를 드린다면 上帝가 순조롭게 해줄까요? 우리가 賓祭를 드리지 않으면 上帝가 순조롭게 하지 않을까요?

來庚則录(旱)乃雩. 亡大雨. (《粹》845)

오는 庚日에 가물겠습니까, 그렇지 않으면 구름이 끼겠습니까? 큰 비가 오지 않겠습니까?

등이 있는데, 위에 예로 든 복사에서 '乍·則……乃'는 조건 관계가 있는 2개의 문장 성분 혹은 分句를 연결시키는 連詞이다.

介詞가 문장에서 담당하는 주요 역할은 문장 구성 성분을 서로 연결시키는데, 대개 賓語나 시간·장소를 나타내는 말을 연결시킨다. 예를 들면

袁于河五牛. (《前》2·9·3)
黃河 신에게 袁祭를 지내는데 소 5마리로 드릴까요?

榖于河年. (《粹》834)
풍년을 기원하여 黃河 신에게 榖祭를 드릴까요?

酚曰于南室. (《甲》3542)人
南室에 酚曰祭를 드릴까요?

自上甲至于多後. (《甲》2905)
上甲으로부터 多后에 이르기까지.

從向歸. (《粹》1067)
向에서 돌아올까요?

今歲受禾, 弘吉, 在八月, 隹王八祀 (《粹》896)
올해 풍년이 들까요? 크게 길하다. 대왕 8년, 8월에.

其乍豊乎伊尹. (《粹》540)

豊과 伊尹이 할까요?

등이 있는데, 위에 예로 든 卜辭에서 '于·自·至·從·在·隹·乎' 등은 모두 介詞이다.

● 語助詞

張振林은 《先秦 古文字 자료 중의 어조사 先秦古文字材料中的語氣詞》에서 殷·絲·已·鳥虜(鳥夫·於嘑·於虜)·夫·才(戈·哉·擧)·之·也(施·殴)·斝(斝)·者·虜(乎)·矣·焉 등 13개의 어조사를 찾아냈는데, 이들은 문장의 앞 혹은 중간과 끝에 위치하고 있었다. 그 중의 많은 자는 甲骨 卜辭에서 흔히 볼 수 있지만 어법상 모두 어조사로 사용되지 않고 있어 그는 "商代에는 아직 어조사가 없었다"[18]고 결론지었다.

陳夢家는 武丁 말엽의 自組 卜辭 중 극소수는 문장 끝에 어조사가 사용되었다고 하였다. 예를 들면 "咸戊에게 侑祭를 드릴까요, 學戊에게 드릴까요? 咸戊에게 侑祭를 드리는데 소를 드리지 말까요? 丁未卜, 扶, 出咸戊, 學戊乎? 丁未卜, 扶, 出咸戊牛不"(《粹》425), 또 武乙·文丁 卜辭에 "沚或가 召方을 정벌하는데 신의 가호가 있을까요? 沚或伐召方, 受又才"(《掇一》450)가 있는데, 陳夢家는 '才'의 용법이 '哉'와 비슷하였다고 여겼다.[19]

管燮初는 "다음 열흘간 재앙이 없겠습니까? 王이 점친 결과를 보고 거듭 말했다 癸酉卜, 殻貞: 旬亡田? 王二曰勾! 王回曰斜! ……"(《通》735)·'왕이 점친 결과를 보고 '아이쿠'라고 했다. 그 사람은 이미 멀리 떠났으니 다시 찾을 필요가 없다고 했다 其曰倬人目! 其曰母夒(毋搜)目"(《粹》1160)의 두 내용 중의 '勾'·'斜'는 모두 탄식의 소리를 나타낸 것으로 감탄사에 속한다고 여겼다. '目' 또한 감탄사이고, 문장

끝에서 어조를 길게 늘어뜨리는 역할을 해 古文 중의 '矣'와 같다고 하였다.[20]

甲骨文은 의문을 점친 다음 물었던 내용을 기록한 것이기 때문에, 문구가 간단하고 격식화되어 있어 기본적으로 어조사가 매우 적다.

甲骨文의 품사는 대체적으로 상술한 바와 같다.

이외에 각종 辭例의 분석을 통해 甲骨 卜辭에 많은 품사가 있으며, 각기 다른 문장 구조에서 사용된 문법 기능이 모두 같지 않다는 것을 알 수 있었다. 과거에는 이런 현상에 대한 전문적인 연구가 부족했다.

陳煒湛은 《卜辭文法三題》에서 甲骨文 품사의 일정치 않은 특질과 하나의 詞가 나타내는 다양한 현상에 대해 연구하였다. 그는 네 가지 유형으로 분류하였다.

1) 하나의 詞가 허·실 두 가지를 겸한 것
2) 하나의 詞가 名詞·動詞 두 품사를 겸한 것
3) 名詞가 形容詞로 사용된 것
4) 지시대명사와 지시형용사의 차이가 없는 것 등이다.

1) 첫째 유형으로 '自'를 들어 보면, 名詞·代名詞·介詞 세 종류에 속한다. '若'은 實詞 중의 名詞·動詞·形容詞 세 종류에 속하며, 또 허사·어조사를 겸한다. 이외에 卜辭에서 자주 볼 수 있는 '又'는 허·실 두 가지를 겸한다. 名詞로 사용될 때 뜻은 左右의 右(예를 들면 '又中𠂇', 즉 '右中左'·'又宗'·'又馬' 등)와 佑·祐(예를 들면 '受又'·'受屮又' 등)이다. 動詞로 사용될 때는 대부분 祭名인데, 뜻은 '侑'와 같고(예를 들면 "小乙에게 又祭를 드리다 又于小乙"·"丁에게 牛로 又祭를 드리다 又牛于丁"·"嶽에 又祭를 드리다 又于嶽" 등), 또는 有無의 有와 같다(예를 들면 '又雨'·'又大風'·'又艱'·'又𡿧'·'又子'·'又囚'·'又鹿'·

'又事' 등). 허사로 사용될 때는 조사가 되어 "열 사람하고 또 다섯 사람 十人又五"·"우리에서 기른 제수용 소와 또 1마리 소 牢又一牛"· "12월에 在十月又二"·"3백 그리고 또 48 三百又卌八" 등이다.

2) 두번째 유형에는 '田'(禍)가 있는데, 이것은 추상명사로서, 흔히 볼 수 있는 복사의 예는 "다음 열흘 동안 재앙이 없을까요? 旬亡田"· "오늘 저녁 재앙이 없을까요? 今夕亡田"가 있고, 그외 "某에게 재앙이 있을까요? 某㞢田"·"某에게 재앙이 없을까요? 某亡田"·"왕래하는 데 재앙이 없을까요? 往來亡田"·"왕래하는 데 재앙이 있을까요? 往來㞢田"가 있다.

動詞로 사용되는 田은 일반적으로 ﾖ·ﾖ·ﾖ 등의 형태로 쓰며, 그 예로 "或에 侑祭를 드리면 우리 商에 재앙이 없을까요? 貞; 其㞢或, 不隹我田"(《乙》 4084)·"𡥀가 元沚(종족명)에게 재앙을 끼칠까요? 𡥀가 元沚에게 재앙을 끼치지 않을까요? 貞: 𡥀田元沚? 貞: 𡥀弗其田元沚"(《丙》 174)가 있는데, 모두 문장에서 述語로 사용되고, 賓語를 가지고 있으며, 뜻은 禍 또는 禍가 미치다는 뜻이다.

또 '帝'는 본래 名詞로서 上帝의 帝로 쓰이고, 卜辭에서 자주 나타나며 主語로 사용된다. 그러나 祭祀 卜辭에서는 항상 動詞로 사용되며, 禘(禘祭)와 통용되고 문장 중에서 述語가 된다. 또 '𡿺'는 '它'로, 뜻은 '害'이며, 대다수 動詞로 사용된다. 예를 들면 "왕에게 재앙이 있을까요? 𡿺王"·"우리에게 재앙이 있을까요? 𡿺我"·"수확에 재앙이 있을까요? 𡿺年"·"곡식에 재앙이 있을까요? 𡿺禾" 등이다. 명사로 사용되는 𡿺는 "재앙이 있을까요? 㞢𡿺"·"재앙이 없을까요? 亡𡿺"의 辭例에서 흔히 볼 수 있다. 이외에 風·雨·伐·射·翌·來·希·辜·夕·歲 등은 그 자체가 名詞·動詞 두 종류의 품사를 겸한다.

3) 세번째 유형, 卜辭 중 어떤 名詞는 形容詞의 성질을 동시에 가

지고 있는 것이다. 이들은 主語·賓語가 될 수 있을 뿐 아니라 名詞 앞에서 定語도 된다. 예를 들어 '生'은 名詞로 사용될 때 "후사를 바라는 제사 桒生"·"후사를 얻다 受生"는 辭를 이루고 生育을 나타낸다.

또 名詞의 修飾語도 되는데 이때는 形容詞가 된다. 예를 들면 "사슴을 생포할까요? 其隻生鹿"(《粹》951)에서 '生鹿'은 살아 있는 사슴이다. '生'이 지시형용사로 사용될 때 뜻은 '다음 下'·'오는 來'이며, 흔히 볼 수 있는 사례는 다음과 같다. "다음달 生月"(《乙》2360)·"다음 1월 生一月"(《乙》3282)·"다음 2월 生二月"(《乙》7288)·"다음 3월 生三月"(《乙》3331)·"다음 4월 生四月"(《甲》209)·"다음 5월 生五月"(《丙》89)·"다음 7월 生七月"(《佚》493)·"다음 8월 生八月"(《粹》508)·"다음 11월 生十一月"(《甲》954)·"다음 12월 生十二月"(《金》474)·"다음 13월, 즉 다음 윤달 生十三月"(《乙》3282) 등이다.

4) 네번째 유형에는 '之'·'玆'가 있다.(앞부분 참조)

陳煒湛은 마지막으로 "卜辭의 문법은 엄격한 구조 법칙을 가지고 있으면서 어느 정도 융통성도 가지고 있다"고 하였다. 또 "甲骨文字는 당시 왕실의 '공문서 檔案'로서 대부분 占卜의 기록이기 때문에 소정의 격식을 갖출 필요가 있었다. 그러나 상술한 사실로 충분히 설명할 수 있듯이 그것은 일반인이 생각한 것처럼 요지부동한 것은 아니다. 甲骨文의 내용은 변화가 있고, 문법 형식이 다양하며(문학적인 색채나 修辭 수단을 말한 것이 아님), 어휘를 사용하는 데 있어서도 융통성이 있게 활용되며 변화무쌍하다. 하나의 뜻도 여러 가지 말로 표현하고 있으며, 문장 형식도 복잡한 것, 간단한 것, 상세한 것, 간략한 것이 두루 섞여 있다. 명백한 것은, 甲骨文에 기록된 것은 역사가들이 중시하는 史實일 뿐 아니라 《詩》·《書》·《易》에 반영된 漢語보다도 더욱 오래 된 上古漢語이므로, 언어학자들이 더욱 중시해야 할 필요가 있다"[21]고 하였다.

陳夢家의 견해를 보자. 그는 "甲骨文字는 이미 후세 漢字 구조의 기본 형식을 구비하였고, 卜辭 문법 또한 후대 漢語 어법 구조의 기본 형식을 정립하고 있다. 周秦 두 시대의 문자·문법은 모두 殷代의 문자·문법을 계승하여 계속적으로 일관성 있게 발전해 왔기 때문에 殷文·殷語와 기본적으로 다르지는 않다. 殷代의 문법이 西周의 것과 약간의 차이가 있다면, 그것은 시대성의 차이가 지방성보다 훨씬 크다는 점이다. 卜辭 문법의 특징을 춘추 이후의 문법과 비교해 보면, '朕'·'我'가 초기의 특질인 數의 구분을 지니고 있고, 單位詞와 약간의 文尾語助詞는 일부 발생되고 또 발전중에 있으며, 動詞 중 능동·피동의 구분은 아직 형성되지 않은 점 등이 달랐다. 우리는 초보적이나마 卜辭 문법을 분석한 후 卜辭에 엄격한 구조 법칙이 있다는 것을 분명히 알았다. 후세에서 글로 쓰는 문자의 문법과 말의 어법은 비록 어느 정도의 차이는 있지만, 기본적으로 동일한 것이고 한 줄기에서 발전해 온 것이다. 卜辭 문법을 거슬러 볼 때 당시에 쓰던 말의 어법과 서로 근접해 있다는 것을 추론할 수 있다"고 하였다. 그러나 卜辭와 현대 한어간에 약간의 차이점이 있다면 그것은 "대부분은 언어의 자연발생적인 현상이며, 동시에 시대 변천의 결과이다"[22]고 하였다.

管燮初도 다음과 같이 말하였다. "甲骨文의 造字 방법에는 象形·象事·會意·形聲이 있으며, 用字 방법에는 本義·引申·假借가 있다. 假借字는 대개 동음자로 문자가 없는 語音을 기록한 것이다. 卜辭에 假借를 사용한 자가 매우 많은데, 이런 현상은 甲骨 刻辭가 바로 口語를 기초로 한 殷墟의 書面言語였다는 점을 반영하였기 때문이며, 대부분의 문장 구조는 현대 어법과 비슷하다."[23]

裴錫圭는 《殷墟甲骨文研究槪況》에서 甲骨文은 가장 오래 된 中國의 언어 자료이며, 古漢語 연구에서 특별히 중요한 의미를 지니고 있다고 힘주어 강조했다. 卜辭 안에 있는 많은 어법 현상은 대부분 후대와 일치하고, 혹은 일치하지 않는 것도 있는데, 그것은 바로 古漢語의 발전·변화를 설명하는 것이라고 하였다.[24)]

　우리가 느끼기에 80년 동안 甲骨學에 대한 저작은 상당히 풍부했으나 문법에 대한 연구는 아직도 매우 부족하다. 특히 古漢語 어법 연구는 현대 漢語 연구와 같이 아직은 신흥 학문 분야이다. 처음에는 서양 어법의 양식에다 한어 어법을 억지로 짜맞추었던 것이다. (《馬氏文通》이 그 예이다.) 만약에 복사의 객관적인 법칙을 활용하여 卜辭 어법을 귀납시키지 않고 현대 학자의 연구 성과를 주관적으로 卜辭의 어법에 억지로 짜맞춘다면, 그 연구 결과는 분명 정확하지 않을 것이다. 또한 만약 순전히 卜辭를 통해서 당시의 어법 구조를 종합하고 귀납하고자 한다면 엄청난 작업을 해야 할 것이다. 금후에 만약 이 방면의 작업을 강화할 수 있다면 의심할 바 없이 甲骨學과 古漢語 연구에 지대한 관심을 모을 수 있을 것이다.

제 7 장

斷　代

제1절 郭沫若·董作賓 등의 斷代 연구

殷墟 甲骨이 포함한 연대가 武丁에서 帝乙까지라는 점에는 학자들의 의견이 일치되고 있다. 그러나 武丁 이전인 盤庚·小辛·小乙 시대의 卜辭가 있는지, 마지막 商王인 帝辛 시대의 卜辭가 있는지에 대해서는 여전히 의견이 분분하다. 어쨌든 이미 武丁에서 帝乙까지 六世 八王을 거치며 2백여 년의 시간이 경과했다. 만약 이 2백여 년의 정치·경제·문화 제도의 발전과 변천에 대하여 분명히 알고자 한다면, 甲骨文의 시대를 구분하고 史料를 분류하여 각 제왕의 시대에 귀속시켜 연구해야 할 것이다.

王國維는 《殷卜辭에 나타난 선공선왕에 대한 고찰 殷卜辭中所見先公先王考》에서 父甲·父庚·父辛이라는 칭호로 인해 '武丁 때 점친 것'이라고 확정했으며, 兄己·兄庚이라는 칭호로 인해 '祖甲 때 점친 것'[1]이라고 확정했는데, 이 두 예는 칭호로 시대를 정하는 단서가 되어 甲骨의 分期와 斷代 연구에 적지 않은 깨우침을 주었다.

明義士는 1928년 《殷墟卜辭後編》(당시에는 인쇄되지 않았으나 지금은 출판되었다)을 편찬하였는데, 그 미완성 서문에서 이미 칭호와 字體로 1924년 겨울 小屯村의 어느 坑에서 출토된 3백여 편의 甲骨을 분류했다. 이 방법 역시 초기 斷代 연구에 대한 시도 중의 하나였다.[2]

甲骨의 斷代 연구에 대해 체계적인 작업을 하고 비교적 큰 성과를 얻은 학자로는 단연 郭沫若과 董作賓을 꼽는다.

郭沫若이 日本에 머물며 《卜辭通纂》을 편찬할 때 이미 斷代 연구에 대한 구상을 하여 殷墟 甲骨의 역사적 범위를 貞人·書體·人物 이라는 세 가지 영역으로 축소시키고자 기도하였다. "처음에는 책 뒤에 《卜辭斷代表》를 첨부해 책 중에 수록된 세대를 알 수 있는 것들을 일일이 열거할 생각이었다." 그러나 董作賓이 이미 전문서를 집필하고 있는 것을 알고 포기했다. 그는 "貞人은 본디 董作賓이 밝혀낸 것이고, 坑位는 자신이 직접 발굴한 것이 아니면 다루기 어려운 것이다." 또 "논문은 비록 보지 않았지만, 분명 괄목할 만한 것임을 알았기 때문에 이 또한 열거하지 않는다"고 말하였다. 후에 《卜辭通纂》을 써서 원고를 출판사에 넘길 때, 董作賓은 《甲骨文斷代研究例》의 3교를 보던 때라 서로 돌려보았으며, 郭沫若은 '後記'에서 다시 "내 개인적인 생각에 참으로 다행한 것은 서로의 견해에 일치점이 많다는 것이며, 또 내가 옳다고 생각해도 실증이 없어 고민했던 것을 董作賓이 坑位·貞人으로 그것을 증명하였다"고 말했다.

《卜辭通纂考釋》에서는 또 董作賓의 제2기 貞人에 대해 다음과 같이 보충을 했다. "이 중 旅·卽·行 3명은 나의 의견과 같았으며, 그외 다시 조사해 본 것도 모두 확실하여 바꿀 필요가 없었다. 특히 이름이 尹이라는 사람이 있었는데 董作賓이 고증해 내지 못했던 바 지금 그 예를 근거로 祖庚·祖甲 때의 貞人임을 알아냈다." 이로 보아 郭沫若과 董作賓이 동시에 비교적 체계적인 斷代 연구를 하였으며, 또한 상당한 성과를 얻었음을 알 수 있다.

董作賓이 최초로 체계적인 斷代 연구를 시작한 것은 1931년 6월에 《大龜四版考釋》을 쓰면서부터였다.

甲骨 卜辭는 일반적으로 먼저 점치는 날의 '干支'를 기록하고 뒤에 '卜'자를 붙이고, 그 다음에 '貞'을 쓰며, 그 다음은 바로 점쳐 묻는 말의 내용이 전개된다. 상당히 많은 卜辭의 '卜'과 '貞' 두 문자 중간에 다른 1자가 나오는데 劉鐵雲·孫詒讓·葉玉森으로부터 郭沫若에 이르기까지 모두 주의를 기울여 官名인지 地名인지 또는 점치는 내용인지 추측해 보기도 하였으나 끝내 그 뜻을 규명하지 못했다. 그 원인은 이보다 앞서 발견된 甲骨들이 모두 개인이 발굴한 것이었고, 대부분이 부서져 있어 완전무결한 甲骨版은 찾아볼 수 없었기 때문이었다. 다시 말

하면 객관적인 근거가 결핍된 채 연구했기 때문이었다.

1929년 제3차 殷墟 발굴 때 小屯村 북쪽 '大連坑' 남단에서 大龜 4 版을 발견하고 나서야 비로소 董作賓은 1·2·4판 위에 기록된 '卜' 과 '貞' 사이의 賓·㕛·爭·品 등이 모두 人名임을 밝혀내었다. 董作 賓은 견갑골의 관절(骨臼)에 새겨진 刻辭의 연구 중 많은 貞人들은 武 丁 시대에 사건을 기록하는 史官임을 아울러 증명하였다. 이처럼 모 시 대의 史官이 甲骨에 보이면 바로 그 시대의 卜辭라고 판정하는 이론의 기초가 확립되었다.

董作賓이 《大龜四版考釋》과 《帚矛說》을 발표할 때는 마침 제5차 殷 墟 발굴을 막 끝낼 때였다. 坑位와 출토된 甲骨文字의 차이를 감안하 여 文法·詞句·書體·字形 등으로 시기를 구분하는 표준을 삼았다. 그 래서 《大龜四版考釋》 중에서 '貞人說'을 제기한 것 외에 坑層, 같이 출 토된 기물, 접쳐 물은 사건, 제사 지낸 제왕과 貞人, 文體, 用字, 書法 등 8개 항을 근거의 표준으로 삼았다. 董作賓의 甲骨 시대 구분에 대한 구 체적인 이론은 《甲骨文斷代研究例》에 상술되어 있다.

1. 5期의 分法과 10개의 斷代 표준

1932년 3월, 董作賓은 《甲骨文斷代研究例》[3)]를 저술하였다. 全文이 약 10만 자로 된 이 저서에서 董作賓은 甲骨文의 시대를 5기로 나누 고, 연구하는 방법으로 10개의 표준을 제시했다. 이 5期는 '貞人'의 이 름에 의거하여 나누었으며, 10개의 표준 중에서도 '貞人'의 활동을 중 요한 증거로 삼았다.

董作賓은 斷代 연구는 당연히 한 제왕을 한 시대로 삼아야 한다고 주장하였다. 예를 들면 兄甲(陽甲)·母己(祖丁配)라고 칭한 것은 盤庚 부터 小乙 때의 卜辭로 정하고, 父丁(武丁)·兄己(祖己)라 칭한 것은 祖

庚 때의 卜辭로 정했으며, 父己(祖己)·兄辛(廩辛)이라 칭한 것은 康丁 때의 卜辭로 정했다. 또한 각 제왕은 각기 구분이 있을 뿐만 아니라 매 제왕마다 전 후기의 차이가 있다. 예를 들면 武丁의 재위 기간은 59년에 달하는데 이 기간은 대략 祖庚부터 康丁에 이르는 네 세대에 해당되므로, 이 59년간의 史實은 당연히 전후의 구별이 있어야 한다는 것이다. 보다 상세한 구분에 관한 연구는 뒤로 미루고, 여기서는 대략 5기로 나누어 살펴본다.

제1기: 武丁 및 그 이전(盤庚·小辛·小乙)

제2기: 祖庚·祖甲

제3기: 廩辛·康丁

제4기: 武乙·文丁

제5기: 帝乙·帝辛

10개의 표준은 1) 世系, 2) 稱號, 3) 貞人, 4) 坑位, 5) 方國, 6) 人物, 7) 事類, 8) 文法, 9) 字形, 10) 書體이다. 각 표준을 간단히 설명하면 다음과 같다.

• 世 系

甲骨文에 보이는 先公·先王의 이름과 나열된 世次로 증명한 바에 의하면 司馬遷의《史記·殷本紀》는 대체로 옳게 기록되었다. 甲骨文 중의 世次는 3단계로 나눌 수 있다.

제1단계는 上甲 微로부터 主癸(示癸)까지이다. 王國維는 이들 명칭이 成湯의 왕조 건립 이후 붙여진 이름이라 여겼고, 董作賓은 武丁 때 제사 의식을 새로이 고치면서 정한 것이라고 주장하면서 동시에 王國維가 짜맞춘 卜辭를 들어 증명하였다.

乙未酒磁凹上甲十, 報乙三, 報丙三, 報丁三, 示壬三, 示癸三, (缺) 大
丁十, 大甲十(下缺). (《戩》1·10과 《後上》8·44를 합친 것)

乙未日에 10점의 제수품으로 上甲에게 磁祭·凹祭를 드리고, 3점
으로 報乙에게, 3점으로 報丙에게, 3점으로 報丁에게, 3점으로 示壬에
게, 3점으로 示癸에게, 10점으로 大丁에게, 10점으로 大甲에게 제사드
리고……

제2단계는 大乙로부터 祖丁까지이다. 董作賓은 제3차 殷墟 발굴 때
얻은 骨版의 정리 도중 조각뼈에 새겨진 卜辭를 발견하여, 이것들을 합
쳐 읽어보다 殷代 사람이 十示라고 칭한 世次를 얻었다.

(上缺)求雨自上甲·大乙·大丁·大甲·大庚·大戊·中丁·祖
乙·祖辛·祖丁十示率牡. (77·63·120과 3·2·0074를 합친 것)

上甲부터 大乙·大丁·大甲·大庚·大戊·中丁·祖乙·祖辛·祖
丁까지 열 분 조상에게 비를 기원해 수소로 率祭를 드릴까요?

《殷契佚存》986은 5片의 깨어진 조각을 합쳐 만든 卜辭로 위에 인용
한 十示와 같은데, 다만 앞의 上缺 중 '辛未卜' 3자만이 보충되어 있을
뿐이다.

또 《卜辭通纂》224는 "大乙·大丁·大甲·大庚·大戊·中丁·且
乙·且辛·且丁·魯甲, 一羊一南"으로, 郭沫若도 이를 직계 10대 先王
을 제사 지낸 卜辭로 여겼다.

제3단계는 小乙부터 武乙까지이다. 《殷墟書契後編》상권 제20쪽에
다음과 같은 卜辭가 있다.

甲辰卜貞: 王賓求祖乙·祖丁·祖甲·康祖丁·武乙衣·亡尤?

甲辰日에 점을 치고 묻습니다: 대왕께서 祖乙·祖丁·祖甲·康祖丁·武乙에게 賓祭를 지내고, 또 合祭를 지내는데 재앙이 없겠습니까?

王國維는 "武乙 이전의 4대가 小乙·武丁·祖甲·庚丁이고, 祖乙은 小乙이지 河亶甲의 아들 祖乙이 아니며, 祖丁은 바로 武丁이지 祖辛의 아들 祖丁이 아니다. 이 5대 중 이름이 丁인 사람이 둘 있어서 庚丁을 康祖丁이라 하여 구별하였다. 그렇지 않다면 단지 祖라고만 했을 것이다"[4]고 하였다.

《殷契粹編》250의 내용은 다음과 같다.

己丑卜, 大貞:于五示告, 丁·祖乙·祖丁·芍甲·祖辛.

己丑日에 점을 치고 大가 묻습니다: 武丁·祖乙·祖丁·芍甲·祖辛 등 다섯 분 조상에게 告祭를 드릴까요?

董作賓은 "丁은 父丁이고, 祖乙은 小乙인데, 단지 祖丁·祖辛의 사이에 陽甲을 끼워 넣은 순서가 좀 다르다"[5]고 하였다. 또 "祖甲 때의 복사에 적지 않게 父丁·祖乙이라는 말이 보이는데, 이 版은 또 祖乙·祖丁을 연이어 칭했으므로 小乙이 祖丁을 직접 계승했고, 제2단계 世次와 서로 연결됨을 알 수 있다"고 했다. 〔丁은 武丁이고 祖乙은 武丁의 아버지 小乙이다. 武丁의 아들이 제사한 내용이므로 父丁, 祖乙이라 한 것이다. 이는 卜辭 중 제사 대상 조상의 순서를 아래서부터 안배한 逆順祭의 내용이다.〕

이외에 卜辭에 기록된 제사는 제2기 후의 合祭가 많으며, 合祭는 모두 上甲으로부터 시작되는데, 예를 들면 "上甲부터 열세 분 조상 自上甲十示有三"·"上甲부터 武乙까지 自上甲至于武乙"·"上甲부터 여러 조상까지 自上甲至于多後"·"上甲부터 스무 분 조상 自上甲卄祀" 등이다. 卜辭에 있는 大示·小示는 바로 大宗·小宗이 아닌가 생각되는데,

위에 나열한 3단계의 매 世代는 단지 종묘에 들어간 嫡長子 한 사람이 계승하였으므로 모두 大宗이 된다. 또 卜辭에서 二示·三示·四示라고 칭한 것은 모두 小宗이 아닌가 생각된다.

《史記·殷本紀》에 열거한 先公·先王은 帝嚳으로부터 文武丁(文丁) 까지인데, 董作賓은 이들이 모두 卜辭에 보이므로 최후에 제사를 주관한 사람은 帝乙·帝辛이라고 생각했다. 따라서 殷墟 卜辭의 시대는 당연히 帝辛에까지 이른다고 할 수 있다.

• 稱 號

董作賓은 "殷代 사람이 제사 지낼 때 가까운 친족에 대한 칭호는 모두 제사를 주관하는 王을 중심으로 하기 때문에 兄은 兄某라 칭하고, 父·母는 父某·母某라 칭하였으며, 祖父·祖母는 祖某·妣某라 칭하였다. 친족간의 서열이 비교적 멀면 시호를 칭했는데 순서가 대단히 정연하여 조금도 문란하지 않다. 칭호만 보아도 어느 왕의 卜辭인지 알 수 있는데, 이것은 斷代 연구의 가장 좋은 표준이다"고 하였다.

卜辭에 보이는 祖라는 칭호는 高祖夒·高祖王亥·高祖乙·祖乙·中宗祖乙·祖辛·祖丁·小祖乙·後祖乙·後祖丁·祖戊·祖己·祖庚·祖甲·康祖丁·武祖乙이 있다.

妣라 칭한 것은 妣己·高妣己·妣庚·高妣庚·妣癸·妣辛·後妣辛·妣戊가 있다.

父라 칭한 것은 父甲·父庚·父辛·父乙·父丁·父戊·父己가 있다.

母라 칭한 것은 母己·母庚·母癸·母辛·母戊·母壬이 있다.

兄이라 칭한 것은 兄丁·兄戊·兄壬·兄己·兄庚·兄辛이 있다.

• 貞 人

貞人說의 확립은 斷代 연구의 중요한 동기가 되었다. 수많은 貞人으로 각 卜辭의 시대를 정하고, 더 나아가 제사 지낸 先祖들의 칭호로 이 수많은 貞人이 어느 왕 시대의 사람인지 정하는데, 이렇게 함으로써 어느 貞人이 어느 왕의 史官인지를 확정지을 수 있는 것이다. 그러나 제4기 武乙 시대에 와서 점쳐 묻는 사람은 바로 제왕 자신이었기 때문에 貞人 이름은 완전히 없어졌다. 이를 貞人을 기록하지 않은 시기(不錄貞人時期)라 칭한다. 이것 역시 시대를 나누는 표준이 되었다. 제5기는 왕이 직접 점을 치고 묻는 시기이지만 소수의 예외 현상도 있다.

董作賓은 '骨臼 刻辭'의 연구에 근거하여 《帚矛說》을 썼는데, 刻辭 내용 중 창을 선물하는 부분이 있는데 이것을 상부에서 兵器를 내리는 것으로 간주하였다가 집중적인 반론이 제기되어 수정하였다.

骨臼에 사건을 기록한 史官은 岳·岳丙·蔓·小蔓·取·务·殼·亘·賓·㞢·㘠·㞢·永·大㘡·簽이 있었다. 이 史官들 중 9명이 卜辭에 보이는데 武丁 때의 貞人들이다. 《大龜四版》·《殷墟書契菁華》·《鐵雲藏龜》 등에 근거하면 몇 명의 貞人이 같은 판에 점을 쳤으므로 그들은 같은 시대의 사람이라고 단정하였으며, 그들을 貞人集團이라 칭하였다.

제1기 武丁 때의 卜辭가 가장 많은데 전체 수의 3분의 1을 차지하며, 貞人은 殼·亘·永·賓·㞢·韋·㞢·务·吂·㘠·簽·史 등 모두 열두 사람이다.

제2기는 祖庚·祖甲 때로, 형이 죽자 동생이 이어서 왕위를 계승했고, 모두 말년까지 재임했는데 두 世代를 합치면 44년이었다. 이 시기 卜辭의 수량은 전체의 10분의 1,2를 차지하고 貞人 또한 같은 판에 많이 보이지 않아, 칭호로 제2기의 貞人이라고 밝혀낼 수 있는 사람은 大·旅·卽·行·口·出·兄 등 일곱 사람이다.

제3기는 廩辛·康丁 때로, 시기가 더욱 짧아서 10여 년에 불과하다.

그러나 제3차 발굴 때 大連坑에서 한 구덩이의 卜辭를 얻었다. 여기서 같은 판의 관계를 알아내어 소집단의 貞人을 구성하게 되었는데, 貞人은 口·狀·彭·尤·寧·亏·𡰥·逆 등 모두 여덟 사람 있다.

이상의 3기는 貞人을 기록하지 않은 것이 예외가 되는데, 大龜 4版 가운데 세번째 판에는 貞人이 기록되어 있지 않다.

제4기는 武乙·文丁 때로, 貞人이 기록되지 않은 시기이다. 뒤에 올 열흘간을 점치는 것을 예로 들면 앞의 3기는 모두 귀판에다 새겼고, 貞人이 기록되었으며, 또 月을 기록하였다. (예를 들면 《甲》2122, 즉 大龜의 네번째 판.) 그러나 武乙 때는 貞이라고만 했지 卜자를 쓰지 않았고, 貞人 이름과 月도 기록하지 않았다. 재료는 骨을 사용했고, 매판마다 여섯 번을 계속해서 사용하여 대략 甲子가 한 번 돌았다. 일반적인 사건을 묻는 占卜에도 貞人을 기록하지 않았다.

제5기는 帝乙·帝辛 때로, 왕이 직접 물었을 뿐 아니라 직접 점을 쳤다. 왕이 직접 점쳐 물은 내용에는 사냥과 정벌이 많았다. 제5기는 여전히 貞人을 기록하지 않는 것을 원칙으로 삼아 貞人이 없는 것이 가장 많았고, 왕이 직접 점친 것이 다음을 차지하여 貞人은 단지 '黃'· '泳' 두 사람뿐이었으며, 전체 甲骨의 100분의 1,2 정도였다.

•坑 位
5차에 걸친 殷墟 발굴의 결과로 땅속에 묻힌 甲骨文의 일부분은 의도적으로 묻은 것임을 확증했다. 층층이 쌓아둔 것이 있는가 하면 큰 움집에 모아 놓은 것도 있었는데, 이들의 시기는 각각 전후가 연결되어 있어 坑位(복사가 묻힌 갱의 위치)와 斷代의 관계를 연관지어 주었다. 甲骨文字가 출토된 갱위는 5개의 區로 나눌 수 있다. 〔董作賓이 연구 대상으로 삼은 5차 발굴까지를 기준으로 한 것임.〕

제1구는 小屯村 북쪽에서 洹河 남쪽 기슭으로 뻗어 있는 인근 지역을 포함하고 있다. 이곳은 제1차·제3차·제4차 때 발굴했는데, 시기는 제1기·제2기·제5기에 해당한다.

제2구는 서쪽에 있고, 제4구가 동쪽에 있어서 서로 인접되어 있다. 제2구는 제1·3·4차 때 발굴한 것으로 武丁으로부터 祖甲 시기까지의 유물이 나왔는데, 제1·2기의 것이다.

제3구는 小屯村과 그 앞쪽에 있는데, 극소수의 廩辛·康丁(제3기) 때의 卜辭를 제외하면 완전히 제4기에 속한다.

제4구의 출토 중심 지역은 大連坑을 중심으로 하고 있는데, 이 갱과 그 부근은 아주 분명하게 제3기의 卜辭를 포함하고 있다. 즉 제1·2·3기로 그 중 제3기의 卜辭가 가장 많다.

제5구는 범위가 단지 1개의 圓井과 1개의 圓坑뿐으로, 출토된 卜辭는 모두 제1기와 제2기 초기의 祖庚 때의 것이다.

• 方 國

舌方·土方은 武丁 때 서북쪽에 위치한 강한 적들이었지만 祖庚·祖甲 이후 다시는 침입하지 않았다.

羌方은 일찍이 商에 정복된 민족으로 武丁 때 "군대가 羌人들을 잡을까요? 師獲羌"(《後上》 30·4)라는 기록이 있고, 祖甲 이래로 제사에 항상 음악과 무도를 제공했다. 廩辛·康丁 때 관계가 다시 악화되어 "父甲에게 羌方에서 오는 재앙을 막아 주도록 빌까요? 于父甲求𢦏羌方"(3·2·1649)라는 辭가 있다. 또 武乙 때는 羌方이 손님으로 왔었기 때문에 "王이 宗門에 나아가 羌을 영접할까요? 王于宗門逆(迎)羌"(2·2·0562)라는 卜辭가 보인다.

盂方에 대해 살펴보면, 武乙 때 그곳에 사냥을 하러 가기까지 하여 小屯村(3구)에서 "대왕께서 盂方에서 사냥을 할까요? 王田于盂"라는 卜辭가 많이 출토되었다. 殷代 말기에는 드디어 반란이 일어나 여러 제

후들에게 盂方을 정벌하도록 명령하였다.(3·2·02·59)

人方에 관해서는 武乙·文丁 때 “人方에 신의 도움이 있을까요? 惟人方受又”라는 우호적인 卜辭가 있었지만, 帝辛 때는 人方 정벌에 대한 卜辭가 많다. 정벌한 기간은 열흘마다 점친 卜辭에 근거하여 추산할 때 길게는 1년이 넘었고, 다른 곳은 雇·攸·淔·齊 등인데 모두 지금의 山東省 境內에 있다. 그외에도 사슴 머리에 새긴 刻辭와 青銅器 ‘丁巳尊’과 ‘般作父己尊’ 중에도 人方을 정벌한 기록이 있는데, 그 시대는 모두 商代 말기이다.

• 人 物

각 시기에 나타난 인물이 서로 달라 인물에 근거해도 시대를 추정할 수 있다. 史官은 또 貞人이기도 한데 각 시기마다 다르다.

諸侯는 武丁 때 蒙侯虎(《前》4·44·6 [illegible]은 丁山의 釋蒙을 따랐다)가 있고, 帝辛 때 攸侯喜가 있다. 또 杞侯가 있는데 武丁 때는 ‘杞’(《後下》37·5)라 했고, 帝辛 때는 ‘曩侯’(《前》2·2·6)라 했다. 杞·曩는 古今의 차이이다.

小臣은 卜辭 중 수레와 말을 다루었던 사람도 있고, 제사를 주관했던 사람도 있다. 武丁 때 小臣古(《通》735)·小臣從(北大國學門藏)·小臣中(《前》4·27·6)이 있고, 祖甲 때는 小臣[illegible](3·2·0772), 廩辛·康丁 때는 小臣囙(3·2·0545)·小臣取(3·2·0875)·小臣[illegible](3·6·6314)이 있었다. 帝乙·帝辛 때는 小臣[illegible](《前》4·27·2)·小臣吉(《前》4·27·3)·小臣丑(《龜》2·25)·小辛[illegible](《前》2·2·6)이 있었다.

이외에 武丁 때 특수한 인물로 師般이 있었는데, 아마도 《尙書·君奭》에서 말한 武丁의 賢臣인 甘盤일 것이다. 寢父는 바로 聖人 傳說이 아닌가 추측해 본다. 또 武丁의 부인은 婞를 비롯해 수십 명이고, 20여 명의 아들이 있다.

• 事 類

점쳐 물은 사건에 따라 시기를 나눌 수 있는 내용은 祭祀만한 것이 없다. 父·祖·母·妣의 명칭이나 六旬·四方의 祭典처럼 매시대의 제법, 제사 대상인 先祖와 神位가 모두 다르기 때문에 하나하나 열거해가며 分期를 연구할 수 있다. 뿐만 아니라 정벌에 대한 내용, 다음 열흘을 점친 것, 帚의 기록 등은 모두 分期 연구의 표준이 될 수 있다. 이외에 武乙과 帝辛 때 사냥 나가 점친 卜辭 또한 각기 특징이 있다.

• 文 法

卜辭의 서술은 명료함을 추구하여 문법은 매우 간단하지만, 그 중에도 각 시기마다 변화가 있어서 문법에 근거하여도 시대를 나눌 수 있다. 예를 들면 다음과 같다.

1) 열흘간의 길흉을 점친 것〔卜旬〕

제1기는 貞人의 이름이 정연하게 나열되어 있고, 月을 쓴 것과 月을 쓰지 않은 것 두 경우가 있다. 제2기에서 다음 열흘에 대해 점친 것은 제1기와 같다. 제3기는 貞人이 기입되어 있거나 貞人이 생략된 예도 있다. 제4기는 다음 열흘을 점칠 때 貞人을 생략했을 뿐만 아니라 卜자도 생략했다. 제5기는 다음 열흘을 점칠 때 왕이 직접 점쳐 물은 것이 아닌데도 王자를 앞에 썼고, 다음 열흘을 점친 후에 年月·地名·事件을 연결하여 썼다.

2) 句 法

사냥 卜辭 중의 관용구인 "재앙이 없을까요? 亡災" 정벌중의 "천신·지신이 순조롭게 해주지 않을까요? 下上不若"·"우리는 도움을 받을 수 없을까요? 不我其受又"와 "사용을 망설이지 말아라 不용羌"·"재앙이 오지 않을까요? 亡來艱"·"복을 받을까요? 馭釐"·"도움을 받을까요? 受又"·"재앙이 없을까요? 亡㞢" 등의 어구를 연구해 보면 각 期마다 특수한 용법과 변화가 있다.

•字 形

대다수의 문자들은 각 시기마다 서법이 다르다. 예를 들면 干支자나 상용자의 변화, 月과 夕 두 문자가 전후기에 서로 호환된 예, 象形·假借字가 形聲字로 변화된 예 등 字形의 변화 또한 시대를 구분하는 표준이 된다.

干支자를 예로 들면, 祖甲 때는 전적으로 제1기를 답습하였는데 단지 辛·酉 두 문자의 서법만 $\mp$ - $\mp$, $\mp$ - $\overline{\mp}$ 처럼 복잡해졌다. 제3기는 巳자 아래에 가로획을 $\mp$ - $\mp$ 처럼 좌우 2획으로 벌렸다. 제4기 武乙 때 子자가 $\mp$ - $\mp$ 처럼 복잡해졌다. 辰자는 아래쪽의 한 획이 $\mp$ - $\mp$ 처럼 계속하여 밑으로 굽어졌다. 未자는 $\mp$ 로부터 $\mp$ 로, 획수가 복잡해졌다. 午자는 $\mp$ - $\mp$ 처럼 속이 비었다가 채워졌다.

文丁 때 의도적으로 복고를 꾀하여 庚·午·未·酉는 제1기의 형체로 돌아갔지만, 辛·子·辰은 변화된 형체를 그대로 따라 썼다. 또 제5기에 변화가 가장 컸던 戊·庚·癸·子·寅·辰·申·酉 등은 甲子表와 일부 조각에 변화상이 완연하게 나타났는데, 예를 들면 $\mp$ - 戊, $\mp$ - $\mp$, $\mp$ - $\mp$, $\mp$ - $\mp$, $\mp$ - 庚, $\mp$ - $\mp$ · $\mp$, $\mp$ - 乙, $\mp$ - $\overline{\mp}$ - 酉 이다.

卜辭에 흔히 보이는 문자 중 형체의 변화가 가장 현저한 것은 災자이다. 武丁 때는 '亡災'를 '亡$\mp$'(大龜四版의 三 46條)로 썼고, 祖甲 때는 이를 세워서 '亡$\mp$'(《前》 2·26·3)로 썼으며, 武乙 때는 일률적으로 $\mp$라 하여 '亡$\mp$'(《寫》 220)로 썼다. 또 水를 따고($\mp$) 才聲인 '$\mp$'(《寫》 218)가 있고, 제5기 帝辛 때는 완전히 '$\mp$'자로 바꾸어 '亡$\mp$'(《前》 3·26·1)라고 하였다.

전후기 서법이 완연히 달라진 것은 武丁 때 '寅尹' 이던 것이 武乙에 와서는 '伊尹' 으로 변화한 예이다. 康丁·武乙 때 상용하던 '馭釐' 는 帝乙 때에 와서는 '延釐' 라 썼다.

또 冓자는 武丁 때 ''(《前》 3·18·3)라 썼다가, 祖甲 이후에는 止를 더하여 '蕫'(《後上》 14·7)가 되었으며, 후에 또 彳를 더하여 '遘'(《前》 2·30·6)가 되었다. 月·夕 2자를 볼 때, 전기에는 '' 이 月이었고 '' 은 夕이었는데, 후기에는 오히려 전도되어 '' 이 月이 되고 '' 은 夕이 되었다.

이외에 賓·雚·羌·其·來·雨·王·鷄·鳳 등은 간단한 자형에서 다시 복잡해졌다.

•書 體

각 시기의 문자와 서법의 차이에서 殷代 2백여 년간 文風의 성쇠를 알 수 있다. 武丁 시대는 점쳐 물은 내용과 기록된 사항도 중요할 뿐만 아니라, 당시 史官이 쓴 필체 또한 웅장하고 호방한 정신을 나타내 주고 있다.

제2·3 두 시기의 4왕은 전대에 이룩된 것을 그대로 유지시켜 나간 왕에 불과했으며, 사관의 서법 또한 융통성이 없이 전기에 얽매여 진보된 바가 없다. 마지막에 이르러 더욱 퇴폐해졌다.

제4기의 武乙은 종일 사냥만을 일삼았다고 한다. 문자를 쓰고 새기는 형체에도 맥이 없다. 文丁은 의도적으로 복고를 꾀하고, 퇴폐적 풍조를 진작시켰으나 애석하게도 남겨진 당시의 문자가 너무 적어 정수를 보기 힘들다.

제5기의 帝乙·帝辛 때는 점쳐 묻는 일을 왕이 직접하였고, 문자의 새김은 극히 엄밀하고 정연하여 풍격을 일신시켰던 바 그 업적은 실로 위대하다.

2. 斷代 연구의 발양과 신구 계파의 구분

董作賓은 1945년《殷曆譜》를 저술할 때, 제1장〈緒言〉에서 특별히《斷代研究法》과《論殷代禮制的新舊兩派》을 썼으며, 더 나아가 甲骨文의 分期와 斷代에 대한 견해를 천명했다. 그는 각기 다른 시기의 曆法과 제사 제도의 특징, 문자의 차이와 점친 일의 다소에 근거하여 殷 왕실에 있는 각기 다른 정치 계파, 소위 보수와 혁신 양파로 구분지었다. 1948년《小屯殷墟文字乙編自序》에서 文武丁 시대 卜辭의 귀속 문제와 또 신구 계파의 관점을 명백히 논하였다.

董作賓은《斷代研究法》에서 우선 10개 표준에 보충을 하였고, 그 다음에 盤庚에서 帝辛에 이르는 8代 12王의 재위 연대에 西紀와 干支를 배합한 후, 甲骨의 다섯 시기 구분에 대해 부분적인 수정을 하였다. 그는 "시기의 분획이 정밀할수록 甲骨 조각을 합칠 수 있는 기회가 더욱 많고, 역사적 사실의 이해는 月·日의 연결에 더욱 중요한 작용을 하므로 성공적인 斷代 연구는 같은 版 중 파손된 문장의 복원에 달려 있다"고 하였다.

董作賓은《論殷代禮制的新舊兩派》중에서 "斷代 연구의 결과로 殷代 禮制는 신파와 구파로 크게 구별됨을 알았다. 이 방법은 曆法을 연구하다가 발견하였는데 모든 제도에 적용해 보니 거의 부합되었다. 이 새로운 묘안은 내가 앞서 卜辭를 5기로 나눈 견해를 뛰어넘어 새로운 표준을 수립하게 했다"고 토로하였다.

이들을 간추려 약술하면 다음과 같다.

1. 董作賓은 盤庚이 殷으로 옮긴 후부터 小辛·小乙까지의 초기 卜辭는 분별하기가 쉽지 않다고 생각하여 武丁을 구파의 대표로 삼았다. 武丁은 큰 업적을 세웠고, 殷을 중흥시킨 훌륭한 왕으로 후세에 자주

거론되었다. 武丁 후 祖庚이 왕위를 계승하여 선대의 관습을 고치거나 확장하지도 않고 그대로 유지시켰다. 제4기인 文武丁에 이르기까지 구파의 예법을 그대로 행하였으므로 이는 구파의 계열이다.

신파는 祖甲으로부터 시작되었는데 卜辭 중에 그 혁신적인 정신을 충분히 표출시켰다. 즉 曆法을 개선하고, 제사를 수정하였으며, 卜辭와 문자를 개정한 것이 그 대표적인 업적이다. 祖甲 후에 廩辛・康丁이 그 예법을 그대로 따랐다. 武乙(《殷曆譜》에는 武丁이라고 잘못되어 있다)은 사냥을 즐겼고, 文事를 중시하지 않아 신파의 예법은 다시 구습에 젖게 되었다. 文武丁에 이르러 의도적으로 복고를 꾀하고 구파를 모방하는 데 진력하였으나 역시 피상적인 것만 좇아 13년을 넘지 못했다. 帝乙・帝辛은 다시 신파를 따랐다. 이는 신파의 계열이다.

董作賓은 盤庚・小辛・小乙・武丁・祖庚・武乙・文丁(文武丁)의 5代 7王을 구파라 하였고, 祖甲・廩辛・康丁・帝乙・帝辛의 4代 5王을 신파라 하여, 원래 제2기였던 祖庚・祖甲을 둘로 나누어 무형 중에 甲骨文은 6기로 나눠지게 되었다.

2. "국가의 大事는 제사와 전쟁에 있다 國之大事, 在祀與戎"는 말을 증명이라도 하듯이 殷代는 제사에 대해 점친 내용이 주종을 이룬다. 董作賓의 분석에 의하면, 구파가 제사 지낸 조상은 上甲 이전에는 高祖夒・王亥・王恒・季 등이고, 上甲 이하는 大宗만을 제사 지냈고, 小宗은 지내지 않았다. 大宗의 배우자 중 5代 이상의 先妣까지는 미치지 않았다. 祖妣 이외에 黃尹(文武丁 때의 伊尹)・咸戊 및 河・嶽・土(社) 등이 있다. 구파의 제사는 彡・袞・魯・屮・燎・勺・福・歲(이 여덟 종류는 신파의 제사에서도 보인다)・御・匚・𥄂・帝・焫・告・求・祝이 있다. 제사에 관해 점친 卜辭가 다른 卜辭 사이에 뒤섞여 있고, 月名이 기록되지 않은 것이 많아 그 상호 관계와 조직의 계통을 알아내기는 쉽지 않다.

신파가 제사 지낸 대상은 上甲으로부터 시작한 大宗·小宗인데, 그 世次와 日干에 따라 '祀典'을 배열하여 하나하나 제사를 지냈다. 示壬의 부인 庚으로부터 시작한 大宗의 부인들도 각기 그 世次와 日干에 따라 질서정연하게 '祀典'을 배열하고 조금도 흐트러짐 없이 제사를 지냈다.

제사는 彡·翌·祭·壹·魯 등 다섯 종류가 기본인데, 彡으로부터 魯에 이르기까지 순서에 따라 거행하고 祖妣까지 두루 미쳤으며, 한 차례가 끝나면 다시 시작하였다. 彡는 북을 치고 음악을 연주하며 지내는 제사이고, 翌은 춤을 추며 지내는 제사이며, 祭는 고기를 올리며, 壹은 곡식(기장)을 올린다. 魯은 合祭로 최후에 다른 모든 종류의 제사를 연합하여 함께 거행하는 것이다.

이 5종 제전은 음악·춤·술·고기·기장을 모두 갖추고, 동시에 술을 올리며 지내는 제사로 제전 진행의 절차는 빈틈없이 치밀했다. 5종의 제사와 서로 곁들여 거행되는 것은 또 又(구파의 出)·叔(壹)·勺·夕福·濩·聶·歲·彡龠·夕·彙·臠 등의 제사가 있다.

위의 예들은 祖甲이 새롭게 제정한 제사로, 신파 예제의 핵심이다. 廩辛·康丁은 이 祭法을 따랐으며, 帝乙·帝辛에 이르러서는 다시 한 번 수정 보완되었다.

3. 殷代 曆法은 절기를 1년의 시작으로 삼고, 절기가 들어 있는 때를 달로 정하며, 절기가 없는 때를 윤달로 하는 표준으로 삼았다. 이 세 가지의 기원은 아마도 夏代의《古顓頊曆》으로까지 거슬러 올라갈 것으로 추측된다. 그러나 丑이 있는 달을 1년의 시작으로 삼은 것은 商初에 시작되었다. 이것들은 모두 신구 양파가 공동으로 사용했던 曆法이고, 다른 점이 있다면 1) 月名, 2) 윤달을 두는 위치, 3) 紀日 방법이다.

董作賓의 연구에 의하면, 구파는 1月부터 12月까지의 숫자로 月名을 삼았으며, 윤달이 있으면 12月의 뒤에 배열하여 '13月'이라 불렀다. 干

支로. 紀日하는 것은 하나의 독립된 체계를 만들어 年·月의 구속을 받지 않았다.

신파는 1월을 正月로 고쳤고, 연말에 윤달을 두는 것을 고쳐 윤달이 낀 달의 뒤에 윤달을 두었는데, 이것은 큰 발전이라고 하겠다. 紀日을 할 때는 干支로 하되 每太陰月 안에 두고, 독립된 체계로 日數를 기록하지 않았다. 月名 앞에는 '在' 자를 썼는데, 이것은 바로 이 干支日이 '어느 달 안에' 있다는 것을 정확히 지적하기 위한 것이다. 月·日 이외에 시간을 기록하는 방법에도 역시 각기 차이가 있다.

4. 문자의 변화는 우선 '王' 자를 상세히 논하고, '屮'·'米' 2자를 논하겠다. 구파는 屮를 有라고 풀이했지만, 그 의미는 지금까지 알 수 없다. 신파는 祖甲으로부터 시작되었는데 제사 이름인 '屮'를 일률적으로 '又'로 고쳤다. 구파는 米를 제사 이름으로 여겼는데, 이는 원래 나무가 타는 모양으로 文武丁 때 米 혹은 㻶로 썼으며, 제사에 관해 점칠 때 많이 사용하였다.

신파는 祖甲 때부터 叔로 고쳤는데, 손에 나무를 쥐고 신 앞에서 불태우는 燎祭의 뜻이 더욱 명백하게 드러나고 있다. 또한 叔祭를 5종 제사에 덧붙였으며, 다시는 단독으로 거행하지 않았다. 이상의 세 가지는 신구 양파 중 문자의 다른 일면을 충분히 보여 주고 있다.

5. 점치는 내용이 다른 것 역시 신구파 구별의 표준이 된다. 구파는 武丁 시대를 예로 삼았는데, 점쳐 물은 사건이 20종에 이를 정도로 많았다. 文武丁 시대에 점쳐 물은 사건은 대체로 武丁 때와 같아 제1기와 서로 혼동되기 쉽다.

신파는 祖甲으로부터 시작되었는데 엄격한 규정과 제한을 두었다. 따라서 점쳐 물은 사건을 살펴보면, 卜祭祀·卜征伐·卜田猪(사냥)·卜游(유람)·卜臺(토벌)(臺은 복사에서 敦으로 고석하며 지명 또는 '征伐하

다'는 뜻으로 쓰였다)·卜行止(출입)·卜旬(다음 열흘의 길흉)·卜夕(저
녁 상황) 등 단지 여덟 가지뿐이다.

1948년 董作賓은 《殷墟文字乙編》(《小屯乙編》)의 서문에서 文武丁 시
대의 卜辭와 武丁 시대의 卜辭의 차이를 중점적으로 심도 있게 논하
였다.

그는 우선 자신이 쓴 《甲骨文斷代硏究例》에서 제4기 武乙·文丁의
시대를 貞人을 기록하지 않은 시대로 단정하고, 당시에 아주 어리석게
貞자 위의 것이 틀림없이 人名, 즉 貞人이라고만 여겼지, 卜자 아래 貞
人을 기록하되 貞자를 생략한 예를 주의하지 않았음을 인정했다.

그 다음은 《殷曆譜》를 쓸 때 구파인 武丁·祖庚 때 大乙을 唐이라
칭하는 데 전혀 예외가 없었고, 祖甲 때에 제사를 개혁하면서 비로소
唐을 大乙이라고 확정하여, 이후에 각 왕들은 모두 大乙이라 칭하였으
며 더 이상 唐이라 칭하지 않았다는 것을 분명히 밝혔다.

文武丁은 복고를 주장하여 紀日法·月名·제사 각 방면에서 구파의
모든 제도를 회복하였으나 오직 唐이라는 명칭만은 부활시키지 않고
여전히 大乙이라 불렀는데, 이것이 확고하고 유일한 증거이다. 또 《甲
編》2356·2907에 의하면 2개의 골판에 貞人 ☆ 와 父乙·母庚·兄丁
과 大乙 등의 칭호들이 있는데, 과거에는 貞人과 父乙·母庚이라는 칭
호, 王자를 ☆이라 썼던 것을 근거로 武丁 때 것이라고 단정하였지, 大
乙이라는 칭호에 주의하지 않았다. 唐을 大乙이라 칭했다는 것은 절
대로 武丁 때가 아니라고 단정할 수 있는데, 뒤집어 말하면, 여기서의
父乙은 바로 武乙이어서 이 卜辭는 文武丁 때의 것임을 확신할 수 있
게 된다.

이어서 董作賓은 또 文字·曆法·祭祀 등에 근거하여 文武丁이 복
고를 꾀한 여러 가지 현상을 중요하게 논하고, 나아가 文武丁 때의 貞
人 ☆ (陳夢家 등은 '扶'라 해석한다)·勻·自·医·餘·我·徆·矞·
車·史·萬·幸·徝·卣·子·取·葉 등 17명을 고증해 내었다. 마지막

으로 文武丁 때의 점쳐 물은 예, 점쳤던 事件과 그것이 武丁 卜辭와의 다른 점과 연관성을 상세하게 논하였다.

결론적으로 말하면 董作賓은 최초로 '貞人說'을 제기했고, 5期分法과 10개의 斷代 표준을 세웠는데, 비록 오늘날의 관점으로 보아 재고해야 할 여지가 전혀 없지는 않지만 기본적으로 여전히 활용할 가치가 있다. 그가 갑골학 연구에 특별한 공헌을 한 것은 분명한 사실이다. 그 후에 그는 신구파 계열과 文武丁의 卜辭를 새롭게 구분하는 수정 의견을 내놓아 甲骨學 연구에 새로운 시도를 했다고 할 수 있다. 그의 끝없는 탐구 정신은 후학으로서 본받을 만한 점이다. 적지 않은 학자들은 분파나 복고설이 쓸데없는 것이라 여겼고, 또 이 문제에 대해 많은 비판적인 의견을 제기하였지만 궁극적으로 그의 설은 甲骨學의 연구에 박차를 가하는 원동력이 되어 그 의의는 더욱 크다고 하겠다.

제2절 董作賓의 斷代 학설에 대한 各家의 의견

董作賓이 5期分法과 10개의 斷代 표준을 발표한 후, 특히 '文武丁卜辭之謎'의 해결은 학계의 폭넓은 관심을 불러일으켰다. 그후 학자들이 제기한 평가, 혹은 수정 의견을 소개하면 다음과 같다.

1. 胡厚宣의 의견

주지하다시피 甲骨 수록의 의미는 甲骨을 널리 전파하여 알리기 위한 것이며, 수록할 때 상세하게 분류한 것은 열람과 연구에 편의를 제공하기 위한 것이다. 첫번째 자료서인 《鐵雲藏龜》는 자료의 편성에 아무런 체제가 없었다. 孫詒讓의 《契文擧例》, 羅振玉의 《殷商貞卜文字考》에서 유형별로 나누어 연구한 후부터 많은 수록서의 배열 방식이 干支, 世系, 천체 현상, 식품, 정벌, 사냥 등 순서로 분류하였다. 殷墟 발굴 때 얻은 甲骨로 《殷墟文字甲編》·《乙編》을 만들었는데 출토된 시기·坑位·層次에 따라 하나하나 번호를 매겼다. 胡厚宣은 羅振玉 후에 甲骨 자료책을 가장 많이 편집한 학자로 甲骨의 수집, 정리와 출판 작업에 지대한 공헌을 하였으며, 《甲骨六錄》 이래 '先分期, 後分類' 방식으로 甲骨을 분류·편성하는 새로운 체제를 창안하여 학계의 중시와 호평을 받았다.

그는 기본적으로는 董作賓이 《甲骨文斷代研究例》에서 제기한 5기, 10개의 표준에 동의하면서, 편성 과정에서 董作賓이 제3·4기를 잠시 합친 조치에 대해 《전후 北京·天津에서 새로 얻은 甲骨集 서문 戰後京津新獲甲骨集序要》에서 다음과 같이 말하고 있다.

"廩辛·康丁과 武乙·文丁의 두 시기는 어느 왕에 속한 것인지를 정확히 알 수 있다. 그러나 절대 다수는 근거할 만한 칭호가 없고, 字體나 사건이 유사하여 혼동되므로 완연하게 구분하기가 어렵다. 신중을 기하는 뜻에서 이들을 잠시 같은 기에 속하게 했다."

그는 또 "甲骨의 斷代는 王國維·王襄으로부터 시작되었는데, 董作賓이 그 예를 발전시켜 시대의 전후를 대략 규명할 수 있게 되었다. 보다 자세한 분별은 아직도 연구 토론이 필요하다. 본서는 대략 4기로 나누었는데, 미흡한 점을 면하기 어렵지만 훗날 수정·보충되리라 믿는다"고 하였다.

혹자는 4期分法이 5期分法을 수정한 것이라고 여기기도 하는데 오해 없기를 바란다.

경험으로 미루어 볼 때, 우리가 대량의 복잡한 甲骨 조각을 앞에 놓고 조목조목 분류·배열하는 어려움은 전형적인 辭例들을 찾아 토론하거나 분기의 원칙을 세우는 일보다 덜하지 않다는 것을 말해 준다. 20여 년의 노력 끝에 마침내 5만여 편의 甲骨을 수집하고 5期分法에 따라 甲骨學을 집대성한 자료서《甲骨文合集》을 편찬하였는데, 이것은 胡厚宣 지휘하의 편찬팀이 甲骨學의 전파를 위해 쌓은 지대한 공헌이었음을 설명하고 있다.

또 한편 5期分法이 지금까지 여전히 활용될 수 있음을 나타낸다. 이렇게 말하면, 董作賓이 수립한 체제에 이견이 전혀 없다는 것을 설명하는 것인가. 그것은 아니다. 일찍이 40년대초에 胡厚宣은 '某入' 등이 기록된 다수의 '甲尾 刻辭'를 武丁 때 5종의 記事 刻辭 중의 하나라고 하였다.《甲骨學商史論叢》이나 또는 甲骨 자료서를 편집·인쇄할 때 董作賓이 제4기의 '文武丁 卜辭'(陳夢家는 武丁 때의 '自組 卜辭'와 '子組 卜辭' 등이라고 했다)라고 한 것을 제1기로 넣었다.

董作賓은 1948년 편찬한《殷墟文字乙編序》에서 이에 대해 반론을 제기했으며, '甲尾 刻辭'는 武乙·文丁 시기의 刻辭라고 주장하였다. 후에 또《甲骨學五十年》[6]에서 "斷代 分期 연구의 초기에는 출토된 文武

丁 때의 卜辭가 적었으며, '復古'의 현상으로 모두 武丁 시대의 형식을 모방했기 때문에 매번 제1기와 서로 혼동하였다. 그 때문에 胡厚宣은 《甲骨學商史論叢》에 제4기 卜辭를 제1기로 잘못 분류하기까지 하였다" 고 말하였다. 사실상 董作賓이 제기한 반론은 잘못된 것이었다.

胡厚宣은 또 《卜辭下乙說》[7]에서 '下乙'은 武丁 때 中宗인 祖乙을 칭하는 특수한 호칭임을 고증했다. 이 연구는 武丁 때의 卜辭를 감정하는 데 일대 공헌을 한 것이었다. 예를 들면 '賓組 卜辭〔賓組 卜辭・午組 卜辭 등은 중심이 된 貞人의 이름을 따 명명된 것이다. 賓組 卜辭를 예로 들면, 貞人 賓을 중심으로 한 일련의 卜辭를 말한다〕 '午組 卜辭'는 모두 '下乙'을 제사 지낸 것을 기록한 것이다. '賓組 卜辭'는 학계에서 공인된 武丁 때의 卜辭이다. '午組 卜辭'까지도 董作賓은 文武丁 시기에 속한 것으로 여겼으나, '下乙'이라는 칭호로 검증해 보면 옳지 않다는 것이 확실하다. 陳夢家・肖楠 등도 武丁 때의 卜辭로 확정했는데, 이는 卜辭의 貞人・稱號・書體 및 坑位・鑽鑿의 특징을 전면적으로 연구한 후에 얻어낸 결과이다. 그 중 《卜辭下乙說》에 대한 인증은 매우 강력한 근거 중의 하나였다.

2. 貝塚茂樹의 의견

日本 학자 貝塚茂樹는 일찍이 1938년에 《殷代 金文 중에 보이는 圖象文字 ㅌ를 논함 論殷代金文中所見圖象文字 ㅌ》[8]을 썼는데, 卜辭 중에서 "子가 점쳐 물음 子卜貞" 卜辭를 구별하여 이 卜辭는 왕이 점친 卜辭가 아님을 지적했다. 그는 1946년에 《中國古代史學的發展》[9]을 발표하였고, 1953년에 伊藤道治와 함께 《甲骨文 단대 연구법의 재검토 甲骨文斷代研究法的再檢討》[10]를 쓰면서 이 관점을 한 걸음 더 발전시켜 설명했다.

貝塚茂樹는 우선 董作賓의 5기 干支表의 字形에 근거하여 '子卜貞' 卜辭가 소속한 시대를 추정했는데, 오히려 미궁에 빠져 보는 사람으로 하여금 종을 잡지 못하게 했다. 그후 동방문화연구소가 소장한 '子卜貞' 牛骨을 《殷墟書契前編》 8·10·1의 1판과 짜맞출 수 있는 것을 발견하였다. 綴合한 골판에서 아래와 같은 卜辭를 얻었다.

丁亥子卜, 貞: 我𦉪田麟?
丁亥日에 子가 점을 치고 묻습니다: 우리가 麟으로 사냥을 가는 데……. 〔𦉪는 《庫》1259에서 小王의 私名으로 쓰인 적이 있다.〕

己丑子卜, 貞: 子商乎出墉?
己丑日에 子가 점을 치고 묻습니다: 子商은 성곽으로 가도록 명할까요?

己丑子卜, 貞: 余又乎出墉?
己丑日에 子가 점을 치고 묻습니다: 余方과 又方에게 성곽으로 가도록 할까요?

子屰, 乎出墉?
子에게 재앙이 있을까요? 성곽으로 가도록 명할까요?

子□, 乎出墉?
子에게…… 성곽으로 가도록 명할까요?

貝塚茂樹는 "이 두 조각의 내용은 같은 날 점친 것이다. 같은 일을 동시에 두세 번 점쳐 묻는 것은 卜辭의 통례이다. 그렇다면 '子商'은 바로 子卜貞의 子가 스스로를 칭한 것이므로, 우리는 子卜貞 卜辭는 子商

자신이 점쳐 물은 卜辭임을 알 수 있다"고 하였다. 또 말하기를 "子卜貞 卜辭는 그 섬세한 풍격으로 볼 때 아마 같은 사람의 작품인 것 같다"고 하였다.

子商은 武丁의 아들이므로 이 卜辭(陳夢家는 '子組 卜辭'라 칭한다)는 武丁 때의 卜辭이다. 그러나 서체 풍격이 武丁 때의 정통 卜辭(陳夢家는 '賓組 卜辭'라 칭한다)와 다르기 때문에 왕실에서 공적으로 점친 것이 아니고, 다른 占卜 기관에 속한 '多子族'의 卜辭로 추론된다. 貞人扶·自·勺 등의 卜辭(陳夢家는 '自組 卜辭'라 칭한다)도 書體가 다르기 때문에 武丁 때 왕의 개인적인 占卜 기관에 속한 '王族'이 점친 것임이 분명하다.

이처럼 貝塚茂樹는 '王族'·'多子族' 卜辭를 판별하였고, 董作賓이 제4기 文武丁의 卜辭라고 판정했던 것을 제1기 武丁 시기의 것이라고 쳤는데, 그의 견해는 中國 학자들의 연구 결과와 약속이나 한 듯이 일치했다고 할 수 있다.

3. 陳夢家의 斷代 연구와 董作賓에 대한 의견

陳夢家는 甲骨 斷代 연구에서 새롭고 많은 창견을 내놓아 董作賓의 의견을 가장 많이 바로잡았다. 그는 1949년부터 《甲骨斷代學》 4편을 쓰기 시작하여 《考古學報》에 발표하였으며, 후에 첨삭하여 《殷虛卜辭綜述》 제4·5 두 章에 수록했다.

陳夢家는 世系·稱號·占卜 3개 항은 斷代를 추정하는 가장 중요한 조건이기 때문에 우선 제1 표준이라고 불렀고, 세 가지 중에서 占卜을 특히 중요하게 여겼다. 만약 이 표준에 근거하고, 충분한 수량의 자료를 모아 다른 시기의 字體(字形의 구조와 서법·풍격 등을 포괄한다)·詞彙(常用語·述語·合文 등을 포괄한다)·文例(書法 형식·卜辭 형식·文法

등을 포괄한다)를 연구한다면 斷代의 제2 표준을 만들 수 있다고 하였다.

위 두 가지의 표준에 근거하면, 卜辭를 다음과 같이 6류로 분류 연구할 수 있다.

1) 조상과 자연신에 대한 제사 혹은 기원 등
2) 바람·비와 청명한 날씨 및 물과 천상의 변화 등
3) 수확과 농업 등
4) 대외 전쟁과 변방의 침범 등
5) 왕의 사냥·유람·질병·꿈·출산 등
6) 다가올 열흘과 당일 저녁을 점쳐 묻는 것 등이다.

分期를 이용하면 각종 卜辭를 심층적으로 연구할 수 있다. 즉 어떤 한 시기의 제사·역법·역사적 사실과 기타 제도를 종합시켜 진행하는 것이다. 각종 제도의 다름은 시대 구분의 표준 역할을 할 수 있기 때문에 제3의 표준이라 이름지을 수 있다.

陳夢家는 위에 설명한 세 가지의 표준에 근거하여 3기·5기·9기 등 종합적이고도 다양한 斷代 분류법을 제기했다. 가능한 한도 내에서 9기로 나누었고, 어려운 곳에서는 여전히 董作賓의 5期分法을 적용하였으며, 심지어는 초·중·후기 등 3기로 나눈 경우도 있다.

1) 武丁 卜辭		1	一世	
2) 庚·甲 卜辭	祖庚 卜辭	2	二世	초기
	祖甲 卜辭	3		
3) 廩·康 卜辭	廩辛 卜辭	4	三世	
	康丁 卜辭	5		
4) 武·文 卜辭	武乙 卜辭	6	四世	중기
	文丁 卜辭	7	五世	

5) 乙·辛 卜辭　　　帝乙 卜辭　8　六世 ⎫
　　　　　　　　　　帝辛 卜辭　9　七世 ⎬ 말기

　陳夢家의 새로운 斷代 분류 표준의 수립은 斷代 연구뿐만 아니라 商代의 사회·역사, 특히 문물 제도를 연구하는 데 합리적인 방법을 제공하였다. 상세한 내용은 《殷墟卜辭綜述》에 구체적으로 나타나 있으므로 여기서는 거듭 인용하지 않는다. 다만 아래에 董作賓의 斷代 이론을 수정한 의견만을 약술한다.

1. 自組 卜辭와 甲尾 刻辭

　董作賓은 自組 卜辭가 文武丁 시대의 卜辭이고, 거북 꼬리에 새긴 甲尾 刻辭는 武乙·文丁 시대의 卜辭라 여겼다. (文丁을 구파라 한 것은 복고의 경향이 있어서다.) 陳夢家는 이들은 모두 武丁 때의 卜辭이기 때문에, 自組 卜辭를 구분지어 文丁 때의 卜辭라 여기어 復古라고 고집할 필요가 없다고 했다.

　2. 《殷曆譜》에서 文武丁의 卜辭라 칭한 것을 陳夢家는 모두 武丁 때의 卜辭라 여겼는데, 다만 《交食譜·日食一》에 예로 든 '日月又食'이라고 씌어진 두 牛骨만큼은 진정한 武乙·文丁 때의 卜辭라고 하였다.

　3. 陳夢家는 子組·午組 등이 文丁 때의 卜辭가 아니고, 武丁 말기의 卜辭라 여겼다.

　4. 陳夢家는 "甲骨의 斷代는 賓組를 武丁 때의 것으로 확정한 시기가 기점이 되고, 武丁 卜辭의 斷代는 父甲·庚·辛·乙을 윗대라고 칭한 4왕이 기초가 된다. 우리가 賓組라 칭하는 것을 정통파의 왕실 卜辭라고 한 것은 제사 지내는 친족의 칭호가 모두 왕으로 즉위한 사람의

父・祖・母・妣에 한정되어 있기 때문이다.

그러나 自・子・午組에서는 왕에 즉위하지 않은 諸父・諸祖・諸兄・諸子에까지 미쳐 있다. 賓組의 字體는 엄정하고 方正하며 조금도 함부로 쓰지 않았는데, 祖甲과 帝乙・帝辛의 卜辭는 이 전통을 물려받았지만 自・子・午 3組의 字體는 비정통파이다"고 주장했다.

5. 陳夢家는《結語》에서 "董作賓은《乙編》序에서 그가 제4기 貞人이라 한 扶 이하 17명을 文武丁 때의 貞人이라 하였다. 이 점이 그와 우리들간의 가장 큰 차이이다. 胡厚宣은《京津》序에서 이 시기의 卜辭에 대하여 결단을 내리지 못하고 망설이다가 잠시 그것들을 武丁 이전에 놓았다. 우리는 최근에야 貝塚茂樹의《甲骨文斷代研究法的再檢討》를 보았는데, 그 또한 董作賓의 새로운 說에 회의를 느끼고 있는 것을 알았다. 그는 우리들이 子組・自組라 한 卜辭도 武丁 시대의 것이라 하였다. 이 두 組의 卜辭와 賓組 卜辭의 書體가 다르기 때문에, 그는 결론에서 서로 다른 두 곳의 貞卜 기관에서 만들어 낸 것이라고 여겼다"고 했다.

끝으로 陳夢家가 고증한《卜人의 단대 총표 卜人斷代總表》와《동씨설을 정정한 정인표 訂正董氏貞人表》를 참고로 다음에 첨부한다.

卜人斷代總表

武 丁	賓 組	賓殼爭亘古品韋永內㠯㞢充吕箙掃共
	附 屬	旬㳥邑㽙己㚬桼亞旭中征軓齒戉何
		名耳御樂律卯離轡㞢
武丁晚組	午 組	午兆
	自 組	自勺扶
	附 屬	徛羍丁卣由取界勿颭
	子 組	子余我從徙史㸚
	附 屬	豖車術
	不附屬	吏衞陟定㪔㝩㠯正專
祖 庚	出組兄群	兄出逐
	出組大群	中冉㞢
祖 甲	出組大群	喜㺇大
	出組尹群	高尹行旅
	附 屬	卽洋犬㣇
	不附組	先壁寅內屮
廩 辛	何 組	何宁㽃彘彭壴口犯狄㸠逆卬叔㸠
	不附組	教弔猷大暊
武 乙		歷
帝乙帝辛		黃派彌㐱立㐱

위의 표에 기록된 貞人은 모두 1백20명인데 아직 완전히 망라되었다고 말할 수 없으며, 적지 않은 착오가 있다. 그러나 20년 전에 董作賓이 《斷代硏究例》에 기록했던 것에 비하면 4배가 증가했고, 董作賓이 후에 《殷代文化槪論》 제2장에 기록한 것에 비하면 거의 배로 증가했다.

第一期	殼 亘 永 賓 爭 韋 充 吕 品 箙 宕 專(武丁晚期) 中(祖庚) 先(祖甲)
第二期	大 旅 卽 行 兄 喜 犬 洋 夨 逐 涿 尹 出 喦 陟(武丁晚期) 堅(祖甲) 彘 何 口(廩辛)
第三期	犇 彭 狄 何 卬 宁 暊 敎口 旅(祖甲)
第四期	瑟 扶 自 由 衞 勹 取 我 余 子 禹 車 羍 萬 卣(以上皆武丁晚期) 術(武丁晚期) 匝 史(不是卜人)
第五期	寅 派 衝 立

위 도표에는 董作賓이 뽑은 貞人 73명이 열거되어 있다. 陳夢家의 고
증에 의하면 何·口·旅 세 사람이 중복되어 70명인데, 그 중에 또
匝·史는 점치는 사람이 아니기 때문에 사실상 68명인 셈이다. 도표
중 每期의 첫줄에 쓰인 貞人은 董作賓이 정한 사람인데 陳夢家도 동
의한 사람이고, 둘째 줄 이하의 貞人도 董作賓이 정한 사람들이다. 다
만 괄호 안에 왕조를 표시한 사람은 陳夢家가 시기를 고친 것으로, 董
作賓의 견해를 정정한 부분이라고 하겠다.[11]

4. 기타 학자들의 다른 의견

胡厚宣·貝塚茂樹·陳夢家 등이 董作賓이 규정한 소위 '文武丁 卜
辭,' 즉 陳夢家가 '自組 卜辭'·'午組 卜辭'·'子組 卜辭' 라고 한 것을
武丁 때의 것이라 수정한 후, 甲骨學의 分期·斷代의 연구를 한층 더

철저하게 파고들도록 만들어 百家爭鳴의 새로운 국면을 맞게 되었다. 日本 학자 島邦男의《殷墟卜辭硏究》, 캐나다 국적의 학자 許進雄의《骨卜技術與卜辭斷代》 등에서는 여전히 董作賓의 견해를 지지하고 있으나, 다수의 학자들은 부정적인 태도를 취하고 있다.

이 卜辭들이 제1기에 속한다고 의견을 같이한 학자들 사이에서도 그 시기에 있어서는 전후의 차이가 있다. 胡厚宣은 武丁 이전인 盤庚·小辛·小乙 시대의 산물이라고 여겼고,[12] 貝塚茂樹는 武丁 때 또 하나의 다른 貞卜 기관인 王族·多子族 卜辭에 속하는 것으로 여겼으며,[13] 陳夢家는 武丁 때의 정통 계열이 아닌 卜辭에 속한다고 여겼는데, 그 중 '自組'·'子組'는 확실히 武丁 말기의 것이지만, '午組'와 '賓組'는 武丁 시대이거나 '賓組 卜辭'보다 좀 이른 시기에 속한다고 보았다.[14]

아래에서 '自組 卜辭'·'午組 卜辭'·'子組 卜辭' 및 '歷組 卜辭' 등의 시대 귀속 문제에 대한 학자들의 다른 견해를 소개한다.

• 自組 卜辭

林澐은 1965년 '自組 卜辭'는 武丁 전기의 왕실 卜辭라고 고증하였다.[15]

肖楠은 1973년 小屯 南地에서 발굴된 卜辭의 坑位·稱號·人物·字體 및 鑽·鑿·灼의 형식 고찰에 근거하여 '自組 卜辭'는 '賓組 卜辭'와 많은 유사점이 있어 분명히 밀접한 관계가 있다고 보고, '自組 卜辭'는 武丁 卜辭라고 주장하였다. 그러나 이 卜辭와 제2기의 祖庚·祖甲 卜辭 사이에 일정한 관계가 있음도 감안하여 陳夢家의 의견에 찬성하는 태도를 보이면서 武丁 말기의 것이라고 했다.[16]

李學勤은 "이 卜辭의 시대에 관한 학계의 논쟁은 이미 오래 되었는데, 최근 관련 있는 발굴 자료가 잇따라 발표됨으로써 많은 사람들은 이를 武丁 시기의 卜辭로 공인하고 있다. 武丁 시대의 卜辭 중 가장 흔하게 보이는 것은《綜述》에서 '賓組 卜辭'라 부르고 있는 것인데, 自組

는 賓組와 마찬가지로 모두 武丁 때의 王 卜辭이다. 그래서 自組 시대의 확정은 甲骨 분기 硏究에서의 전통 관념을 깨뜨렸다.

과거에 사람들은 모두 한 商王 시기에는 오직 한 유형의 王 卜辭만이 있다고 여겼었다. 董作賓도 이렇게 생각하여 自組는 당연히 文武丁 卜辭라 여겼다. 陳夢家도《綜述》에서 마찬가지로 생각하여 自組를 賓組와 祖庚·祖甲 때의 出組 사이에 넣고 武丁 말기의 卜辭라 여기게 된 것이다. 그러나 賓組에서부터 出組까지는 긴밀한 관계를 가지고 있는데, 그 점에 대해서는《殷代地理簡論》제3장 제1절 중에서 논증한 바 있다. 自組 卜辭는 體例가 특이하고 수량도 많지 않으며 賓組와 같은 시대라고 할 만한 확실한 증거가 있으니, 卜辭의 발전 중 독립적인 단계로 볼 수는 없을 것 같다.

사실상 賓組와 自組는 적어도 일정한 시간 동안 같이 존재했던 것으로, 분명히 武丁 시기에 한 종류 이상의 유사한 王 卜辭가 존재했었다"[17]고 피력하였다.

肖楠은 小屯 南地 발굴을 근거로 해 썼고, 李學勤의 글에서 '최근 발굴 자료가 잇따라 발표됨으로써'라고 한 것도 이것을 가리키고 있다. 따라서 小屯 南地에서 출토된 甲骨은 '自組 卜辭'의 시대 귀속을 해결하는 데 극히 중요한 자료이다. 이에《小屯南地甲骨》의 '前言' 중에 있는 관련 부분을 아래에 인용하였다.

1950년을 전후로 安陽 殷墟에서 발굴된 자료는 매우 많아 시대 구분 역시 다양하다. 지금 일반적으로 考古 발굴 종사자들은 4期分法을 적용하고 있는데, 이는 大司空村 1·2·3·4期이다. 이 4期分法에 따라 구분해 보면, 小屯 南地 초기는 대략 大司空村 1기에 해당하며, 小屯 南地 중기는 대략 大司空村 3기, 小屯 南地 말기는 大司空村 4기의 전반기로 後岡의 圓坑 시기보다 다소 이르다.

小屯 南地의 초기 지층과 灰坑에서 自組 卜辭·午組 卜辭·賓組 卜

辭가 출토되었다. 예를 들면 H104・T53(4A)에서 自組가 나왔고, H102
에서는 午組가,[18] H107에서는 自組와 午組가 함께 나왔다.[19] 賓組 卜辭
에 대한 과거의 내용 분석에 근거하여 학계에서 武丁 시대에 속하는 것
으로 일치된 견해를 보였는데, 이번 小屯 南地의 초기 지층을 발견함으
로써 과거에 확정한 연대가 믿을 만한 것임을 더욱 확실히 증명하였다.

自組 卜辭와 午組 卜辭에 대해 학계에는 다른 의견들이 대두되고 있
다. 그 중 한 가지 의견은 盤庚・小辛・小乙 시대에 속한다고 보고, 다른
의견은 武丁 시대거나 혹은 武丁 말기에 속한다고 보며, 세번째 의견은
武乙・文丁 시대에 속한다고 여기는 것이다. 이번에 발굴된 지층 관계
에 근거해 볼 때, 이들은 초기 지층과 灰坑 안에서 나왔다는 것이다.

주지하는 바와 같이 考古 발굴의 경험으로 볼 때, 말기의 지층과 灰
坑에서는 말기의 유물도 나오고 때로는 초기의 유물도 나올 수 있지만,
초기의 지층과 灰坑에서는 초기의 유물만 나올 뿐 말기의 유물은 결코
나올 수 없는 것이다. 그러므로 이 두 卜辭의 시대는 賓組와 가까워 대
략 武丁 전후가 된다. 또 H102로 T53(4A)을 분석하여 볼 때 午組 卜辭
는 自組 卜辭보다 더 늦다고 할 수 있다. 이처럼 이번에 발굴한 지층의
관계로 오랫동안 해결되지 못한 채 논쟁만 계속하던 自組・午組 卜辭
의 시대적 문제가 기본적으로 해결되었다.

지금까지의 저술 중에 수록된 自組 卜辭에 관한 자료는 적지 않으며,
많은 사람들이 연구했었다. 이번에 발견된 자료는 모두 20여 편 정도로
많지는 않다. 아래에서 과거에 연구된 자료를 기본으로 삼고 이번에 발
견된 것을 종합하여 간략히 自組 卜辭의 특징을 살펴보기로 한다.

1) 字體와 文例
(1) 字 體
自組 卜辭의 字體는 비교적 복잡하지만 대체로 아래와 같은 몇 종류

가 있다.

　제1종: 예를 들면 《甲》3003・3013・3018 등이다. 이 字體는 自組 卜辭 중에 있고 賓組 卜辭 중에도 있다. 《甲》3177은 貞人 ⵝ(뿌)이 점친 것인데, 貞자를 ⵝ이라고 쓰고 있으며 字體가 바르고 규율적이다. ⵝ은 《粹》1424 중에서 賓組의 貞人 爭과 같은 판에다 함께 점을 치기도 하였으니 賓組의 貞人이라고도 하겠다. 고로 《甲》3177은 賓組 卜辭가 되나, 그 字體는 상술한 《甲》3003 등과 같이 自組 卜辭의 字體와 일치하고 있다. 따라서 이러한 字體는 賓組 卜辭와 自組 卜辭가 공유하고 있는 字體라 하겠다.

　제2종: 이번에 발견된 것으로는 643(H17:106)・2462(H58:17)・4429(T53 '2B':23+M16:33)와 《甲》210・2356, 《乙》409・8988・9067・9103 등이 있다. 이에 속한 卜辭 자체의 필획이 둥글고 거침이 없으며, 꺾이는 곳이 둥그렇게 굽어져 있어 붓으로 쓴 것이 완연하다. 어떤 자는 매우 크고 또 작은 자도 있으나 전체적인 풍격은 일치되고 있다. 일부 상용되는 문자의 서법과 특징은 분명하다.

　예를 들면 丙자는 ⵝ으로 쓰고, 丁은 ○으로, 戊는 ⵝ로, 庚은 ⵝ 혹은 ⵝ으로, 壬은 ⵝ으로, 子는 ⵝ 혹은 ⵝ로, 卯는 ⵝ로, 未는 ⵝ 혹은 ⵝ로, 酉는 ⵝ 혹은 ⵝ로, 貞은 ⵝ 혹은 ⵝ으로, 屮는 ⵝ로, 王은 ⵝ으로, 用은 ⵝ으로, 其는 ⵝ로, 于는 ⵝ로, 止는 ⵝ로, 豆는 ⵝ로, 六은 ⵝ으로 쓴 경우이다.

　제3종: 수량이 가장 많고 이번에 발견된 대부분의 自組 卜辭가 모두 이 자체에 속한다. 예를 들면 4512(T53 '4A':141)・4513(T53 '4A':143)・4514(T53 '4A':144)・4516(T53 '4A':145+H91:1+4)・4517(T53 '4A':146)・4518(T53 '4A':147)・604(H17:52) 등이다. 과거에 수록된 자료 중에 보이는 것 역시 적지는 않다. 《乙》의 앞부분 2백여 편이 기본적으로 모두 여기에 해당한다. 이 자체의 필획은 가늘고 섬세하며, 글씨는 비교적 작고, 필체의 풍격은 혼란스럽고 유약하며, 문자의 구성은 그리 규율적이지 않다. 일부 상용되는 문자의 書法에도 특징이 있는데, 其는 Ｗ 혹은 Ｕ로, 슈은 ⬡으로, 不은 ⽊로, 辰은 ⽥ 혹은 ⽥으로, 戌은 ⽥·⽥·⽥로, 隹는 ⽊로, 風은 ⽊으로 나타내는 것을 예로 들 수 있다.

상술한 3종의 字體 중 첫번째 것은 형체가 비교적 고정적이고, 조형이 규율적이며 아름다워 상당히 성숙된 문자라 할 수 있다. 두세번째는 두 가지 공통된 특징을 가지고 있는데, 하나는 異體字가 많고 정형을 이루지 못하여 하나의 문자에 왕왕 몇 개 내지는 십수 종의 자형을 가지고 있는데, 貞·子·庚 등을 예로 든다. 세번째는 상형성이 현저하다는 점으로 상술한 '隹' 자는 새의 모습이고, '風' 자는 봉황의 모습이며, '止'는 발가락, '貞' 자는 세발솥의 형태이다. 첫번째 자체와 비교해 볼 때 대부분의 문자가 초기 단계의 특징을 가지고 있다. 卜辭를 써내려 간 줄을 볼 때 뒤의 두 자체의 卜辭는 배열이 상당히 문란하고 일정한 틀이 없었다.

(2) 文 例

가) 前辭의 형식: 自組 卜辭의 前辭 형식은 복잡한데, 그 중 가장 흔히 보이는 것은 '干支卜, 某' 이고, '干支卜, 某貞' 의 형식도 있다. 그러나 賓組에는 '干支卜, 某貞' 의 형식이 가장 많다.

나) 兆辭의 형식: 自組 卜辭에는 兆辭가 많지 않다. 가끔 '二告'(《甲》 3047)·'二告友'(《乙》202)·'不⽥卜'(《後下》34·4) 등이 발견될 뿐이다.

문자 사용의 습관을 보면 自組 卜辭는 文尾에 의문조사 '不' 자를 자주 사용하고 있다. 예를 들면 4513(T53 '4A' :143)의 "戊寅日에 점을 칩니다. 癸日에 舞祭를 지내면 비가 오지 않을까요? 戊寅卜, 于癸舞雨不" 와 《存》1·524의 "丁卯日에 점을 치고 自가 묻습니다: 方方을 정벌하는데 오늘 출정하지 말까요? 丁卯卜, 自貞: 方其征, 今日, 不" 등이다.

2) 內 容

(1) 稱 號

自組 卜辭의 아버지대 칭호로는 父甲·父辛·父乙이 있는데, 父乙이 가장 많다. 이번에 발견된 것에는 父甲〔4517(T53 '4A' :146)〕이 있었다. 이러한 상황은 賓組 卜辭와 기본적으로 같은데, 다른 점이 있다면 自組 卜辭에는 명확한 父庚의 칭호가 없다는 것이다.[20] 비교적 특이한 칭호로 小王(《南師》 2·146)이 있는데 武丁 때의 子組 卜辭에도 있었던 것으로 보아, 武丁의 아들 孝己를 가리키는 것이 아닌가 한다.

(2) 人 物

自組 卜辭 중에 보이는 주요 인물로는 侯呇·豖·虎·㐌·[illegible]·陕·竹·白㒳·雀·竝·子妟·[illegible]·[illegible] 등이 있다. 이번에 발견된 것에는 豖〔4518(T53 '4A' :147)〕·子妟〔4514(T53 '4A' :144)〕·[illegible]〔604(H17:52)〕·[illegible]〔643(H17:106)〕·[illegible]〔643(H17:106)〕 등이 있다. 이러한 인물들은 대부분 賓組 卜辭에도 보이는데 㐌·[illegible]·[illegible] 등은 自組 卜辭에만 있는 특유한 것이다. 그러나 賓組 卜辭에 자주 보이는 인물인 婦好·婦井·子漁·望乘·沚戠 등은 自組 卜辭에는 보이지 않는다.

(3) 方 國

自組 卜辭에 보이는 주요 方國으로는 方·徝·歸·[illegible]·[illegible] 등이 있다. 이번에 발견된 4513(T53 '4A' :143)에는 [illegible]·[illegible]를 정벌한 내용이 보이며, 4516(T53 '4A' :145+H91:1+4)에는 歸·徝을 정벌한 자료가 있다. 그러나 賓組 卜辭 중에 빈번하게 등장했던 舌方·土方과의 전쟁에 관한 내용이 自組 卜辭에는 보이지 않았다.

(4) 祭 名

自組 卜辭에서 侑祭라고 할 때 쓰는 侑를 일반적으로 㞢라고 하여 賓組·午組 卜辭와 같으나, 때로는 '又'라고 쓰기도 하였다. 예를 들면 4517(T53 '4A' :146)의 "辛酉日에 점을 칩니다. 祖乙에게 侑祭를 올리는데 제수용 羊 30마리로 드릴까요? 辛酉卜, 又且乙卅宰"가 있다.

(5) 記事 刻辭

自組 卜辭에도 記事 刻辭가 씌어졌으나 수량은 많지 않다. 주요 형식은 주로 右甲의 밑둥에 새긴 刻辭인데, 이번에 발견된 2768(H107:3)의 右甲 밑둥에는 "册이 들어왔다 册入"고 씌어 있었다. 소량의 甲橋 刻辭도 있었는데, 예를 들면 이번에 발견된 4514(T53 '4A' :144)와 3707(T2 '3' :80)이다. 전자에 '乙未來', 후자에 '壬……' 이라고 씌어 있었다.

이상에서 살펴본 상황으로 보건대, 自組 卜辭와 賓組 卜辭는 많은 공통점을 가지고 있다. 예를 들면 지층 관계에서 볼 때 모두 小屯 南地의 초기 지층에서 나왔고, 아버지대의 칭호도 기본적으로 일치하며, 그외 內容·文例·字體 등에 있어서도 적지 않은 유사한 점들이 있다. 그러므로 이들은 기본적으로 시기가 일치되어 모두 武丁 시대에 속한다고 할 수 있다.

그러나 현저한 차이점도 적지 않다. 즉 賓組 卜辭 중의 중요한 인물과 사건이 自組 卜辭에는 보이지 않는 것은, 비록 이들이 武丁 때의 卜辭이기는 하나 시간상으로 평행 관계가 아니라 전후 관계였음을 설명하고 있는 것이다. 이 문제에 대해서는 학계에 두 가지 견해가 있는데, 그 하나는 自組 卜辭가 賓組 卜辭보다 이르다고 생각하는 견해이고,[21] 다른 의견은 自組 卜辭가 賓組 卜辭보다 늦어 武丁 말기의 卜辭라고 생각하는 견해이다.[22] 지금은 이 문제를 해결할 수 있는 조건이 충분히 성숙되지 못했다. 왜냐하면 비록 字體라는 한 관점에서 볼 때, 自組 卜辭의 일부 字體는 부분적으로 초기 단계의 특징을 가지고 있으나 단지 이것만으로 自組 卜辭가 賓組 卜辭보다 이르다고 단언하는 것은 시기 상조라 하겠다.

그 이유는 첫째로, 지금까지 賓組와 自組가 함께 출현한 지층만 발견되었지 두 組가 중첩된 지층이나 관계를 확실히 해줄 다른 자료를 발견하지 못하였다. 두번째, 이번에 自組 卜甲이 나온 T53(4A)는 지층은 가장 이른 지층이 아니고, 이는 또 甲骨이 출토되지 않은 사실을 깨뜨렸다. 그러나 陶片上으로 볼 때 小屯 南地 초기에 속하는 灰坑 H111·

H112이고, H112의 밑에서 또 H115가 발견되었다. H115坑 중에서 1편의 卜甲 2777(H115:1)이 나왔으나 그 위엔 겨우 2字가 있을 뿐인데 그나마 1字는 분명하지 못하며, 출토된 몇 편의 도기 조각도 너무 작고 부서져 있어 分期하기가 어려웠다. H115坑의 시대는 두 가지 가능성이 있는데, 하나는 武丁 시대이고, 다른 하나는 盤庚·小辛·小乙 시대이다.

지금까지도 우리는 武丁 이전에 나온 甲骨과 도기를 명확하게 구분할 수 있는 방도가 없다. 그래서 이 문제에 대한 최종적인 해결은 금후 고고 발굴에서 발견되는 더 많은 自組 卜辭와 武丁 시대 卜辭 전체를 대상으로 보다 철저한 분석과 연구를 기대할 뿐이다.[23]

• 午組 卜辭

陳夢家는 '午組 卜辭'의 貞人에 午·兄 두 사람이 있다고 했다.

李學勤은 午는 祭名이기 때문에 '兄 卜辭'라 칭해야 한다고 하였다. 自組 卜辭와 子 卜辭는 같은 시대에 속하는데, 貞卜者인 子·㿱 등의 활동 범위는 공교롭게도 人方이 관할하고 있던 黃河 서쪽의 渭水 유역이었다. 帝乙 10年·15年 두 차례 人方을 정벌한 것은 商人의 세력이 비로소 여기까지 미쳤음을 말하는 것으로, 이 卜辭는 당연히 帝乙 시대의 非王 卜辭라고 해야 할 것이다.[24]

肖楠은 이 卜辭에 貞人 午·兄·个 세 사람이 있다고 여겼다. 午는 《乙》4521·3478·6609에서 祭名으로 쓰였고, 《綜述》에서 가리키고 있는 《乙》7512에서는 貞人으로 쓰였는데 그 卜辭를 보면 "癸未日에 점 치고 午가 묻습니다: 內乙에게 제수용 소를 드릴까요? 癸未卜, 午: 內乙牢"라고 하였다.

前辭(敍辭) 형식은 '干支卜, 某'인데, 이러한 형식은 '賓'·'自'·'子' 3組의 卜辭에 보이며, 특히 '自組 卜辭' 중에 가장 많이 보인다. 饒宗頤는 《殷代貞卜人物通考》 중에서 《甲》3342의 貞人은 午임을 지적하였다. 그 卜辭는 "辛酉日에 점을 치고 午가 묻습니다: 오늘 바람이 불지 않을까요? 辛酉卜, 午貞:今日不風"이다. 그러나 학계에서는 이 卜辭의 '午' 자에 대해 다른 견해도 있어서[25] 일시에 명백히 규명하기는 어렵다.

貞人兄는《乙》5328에 보이며, 卜辭의 내용은 "甲午日에 점을 치고 兄가 묻습니다: 內乙(祖乙)과 父戊에게 御祭를 올리는데 소를 드릴까요? 甲午卜, 兄: 㞷于內乙至父戊牛"라 하고 있다.

《屯南》4177의 "丙辰日에 점을 치고 个가 묻습니다 丙辰〔卜〕, 个貞"는 字體로 보건대 역시 午組에 속한다.

'賓'·'午'組 卜辭 중에 모두 '下乙'이 보인다. 胡厚宣의《卜辭下乙說》에 근거하면 이것은 武丁 시대에 祖乙에 대한 특별한 칭호로, 기타 시기의 卜辭에는 보이지 않는다고 했다. 이외에 坑位·字體·鑽鑿 등의 측면에서 종합적으로 고찰해 보면, 그 시대는 自組보다 조금 늦으며, 특징은 商 왕조 전체까지는 미치지 못하는 一家의 族長인 것 같다.

肖楠은 결론적으로 '午組 卜辭'와 '賓組 卜辭'는 일정한 관계가 있으면서, 또한 현저한 구별도 있어 武丁 시대에 속하는 非正統 卜辭라고 주장했다.[26]

1973년에 午組 卜辭 10여 편이 발견되었다.《小屯南地甲骨》의 '서문'에서는 과거의 연구 상황을 종합하여 이 卜辭에 대해 개괄적으로 논하고 있다. 이 책의 편자는 과거 午組 卜辭의 시대에 대한 몇 가지 다른 견해들은 卜辭의 내용을 분석한 결과 얻어진 것이라고 여기면서, 이번에는 지층과 회갱의 층차 관계를 명확하게 구분지어 낸 결과를 근거로, 午組 卜辭의 시대 범위는 自組 卜辭보다 다소 늦고 康丁 卜辭보다는 이르다고 분석하였다.

다시 午組卜辭의 내용에서 보면, 칭호에는 下乙(祖乙)이 있고, 출현 인물로는 光·戊·虎·舞侯 등이 있다. 이것들은 모두 武丁 시대의 賓組 卜辭에서도 보인다. 前辭 형식을 볼 때 午組는 '干支卜, 某' 식을 주로 썼는데, 自組·賓組 卜辭에도 역시 이러한 형식이 나타나고 있다.

字體 측면에서 볼 때 午組 卜辭의 자체는 초기 卜辭의 특징을 가지고 있으며, 상용되는 글자의 書法은 賓組 卜辭와 마찬가지로 庚을 丙으로, 子를 㠯로, 未를 米로, 酉를 丏로 쓰고 있다. 祭法으로 쓸 때는 侑祭의 侑를 屮로 써서 武丁 시대의 각종 卜辭와 같다고 할 수 있다. 결국 지층을 보든 卜辭의 내용을 분석하든 午組 卜辭의 시대는 대체로 武丁 시대로 확정할 수 있다.

• 子組 卜辭

子·我·余·巛·鬲 등 貞人이 있는 子組 卜辭는 앞에서 언급했던 것처럼 胡厚宣은 盤庚·小辛·小乙 때의 것이라 여겼고,[27] 貝塚茂樹는 武丁 시대 왕실 공기관 이외의 다른 점복 기관인 '多子族'의 卜辭라고 하였으며,[28] 陳夢家는 武丁 말기의 卜辭라고 하였다.[29] 李學勤은 YH127 坑의 子 卜辭 및 子 卜辭와 관계 있는 일부 卜辭들에 대해 집중적인 연구를 한 결과 帝乙 시대의 非王 卜辭라고 주장하였다.[30] 상술한 각 학자들의 의견이 비록 일치되지는 않지만, 董作賓이 이것을 文武丁 시대에 속한다고 본 주장에는 모두 동의하지 않으며, 동시에 이로써 文丁 '復古'의 증거로 삼았다.

姚孝遂는 《吉林大學所藏甲骨選釋》에서 다음과 같이 주장하고 있다.

《殷墟書契前編》에 일찍이 이 유형의 干支表(3·14·2)를 수록하였는데, 그 탁본은 잘려진 것이었으나 실제로 뼈의 상단에 貞人 '爭'이라는 이름이 남아 있었다. 이 '干支表'의 字體, 특히 '子'자를 '♀'로, '丁'자를 '◇'으로 쓴 것을 근거로 해보면, 그것이 소위 '子組' 刻辭라 확정하는 데 아무런 의문의 여지가 없다. 그 상단의 刻辭는 비록 훼손되어 완전하지 못하지만, 卜辭의 通例에 따라 "□□卜, 爭□(貞), □(旬)□(亡)田"로 보충해 볼 수 있다. 동시에 그 字體의 특징은 우리가 흔히 보는 貞人 '爭'의 字體와 완전히 일치한다.

이로 볼 때 이 貞人 '爭'이 바로 武丁 때 사람임은 의심할 여지가 없기 때문에 이 刻辭 역시 武丁 시기의 것이라고 확신할 수 있다.

물론 貞人 '爭'의 卜辭와 소위 '子組'에 속하는 '干支表'가 같은 시기에 새겨진 것이라고 단언할 수는 없지만, 우리는 아래 열거한 몇 가지 사실들에 주의해 볼 필요가 있다.

1) 이들 刻辭는 武丁 시기의 刻辭와 같은 坑에서 출토되었다.
2) 이들 刻辭에 기록되어 있는 人名은 武丁 시기의 刻辭에서 거론된 人名과 상당수 같다.
3) 이들 刻辭의 占卜 내용은 武丁 때의 占卜 내용과 상당수 같다.
4) 이들 刻辭의 문자 형체는 武丁 때의 문자 형체와 여러 곳이 유사하다.

상술한 여러 항목을 근거로 하고, 아울러 同版에 貞人 '爭'의 이름이 있는 것을 보면, 더욱 유력한 반증이 나오기 전에는 이들 刻辭가 武丁 시기에 속한다고 확신하게 되며, 기타 모든 학설을 부정할 수밖에 없다.[31]

林澐은 《武丁 시대의 몇 가지 '子卜辭'로 상대의 가족 형태를 논함 從武丁時代的幾種'子卜辭'試論商代的家族形態》이라는 글의 제1부 〈중요한 3종 '非王卜辭'의 특징과 시대 主要的三種'非王卜辭'的特徵和時代〉, 제2부 〈非王卜辭의 占卜 주체인 자 非王卜辭的占卜主體—— '子'〉에서 '子組卜辭'의 특징과 시대 귀속에 대해 상세하게 논술하고 있다.

林澐은 글에서 '非王卜辭'는 수량이 많으나 그 중 특별히 연구할 만한 가치가 있는 것으로는 甲·乙·丙 3종이 있다고 했다.

甲種은 주로 小屯 YH251·YH253·YH330 3개의 灰坑 중에 집중되어 있다. 이 卜辭는 卜人의 이름을 기록하지 않았고, 干支를 기록하고 있는 前辭 형식에는 '干支卜貞'·'干支卜'·'干支貞'세 형식이 있다. 字體의 가장 큰 특색은 동일한 문자의 書法이 통일되어 있지 않은 점

이다. 祭祀 대상으로 가장 중요시되었던 사람은 妣庚·妣丁·中母·小
母·母庚·父丁·兄·丁子 등이다. 또한 陳夢家는 《殷墟卜辭綜述》의
167쪽에서 "제15차 발굴에서 출토된 甲骨文(《乙》8691—9052)의 자체
는 子·自·午組에 가깝고, 내용은 부녀자의 일을 기록한 것이 많은 것
으로 보아 嬪妃가 만든 것 같다"고 했으며, 李學勤은 《帝乙 시대의 非
王卜辭 帝乙時代的非王卜辭》 중에서 '婦女 卜辭'라 칭하였다.

　乙種은 小屯 YH127 灰坑에서 집중적으로 나왔다. 이외에도 YH448
에서 출토된 《乙》9036·9037 2편도 여기에 속한다. 이 卜辭 역시 卜
人의 이름이 기록되어 있지 않다. 干支를 기록한 前辭 형식으로는 '干
支卜貞'·'干支卜'·'干支貞' 세 유형이 있다. 字體의 가장 두드러진
특징은 필획의 꺾임이 예리하여 기본적으로 曲筆이 없는 점이다. 祭祀
대상으로는 주로 內乙·下乙·祖庚·祖戊·父戊·父丁·子庚·妣乙·
妣辛·妣癸·兄己 등이다. 이것 역시 陳夢家가 '午組 卜辭'라 한 것이
며, 林澐은 '午'가 貞人이 아니고 祭名이라 여겼다.

　丙種 역시 YH127 灰坑에서 집중적으로 출토되었다. YH090에서 나
온 단 1편의 卜甲(《乙》484) 역시 여기에 속한다. 《甲編》 중에 발표된 1
구역 9坑과 2구역 26坑에서 출토된 甲骨 중에도 이러한 卜辭가 있다.
(예를 들면 《甲》336·158) 卜人에 子·余·我·羸·巡의 다섯 칭호가
있다. 干支를 기록한 前辭 형식은 '干支卜某貞'·'干支某卜貞'·'干支
某卜'·'干支卜貞'·'干支卜'·'干支貞'의 여섯 종류가 있다.

　字體의 특성은 가늘고 작은 동시에 曲筆이 많은 점이며, 貞자는 일률
적으로 ꗥ이라 했고, 기타 각 문자의 書法도 획일적이어서 거의 다른
체가 없다. 干支表는 《前》3·14·2, 《珠》1459에 보인다. 祭祀 대상은
주로 妣庚·妣丁·妣己·父庚·父戊·母庚·中母己·兄丁·子丁·ꗥ
甲 및 龍母 등이다. 이외에도 司妣甲·妣壬·二妣己·司妣·祖乙·南
庚·司癸·小辛·司ꗥ·伊尹·小己·父甲·父辛 등이 있다. 이것은 공
인할 수 있는 '子組 卜辭'이다.

林澐의 글에서는 상술한 3종의 非王 卜辭를 甲種子 卜辭·乙種子 卜
辭·丙種子 卜辭로 각각 명명하였다. 뿐만 아니라 同版·同坑·地層 현
상을 다음과 같이 분석했다.

1) 同版 현상: 예를 들면 《前》3·14·2의 牛胛骨은 아랫부분은 丙
種 字體의 干支表이나 윗부분은 전형적인 武丁 시대의 왕실 卜辭(소위
'賓組 卜辭') 字體의 卜旬辭이며, 卜人은 爭이다. (羅振玉은 수록할 때
무리하게 탁본의 상단을 잘라냈다. 원골은 현재 吉林大學 문물실에 보관
되어 있다.)
2) 同坑 현상: 예를 들면 YH127坑에서는 乙種·丙種의 子組 卜辭와
武丁 賓組 卜辭 및 自組 卜辭(《乙》6164·8497·8498 등)가 공존되었다.
3) 地層 현상: 많은 乙·丙 2종의 非王 卜辭 및 武丁 시대의 왕실 卜
辭가 출토된 YH127을 볼 때, 윗부분은 YH121이고, 더 위쪽은 YH117,
좀더 위쪽은 YM164이다. 鄒衡의 체계적인 연구를 근거해 보면,
YM164는 '殷墟 文化 제3기'(廩辛—文丁 시대)에 속하는 陶器墓였다.
따라서 YH127에서 출토된 것은 분명히 廩辛—文丁 시대보다 이르다.

그는 上記 내용을 근거로 아래와 같은 결론을 내었다. "과거에 字
體·前辭 형식, 혹은 辭例의 개별적인 특징에 근거해서 이 3종의 非王
卜辭를 文丁 혹은 帝乙 시대의 것으로 여겼는데, 이 설은 근본적으로
성립할 수 없는 것이다. 우리는 객관적으로 존재하는 同版 관계·同坑
관계 그리고 層位 관계를 존중하여, 이 3종의 非王 卜辭 시대를 武丁
시대로 규정해야 할 것이다. 또한 이 기초 위에 지난날의 甲骨 斷代 표
준에 대한 인식을 수정하여 객관적으로 더욱 실제에 부합시켜야 할 것
이다."[32]

• 歷組 卜辭

董作賓은 貞人 '歷'이 제4기 武乙 때의 사람이라고 단정했고, 陳夢家도 역시 같은 주장을 해 별다른 이론은 없었다.

1976년 安陽 殷墟에서 최초로 완전하고 훼손되지 않은 왕실묘인 五號墓(일명 '婦好墓')가 발굴되었다.

李學勤은 《婦好墓의 연대와 유관 문제를 논함 論 '婦好' 墓的年代及有關問題》을 발표하면서, 출토된 도기나 청동기가 초기의 특징을 가지고 있다고 하였다. 武丁의 賓組 卜辭에는 婦好라는 인물이 있고, 小屯村에서 나온 卜骨에도 역시 婦好가 있다. 卜骨上의 문자는 비교적 크고 힘차지만 卜人으로는 歷 한 사람만 있기 때문에 '歷組 卜辭'라 칭하게 되었다. 각 묘에서 새로 출토된 청동기와 玉器 위의 문자는 字體가 더욱 歷組 卜辭에 접근해 있다. 李學勤은 글에서 논쟁의 초점은 甲骨文의 전통적인 5期分法에서 歷組 卜辭를 제4기 武乙 · 文丁의 시대로 잘못 짚은 데에 있다고 지적하면서, 마땅히 武丁 말기나 祖庚 시대까지로 앞당겨야 한다고 했다. 그럴 만한 중요한 이유로 아래의 다섯 가지를 들었다.

1) 歷組 卜辭의 王자 · 貞자는 모두 초기 武丁 卜辭의 특징을 가지고 있다.

2) 武丁 때의 甲骨文에는 甲骨의 공납 상황 · 정리 작업 등을 기록한 署辭가 많은데 歷組에도 署辭가 있으며, 武丁 卜辭의 卜兆 옆에는 一 · 二 · 三 등의 兆序를 기록하고 있는 점 외에도 '二告' · '小告' · '不玆黽' 등의 兆辭가 있다. 歷組에도 역시 '二告' · '弜告' 등이 있다.

3) 歷組 卜辭에 출현하고 있는 인명은 武丁 · 祖庚 卜辭와 서로 같다. 예를 들면 婦好 · 婦井 · 婦女 · 子漁 · 子畫 · 子戠 등이며, 또한 歷組의 望乘 · 沚𠂤는 바로 武丁 卜辭의 望乘 · 沚戥(戜)이다.

4) 占卜했던 사항은 賓組 · 出組와 같다.

5) 歷組 卜辭의 친족에 대한 칭호 중 父 · 母 · 兄을 언급한 卜辭의 수량은 매우 적어 단지 父乙 · 母庚 · 兄丁 등이 있을 뿐이다. 주기적으로

지내는 周祭 중에서 武丁의 아버지 小乙의 법정배우자는 妣庚이다. 武丁 때의 賓組와 自組 卜辭 중 가장 자주 보이는 대상은 바로 父乙·母庚·兄丁이다. 商代 말기의 銅器 '肄簋'(《三代》6·52·2)에 의하면, 武乙의 법정배우자는 妣戊였지 妣庚이 아니다. 그러므로 歷組 父乙류의 卜辭를 文丁 卜辭라 하는 것은 타당하지 못하다. 歷組 卜辭 중의 母辛은, 즉 武丁의 배우자 妣辛이다. 또한 歷組 卜辭에서 先王을 合祭할 때, '父丁'을 康丁으로 이해한 듯 종종 父丁을 小乙의 뒤에 배열했는데, 그렇다면 祭典에서 高宗이라고 칭하는 武丁과 祖甲 두 훌륭한 왕을 뺀 것이 되니 그렇게는 인정하기 어렵다.

李學勤은 글 마지막에 다음과 같이 지적하고 있다. "歷組 卜辭는 실제로 武丁 말년에서 祖庚 시기까지의 卜辭이며, 歷組와 賓組의 婦好는 실제로 동일 인물이다. 이 점을 확정하게 되면 '婦好' 墓의 연대에 관한 논쟁거리는 사라질 것이다."[33]

상술한 李學勤의 논지는 의문의 여지없이 董作賓의 斷代 연구에 대해 새로운 도전을 제기하고 있다.

裴錫圭는 《論 '歷組卜辭' 的時代》에서 1928년 明義士가 《殷墟卜辭後編》을 拓印할 때, 그 미완성된 '序言'에서 일찍이 1924년 小屯村의 한 坑에서 나온 3백여 편의 甲骨을 분류하여 칭호·字體로 시대를 결정할 것을 시도했다고 말했다. 明義士는 '歷組 卜辭' 중의 父丁은 武丁이고 父乙은 小乙이라고 여겼는데, 안타깝게도 당시 그는 자신의 이론에 유력한 증거를 제시하지 못해 그의 의견은 크게 주목을 받지 못하였다. 董作賓·郭沫若·陳夢家 등은 모두 父丁이 康丁이고, 父乙은 곧 武乙이라고 단언하였는데, 이 관점은 4,50년간이나 甲骨學系를 지배해 왔으며, 모두들 이 전통적 견해를 맹종하여 이 卜辭가 武乙·文丁 때의 것임을 믿어왔다. 그러나 최근 李學勤은 깊이 파고 들어가 甲骨의 斷代와 관계 있는 각종 문제들을 고려하면서 새로이 明義士와 같은 견해를 제기하였다. 즉 歷組 卜辭는 '武丁 말기에서 祖庚 시기에 이르는 卜辭'라는 것인데, 李學勤의 글을 읽은 사람들은 李學勤의 학설을 따르게 되어 과거의 학설을 버리지 않을 수 없었다.[34]

裘錫圭는 歷組 卜辭의 文例·字體·坑位·地層·稱號·人名·事件 등을 광범위하고 집중적으로 탐구하고 있다. 특히 卜辭에 나타난 人名·占卜의 사항과 친족의 칭호 등에 대해 철저한 연구를 하여 비교적 많은 예증을 들었고, 歷組 卜辭는 武丁 말에서 祖庚 시기에 이르는 卜辭라고 단호하게 밝히고 있는 바, 매우 설득력 있다. 예를 들면 歷組 卜辭가 武乙·文丁에 속한다고 주장하는 일부 학자들은 郭沫若의《粹編》20·373 고석처럼 주로 文例와 字體에 근거하였고, 董作賓은 文例·字體가 비교적 특수한 卜辭를 거의 文丁 卜辭로 여겼다. 또 '文武丁 復古'라는 종래에 전혀 증명된 일이 없는 학설로 이들 卜辭에 있는, 자신이 생각한 常例에 맞지 않던 文例·字體의 현상들을 해석하였는데, 이것은 초기 연구에서 보편적으로 행해지던 것으로 동일 시기 卜辭의 文例·字體를 지나치게 단순히 여겼던 경향 때문이었다.

그러나 현재 절대 다수의 甲骨學者들은 自組·子組·午組 등에서 몇 가지 文例·字體가 비교적 특수한 卜辭를 武丁 시기에 속한다고 여기며, 武丁 卜辭에 다양한 文例와 字體가 있음을 인정하고 있다. 그러므로 단순히 文例·字體만을 가지고 歷組 卜辭의 시대를 확정하는 견해는 더 이상 학자들에게 받아들여지지 않았다.

그외 董作賓은 과거에 小屯村에서 나온 卜辭 중 제3기의 것보다 이른 것은 없다고 단언하고, 父丁 칭호가 있는 歷組 卜辭는 모두 武乙 시기에 속한다고 증명하였는데, 이것은 완전히 주관적인 억측이었다. 肖楠 등은 1973년 小屯 南地에서 발굴된 지층 관계를 근거로 武乙·文丁 卜辭를 정하였는데, 이것 역시 최후의 결론은 아니다. 고고 발굴의 실제 상황은 후기의 지층에서 비교적 이른 시기의 유물이 나올 수 있고,

卜辭는 그것이 나온 지층·灰坑 및 同坑 器物의 시대가 반드시 일치하지는 않음을 증명하고 있다.

그의 논문에는 또 '異代同名說'·'歷·自間組' 卜辭·"自囧卅示" 등 해석에 새로운 견해를 제시하고 있다. 貝塚茂樹가 같은 武丁 때의 賓組·自組 卜辭일지라도 다른 풍격이 있다고 한 해석, 즉 각기 다른 占卜 기관에서 만들어졌다고 한 설은 시사하는 바가 크다. 그러나 그는 歷組·出組를 포함한 賓·自組 卜辭가 내용으로 볼 때 모두 王朝의 정식 卜官의 손에 의해 쓰여졌고, 설령 나뉘었다고 해도 부서의 차이가 있을 뿐이지 貝塚茂樹의 견해처럼 王朝와 王族 전용의 卜官이 있을 정도로 구별될 수는 없다. 따라서 '王族 卜辭'라는 명칭은 성립되기 어렵다고 지적하였다.

부록1인 《1·2기는 어디를 경계선으로 구분해야 하는가 一·二期的界線應該劃在哪里》에서는, 董作賓이 《殷曆譜》에서 제2기 祖庚·祖甲을 新舊 두 파로 나누었는데, 실제는 하나를 둘로 나눈 것이라고 여겼다. 《甲骨學五十年》에서 董作賓 자신은 이미 과거 순전히 貞人 관계를 보고 1·2기를 구분하던 방법을 수정하고 祖庚을 제1기로 고쳐 넣었는데, 이것은 취할 만했다.

賓組 후기의 卜辭에는 武丁 卜辭뿐만 아니라 祖庚 卜辭도 있기 때문에 出組 초기 卜辭는 祖庚 卜辭이다. 그러나 武丁 말기의 卜辭도 포함하고 있기 때문에 이러한 卜辭에서 '父某'라는 칭호를 가진 것은 아주 드물다. 가장 흔히 볼 수 있는 친족의 칭호는 바로 '丁'인데, 이것은 武丁의 祖丁에 대한 호칭일 뿐만 아니라 祖庚이 武丁을 부른 호칭일 수도 있다. 그러므로 甲骨 斷代에 있어서 상술한 어려움을 피하기 위해서는 祖庚을 제1기로 볼 수밖에는 없을 것 같다.

歷組 卜辭는 武丁에서 祖庚 시기의 卜辭인데, 이러한 각도에서 살펴볼 때 제1기에 祖庚 卜辭를 포함시키는 것은 타당하다고 볼 수 있다. 出組 卜人을 지냈고 祖庚·祖甲을 섬겼던 사람은 文例·字體·내용을 보

아 1期에나 2期에 넣어야 할 것이다.

결국 甲骨의 斷代는 반드시 甲骨 卜辭 그 자체가 뚜렷이 나타내고 있는 특징을 근거로 해야지 단지 卜人에 의해 斷代한다거나, 두 왕의 교체 시기를 경계로 구분해서는 안 될 것이다. 祖甲 초기 甲骨은 祖庚 및 武丁 말기 甲骨과 구분하기 어려운 점을 감안할 때 그것들을 모두 제1기로 편입시켜도 무방할 듯하다.

부록2는 賓組 卜辭 중에 잘 보이는 '丁'이라는 칭호에 대해 초보적 탐구를 하였다.[35]

《小屯南地甲骨》의 編者는 과거에 貞人이 歷이었던 卜辭를 20여 편 정도 수록하였고, 대다수가 武乙 卜辭라고 여겼는데, 적은 수나마 《甲》 544,《後下》11·6 같은 文丁 卜辭도 섞여 있고, 이번에도 6片이 발견되었다. 武乙 때의 卜辭이든 혹은 文丁 때의 것이든 관계 없이, 그 前辭 형식은 대개가 '干支歷貞'이고, 일부가 '干支貞, 歷'으로 되어 있어 歷이 동일 인물임을 설명하고 있다. '서문' 주석 (22)에서 "우리가 본 서 중에서 언급한 중기 제2類의 卜辭와 중기 제3類의 卜辭를 李學勤은 《婦好墓의 연대와 유관 문제를 논함 論 '婦好' 墓的年代及有關問題》 중에서 '歷組 卜辭'라 하고 그 시대를 武丁 말기에서 祖庚 시기에 이르는 것으로 보고 있다. 추측컨대 그는 그 중 父丁이 있는 부분을 祖庚 卜辭로 정하고, 父乙이 있는 부분을 武丁 卜辭로 간주한 것 같다"고 하여, 李學勤의 결론에 대해 다른 의견을 제기하고 있다. 글 속에서 武乙·文丁 卜辭의 특징과 기타 다른 卜辭와의 차이를 상론하였고, 덧붙여 "요컨대 이번 발굴과 정리를 거치면서 우리는 文丁 卜辭를 武乙 卜辭와 구별하게 되었을 뿐만 아니라 武丁 卜辭와도 구분하게 되었으니, 이로써 文丁 卜辭에 대한 인식을 한 걸음 전진시켰으며, 卜辭의 分期에 대한 인식도 한 단계 높였다"[36]고 하였다.

肖楠의 《武乙·文丁 卜辭를 논함 論武乙·文丁卜辭》과 張永山·羅琨

의 《歷組 卜辭의 연대를 논함 論歷組卜辭的年代》에서는 상술한 《小屯南地甲骨》 편자의 의견과 같이 歷組 卜辭가 武乙·文丁 때의 유물에 속한다고 주장하고, 상세하게 고증을 하고 있다.

1973년 小屯 南地의 발굴은 주로 중기 지층에서 나온 甲骨로 '乙辛卜辭'가 나온 말기 지층보다는 이르고, 武丁의 賓組·自組·午組 卜辭가 나온 초기 지층보다는 늦으며, 특히 초기 지층과는 시대적으로 일정한 간격이 있었다.

肖楠은 그것들이 武乙·文丁 卜辭라고 생각했다. 중기 지층 자체는 본래 시대가 비교적 빠른 '一組'와 비교적 늦은 '二組'로 나눌 수 있었다. 주요 칭호는 父甲·父庚·父己·兄辛이 있는 康丁 卜辭와 '父丁' 類의 歷組 卜辭가 있다. 이들은 중기 一組 지층과 灰坑에서도 나왔고, 중기 二組 지층과 灰坑에서도 나왔다. '父乙' 유의 歷組 卜辭는 단지 중기 二組 지층과 灰坑에서만 나왔고, 시대는 '父丁' 유의 卜辭보다 늦다. 肖楠은 전자는 武乙 卜辭인데 '父丁'은 武乙의 康丁에 대한 칭호이며, 후자는 文丁 卜辭로서 '父乙'은 文丁의 武乙에 대한 칭호라고 주장하였다.

武乙·文丁 卜辭의 특징은 다음과 같다.

武乙 卜辭에는 단지 歷이라는 貞人 한 사람뿐인데 지금까지 수록된 바와 이번에 발굴된 자료를 합쳐도 20여 편 정도에 불과했다. 따라서 기본적으로 貞人을 넣지 않았다고 할 수 있다.

前辭 형식은 비교적 간단해서 주로 '干支貞'이고, '干支卜'·'干支卜貞'도 약간 보인다. 貞人 歷을 덧붙여 '干支歷貞' 혹은 '干支貞, 歷'이라고 한 것도 있으며, 내용은 대부분이 "다음 열흘간 재앙이 없을까요? 旬亡囚" 혹은 "오늘 저녁 재앙이 없을까요? 今夕亡囚"이다.

兆辭에는 '玆用'·'不用'이 자주 보인다. 字體는 비교적 크고 필체의 풍격은 매우 힘 있고 강해서 康丁 卜辭와 유사한 부분이 많으며, 초기의 卜辭와는 구별되는 점이 현저하다. 새로 발견된 칭호 중에는 '中宗祖丁'이 있는데 이것은 처음 발견된 것으로 武丁을 가리키며, '祖甲'은 武丁의 아들을 가리킨다고 할 수 있다. 斷代의 비중이 비교적 큰 아버지대 칭호로 가장 많이 보이는 것은 父丁이고 父辛도 간혹 보이는데 武乙이 廩辛·康丁을 칭하는 것이다. 方國으로는 召方이 있다.

文丁 卜辭의 貞人은 武乙 卜辭와 마찬가지로 단지 歷 한 사람뿐이다. (陳夢家 등은 貞人 歷이 武乙 卜辭라는 것만 알았지, 文丁 卜辭에도 속한다는 것을 알지 못했다.) 前辭 형식은 기본적으로 '干支卜'·'干支貞'이고, 兆辭에는 역시 '玆用'·'不用'이 있다. 字體는 비교적 복잡하다. 예를 들면 庚·子·辰·巳·午·未·酉·戌·有(혹은 侑)·羌·叀·災·啓·用·弜·囝·允 등 상용자를 쓰는데 각각 일정한 특징을 가지고 있다. 아버지대의 칭호 중 父乙의 출현은 단지 1편 (《屯南》751)뿐이었다. 그러나 武乙·文丁 卜辭에 쓰인 人名으로는 雀·𡆥·沚或가 있다.

글 중에서는 武乙·文丁 卜辭의 字體·文例가 武丁·祖庚 卜辭와의 다른 점, 武乙 卜辭 중의 父丁 칭호, 文丁 卜辭 중의 父乙 칭호, 武乙·文丁 記事 刻辭와 武丁 記事 刻辭와 다른 점, 그리고 武丁·祖庚과 武乙·文丁 卜辭 중의 同名 현상에 대해 보다 상세하게 논하고 있다.[37]

張永山·羅琨의 글에서는 우선 "무엇이 歷組 卜辭인가"를 토론하고, 계속해서 "'歷貞'卜辭 중에서 그 특징을 귀납하여 歷組 卜辭와 구별시키는 척도로 삼아야 한다. 그러나 이 시기의 敍辭는 습관적으로 貞人을 생략했기 때문에, 단지 '歷貞'卜辭와 字體가 같은 甲骨에 근거하여 이 組의 書體·辭例·稱號·事類의 특징을 총괄해 내어 다른 組의 卜辭와 비교함으로써 시대를 감별해 낼 수밖에 없다"고 하였다. 예를 들면 모자를 안 쓴, 즉 윗획이 없는 王자(𡗕)는 武丁 시기에 성행했으며, 庚甲 卜辭 중에는 모자를 쓴, 즉 윗획이 있는 王자가 출현했고, 庚甲

과 廩辛・康丁 때도 역시 윗획이 있는 王자가 많이 보인다. 그러나 貞人 何가 있는 廩康 卜辭는 모두 모자를 안 쓴 王자를 사용했고, 武乙・文丁 때에 이르러서 두 종류가 공존하였다.

그러므로 歷組 卜辭에 모자 없는 王자가 출현했던 것은 돌연한 復古라고 할 수 없을 뿐만 아니라 歷組가 武丁 시기의 것이라는 데 근거로 삼을 수 없다. 상용되던 㠯(以)와 氏자의 변천도 賓組와 歷組 시대의 전후를 설명하고 있다.

賓組에는 '氏'를 썼고 歷組는 '㠯'를 썼다. 고증에 의하면 氏는 祗의 初文이고, 褆는 㫖에서 소리를 취했다. 다시 말하면 氏를 따랐으면서, 그 중 한 부분이 생략되어 소리가 되었다.〔從氏省聲〕《說文》 示部에 "祗는 祀也"라고 하였다. 따라서 氏와 以자는 用法과 의미상 서로 통하고 있다.

孫詒讓은 氏자를 㠯라고 해석하며, "옛날에 㠯・㠯는 소리가 같아 문자가 서로 통했다"[38]고 하였다. 또 어떤 사람들은 "用이라고도 풀이하고, 옛날에는 以와 서로 통했다"고 하여 氏를 "실제로는 人과 厶가 합쳐진 以의 本字로, 생략시켜 ㅎ가 되었다"[39]고 여겼다.

賓組 卜辭에는 그 本字가 많이 보이고, 歷組 卜辭에는 간화된 변체가 많이 보이는데, 이는 두 組의 복사에 전후 시기의 차이가 있음을 반영해 주는 것이다. 다시 文例를 보면, 歷組 농업 卜辭에 "곡식에 좋은 수확을 얻을까요? 受禾"라는 占卜이 자주 보이는데, 文辭가 간결하여 언제 어느 곳에서 수확한 것을 占卜한 것인지는 알 수 없었다. 대부분 "곡식의 좋은 수확을 위해서 某에게 褎祭를 드릴까요? 褎禾于某"・"곡식에 좋은 수확을 얻을까요? 受禾"・"좋은 수확을 얻지 못할까요? 不受禾"라고 많이 썼는데, 이는 帝乙・帝辛 卜辭와 서로 비슷하며, 단지 후자가 "풍성한 수확을 얻을까요? 受年"를 습관적으로 사용하고 극소수만이 禾자를 사용하였을 뿐이다. 이러한 특징 역시 武丁 卜辭와 구별하는 표지가 된다.

또한 歷組 卜辭에는 다음 열흘을 점친 내용[卜旬]이 비교적 많고, 저녁의 일을 점친 것[卜夕]은 적다. 敍辭에는 貞人을 생략하여 '干支卜'·'干支貞'이라 하고, 貞人이 있는 것으로는 '干支歷貞'·'干支貞歷' 등이 있으며, '卜貞'을 連用한 것은 비교적 적다. 歷組와 賓組는 兆序와 兆辭의 기록 방법이 각기 다르다.

총괄하여 말하면 張永山·羅琨은 "발전 순서를 고찰하여 보면 歷組 卜辭가 말기의 특징을 더욱 많이 구비하고 있어 武丁에서 祖庚·祖甲까지의 卜辭와는 거리가 있다. 설령 서로 근접한 부분이 있더라도 그것은 계승 관계의 표현이지 동시대의 증거는 될 수 없다"고 여겼다.

그들은 계속해서 '歷組 卜辭의 연대 歷組卜辭的年代'를 살펴보고 있다. 武丁 때 서쪽의 '旨'는 속국으로 商 왕조와 연맹 관계에 있었으나, 이후 강대해져 위협적인 존재가 되었다. 따라서 歷組 卜辭 중에는 '旨方'을 정벌하는 卜辭가 전체 전쟁 卜辭의 3분의 2를 차지하고 있다. 武丁 때에 '危方'을 정벌했던 卜辭는 1백여 조에 이르지만, 이때에는 이미 우호국이 되었다. 武丁의 賓組 卜辭에는 舌方을 정벌한 내용의 卜辭가 가장 많으며, 祖庚 때 貞人 出이 기록된 卜辭에도 '隻舌方'이라는 기록이 보인다. 만약 歷組 卜辭가 武丁 말기에서 祖庚에 이르는 卜辭라면 舌方의 흔적이 보이지 않을 수 없다.

武丁 때 祖乙 이전의 조상을 제사 지낼 때 "肜祭를 지내는 데 소 1천 마리, 사람 1천 명을 드리면 신령들이 내려 주실까요? 降肜千牛千人"·"丁에게 羌人 3백 명을 제수품으로 제사를 올릴까요? 用三百羌于丁" 등과 같이 많은 人牲을 사용했으나, 상대적으로 아버지대를 제사 지낼 때는 제물 사용이 조금 감소되어 일반적으로 1명에서 3명 정도이며 10명 이상은 비교적 적었다. 祖庚 이후로는 人牲 사용이 점차 감소되었다. 武乙·文丁 때 조상을 제사 지내는 데 한 번에 2백 명을 희생시켰던 예는 단 한 번 있고, 1백 명을 희생한 경우는 두 번, 50명을 희생했던 예도 많지 않았다. 그러나 아버지대에 대한 제사는 아주 융숭하게

치러져 歷組 卜辭에서 父丁을 제사 지내는 데 한 번에 개·돼지·소를 1백 마리씩 썼을 뿐 아니라, 한 번에 羌人 30명 혹은 10명을 희생한 예도 적지 않았다. 아버지대에 대한 제사의 성대함은 희생된 제물의 수량에서 표현될 뿐만이 아니라, 기원하는 항목의 증가에서도 나타나 있다.

"이러한 현상은 商王의 왕위 계승이 '형이 죽으면 동생이 재위에 오름 兄終弟及'과 '부자간에 서로 계승 父子相傳' 하는 두 형식에서 '아버지가 사망하면 아들이 계승 父死子繼' 하는 형식으로 전환한 것과 서로 일치한다"고 하였다. 마지막으로 각기 다른 왕 때에 나타난 같은 이름에 대해서는 '族名' 이라고 해석해 볼 수 있다고 여겼다.[40]

이상과 같이 胡厚宣·貝塚茂樹·陳夢家 및 기타 학자들의 견해를 통해서, 많은 학자들이 董作賓이 斷代에서 제기한 소위 '文武丁 시대의 수수께끼를 꿰뚫다' 또는 '文丁의 복고'설에 대해 부정적 태도를 취하고 있음을 알 수 있게 되었다.

다시 말하면 董作賓이 신구파 계열에 따라 나눈 '文武丁 卜辭', 즉 武丁의 賓組 정통 왕실 卜辭와 世系·稱號·貞人·方國·人物·事類·文法·字形·書體에서 좀 차이가 있는 다른 유형의 卜辭, 즉 '非王 卜辭'라 하든 '多子族' 및 '王族' 卜辭라 하든, 혹은 각각 '自組'·'子組'·'午組' 卜辭라 명명하든, 이것들을 여러 학자들의 연구 분석에 근거해 볼 때 모두 제1기에 넣는 것이 좋을 것 같다. 이러한 의견은 점차 일치되어 가고 있는 추세이다.

本書의 탈고 후 《古文字研究》 第6期가 나왔는데, 그 중에 謝濟는 〈무정시 다른 유형의 복사 분기에 대한 연구 武丁時另種類型卜辭分期研究〉라는 글에서, 이러한 卜辭를 1)稱號와 世系, 2)貞人, 3)兆辭·成語, 4)序辭·書體, 5)坑位, 6)事類 등으로 구분지어 비교적 전면적이고 체계적으로 비교·연구하여, 이것들이 모두 제1기의 유물임을 확인하였다.

그 여섯번째 부분인 '事類'에서는 曆法과 天象, 侯伯子, 지명과 方國,

인물과 官吏, 사냥, 목축, 貨貝, 제사, 질병, 생육 기타 7항을 가지고 武丁의 賓組 卜辭와 武丁의 다른 卜辭에 대해서 여러 가지로 비교한 후 다음과 같이 논하였다.

"이상의 비교만 가지고서도 武丁의 賓組 卜辭와 武丁의 다른 卜辭사이에는 많은 유사점이 있음을 알 수 있다. 이러한 내용은 武乙·文丁 때에는 없던 것이고, 혹 있다고 해도 아주 극소수여서 武丁의 賓組 卜辭와 武丁의 다른 類 卜辭의 시대가 서로 일치하고 있음을 설명하고있다. 董作賓이 이런 같은 것들을 2개의 다른 시기로 나누어 文武丁 復古의 수수께끼를 해결해 냈다고 한 것은 실로 견강부회한 말이다. 만약다시 稱號·貞人·坑位 등 分期·斷代의 표준과 연관지어도 武丁의 다른 卜辭의 稱號·貞人·坑位는 제1기에 속하는 것으로 復古라는 문제는 입에 올릴 수도 없다. 만약 이런 해석을 제4기로 치고 제1기로의 복고라고 한다면 아무리 역설해도 전혀 말이 통하지 않는다."

현재도 이 방면의 연구는 깊이 있게 진행되고 있지만 지금의 연구 성과로도 이미 많은 진전을 보이고 있다. 다만 董作賓이 武乙 시대라고단정한 '歷組 卜辭'에 대해서 혹자는 武丁 말기에서 祖庚까지의 卜辭라고 하며, 혹은 武乙·文丁 때의 것이라고도 하여 학자들 사이의 의견이 엇갈리고 있으니 계속적인 연구를 기대할 뿐이다.

제 8 장
진위 감별과 조각맞추기

제1절 위조품의 감별〔辨僞〕

고문헌에 대한 진위 여부를 가렸던 경향이 극단으로 흘러 마침내 疑古學派가 출현하는 데까지 이르렀다. 이에 대한 긍정적인 측면은 "옛것에 따라 제도를 바꾸거나 托古改制" "옛것이 잘못 누적되어 뜻이 와전層累造成"되는 갖가지 현상이 일어날 수 있다는 점을 일깨워 사람들에게 지나치게 옛것에 빠지지 말도록 권유하는 점이고, 부정적인 면으로보면 사람들에게 고대 역사 자료에 대한 믿음을 실추시켰다는 점이다. 甲骨文의 발견과 王國維 등의 연구에 의해《史記·殷本紀》는 믿을 만한역사 기록이라는 것이 증명된 점은 사람들에게 다시금 신뢰를 회복시켰으며, 아울러 새로운 연구 흥미를 유발시켰다. 지하에서 새로 출토된이러한 실물 자료들은 말할 나위 없이 위조품의 제작을 종용해 그 대처방안으로 위조품을 감별하는 작업이 필요하게 되었다.

1. 저서에 수록된 僞刻

이미 발표된 甲骨 拓本 중에 나타난 僞刻의 수량은 아래에 예로 든몇 점에 불과하다.

> 《鐵》57·1, 84·1, 130·1, 254·1
> 《鄴初》26·1, 31·6, 37·6, 37·8
> 《林》2·28·12, 2·29·12, 2·29·16
> 《明》758

그 이유는 甲骨 자료서를 編印했던 사람들은 대부분 甲骨學의 대가

들로서 편집 과정에서 이미 진위를 가려내었기 때문이다.

캐나다 선교사였던 明義士는 1914년, 때때로 백마를 타고 洹河 남쪽 기슭을 배회하며 甲骨 출토 상황을 둘러보기도 하였고, 甲骨을 사들이기도 하였다. 처음 사들인 큰 胛骨들은 급조된 牛骨에다 새겼던 위조품들이었기 때문에 소장한 지 얼마 가지 않아 썩고 냄새가 났다. 그후 明義士는 더 이상 속지 않기 위해 세심한 관찰과 연구를 거듭하여 진위 감별의 대가가 되었다.

그는 "처음 손에 넣었던 큰 것들은 모두 위조품이었다"고 말했는데, 그로 인해 작은 조각들을 소중하게 여기게 되었고, 실제로 작은 조각을 수집하여 1917년에 출판한 《殷墟卜辭》에 수록하였다.[1]

위조품이 가장 많았던 책은 《庫方二氏藏甲骨卜辭》의 모사본이었는데, 어떤 것은 全版이 僞刻된 것이었고, 어떤 것은 眞刻에 일부 僞刻이 한데 섞여 있기도 하였다.

方法斂은 甲骨을 사고 팔기도 했던 사람이었다. 일단 그의 손을 거친 甲骨은 일일이 모사해 두었기 때문에 쌓인 원고가 4백23쪽이나 되었다. 方法斂은 1914년에 세상을 떠나 그의 유고는 친구인 勞佛이 보관하였고, 1934년 勞佛이 죽은 뒤 다시 뉴욕대학 白瑞華 교수에게 넘겨져 보관되었다. 白瑞華는 1935년부터 손으로 모사했던 원고를 아래와 같이 3권의 책으로 인쇄하였다.

1) 《庫方二氏藏甲骨卜辭》, 甲骨 1천6백87편 수록, 1935년 上海에서 출판(이하 《庫》).
2) 《甲骨卜辭七集》, 5백27편 수록, 1938년 뉴욕에서 출판(이하 《七》).
3) 《金璋所藏甲骨卜辭》, 4백48편 수록, 1939년 뉴욕에서 출판(이하 《金》).

摹本 중에는 많은 僞刻이 있는데 《庫》에 가장 많았다. 《七》·《金》은

학자들의 감별 과정을 거쳤기 때문에 기본적으로 僞刻은 제거되었다. 비록 이들 책에 僞刻이 아직 섞여 있기는 하나 僞刻이 아닌 부분은 상당한 가치가 있기 때문에 이들 자료를 이용하려면 먼저 진위 감별을 하고 나서 활용하여야 할 것이다.

《庫》중의 僞刻 부분은 郭沫若·胡光煒·董作賓·陳夢家·容庚 등이 감별해 내었는데, 거의 1백 편에 달했다.[2]

陳夢家의 《綜述》부록(六) 〈庫方 甲骨 卜辭의 위각 부분 庫方甲骨卜辭的僞刻部分〉에는 僞刻을 세 종류로 나누어 그 번호까지 상세하게 기록하였다.

1) 전부 僞刻인 것, 도합 71片

1	2	5	13	312	748	749	750	751	971	973	978	982
994	1080	1082	1514	1515	1517	1519	1531	1532
1533	1539	1540	1545	1552	1556	1561	1567	1568
1571	1605	1611	1612	1613	1618	1621	1625	1626
1627	1628	1631	1632	1636	1639	1640	1642	1650
1652	1653	1654	1658	1680	1684	1688	1691	1704
1707	1712	1727	1733	1751	1795	1796	1797	1826
1827	1989	2175	2177

2) 일부가 僞刻인 것, 도합 46片

976상부 977상반 983상좌 1226상반·하우 1507중우 1520중하 1523중우 1528상중·정중 1537정면중하 1541중부 1557중3행 1574상반 1576상중 1580정면 1584중하 1586우반 1598중하 1599하반 1604정면 1609좌하2행·우3행 1610정면 1615 1·2·3·4행 1617정면 1619정면중우 1622정면 1624우반 1633우4행 1634정면 우3행 1635정면 1675좌반 1676상중 1678상우 1686중하 1693상중

1695상반 1697좌반 1698좌중 1703정면 1705정면 1706상반 1726
상반·하좌 1728중하 1734중하 1740정면 1798상중 2176정면

3) 의심이 가는 것, 도합 4片
585 985 1759 1799

陳夢家는 "위에 열거한 것들과 여러 학자가 지적한 것과는 약간의 차
이가 있다. 그 중 가장 현저하게 다른 것은 家譜(족보)에 실린《庫》1506
大骨인데, 우리는 僞刻이 아니라고 보았다. 최근 우리는 이 大骨의 옛 탁
본을 구해 보았는데 僞刻이 아니라는 것을 확실히 증명할 수 있었다"[3]
고 하였다.

《庫》1506은 僞刻인가에 대한 학계의 논쟁은 가장 치열했다. 이것은
牛胛骨인데 위에 '兒'라는 사람의 族譜가 새겨 있다. 내용은 다음과
같다.

貞	묻습니다
兒先且(祖)曰吹	兒의 先祖는 吹이고
吹子曰妖	吹의 아들은 妖이고
妖子曰奠	妖의 아들은 奠이고
奠子曰雀	奠의 아들은 雀이고
雀子曰壹	雀의 아들은 壹이고
壹弟曰啟	壹의 동생은 啟이고
壹子曰喪	壹의 아들은 喪이고
喪子曰養	喪의 아들은 養이고
養子曰洪	養의 아들은 洪이고
洪子曰御	洪의 아들은 御이고
御弟曰𡥈	御의 동생은 𡥈이고

御子曰㦰　　　　御의 아들은 㦰이고
㦰子曰龏　　　　㦰의 아들은 龏이다.

　이 '家譜 刻辭'는 먼저 金璋이 1912년 《中國古代皇家遺物》 및 《뼈에 새겨진 슬픈 사연과 족보 骨上所刻之哀文與家譜》, 1914년 庫壽齡이 《河南에서 출토된 복골 河南出土的卜骨》을 저술할 때 발표된 것이다. 그후 1935년 白瑞華가 《庫方二氏藏甲骨卜辭》를 대신 편집할 때 다시 수록해 넣었다. 郭沫若은 1930년 《中國古代社會硏究》를 저술할 때 이들이 僞刻임을 지적하였고, 明義士 역시 1933년 《甲骨硏究》에서 僞刻으로 의심을 품었다.

　1935년 白瑞華는 郭沫若에게 진위 감별을 청하였는데, 郭沫若은 《庫》 1506 大骨과 1989 鹿角에 대한 감별 결과 骨과 角은 진품이나 글씨는 僞刻된 것임을 재차 밝혔다.[4] 그후 胡光煒가 《庫·方 두 사람이 소장한 甲骨 卜辭 인본에 관하여 書庫方二氏藏甲骨卜辭印本》를 쓰고, 陳夢家가 《庫方二氏藏甲骨卜辭》·《方法斂이 모사한 甲骨 卜辭를 논함 述方法斂所摹甲骨卜辭》을, 董作賓이 《方法斂 박사의 甲骨文字에 대한 공헌 方法斂博士對于甲骨文字之貢獻》을, 容庚이 《甲骨學槪況》을 저술할 때 이를 僞刻으로 간주하고 비교적 상세하게 논하여 僞刻說은 굳어지게 되었다.

　그러나 1956년 陳夢家는 《殷墟卜辭綜述》을 저술하면서 갑자기 지난 주장을 뒤엎어 《庫》 1989는 僞刻이지만 《庫》 1506은 진품이라고 하였다. 그는 "《庫》 1506은 줄곧 僞刻이라고 여겼으나 1949년 봄 朱德熙·馬漢麟과 재삼 토론을 한 결과 진품으로 확신하였다. (張政烺 역시 진품으로 확신한다고 말했다.) 최근 나는 拓本(圖版 20下)을 입수하여 더욱 확실히 僞品이 아님을 증명할 수 있었다"고 말하였다. 陳夢家는 또 殷代의 왕위 계승에 대한 고증을 근거로 "九世 이내에서 동생의 이름을 두 번이나 열거한 것은 周의 제도와 다르다. 그러나 殷代 周祭 제도에서의 제사 및 왕위를 계승했던 여러 弟와는 서로 비슷한 데가 있다"[5]고 지적하였다.

陳夢家의 《綜述》이 출판된 후 唐蘭은 1957년 10월호의 《中國語文》에서 이를 비평하였고, 1962년 金祥恒은 《庫·方 양씨 소장 甲骨 제1506편의 감별과 陳夢家의 아 족보설을 논함 庫方二氏藏甲骨卜辭第1506片辨僞兼論陳氏兒家譜》을 썼고, 1978년 嚴一萍은 《甲骨學》에서 모두 부정적인 견해를 보였다.

그러나 중국 내외의 학자들 중 진품으로 믿는 이들이 적지 않았다. 예를 들면 1957년 李學勤이 쓴 《殷代 친족 제도를 논함 論殷代親族制度》, 1959년 饒宗頤가 쓴 《殷代貞卜人物通考》 및 1970년에 編印된 《歐美·아시아에서 본 甲骨 收錄集 歐美亞所見甲骨錄存》, 1963년 白川靜이 쓴 《甲骨文集》, 1972년의 《甲骨文之世界》, 1965년 孫海波가 개정한 《甲骨文編》, 1967년 島邦男이 編한 《殷墟卜辭綜類》, 1974년 儀眞이 쓴 《고고 발견으로 논한 유·법가 투쟁의 몇 가지 문제 從考古發現談儒法鬪爭的幾個問題》, 1978년 于省吾가 쓴 《甲骨文 '상갑으로부터 6세' 의 묘호 및 中國 역사 기록의 시작을 논함 略論甲骨文 '自上甲六示' 的廟號以及我國成文歷史的開始》 등에서 僞刻이 아니라고 간주하고 그 내용을 모두 인용하였다. 1979년 廣州에서 열렸던 中國古文字學術硏究會 第2次 年會에서 胡厚宣은 《甲骨文 '家譜 刻辭' 진위 문제의 재토론 甲骨文 '家譜刻辭' 眞僞問題再商榷》이라는 論文을 발표하여 《庫》 1506과 1989 2편 甲骨의 소장·수록에 대한 과정과 논쟁 상황을 상세하게 회고하는 한편, 10여 근거 조항을 열거하며 그것이 僞刻임을 역설하여 참가자의 특별한 관심을 모았고, 더불어 열띤 토론이 전개되었다.

논문 내용에서 《庫》 1506 大牛胛骨의 '家譜 刻辭' 와 《庫》 1989 '鹿角 刻辭' 는 同文이라고 주장하였다. 다만 '鹿角 刻辭' 의 '貞' 자 위에 '王曰' 이라고 하는 문자가 더 있을 뿐으로, '鹿角 刻辭' 를 僞刻으로 보는 데는 이론이 없다고 지적하였다. '家譜 刻辭' 역시 믿을 수 없는데,

이에 대해 다음과 같은 몇 가지 이유를 들었다.

1) 이 뼈에는 鑽·鑿·灼兆의 흔적이 없다. 또한 '家譜'는 卜辭가 아니기 때문에 '貞'이라 칭하지 못한다. '貞'은 卜辭에서 占卜시의 전문용어로서 記事 刻辭에는 사용할 수 없다.

2) 甲骨文字는 보통 경계선을 중심으로 갈라 두 卜辭를 분리시켜 서로의 혼돈을 피했다. 이 뼈는 단지 '家譜'만을 썼고 다른 辭가 없으며, 꼭대기의 橫線은 불필요한 것이었다.

3) '子'자는 武乙·文丁 때의 서법이고, '𢁚'는 武丁의 아들 이름인데, 이들이 함께 쓰여진 것은 도리에 맞지 않다.

4) '兒'자의 臼 속에 가로획이 하나 더 그어져 있는데, 甲骨文·金文·小篆 중에 이러한 字形은 전혀 찾아볼 수 없다.

5) 여기서 '兒'자를 兒族名으로 썼을 뿐 아니라 아들이라는 뜻으로 썼는데, 甲骨文 중에 兒는 모두 地名으로 쓰였고 아들이라는 의미로 쓰인 경우는 없다. 또 '弟'자도 甲骨文 중에서 동생 또는 형이 죽으면 동생이 계승한다는 의미로 쓰인 경우는 전혀 없다.

6) '家譜' 속의 인명 중 어떤 것은 베껴 쓴 것이고, 어떤 것은 거짓으로 꾸며진 것도 있다. 어떤 것은 《庫》1576·1598·1604·1621·1624 등에 보이기도 하는데, 거의 동일 僞刻者의 손에 의해 씌어진 듯하다.

7) 卜辭의 행간이 너무 단조롭고, 새김 기술이 미숙하여 중복해서 새겼기 때문에 필획이 거칠고 조잡하다. 이는 일반 甲骨文字의 정연함과 숙련됨, 그리고 예술적인 아름다움에 비추어 보면 전혀 다른 양상이다.

8) 卜辭에 보이는 上甲 이하 先公·先王은 모두 十干을 이름으로 하였다. 이 '家譜 刻辭'에 兒先且曰某, 某子曰某, 某弟曰某라고 한 것과, 曰 아래에 이상한 이름을 나열한 것도 卜辭 규율과 전혀 다르다.

9) 영국 케임브리지대학 도서관에 소장된, 金璋이 옛날 소장했던 甲骨文 중 Hopkins라고 編號가 붙은 1110 大骨에 유사한 '家譜 刻辭'가

있어 이것이 僞刻인 것을 여실히 알 수 있다. 그 위에 다른 刻辭 4행이 있는데 매행 3字로 되어 있고, 오른쪽에서 왼쪽으로 다음과 같이 씌어 있다. "弟曰南, 貞曰靜, 心曰安, 凿曰止." 이는 완전히 조작하여 쓴 것임에 의심의 여지가 없다. 그러나 그 오른쪽 밑에는 다음과 같은 2행의 卜辭가 새겨져 있다.

癸巳卜, 貞: 王旬亡歔.
□□卜, 貞: 王旬亡歔.
癸巳日에 점을 치고 묻습니다: 대왕에게 다음 열흘 동안 재앙이 없을까요?
□□日에 점치고 묻습니다: 대왕에게 다음 열흘간 재앙이 없을까요?

이는 전형적인 帝乙・帝辛 때의 甲骨文字이다. 이상을 서로 비교해 본 결과 子曰・弟曰이라는 내용은 절대 진품일 리가 없다. 이것들을 미루어 볼 때 《庫》1506이 僞刻임은 말할 나위가 없다.

10) 《殷契卜辭》209片에 비록 子曰이라는 구절이 있으나 전후 글귀는 모두 잘려 나가고 없다. 《甲骨文零拾》145片에 '耳曰'이라는 글귀가 있고, 《殷墟文字乙編》4856片에 비록 某子曰某라는 구절이 있으나 이는 분명하게 婦鄘의 아들을 지칭한 것이었다. 《粹》1240, 즉 《京人》3013 역시 "帚敏의 아들은 犟이다 帚敏子曰犟"고 하였으나 모두 世系는 아니고 家譜는 더욱 아니다. 따라서 이것으로 '家譜 刻辭'의 근거를 삼을 수 없다.

11) 陳夢家가 舊說을 바꾼 주요인은 고고연구소가 최근 이 뼈의 탁본을 입수했기 때문이다. 실제로 이 탁본을 보거나, 심지어 饒宗頤의 탁본이나 비교적 완벽하다고 하는 사진(附圖七)만 보아도 眞刻 같지 않아 한눈에 僞刻임을 알 수 있었다.[6]

于省吾는 회의가 끝난 후 상기 논문의 논지와 상반된 견해인《甲骨文 '家譜 刻辭' 진위변 甲骨文 '家譜刻辭' 眞僞辨》이라는 글을 써《庫》1506이 절대 僞刻이 아니라는 것을 증명했다. 于省吾 글의 첫부분은《殷墟卜辭綜述》에 첨부된 圖版과 그가 지난날 소장했던 탁본을 반복해서 상세히 살펴본 결과 "그 文字의 필치는 강하면서 조화를 이루었고, 행간은 굽은 듯하나 자연스러운 것을 보면 僞刻者들로서 도저히 써낼 수 없는 경지이다"고 하였다.

둘째 부분에서는 文字 문제를 다루었는데, 兒·先祖·𥝢·雀·弟·敢·子𡥀 등의 필법과 의미를 깊이 연구해 내었다.

셋째 부분에서는 행간의 격식을 다루었다. '貞'자는 후에 써넣은 것으로 생각되나, 행간은 "모두 자연스럽고 유연성이 있으며 들쭉날쭉한 데가 전혀 없다"고 하였다.

넷째 부분에서는 "商代人들은 十干을 이름으로 칭했으나 本名과는 다르다"는 것을 천명하였다.

다섯째 부분에서는 '家譜 刻辭'가 한두 군데 보인 것이 아니라《殷契卜辭》209片 제1행에 '子曰某' (某자는 잘렸다)라고 하였고, 제2행에 '子(윗부분이 잘렸다)曰𢽥'라고 하였는데, 이것들은 사실 잘려 나간 '家譜 刻辭'의 조각들로서 이러한 刻辭들은 계속 발견되리라고 하였다.

여섯째 결론 부분에서는 " '家譜 刻辭'가 만약 위조품이라면 지금부터 70여 년 전 몇 안 되는 은밀한 僞刻者들에 의해 만들어진 刻辭가 대량의 풍부한 자료를 손에 넣은 지금의 우리들에게 읽혀졌을 때 분명히 오류와 미흡한 점들이 드러났을 것이다. 그러나 실제 상황은 그와 정반대로 아무런 흠도 없이 의심의 여지를 전혀 주지 않는 경지에 이르러 이를 보자마자 眞刻임을 알 수 있었다"[7]고 하였다.

결론적으로 말해, 이 두 견해가 첨예하게 맞선 것은 이 문제가 더욱 깊고 분명하게 연구되어야 함을 시사하고 있다.

그밖에 山東 臨淄 孫文瀾이 소장했던 甲骨 1백 편은 1907년 이전에 구매했던 것으로 초창기에 출토된 것이었다. 方法斂은 孫文瀾의 甲骨 중 31편을 골라 모사했는데, 白瑞華는 이것들을 《孫氏所藏甲骨文字》에 수록했었다. 학계에서는 이들 甲骨의 眞僞에 대해서도 열띤 논쟁을 벌였다.

먼저 明義士는 1937년 方法斂의 모사본을 감정하고 X23·X24·X29 3편에 대해 의심을 품었다.

1940년 董作賓은 《方法斂 박사의 甲骨文字에 대한 공헌 方法斂博士 對于甲骨文字之貢獻》이라는 글을 쓰면서 이 31편 甲骨文은 전부 倣刻이라고 여겼다. 그는 "方法斂이 모사한 것은 전후 10년 사이에 수집한 것들인데 이 10년 동안 僞刻 기술이 현저하게 진보되었다. 《甲骨卜辭七集》 X1에서 X31까지 전체를 원래의 격식대로 모방해서 새긴 것으로, 이것은 가장 매끄러운 위조품이었다"고 하였고, 계속해서 "倣刻과 僞刻은 다르다. 僞刻은 字句가 두서 없이 섞이거나 완전히 새로운 내용으로 조작해 만들어진 것이 많다. 그러나 倣刻은 마치 해적판처럼 원본을 그대로 베껴낸 것이기 때문에 그 저의는 범죄와 마찬가지이다"[8] 고 하였다.

같은 해 陳夢家가 《方法斂이 모사한 甲骨 卜辭를 논함 述方法斂所摹甲骨卜辭》을 쓸 때 이 31편의 甲骨은 "지금 어디 있는지 알 수 없다"고 하였고, 모방해 새긴 것이라고는 하지 않았다.[9] 그러나 1956년에 쓴 《殷墟卜辭綜述》에서는 오히려 이것들 모두는 倣刻이라고 하였다.[10]

胡厚宣은 《臨淄孫氏舊藏甲骨文字考辨》에서 《甲骨卜辭七集》 第六部에 수록된 《孫氏所藏甲骨文字》는 모두 진품이고, 僞刻된 것은 단 1편도 없을 뿐 아니라 모방해서 새긴 위조품도 없다고 말했다. 이러한 논쟁의 해결책은 아주 간단하다. 다만 우리가 볼 수 있게 甲骨 실물을 찾아내기만 한다면 가장 확신이 가고 믿을 만한 증거가 될 수 있을 것이다.

孫文瀾은 1935년 이미 세상을 떠났고, 그가 소장한 甲骨 중 山東 도

서관이 9편을 사들였는데 그 중 2편은 1편에서 잘린 것이기 때문에 사실은 8편으로, 현재 山東省博物館에 소장되어 있다. 이 8편 중 6편은 《七集》에 수록되어 X1·X2·X3·X11·X13·X26으로 編號가 붙여졌다. 그외 22편은 山東圖書館長 王獻唐이 소장했다가 1959년 中國科學院 歷史硏究所에 기증했다. 胡厚宣은 신중국 성립 이전 王獻唐이 소장한 甲骨을 본 적이 있었는데 모두 진품이어서 10편을 골라 그가 編印한 《戰後南北所見甲骨錄》 중의 《南北師友所見甲骨錄》 卷二에 수록하였다. 編號는 《南師》 2·33, 2·50, 2·73, 2·131, 2·176, 2·177, 2·178, 2·180, 2·183, 2·192이다. 그 중 6편은 《七集》에 수록되어 있는데 《南師》 2·50(X18), 2·73(X4), 2·178(X30), 2·180(X22), 2·183(X17), 2·192(X14) 등이다. 그외에 모사되지는 않았지만 《七集》에 수록된 것으로는 X15·X23 2편이 있다.

이상 《七集》에 수록된 14편의 甲骨을 근거로 볼 때 단 1편도 僞刻되었거나 倣刻된 것을 찾아볼 수 없는 진품들이다. 《七集》에 수록되지 못했던 甲骨은 현재 山東博物館에 아직 2편이 있고, 역사연구소에 14편, 도합 16편이 있는데 역시 모방해서 새긴 위조품은 1편도 없다.

方法斂의 모본은 정확하지 않고 잘못 모사해 놓은 부분까지 있다 하여, 胡厚宣은 甲骨 실물과 탁본을 근거로 다시 한 번 《七集》 중에 수록된 14편 甲骨에 대해 상세한 고석을 하였다. 그 결과 이들 甲骨은 위조품이 아닐 뿐 아니라 내용이 극히 정밀하다고 분석하였다. 《七集》에는 七家의 소장품을 수록하였는데, 그 중 《天津新學書院》 및 《孫氏所藏甲骨文字》는 판이 크고 문자가 많았다. 특히 孫文瀾이 소장한 부분이 가장 중요하다. 만약 倣刻이라거나 위조품이라고 하여 버린다면 실로 애석한 일이다. 이들 甲骨 중 X1은 소의 늑골로, 전후면에 모두 문자가 새겨져 있다.

전면: 乙丑卜……弜又. 又匕辛溫. 弜又. 其用丝卜. 叀丝卜用. 乙丑

卜叀. 丁亥卜, 寧, 🦟……叀派令.

乙丑日에 점을 칩니다. 又祭를 드리지 말까요? 妣辛에게 又祭를 드려 복을 빌까요? 이것으로 점을 칠까요? 이것으로 점을 칠까요? 乙丑日에 점을 칩니다. 丁亥日에 점을 치고 寧이 묻습니다…… 派에게 명할까요?

후면: □公歲小羊.

某公에게 제수용으로 특별히 기른 羊을 드려 歲祭를 올릴까요?

소의 늑골에 卜辭가 새겨진 경우는 극히 드물다. 貞人이 寧이었던 점으로 보아 廩辛·康丁 때에 占卜했던 것을 알 수 있다. 그외 여러 편에도 비교적 중요한 내용이 담겨져 甲骨學과 商代史의 연구에 상당한 참고 가치를 제공했다.[11]

결론적으로 말해서, 이 甲骨들에 대한 명확한 분석은 진위 감별 작업에서 얻은 큰 수확이었다. 日本 학자 松丸道雄은 위 글을 읽고, 또 글 중에 실린 탁본을 면밀히 검토한 후 "胡厚宣이 말한 바와 같이 의심의 여지가 없다. 단지 原骨에 있는 文字의 배치 상태만 보더라도 모두 규율에 들어맞아 모방으로 도저히 이를 수 없는 경지이다. 胡厚宣의 주장은 매우 타당하다"고 하였으며, 계속해서 "특히 주의해야 할 일은, 董作賓이 "方法斂이 孫文瀾의 甲骨 1백 편 중에서 31편을 골라 모사하였던 때가 1907년의 일이었다"고 여겼던 점인데, 이는 매우 중요한 관계가 있다. 만약 董作賓이 말한 것처럼 이들 모두가 모방해서 새긴 것이라고 한다면, 그때는 甲骨文 출현 후 甲骨 硏究의 새 길이 채 열리지도 않았고 단지 2,3인이 연구에 종사하던 초기 단계였다. 그때 위조자가 지금의 학자들이 그 진위 여부를 놓고 열띤 토론을 벌여야 할 만큼 우수한 '倣制品'을 만들어 낼 수 있었으리라는 생각은 받아들이기 어렵다"[12]고 하였다.

2. 위조품의 감별법

甲骨의 출토 초기 대량의 위조 甲骨이 쏟아지게 된 것은 위조자가 많은 수익을 얻을 수 있었기 때문이었다. 王懿榮이 사들인 甲骨의 경우 매판마다 은 2냥에 달했다. 范維卿은 端方을 위해 甲骨을 샀는데 端方은 매문자마다 은 2냥 5전을 주었다. 이렇게 문자에 따라 값을 따지고 가격의 급격한 상승은 위조를 종용하였다. 梁啓超는 1927년 燕京大學에서 古書의 진위 감별에 대해 강의할 때 "淸 光緖 말년, 河南 殷墟에서 많은 甲骨을 발견했는데 그 위에 문자가 새겨져 있었다. 그것은 모두 孔子 이전의 것이어서 孔子도 일찍이 보지 못했던 것이다. 원래 아주 진귀한 보배였다. 그러나 발견 이후 20년이 지난 지금까지 琉璃廠(北京의 골동품가)에는 가짜 甲骨이 들끓고 있다. 옛날에는 흔했으나 지금은 甲骨이 귀하여 작은 것은 몇 원, 큰 것은 몇십 원 하니 자연히 사람들은 가짜를 만들어서 이익을 탐했다"[13]고 하였다.

董作賓은 《甲骨學五十年》에서 당초 甲骨을 위조한 사람은 한둘이 아니지만 가장 유명했던 사람은 藍葆光이라고 하며 다음과 같이 말했다.

"藍葆光은 하북성 사람이다. 민국 17년(1928년) 가을 제1차 殷墟를 발굴할 때 그를 한 번 보았는데 그는 30여 세에 불과한 여리고 문약한 서생 같았다. 그는 영리하고 손재주가 있었지만 애석하게도 어려서부터 아편을 하는 나쁜 습관에 빠져 일정한 직업이 없이 彰德府를 유랑한 지 이미 오래 되었다. 그의 말로는, 그가 처음 만든 가짜 골동품은 장난삼아 만든 것으로 문자 없는 銅器·甲骨版 혹은 사슴뿔·화살촉에 甲骨文字를 새겼는데, 그뒤 골동상인들은 그를 부추겨 많은 위조 골동품을 만들어 北京·天津·南京·上海의 동업자를 속였다고 하였다. 동업자들은 또 외국인들을 속였는데, 그는 오히려 자신의 손재주가 상품화되는 것을 즐겨했다. 그는 어려서부터 '문자가 있는 뼈 字骨'를 모방하여 새겼는데 완성된 작품을 나에게 보여 주기도 하였다.

원래 골동상은 은허에서 출토된 문자 없는 귀갑·牛胛骨·사슴뿔·짐승뼈를 싼 가격에 사서 그에게 문자를 새기게 하였으니, 재료는 옛것이로되 문자는 새것이었다. 그는 또 많은 기이한 물건을 만들어 냈고, 꽃무늬를 조각하거나 혹은 甲骨文을 새겼는데 판로는 매우 좋았다. 이 때문에 골동상인들은 모두 그를 받들었다. 劉鐵雲이 甲骨을 수집하면서부터 위조품은 나돌아 섞이기 시작했고, 민국 17년까지 끊임없이 대량으로 쏟아졌다. 藍葆光에게는 많은 甲骨文字를 모방해 써둔 1권의 책이 있었고, 특히 劉鐵雲·羅振玉이 각각 책을 출판했을 때 그는 모두 베껴 두었지만 끝내 한 자도 익히지 못했다. 그는 부서진 조각 위에도 單字를 새겼는데, 때로는 잘못하여 상하를 거꾸로 놓으면 거꾸로 된 문자를 썼고, 심지어는 全片을 모두 거꾸로 쓴 것도 있었다. 처음에는 책자를 보고 새겼는데, 점차 익숙해진 후에는 한 문자가 생각나면 그 자를 새겼고, 새기는 솜씨도 뛰어나 다른 사람이 보면 매편·매문자가 모두 甲骨文 같았다. 점차 더욱 발전하여 완전한 판만을 골라 새겼고, 또 섬세하게 새겨 정말 진위를 구별하기 어려웠다. 그는 나에게 완전한 龜腹甲 1판을 주었는데 안쪽에 파고 불로 지진 것은 모두 원래 것이고, 그가 정면에 새긴 몇 줄의 복사는 실제의 것과 전혀 차이가 없었다. 다만 刻辭의 위치와 좌우행이 맞지 않아 나는 그가 문장을 이해 못한다는 것을 알았지만 그에게 말할 수는 없었다.

내가 본 위조품에 의하면 민국 초년과 光緒 말년에 만들어진 것은 대부분 마구 섞여 문장을 이루지 못했고, 중간에는 뒤집힌 문자까지 있었는데 이는 당시의 풍조였다. 그후에 어떤 사람은 통할 듯 말 듯한 문장을 만들었고, 마지막에 가서 全文을 모방한 刻辭까지 등장하였다."[14]

상술한 위조자들을 볼 때, 기본적으로 甲骨學의 지식이 없었기 때문에 그들이 위각한 卜辭는 대다수가 임의대로 單字들을 섞어서 만들었고, 복잡하고 무질서하게 나열시켜 보자마자 위조임을 알 수 있다. 또 약간의 倣刻은 진품을 모방해 새긴 것으로, 새기는 사람이 문장 배열을 이해하지 못한 채 새겼기 때문에 세심하게 관찰만 하면 비교적 쉽게 가려낼 수 있다. 진위 감별의 경험과 규율을 귀납해 열거하면 다음과 같다.

1) 僞刻은 대부분 牛胛骨에 새겼다. 문자를 새기기에는 牛胛骨이 용이했고, 새로운 龜甲은 새기기 어려울 뿐 아니라, 지하에서 출토된 문자 없는 진짜 甲骨에다 문자를 새기면 쉽게 파손되기 때문이다.
2) 위각자들은 새길 때 인위적으로 문자를 가지런하게 맞추는 데 힘썼기 때문에 단번에 위각인지를 구별할 수 있다.
3) 앞서 말한 것과 같이 위각자는 甲骨學의 기본 상식이 결핍되어 문장 배열을 모르고 斷代는 더욱 이해 못하였다. 혹은 문장의 좌우 구별을 못하고, 혹은 제5기 문자체를 모방해서 제1·2기 貞人을 새겼고, 혹은 제1기 자체와 貞人으로 武丁 이후의 殷王 世系 등을 새겼다.

결론적으로 말하면, 어딘가 단서를 남겼고 이런저런 결점을 찾아낼 수 있었다.《庫》1506같이 최후 결론을 내리기 어려운 조각은 사실상 그 수가 매우 적었다.

처음 甲骨文을 배운 사람이 甲骨學의 체계적인 지식을 배운 후 甲骨이 수록된 탁본을 많이 보고, 기회가 있을 때 다시 실물을 보면 위각은 비교적 쉽게 식별된다. 이미 수록된 책에서 찾아낸 위각은 本節의 첫 부분에 제시한 바와 같고, 기타 각 저서는 경험 있는 전문가가 감정한 후 선별하여 수록하였기 때문에 위각은 극히 적어 안심하고 인용할 수 있다.

여기서 빠뜨릴 수 없는 일화는 國學大師 章太炎의 이야기이다.《說文》을 금과옥조로 여긴 그는 시대적으로 비교적 빠른 甲骨文·金文을 들어《說文》의 잘못을 지적하는 것을 용납하지 않았다. 藍葆光의 위조

행각은 확실히 章太炎에게 甲骨文을 공격하는 데 구실을 보태 주었다. 그는 《國故論衡》에 특별히 《理惑論》을 써서, 첫째는 甲骨文을 부정하고, 둘째는 羅振玉을 집중적으로 비난했다.

그는 "또 근래 쪼개진 귀갑을 얻은 자들이 있는데, 그곳에 새겨진 문자들은 새와 벌레 같고 彝器의 문자와는 조금 다르다. 그들은 세상을 속이는 사람들로서 나라도 내다파는데 하물며 문자일소냐. 한둘 학문하는 사람들이 그것을 진짜로 믿고 있는데 이는 보통 사람들이나 할 수 있는 병폐이다.

《周禮》에 보면 釁龜之典이 있는데 거기에 문자가 있다는 말을 듣지 못했다. 그외에 《龜策列傳》에는 옛사람들이 점치기 전에 흰 꿩을 잡아 그 피를 龜腹에 담거나, 술과 고기를 제물로 삼고, 노란 비단으로 곡식과 계란을 싸서 바쳐 龜의 액을 씻는 의식이 있으나 그곳에 무슨 그림이나 문자가 전하는 바 없다. 만약 거북을 불로 지져 점을 치면 여기저기 갈라진 자국이 생기기 마련인데 이를 문자라고 오인하는 바 결코 2천여 년 전의 옛 물건이라고 말할 수 없는 것이다. 무릇 땅에 묻힌 뼈가 1천 년이 되어 썩지 않는 것이 없고 세월이 흐르면 한줌 먼지로 화하고 만다. 龜甲이나 조개껍질도 이와 다를 바 없다.

옛날 隋侯에게 도움을 받은 큰 뱀이 보답하려고 바쳤던 구슬, 전후 12승의 수레를 비춘다는 구슬, 대합이나 조개를 깎아 만든 장식품 등도 지금 세상에 전하는 것이라고는 찾아볼 수 없다. 이렇게 맑은 백토의 흰색도 쉽게 변화하는데 거북이 아무리 신령하다 해도 이처럼 오래 지탱할 수 있단 말인가. 鼎·彝 같은 동기가 전하는 것이 한둘이 아니고 위조품까지 만들어지고 있는데, 하물며 썩기 쉬운 물질에 변화하기 쉬운 기물들은 눈 깜짝할 사이에 위조품을 만들어 낼 수 있는 것이다. 또 이를 얻은 자들도 믿을 수 없는 사람들이다. 많은 사람들이 이를 전통 기물이라고 믿고 있으니 어찌 탄식하지 않으리!"라고 말하였다.

지금 돌이켜보면 전혀 반박할 가치도 없다. 그러나 당초 章太炎의 열

변은 분명히 영향력이 있었다. 章太炎이 甲骨에 대해 회의를 품고 전체를 부정한 것은 甲骨學 자체와 전체 학술 연구에 상당히 불리한 요인이 되었다. 이 때문에 당시의 청년 甲骨學者 金祖同은 1935년 적극적으로 章太炎 설득에 나서, 먼저 그를 방문하여 인사하고 집요하게 서신으로 항변했으나 불행히도 다음해에 장씨가 세상을 떠나 결국 완고한 견해를 꺾지 못했다.[15]

章太炎 이후 그 제자 黃侃(季剛) 또한 스승에 이어 甲骨을 믿지 않았다.

이외에 漢川의 徐英(澄宇)은 《甲骨文字理惑》[16]이란 책에서 22개 조항으로 甲骨의 허위를 지적하였으며, 또 字形으로 견강부회하며 일일이 孫詒讓·羅振玉 두 학자의 고석을 믿을 수 없다고 반박했다. 이 또한 호사가의 헛수고로, 결국 甲骨의 광채를 감추기는 어려웠다.

제2절 조각을 맞춤〔綴合〕

甲骨의 재질은 본래 쉽게 쪼개지는 특성을 가졌는데, 3천여 년 동안 지하에 매장되었기 때문에 출토시 이미 파손된 것이 대부분이었다. 우연히 발견된 비교적 크고 완전한 것도 이리저리 전매되고 탁본하는 과정에서 더 많은 조각으로 갈라졌다. 만약 파열된 甲骨을 綴合하여 원래의 형태로 복원할 수 있다면 복사의 내용을 한층 폭넓게 이해할 수 있고, 卜辭의 文例와 어법 현상 또한 쉽게 파악할 수 있기 때문에 綴合은 甲骨 연구에서 빼놓을 수 없는 주요 항목이다.

1. 지난날의 성취

甲骨文의 斷代 연구는 王國維를 효시로 삼는데, 甲骨의 綴合 또한 王國維가 먼저 그 길을 열었다. 1917년, 王國維는 上海에 거주하던 영국인 哈同의 부인 姬佛陀를 위해 《戩壽堂所藏殷墟文字》를 編했고, 《戩壽堂所藏殷墟文字考釋》을 썼는데, 그 중 1편(《戩》1·10)은 羅振玉의 《殷墟書契後編》 상권의 1편(《後上》8·14)과 같음을 발견했다. "문장의 뜻이 연결되고 벌어진 흔적이 서로 일치되는 것으로 보아 1편이 잘려 2개가 된 것임을 알았다." 이 2편의 甲骨을 합침으로써 한편으로는 卜辭 綴合의 선례를 열었고, 한편으로는 上甲·報乙·報丙·報丁·示壬·示癸의 순서를 알 수 있게 되어 《史記·殷本紀》·《三代世表》와 《漢書·古今人表》에 나열된 報丁·報乙·報丙의 잘못을 바로잡을 수 있었다.

1933년 郭沫若은 《卜辭通纂》과 《古代銘刻匯考》를 저술하면서 모두 40여 개를 붙였고, 그후 《殷契粹編》에서 또 약간의 조각을 붙였다. 그 중 《粹》113은 3개의 작은 조각을 붙인 것으로, 王國維가 맞춘 上甲에서 示

癸까지의 世系에 이어지는 새로운 예를 추가했을 뿐만 아니라 上甲에서 大庚에 이르는 周祭의 순서를 완전히 해결했으니 중요한 수확이 아닐 수 없었다. 이외에 明義士·董作賓 등도 약간의 甲骨을 綴合하였다.

이에 관한 전문서는 먼저 曾毅公의 《殷契裒存》[17]을 들 수 있다. 1939년에 출판된 본서에는 붙인 甲骨이 모두 75편 수록되었다. 1949년 또 《甲骨綴合編》[18]을 편찬했는데 모두 3백96판을 붙였으며, 容庚·陳夢家 등이 이 책을 위해 서문을 써 綴合의 중요 의의를 강조하였다. 그후 이 기초 위에 郭若愚·曾毅公·李學勤이 《殷墟文字綴合》[19]을 함께 편찬했는데, 《甲編》·《乙編》 중의 4백82판을 중점으로 綴合했다. 嚴一萍은 《殷墟文字甲編》과 기타 탁본을 綴合·복원시켜 《甲骨綴合新編》[20]을 내놓았는데 모두 7백5판을 붙였다.

甲骨을 붙이는 작업에서 가장 이상적인 것은 原片을 이용하는 것인데, 원편만이 甲骨의 부위·색채 및 파열된 무늬와 복사의 서체 그리고 점친 事件 등을 더욱 확실히 볼 수 있으며, 탁본을 근거로 해서 綴合하는 경우에 비해 잘못을 줄일 수 있다.

張秉權이 편찬한 《殷墟文字丙編》[21]은 실물을 綴合해 수록한 《乙編》을 근거로 했던 훌륭한 성과로 모두 3백49판을 담았다.

甲骨의 綴合은 인내심과 치밀함이 필요한 힘든 작업이고, 또 폭넓은 지식과 문제 의식이 뛰어나야 한다. 최근 계속 출판되고 있는 《甲骨文合集》에는 綴合된 甲骨片이 거의 1천6백여 판에 달한다. 이는 甲骨文 綴合이 올린 개가였다. 이러한 성과는 작고한 桂瓊英의 노고와 무관할 수 없다. 桂瓊英은 진지하고 친절하며 윗사람의 품격을 지녔다. 더욱이 학문적으로도 성실하고 흔들림이 없어 존경을 한몸에 받았다. 그녀가 甲骨 綴合 분야에서 이룬 공헌은 장기간에 걸친 노력의 결정체로서 우리 마음에 깊이 새길 만한 일이다.

2. 금후의 전망

甲骨을 인위적으로 綴合시킬 때는 甲骨學者가 친히 나서야 한다. 만약 甲骨學의 풍부한 지식이 없고, 甲骨의 분류와 정리 방법에 익숙지 않은 사람이 단지 龜甲의 '톱니 같은 이음새 齒縫'와 '龜甲 비늘의 흔적 盾紋'만을 보고 수록집 중의 탁본이나 모사본 혹은 사진이 甲인지 骨인지, 腹甲인지 背甲인지, 혹은 骨版의 어떤 부위인지 판별하기란 불가능하다. 따라서 근본적으로 綴合 작업에 임할 수가 없다. 만약 甲骨文의 점치는 법, 文例, 卜辭의 내용을 이해하지 못하고, 형태가 거의 비슷한 것, 혹은 부위가 대체로 서로 비슷한 것을 붙이게 되면 필연적으로 오류를 범하게 된다. 이 때문에 綴合 작업은 많은 정력과 시간이 필요하고, 다각적이고 세심한 고찰이 선행된 뒤에야 비로소 착수할 수 있다. 그러나 甲骨學者들은 많은 연구 과제를 수행해야 하기 때문에 甲骨 綴合에 충분한 시간과 정력을 투자할 수 없다. 그러면 새로운 방법을 고안하여 대체시킨다고 甲骨學者들이 이 힘겨운 작업에서 벗어날 수 있겠는가? 이는 학계의 공동 관심사이다.

현대 과학 기술의 발전은 결국 새로운 방법을 찾아냈다. 1973년, 국외에서 먼저 컴퓨터로 甲骨을 붙이는 방법을 시도했다. 1974년, 中國 내에서도 이 방면의 연구에 종사한 사람이 있었다. 최근의 통계에 따르면 甲骨 출토의 수량은 이미 10여만 편에 달하고,[22] 이후의 새로운 발견은 아직 예측할 수 없다. 이 많은 자료를 오로지 사람에게만 의지해야 하는 정리는 매우 어려운 실정이다. 지금 해외에서는 컴퓨터를 사용해서 완전한, 혹은 대체로 완전한 甲骨의 綴合을 해낼 수 있게 되었지만 계속적인 방법의 개선이 필요하다. 中國 학자들은 서로 인접한 骨版은 물론 骨版의 4분의 1 이상의 조각들을 연결하여 붙이는 노력을 하는 데 정확성도 제고되는 추세이다.

컴퓨터에 의한 甲骨의 綴合은 두말할 필요도 없이 甲骨 정리에 있어서 혁신적인 선진 기술이다. 비록 綴合 방법상 일보 전진된 개선이 요구되고 있지만, 금후 어느 정도 수확은 기대할 수 있는 것이다. 童恩正 등이 보고한 바와 같이 "컴퓨터를 이용하여 甲骨을 綴合하는 새로운 방법은, 역시 여러 차례의 실험을 통해서만 발전과 완벽을 기할 수 있는 것이다. 당면한 주요 문제는 사람이 조각 표본을 다루어야 하기 때문에 작업량이 많을 뿐더러 정확하지 않은 점이다. 그러나 우리가 설정한 1) 時代, 2) 字迹, 3) 骨版, 4) 碎片, 5) 卜辭, 6) 邊緣(갑골의 가장자리) 등 여섯 가지 綴合 조건 중 첫번째 항을 제외하고는 모두 도형으로 나타낼 수 있다. 따라서 컴퓨터 위에 놓고 판독기만 이용하여 직접 모양을 입력시키므로 효율을 더욱 높일 수 있다. 급진적인 中國 전자 기술의 발전과 보급에 편승해 卜甲 綴合의 완전 자동화는 전적으로 가능할 것이다"[23]고 한 결론은 대단히 고무적이다.

제 9 장
甲骨文과 다른 학문과의 관계
(上)

殷墟에서 甲骨文이 발견된 후, 中外 여러 학자들의 심혈을 기울인 연구 결과는 학계에서 선풍을 일으켜 단기간 내에 새로운 학문——甲骨學을 형성했다. 이는 甲骨文 자체가 고도의 학술 가치를 지닌 데 기인되었다고 하겠다. 甲骨文의 활용은 지극히 다양하다. 여기서 甲骨文과 여러 학문의 관계, 예를 들면 甲骨文과 古文字學, 甲骨文과 考古學, 甲骨文과 古文獻의 고증, 甲骨文과 商代史 연구 등 4개 항목으로 나누어 약술한다.

제1절 甲骨文과 古文字學

甲骨文은 中國에서 현존한 문자 중 가장 오래 되고, 또 과학적인 체계를 갖춘 문자이기 때문에 甲骨文의 형체 구조와 字體의 변화는 古文字學 측면에서 볼 때 漢代의 '六書' 이론을 증명하고, 漢字의 근원과 발전 변화의 규율을 고찰하는 데 있어서 매우 중요한 의미를 갖고 있다. 자세한 것은 제4장에서 언급하여 중복하지는 않겠다. 다만 古文字學에서 甲骨文이 갖는 중요성은 《說文解字》의 잘못된 부분을 교정하고, 지금까지 金文과 기타 古文字의 고석에서 해결하지 못한 문제를 해결시킨 점이다. 특히 《說文解字》는 여전히 古文字學 연구의 기초가 되는 저서이기 때문에, 만약 내용 중의 잘못된 부분을 고치지 않는다면 오류가 그대로 전해져서 후학을 그르칠 우려가 있다.

1. 《說文解字》의 오류를 바로잡다

甲骨文 발견 이전, 古文字를 해석한 사람들은 대체로 許愼의 《說文解字》에 수록된 '古文'·'籀文'을 증거로 삼았다. "甲骨文의 발견은 우리에게 《說文解字》의 최소한 10분의 2,3은 고쳐야 할 필요가 있음을 알게 했다." 또한 "오늘날 中國 文字學을 과학적으로 연구하려면 甲骨文이 가장 기본적이고 중요한 자료임은 의심의 여지가 없다."[1]

孫詒讓은 甲骨文을 연구한 최초의 학자인데 《說文》을 과신했던 신념을 떨치지 못해 연구의 성과가 크지 못했다. 羅振玉은 《說文》에서 거슬러 금문을 분석하고, 金文에서 거슬러 甲骨文을 관찰하여 많은 甲骨文字를 고석하였을 뿐만 아니라 《說文》에 얽매이지 않고 오히려 甲骨文·金文으로 《說文》에서 잘못 풀이한 문자 해설을 규명하여 古文字 연구의 바른길을 걸었다.

羅振玉은 그의 첫번째 甲骨學 저서 《殷商貞卜文字考》의 〈正名篇〉에
특별히 '許書의 잘못을 바로잡음'이란 절을 두어 견해를 피력했다. 羅
振玉은 《說文》에는 "의심 가는 부분을 비워둘 줄 몰랐고" 더욱이 후세
의 수정으로 인한 잘못도 있다. 또 여러 차례 베껴 쓰는 동안에 생긴 잘
못이 적지 않으나 다행히 金文이 있어 이를 근거로 잘못을 규명할 수
있다. 卜辭는 金文보다 더 오래 되고, 《說文》의 오류를 바로잡은 성과도
金文을 능가했다고 하였다. 이에 羅振玉이 규명한 《說文》 중의 古文·
籀文과 篆文의 잘못을 약술하면 다음과 같다.

• 古文·籀文 중의 잘못

《說文》의 册자 아래 古文 𥲤이 나온다. 甲骨文 册자는 𠕋이라 하
였고, 古金文도 대략 비슷한데 모두 竹자가 없다.

自자 아래 古文 𦣹가 있는데, 甲骨文 自는 𦣹, 金文은 𦣹라고 하
여 𦣹로 쓰지 않았다.

白자 아래 古文 𣬉이 있는데, 甲骨文 白은 𠚍, 金文 역시 동일하여
𣬉이라고 쓰지 않았다.

子자 아래 古文 𢀶가 있는데, 籀文에는 𥿊라고 했고, 甲骨文 干支
의 子는 𢀶·𠃭라 쓰고, 子女의 子는 𡿺를 썼으며, 𥿊라고 쓴 자는 없
다. 𥿊는 아마도 𢀶가 전하는 동안 잘못 쓰여진 것이리라.

羅振玉은 이런 상황에 대해 두 가지 이유를 들었다. 첫째, 許愼은 周
末 여러 나라의 문자를 古文으로 삼았는데, 기실 古文은 黃帝의 史官
倉頡이 지은 것으로 籀文보다 더 오래 된 문자이다. 둘째, 文字學 지식
이 없는 후세인들이 마구 고쳤고 잘못 베껴 썼기 때문인 점이다. 甲骨
文이 篆文과 같은 것은 10분의 5,6 정도이고, 《說文》에 실린 古文·籀

文에 부합된 것은 10분의 1,2에 그친다.

• 篆文 중의 잘못

福은 《說文》注에서 "祐也, 從示畐聲"이라 하였는데, 甲骨文은 𤔲으로 畐을 따랐고 술병 모양이다. 이는 신에게 술을 올려 제사 지내어 복을 빌었기 때문이다. 福은 酉·示가 합쳐진 會意이지 形聲이 아니다.

逆은 《說文》注에서 "迎也, 從辵屰聲"이라 하였다. 甲骨文은 𨑑·𨑒을 써서 모두 屰을 따랐다. 사람이 밖으로부터 들어오니, 辵을 쓴 것은 그를 맞는다는 의미이다. 《逆作父丁尊》에 𨑓이라 썼고, 甲骨文과 대략 같으나 약간 변했다. 秦刻에는 𨑔을 썼는데, 屰의 아래 한 획을 잘못 붙였다. 《說文》은 또 屰을 𨑕으로 써서 잘못이 더욱 심해졌다.

甲骨文에 𦏲가 있는데 《說文》에는 口部에 있고, 甲骨文 중에 또 𦏳·𦏴·𦏵 등이 있는데 비록 정확히 어떤 글자인지 알 수 없으나 모두 𦏲를 따랐음은 의심의 여지가 없다. 즉 羊部의 뒤에 𦏲부를 세웠는데, 이는 《說文》分部의 잘못이다.

또 《說文》角部에 觲자가 있는데 注에는 "從羊牛角"이라 하였고, 土部에 垟가 있는데 注에서는 "從土觲省聲"이라고 하였다. 甲骨文에 𦏶가 있는데 무슨 자인지 알 수 없지만 실제로 羊·牛 2자를 합쳐서 한 문자를 만들었는데 觲·垟 2자가 이것을 따랐다. 許愼은 觲가 '從羊牛角'을 합쳐 만들었다고 하여 羋가 독립된 자임을 알지 못하였다. (羋는 犇로 추측된다.) 이는 또한 《說文》의 잘못이고, 甲骨文에 의거해서 바로잡는다.[2]

羅振玉의 《殷墟書契考釋》, 胡光煒의 《說文古文考》, 그리고 王國維·郭沫若·唐蘭·于省吾 등이 문자를 고석할 때 甲骨文 자료를 이용해 《說文》의 잘못을 규명한 예는 무수히 많다. 許愼은 단지 戰國 時代의 秦篆만을 근거했는데, 당시는 공교롭게도 哀帝·平帝 이후 讖緯와 같은 미신이 성행하던 때여서 그의 책에 적지 않게 미신의 색채와 유심론·음양오행설이 스몄음은 면하기 어렵다. 許愼은 後漢 시대 계통이 있는 스승의 가르침을 받았고, 명망 있는 고문경학자였기 때문에 "五經에는 許叔重과 겨룰 자가 없다 五經無雙許叔重"[3]고 일컬어졌다. 그의 《說文解字》는 "많은 이론과 문헌을 망라해 오류를 풀었기에 이를 배워 깨우친 사람은 神旨에 도달한다"고 할 만큼 일가견을 가졌다고 말할 수 있으나, 진정으로 과학적인 체계를 갖춘 문자학의 저작이라고 말할 수 없다. 결론적으로 말해서 《說文》에는 잘못 풀이한 字가 많은데, 여기에 다시 몇 가지의 예를 들어 보면 다음과 같다.

王자는 《說文》에서 다음과 같이 풀이하였다. "천하가 돌아갈 바이다. 董仲舒는 옛날에 王자를 만든 사람은 3획을 긋고 가운데 한 획을 연결해 王이라 했다. 3은 天·地·人인 바, 이를 두루 통하는 자가 王이라고 했다. 孔子는 한 획으로 가로 3획을 관통시키는 것이 王이라고 하였다 天下所歸往也. 董仲舒曰, 古之造文者, 三畫而連其中謂之王; 三者天地人也, 而參通之者王也. 孔子曰: 一貫三爲王."
清代의 兪樾은 "王자는 二와 十을 따랐는데 二는 天地이고, 十은 四方이다. 그러므로 이 문자는 二와 十을 따랐으며 천지사방에 갖추어지지 않음이 없는 것을 말한다 王字從二從十, 二者天地也, 十者四方也, 故其字從二從十, 而天地四方無不具矣"고 하였다.[4]

胡厚宣은 《說𡐔》[5]에서 "봉건 사회의 고증학자들은 통치 계급의 입장에 있어 王자를 과장하여 풀이하였다. 上下·四方·天地人을 관통하는

사람이라고 하였을 뿐 아니라, 仁義道德이니 賢聖明哲이니 하여 왕을
완전히 지존무상의 신으로 묘사했다. 그 의도는 수많은 백성들이 고개
를 숙이고 기꺼이 통치 계급의 압박과 핍박을 감수하도록 하였던 것이
다. 기실 왕을 王이라고 한 것은 후에 만들어진 것이다. 초기 甲骨文에
王자는 ☖으로, 三이나 丨을 따른 것이 아니었다. 또 二나 十을 따른
것도 아니었다. 王자는 최고의 노예주가 단정하게 손을 모으고 가운데
서서 조정의 군신을 내려다보는 형체이다. 古金文과 漢代 그림에서 그
편린을 살펴볼 수 있다"[6]고 하였다.

　林澐의 《說王》[7]에서는 ☖은 斧형이라 하고, 引申하여 권력의 상징이
라고 하였다. 후기 甲骨文에 ☖자는 王·王이라고도 썼다. 《說文》 古文
에서는 王이라고 썼고, 金文에서는 王이라고 썼다. 吳大澂은 "王은 大
也, 盛也로 二와 丄를 따른 것이다. 丄는 옛날 火자로 땅 가운데 불이
있어 그 기운이 성함이다. 불이 성하면 王이고, 덕이 성해도 王이다"[8]고
하였다. 王國維·朱芳圃는 이 설을 따랐다. 상술한 여러 학자의 해석은
《說文》과 俞樾의 설보다 훨씬 합리적이다.

　　示는 《說文》에서 "하늘에서 굽어 길흉을 보듯 인간사를 보는 것이
다. 二를 따랐고, 셋이 하늘에서 늘어뜨려진 것은 日·月·星이다. 이
로써 천문을 보고 시절의 변화상을 관찰할 수 있다. 示는 신의 일을
말한다 天垂象見吉凶, 所以示人也. 從二, 三垂日月星也. 觀乎天文, 以
察時變, 示神事也"고 하였다.

　甲骨文에서는 示를 〒·帀 라 하였는데, 이는 神主의 위패이다. 卜辭
에 大示·小示가 있고, 神主를 방 가운데에 둔 것이 宗(仐)이다.[9] 또한
祭主가 神主 앞에서 하늘을 보고 기도를 한즉 祝(👹)이고, 물길이 있는
술병에 술을 담아 신주 앞에 부어 복을 기원하는 것이 福(👹)이다. 손
에 고기를 들고 신주 앞에서 제사 지내는 모습인 祭(👹), 나무를 태워

제사 지내는 형상이 叔(ﾒ)자가 되었다. 이 자들의 풀이는 《說文》이 示자를 해석함에 있어 시대 조류의 한계가 있다는 것을 보여 주고 있다. 그외에 다음과 같은 예들이 있다.

伐은 《說文》에서 "치는 것이다. 人을 따랐고, 사람이 戈를 들고 있는 모양이다 擊也. 從人持戈"라 하여 會意字이지만, 甲骨文에는 杛이라고 하여 창으로 사람의 머리를 찍는 형상이다.

至는 《說文》에서 "새가 높이 날다가 땅으로 내려온 것이다. 一을 따랐는데 一은 땅을 가리키며 象形이다. 올라가지 않고 내려온 것이다 鳥飛從高下至地也. 從一, 一猶地也. 象形. 不上去而至下來也"고 하였다. 甲骨文에는 ဦ라고 하여 ⃰(矢)가 아래 어느 지점에 꽂힌 모양인데, 이는 도달했다는 것을 의미한다.

疾은 《說文》에서는 "痳, 병이 나다. 广을 따랐고 矢를 소리로 한다 痳, 病也. 從广矢聲"이다. 甲骨文에서는 ဒ로, 사람이 침상에 누워서 땀을 흘리는 모양이다. 金文에는 仌로, 사람이 화살을 잡고 있는 모양이다.

爲는 《說文》에서 "어미원숭이다. 금수는 할퀴는 특성이 있어 爪부에 넣었고, 爪는 어미원숭이 모양이다. 아랫배는 어미원숭이 형체이다 母猴也. 其爲禽好爪; 爪, 母猴象也. 下腹爲母猴形"고 하였다. 甲骨文에는 ⁾ﾌ로, 사람이 손으로 코끼리를 끄는 모양인 合體 象形이다.

상기 예들은 모두 甲骨文으로 《說文》의 오류를 규명한 경우이다.

2. 金文과 상호 증명되었다

甲骨文은 《說文》의 오류를 규명한 것 외에도 金文과 서로 견주어 숨은 뜻을 발견하거나 金文의 해독상의 잘못을 바로잡았다. 金文은 甲骨文과 마찬가지로 商周 두 시대의 문자이지만 상대 말기 청동기 명문의 문자 수는 많지 않고, 西周 시대에는 동기에 長篇의 명문을 새기는 풍조가 크게 성하여 4,5백 자까지 이르렀을 뿐 아니라 甲骨文과는 뚜렷한 계승 관계를 보여 주고 있다. 그로 인해 金文 중 해독할 수 없었던 자가 甲骨文의 발견과 이들의 비교 연구를 통해 인식할 수 있게 된 동시에 잘못된 해석도 규명할 수 있었다.

容庚은 金文을 연구했던 저명한 학자였다. 그는 《甲骨文字의 발견과 그 고석 甲骨文字之發現及其考釋》 중에서, 甲骨文으로 '金文을 증명시킨다'는 문제에 대하여 개괄적으로 천명하였다. 그가 예로 든 七·肜·翌·子·巳 등 명쾌한 字例는 사람들에게 적지 않은 깨우침을 주었다.

그는 "鐘鼎彝器上의 문자를 연구하는 학문은 宋代로부터 시작되었다. 淸代의 阮元·吳榮光[10] 등이 이를 계승하였고, 淸代 同治·道光에 이르러 사대부들은 이러한 유풍을 더욱 발양시켜 彝器를 구매하고 탁본을 수집해서 문자를 고석하였다. 옛 吳郡의 潘祖蔭·朱善旂·劉鐵雲·端方[11]에게는 책이 많았고, 왕선생의 《國朝金文著錄表》를 보면 수록된 기물이 3천여 점에 달해 당시의 극성 상황을 짐작할 수 있다. 그러나 이를 《說文》 중의 古籀와 견주어 보면 거의 맞지 않았다. 오늘날 甲骨文으로 살펴볼 때 殷周 두 시대의 문자 변천의 흔적을 엿볼 수 있으며, 종전에 해석하지 못했던 金文의 내용을 이해할 수 있게 되었다. 예를 들면 《汾陰宮鼎》 중의 '十十枚'를 薛尙功은 二十枚라고 해석하여 "二十은 官僚로 진출할 수 있도록 천거하는 수이다"라 하였고, 《大官壺》의 '建武十十'에 대하여 阮元은 "十十은 二十年이다"고 하였다. 甲骨文에서 七자를 모두 十으로 쓴 것에 근거해 볼 때 十十은 十七임을 비로소 알게 되었다.〔'十十'을 '七七'이라고 하지 않은 것은 '七十七'을 '七七'로 쓴 유래가 없는데다 후한의 建武는 32년을 영위하여 '十七'이 가장 근접한 숫자이기 때문으로 사료된다.〕

肜日의 肜는 甲骨文에서 ⁄⁄·⁄⁄·\\ 등으로 쓰는데, 끊이지 않는 모양으로《餘尊》중의 ⁄⁄日,《父丁彝》중의 ⁄⁄日은 모두 肜日임을 증명하였다. 따라서 五日·四日이라고 했던 것은 잘못된 해석이다.

甲骨文의 昱(翌)日의 昱은 ⊕·⦗·明 등의 형태로,《宰椇角》의 ⦗,《盂鼎》의 ⦗은 모두 昱인 바 角으로 해석했거나 해석할 수 없다고 했던 것은 잘못이었다.

金文 중 干支가 기록된《兄癸卣》의 丁子,《戠敦》의 乙子,《史伯碩父鼎》의 己子,《格伯簋》의 癸子,《辛子敦》의 辛子 등에 대해 薛尙功은 "丁子… 등은 실질적인 것을 숭상했던 商代 사람들이 甲子·丁丑을 줄여 말한 것이다"고 했고, 또 "乙子는 甲子, 丁子는 丙子가 아닐까 한다"고 하였다. 阮元은 "癸子는 癸亥와 甲子를 합친 것이다"고 하였으며, 劉心源은 "辛子(中略) 등은…… 옛날 干支의 배합이 규율적이지 못했던 것 같다"고 하였다.

오늘날 甲骨文의 干支表를 볼 때 甲癸·乙丑·丙寅·丁卯·戊辰·己巳·庚午·辛未·壬申·癸酉·甲戌·乙亥…에서, 巳자를 子자로 보았던 까닭으로 이제야 비로소 丁子·乙子·己子·癸子·辛子는, 즉 丁巳·乙巳·己巳·癸巳·辛巳임을 알았다. 이로 볼 때 甲骨文의 발견은 金文의 연구에도 이익됨이 크다"[12]고 하였다.

제2절 甲骨文과 考古學

考古學은 근대에 발전하기 시작한 신흥 학문이다. 中國은 오랜 역사를 지녔고 광활한 대지에서 발굴된 문물이 많아 考古學이라는 학문은 특히 중시되고 학문적인 발전 역시 빨랐다. 그 중에서 殷周 두 시대의 고고 문물은 考古學에서 가장 중요한 위치를 차지하고 殷周 고고 문물 중에서도 핵심은 단연 甲骨文으로 수량이 가장 많고 내용도 극히 풍부하다. 따라서 甲骨學 연구는 의심할 여지없이 考古學의 연구와 발전을 크게 촉진시킨 것이다. 구체적으로 말하면, 과거 문헌의 기록에 의하여 商代人들은 건국 전 여덟 차례, 건국 후 다섯 차례 천도하고, 활동 지역은 河南省을 중심으로 해서 山東·河北에 이르렀다고 하였는데, 甲骨文의 발견으로 甲骨文은 바로 商代 후기의 문자 자료임이 확정되었고, 한 걸음 나아가 殷墟에서 甲骨文과 공존한 기타 문물이 모두 商末의 유물임을 확증시켰다.

경제·건설의 발전에 따라 전국 각지의 수많은 지역에서 이와 비슷한 문화 유적지가 발견되어 商 민족의 활동 범위는 오늘날 河南·山東·河北에 국한된 것이 아니라 遼寧·山西·陝西·安徽·湖北의 대부분 지역 및 江西·內蒙古와 사천의 일부까지 펼쳐 있었음을 알 수 있게 되었다.

근래에 전개된 고고 문물의 발견에서 밝혀진 殷墟 이외의 商 文化 유적지 중 특히 중요한 것은 湖北 黃陂 盤龍城, 河南 鄭州의 상대 전기 도성과 궁전, 河北 藁城 유적지와 청동 도끼·철제 칼날 및 江西 淸江 吳城 유적지 등으로 商代 文化 체계 전반에 대해 새로운 인식을 하게 되었다.

다음으로 殷商 文化 체계의 정확한 인식은 상하 地層 관계를 비교할 수 있게 하였다. 예를 들면 河南 偃師 二里頭 文化는 龍山 文化와 商代

전기 문화(鄭州 二里岡期) 사이에 끼여 있는 문화로 商代 전기 灰坑에 의해 밝혀지게 되었는데, 이는 夏 文化를 탐색하는 중요한 실마리가 되었다. 夏商 두 문화의 확정은 구석기·신석기 시대와 청동기 시대를 연결하였고 考古學上의 공백을 채웠으니 그 의의는 실로 지대하다고 하겠다.

1. 殷墟 文化의 分期에 관한 연구

殷墟 유적지의 절대 연대는 비교적 길다. 《竹書紀年》의 기록에 의하면 盤庚은 殷으로 천도하여 紂의 멸망까지 273년 동안 도읍을 옮기지 않았다. 또한 安陽 殷墟에서 출토된 甲骨文은 그 연대를 적어도 武丁·祖庚·祖甲·廩辛·康丁·武乙·文丁·帝乙·帝辛 등 7世 9王에 걸친 2백여 년으로 단정할 수 있다. 구체적으로 말한다면, 盤庚의 殷 천도에서 紂의 멸망까지 273년간의 유물이라고 말할 수 있다. 〔中國 정부는 1996년 제9차 5개년 과학 기술 계획의 일환으로 夏商周 三代의 연대 확정 작업인 《夏商周斷代工程》 연구를 단행하여 2000년 10월 그 결과를 《簡本》으로 내놓았다. 먼저 시대 확정의 근거가 확실한 周代 金文과 甲骨文을 통하여 武王伐商의 연대를 BC 1046년 1월 20일로 확정했고, 甲骨文 月食 卜辭를 통하여 武丁 시대를 BC 1250년으로 추산했으며 盤庚遷殷에서 帝辛까지의 각기 다른 275년, 273년, 253년 등 3가지 설을 BC 1046년에서 소급하여 BC 1300년을 盤庚遷殷의 가장 합당한 시기로 확정했다. 이로써 盤庚遷殷에서 武王伐商까지는 254년이라는 연대가 나왔다. 그 결과 기존의 甲骨文 연구에서 거의 확정적으로 적용해 온 273년간이라는 甲骨文의 사용 시기는 254년으로 바뀔 전망이다.〕 이로 미루어 甲骨文은 연속된 왕조의 占卜 자료였고, 이들간에는 서로 연관과 불변의 體例가 있다.

또 매왕조마다 새로운 體例가 형성되어 있어 세심한 관찰을 해보면 다른 시기에 형성된 새로운 사물을 가려낼 수도 있다. 어떤 것은 비교적 긴 기간에 형성되고 변화·발전한 것임을 알 수 있는데, 이것들은 甲骨文 斷代 분기의 근거로 삼을 수 있는 것이다. 甲骨의 도움으로 殷墟 文化 전체에 대한 분기를 진행할 수 있을까 하는 것은 발굴 작업에 참여한 考古學者와 문헌 연구자들이 협력해서 연구해야 할 문제이다.

신중국 건립 이후 학계에서는 甲骨文 분기에 대한 보충과 수정 외에 이 분야에 대한 전문 연구를 비로소 시작했다. 그러나 현재까지 의견의 일치를 보지 못하고 있는 부분이 있는데, 그것은 2기설·3기설·4기설 등 세 가지의 다른 의견이다. 여러 차례 殷墟를 발굴한 결과 甲骨 외에 집터·움·묘지와 대량의 도기·청동기·玉石器·뼈·뿔·이빨·조개 등을 발견한 것도 殷墟 文化의 단대·분기에 무한한 가능성을 제공하였다.

중국과학원 고고연구소 安陽 발굴대는 《1958年-1959年 殷墟發掘簡報》[13]에서 殷墟 文化를 전후 2기, 즉 大司空村 1期와 大司空村 2期로 나누었다. 大司空村 1期는 武丁 시기에 해당하고, 大司空村 2期는 廩辛·康丁·帝乙·帝辛 시기에 해당한다.

鄒衡의 《鄭州에서 새로 발견된 殷商 文化 유적지 시론 試論鄭州新發現的殷商文化遺址》[14]과 중국과학원 고고연구소 安陽 발굴대의 《1973年安陽小屯南地發掘簡報》[15]에서는 모두 초·중·말 3기로 나누었다.

鄒衡은 《試論殷墟文化分期》[16]에서 다시 4기로 수정하였다. 중국과학원 고고연구소 安陽 발굴대의 《1962年安陽大司空村發掘簡報》[17]도 4기로 나누었는데, 鄒衡의 분기법과는 약간의 차이가 있다.

鄒衡의 《試論殷墟文化分期》는 신중국 건립 전후 殷墟 각 지역을 여러 차례 발굴한 각 단위, 즉 좁고 길게 파 퇴적층이나 건축 기지를 탐색한 것, 넓게 파 탐색한 것, 집터, 움과 묘지 등을 기본 자료로 삼았다. 그 연구 방법은 부분 분석으로부터 분기 의미가 있는 도기와 청동기의 형체 구조에까지 이르고, 다시 각 단위의 층차 관계와 기물 공생 관계를 결합한 후에 각각의 유적지를 확정하였다. 또 묘지와 유적지의 초보적인 분기를 단행하고 난 후 各期의 유적과 유물의 특징을 종합하며, 또 다시 殷墟 文化 各期의 내면에 포함한 특징을 전면적으로 대비시켜 연구했다.

鄒衡은 때로 도랑·版築 부지 등을 표준으로 삼고, 혹 움·墓葬 및 기타 문화 유적지의 상호간의 특이한 점과 층차 관계를 근거로 우선 小屯·侯家莊 서북구·大司空村 등지의 전형적인 層位 관계에 대해 전체적인 분석을 하였다. 그 다음 도기와 청동기의 형체 구조를 분류별로 상세하게 배열을 하고, 아울러 유적지와 묘장의 분기, 各期의 문화가 내포한 특성 및 그 특징을 깊이 있게 연구하였다. 마지막으로 坑位 기록이 있는 甲骨 卜辭를 참조하여 各期 문화의 절대 연대를 아래와 같이 추정하였다.

1) 殷墟 文化 제1기는 甲骨 제1기 이전에 해당하며, 때로는 盤庚·小辛·小乙 시대에 속한다.

2) 殷墟 文化 제2기는 甲骨 제1·2기에 해당하며, 武丁·祖庚·祖甲 시대이다.

3) 殷墟 文化 제3기는 甲骨 제3·4기에 해당하며, 廩辛·康丁·武乙·文丁 시대이다.

4) 殷墟 文化 제4기는 甲骨 제5기에 해당하며, 帝乙·帝辛 시대이다.

殷墟 文化 분기는 아직도 탐색하는 과정에 있다. 이는 殷商의 고고와 商代 역사를 연구하는 데 중요한 영역이다. 지금까지 얻은 초보적인 성과는 殷墟의 고증, 甲骨文의 분기·斷代 연구와 떼어 놓을 수 없는 깊은 관계를 맺고 있다.[18]

2. 殷商 文化 체계의 측정

殷墟의 고증과 殷墟 文化 전반에 대한 인식은 殷墟의 연구뿐 아니라 모든 殷商 文化 연구에 믿을 만한 표준이 되어 주었기 때문에 기타 각지 고고 발굴 조사중에 발견된 유적지·유물을 비교 연구할 수 있고, 殷墟와 같은 유형의 殷商 文化를 찾아낼 수 있었다. 동시에 殷墟 기물의 유형과 제작 특징을 근거로 殷墟보다 이른 商代 文化를 견주어 찾아냄으로써 전체적인 商代 文化 체계에 대한 비교적 완전한 인식을 할 수 있었으며, 또한 商代 文化 영역에 대한 개념을 넓힐 수 있었다.

신중국 성립 이전 수차에 걸친 安陽 殷墟의 발굴을 제외하고도 河南 浚縣·汲縣·輝縣, 山東 歷城과 陝西 寶鷄 등지를 초보적으로 발굴하였고, 나아가 河南·山東·陝西·河北·遼寧·內蒙·山西·安徽·江蘇의 일부 지역을 조사 혹은 발굴했는데 그다지 많은 것을 얻지는 못했다. 신중국 성립 이후 계속적으로 殷墟를 발굴함과 동시에 河南 輝縣·鄭州, 河北 邢臺·武安·邯鄲, 山東 益都·平陽·濟南 등지에서 대규모의 발굴 작업을 진행하였고, 또 山西·陝西·江蘇·湖南 등지에서 商 文化의 중요한 유적지와 유물을 발견하였다. 이러한 발견은 상대 후기의 고고 자료를 풍부하게 하였을 뿐만 아니라 安陽 이외의 商 말기 문화에 대하여 더 많은 인식을 하게 해주었다.

殷墟 文化의 기원을 거슬러 탐색해 보기 위해 신중국의 고고학자들은 黃河 중하류의 남북 양기슭과 長江 유역에서 대규모 고고 조사와 발굴 작업을 전개하였다. 연이어 河南省의 輝縣·安陽·鄭州·密縣·蒙陽·偃師·洛陽·伊川·臨汝·鞏縣·登封·陝縣·新鄭·永城, 河北省의 磁縣·邯鄲·武安·邢臺·藁城·石家莊, 山東省의 濟南·益都·昌樂·壽光·曲阜·膠南, 陝西省의 華縣·扶風. 山西省의 夏縣·聞喜·永濟·芮城·運城·翼城, 湖北省의 江陵·黃陂 및 安徽省 등에서 商代

초기 문화 유적지를 발견했다. 그 중 鄭州 人民公園, 邢臺 曹演莊, 安陽 小屯과 黃陂 盤龍城 등지의 층위 관계를 근거로 이들 문화 유적지는 확실히 殷墟보다 빠름을 증명했다.

특히 중시된 것은 鄭州 二里岡 유적지로, 범위가 광활하고 내용도 풍부하여 결코 일반 촌락이 아닌 商代 盤庚 이전의 도성으로 간주되었다. 安金槐·趙全嘏 등의 추론으로는 商王 仲丁의 隞都(혹은 囂)[19]라 하고, 鄒衡은 成湯이 살던 亳都라 여겼다.[20]

早商 文化 자체도 상당히 긴 발전 과정을 거쳤다. 고고학자들은 鄭州·邯鄲 등지의 층위 관계와 도기의 변화상을 결합하여 이미 早商 文化를 4-5기로 나누었다.[21]

결론적으로 殷墟의 확정과 기타 지구의 商末 文化 유적지에 대한 조사 발굴을 통하여 우리는 상대 후기 2백여 년간의 사회·역사 상황을 상세하게 파악할 수 있게 되었다. 早商 文化 체계의 측정은 또 우리에게 商代 盤庚이 殷으로 천도하기 이전의 역사, 즉 문헌 자료 이외에 상대 成湯에서 盤庚까지의 사회·역사에 대해 새로운 이해를 할 수 있게 해주었다. 최종적으로 成湯 혹 仲丁으로부터 商 紂王의 멸망까지 商 왕조는 적어도 4백여 년에서 6백년의 문명 발전사를 가졌다는 사실에 대해 마침내 考古學上의 확증을 얻게 되었다.

3. 商 文化 영역에 관한 새로운 인식

고문헌의 기록에 의하면, 商代人들은 成湯이 나라를 세운 것을 기점으로 이전에 8번 이후에 5번 천도했다는 설[22]이 있다. 그 위치와 지명들을 확실히 알 수는 없으나 대체로 黃河 중하류 지역, 즉 河南省 중부를 중심으로 사방 1천 리 이내로 잡는다.

戰國 時代의 吳起는 商의 국가 영역에 대해 개괄적으로 논한 바 있다.

그는 "殷紂의 나라는 좌로는 孟門, 우로는 太行에 이르고, 북쪽에 常山이 위치하며, 큰강이 남쪽을 지난다. 나라를 다스림에 성실하지 않아 武王은 그를 죽였다"고 하였다. 이 설은 《史記·孫子吳起列傳》에 보이고, 《戰國策·魏策》에 기록된 바도 유사한데 다음과 같다.

"殷紂의 나라는 좌로는 孟門, 우로는 漳釜, 앞에는 강이 흐르고 뒤편에는 산으로 둘러싸인 천연의 요새지였다. 그러나 정치가 선하지 않아 武王은 그를 무찔렀다."

吳起의 설에 의하면 殷商 제국의 범위는 실제로 오늘날 河南·河北과 山西 3성을 벗어나지 않는다.

王國維는 《殷墟 卜辭 중의 지명 고찰 殷墟卜辭中所見地名考》에서 "殷墟 卜辭 중에 보이는 지명은 약 2백여 개에 이르지만 대부분의 문자는 알아볼 수 없고, 알 수 있는 것도 고문헌에서 찾아보기 힘들다"고 하였다. 그는 알 수 있는 龔·盂·雒·亳·曹·杞·載·屖 등 8개 지역을 연구한 후, 그외의 것도 "모두 河南 북쪽 1천 리 내에 있다. 또 周代에 그 지역이 있었으니 殷 天子가 다스렸던 지역이라고 믿을 만하다 皆在河南北千里之內. 又周時亦有其地, 殆可信爲殷天子行之地矣"[23]고 여겼다. 또 《觀堂集林》 권12 〈說亳〉 중에 여전히 "卜辭에 기재된 지명은 대개 큰강의 남북 수백 리 내에 있다"고 하였다.

殷의 영역은 과연 이들 지역으로 국한시킬 수 있는가. 단언하건대 이보다 훨씬 클 것으로 간주된다. 卜辭로 살펴보면 武丁이 舌方·鬼方 등을 정벌하기 시작했던 것은 북방 및 서북 지구를 일찍부터 개발했었음을 설명하고 있다. 《詩·商頌·殷武》에는 武丁이 남방 荊楚를 굴복시켰던 상황이 기술되어 있다. 고문헌과 卜辭에는 또 帝乙·帝辛 때 동남 지구에서 빈번한 군사적인 활동을 전개했음도 기술되어 있다. 특히 卜辭 중에는 商을 둘러싼 東西南北과 여러 지역에 관한 기록이 적지 않다. 예를 들면 다음과 같다.

西受禾. 癸卯貞: 東受禾. 北方受禾. 西方受禾. 南方受禾. (《粹》905, 《戬》26·4, 《佚》956綴)

서방에 좋은 곡물 수확이 있을까요? 癸卯日에 묻습니다: 동방에 좋은 곡물 수확이 있을까요? 북방에 좋은 곡물 수확이 있을까요? 서방에 좋은 곡물 수확이 있을까요? 남방에 좋은 곡물 수확이 있을까요?

己巳王卜貞, 〔今〕歲商受〔年〕. 王固曰: 吉. 東土受年. 南土受年, 吉. 西土受年, 吉. 北土受年, 吉. (《粹》907)

己巳日에 왕이 점을 치고 묻습니다: 금년 商에 좋은 수확이 있을까요? 왕이 점친 결과를 보고 말했다: 길하겠다. 동토에 좋은 수확이 있고, 남토에 좋은 수확이 있고, 길하겠다. 서토에 좋은 수확이 있고 길하겠고, 북토에 좋은 수확이 있고, 길하겠다.

이 四方·四土의 범위는 광활하여 결코 王畿 부근이나 殷王 통치 중심지구의 1천 리 내에 국한된 것은 아니다. 또한 정치·경제·문화의 영향이 미치는 곳은 더욱 광대하고 요원했다고 할 수 있다.《詩·商頌·玄鳥》에는 "천리 드넓은 王畿는 백성들이 머물러 사는 곳, 저 四海를 개척하셨다 邦畿千里, 維民所至, 肇域彼四海"란 민요가 있는데, 朱熹는 "천자의 도성 내에 백성이 거하는 곳은 1천 리를 넘지 못한다. 그러나 封域은 심히 넓어 사해의 광활함과 같다 王畿之內, 民之所止, 不過千里; 而其封域極乎四海之廣"고 하였다.

각 지역의 조사 발굴과 殷商 文化 체계의 측정을 통해 분명히 알 수 있는 것은 동으로는 遼寧·渤海灣, 남으로는 江南, 서로는 川陜, 북으로는 內蒙古의 광대한 지역에 두루 殷商 유적지와 유물이 펼쳐져 있으며, 殷商 文化의 영향을 깊이 받은 기타 靑銅 文化가 발견되었다는 점이다. 이로써 우리는 商 文化 영역에 대하여 새로운 인식을 하게 되었다. 이처럼 높은 성과를 얻을 수 있었던 이면에는 甲骨文의 발견과 殷墟 표준 척도의 역할이 큰 작용을 했던 것이다.

商代 文化 유적지 및 유물의 출토지를 아래와 같이 간략하게 도표로 만들어 참고로 제공한다.

商代 유적지 및 유물 출토지 개황

省 區	縣(市)	地 点	省 區	縣(市)	地 点
北京市	昌 平	小北邵	河北省	隆 堯	邱底村
	平 谷	劉家河		沙 河	靑介村
	房 山	劉李店, 琉璃河		保 定	南窯村
		董家林古城		淶 水	
天津市	薊 縣	張家園, 圍坊		涿 縣	高官莊
				安 新	劉村
河北省	石家莊	談固村等		蠡 縣	曹家莊
	靈 壽	北宅村		定 縣	東關
	征 定	新城鋪		曲 陽	馮家岸等
	束 鹿			滿 城	要莊
	藁 城	台西		蔚 縣	蘇官堡, 莊窠
	趙 縣	雙廟村		豐 寧	
	平 山	西門外		盧 龍	東闞名莊
	獲 鹿	北胡莊		大 庵	大坨頭
	邯 鄲	澗溝, 龜台寺, 齊村	山西省	太 原	東太堡, 許坦, 光社
	永 年	樓里村等		欣 縣	連寺溝
	磁 縣	上潘汪, 下潘汪,		保 德	林遮峪
		下七垣		靈 石	旌介村
	涉 縣	小城上		呂 梁	賀家坪, 石樓鎭
	武 安	趙窯		石 樓	桃花莊, 后蘭家溝,
	邢 台	曹演莊, 東先賢村			義牒, 二郎坡
		南大郭村, 西關外			下莊峁, 肖家塲
		賈村, 尹郭村		晋 城	高都鎭, 北水頭
	內 丘	南三岐村等		長 子	西旺村, 呈村, 北高莊
				侯 馬	上馬村

省區	縣(市)	地点
山西省	永和	下辛角
山西省	翼城	牛家坡
山西省	運城	
山西省	夏縣	東下馮
山西省	聞喜	南王村
山西省	平陸	盤南村
山西省	芮城	
山西省	永濟	
內蒙古自治區	克什克騰旗	天寶同
內蒙古自治區	伊金霍洛鎮	朱開溝
遼寧省	沈陽	新樂
遼寧省	新民	
遼寧省	撫順	
遼寧省	康平	順山屯
遼寧省	朝陽	
遼寧省	喀左	咕嚕溝, 北洞, 山灣子
陝西省	長安	
陝西省	寶鷄	
陝西省	扶風	白家窯, 任家村
陝西省	武功	滻滬村, 柴家咀村
陝西省	岐山	李家, 清化鎮
陝西省	綏德	土焉頭村
陝西省	清澗縣	南沙等
陝西省	華縣	
陝西省	城固	五廓廟等
甘肅省	慶陽	瓦畔
山東省	濟南	大辛莊
山東省	歷城	王舍人莊, 龍山鎮
山東省	長清	王玉莊, 興復河
山東省	膠南	
山東省	膠縣	西庵
山東省	淄博	褚家
山東省	滕縣	安上村, 井亭, 種寨
山東省	濱縣	藍家村
山東省	濰坊	白浪河
山東省	昌樂	
山東省	益都	蘇埠屯
山東省	壽光	台頭村
山東省	海陽	尙都村
山東省	蒼山	東高堯
山東省	泰安	滿莊
山東省	東平	朱家橋
山東省	曲阜	
山東省	兗州	梓欀樹
山東省	鄒縣	城關
山東省	梁山	靑堌堆
山東省	曹縣	
江蘇省	運云港	九龍口
江蘇省	徐州	高皇廟
江蘇省	新沂	三里墩
江蘇省	銅山	丘灣
安徽省	嘉山	泊岡
安徽省	含山	孫家岡
安徽省	肥西	
安徽省	壽縣	魏家郢子等
安徽省	亳縣	牛市集
安徽省	阜南	月兒河
安徽省	太和	倪邱集

省區	縣(市)	地　點	省區	縣(市)	地　點
江西省	都　昌	大港, 鳥云山	河南省	淇　縣	朝歌鎮
	清　江	吳城, 三橋		商　丘	青崗寺
河南省	鄭　州	二里岡, 人民公園		永　城	曹橋, 黑孤堆
		銘功路, 上街		鄢　陵	城關
		洛達廟, 旭旮王村		魯　山	倉頭
		南關外, 彭公祠		上　蔡	田莊
		白柴莊, 紫金山		南　陽	十里廟
		白家莊, 大河村		三門峽	張公石島
		張砦		偃　師	二里頭, 灰咀
	滎　陽			臨　汝	大張, 夏店
	洛　陽	中州路, 泰山廟		伊　川	寺后村
		孫旗屯, 東干溝等		靈　寶	
	密　縣			陝　縣	七里鋪
	新　鄭			澠　池	鹿寺
	鞏　縣		湖北省	漢　陽	紗帽山, 東城垸
	登　封	玉村		黃　陂	盤龍城, 楊家灣,
	新　鄉	潞王墳			礦山水庫工地
	溫　縣	城關			袁李家灣, 泊木港
	輝　縣	琉璃閣, 楮丘		應　城	盛灘孫堰
		豐城村		安　陸	曬書台
	孟　縣	澗溪		鄂　城	陳林寨
	沁　陽			陽　新	白沙
	安　陽	小屯, 后崗		崇　陽	大市
		四盤磨, 高樓莊		江　陵	張家山
		苗圃, 王裕口	湖南省	長　沙	跳馬澗, 棚梨
		孝民屯, 北辛莊			鹿芝嶺, 東山鎮
		侯家莊, 西北崗		岳　陽	新開, 黃秀橋
		武官村, 大司空村,		華　容	
		小司空村, 同樂寨,		劉　陽	樟樹鎮
		高井台子等		醴　陵	獅形山
	林　縣	下莊		湘　鄉	石壩岱子坪
				衡　陽	金山嶺, 包家台

省區	縣(市)	地　点	省　區	縣(市)	地　　点
湖南省	常　寧	桃源	廣西壯族自治區	武　鳴	全蘇, 勉嶺山麓
	安　仁	何古山		興　安	
	衡　山	彭家嶺			
	零　陵	菱角塘	四川省	彭　縣	濛陽鎭
	辰　溪	譚灣, 張家溜			
	麻　陽	蘭里			
	石　門	皁市等			
	寧　鄕	黃村, 張家坳, 老粮倉			

4. 古文化 연대에 관한 측정

殷商 文化와 기타 古文化가 중첩된 지층의 관계는 많은 지역에서 두루 발견되었는데, 이는 古文化와 관계된 연대 측정에 결정적인 척도가 되고 있다.

• 신석기 문화와 安陽 殷墟의 지층 관계

1931년 梁思永·吳金鼎이 後岡 발굴을 주도했는데, 安陽城 서북쪽의 高樓莊 北部와 洹水의 남쪽을 따라 小屯으로 약 1킬로미터 떨어진 지점에서 小屯·龍山·仰韶 3층의 문화가 차례로 포개진 증거를 찾았다.[24] 즉 商 文化 유적지의 하층은 龍山 文化, 龍山 文化의 하층은 仰韶 文化였다.

그외에 安陽 高井臺子에서 2층의 문화를 발견하였는데, 상층은 小屯과 유사하고 하층은 龍山 文化였다. 1934년 제10차 殷墟 발굴 중 同樂寨 유적지에서도 상부는 龍山 文化, 그 아래에는 仰韶 文化가 있는 2층의 문화를 발굴했다.

이상의 발굴에서 龍山 文化와 仰韶 文化를 인식할 수 있는 실물 예증이 적지 않게 발견되었다. 특히 1921년 河南 澠池 仰韶村에서 처음으로 발견된 仰韶 彩陶 文化 유적지는 기원전 약 4000-5000년경으로 추정되었다. 또한 西安 半坡 仰韶 文化 유적지는 기원전 약 3500-4000년, 甘肅 蘭州 曹家嘴의 馬家窯 文化 유적지는 기원전 약 2600년경에 상당하고, 甘肅 永靖 大何莊의 齊家 文化는 기원전 약 1700년경이 되는데, 이들 문화는 모두 동쪽에서 서쪽으로 향한 仰韶 文化의 영향을 받아 일어난 彩陶 文化 계통으로, 1920년 스웨덴의 安特生(Anderson)과 구소련의 瓦西耶夫 등이 주장했던 '中國 文化는 서방에서 전래되었다는 설 中國文化西來說'을 반박할 수 있는 중요한 증거를 찾게 되었다.[25]

오늘날 구석기·신석기 시대의 문화가 이미 대량으로 발견되어 자료가 매우 풍부해짐에 따라 원시 사회의 존재와 그 구체적인 발전 과정을 충분히 설명할 수 있게 되었다. 다행히 西周 이후의 역사는 문헌에 비교적 확실하고 상세하게 기록되어 이들간을 잇는 교량 역할은 商 文化가 담당하고 있는데, 그 중 甲骨文의 역할은 더욱더 중요하다고 하겠다.

• 鄭州 二里岡의 지층 관계와 '夏 文化'

반세기 이래 殷墟의 발굴과 연구에 힘입어 실증된 商代의 역사는 이미 믿을 수 있는 역사가 되었다. 문헌에는 商代 이전 夏代가 있었다고 기록되어 있으나 考古 자료가 결핍되어 史學界에서는 이것을 古代 전설의 시대로 귀속시켜 놓았다. 만약 夏代의 전설을 실증시켜 믿을 수 있는 역사로 인식시키려면 考古學的으로 夏 文化를 확정하여야 한다. 夏 文化의 확정은 商 文化의 지층 관계와 문화 특징을 서로 비교·연구하지 않고는 이룰 수 없는 일이다. 또한 일부 신석기 시대의 여러 문화도 商 文化의 지층 관계에 의거하여 그 시대 전후를 확정해야 한다. 이렇게 商 文化의 이중 표준 역할, 즉 商 文化 자체를 商 文化 전후의 기타 문화를 재는 척도로 활용하게 하는 역할은 매우 중요하다.

일찍이 1930-40년대에 殷墟 文化가 考古學上 초보적인 확정을 받은 후, 학계는 정식으로 夏 文化를 거론하면서 신석기 시대의 여러 문화에서 夏 文化를 찾아내려고 하였다. 그 예로 徐中舒나 翦伯贊은 仰韶 文化가 夏 文化라는 주장을 하고,[26] 范文瀾은 龍山 文化가 바로 夏 文化라고 역설하였다.[27] 비록 최종적으로 문제가 해결되지는 않았으나, 이미 밝혀진 殷 文化를 夏 文化 탐색의 기준으로 삼았던 점은 일치하고 있다.

1950년대초에 鄭州 早商 文化 유적지가 확정되었다. 鄭州의 商城 밑에 3종의 다른 문화층이 포개져 있었는데, 河南 龍山 文化層·二里頭 文化層('洛達廟期')과 南關外 유형 文化層('南關外期')이 그것이다.[28] 이 3종의 문화는 모두 鄭州의 商城보다 일렀다.

다시 말하면 二里岡으로 대표되는 早商 文化(일명 '二里岡型 早商 文化')보다 이른 시기의 것이었다. 그 연대와 문화 성질로 볼 때, 商代 早商 文化의 전신 一先商 文化를 포괄한다. 혹은 早商 文化의 초기 단계일 수도 있으며, 또한 早商 文化보다 빠른 夏 文化를 포함하고 있을 가능성도 있다. 따라서 鄭州의 商城은 어느 商王의 都城인가를 확정하는 것이 곧 夏 文化를 탐색하는 관건이 되었다. 사실상 이미 알고 있는 商 文化를 기초로 해야만 비로소 夏 文化를 도출해 낼 수 있고, 商 文化와 黑陶 文化의 계승 관계를 탐색할 수 있는 것이다.

鄒衡의 연구에 의하면, 鄭州 二里岡은 湯의 亳都로 早商 文化에 속하고, 南關外 등은 早商 文化이며, 二里頭 文化는 夏 文化이다. 또한 河南 龍山 文化는 夏 文化의 주요한 근원이 되었고, 그 말기의 절대 연대는 이미 夏의 범위를 넘었으며, 初·中期는 더욱 이르다. 그렇다고 과도기가 결코 二里頭 文化는 아니다. 양자의 문화 특징은 비교적 큰 차이를 보여 주고 있다. 예를 들어 河南 龍山 文化의 灰坑은 일반적으로 모두 원형의 자루 모양을 이루고 있고, 偃師 二里頭 文化의 灰坑은 곧은 벽·타원형·방형·장방형 또는 불규칙한 형상을 보여 주고 있다. 전자에는 卜骨이 없고, 후자에는 卜骨이 있었다. 양자에는 완전히 같은 형체의 도기는 거의 없고 돌변적인 양상을 띠고 있다. 이 때문에 양자가 같은 문화권이라고 할 수 없다는 것이다.[29]

문헌의 기록에 의하면 班固의《漢書·地理志》에 河南 偃師縣 尸鄕을 '成湯所都'라고 하였다. 鄭玄의《周書·立政》注에 역시 商代 湯이 거주한 곳은 河南 偃師 尸鄕에 있다고 하였다.

오직 顔師古의《漢書注》만이 臣瓚의 말을 인용하여 山陽郡의 薄縣이 湯의 도읍이며, 亳과 薄은 同音字라고 하였다. 王靜安의《說亳》은 이 說에 동의했는데, 그 이유는 湯의 적인 葛伯의 땅이 寧陵縣 동북의 葛鄕에 있어 薄과 근접한 까닭이라고 하였다.

두 설은 비록 토론의 여지는 있지만 종래의 어떤 사람도 湯의 都城이 鄭州였다고 하지는 않았는데 鄒衡은 이에 대한 새로운 학설을 주장하였고, 학계는 아직 열띤 토론중에 있다. 더욱 깊은 연구 분석이 이루어지기를 기대한다.

제 10 장
甲骨文과 다른 학문과의 관계
(下)

제1절 甲骨文과 고문헌의 고증

中國의 고문헌, 예를 들면《尙書》·《詩經》·《易經》·《春秋》·《左傳》·《山海經》·《世本》·《竹書紀年》및 제자백가 등 先秦 문헌의 일부는 제작 연대가 문제로 제기되거나, 일부는 전해 온 과정이나 後人의 손을 거치면서 고쳐지거나 增删된 것도 있고, 혹은 여러 손을 거치면서 생긴 오류로 인해 篇·章·詞·句의 이해가 어렵게 된 것도 있으며, 또 어떤 것은 완전히 믿을 수 없게 된 것도 있다.

康有爲 등은 '옛것에 따라 개작'해야 한다는 문제를 제기하였고, 顧頡剛 등은 또 '옛것의 잘못이 누적되어 뜻이 와전'될 수 있다고 꼬집었다. 비록 극단적인 점이 없지 않으나 오히려 고문헌의 존재 여부를 증명했던 일도 적지 않으니, 어느 설이 의심되고, 어느 설이 믿을 만한지를 판별하기란 쉬운 문제가 아니다. 王國維의《古史新證》, 唐蘭의《古籍新證》, 于省吾의《群經新證》과《諸子新證》등은 甲骨文·金文으로 고문헌 중에 있는 문제점을 고증한 대표적인 저술이다.

1. 고문헌을 증명한 史料의 가치

甲骨文이 고문헌에 이바지했던 공헌은, 첫째 고문헌을 인증하여 그 자료의 가치를 확고하게 했던 것이고, 둘째 고문헌에 기록된 잘못을 바로잡은 일이다. 먼저 첫번째 공헌에 관해 논해 보자.

•《史記·殷本紀》의 고증에 관하여
고문헌은 秦 始皇의 분서갱유 이후 거의 유실되었다. 漢初 文景 때 서적을 압수했던 挾書律을 폐지하고 獻書의 길을 열어 놓은 뒤로 유생들은 입과 귀로 전하고 손에서 손으로 베껴 전하였다. 그 중에는 후대인이 옛사람의 저작임을 빙자하여 저술해 진위를 가리기가 어려운 것도 있고, 어떤 것은 아예 위작으로 통하기도 하였다. 《史記》는 《左氏春秋》·《國語》·《國策》·《世本》·《楚漢春秋》 등을 근거 자료로 저술한 것이다. 劉知幾의 《史通》에 의하면 그 중 《世本》은 楚漢 무렵 호사가들이 썼다고 했는데, 내용은 黃帝 때부터 秦末까지를 기술하였다. 또한 《史記》의 〈五帝本紀〉와 〈夏本紀〉·〈殷本紀〉·〈周本紀〉의 世系는 주로 《世本》을 근거로 했기 때문에 후인들은 그 신빙성에 대해 의심을 품었고, 여러 번 옮겨서 전한 가운데 생긴 오류·부연·누락뿐만 아니라 '옛것에 따라 개작' 되었거나 '옛것의 잘못이 누적되어 뜻이 와전' 되는 등 턱없이 확대된 부분까지 있다고 여겼다.

王國維가 《殷卜辭中所見先公先王考》·《續考》 등 명저를 잇달아 내면서 〈殷本紀〉의 世系와 지하에서 출토된 甲骨文 중의 殷王 世系가 기본적으로 일치되고 있음을 증명한 데 편승하여(附表 참조) 疑古의 풍조 가운데서도 古史에 대한 새로운 믿음을 갖게 되었다. 그후 丁山은 甲骨文 자료를 근거로 《史記》를 보충하여 《新殷本紀》를 저술하였고,[1] 재미 학자 周鴻翔 교수도 《商殷帝王本紀》를 편찬하였는데,[2] 이는 商代史의 기틀 확립을 위한 연구로 그 가치는 특히 중시된다.

夏·商·周 3대의 역사 중 夏의 역사는 윤곽이 뚜렷하지 못할 뿐 아니라 문헌의 기록이나 고고 자료 또한 많지 않다. 西周 武王이 殷을 정벌하기 이전의 역사 기록도 분명하지 않고, 다만 《詩·大雅》 중에 〈生民〉이나 〈錦〉·〈公劉〉 등 몇 편에 산발적으로 기재되어 있을 뿐 고고 자료 역시 많지 않다.

商代는 대량의 甲骨文과 기타 문물 자료들이 줄지어 출토되었고, 〈殷本紀〉같이 믿을 만한 자료가 실증되어 商代의 역사는 확신을 가지고 자신 있게 기술할 수 있게 되었다. 또한 《史記》의 〈夏本紀〉·〈周本紀〉 등은 〈殷本紀〉와 근거 자료가 동일하기 때문에 〈殷本紀〉가 기본적으로 믿

附表一: 《殷本紀》 중에 보인 王室世系

帝嚳―契―昭明―相土―昌若―曹圉―冥―振―微―報丁―報乙―報丙―主
壬―主癸(以上은 先公, 以下는 殷王이다)―

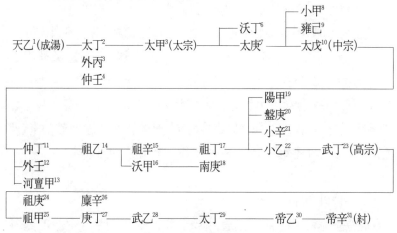

도표 중의 橫線은 父子 계승을, 直線은 兄弟 전후 승계를 뜻한다. 전자는 왕조 계승에서 父死子繼
(父가 사망하면 아들이 계승함)이라 칭하고, 후자는 兄終弟及(兄이 마치면 아우가 이음)이라 칭한다.

附表二: 卜辭를 참조하여 재구성한 王室世系

帝嚳―契―昭明―相土―昌若―曹圉―季┬王亥―上甲―
　　　　　　　　　　　　　　　　　└王恒

報乙 ―― 報丙 ―― 報丁 ―― 示壬 ―― 示癸 ―― 大乙¹(唐) ―― 大丁² ―― 大甲⁵
　　　　　　　　　　　　　　　　　　　　　　　　　　├卜丙³
　　　　　　　　　　　　　　　　　　　　　　　　　　└仲壬⁴

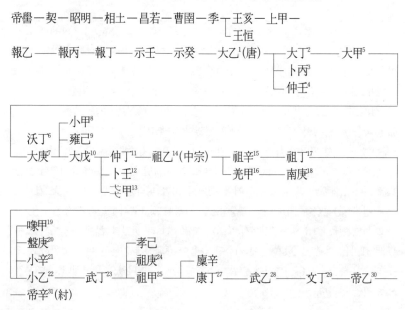

을 만한 역사라고 한다면 夏·周의 자료도 터무니없는 허구라고 할 수 없다. 이러한 이유로 역사가들은 용기를 내어 夏와 西周 초기의 역사를 논하였고, 고고학자들은 《史記》등에 실린 바를 실마리로 삼아 河南 南部와 山西 西南部에서 夏 文化를 탐색하였으며, 渭水 유역(岐山·扶風과 豊鎬 일대 포함)에서 早周 文化를 탐색하였다. 성실한 조사와 발굴을 통하여 고대사를 밝혀 줄 기본적인 자료를 얻는 큰 수확을 올리게 되었는데, 이는 〈殷本紀〉의 신빙성을 卜辭가 증명해 준 사실과 밀접한 관계가 있다. 다음으로 《史記·殷本紀》의 신빙성 회복은 은연중에 《世本》의 사료 가치를 한층 더 높여 주었음을 의심할 여지없다.

•《尚書》의 史料 가치

《尚書》는 春秋 이전에 史官들이 소장하고 있던 정부의 문서와 정치 강령 자료를 총망라하여 편집한 소위 儒家 경전의 하나이다. 오늘날 중국의 역사나 문학·철학을 연구하려고 할 때 《尚書》는 필수불가결의 자

王國維·郭沫若 등은 甲骨文 및 기타 史料에 근거하여 〈殷本紀〉에 기재된 先公·先王의 名稱과 世次를 대폭 수정하였다. 帝嚳에서 曹圉는 아직 확실하지 않다. 曹圉 이후의 冥은 季로, 振은 亥로 수정하였다. 또, 王亥에게 동생이 있었는데 그가 바로 王恒이고, 上甲 이하의 世次는 응당 報乙·報丙·報丁이어야 하며, 主壬·主癸는 示壬·示癸, 中宗太戊는 中宗祖乙, 河亶甲은 ᄃ甲, 陽甲은 喙甲, 沃甲은 羌甲, 庚丁은 곧 康丁(혹은 康祖丁)이라고 함이 옳다고 하였다. 아울러 武乙의 아들인 太丁은 文丁(혹은 文武丁)이 되어야 하는 것을 일일이 정정하였다. 《國語·周語下》에 "상대의 조상 契로부터 여러 왕들은 성심껏 나라를 다스려 14대인 湯에 이르러 흥기했다 玄王勤商, 十有四世而興"라 하였는데 지금 契에서 湯이 나라를 세우기까지 공교롭게도 14대 전해 왔다. 《晉語四》에는 또 "상왕조는 31왕이 향유했다 商之享國, 三十一王"이라고 하였는데, 韋昭 注에 "탕에서 주까지 自湯至紂"라 하였다. 湯에서 紂까지 모두 17世 31王을 지냈다. 〈殷本紀〉에 기록된 내용이 《國語》에 기록된 바와 일치하고, 그 중 다수의 先公·先王의 명칭과 순위가 卜辭에 의해 증명되었으니, 이 世系는 기본적으로 믿을 만하다.

료이다. 그러나 이 저서가 지닌 문제점 또한 적지 않은데, 첫째는 古今文의 다름에 있다. 《今文尙書》는 漢 文帝가 秦의 옛 박사인 伏勝이 90여 세로 아직 濟南에 살아 있는 것을 알고, 晁錯을 山東으로 보내 伏勝에게서 전수받아 얻은 것이다. 晁錯은 漢代에 통용되던 문자로 29편을 기록하였는데, 이것이 바로 《今文尙書》이다.

전하는 바로는 景帝 때 魯 恭王이 孔子의 유택을 점유하여 허물 때 벽 속에서 戰國 時代에 쓴 《尙書》45편을 발견했는데, 孔安國이 어명을 받들어 그것을 전하려 하였으나 武帝말 武帝가 方士들에게 우롱당하고, 이를 진압하는 과정에서 太子가 무고를 당해 반란을 일으킨 정치 사건이 발생하여 孔安國이 미처 헌납하지 못하였다. 결국 이 책은 행방이 묘연해졌다.

東晉 때 豫章太守 梅賾은 《古文尙書》를 헌납한 바 孔安國이 注를 쓴 58편이었다. 이것을 孔壁에서 나온 것이라고 하였는데, 隋·唐 학자의 대다수가 이를 의심하지 않아 唐初 孔穎達은 칙명을 받들어 《五經正義》를 편수할 때 梅賾이 헌납했던 것을 채용하였다. 宋代 학자들은 梅本에 대한 의심을 품었고, 淸의 閻若璩는 1백28개 조항의 작위적 증거를 열거하여 이 책이 위작임을 역설했다. 그런 연유로 위 《古文尙書》가 큰 안건으로 제기되었다. 따라서 《尙書》를 인용할 때 《十三經注疏》本을 사용할 수 없게 되었고, 孫星衍의 《尙書今古文注疏》를 이용해야 했다.

근대에 들면서 《尙書》의 정리·연구 또한 새로운 발전을 하였다. 그 것은 今文에 대해서도 학자들이 적지 않게 의문을 제기하였고, 동시에 유익한 연구와 토론을 그치지 않고 있다는 점이다. 특히 古文字 학자들의 甲骨文 연구 성과에 힘입어 《尙書》의 문자와 역사적 사실을 고증해 냄으로써 《尙書》의 고증과 연구 작업이 한층 순조롭게 이루어졌고, 성과 역시 적지 않았다.

《尙書》를 고증할 때 甲骨文·金文을 인용하거나, 甲骨文·金文에 관한 논문을 쓸 때 《尙書》를 증거 자료로 삼는 일은 이미 학계에서는 일반화되었다. 《今文尙書》 제1편 《堯典》의 예를 들어 보면, 《堯典》이 완성된 연대에 대해 范文瀾은 周의 사관이 기록한 것이라고 하였고, 郭沫若은 戰國 時代에 씌어진 것이라고 여겼으며, 顧頡剛은 秦漢 두 시기의 작품이라고 하여 의견이 분분했다. 비록 완성된 시기가 늦거나 전해지는 과정에서 후세인들이 덧붙여 수식한 부분이 다소 삽입되었다 할지라도, 그 속에 상당수의 고대 자료가 수록되어 있는 한 완전히 도외시하여서는 안 될 것이다.

저명한 과학자 竺可楨은 《堯典》에 기록된 四仲中星(鳥·火·虛·昴) 연구를 통하여 이들이 殷末·周初의 천문 기록임을 증명했다.[3] 프랑스인 卑奧는 馬融이 풀이한 《堯典》의 四仲中星 해석에 근거해 이들은 기원전 2357년의 二分(春分·秋分)과 二至(夏至·冬至)의 지점이었다고 단정하는 한편, 帝堯 시대의 天文 기록이다고 주장하였다.[4] 胡厚宣은 《堯典》에서 "四方之民과 鳥獸라고 한 것은 甲骨文과 《山海經》 중의 四方名 및 風名과 서로 부합된다"[5]고 하였다. 郭沫若은 甲骨文에 "日出·日沒시 제사를 지냈던 것으로 보아 《堯典》의 寅賓出日(공경스럽게 日의 출현을 맞고) 및 寅餞入日(공경스럽게 日을 보낸다)이 殷禮였음을 족히 증명한다"[6]고 하였다. 胡厚宣은 또 祖庚·祖甲 때 이미 日을 제사한 卜辭가 있으며, 廩辛·康丁 때 가장 많았다고 했다.

때로는 '賓日'(《佚》 873)이라 하였다. 賓은 공경한다는 뜻을 가진 祭名이다고 하였다.

때로는 '旣日'(《粹》 485)이라 하였다. 旣는 祭名으로, 槩자의 일부가 생략된 것이고 '날것'이란 뜻으로, 희생물은 죽이되 익히지 않은 날것으로 제사를 지낸다는 뜻이다.

때로는 '又出日'(《粹》 597·598, 《佚》 407)·'又入日'(《佚》 407)이라 하였다. 又는 독음이 侑이고, 역시 祭名이다.

때로는 '御各日'(《粹》 1278)이라 하였다. 御는 독음이 禦이고 祭名

이며, 各은 落이므로 落日은 入日과 같다.

때로는 또 '出入日, 歲三牛'(《粹》17)라 한 것을 볼 때, 해의 뜨고 짐에 따라 조석으로 제사를 지냈는데, 歲는 歲祭이고, 3마리의 소로 제사를 지냈음을 알 수 있다.[7]

《尙書》의 기타 각편에도 유사한 사례가 있다.

《高宗肜日》에는 武丁이 成湯을 제사 지낼 때, 꿩 1마리가 솥의 손잡이에 앉아서 울자 大臣 祖己가 殷王을 훈계하기 위해서 이 편을 지었다고 기록하고 있는데, 甲骨文에는 바로 이 肜祭를 지냈던 예가 많다.

《無逸》편에는 "高宗이 즉위하기 전 그의 아버지 小乙은 그를 오랫동안 백성과 함께 민간에 거하게 함으로써 백성의 고난을 이해하게 하였다. 그가 즉위한 후 상을 당하여서도 3년 동안 정사에 참여하지 않았다"고 하였다.

《論語·憲問》에서 子張이 물어 말하기를 "《書》에, 高宗이 상을 당하였을 때 3년 동안 정사를 돌보지 않았는데 어떻게 보십니까?" 하니 孔子가 "어디 高宗 한 사람뿐이더냐. 옛사람들은 모두 그랬다. 국왕이 서거하면 세자는 상을 지켜야 하므로 백관은 모두 재상의 명에 따라 직무를 행했는데 3년 동안이었다"고 하였다. 이것은 후세에 三年之喪이라고 하는 예속의 가장 빠른 예가 된다.

그러나 郭沫若의 《駁 '說儒'》라는 글에 한 고증에 의하면, 첫째 卜辭에서 새로운 왕, 즉 帝乙이 즉위할 때 다음해와 3년째에 수차 제사에 관해 점쳤으니, 어찌 "3년 동안 정사를 돌보지 않았다"고 하며, "3년 동안 예를 행하지 않았다"·"3년 동안 즐기지 않았다"고 하며, 어찌 "백관은 모두 재상의 명에 따라 직무를 행했다"고 하여 왕을 3년 동안이나 허수아비로 만들었단 말인가. 둘째, 근대 의학상에는 '無言症'이라는 병명이 있고, 武丁 卜辭에 "오늘 저녁 왕이 말을 할까요? 今夕王言"·"오늘 저녁 왕이 드디어 말을 할까요? 今夕王乃言"란 예가 있는데, 이것은 바

로 어느 날 말을 할 수 있나를 점쳐 묻는 것이었다고 밝혀냈다.[8)]

郭沫若은 '亮陰'이 殷王이 효를 지키는 예법이라고 여기지는 않으면서, 오히려 甲骨文과《尙書》와의 인증을 통해 의학상의 문제를 제기하였고, 동시에《尙書》의 역사 자료 가치를 확신시켜 주었다.《盤庚》상중하 3편은 자타가 공인하는 商代 작품으로 그 역사적 자료 가치는 더욱 의심할 여지가 없다.

•《山海經》의 史料 가치

과거의 학자들은《山海經》을 황당무계한 작품이라고 여겼다. 오늘날 甲骨文으로 그것을 인증해 볼 때, 그 중 많은 부분은 근거 자료에 의해 기술되었음을 알 수 있다.〈大荒東經〉을 예로 들면 다음과 같다.

"王亥라는 사람이 있어 두 손에 새를 잡고 그 머리를 먹고 있다. 王亥가 有易과 河伯에게 길든 소를 맡겼는데 유역이 王亥를 죽이고 길든 소를 차지했다."

王亥라는 이름은 卜辭에 자주 보이는 商族의 윗대 祖上이다. 甲骨文에 다음과 같은 내용이 있다.

　　貞, 㞢于王亥卌牛, 辛亥用. (《前》4·8)
　　묻습니다: 王亥에게 侑祭를 드리는 데 소 40마리를 올릴까요? 辛亥日에 用祭를 드릴까요?
　　甲辰卜, □貞, 來辛亥衁于王亥卅牛, 十二月. (《後上》23)
　　甲辰日에 점을 치고 □가 묻습니다: 다음 辛亥日 王亥에게 衁祭를 드리는 데 소 30마리를 올릴까요? 12월에.
　　貞, 㞢于王亥□三百牛. (《後上》28)
　　묻습니다: 王亥에게 侑祭를 드리는 데 소 3백 마리를 올릴까요?
　　貞, 衁于王亥五牛. (《前》1·9)
　　묻습니다: 王亥에게 衁祭를 드리는 데 소 5마리를 올릴까요?

王國維는 《殷 卜辭 중의 선공선왕고 殷卜辭中所見先公先王考》에서 "그의 제사를 辛亥日에 지내고, 제물로 바친 소가 5마리·30마리·40마리에서 3백 마리에까지 이르는 것과, 제례가 가장 융숭했던 점을 보면 商의 선공·선왕이라는 것을 의심할 여지가 없다"고 하였다.

또 《山海經》에는 아주 완전한 四方名·風名의 기록이 있다.

동방의 신을 析이라 하고, 거기에서 불어오는 바람을 俊이라 하는데, 동쪽 끝에 있으면서 바람을 내보내고 들이고 한다.
東方曰析, 來風曰俊, 處東極, 以出入風. (《大荒東經》)

남방의 신을 因乎라 하고, 큰 바람을 乎民이라고 하는데, 남쪽 끝에 있으면서 바람을 보내고 들이고 한다.
南方曰因乎, 夸風曰乎民, 處南極, 以出入風. (《大荒南經》)

石夷라는 사람이 있다. 서방의 신을 夷라 하고, 불어오는 바람을 韋라고 하는데, 서북쪽 모퉁이에 살면서 해와 달의 길이 조절을 관장하고 있다.
有人名石夷〔西方曰夷가 탈락되었음〕, 來風曰韋, 處西北隅, 以司日月長短. (《大荒西經》)

북방의 신은 鳧이라 하고, 불어오는 바람은 狄이라 하는데, 동쪽 끝모퉁이에 거하며 해와 달이 두서없이 오르내리지 못하도록 길고 짧음을 관장한다.
北方曰鳧, 來之風曰狄, 是處東極隅, 以止日月, 使無相間出沒, 司其短長. (《大荒東經》)

胡厚宣은 劉晦之가 편한 《善齋所藏甲骨文字》 중의 1편에 새겨진 20

여 자를 근거로 삼아 연구하였다.

　　東方曰析, 風曰劦.
　　南方曰夾, 風曰𡵅.
　　西方曰𡵤, 風曰彝.
　　□□□□, 風曰殴.
　　동방의 신을 析이라 하고, 불어오는 바람을 劦라 한다.
　　남방의 신을 夾이라 하고, 불어오는 바람을 𡵅라 한다.
　　서방의 신을 𡵤라 하고, 불어오는 바람을 彝라 한다.
　　□□□□라 하고, 불어오는 바람을 殴라 한다.

　　郭沫若은 이를 僞刻이라고 여기고 《殷契粹編》에 수록하지 않았지만, 胡厚宣은 글자체가 엄정한 것을 볼 때 武丁 시기의 卜辭라고 여겼고, 文理가 통하여 조작해 만든 것과 전혀 다르다고 했다. 그후 殷墟 제13차 발굴중에 또 武丁 때의 龜腹甲 1판을 얻었는데 내용은 다음과 같았다.

　　貞, 帝(禘)于東方曰析, 風曰劦; □□□□□□□□□□; 貞, 帝于西方曰彝, 風□□; 內, 帝□北□□□□□.

　　이로 볼 때 劉晦之가 소장하고 있던 것이 僞刻이 아님이 밝혀졌다. 또 《金璋所藏甲骨卜辭》 제472편은 武丁 시기의 牛骨 卜辭로, 위에 새겨진 "東方의 신 析에게 卯祭를 드리는데 소 3마리, 양 3마리, 靑 3마리를 올릴까요? 卯于東方析, 三牛, 三羊, 靑三"에서 '東方析'이라고 칭한 것 역시 四方風을 제사한 복사라는 것을 알 수 있다. 이들은 모두 《堯典》과 《山海經》에 기록된 내용들이 결코 허황되고 황당무계한 것이 아니라는 것을 증명해 주었다.[9]

•《竹書紀年》과 기타

《竹書紀年》은 戰國 時代 魏나라의 《史記》이다. 이 책은 夏 이래의 역사를 기록하고 있는데, 東周에서부터 晉의 역사까지만을 기록했지만 晉을 韓·趙·魏 三家로 분리한 후에는 魏를 위주로 기술하고 아울러 다른 나라까지 겸했으며, 魏의 '今王'(襄王)에서 기술이 그쳤다.

晉 武帝 太康 2년 汲郡 사람 不(音彪; biao)準이라는 사람이 魏 襄王의 묘를 도굴하여 얻어내 세상에 전해지게 되었다. 그 중에 堯와 舜, 啓와 益이 서로 싸운 일, 伊尹이 太甲을 추방한 일, 文丁이 季歷을 죽인 사실 등이 기록되어 있는데, 모두 儒家 전통 사상에 위배되어 배척을 받아오다가 唐·宋 이후 점차 유실되었다.

宋·明간에 新本(今本)이 나와서 3백여 년 전해지다가 淸 錢大昕·紀曉嵐·洪頤暄·郝懿行 등에 이르러 비로소 의혹을 품기 시작했다. 朱右는 20개의 증거 항목을 나열해 今本이 僞書임을 설명했고, 고서 중에서 古本을 인용한 부분을 모아 《汲塚竹書紀年存眞》 2권을 만들었다. 王國維는 朱右의 책을 보충해 《古本竹書紀年輯校》를 지었는데 朱右의 책보다 한층 더 정밀했다. 范祥雍은 《古本竹書紀年輯校訂補》를 저술했는데, 王國維의 輯校本을 기초로 더욱 발전시킨 것이다. 方詩銘·王修齡의 《古本竹書紀年輯證》이 가장 완벽하다.

戰國 時代의 年代와 역사적 사건은 이를 데 없이 혼잡한데다 秦의 분서갱유 때 각국의 역사 기록이 불타 버려 단지 간단한 《秦記》만이 사마천에게 참고로 제공되었기 때문에 六國의 紀年에는 모순이 백출하고 있다. 晉代 이래 학자들은 새로 출토된 《竹書紀年》과 《史記》를 비교·검토하였다. 《史記》의 잘못이 지적된 가장 두드러진 예는, 《史記》에 惠王이 36년에 죽었다고 기록하고 있으나 《紀年》에는 魏의 惠成王(즉 梁惠王) 36년에 改元하여 1년이라 칭했고 16년에 죽은 것으로 기록되어 있어 이로써 《史記》의 착오를 바로잡았던 점이다. 그외 戰國의 연대로 《史記》·《國策》을 바로잡은 예가 상당히 많은데, 더욱 자세한 것은 陳夢

家의 《六國紀年》을 참조할 수 있다.[10]

《竹書紀年》은 甲骨文과 互證되는 곳도 적지 않아 그 사료 가치가 더욱 높다. 이에 몇 가지 예를 들어 보면 다음과 같다.

1) 《紀年》에 "盤庚이 殷으로 옮긴 때로부터 紂의 멸망까지 273년 동안은 다시 도읍을 옮기지 않았다 自盤庚徙殷, 至紂之滅, 二百七十三年, 更不徙都"고 하였다. 卜辭와 殷墟 발굴의 자료를 근거로 고증해 보면 이 설은 가장 믿을 만하여, 이미 많은 학자들이 이를 받아들였다. 이에 관한 《尙書》·《史記》의 기록은 《紀年》의 상세함에 훨씬 미치지 못한다.

2) 殷王의 명칭과 世次는 《紀年》에 기록된 바가 복사와 부합되어 《史記》나 기타 고문헌의 착오를 바로잡을 수가 있었다. 예를 들어 古本에 기록된 '中宗祖乙'과 今本에 武乙의 아들이 '文丁'이라 기록된 것이 그 분명한 예이다.

또 今本 《紀年》에 대해 楊樹達은 "후세인이 편집하여 엮은 것으로 眞書가 아니다. 그러나 기록된 殷王의 이름은 傳記나 卜辭에 보이기도 하여 저본으로 했던 자료가 있었을 것으로 사료된 바 터무니없이 날조된 것은 아님을 알 수 있다"고 말했다. 楊樹達은 古本과 今本 《紀年》을 참조하고 卜辭와 서로 印證하여 《竹書紀年所見殷王名疏證》을 저술하였다. 그 중 殷王 廟號(謚號)를 고증한 것이 18개인데 대부분 卜辭로 직접 증명하였고, 또 기타 고문헌에서 취해 증명한 것도 있다.[11]

3) 《國語·魯語》에 "上甲 微는 契를 본받아 따랐으므로 商代人이 그를 제사 지냈다" 하였고, 韋昭 注에는 "報는 德에 보답함이고, 또 祭祀하다는 뜻이다"고 하였다. 《孔叢子·論書篇》에 《書》를 인용해서 "高宗이 上甲微를 제사 지냈다"고 하였고, 今本 《紀年》에 武丁은 "12년에 上甲 微를 제사 지냈다"고 하였다. 甲骨 卜辭에 있는 "上甲부터 6대조 自上甲六示"·"上甲부터 13대조 自上甲十又三示"·"上甲부터 20대조 自上甲卄示"·"上甲부터 武乙까지 自上甲至于武乙"·"上甲부터 여러 조

상까지 自上甲至于多後" 등으로 볼 때 上甲 이래로 제사 지낸 卜辭가 무척 많은데, 合祭를 지낼 때는 上甲을 앞머리에 두었으며 제사 의식은 대단히 성대했음을 설명해 준다. 이로 볼 때 今本《紀年》을 포함해서 위에 열거한 고문헌들은 확실히 사료 가치가 있음을 증명하고 있다.

기타 고문헌, 예를 들어《易經》에는 "高宗이 鬼方을 정벌할 때, 3년 동안 적을 무찔렀다"·"震用이 鬼方을 정벌하고 3년 동안 大國에게서 상을 받았다"는 기록이 있다. 이들을 甲骨文에서 보면 殷 高宗 武丁이 鬼方을 정벌했다는 사실이 있고, 周가 殷의 속국이었을 때 周의 先人 震用은 鬼方의 전쟁에 참가하여 그 공로로 殷王의 하사품을 받았던 사실로 증명된다.

《易經》에는 또 "왕이 西山에서 즐기시네 王用享于西山"라는 기록이 있는데, 呂振羽는 甲骨文 "周侯에게 명할까요? 令周侯"·"倞山에서 사냥을 할까요? 田于倞山"·"묻습니다: 西邑에서 衆祭를 올릴까요? 貞衆于西邑" 등을 근거로 "殷王이 西山이나 岐山에서 즐긴 것은 불가능한 것이 아니다"[12]고 생각했다. 근년에 잇달아 발견된 周原 甲骨은 呂振羽의 상술한 추론을 증명할 수 있을 것이다.

이외《詩經》·《周禮》및 기타 고문헌 중의 일부 자료를 증명할 수 있는 卜辭를 찾았던 예는 많으나 일일이 들지 않겠다.

2. 고문헌의 공백을 메우고 문헌 기록의 잘못을 규명하다

• 고문헌의 공백을 메우다

고대 사회의 역사, 특히 夏·商·周 3代를 기록한 문헌에는 확실히 많은 공백이 있다. 이 점에 대해 2천여 년 전 공자는 이미 탄식하며, 《論語·八佾》에서 "夏의 禮는 내가 말할 수 있으나 杞나라는 자료의 부족으로 증명할 수 없고, 殷의 禮는 내가 말할 수 있으나 宋나라는 실증할 만한 증거가 불충분하다. 이것은 문헌이 부족한 까닭이다. 자료만 충분하면 내 능히 증거할 수 있느니라"[13]고 하였다.

孔子 생존 시기는 古代로부터 그리 멀지 않았고, 또 秦 始皇의 焚書 이전에 생존했으면서도 문헌의 부족함을 느꼈을진대, 오늘날의 우리가 단순히 남겨진 문헌 자료만으로 고대 역사를 말한다는 것은 더욱 어려운 일이다.

연구에 의하면 先秦 문헌 중 夏代에 관한 기록, 특히 地名이 있는 史料는 대략 80여 조항인데 중복된 것을 빼면 70여 조항 이내이고, 기록이 간단할 뿐만 아니라 대부분은 夏禹가 治水한 이야기를 담고 있다.[14] 따라서 그 기간은 사실상 공백기라고 할 수 있다. 과거 사학계에서는 夏를 전설 시대로 여겼는데, 이것은 결코 지나친 疑古에서 나온 것이 아니고 확증할 만한 자료가 너무 적었기 때문에 감히 긍정적인 결론을 내릴 수 없었던 까닭이었다.

商代의 역사를 논할 때,《尙書》중《盤庚》상중하 3편의 시대는 비교적 이르고 믿을 만하지만 그 나머지 각편과《周易》·《毛詩》는 모두 周 이후의 작품이며《春秋》·《三傳》·《三禮》·《國語》·《國策》·《世本》·《山海經》·《竹書紀年》및 諸子百家의 시대는 더욱 늦다.《史記》중의 호칭 체계는 상세하고 확실하지만〈殷本紀〉는 2천8백여 자에 불과해 지나치게 간략한 느낌을 면치 못한데다, 어떤 기술은 불필요하게 길고 어떤 부분은 지나치게 간단하며 잘못 기록된 부분까지 있다.

周初의 역사, 특히 武王이 殷을 무찌르기 전인 早周의 역사에 관한 자료는 극히 미흡하여 李亞農은 이 시기를 '오리무중 一片迷霧'이라고까지 하였다.

그러나 오늘날 甲骨文이 출토되어 큰 폭으로 商代 역사의 공백을 보충하였다. 또한 甲骨學의 발전에 편승해 夏·商·周의 考古學 연구가 한 걸음 매진할 수 있었으며, 이에 따라 二里頭 文化·早周 文化의 발견과 연구, 나아가 夏 文化의 탐색, 殷 정벌 이전 周族의 사회·역사를 연구하는 데 진귀한 자료를 제공하였다. 이는 실로 경이로운 일이 아닐 수 없다.

• 문헌 기록의 잘못을 규명하다

甲骨文으로 고문헌에 기록된 잘못을 고증해 낸 예는 어느 甲骨學의 저서 중에서도 볼 수 있을 만큼 많아 일일이 열거할 수 없다. 여기서는 단지 王國維·于省吾의 연구를 예로 삼아 간략하게 소개한다.

王國維의 《殷卜辭中所見先公先王考》와 《續考》는 선공·선왕의 명칭과 世次를 집중적으로 고증했다. 《山海經·大荒東經》에 王亥라는 사람이 등장하는데, 그는 商代의 高祖로 卜辭에 자주 보이는 중요한 인물이다. 《世本》에 亥는 核으로, 《楚辭·天問》에서는 該로, 《漢書·古今人表》에서는 垓로 기록되어 있지만, 이것들은 모두 通假字들이다. 《史記》에는 振이라고 하였는데, 이는 核·垓 2자와 비슷하여 야기된 착오였다. 《呂覽》에는 王氷이라고 하였다. 篆文에서 氷은 仌이라 하였는데, 역시 亥와 비슷하여 생긴 착오였다. 이들은 甲骨文으로 《史記》·《呂覽》 등의 잘못을 바로잡았던 실례이다.

또 '中宗' 문제에 관한 王國維의 연구를 보자. 그는 "《戩壽堂所藏殷墟文字》 중 한 조각에 '中宗祖乙에게 소를 드릴까요? 길하다 中宗祖乙牛, 吉' 는 6자가 있는데, 이는 祖乙을 中宗이라고 한 것으로 종래의 《尙書》 연구가의 설과 완전히 다르다. 오직 《太平御覽》 권83에서만이 《竹書紀年》의 "祖乙 滕이 즉위했는데 그가 中宗이며 庇에 居했다"고 한 것을 인용했다. (《今本紀年》注는 "祖乙의 시대에 商道가 부흥되어 中宗이라고 칭했다"고 하였다.) 이 조각을 근거로 볼 때 《紀年》이 옳고, 古今 《尙書》 연구가의 說은 착오임을 알 수 있다.

《史記·殷本紀》는 大甲을 大宗으로 삼고, 大戊를 中宗이라고 하였으며, 武丁을 高宗이라고 하였는데, 이는 《尙書》 今文家의 說인 바 지금 밝혀진 卜辭로 고증해 본즉 大甲·祖乙은 왕왕 함께 제사 지냈으나 大戊는 더불어 제사 지내지 않았다. 卜辭에 다음과 같은 내용이 있다.

    □亥卜貞: 三示御, 大乙·大甲·祖乙五牢. (羅振玉 拓本)
    大乙·大甲·祖乙 세 분 조상에게 御祭를 드리는 데 소 5마리를 올릴까요?

    癸丑卜, □貞: 求年于大甲十牢·祖乙十牢. (《後編》上 제27쪽)
    大甲에게 풍성한 수확을 기원하여 제수용 소 10마리를 드리고, 祖乙에게도 제수용 소 10마리를 드릴까요?

    丁亥卜, □貞: 昔乙酉簇旋御(中闕)大丁·大甲·祖乙百罍·百羌, 卯三百牛(下闕). (《後編》上 제28쪽)
    지난 乙酉日…… 大丁·大甲·祖乙에게 御祭를 드리는 데 술 1백 병과 羌人 1백 사람을 드리며, 소 3백 마리를 잡아 卯祭를 드릴까요?

  이와 같이 大乙·大甲에 이어 祖乙만을 들고 있는 점은, 역시 中宗은 祖乙이지 大戊가 아님을 증명하는 것이다고 하였다. 이는 古今 《尙書》 연구가의 說을 규명한 실례이다.
  《史記》와 《古本竹書紀年》에는 武乙의 아들을 太丁이라고 기록하였다. 그러나 成湯에게 이미 아들 太丁이 있고, 그 다음 丁이라고 칭한 이름으로는 沃丁·仲丁·祖丁·康丁이 있는 바 武乙의 후대에 다시 太丁이라 칭할 수는 없다. 王國維는 《今本竹書紀年》에 근거하여 武乙의 아들은 '文丁'이라 하였고, 또한 卜辭에 근거하여 '文丁' 혹은 '文武丁'이라 칭한다고 밝혔다. 이는 《史記》와 《古本竹書紀年》을 바로잡은 실례이다.
  이외에 《史記》에서 報乙·報丙·報丁의 순서를 잘못 기록한 것과, 示

壬·示癸를 主壬·主癸로 오인한 점에 대해 王國維 등은 卜辭에 의거하여 일일이 교정했다.(제1절의 附表 참조) 이 역시《史記》의 내용을 바로잡은 유명한 예증이다.

于省吾의 저서《群經新證》에는《尙書新證》·《詩經新證》·《易經新證》을 포함한다.《諸子新證》에는 또《管子新證》·《晏子春秋新證》·《墨子新證》·《荀子新證》·《老子新證》·《莊子新證》·《韓非子新證》·《呂氏春秋新證》·《淮南子新證》·《法言新證》등 10가지를 포함하고 있다. 이로써 독자들은 甲骨文·金文 등 古文字 자료를 이용하여 문헌을 고증한 진의를 파악했으리라고 본다. 몇 가지 실례를 들어 살펴보자.

1)《尙書·牧誓》에 "난세가 되어 선왕부터 내려온 치러야 할 제사를 지내지 않고 조상과 부모·형제를 돌보지 않으며 나라일에 임용하지 않았다 昏棄厥遺王父母弟不迪"는 말이 있다. 于省吾는 "지난날 王父母를 祖父母라고 했던 말은 옳지 않다. 甲骨文·金文은 祖父母를 祖某·妣某라 하였고, 父母를 考某·母某라 하였는데 考某를 父某라고도 했다 ……"고 하였다.

2)《尙書·多士》에 "그러므로 나는 그대들을 天邑商에서 감히 구하려는 바이다 肆予敢求爾于天邑商"는 말이 있다. 于省吾는 "王靜安(國維)은 天邑商은 大邑商을 잘못 말한 것이라고 하였는데, 龜版에는 大邑이라는 字가 많다. 그러므로 王說은 옳지 않다. 甲骨文에 大邑商과 天邑商이 두루 보인다. (《殷墟書契前編》3·2·7에는 大邑商이 있으며,《龜甲獸骨文字》권1·27에는 天邑商이 있다.) 天과 大는 옛날에 서로 통했다.《大豊毁》에 왕이 天室에서 제사 지냈다는 구절이 있는데, 天室은 바로 大室이다. 大邑商은《孟子·滕文公篇》이 인용한《佚書》의 大邑周와《禮記·緇衣》에 인용한《尹告》중의 西邑夏와 같은 맥락이다"고 하였다.

3)《詩·邶風·綠衣》에 "허물 없이 하려 하오 俾無訧兮"라는 말이 있

다. 于省吾는 "甲骨文에서 亡尤는 자주 보이고, 《大豊敦》에 天亡尤, 《獻敦》에는 休亡尤가 있다"고 말했다.

4) 《詩・大雅・皇矣》에 "크나큰 이 나라의 임금되셨네. 백성들 잘 따르고 친근하셨네 王此大邦, 克順克比"라는 말에 대해 于省吾는 "王此大邦과 克順克比는 韻이 맞추어진 것인데, 江有誥는 克比克順이라 고쳐 順을 윗문장의 君과 韻을 맞추었다. 王國維는 여기에 韻이 없다고 하였다. 그러나 克順克比는 마땅히 克順克從이라 해야 옳다. 그래야 從과 邦은 압운이 된다. 金文에서 比・從 2자는 혼용하여 구별이 없었다.

《說文》은 매문자의 바로 했을 때와 뒤집어진 경우를 다른 문자로 보았다. 따라서 두 사람이 나란히 있는 모양을 從이라 하고 從을 뒤집은 것을 比라고 했다. 金文에서는 단지 上下와 左右 4자의 자형만을 엄격하게 구별했고, 그외에는 문자를 뒤집든지 누이든지 구별하지 않았다. (金文의 左右 2차는 偏旁에서 구별이 없다. 내가 소장한 《吳王夫差劍》에서 差를 𩾔라고 한 것으로 증명할 수 있다.) 고대에 從과 比는 서로 통했다. 甲骨文 𦥑・𠬞 는 같은 자이다. 金文 旅는 𣂷・𣃚・𣃞로 쓰며, 이 세 문자가 취한 𦥑・𠬞・𣃞는 서로 통용되었다"고 말했다.

于省吾는 《諸子新證》에서 "《墨子》는 諸子百家 중 가장 난해한 저서이다. 내용이 와전되고 전후 도치되었으며, 불필요하게 삽입되기도 한데다 注도 달려 있지 않았다. 더욱이 明 이전에 간행된 책은 없고, 明本도 지금까지 전해진 것을 찾기 힘들다. 孫詒讓의 《墨子間詁》가 씌어진 후부터 그런 대로 읽어갈 수 있었다. 孫詒讓은 淸儒들의 해설을 거의 망라했다고 볼 수 있으나, 여전히 후인들의 깊은 연구와 규명을 기대할 수밖에 없다"고 하였다.

于省吾는 甲骨文・金文 및 기타 고문헌 자료를 비교 연구한 결과 《墨子》 중의 잘못된 文句를 바로잡았고, 淸儒들의 잘못된 해설이 많음을 지적하였다.

가령 《墨子 · 兼愛中》에 "그러면 이러한 해독이 왜 생겨나는가 然則崇此害亦何用生哉"의 崇자에 대해서 于省吾는 "兪樾은 崇자의 뜻은 없고 이는 察자를 잘못 쓴 것으로 보았는데, 나는 崇은 祟의 잘못이지 察이 아니고, 祟는 察의 借用字라고 생각한다. 甲骨文에 자주 '재앙이 닥칠까요? 其㞢來希' 라는 구절이 있는데 希는 祟로 읽어야 한다. 祟·殺·蔡·察은 古字에서 서로 통했다.

《說文》 古文에 殺을 㡯이라고 하였다. 《孟子 · 萬章》에 '三苗의 수령을 三危에서 죽였다 殺三苗于三危' 고 했고, 《說文》에는 '𥨍三苗' 라고 하였는데 𥨍는 祟에서 음을 땄다. 또 《左傳》 昭王 元年에 '周公이 管叔을 죽이고 蔡叔을 귀양보냈다 周公殺管叔而蔡蔡叔' 고 했는데, 《釋文》에는 《說文》에 蔡를 𣓁라고 한 것을 인용하였다. 《禮記 · 鄕飮酒義》에 '가을은 거두는 계절이다. 시절이 거두어 지키게 함이니라 愁之以時察守義者也' 의 注에 혹자는 察을 殺이라 했는데 이들은 좋은 증거가 된다"고 하였다.

또 《墨子 · 天志中》에 "신하와 백성이 서로 불리한 행동을 하기를 어찌 바라겠는가 夫豈欲其臣國萬民之相爲不利哉"라는 구절에 대해 于省吾는 "유월은 臣國을 國臣으로 해석하였는데 이 설은 크게 잘못되었다. 고대에 國과 或은 같은 字였다. 〈毛公鼎〉에 '康能四或' 이라는 구절이 있는데 四或은 四國인 바 甲骨文에서 國자를 或이라 했기 때문이다. 이는 '夫豈欲其臣或萬民之相爲不利哉' 임을 말해 준다"고 주장하였다.

위의 두 가지 예만 보더라도 충분히 이해될 수 있어 더 많은 예는 들지 않겠다.

胡厚宣은 일찍이 "中國의 고전, 특히 경전 · 사서 · 제자백가 등은 古今의 문장 차이, 문법의 변환, 수천 년 동안 잘못 옮겨 쓴 탓에 알아볼 수 없는 곳이 속출했다. 그래도 甲骨文 · 金文이 있어 비교해 볼 수 있게 된 것은 실로 다행이다. 근자에 와서 학자들간에 '新證' 이라는 새로운 연구 기운이 일어나 《古史新證》 등 저작이 나왔는데, 이는 모두 甲骨

文·金文 등 직접적인 자료를 근거로 古書를 연구한 결과이다"15)고 하였다.

　최근 들어 中國의 당과 정부는 고문헌의 정리와 연구의 중요성을 인식하고 새로운 방향을 모색하고 있다. 王國維와 于省吾 등 대학자들은 甲骨文·金文을 활용한 고문헌의 고찰을 시도하여 先秦 古籍의 연구와 정리에 새로운 길을 터주었다.

제2절 甲骨文과 商代史 연구

甲骨文과 古文字學·考古學·古文獻學의 관계는 이미 상술한 바와 같다. 郭沫若은 "나의 卜辭 연구는 中國 社會의 기원을 탐구하는 데 뜻을 두었지 文字學·史學·地學에만 국한시키지 않았다"[16]고 하였다. 于省吾도 같은 관점을 지녔는데, 그는 "古文字를 연구하는 중요한 목적은 古代史를 연구하기 위한 것이고, 특히 고대의 계급과 계급 투쟁사를 연구하기 위한 것이었다. 뿐만 아니라 중국 古文字 중의 어떤 象形字나 會意字는 종종 고대 사회 활동의 실제 상황을 형상적으로 반영하고 있어 문자 자체가 매우 진귀한 史料이다"[17]고 하였다.

우리가 오늘날 甲骨文을 배우고 연구하는 목적은 단순히 문자 고증에만 그칠 것이 아니라 甲骨文이라는 문자 도구를 완전히 파악하고, 이러한 지하에서 출토된 일차적 자료를 문헌의 기록 및 고고 자료와 종합하여 商代의 역사를 더욱 깊게 연구함으로써 한 걸음 더 나아가 중국 사회의 기원과 그 발전 변화의 규율을 이끌어 내도록 유도하는 데 있다.

80여 년 이래 甲骨學 및 商代史 연구는 이미 괄목할 만한 성과를 거두었는데 이는 칭송할 만하다. 그러나 이상적이며 과학적 체계를 갖춘 비중 있는 商代史가 정식으로 출판되지는 못했다. 商代의 정치·경제·문화에 관한 전문서 역시 미흡한 상태에 있어, 이를 기초로 한 商代의 사회·역사에 대한 본격적인 연구가 이루어지지 못했고, 그와 관련된 夏代와 周初의 역사는 더욱 거론하기 어렵다. 따라서 우리가 당면한 임무는 막중하여 "책임은 무겁고 갈 길은 멀다"고 할 수 있다.

1. 官職·刑法·軍隊

레닌은 "국가는 계급을 통치하는 기관이며, 한 계급이 다른 한 계급을 억압하는 기관이다"[18]고 하였다. 국가는 군대·경찰·법정·감옥 등 전문적인 정치 기구로 구성되어 있다. 商代가 노예제 국가였다는 점은 집권 기관의 점진적인 성립과 나날이 완벽해졌던 점이 충분히 설명해 주고 있다. 여기서는 卜辭 중에 나타난 商代의 官職·刑法, 그리고 軍隊의 상황을 例로 들어 증명해 보고자 한다.

우선 우리는 卜辭를 통해 商代의 최고 통치자를 王이라고 칭했을 뿐만 아니라 스스로를 '一人' 혹은 '余一人'이라고 불렀음을 알았다. 소위 '一人'이라고 함은 노예주 계급에서 총두목을 일컬은 전용 명칭으로, 의미는 넓은 하늘 밑, 四海 안에서 더 이상 높은 자가 없는 소위 唯我獨尊이라는 것이다. 이는 철저한 전제 독재정치의 반영이라고 할 수 있다.[19]

殷王 아래는 婦·子·侯·伯 등 근친 귀족이나 姓이 다른 제후들이 있어 왕을 보좌했고, 또 수많은 관리가 국가를 통치하는 왕실의 일을 도왔다.

《尙書·盤庚篇》에 '百執事'라는 말이 등장했고, 西周의 《大盂鼎》에 '殷正百辟'이라고 했는데 이는 광범위하게 百官을 이르는 말이다. 《禮記·曲禮》에서 고대의 官制에는 소위 六大가 있다고 하였는데, 즉 大宰·大宗·大史·大祝·大士·大卜이다. 또 五官이 있는데, 司徒·司馬·司士·司寇·司空이 그것이다. 또 六府인 司土·司木·司水·司草·司器·司貨가 있고, 六工인 土工·金工·石工·木工·獸工·草工이 있다. 鄭玄은 注에서 이것을 殷制라고 하였다. 이러한 주장에는 근거하는 바가 있겠지만, 당시에 이처럼 체계가 정연하기는 어려울 것 같다.

甲骨文에서 우리는 수십 종의 官職의 명칭을 볼 수 있다.

卜辭 중 卿事라는 官名이 《通》 615, 《前》 2·23·1, 4·21·7, 《京津》 4393 등에 보인다. 《詩》·《書》에도 卿士가 있는데 殷周 두 시대의 최고 집정관이다. 羅振玉은 "士는 옛날에 모두 事로 해석했기 때문에 卿事는, 바로 卿士이다" 했고, 또 "《周官》에는 비록 卿士라는 명칭이 없으나 《詩》나 周初 古金文에서는 자주 볼 수 있는데 이는 周의 官制가 실제로 殷制를 따랐기 때문이다"[20] 하였다.

卜辭에 또 大史가 있는데, 《甲》 3536, 《佚》 10·940, 《前》 4·54·1, 5·9·8, 《續》 2·6·4, 《庫》 1620, 《京都》 1271·2529 등에 보인다. 西周 때 卿士와 大史의 지휘하에 있는 관료들인 卿士寮는 大史寮와 동등하였다. (〈毛公鼎〉과 〈番生毁〉에 보인다.) 甲骨文에 卿事寮는 보이지 않으나 大史寮는 있어(《前》 5·39·8), 殷代에도 卿事寮가 있었을 것으로 추측된다. 연구의 결과에 의하면 卿事寮와 大史寮는 殷代 중앙관리의 양대 부분이었을 것으로 추정할 수 있다.[21] 卜辭에는 大史나 大史寮令 외에도 六史·四史·三史·御史·西史·北史·女史 등의 명칭이 있는데, 이들이 官名인지의 여부와 어떤 일을 관장했는지는 알 수 없다.

卜辭에는 또 臣·多臣·小臣·小耤臣 등의 칭호가 있다. 于省吾는 甲骨文 중 小臣의 지위는 높은 자·낮은 자가 있었는데, 특히 𠂤와 臭 같은 사람들은 모두 제사와 정벌을 주관했고, 지위는 후세의 大臣과 같으며, 일반 小臣의 지위와는 상당한 차이가 있었다고 여겼다.[22]

宋代에 출토된 《齊侯鐘》에는 "위대한 成湯이여…… 小臣伊尹이 보좌하네 虩虩成唐……伊小臣隹輔"라는 구절이 있는데, 成唐은 곧 成湯이고, 伊는 바로 阿衡伊尹이다. 《呂氏春秋》에도 伊尹을 莘氏小臣이라고 稱하였다. 과거에는 습관적으로 小臣의 지위를 낮다고 여겼으나 사실은 그렇지 않아, 그들 중에 더러는 商 王朝의 권세 있는 인물도 있었다. 卜辭에는 특히 "小臣이 출산하는데 길할까요(아들일까요)? 小臣冥(娩), 妨(嘉)"(《掇二》 2·478)라는 구절이 있는데 이 小臣은 女官이었다.

또 다른 卜辭에는 多馬·多亞·射衛 등이 있는데, 이는 武官임이 틀림없다. 牧(中牧·左牧·右牧)이나 戍는 변방 지역에 주재한 武官이었다. 卜辭의 自(師)는 비교적 고위급의 군장성으로 自般·自㕚·自賓 등이 있다. 自般의 例를 보면 다음과 같다.

貞: 王命自般. (《明》705)
묻습니다: 왕은 自般에게 명할까요?

戊辰卜, 賓貞: 乎自般祭大▨. (《後上》11)
戊辰日에 점치고 賓이 묻습니다: 自般을 불러서 大▨에게 祭를 지내게 할까요?

庚午卜, 韋貞: 乎自般业王于▨. (《續》6·10·3)
庚午日에 점을 치고 韋가 묻습니다: 自般에게 명하여 ▨에게 侑祭를 지내게 할까요?

朱芳圃는 自般을 武丁의 스승인 甘盤이라고 여겼다.[23] 만약 사실이라면 이 관직은 역시 重臣이 겸임한 것이 된다.

총괄하면 商代의 官職은 이미 전문직으로 분류되었다. 예를 들면 수렵을 전담하는 犬 또는 多犬이란 관직이 있었고, 어떤 때는 기타의 武官도 참여하였다. 농경관으로는 위에서 제시한 小耤臣 외에도 畯·田·男 등이 있었다.

司馬遷은 일찍이 "文章·歷史·天文·曆法을 관장하는 사람은 점을 치거나 축도하는 사람과 비슷해서 원래는 군주들의 노리갯감들이다. 굿하는 사람이나 소리꾼처럼 천시를 받았다"[24]고 하였다.

史官이라는 직책을 살펴보면 국왕의 좌우에서 政事를 기록했을 뿐만 아니라 天文·曆算·占卜·祭祀 등 모든 것을 두루 관장하였는데, 商

代부터 西漢에 이르기까지 큰 변화는 없었던 듯하다. 漢代에 이르러서는 순전히 太史公 자신의 불만이라고 할 수 없을 정도로 史官의 지위가 낮아졌다. 그러나 商代의 사정은 크게 달라 "나라의 중대사는 제사와 정벌이었다 國之大事, 在祀與戎"고 할 수 있다. 殷王과 왕비·왕자와 大臣이 모두 점복과 제사 활동에 참여하였기 때문에 卜人(多卜이라고도 한다)과 집제관은 內職 史官에 포함되어 그 지위는 극히 높아 최고 장관인 大史는 卿士와 나란했다.

《左傳》 昭公 6年의 기록인 "商에 政令을 어기는 사람이 많아 湯은 형법을 제정했다 商有亂政而作湯刑" 《孟子·萬章上》의 "太甲은 湯이 제정한 규율 제도와 형법을 뒤엎었다 太甲顚覆湯之典刑" 《竹書紀年》에 祖甲이 "湯의 형법을 중건했다 重作湯刑"고 한 기록이나, 《荀子·正名篇》의 "刑의 명칭은 商代의 것을 따른 것 刑名從商"이라고 한 것을 근거로 하면, 商代에는 실제로 刑法이 존재하였음을 알 수 있다.

甲骨文에는 墨·劓·宮·剕·大辟 등 다섯 가지 형벌이 나타나 있다. 趙佩馨·裘錫圭은 형벌에 대해 상세한 연구를 하여 다음과 같이 피력하였다. "甲骨文에는 黥刑(墨刑)·刵(劓刑)와 伐(大辟)이 있는데, 앞서 이미 연구한 자가 있지만, 그러나 刖刑(剕刑)과 宮刑이 있었는지의 여부에 대해서는 연구가 미흡하다. 卜辭에 나타난 ·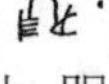· 등의 형태는 칼로 사람의 발을 자르는 형상이고, 後代의 刖·跀·剕·踂·朊 등도 여기에서 연유한 듯하며, 과거에 '陵'이라고 해석한 것은 잘못된 풀이이다. 甲骨文에 있는 · 등의 괴이한 字는 지금까지 해석된 바 없으나, 칼로 남자의 생식기를 자르는 형상인 椓刑은 특수문자로 劅(宮刑)라고 해석해도 무방할 것 같다."[25]

胡厚宣·塞峰 등은 刖足의 刑에 관해 면밀하게 연구한 결과, 刖刑을 당한 대상의 절대다수가 노예 신분들이었다고 결론지었는데, 마침 安陽 後岡과 河北 藁城臺 西村의 고고 발굴에서 다리가 하나 없거나 두 다리가 모두 잘려진 殉葬者들이 발견되어 商代 노예주 계급이 노예들에게 자행한 혹형의 실상이 확실하게 실물로 증명되었다.[26]

齊文心은 甲骨文 圉·戎 등의 용법을 분석하고, 기타 卜辭 資料에 근거하여 殷代의 노예 감옥 설치 및 노예 폭동 상황까지 체계적인 연구를 하였다.[27]

于省吾는 甲骨文字의 字形에 근거하여 商代 통치 계급이 백성들에 행한 유린과 살상을 전면적으로 밝혀내었는데, 그것들을 요약하면 대략 8가지 폭력 행위로 귀납시킬 수 있다.

1) 人身의 유린: 甲骨文 梦(鬱)자의 가운데는 㐧를 넣어 梦라고 쓰는데, 勹는 俯伏의 伏자의 本字이고, 㐧는 한 사람이 땅에 엎드려 있는 다른 한 사람의 척추 위를 짓밟고 있는 형상이다. 甲骨文 屁자는 𠂊𠆢 혹은 𠆢라고 하는 尼를 근거로 했는데, 모두 한 사람이 다른 사람의 등 위에 앉아 있는 모습이다. 또 甲骨文 梦자는 한 사람이 다른 사람의 머리 위에 올라앉아 있는 형상이다.

2) 포박: 甲骨文의 싎자는 㑊라고 쓰며, 系자 중의 하나는 釟라고 쓰는데, 모두 끈으로 사람의 목을 묶는 형상을 나타낸다. 또 甲骨文 訊은 㖀으로, 오른쪽 자형은 사람이 꿇어앉은 채 두 손이 묶여 있는 형상이다. 甲骨文의 斬자는 斬라고도 쓰는데, 노예를 포박하고 도끼로 그 머리를 자르는 형상이다.

3) 형구와 감옥: 甲骨文의 㑁(執)자는 㑁이나 㑁으로 쓰는데, 두 손목에 형구를 씌운 형상이다. (殷墟에서 출토된 陶俑을 보면 여자 노예는 양손을 앞으로 해 형구를 씌웠고, 남자 노예는 양손을 뒤로 해 형구를 씌웠다.) 또 執자의 異體字를 㑁이라고 쓰는데, 손으로 사람의 목을 조르는 형상이다. 그외에 㑁이라고 쓰는 자도 있는데, 이미 손목에 기구를 채우고 다시 목을 포박해 놓은 형상이다. 㑁의 형태는 채찍을 들고 사람의 등을 때리는 형상이고, 또 㑁은 사람의 머리를 바구니로

덮어 씌워 놓은 형상이다. 그외에도 圂(圉)자가 있는데, 이는 죄수를 감옥 안에 감금해 놓은 형상이다.

4) 肉刑: 甲骨文의 劓자는 ㄥㄥ 혹은 ㄥㄥ라고 쓰는데, 이는 칼로 코를 베는 형상이다. 或자는 𠂤라고 쓰는데, 戈로 귀를 베어내는 것이다. 𠂤자는 톱으로 사람의 발을 자르는 형상으로 많은 異體字가 있다.

5) 火刑: 甲骨文의 𤈦자는 사람의 목을 굵은 밧줄로 묶어 불 위에서 태우는 형상이다. 甲骨文에는 巫妝이 있고, 또 燓을 𤈦라고 쓴 것이 있는데, 비를 기원해 무당을 불 위에 놓고 태우거나 치는 형상이다. 卜辭에 焚라고 하는 여자 노예를 태워 비를 구하는 의식이 있다. 즉 "婞로 焚祭를 드릴까요? 叀婞焚"·"甲에게 凡을 태워 焚祭를 드릴까요? 于甲焚凡"·"妌를 드려 焚祭를 올리면 비가 내릴까요? 叀妌焚㞢雨" 등이 그 좋은 例이다.

6) 함정에 빠뜨려 지내는 제사: 甲骨文 𠃊자는 𠃊·𠃊·𠃊 등의 형태가 있는데 모두 㚔으로 해석하며, 陷의 初文이다. 그 문자는 人(혹은 女)과 凵(坑坎의 坎)로 구성되었는데 사람이 구덩이에 빠져 있는 형상이다. 卜辭의 "伊에게 豊祭를 드리고, 또 㚔祭(생매장하는 제사)를 드릴까요? 其作豊于伊㚔"·"甲辰日에서 戊日까지 사람을 매장해 㚔祭를 드릴까요? 甲辰至戊㚔人"로 보더라도 사람을 구덩이에 빠뜨려 지내는 제사를 가리키는 것이다. 또 𠃊자는 사람을 구덩이에 빠뜨리고 절굿 공이로 찧는 형상이다.

7) 목을 잘라 지내는 제사: 목을 자르는 형은 《書·呂刑》에서 말하는 大辟의 刑이다. 伐자는 𠂤이라 썼고, 商代 靑銅器 '虜戈'에는 𠂤이라 하였는데, 모두 무기로 사람의 목을 베어내는 형상이다. 또 甲骨文의 𠂤자 역시 도끼로 머리를 쪼개는 형상으로, 특히 商代 金文에서도 자주 보이는데 《父辛觚》의 𠂤, 《作父丁尊》의 𠂤를 들 수 있다.

8) 改와 屯: 甲骨文에는 사람을 제물로 드린 제사에 대한 기록이 늘 상 보이는데 제사를 위한 살육의 방법으로 改와 屯이 가장 잔혹하다.

攽는 문헌에 주로 肵나 施로 씌어져 있는데, 이는 배를 갈라 내장을 도려내는 것으로 후세 능지형의 기원이 되었다.

甲骨文에 "강인 1백 사람을 죽여 攽百羌" 제사 지낸 例가 보인다. 毛자 역시 昏·褅으로 쓰는데 문헌에는 보통 砥으로 씌어 있고, 磔과 동일하며, 사지를 갈라 죽이는 것이다. 卜辭에 "15명을 昏하다 昏十人又五"와 "羌人을 褅하다 褅羌"는 제사 내용이 기록되어 있다.[28]

刑法은 특정 계급을 압박하는 도구이다. 甲骨文에 나타난 통치 계급이 백성들에게 자행한 각종 폭행은 고문헌과 기타의 考古 資料로 증명할 수 있는 바, 商代는 이미 계급 사회로 접어들었다고 설명해도 큰 문제는 되지 않을 것이다.

軍隊는 국가 정권 행사의 중대한 요소이다. 상대에는 이미 많은 수의 군대가 조성되어 우선 노예주 귀족을 위해 노예와 평민의 반항을 진압하였고, 더불어 대외적인 쟁탈전을 수행하는 필요불가결의 도구가 되었다. 때로는 方國 部族의 침범을 방어하는 임무도 있었다. 甲骨文의 내용을 통해 볼 때 商代의 군사 조직과 작전 방법·전쟁 규모 등은 이미 상당한 수준에 도달하였음을 알 수 있다.

• 군사 조직

商代에는 이미 自(師)·旅로 편제된 정규군이 있었다. 卜辭에 "丁酉日에 묻습니다: 대왕은 右中左 3師를 조직할까요? 丁酉貞, 王乍(作)三自: 右·中·左"(《粹》 597)라는 기록이 있다. 商代의 三自는 아마 《左傳》에 기재된 春秋 時代 三軍의 기원일 것이다. 甲骨 卜辭 중에 나타난 병사의 수는 3천 내지 5천이고, 武丁 때에는 1만 3천 명을 징집하여 羌族을 정벌하였던 적이 있었다.

辛巳卜, 貞: 登婦好三千, 登旅萬, 乎伐羌. (《庫》310)

辛巳日에 점을 치고 묻습니다: 婦好에게 병사 3천을 징집하게 하고, 또 1만을 징집하게 하여 羌을 정벌하게 할까요?

어떤 사람은 商代 後期 상비군의 數는 每師(혹은 每軍)가 1만 인이니, 三師를 모두 합치면 3만여 명이라고 추정하는데, 추산해 보면 지나친 수는 아닐 것이다. 卜辭에는 또 "기병 左右中 3백 명 戎馬左右中人三百"(《前》3·31·2)이라는 기록도 있는데, 군사를 3隊로 나누면 각 대원은 1백 명이 되는 셈이다.

小屯 南地의 甲骨에는 '右旅'·'左旅'라는 명칭이 보이는데('中旅'는 보이지 않는다) 旅도 역시 左中右로 나누었을 것이다. 卜辭에 "商王의 군사 王旅"(《鐵》90·1)·"商王이 군사를 징집하다 王登旅"(《珠》9910)·"우리 商의 군사 我旅"(《乙》5393,《前》4·31·7)라는 기록도 있다.

卜辭를 통해 보면 商代에는 정비된 전체 군인을 통칭하여 自라고 불렀는데, 예를 들면 아래와 같다.

大方出, 伐我自. (《粹》1152)

大方이 출현하였는데, 우리 商의 군사를 칠까요?

方來入邑, 今夕弗㞢王自. (《明》89)

方이 우리 읍에 쳐들어왔는데, 오늘 저녁 대왕의 군대가 함락되지 않을까요? (㞢은 震, 즉 붕괴되다는 뜻이다.)

自와 旅 이외에 商王은 수시로 王族이나 多子族, 方國의 部族을 징집하여 정벌이나 변경 수비 등의 군사 활동을 지시했으므로 族 역시 하나의 군사 단위로 계산해 넣을 수 있다. 卜辭의 예를 들어 보면 다음과 같다.

□戌卜, 爭貞: 令三族從沚馘伐土方. (《甲》948)

□戌日에 점을 치고 爭이 묻습니다: 三族에게 沚馘을 연합하여 土方을 정벌하게 명할까요?

癸巳卜: 王其令五族戍�. (《粹》1149)

癸巳日에 점을 칩니다: 王은 五族으로 하여금 𠧪 지방을 지키도록 명할까요?

己亥貞: 令王族追召方于☒. (《南明》616)

己亥日에 묻습니다: 王族에게 ☒에서 召方을 추격토록 명할까요?

己卯卜, 允貞: 令多子族從犬侯璞周, 協王事, 五月. (《續》5・2・2)

己卯日에 점을 치고 允이 묻습니다: 多子族에게 犬侯를 연합하여 周를 치도록 명하면 왕의 일을 충실히 해낼 수 있을까요? 5월에.

乙未卜, 貞立(蒞)事于南, 右從我, 中從輿, 左從曾. (《掇二》62)

乙未日에 점을 치고 묻습니다: 王이 친히 남쪽에 임해 작전 지휘를 하고 右軍은 我方과, 中軍은 輿方과, 左軍은 曾方과 연합하게 할까요?

例文 《掇二》 62에서 '立事于南'은, 商王이 南方에서 친히 펼친 작전 활동을 가리키는 것이고, 從은 '인솔하다' '연합하다'는 뜻이며, 我・輿・曾은 모두 方國名이다.[29]

● 군대 수령

甲骨文 중 군대를 지휘한 사람으로는 王・婦・子・侯・伯・牧・馬・射・衛 등이 있다. 각각 예를 들어 증명하면 다음과 같다.

庚戌貞: 叀王自正(征)勹方. (《綴》184)

庚戌日에 묻습니다: 대왕께서 勹方을 정벌해도 될까요?

令婦好從沚馘伐印方, 受出又. (《粹》1230)

婦好에게 沚馘와 연합하여 印方을 정벌하게 하면 신의 도움을 받
을 수 있을까요?

貞: 自今壬寅至于甲辰, 子冓戈基方. (《乙》6692)

묻습니다: 이번 壬寅日부터 甲辰日까지 子冓가 基方을 정벌할
까요?

王叀倉侯伐兌方, 受出又. (《續》3·12·5)

대왕께서 倉侯에게 兌方을 정벌하게 하면 신의 도움을 받을 수 있
을까요?

王令亞其從叔白(伯)伐方. (《前》2·8·5)

대왕께서 亞에게 叔伯을 인솔하고 方을 정벌하게 명해도 될까요?

甲戌卜, 賓貞: 在易, 牧隻(獲)羌. (《珠》758)

甲戌日에 점을 치고 賓이 묻습니다: 易에서 牧은 羌人들을 잡을
수 있을까요?

來告大方出, 伐我自, 叀馬小臣. (《粹》1152)

大方이 출현하여 우리 군대를 침략한다고 보고를 하는데, 무관인
馬小臣에게 일을 감당케 할까요?

令多射·衛……. (《甲》1167)

多射·衛에게 명할까요?

• 작전 방법

商代에는 이미 車戰이 있었다. 《殷墟文字乙編》第7795片에는 車戰에 대한 卜辭가 기록되어 있다.

癸丑卜, 爭貞: 自今至丁巳我戈𠦂? 王固曰: 丁巳我毋其戈, 于來甲子戈. 旬㞢一日癸亥, 車弗戈, 之夕𡆥, 甲子允戈.

癸丑日에 점을 치고 爭이 묻습니다: 오늘부터 丁巳日까지 우리 商에 재앙이 있겠습니까? 王이 점친 결과를 보고 말했다: 丁巳日에는 우리에게 재앙이 없겠고, 다음 甲子日에 재앙이 있겠다. 11일 뒤 癸亥日에 車에는 재앙이 없었고, 그날 저녁이 지나고 甲子日 새벽에 과연 재앙이 있었다.

그외에 《續存》915·《劍》212에는 方國을 정벌하고 수레 2대를 획득한 卜辭가 기록되어 있다.

〈周本紀〉에 의하면, 牧野之戰에서 周 武王이 "싸움에 동원한 차량이 3백 대 戎車三百乘"였다고 했고, "모여든 제후의 병사는 차량 4천 대 諸侯兵會者, 車四千乘"였다고도 하였다. 殷墟 발굴 때, 차량 5대를 1組로 하고 25대를 1大組로 하며, 차량마다 말 2필이 끌고, 차량 위에는 무장한 병사 세 사람이 있는데, 한 사람은 차를 몰고, 한 사람은 창과 방패를 가지고, 또 한 사람은 활과 화살을 쥐고 있으며 전차 뒤에 보병 한 사람이 있는 것이 발견되었다.[30] 이러한 상황으로 볼 때 商代 후기의 전쟁은 이미 車戰 위주였음을 설명한다.

《詩·魯頌》鄭箋에 "兵車의 규율은, 왼쪽 사람은 활을 들고 오른쪽 사람은 창을 들며 가운데 사람은 차를 몬다 兵車之法, 左人持弓, 右人持矛, 中人御"는 구절이 있는데, 이로 보아 商周 두 시대의 戰車 제도는 기본적으로 서로 일치하였음을 알 수 있다.

甲骨文에 때때로 '登人'(사람을 모집하다) 또는 '收人' 몇 명이라는 구절을 볼 수 있다. 중요한 것은 얼마만큼의 보병을 소집했는가이다. 卜辭에 또 '步伐'이라는 기록이 있는데, 그 例로 "壬子日에 점을 치고 賓이 묻습니다: 보병으로 舌方을 정벌하면 신의 가호가 있을까요? 12월에 壬子卜, 賓貞, 氣步伐舌方, 受出又. 十二月"(《粹》1072)가 있다. 소위 '步伐이라는 것은 말이나 수레를 타지 않고 보병을 이끌고 정벌을 가는 것'이다.[31]

또 第13次 殷墟 발굴 때에는 사람과 말을 합장해 놓은 묘가 발견되었는데, 묘 안에는 사람 1명, 말 한 필, 개 1마리와 무기 한 벌이 매장되어 있었다. 말의 장식과 사람의 무기로 볼 때 이 말은 아마도 수레를 끄는 말이라기보다는 사람을 태우기 위한 것 같으며, 그 사람은 바로 騎兵이었을 것이다.[32] 卜辭에 나오는 '登馬'는 바로 전쟁에 나아갈 말과 무장한 기병을 징집하는 것이다. 또 卜辭에 기병을 이끌던 '先馬'가 있는데, 이는 殷代에 혼자 말을 타는 騎兵이나 말에서 활을 쏘는 騎射가 이미 성행했음을 반영하고 있다.[33]

• 전쟁 상황

甲骨文에서 보면 商 王朝는 方國들과 수많은 전쟁을 했는데, 商 王朝가 공격을 하여 침략 전쟁을 발발시킨 경우도 있고, 반대로 方國이 침입한 경우도 많다. 卜辭에 "방국이 출현했다 方出"·"방국이 쳐들어왔다 方來"·"방국이 출현하여 재앙을 일으켰다 方出作禍"·"방국이 출현해 우리 나라에 재앙을 주었다 方出禍我"·"방국이 商邑에 침입했다 方來入邑"·"이 읍을 정벌하다 征玆邑"·"대읍을 정벌하다 辜大邑"·"20개 邑을 정벌하다 伐卅邑"·"이 邑이 함락되지 않았다 玆邑亡堕"·"우리의 군대가 패하였다 我自有堕" 등의 기록이 있다. 또 侯伯과 장군들이 方國의 침입을 보고한 기록이 있는데 卜辭에서는 그것을 가리켜 '來娙'(患難이 닥친다, 外患이 있다)이라고 하였다. 유명한 例로는 《殷墟書契菁華》第2片 大胛骨에 수록되어 있는 刻辭를 들 수 있다.

癸巳卜, 殼貞, 旬亡囨? 王固曰: 坐希(有祟), 其坐來娙. 迄至五日丁酉, 允坐來娙自西. 沚馘告曰: 土方征于我東鄙, 戈二邑; 舌方亦牫我西鄙田.

癸巳日에 점을 치고 殼가 묻습니다: 다음 열흘간 재앙이 없을까요? 王이 점친 결과를 보고 이르기를, "재앙의 조짐이 있어 재앙이 오겠다. 5일 뒤 丁酉日에 오겠다"고 했다. 과연 5일 뒤 서쪽에서 재앙이 왔다. 沚馘이 고해 말하기를, "土方이 우리의 동쪽 변방을 쳐서 두 읍에 재앙을 입혔고, 舌方이 또 우리의 서쪽 촌락을 공격했다"고 하였다.

그러나 外族이 침입한 원인은 上帝가 보살펴 주지 않았거나, 조상이 재앙을 내린 것이라는 생각에서 벗어나지 못하고 있다.

貞: 方戈征, 唯帝今作我囨, 三月. (《金》496)
묻습니다: 方이 우리를 치는 재앙이 있었는데, 이는 上帝가 우리에게 재앙을 내린 것일까요? 3월에.

舌方出, 唯黃尹虫我. (《南北》57)
舌方이 출병했는데, 이는 黃尹이 우리에게 재앙을 준 것일까요?

• 전후기의 戰爭

甲骨文을 보면 전기인 武丁 시기와 후기인 帝乙·帝辛 때에 전쟁이 가장 빈번하였고, 규모도 비교적 컸음을 알 수 있다.

武丁 시대에는 주로 서북쪽의 강적인 鬼方·土方·舌方 등과 교전

하였다. 《易·旣濟》93에는 "高宗은 3년 만에 鬼方을 정벌하였다 高宗伐鬼方, 三年克之"고 하였고, 《未濟》94에는 "뇌성 같은 기세로 鬼方을 토벌하고 3년 만에 전승하여 대국 제후로 봉함을 받았다 震用伐鬼方, 三年有賞于大國"고 하였는데, 鬼方에 대한 기록은 아래 卜辭에서 볼 수 있다.

　　己酉卜, 賓貞: 鬼方易, 亡囧, 五月. (《乙》6684)
　　己酉日에 점을 치고 賓이 묻습니다: 鬼方이 도망하는 데 재앙이 없을까요? 5월에.

　　己酉卜, 丙〔貞〕: 鬼方易, 〔亡〕囧, 五月. (《甲》3343)
　　乙酉日에 점을 치고 丙이 묻습니다: 鬼方이 도망하는 데 재앙이 없을까요? 5월에.

　　島邦男의 《殷墟卜辭綜類》에 의하면, 甲骨文에 土方에 관한 기록은 1백여 건이 있고, 舌方에 관한 기록도 4백여 건에 달해 武丁 시기에 이 두 方國과 오랫동안 전쟁을 했음을 알 수 있다. 胡厚宣은 《殷代舌方考》를 써 舌자의 認識, 舌方의 지리, 舌方의 출현, 舌方의 내침, 내침의 원인, 내침을 막기 위한 기원, 舌方의 정벌, 정벌의 방법과 책략, 정벌의 통솔자, 정벌에 참여한 사병, 舌方에 대한 속박, 정벌의 시기, 결론 등 13부분으로 나누어 舌方에 관한 문제를 상세히 연구하였는데, 이는 殷代 군사와 方國의 지리를 연구하는 데 중요한 문헌으로 제공되었다.[34]
　　陳夢家의 《殷墟卜辭綜述》에 의하면, 甲骨文에서 볼 수 있는 武丁이 정벌한 方國 部族으로는 方·土方·舌方·鬼方·亘方·羌方·龍方·御方·馬方·印方·尸方·黎方·基方·井方·祭方·䧹方·大方·兌方·湔方·多方·魁方·屮方·戈方·𡚻方·冎方·興方·旁方·𩵋方·㺔方·𦬊方·周方·虎方 및 缶·犬·串·郭·蜀·旨·沚·雀 등 40여

方에 이른다. 그 중 北方과 西北 지역의 土方·舌方·鬼方·羌方이 주요 용병 대상이었다. 武丁 이후에는 方國과의 전쟁은 크게 감소하고 단지 敊方·繐方·屾方 등 소수의 새로운 方國이 출현하였으나 商王에게 정복당하였다.

帝乙·帝辛 시기에는 다시 대규모로 人方·盂方·林方 등을 정벌하여, 동남쪽 江淮 지역의 用兵이 끊이지 않았다. 특히 人方을 정벌했던 전쟁 기간이 가장 길었다. 董作賓의 《殷曆譜》 중의 〈帝辛日譜〉에 의하면, 전쟁은 帝辛 10年 9月에서 11年 7月까지인데 중간에 閏9月이 있어 약 1년이 걸렸고, 지역은 雇·攸·淿·齊·舊 등 50여 곳을 지났는데 지금의 河南·山東·安徽·江蘇 등 4省의 경계에 해당하는 곳으로, 고문헌에 東夷 지역은 淮河 유역이라고 기록된 것과 일치한다.

陳夢家는 董作賓이 卜辭를 모아 日譜를 배열한 방법은 좋았다고 여겼으나 "안타깝게도 그는 그의 《殷曆》과 부합하도록 하기 위해 배열할 때 늘 견강부회하였고, 자료의 취사 선택과 해석상에도 착오가 있었다. 또한 그가 고증해 낸 地名이 일자를 맞추어 배열한 일정표와 부합하지 않았다"고 하였다. 陳夢家는 자신이 그 과정을 재배열한 결과 이 전쟁은 帝辛 10年 9月 甲午日에 시작되어 그 다음해 5月 癸丑日에 끝났으며, 중간에 閏9月 한 달이 끼여 모두 2백60일로 계산해 내었다. 전쟁은 大邑商으로부터 출발하여 商과 亳을 지나 淮水에 이르렀고, 그후에 다시 攸·商으로부터 沁陽의 사냥 지역에 이르렀다. 10年 9月에서 12月까지 淮를 건넌 후, 卜辭에 '征人方'이라 기록하였고, 11年 正月에 다시 淮의 북쪽인 攸에 도착한 후에는 卜辭에 '王來征人方'이라고 기록하였다. '征人方'은 人方을 정벌하러 가는 路程을 가리키고, '來征人方'은 人方에 이르러 정벌을 하고 돌아오는 길을 가리킨다. 이같은 구분은 매우 중요하다.[35]

殷代 후기의 銅器인 '丁巳尊'·'般作父己尊'에도 역시 人方을 정벌했던 일을 기록해 놓았다. 그러나 "商王 15년 彡祭를 지낸 날 隹王十祀

又五彡日"이라는 문장은 아마도 帝辛 15年 第2次 人方 정벌의 기록인 듯하다.

《左傳》昭公 11年에 "紂는 東夷를 정벌하다가 그 자신을 상하였다 紂克東夷而隕其身"《左傳》宣公 12年의 "紂는 백번의 승리를 거두었으나 끝내는 그들을 제압하지는 못했다 紂之百克而卒無後"《呂氏春秋·古樂篇》의 "殷代人들은 코끼리를 앞세우고 동이를 괴롭혔고 周公은 군대를 이끌고 그들을 정벌하여 강남에까지 이르렀다 殷人服象爲虐于東夷, 周公以師逐之, 至于江南"는 기록이 있는데, 이들을 총괄하면 紂는 東夷를 정벌하고 淮河 유역을 개발함으로써 그 영향을 江漢에까지 이르게 하여 中國 多民族 統一國家 형성과 발전을 위한 좋은 기반을 다졌던 것이다. 그러나 商代 말기에 東南에 대한 용병이 끊이지 않은 결과, 한편으로 국력을 과다하게 소모하였고 계급간의 갈등을 증폭시켰으며, 다른 한편으로 西部와 중앙 지역을 극도로 무력화시켰다. 이는 周代人이 商을 멸망시킬 기회를 촉진시킨 중요한 요인이 되었다.

2. 농업 생산

商代의 사회·경제는 이미 상당히 발달했다. 먼저 甲骨文을 통해 볼 때, 農業은 당시 사회·경제의 주요 생산 부문이었음을 알 수 있다. 목축업과 수공업은 비교적 발달된 농업의 기초 위에서 발전하였으며, 농업·목축업·수공업간의 노동 분업의 확대는 상품 교환을 촉진시켜 화폐의 출현을 유도하였다.

학자들의 연구에 의하면, 고대 중원 지역의 자연 환경은 오늘날보다 훨씬 양호했다. 수량이 매우 많은 강과 호수를 예로 들면 甲骨文에 보이는 하천은 洹水·滴水·屮水·淜水·河水·淮水 등이 있는데, 어떤 학자는 적어도 1백50개 이상이라고 주장하며, 문헌 속에 나오는 고대의 유명한 호수만도 모두 16개나 보인다. 이 중 長江 유역의 太湖와 鄱陽湖, 그리고 雲夢澤을 제외한 나머지 13개는 모두 黃河 유역의 중하류에 위치하고 있다. 商代의 기후는 오늘날보다 따뜻하였고, 누에·뽕나무·벼·대나무가 많았으며, 아열대 지방에서 서식하는 코뿔소·코끼리 등도 있었다. 더욱이 기후가 온난하여 강우량이 많았기 때문에 甲骨文에는 "지리하게 비가 내리다 徂雨"·"비가 계속 내리다 從雨"·"비가 그치지 않다 絓雨" 등의 기록이 많으며, 武丁 시대의 甲骨文 중에는 다음과 같은 내용이 있다.

辛未卜, 爭貞: 之(玆)八月帝令〔多〕雨. 貞, 之(玆)八月帝不其令多雨. 丁酉雨, 至于甲寅旬屮(又)八日. 九月. 《乙》5329)

辛未日에 점을 치고, 爭이 묻습니다: 이번 8월에 帝가 많은 비를 내릴까요? 묻습니다: 이번 8월에 帝가 많은 비를 내리지 않을까요? 丁酉日에 비가 올까요? 甲寅日부터 18일간 비가 올까요? 9월에.

殷代의 曆譜에 기록된 9월은 오늘날의 양력 9·10월에 해당하는데, 安陽 지역에서 18일 동안 계속해서 비가 내렸다는 것은 지금으로서는 상상할 수 없는 일이다.

또 卜辭 중에 풍년을 기원했던 지방의 지명인 商·中商·臺·雀·戔·蜀·犬·亘·盂·若·麋·邢·羊·彔·갓·龍囿·羽·稟 등으로 볼 때, 商代의 경작 지역의 범위는 매우 넓어 동으로는 江蘇의 睢寧에 이르고, 남으로는 河南의 淅川, 서로는 川陜, 동북으로는 山東의 臨淄에 이르지만 河南省을 중심으로 하여 蘇·皖·魯·豫·晉·陜·川 등 7개의 省에 걸쳐 있다. 이러한 여러 가지 조건들은 商代의 농업 발전에 유리한 조건을 제공하여 준 것이다.

商代의 통치 계급들은 생활상의 필요와 더욱 많은 농산품을 착취하려는 욕망으로 농작물의 파종과 수확을 중시하였다. 농업 생산과 관련하여 갖가지 일을 점쳤고, 上帝·산천의 신·조상에 대한 제사 활동을 통하여 비를 기원하거나 1년 동안 풍성한 수확을 얻을 수 있도록 바랐다.

甲骨文에 年자는 人과 禾를 결합시켜 풍성한 수확이라는 의미를 담고 있는데, 수렵이나 기타의 생산 활동은 반영되어 있지 않다. 年이 들어간 다른 말에는 黍年·稻年이 있으며, 때로는 求年과 求禾를 병칭하기도 하는데 모두 농작물의 수확을 가리킨다.

甲骨文 중 求雨와 求年에 관한 내용이 상당히 많은 수를 차지하고 있다. 몇 가지 예를 들어 商代人들의 농업에 대한 관심도를 살펴보자.

帝令雨足年; 貞: 帝令雨弗其足年. (《前》1·50·1, 《通》363)
上帝가 비를 내려 풍년이 들게 할까요? 묻습니다: 上帝가 비를 내려 풍년이 들게 하지 않을까요?

凸貞: 今三月, 帝令多雨. (《前》3·3·3, 3·21·3)
凸가 묻습니다: 이번 3월에 上帝가 비를 많이 내릴까요?

辛未卜: 翌壬帝其雨; 辛未卜: 翌壬帝不雨. (《乙》1071)
辛未日에 점을 칩니다. 내일 壬日에 上帝가 비를 내릴까요? 辛未日에 점을 칩니다. 내일 壬日에 上帝가 비를 내리지 않을까요?

□□卜: 叀又于帝五臣, 又大雨. 王又歲于帝五臣正, 唯亡雨. (《粹》13)
점을 칩니다. 帝의 五臣에게 侑祭를 드리면 큰비가 올까요? 王은 帝의 五臣에게 侑祭와 歲祭를 드릴까요? 그래도 비가 오지 않을까요?

이상은 上帝와 帝臣에게 비를 기원한 내용이다.

求雨于上甲, 宰. (《乙》2508)

上甲에게 비를 기원하는 데 제수용 羊을 드릴까요?

丙辰卜: 丁巳又歲于大丁, 不雨, 其雨. (《佚》109)

丙辰日에 점을 칩니다: 丁巳日에 大丁에게 侑祭와 歲祭를 드릴까
요? 비가 오지 않을까요? 비가 올까요?

貞: 今日祖乙其唯雨; 貞: 不唯祖乙雨. 其啓今日. (《乙》1404)

묻습니다: 오늘 祖乙이 비를 내려 줄까요? 묻습니다: 祖乙이 비를
내리지 않을까요? 오늘 날이 맑을까요?

高妣奭叀羊, 又大雨; 叀牛, 又大雨. (《續》4·16·3)

高妣에게 奭祭를 드리는 데 羊을 드릴까요? 큰비를 내려 줄까요?
소를 드릴까요? 큰비를 내려 줄까요?

이상은 조상에게 비를 기원한 내용이다.

비를 기원하여 거행한 제사 방식에는 '舞'가 있다. 이는 노예나 무당
에게 춤을 추게 함으로써 비를 기원하는 것이다. '舞' 외에 '焚'와 '奭'
가 있는데, 이것들은 모두 사람을 불 속에 넣어 태워 드리는 제사로 '湯
禱'의 전설과 일치한다.

商代 사람들은 왜 농사의 필요에 의해 비를 기원한다고 하였을까? 이
에 대한 해답 역시 卜辭 속에서 찾을 수 있다.

丙午卜, 貞: 禾屮及雨. 三月. (《前》3·29·3)

丙午日에 점을 치고, 묻습니다: 곡식에 제때 비가 내릴까요? 3월에.

庚午卜, 貞: 禾屮及雨. 三月. 求雨上甲, 勺. (《林》2·24·12)

庚午日에 점을 치고, 묻습니다: 3월에 곡식이 잘 자라도록 제때 비가 내릴까요? 上甲에게 비를 기원할까요? 재앙이 있을까요?

己酉卜: 黍年出足雨. (《前》4·40·1)
己酉日에 점을 칩니다: 풍년이 들 만큼 비가 족할까요?

庚辰卜: 雨不足辰, 不獲年. (《前》7·30·1)
庚辰日에 점을 칩니다: 辰日에 비가 족하지 않을까요? 좋은 수확을 얻지 못할까요?

비를 기원한 이외에도 비가 내리지 않는 것은 조상들이 훼방을 놓는 탓이 아닌가 하고 점을 쳐 묻기도 하였다.

唯王亥壱雨. (《粹》75)
王亥가 비에 재앙을 내릴까요?

丁未卜: 唯伊壱雨. (《後下》38·6)
丁未日에 점을 칩니다: 伊尹이 비에 재앙을 내리지 않을까요?

甲子貞: 其祖乙日·壱. 其雨. (《粹》229)
甲子日에 묻습니다: 祖乙에게 日祭를 드리는 데 재앙이 있을까요? 비가 올까요?

貞: 不唯父乙壱雨. (《續存》上119)
묻습니다: 父乙이 비에 재앙을 내리지 않을까요?

어떤 卜辭에는 上帝가 가뭄(莫)을 내린다고 본 기록도 있다.

戊申卜, 爭貞: 帝其降我莫; 貞: 帝不降我莫. (《乙》7793)

戊申日에 爭이 묻습니다: 上帝가 우리 商에 가뭄을 내릴까요? 묻습니다: 上帝가 우리 商에 가뭄을 내리지 않을까요?

丁卯卜: 帝其降我莫. (《甲》766)

丁卯日에 점을 칩니다: 上帝가 우리 商에 가뭄을 내릴까요?

강우량이 지나치게 많으면 수재가 발생하여 농작물에 큰 피해를 입힐 수도 있다. 따라서 甲骨文 중에는 '寧雨'(비가 그치기를 기원함)와 '啓'(맑은 날을 기원함)를 점친 卜辭가 있다.

貞: 夜寧雨. (《鐵》66·1)

묻습니다: 저녁에 비가 그칠까요?

貞: 夜寧雨; 貞: 不夜寧. (《林》1·9·8)

묻습니다: 저녁에 비가 그칠까요? 묻습니다: 저녁에 비가 그치지 않을까요?

貞: 今甲午啓. (《通》389)

묻습니다: 이번 甲午日에 맑을까요?

丙子卜: 雨亡征, 丁丑啓. 允啓. (《甲》476)

丙子日에 점을 칩니다: 비가 그치지 않을까요? 丁丑日에 맑을까요? 과연 맑았다.

求年과 受年은 모두 농사에서 풍성한 수확을 바라는 뜻으로, 다음 卜辭 중에서 더욱 여실히 볼 수 있다. 예를 들면 다음과 같다.

乙巳貞: 求禾于高祖; 乙巳貞: 求禾岳. (《明》451)

乙巳日에 묻습니다: 高祖에게 풍년을 기원할까요? 乙巳日에 묻습니다: 岳神에게 풍년을 기원할까요?

癸亥卜: 求年自上甲至于多後. 九月. (《甲》2905)

癸亥日에 점을 칩니다: 9월에는 上甲으로부터 많은 조상에게까지 풍년을 기원할까요?

求年于河, 受黍年. (《林》2·19·8)

黃河 신에게 풍년을 기원할까요? 풍성한 수확을 얻을까요?

丁丑卜: 叀寅往求禾于河, 受禾. (《甲》800)

丁丑日에 점을 칩니다: 寅日에 黃河 신에게 풍년을 기원할까요? 좋은 수확을 얻을 수 있을까요?

求年의 목적은 受年을 위해서, 즉 좋은 수확을 얻기 위해서이다. 求年이란 卜辭는 매우 많으며, 受年이란 卜辭 역시 적지 않다. 어떤 卜辭 중에는 ‘我受年’과 ‘商受年’을 묻는 것도 있다.

貞: 我受黍年于唐. (《續》1·7·1)

묻습니다: 우리 商의 풍작을 위해 唐에게 기원할까요?

辛卯卜, 㕚貞: 我受年; 貞, 我不其受年. (《乙》4604)

辛卯日에 점을 치고 㕚가 묻습니다: 우리에게 좋은 수확이 있을까요? 묻습니다: 우리는 좋은 수확을 얻지 못할까요?

戊寅卜, 王貞: 受中商年. 十月. 弗其受年. (《前》8·10·3)

戊寅日에 점을 치고 王이 묻습니다: 中商에 좋은 수확이 있을까요? 10월에. 좋은 수확을 얻지 못할까요?

戊辰卜, 出貞: 商受年. (《續》2·28·2)
戊辰日에 점을 치고 出이 묻습니다: 우리 商에 좋은 수확이 있을까요?

때로는 四土와 四方, 그리고 각 지역에서의 수확이 어떠할 것인가를 점치기도 하였다.

甲午卜, 狅貞: 東土受年; 甲午卜, 狅貞: 東土不其受年. (《乙》3287)
甲午日에 점을 치고 狅가 묻습니다: 동쪽 땅에 좋은 수확이 있을까요? 甲午日에 점을 치고 狅가 묻습니다: 동쪽 땅에 좋은 수확을 얻지 못할까요?

癸卯卜, 貞: 南土受年. (《京津》530)
癸卯日에 점을 치고 묻습니다: 남쪽 땅에 좋은 수확이 있을까요?

甲午卜, 賓貞: 西土受年; 貞: 西土不其受年. (《乙》3409)
甲午日에 점을 치고 賓이 묻습니다: 서쪽 땅에 좋은 수확이 있을까요? 묻습니다: 서쪽 땅에 좋은 수확을 얻지 못할까요?

甲寅卜, 宁貞: 北土受年; 甲寅卜, 宁貞: 北土不其受年. (《乙》3925)
甲寅日에 점을 치고 宁이 묻습니다: 북쪽 땅은 좋은 수확을 얻을까요? 甲寅日에 점을 치고 宁이 묻습니다: 북쪽 땅은 좋은 수확을 얻지 못할까요?

癸卯卜: 東受年, 西方受年, 北方受年. (《通》453)

癸卯日에 점을 칩니다. 동쪽은 좋은 수확을 얻을까요? 서쪽은 좋은 수확을 얻을까요? 북쪽은 좋은 수확을 얻을까요?

長不其受年, 㕣不其受年. (《乙》4658)

長 지역은 좋은 수확을 얻지 못할까요? 㕣 지역은 좋은 수확을 얻지 못할까요?

于辜受年, 于羽受年. (《粹》863)

辜 지역에 풍년이 들까요? 羽 지역에 풍년이 들까요?

□寅卜: 萬受年. (《前》3·30·5)

□寅日에 점을 칩니다. 萬 지역에 풍성한 수확이 있을까요?

庚子卜: 雀受年. (《前》3·1·2)

庚子日에 점을 칩니다: 雀 지역에 풍성한 수확이 있을까요?

특정인의 수확이 어떨지를 점쳐 묻기도 하였다.

叀羊, 王受年, 其又裒于亳土, 出雨. (《佚》928)

羊를 드릴까요? 그러면 王이 좋은 수확을 얻을까요? 亳土에 侑祭·裒祭를 드리면 비가 내릴까요?

丁巳卜, 貞: 帚姘受黍年. (《續存下》161)

丁巳日에 점을 치고 묻습니다: 婦姘이 좋은 수확을 얻을까요?

貞: 姮受年. (《乙》7236)

묻습니다: 姷에 좋은 수확이 있을까요?

다음에서는 생산 용구, 생산자와 경작 방법, 생산 기술, 작물의 품종 및 수확으로 나누어 商代 농업 경제의 상황을 더 자세히 밝혀 보고자 한다.

• 생산 용구

甲骨文 耤자는 형으로 되어 있는데, 이는 사람이 쟁기를 잡고 일하는 형상이다. 耤은 수확·풍년 등과 서로 연계되어 있어 농업 생산을 가리키는 말임은 의심할 여지가 없다. 卜辭의 예를 들어 보면 다음과 같다.

丙辰卜, 爭貞: 乎耤于隹, 受业年. (《合》220)
丙辰日에 점을 치고 爭이 묻습니다: 隹에게 경작하게 하면 풍성한 수확을 얻을까요?

丙子卜: 乎☑耤, 受年. (《前》7·15·3)
丙子日에 점을 칩니다. ☑에게 경작하게 하면 좋은 수확을 얻을까요?

甫耤于姷, 受年. (《乙》3212)
甫에게 姷에서 경작하게 하면 좋은 수확을 얻을까요?

徐中舒는《耒耜考》에서, 쟁기는 나무로 만들어진 굽은 손잡이가 있는 농구로서, 아랫부분에는 예리하게 갈라진 나무 갈퀴가 있어 땅을 팔 수 있도록 하였고, 나무 갈퀴 위에는 橫木을 가로질러 놓아 발로 밟을 때 흙이 뒤집어지게 만든 것이라고 하였다. 甲骨文에 보이는 男子는 田

과 力의 결합인데, 力과 耒는 고대에 동음이어서 서로 통용된 바, 力은 곧 쟁기의 아랫부분에 있는 耒의 갈라진 갈퀴를 생략한 것이다.

甲骨文 勿자는 ⟋ 또는 ⟋으로 쓰기도 하는데, 이것은 耒·力과 마찬가지로 흙을 갈아 일구는 농기구의 일종이다. 이들 농기구들이 발전되어 犁가 된 것이다. 甲骨文에 보이는 犁자는 ⟋로 勿과 牛로 이루어져 있는데, 이는 실제 생활 중에 이미 소를 이용하여 犁를 끌게 하였음을 반영해 준다.

《淮南子·氾論》에 "옛날에는 뾰족한 보습〔耜〕을 써서 밭을 갈고, 조개를 갈아서 김매는 데 사용하였다 古者剡耜而耕, 摩蜃而耨"는 구절이 보이는데, 甲骨文에서도 김매는 데 사용된 농기구를 찾아내었다. 예를 들면 辰자는 ⟋으로 쓰는데, 이것은 조개로 된 기구의 형상이다. 農業의 農자를 ⟋이나 ⟋으로 썼는데, 이것은 바로 손에 조개로 된 농기구를 들고 草木을 제거하는 형상이다.

商代의 유적지에서 발견된 농기구에는 石·骨·蚌器가 있는데, 이중 특히 돌·낫·돌삽·돌칼 등이 대종을 이룬다. 물론 靑銅으로 된 농기구도 소량 발견되었는데, 주로 舌·鎛·도끼〔斧〕·삽〔斮〕·鏟 등이며, 어떤 것은 사용한 흔적이 남아 있었다.

결론적으로 볼 때 생산 용구는 여전히 낙후된 상태에 있지만 농업 경제는 상당히 발달하였다. 이 점을 어떻게 해석해야 할 것인가에 대한 학자들의 견해는 제각기 다르다. 어떤 학자들은 고대 黃河 유역의 토질은 무른 편이어서 나무나 돌로 된 기구로도 족히 경작할 수 있었고, 나아가 농기구가 훼손되는 것을 두려워했던 노예주들은 노예들에게 육중하고 거친 돌이나 나무로 된 농기구만을 제공했는데도 광활한 경지 면적과 노예들의 강제 노동에 의하여 대량의 잉여 농산품을 얻을 수 있어 농업 생산은 여전히 발전할 수 있었다고 여겼다. 다른 일설은 청동 농기구가 분명히 많았지만 아직 대량으로 발굴되지 않았을 뿐으로, 발굴품이 적은 이유는 과거의 출토물은 주로 묘에서 발견되었는데 순장물은 특별히 제조한 禮器가 많은 데 비해, 청동 생산 기구는 직접 매장하는 일이 적었기 때문이라고 주장하고 있다.

• 생산자와 경작 방법

商代의 중요한 농업 생산자는 주로 '衆'과 '衆人'이었다. 衆은 𦥑으로 태양 아래에 세 사람이 있는 모습인데, 여기에서의 3인은 다수를 의미한다. 卜辭에는 다음과 같은 내용이 있다.

王大令衆人曰: 劦田, 其受年. 十一月. (《續》 2 · 28 · 5)
대왕은 많은 사람에게 마음을 모아 협력하여 농사에 임하므로 풍성한 수확을 얻도록 하라는 대명령을 내릴까요? 11월에.

☑. 㱿: 王大令衆人曰: □□□受□. (《前》 7 · 30 · 2)
㱿이 묻습니다: 대왕은 많은 사람에게 ……라고 명할까요?

壬寅卜, 賓貞: 王往氒衆黍于囧. (《前》 5 · 20 · 2)
壬寅日에 점을 치고 賓이 묻습니다: 대왕은 많은 사람을 이끌고 囧에 가서 黍를 심을까요?

貞: 叀小臣令衆黍. 一月. (《前》 4 · 30 · 2)
묻습니다: 小臣에게 많은 사람을 이끌고 黍를 심도록 명할까요? 1월에.

여기에서의 '衆'과 '衆人'은 과연 노예인지, 자유민인지, 또는 공동체 사회의 구성원인지, 아니면 노예주 계급인지에 대해서 학자들간에 커다란 의견 차이가 있다.

소위 '劦田'이란 바로 집단 노동을 말한다. 《說文》에 "劦은 力과 같

다 劦, 同力也"·"協은 무리가 화합하다 協, 同衆之龢也"라 하였고, 段
注에는 "무리가 화합한다는 것은 힘을 합친다는 것과 같다 同衆之和,
一如同力"고 하였다. 어떤 이들은 劦자의 본뜻은 나무로 된 쟁기 3개
를 가지고 힘을 합쳐 밭을 간다는 뜻으로, 여러 사람이 힘을 합쳐 농사
를 짓는다는 뜻이라고 하였다. '耤田' 역시 집단 경작을 의미한다. 旅
順博物館에 소장되어 있는 卜辭인 "□□日에 점을 치고 묻습니다: 많
은 사람이 경작하는데 혹시 (사람을) 잃지 않을까요? □□卜貞, 衆作
耤, 不喪"라는 구절이 있는데, 이는 '衆'이 집단 경작 도중 틈을 타 도
주하지나 않을까 하는 우려를 점친 내용이다.

　甲骨文으로 살펴볼 때, 商代에는 관리의 감독하에 생산을 위한 집단
노동이 실시되었다는 사실은 의문의 여지가 없다. 감독관은 주로 畯·
小耤臣·小臣 등인데, 때로는 商王이나 왕비 및 고위 관리들이 직접 감
독하기도 하였다. 卜辭 중에서 그 예를 살펴보면 다음과 같다.

　庚戌卜, 貞: 王立〔黍〕, 受年; 貞: 王勿立黍, 弗其受年. (《乙》6964)
　庚戌日에 점을 치고 묻습니다: 대왕께서 黍의 수확 현장에 가면
풍성한 수확을 얻을까요? 묻습니다: 대왕께서 黍의 수확 현장에 가
지 않으면 좋은 수확을 얻지 못할까요?

　辛丑卜, 㱿貞: 帚妌乎黍商. (《續》4·26·1)
　辛丑日에 점을 치고 㱿이 묻습니다: 婦妌에게 商에 기장을 심도
록 할까요?

　庚子卜, 貞: 王其蓬耤, 叀往. 十二月. (《通》455)
　庚子日에 점을 치고 묻습니다: 대왕께서 생산 현장에 가서 참관할
까요? 정말 가도 될까요? 12월에.

帚姘黍不其雚; 貞: 帚姘黍其雚 (《後下》40・15)
婦姘이 곡물(黍)의 수확 현장을 참관하면 안 될까요? 묻습니다:
婦姘이 곡물(黍)의 수확 현장을 참관해도 될까요?

立은 '왕림하다'는 뜻이다. '王立黍'는 商王이 친히 생산 현장에 가
서 분주하게 행해지는 추수 의식에 참석하였음을 가리킨다. '雚耤'과
'雚黍'에서의 雚은 觀자이며, 뜻은 위의 立과 같다. 내용으로는 왕과 왕
비가 솔선수범하여 일하는 모습을 보였을 것 같으나, 실제 이유는 衆과
衆人들이 농사에 박차를 가하도록 하여 그들이 향유하는 농산물을 더
많이 생산하도록 독려하기 위해서였다.

• 생산 기술
과거에 사람들은 商代의 농업이 매우 낮은 수준에 머물러 있어 개간
하는 일과 人工施肥法에 대해 아직 눈뜨지 못했다고 여겼는데, 오늘날
甲骨文을 통해 볼 때 이 견해는 큰 착오였음을 알 수 있다. 아래의 예
들에서도 상대에 이미 상당히 풍부한 시비 지식이 있었음을 분명히 알
수 있다.

?.屮足, 乃坙田. (《前》5・27・6)
인분의 준비가 충분하니 농사를 지어도 될까요?

庚辰貞: 翌癸未?.西單田, 受屮年. 十三月. (《續存》2・166)
庚辰日에 묻습니다: 다음 癸未日에 西單의 밭을 가는 데 거름을
주면 풍성한 수확을 얻을까요? 13월 윤달에.

?.屮足, 田. (《珠》405)
거름이 족한데 농사일을 할까요?

貞: 令𠁁𡲢凷田. (《續存上》177)

묻습니다: 𠁁에게 밭에 시비하게 할까요?

𡲢자는 사람이 대변을 보는 형상인데 胡厚宣은 屎로 해석하였다. '屎有足, 乃坙田'의 뜻은 '인분의 준비가 충분하니 농사일을 시작할 수 있다'는 것이다. 卜辭에는 또 "묻습니다: 우리 안의 것들을 섞어 가져올까요? 貞: 般圂氏"(《拾》12·3, 《前》4·16·8, 《後下》3·15)가 있는데, 般은 곧 '뒤섞다'는 拌의 뜻이고, 圂은 돼지우리나 변소 등을 가리키는 말이다. 이는 商代 농민들이 밭에 시비하는 기술을 알고 있었을 뿐 아니라 변소나 동물의 우리에 변을 모아두었다 사용함까지 알아, 근대의 비료학에서 말하는 '翻肥法'을 그때 이미 터득하였음을 설명해 주고 있다.

坙자는 甲骨文에 𡊅·𡈼·𡊂·𡊷·𡊸·𡊹 등 여러 가지 형태로 쓰였다. 余永梁은 《說文》의 "汝와 穎 지역 사이에서는 열심히 하는 농사일을 坙이라 한다 汝穎之間謂致力于地曰坙"는 말을 인용하여 坙으로 고석하였고, 楊樹達은 坙은 掘의 初文이라 하였으며, 丁山은 坙을 坴이라고 해석하고 논밭에 인분을 준다는 의미인 糞으로 보았다. 陳夢家는 坙은 壅土하는 모습으로서 糞자인 듯하다고 주장하였으며, 郭沫若은 坙으로 고석하고, 坙田은 마땅히 채소밭을 만드는 일을 가리킨다고 주장하였다. 徐中舒는 坙을 貴로 해석하여 무너지다(隤)는 뜻으로 보았다. 胡厚宣은 徐中舒의 주장에 동의하여 貴는 潰로 읽을 수 있으며, 논밭에서 김을 맨다는 뜻이 있다고 주장하였다. 于省吾는 坙, 즉 坙으로 보았는데, 뜻이 파생되어 회의자인 壘이 되었으며, 狠은 後起의 通假字이고, 垠은 상용되던 俗字이며, 聖田은 곧 垠田과 같다고 하였다. 張政烺은 裒로 해석하며, 裒田은 밭을 관리하고 새 밭을 일구는 것이라고 하였다.

이들을 종합해 보면 掘로 해석하든지, 아니면 貴 또는 壘·裒이든지 간에 모두 경작지를 넓히거나 밭을 깊게 가는 일과 관계가 있는 것으로서, 商代의 각종 농업 기술에 새로운 발전과 기술 혁신이 있었음을 설명하고 있다.

《論語·泰伯》에 "禹 임금은 힘을 다하여 수로를 만들었다 禹盡力乎溝洫"고 하였고, 《禹貢》에서는 水利에 대하여 논하였으며, 〈殷本紀〉에는 殷의 조상인 契과 冥이 禹를 도와 치수하는 데 공을 세웠다고 기록하고 있다. 이에 따르면 商代 사람들이 水利에 대해서 알고 있음이 입증된다. 甲骨文의 田자는 ⊞·⊞·⊞·⊞ 등인데, 이는 당시의 밭도랑이 종횡으로 펼쳐졌음을 반영해 준다. 甲骨文에 洫자를 ⧸⧸卅(《林》1·8·13)이라고 썼는데, 이는 우물을 파서 관개하는 상황을 보여 주고 있다. 또 《粹》524, 《後下》16·2에는 모두 '正河'라는 기록이 있는데 郭沫若과 李亞農은 이를 하천을 다스리는 뜻으로 보았다. 水利와 농업의 관계는 상당히 밀접하기 때문에 商代人들은 갠 날을 바라거나 비를 기원하였을 뿐 아니라, 홍수에 대비하고 배수를 원활하게 하는 관개 기술을 익혔다. 이것은 商代의 농업이 발전하게 된 또 하나의 중요한 요인이다.

• 작물의 품종과 수확

연구 결과에 따르면, 甲骨文에 보이는 농작물의 주요 품종으로는 최소한 黍(黃米)·稷(小米)·麥(大麥)·秭(小麥)·稻 등이 있다.

甲骨文의 禾는 곡물의 총칭이며, 年은 한 해 동안 모든 곡식의 무르익음을 가리킨 말이다. 따라서 卜辭에서 求年·求禾·受年·受禾·年有足雨·禾有及雨 등은 같은 의미로 거론된다.

商代人들은 수확기에 조상에게 제사를 지내어 수확할 것을 고했던 관습이 있어 卜辭에는 告麥·告秋 등의 기록이 있다.

□□卜, 賓: 翌庚子㞢告麥, 允㞢告麥.
□□日에 점을 치고 賓이 묻습니다: 다음 庚子日에 麥의 수확을 위해 侑祭·告祭를 드릴까요? 정말 侑祭·告祭를 드릴까요?

庚子卜, 宁: 翌辛丑业告麥. (《前》4·40·7)

庚子日에 점을 치고 宁이 묻습니다: 내일 辛丑日에 麥의 수확을
위해 告祭를 지낼까요?

翌乙未毋其告麥. (《前》4·40·6)

다음 乙未日에 麥의 수확을 위해 告祭를 지내지 말까요?

□戊貞: 其告秋于高祖夒. (《粹》2)

□戊日에 묻습니다: 高祖 夒에게 가을의 수확을 위해 告祭를 지
낼까요?

其告秋于上甲. (《粹》4)

上甲에게 가을의 수확을 위한 告祭를 지낼까요?

告秋于岳. (《京津》3908)

岳神에게 가을의 수확을 위해 告祭를 지낼까요?

商代人들은 수확한 뒤에 또 조상에게 곡물을 바쳐 제사 지냈다.

甲辰貞: 其登黍. (《甲》353)

甲辰日에 묻습니다: 登祭에 黍를 올릴까요?

甲午: 登黍高祖乙. (《京津》3909)

甲午日에 점칩니다: 高祖乙에게 드리는 登祭에 黍를 올릴까요?

叀登黍祉于南庚, 玆用. (《粹》269)

南庚에게 祉祭를 드리는 데 黍를 올릴까요? 이것을 쓰라.

癸卯卜: 登禾祖乙. (《粹》908)

癸卯日에 점을 칩니다: 祖乙에게 드리는 登祭에 禾를 올릴까요?

貞: 于□登, 王受又. (《甲》1990)

묻습니다: □에게 ……를 올리면 왕에게 도움이 있을까요?

    甲骨文의 登자는 🌑 · 🌑형이다. 이는 두 손으로 그릇을 받쳐든 모양인데, 가운데에는 곡식의 낱알을 그려넣었다. '登'이란 《禮記 · 月令篇》에서 보면, 새로 거둔 곡식을 먼저 사당에 바침으로써 조상들로 하여금 새로운 곡식을 맛보게 하는 '登嘗之禮'를 일컬은 것이다. 그후 烝자로 가차되어 쓰이기도 하였는데, 《爾雅 · 釋天》에서 그 예를 찾아보면 "가을 제사를 嘗이라 하고, 겨울 제사를 烝이라 한다 秋祭曰嘗, 冬祭曰烝"는 내용이 있다.

    卜辭에는 告麥 · 告秋 · 登禾 · 登黍의 기록도 적지 않은데, 이것은 商代人들이 농사의 수확을 중시하였을 뿐만 아니라 농작물을 중요한 양식으로 삼았음을 말해 주고 있다. 史書 기록에 따르면, 商代人들은 술마시는 것이 보편화되어 음주가 성행하였을 뿐만 아니라 술로 나라까지 망하게 하였다고 기록되어 있다. 술의 원료가 곡식인 것은 商代 농작물의 수확량이 상당히 풍부했음을 시사해 준다. 商代人들의 음주 관습에 대해서 甲骨文의 기록은 문헌과 호증되고 있다.

叀乙卯酒又足. (《甲》2037)

乙卯日에 酒祭 · 侑祭를 지내는 데 족할까요?

乙未卜, 爭貞: 來甲子酒足. 貞: 來甲子酒弗其足. (《乙》2036)

乙未日에 점을 치고 爭이 묻습니다: 다음 甲子日에 酒祭를 드리는 데 족할까요? 묻습니다: 다음 甲子日에 酒祭를 드리는 데 족하지 않을까요?

　　叀今日酒, 叀翌日酒. (《京滬》1 · 296)
　　오늘 酒祭를 드릴까요? 그렇지 않으면 다음날 酒祭를 드릴까요?

　　叀癸酒, 高祖酒. (《京津》3920)
　　癸에게 酒祭를 드릴까요? 아니면 高祖에게 酒祭를 드릴까요?

　살아 있는 사람이 술을 잘 마셨다면 죽은 뒤에도 술을 마시기 바라는 까닭에 '술'은 조상에게 제사 지낼 때 쓰이는 제물이 되었다. 甲骨文에는 일반적인 술 이외에도 醴(甛酒) · 鬯(香酒)이 있는데, 때로는 香酒로 제사 지내서 香酒 百鬯(병)을 제물로 바친 경우도 있다.

　　癸卯卜, 貞: 弓鬯百 · 牛百☒. (《前》5 · 8 · 4)
　　癸卯日에 점을 치고 묻습니다: 弓에게 鬯酒 1백 병과 소 1백 마리를 드릴까요?

　　丁亥卜, 㱿貞: 昔乙酉籫尘御☒…大丁 · 大甲 · 祖乙百鬯 · 百羌 · 卯三百☒. (《後上》28 · 3)
　　丁亥日에 㱿이 묻습니다: 지난 乙酉日에……大丁 · 大甲 · 祖乙에게 향주 1백 병, 羌人 1백 명, 그리고 3백 마리 제수용 소를 잘라 제사드릴까요?

　　貞: 昔乙酉籫尘乙, 百鬯 · 百羌 · 卯三百牢☒. (《佚》543)
　　묻습니다: 지난 乙酉日에……乙에게 향주 1백 병, 羌人 1백 명, 3백 마리 제수용 소를 잘라 제사드릴까요?

□亥貞: 丁卯, 王又百鬯·百羊·百牛. 《土擖續》87)

□亥日에 묻습니다: 丁卯日에 대왕께서 향주 1백 병, 양 1백 마리, 소 1백 마리로 侑祭를 올릴까요?

甲骨文에는 또 '㐭' 자가 있는데, 이는 　로도 쓴다. 밖에 곡식을 쌓아 놓은 형상으로 후대에 창고로 쓰는 廩이다. 卜辭에는 어떤 사람으로 하여금 "창고를 순찰하다 省㐭"(《續》5·15·9, 《粹》914·915), 즉 사람을 보내어 창고를 살피게 한다는 내용이 있으며, 또 '亦焚㐭三'(《續》5·3·1)이라는 기록이 있는데, 이것은 창고 3개가 불에 타버린 것을 나타낸다.

鄭州·輝縣·邢臺·藁城 등지의 商代 유적지 및 小屯 殷墟의 발굴에서는 모두 곡식을 저장했던 지하굴을 발견했는데, 어떤 곳은 깊이가 8-9미터에까지 달하는 특별히 신중을 기하여 설치한 지하굴의 자취가 남아 있다. 이는 商代의 농업 생산이 고도로 발달하였음을 분명하게 보여 주고 있다.

3. 사냥과 목축업

《世本·作篇》에 "상토는 말을 사용하여 농사를 지었다 相土作乘馬"· "해는 소를 길들여 농사를 지었다 胲(亥)作服牛"고 한 것처럼 문헌의 기록에 의하면 商의 先公 相土와 王亥는 모두 목축업의 발생과 관계가 있다. 服牛·乘馬는 소와 말을 사용했다는 뜻이다. 先公 曹圉의 작명 경위는 아마도 말을 키운 것과 관계가 있을 것이다. 또 "殷代人은 근거지를 자주 옮겨 전기에 여덟 번, 후기에 다섯 번이었으며" 盤庚에 이르러 도읍을 정한 이후에는 다시 옮기지 않았다는 것은 商族이 초기에 필연적으로 유목 생활을 거쳤음을 설명한다. 그러므로 盤庚이 殷으로 도읍을 옮긴 이후에 설령 농업 생산이 당시 사회의 주요 생산 분야로 정착되었다 해도 목축을 중시하는 전통은 바뀌지 않아, 목축 경제는 여전히 어느 정도의 비중을 차지하였는데, 이것은 甲骨文과 殷墟 유적지에서 발견된 짐승뼈와 제물로 쓰인 짐승 등으로 증명할 수 있다.

• 殷墟에서 나온 짐승뼈와 甲骨文 중의 6종 가축

商代人들은 흔히 사람과 동물을 순장하거나 제물로 삼았다. 제11·15차와 1950년 殷墟 발굴에서는 짐승뼈가 특히 많이 발굴되었다. 楊鍾健·劉東生은 15차에 걸친 은허 발굴 때 궁전터·묘장 및 제사 지낸 구덩이에서 발견한 6천여 개의 짐승뼈를 면밀히 분석하여, 그 중에 공통으로 포함된 포유류 동물 29종을 출토된 수량에 따라 네 유형으로 분류하였다.

1) 1천 점 이상 3종: 聖水牛·腫面猪·四不像鹿.
2) 1백 점 이상 6종: 소·殷羊·돼지·집개·사슴·노루.
3) 1백 점 이하 8종: 말·토끼·곰·너구리·오소리·호랑이·들쥐·검은쥐.
4) 10점 이하 12종: 코끼리·표범·원숭이·여우·우수리곰·코뿔소·맥·고양이·산양·영양·들쥐·고래.[36]

그 중에 돼지·양·소는 새끼를 포함해 다 자란 것, 늙은 것까지 있어 郭寶鈞은 "생태 현상에는 태아와 幼·壯·老의 3期가 있고, 그 속에 가축화된 과정이 나타나 있는 것을 볼 때 殷代의 목축업은 분화와 발전 도상에 있었고, 아직 쇠퇴 현상을 나타내지는 않았음을 설명하기에 충분하다"[37]고 말했다.

甲骨文에는 이미 六畜이 있었다. 牛·馬·豕·羊·鷄·犬 등 六畜을 일컬은 문자가 있을 뿐 아니라, 이들을 사육한 곳인 廌·牢(窂)·家 등의 문자까지 있어 牛·馬·羊 등이 모두 인위적으로 우리에서 사육된 가축임을 설명한다. 甲骨文의 狩자는 獸(🐕)라 하여 개를 중요 성분으로 하였다. 만약 개로 사냥을 했다면 분명 집에서 키우는 개였을 것이다.

甲骨文에는 또 畜자가 있는데 🏛이라고 썼다. 卜辭에 다음과 같은 예가 있다.

王畜馬才(在)玆寫. (《寧滬》1·521, 1·522)
왕은 이 마구간에서 말을 사육할까요?

〔王〕畜馬才玆寫. (《粹》1551)
왕은 이 마구간에서 말을 사육할까요?

王其乍(作)僄楶于寫. (《京津》4831)
왕은 마구간 옆에 다른 축사를 지을까요?

畜자는 幺와 囤를 합쳐 만들었다. 郭沫若은 "畜은 분명히 기른다는 뜻이며, 대개 소와 말을 우리에서 기른 것을 뜻한다"고 했고, 또 寫는 '廄의 初文'이라고 했다.[38]

甲骨文의 牧자는 🐂 혹은 🐏으로 쓰며, 앞의 것은 牛, 뒤의 것은 羊을 취했는데 사람이 채찍을 들고 소와 양을 몰고 있는 모습을 나타내 방목이라는 뜻이 더욱 명확하게 드러나고 있다.

• 제사의 희생물로 본 목축업의 성행

殷墟에서 車馬坑·獸葬坑 등이 자주 발굴되었는데, 이는 殷代人이 가축을 순장하거나 제물로 썼던 확실한 증거를 보여 준 것이다. 羅振玉은 《殷墟書契考釋》의 '卜祭' 한 항목에서 5백38가지의 卜辭를 제시했는데, 거의 모든 내용에 희생물을 사용한 기록이 있다. 羅振玉의 통계에 의하면 희생물로 쓰인 수는 1 · 2 · 3 · 5 · 6 · 9 · 10 · 15 · 20 · 30 · 33 · 37 · 40에서 1백에 이른다. 郭沫若이 4 · 7 · 8 · 50에서 3백 · 4백에까지 이른다고 보충했는데, 이는 목축업의 극성 시대가 아니고는 이를 수 없는 경지이다.[39]

羅振玉 · 郭沫若 두 사람이 근거한 바는 초기 출토물에 치우쳤다. 사실 殷墟 발굴에 나타난 희생물의 숫자는 소 1천 마리, 양 1천 마리, 사람 1천 명까지도 있으니 실로 놀랄 만한 기록이다. 卜辭를 예로 들어 보자.

　　卯千牛. (《乙》 5085 · 5157 · 5227 · 5393)
　　소 1천 마리로 卯祭를 드릴까요?

　　五百宰. (《乙》 9098)
　　5백 마리 양을 올릴까요? (宰은 한 쌍의 羊을 말한다.) 〔제수용으로 특별히 우리에서 사육한 소라는 설이 있고, 이 설이 더 유력하다.〕

　　丁巳卜, 爭貞: 降卯千牛.
　　不其降卯千牛千人. (《合》 1027)
　　丁巳日에 점을 치고 爭이 묻습니다. 1천 마리의 소로 卯祭를 드리면 신령들이 내려 줄까요? 소 1천 마리, 1천 사람으로 卯祭를 드리면 신령들이 내려 주지 않을까요? 〔降은 제사 · 신의 강림, 또는 제사에 대한 응답으로 신이 내려 주는 그 무엇(무엇인지 정확하지 않다) 등으로 풀이해 보나 확실하게 단정하기 어렵다.〕

于省吾는 "甲骨文 중 祭祀에 人牲과 物牲을 올렸다는 말인 卯은 모두 2백여 개 보인다. 卯은 册에서 소리를 따왔으며, 옛날에는 册을 刪으로 읽었고, 刊자와 음이 비슷하여 서로 통하였고 속자는 砍으로 썼다. 商

代 통치 계급은 귀신에게 복을 기원하기 위하여 이렇게 많은 사람과 동물을 희생시켰으니, 그 잔학함은 극도에 달했다"[40]고 하였다.

• 사냥과 목축의 경제적 의미

사냥과 관계된 卜辭는 제1기 때는 정벌과 농업에 관한 卜辭보다 적었지만, 제3기 이후에 점차 많아져서 제5기에는 가장 많이 나타난다. 《尙書·無逸》은 周公이 成王에게 淫逸하지 말 것을 권고한 훈계를 담고 있다. 周公은 商의 中宗·高宗·祖甲은 비교적 영명한 임금이어서 政事에 힘쓰고, 민간의 고통을 이해하고 방종하지 않아 나라를 다스린 기간이 길었고, 祖甲 이후의 殷王은 사냥을 좋아하였으며, 놀고 즐기는 데 빠져 이른바 "농사의 어려움을 알지 못하고 백성의 수고로움을 듣지 못하며 오직 놀이에 탐닉되어" 재위 기간이 짧았다고 여겼다. 그러나 周의 여러 왕에 대해서는 "지금까지 王에 오른 자들은 유람·방종·놀이·사냥에 빠지지 않았다"고 말했다. 뜻한 바는, 즉 殷 후대 왕의 나쁜 모습을 배우지 말라는 것이었다. 이들과 卜辭를 호증하여 볼 때 殷商 말기에 여러 왕이 사냥에 주력한 주요 목적이 즐기기 위함이었음을 설명하고 있다.

甲骨文의 '狩' 자는 손에 무기를 들고 사냥개를 몰며 사냥하는 모양이다. 田자는 田·田·田으로 썼으며, 사냥터를 말한다. 사냥할 때는 풀을 태우고 바람이 불어가는 쪽에 그물을 쳐서 들짐승을 잡았다. 그 과정에서 풀을 태웠던 토지는 특히 비옥한 농토가 되었기에 사냥한 장소인 田을 달리 狃·畋이라고도 하였다. (일반적인 사냥은 狩라 하고, 구역을 정해 사냥할 때 畋이라 했다.)

甲骨文에 나타난 사냥 방법은 다음과 같다.

1) 逐: 들짐승을 쫓는 사냥으로, 卜辭에 逐豕·逐鹿·逐麋·逐兕라

는 기록이 있다.

2) 射: 활로 동물을 쏘아 잡는 사냥으로, 卜辭에 射鹿·射麋·射兕라는 기록이 있다.

3) 焚: 풀을 태워 사냥하는 방법으로, 바람이 불어오는 쪽에서 지키는 것이다. 卜辭에 "불을 질러 사냥하면 잡을 수 있을까요? 癸卯日에 과연 불을 질러 사냥하여 麋 11마리, 돼지 15마리, 어린 사슴 25마리를 잡았다 其焚, 쀽(擒)? 癸卯允焚, 隻(獲)麋十一·豕十五·麑卅五"(《乙》2507)는 기록이 있다.

4) 陷: 땅을 파고 구덩이를 만들어 사슴 등이 빠지게 하는 사냥. 卜辭에 "斿에서 구덩이를 파서 사슴 사냥을 할까요? 其⊞罢 于斿"(《續》4·5·5)·"묻습니다: 구덩이 사냥을 명할까요? 貞, 令⊞"(《前》6·41·4)·"戊寅日에 점을 칩니다. 왕은 구덩이 사냥을 할까요? 戊寅卜, 王⊞"(《撫續》125) 등의 기록이 있다.

5) 擒(쀽·쀻·쀾): 손에 그물을 들고 조류를 사로잡는 사냥.

6) 그물을 사용하여 새와 짐승을 잡은 모양을 본떠 만든 甲骨文에 쀿·冤·罹·哭·麗 등이 있다.

甲骨文 중 사냥에서 잡은 동물 가운데 최다 수량은 사슴·순록·새끼사슴이었고, 그외에 麋·코끼리·호랑이·돼지〔豕·豚〕·개·새·꿩·원숭이 등이다.

초기(武丁 때)의 사냥은 서북 지역에서, 후기(帝辛 때)는 동남 지역에서 사냥을 했는데, 사냥으로 즐겼을 뿐 아니라 周代의 '大蒐禮'처럼 군사 훈련을 시키는 의미도 있었다. 혹자는 사냥 卜辭에 근거하여, 商代는 아직도 어업과 목축 사회였다고 여겼는데 그 견해는 옳지 않다. 그러나 사냥이 여전히 상당한 경제적 가치를 지녔다는 데는 의심할 여지가 없다. 商代의 목축업 또한 사회 생산 중 상당한 비중을 차지하였던 것도 재론의 여지가 없다.

결론적으로 생산을 위한 노동으로 소는 밭을 갈고, 말은 수레를 끌며, 코끼리는 일을 하였고, 개는 사냥을 도왔다. 생활 측면에서 보면 소·양·돼지 등은 제사 후에 식용으로 쓰였고, 그 가죽은 옷이나 방패·북을 만들었으며, 뼈는 占卜이나 骨器를 만드는 한편, 기타 짐승들은 식용이나 관상용으로 쓰여 모두 상대인들을 위해 사용되었다.

4. 수공업과 상업 교통

• 商代의 수공업

商代의 수공업은 이미 농업에서 분리되었을 뿐 아니라, 수공업의 각 분야는 전문화되고 분업 또한 세분화되어 청동 주조·도자기·玉石 조각·상감공예 및 방직·피혁·건축 분야는 당시 이미 크게 발전하였다. 《左傳》定公 4년의 기록에 따르면, 武王이 商을 멸한 후에 魯公은 殷民을 6族으로 나누었다. 6族이란 條氏·徐氏·蕭氏·索氏·長勺氏·尾勺氏인데, 이들을 그 종족에서 우두머리가 되게 하여 分族에게 周公의 법을 따르게 하였으며, 魯(山東)에서 관장하게 했다. 康叔은 殷民을 7族으로 나누었다. 즉 陶氏·施氏·繁氏·錡氏·樊氏·飢氏·終葵氏인데, 크게는 商의 통치 체제를 계승하는 한편 周의 세칙에 따라 다스렸다. 이 13族 중 적어도 아홉 민족은 모두 수공업 씨족인데, 索氏는 새끼 꼬는 기술자이고, 長勺氏·尾勺氏는 酒器 만드는 기술자, 陶氏는 도공, 施氏는 旗를 만드는 기술자, 繁氏는 말의 가슴걸이를 만드는 기술자, 錡氏는 칼이나 가마를 만드는 기술자, 樊氏는 울타리를 만드는 기술자, 終葵氏는 송곳을 만드는 기술자이다. 西周의 수공업은 전쟁 포로나, 商代에서 데려온 수많은 수공업 기술자들의 토대 위에 발전했던 것이다.

특히 청동 제련은 당시 가장 중요한 수공업의 하나였다. 그 생산품은 주로 노예들이 만들어 노예주 귀족이 사용하도록 제공했다. 殷墟에서 출토된 청동기는 종류가 다양한데, 흔히 보이는 것은 鼎・鬲・甗・簋・彝・卣・尊・罍・瓬・觶・觥・瓠・爵・斝・角・盂・盤・盂 등 禮器와 용기이며, 또 대량의 戈・矛・戚・鉞・刀・箭鏃 등의 무기와, 斧・錛・刀・鋸・鑿・鑽・鏟 등과 같은 몇 가지 청동 도구가 있다. 商代 후기의 청동 제작 수준을 대표하기에 손색이 없는 것은 1939년 安陽 武官村에서 출토된 '司母戊鼎'이다. 사각형의 몸체, 네 다리와 양쪽에 손잡이가 있고, 높이 133cm, 가로 110cm, 너비 78cm, 무게 875kg인 이 鼎은 번개 무늬 바탕에 용무늬를 둘렀고, 사방에 紋樣이 새겨 있으며, 안에는 '司母戊' 3자를 새겼는데 商王이 그 어머니 戊를 제사 지내기 위해 만든 것이었다.

레이저 성분 분석과 화학정량 분석을 한 결과 합금 비율은 《考工記》에서 "금속 성분을 六分으로 나누어 볼 때, 주석이 一分을 차지하며, 이를 일러 鐘鼎의 합금이라 한다 六分其金, 而錫居其一, 謂之 鐘鼎之齊"고 한 것과 서로 합치되는데, 이는 商代에 이미 과학적이고 합리적인 청동 배합 방법이 터득되었음을 설명해 준다.[41] 이것은 지금까지 발견된 商周 두 시대의 가장 큰 청동기로 그 제작의 정교함, 기백의 웅장함, 花紋의 화려함은 만인을 경탄시키기에 충분하다.

岑仲勉은 "'甲骨文字'의 수는 2천 자 이상인데 '金'자나 金으로부터 유래한 자는 전혀 보이지 않으므로 羅振玉이 '鑊'・'鋄'을 金에서 유래했다고 풀이한 것은 믿기 어렵다"고 하였다. 岑仲勉의 견해는, 殷代 청동은 서북 지역으로부터 왔다는 것이다.[42] 姜亮夫 또한 "甲骨文에는 金자와 金에서 유래한 字가 보이지 않는다"고 말하고, "殷代는 금속 사용이 많지 않았다"는 결론을 내렸다.[43]

사실 鄭州 南關外에서 초기 商代의 비교적 대규모 제련 유적지를 발견하였는데, 면적이 약 1천여 제곱미터 되는 유적지에서 적지 않은 도가니의 잔해, 붉게 탄 흙, 불로 달궜던 부스러기, 목탄과 1천 개나 되는 질그릇 조각이 발견되었다. 1959-1960년에 安陽에서 발견된 銅을 제련했던 유적지는 면적이 1만 제곱미터 이상이어서 南關外의 10배가 넘으며, 출토된 질그릇들은 3,4천 개에 이른다. 1976년 '婦好墓'에서만도 4백40여 점의 청동기가 출토되었다. 河北 藁城 臺西村의 商代 유적지와 北京 平谷 商代 고분에서는 모두 철로 만든 칼과 청동 도끼가 발견되었다.

이러한 종종의 예들은 商代의 청동 주조 규모의 거대함, 생산량의 방대함, 그에 비견된 고도의 주조 기술 수준은 일반 사람의 상상을 초월한다. 물론 岑仲勉·姜亮夫 두 사람의 의견도 검토할 가치는 있다.

《甲骨文合集》을 편찬하는 과정에서 胡厚宣은 甲骨文에서 偏旁으로 사용한 '金'자를 처음으로 발견하였다. 그 全文은 다음과 같다.

辛卯卜, 在□貞, ……王其步, 叀鎷.
辛卯日에 점을 치고 □에서 묻습니다: 대왕께서 행보하는 데 鎷를 타고 갈까요?

이는 帝乙·帝辛 시대의 卜辭였고, '鎷'자의 아랫부분이 다소 잘렸으나 字形의 복원에는 지장이 없었다. 이 甲骨은 山東省博物館에 소장되어 있지만 卜辭는 아직 어디도 수록되지 않았다. 그 탁본은 中國社會科學院 歷史硏究所에 소장되어 있고 編號는 7001호이다.[44]

燕耘은 廩辛·康丁 卜辭와 帝乙·帝辛 卜辭 중에서, 또 주조와 직접 관련이 있는 卜辭 2행을 찾아냈다.

丁亥卜, 大□: ……其鑄黃〔呂〕……乍(作)凡(盤)利叀. 《甲》1647)
……丁亥日에 점을 치고 大가 묻습니다: 동을 주조하여 ……盤을 만드는 데 길할까요?

王其鑄黃呂, 奠血, 叀今日乙未利?(《金》511)

대왕께서 동기를 주조하고 동물의 피로 그 틈을 바르는 데 오늘 乙未日이 길하겠습니까?

甲骨文 '鑄'자는 金文의 書法과 일치되었다. '黃呂'는 銅의 주조를 말하고, '奠血'은 새로 주조한 銅器에 동물의 피를 바르는 것을 말한다.[45]

이상의 자료는 실물 자체의 가치 이외에도 商代 주조업의 실황을 밝혀 주는 명문화된 증거를 확충시켰다.

商代의 방직업 또한 장족의 발전을 하였다.

中國 상고 시대에는 면화가 없어서 주로 삼베를 사용하였다. 서민은 삼베옷을 주로 입어 '布衣'라 불렀다. 中國은 세계에서 가장 일찍 집 누에를 쳐서 비단을 짠 나라로서, 고대 귀족 계급은 비단옷을 많이 입었다. 마방직과 비단방직의 기원은 대략 신석기 시대에 두고 있다.

胡厚宣의 연구에 의하면 甲骨文에는 蠶·桑·絲·帛 등의 문자가 있고, 또 실을 자른다는 繼, 실을 묶는다는 束, 실낚시로 고기를 잡는다는 敽, 실로 된 그물로 짐승을 사로잡는다는 畢, 실이나 비단으로 만들었다는 衣·巾·广 등의 문자가 있으며, 또 桑에서 유래한 嬠·叡, 蠶에서 유래한 劃·瀶, 巾에서 유래한 帛·敝·帯, 畢에서 유래한 帆·變·隼 등의 문자가 있다.

그 중 孫海波의 《甲骨文編》, 島邦男의 《殷墟卜辭綜類》에 衣자를 따른 문자는 21개, 网자를 따른 문자 29개, 广자를 따른 문자 35개, 束자를 따른 문자 46개가 보인다. 絲자는 또한 糸·絲·繼의 세 가지 자형이 있다.

武丁 때는 사람에게 蠶事를 시찰하게 했고, 누에 치는 일에 점까지 친 경우가 최소한 아홉 차례나 되었다. 商代는 蠶神이 있었는데 '蠶示'가 그것이다. 蠶神을 제사 지내는 데 3마리의 소를 사용하거나, 때로는 3마리의 양을, 심지어 羌人을 제물로 아주 성대한 의식을 치렀다. 이는

商代에 누에치는 일을 매우 중시했음을 설명한다. 고고 발굴에서 얻은 실물과 문헌의 기록, 상술한 문자 자료를 참고해 보면 商代의 양잠업·방직업은 이미 상당한 수준으로 발달했음을 충분히 대변해 주고 있다.[46]

殷墟에서 출토된 陶紡輪·骨紡輪과 玉蠶 외에 언급해 볼 만한 가치가 있는 것은, 河北 藁城 臺西村의 商代 유적지에서 발견한 紡磚·骨匕(방직용으로 쓰였던)·삼베 조각·비단 직물 조각과 양털 섬유질, 거기에 殷墟 玉人 복식의 연구까지 합치면 商代 방직 기술의 발전이 이미 알고 있던 수준을 능가하고 있다는 점이다.

王若愚는 "中國의 원시 사회와 봉건 사회의 방직 기술을 살펴볼 때, 商代의 방직 기술은 앞의 것을 이어받아 후세로 계승시킨 교량 역할을 하였다. 그것은 多篓式 혹은 多綜式(篓과 綜은 방직기에 부착하는 장치로 많이 부착할수록 더욱 아름다운 무늬를 수놓을 수 있게되는 설비)의 繰綿機(Jacquard loom)로서 원시적으로 땅바닥에 앉아 짜던 踞織機와 挑織 방식을 바꾸었다. 商代의 방직기는 지렛대 원리를 이용하여 나무를 밟아 잉아의 승강 운동을 제어하여 자카르 직기로 직물을 짰다. 이는 당시 세계에서 가장 선진적인 기술이었다. 이러한 자카르 직조 기술은 청동기·칠기의 雲雷紋·夔龍紋 등의 문양과 비슷하게 짤 수 있었다. 商代의 이 기술은 그후 중국 봉건 사회에서 아름답고 다채롭게 발전했으며, 자랑스럽게도 널리 퍼져 세계 방직 기술의 기초를 다졌다"고 하였다.[47]

주조업과 방직업만으로도 商代 수공업의 발전 수준을 충분히 살펴보았기 때문에 陶瓷業·骨角蚌器와 玉石彫刻 등에 대해서는 설명하지 않겠다.

• 商代의 상업 교통

농업·목축업·수공업간의 분업, 특히 수공업 내 분업의 확대에 따라 商代의 상품 생산과 물품 교환은 급속히 발전되었다. 鄭州의 商代 초기 고분에서 이미 조개를 隨葬했던 현상을 발견하였으며, 殷墟 말기 고분은 조개를 부장품으로 묻은 현상이 더욱 보편화되어 어떤 묘에서 는 부장된 조개가 6천 개 이상이나 나왔다. 甲骨文·金文 중에는 왕이 신하에게 내리는 하사품으로 조개를 주었는데, 조개를 셀 때는 朋을 단위로 삼았다.

庚戌……貞: 錫多女有貝朋. (《後下》8·5)
庚戌日에 점을 치고 묻습니다: 多女에게 조개꾸러미를 내릴까요?

굔不⌈囧⌋, 錫貝二朋. 一月. (《南坊》3·81)
……조개 두 꾸러미를 내릴까요? 1월에.

癸巳, 王錫邑貝十朋, 用作母癸尊彝. 唯王六祀, 肜日, 在四月. (《邑彝》)
癸巳日에 대왕께서 邑에게 조개 열 꾸러미를 내린 바, 彝를 만들 어 어머니 母癸의 사당에 쓰게 하다. 대왕 6년 4월 肜祭를 지낸 날.

丁巳, 王省夔京, 王錫小臣艅夔貝, 唯王來正人方. 唯王十祀又五, 肜日. (《小臣艅犀尊》)
丁巳日에 대왕은 夔京을 시찰하고, 대왕은 夔 지역의 조개를 小 臣 艅에게 하사했다. 대왕이 人方을 정벌하고 돌아오던 길이었다. 때 는 왕 15년 肜祭를 지낸 날.

甲骨文에서 貝를 따른 글자는 貯(車·宮)·寶(寗·閵)·買(䍒·㞷)· 得(㝵·㝵) 등등이 있어서, 商代에 이미 조개로 화폐를 삼고 저축과 교 환·유통의 수단으로 삼았음을 알 수 있다. 조개에는 子安貝(天然貝)· 小蚌貝·珧貝(小蚌으로 만든 화폐)·蚌貝·骨貝가 있었고, 심지어는 금속 화폐, 즉 銅貝도 출현하였다.

1953년 大司空村 殷墓에서 銅貝 3개를 발견했으며, 1971년 山西 保德林 遮峪의 殷代 후기로 추정되는 고분에서 銅貝 1백9개를 발견하였다. 羅平·唐雲明·朱活 등은 조개나 무게를 재서 만든 금속은 비록 주조된 화폐는 아니지만 이미 화폐로 전환된 과정을 거쳐서 화폐의 기능과 작용을 하고 있기 때문에 이들을 진정한 화폐로 간주했다.[48]

甲骨文에는 舟(舟)·車(車) 등의 문자가 있다. 商代에 제작된 배의 실물은 발견되지 않았지만, 흥미롭게도 甲骨文에는 '舟'자가 있는데 사람이 손에 대나무 장대를 쥐고 배 위에 서 있는 모양이다. 또 饕餮紋 청동솥(현재 上海博物館 소장)이 있는데, 그 안의 銘紋은 사람이 조개를 지고 배 안에 서 있는 모습이다. 이는 당시 商代人이 멀리 무역하러 가는 것을 상징한 것이다.

車의 유적은 한두 번 발견으로 그치지 않았는데, 예를 들면 1935년 제11차 은허 발굴 때 남북이 약 3m, 동서가 약 6m, 깊이 약 2.5m인 장방형의 車坑이 발굴되었다. 수레의 각 부분은 거의 부서져 있고, 목재는 이미 썩어 말머리장식과 수레장식 수백 개를 얻었을 뿐이었다. 1936-1937년 제13차에서 15차 발굴중 또 車馬坑 수 곳을 발견하였다. 車坑 다섯 곳 중 네 곳은 파손되었지만 한 곳은 완벽하게 보존되어 殷代 戰車 제도를 볼 수 있었다. 하나의 수레는 4마리의 말이 끌었고, 세 사람이 탔다. 한 사람은 주인이고, 다른 한 사람은 말을 몰고, 또 한 사람은 활을 쏘았다. 병기는 3벌 있었는데, 세 사람에 의해 사용된 것이다.[49]

신중국 건립 후 1953년 안양 大司空村에서 발굴된 하나의 車馬坑과 1958-1959년 孝民屯에서 발굴한 2개의 車馬坑은 비교적 잘 보존되었으며, 1972년 孝民屯 남쪽에서 발굴된 또 다른 하나는 흠 없이 잘 보존되어 수레의 유적 중 가장 완전하다. 坑 안에는 수레 1대, 말 2필, 또 수레 뒤쪽에 1명이 묻혀 있었다. 中國科學院 考古硏究所 安陽 작업반

은 수레의 구조, 즉 車輛·轂·輻·車軸·車輗·車箱과 수레에 달린 말
장식을 포괄하여 상세하게 그려내었다.[50]

于省吾는 甲骨文·金文, 기타 지하에서 출토된 실물 자료에 근거하
고 古文獻으로 검증하여, 殷代에는 '마차'·'손수레'와 '배' 등의 교통
수단이 있었을 뿐만 아니라 '單騎'와 '騎射'도 이미 성행했음을 규명
했다. 과거의 많은 학자들은 오늘날 체신 활동과 비슷한 '馹傳'의 기원
을 춘추 시대로 보았으나, 于省吾는 卜辭의 '遑'와 '遑' 자의 형태·뜻
의 변천과 '遑來歸'·'遑入'·'遑往' 등의 사례를 근거하고, 또 金文과
傳記 자료를 방증으로 삼아 이 제도의 출현은 殷代까지 거슬러 올라
간다고 하였다.[51]

殷代에 占卜用으로 썼던 大海龜를 살펴보면 당지에서 산출된 것이
아니라 남방에서 온 것이고, 殷墟에서 발굴된 고래뼈를 보아도 남방의
것이었다. 그외에 丹砂는 湖南·廣西 일대에서, 龜·貝·銅·錫은 주로
長江 유역에서, 松綠石·玉은 西北 陝西·甘肅 지구에서 산출된 것이었
다. 上記된 바로 미루어 보아 商代의 교통은 매우 원활했고 편리했음을
짐작할 수 있다.

5. 과학 기술

商代에는 과학 기술 방면에 이미 많은 성취가 있었다. 여기서는 단지
천문 역법과 의학에 대해 간략히 서술하겠다.

● 천문 역법

고대 사람들은 해가 뜨면 일했고, 해가 지면 쉬었기 때문에 먼저 日·
月·星辰의 운행에 대해 주의를 기울였고 나아가 四時의 변화와 風雨,
날씨의 맑고 흐림의 교차, 일상 생활에서 느끼는 날이 가고 달이 차는

일들에 대해서까지 자연히 깊은 이해를 하게 되었다.

농업과 목축업의 발전에 편승해 사람들은 여러 가지 자연 현상과 변화 원리에 대해 더욱 철저하게 관찰하고 파악하게 되어, 천문 역법은 고대에서 제일 먼저 발전하게 된 과학이었다.

僞古文 《尙書》의 〈胤征篇〉은 夏代의 仲康日蝕을 기록한 것으로 세계에서 가장 이른 日蝕을 기록한 것이지만 사람들이 믿지 않았다. 그러나 《左傳》 昭公 17년에 《夏書》를 인용한 비슷한 기록이 있는데, 이는 그 자료가 전혀 근거 없는 것이 아니라는 것을 설명한다.

商代 甲骨文 중에 日月蝕에 대한 확실한 기록이 많이 있다.

日蝕에 대한 甲骨文의 기록은 아래와 같다.

貞: 日有食. (《龜》 1 · 10 · 5)
묻습니다: 日蝕이 있을까요?

癸酉貞: 日夕有食, 佳若. 癸酉貞, 日夕有食, 非若. (《佚》 374)
癸酉日에 묻습니다: 저녁에 日蝕이 있는데 순조로울까요? 癸酉日에 묻습니다: 저녁에 日蝕이 있는데 순조롭지 않을까요?

月蝕에 대한 甲骨文 기록은 아래와 같다.

〔己〕丑卜, 宁貞: 翌乙〔未〕黍登于祖乙. 王固曰: 有祟, 不其雨. 六日〔甲〕午, 夕, 月有食. (《乙》 3317)
己丑日에 점을 치고 宁이 묻습니다: 다음 乙未日에 祖乙에게 黍를 올릴까요? 王이 점친 결과를 보고 '재앙의 조짐이 있다. 비가 오지 않겠다'고 했다. 6일 뒤 甲午日 저녁에 月蝕이 있었다.

旬壬申, 夕, 月有食. (《簠天》 2)

10일 뒤 壬申日 저녁에 月蝕이 있었다.

癸丑卜, 貞: 旬亡禍? 七日己未𡆥, 庚申月有食. (《庫》1595)
癸丑日에 점을 치고 묻습니다: 다음 10일 동안 재앙이 없을까요?
7일 뒤 己未日이 지나고 庚申日 새벽에 月蝕이 있었다.

己未, 夕, 𡆥, 庚申月有食. (反) (《金》594)
己未日 저녁을 지나 庚申日 새벽에 月蝕이 있었다. 〔본문은 '干支
夕皿干支'의 형식으로 띄어 쓸 필요가 없다. 𡆥는 皿(向)으로 '앞 干支
저녁을 지나 다음 干支의 새벽까지'로 풀이하며 'xiang'으로 발음한다.〕

癸未卜, 爭貞: 旬亡禍? 三日乙酉, 夕, 月有食, 聞. 八月. (《甲》1289)
癸未日에 점을 치고 爭이 묻습니다: 다음 10일 동안 재앙이 없을
까요? 3일 뒤 乙酉日 저녁에 月蝕이 있었다는 기상관원의 보고를 들
었다. 8월에. 〔董作賓은 聞을 '기상관원의 보고를 듣다'로 풀이하고, 근
래에 와서 常玉芝는 聞을 일종의 '재앙'으로 보는 견해를 제기했다.〕

癸未卜, 爭貞: 翌甲申, 易日. 之夕, 月有食. 甲〔申〕霧, 不雨. (正面)之
夕, 月有食. (反面) (《丙》56)
癸未日에 점을 치고 爭이 묻습니다: 내일 甲申日은 맑아질까요?
그날(癸未日) 저녁에 月蝕이 있다. 甲申日 안개가 끼고 비가 오지 않
았다. (正面) 그날 저녁 月蝕이 있었다. (反面)

日月蝕 이외에 수많은 風·雲·雷·雨에 대한 기록이 있고 별에 대
한 기록도 많다. 그 중에 星(《前》7·14·1, 《庫》598, 《拾》14·6)·鳥
星(《乙》6664·6672)·鱐星(《前》7·26·4, 7·36·3)·大星(《乙》6386,
《徵雜》120, 《後下》9·1)·大歲(歲星;《庫》1022)·火 혹은 大火(火星;

《後下》9・1, 37・4,《甲》3083) 등이 있다.

《左傳》에서 商나라 사람들이 이미 商星・歲星을 알고 있다고 한 데는 근거가 있었음을 볼 수 있다. 지금으로부터 3천여 년 전인 殷商 시대에 능히 歲星(木星)・火星 같은 행성을 알았다는 것은 실로 놀랄 만한 일이다.

商代의 曆法 역시 매우 진보적이었다. 董作賓은 甲骨 卜辭를 근거로 《殷曆譜》를 지어, 商代 曆法 연구를 위한 기초를 확립했다. 책 중에는 더 논의되어야 할 점은 많으나 그가 이룩했던 성과는 괄목할 만하다. 그의 연구에 의하면 商代는 太陰인 달이 한 번 기울면 한 달이고, 月을 小月과 大月로 나누었으며, 小月은 29일, 大月은 30일이다. 大小月은 서로 번갈아 오며, 大月이 연속되면 '頻大月'이라 칭했다. 태양의 溫凉寒暑가 한 번 바뀌어 돌아오면 1년이다. 윤달로 양력과 음력의 차를 조정하였던 바 3년이 지나면 一閏이고, 5년 만에 再閏이며 19년에는 七閏이 되었으니, 한 해는 평균적으로 365와 1/4일이 되었다.

武丁・祖庚 시대에는 그해의 마지막에 윤달을 넣어 '十三月'이라 했는데, 祖甲 이후에 그 제도를 바꾸어 해당 윤달 뒤에 윤달을 설치하였고, 1월을 正月이라고 개칭했다.

干支를 사용하여 날을 기록하였고, 일상적으로 낮은 '日' 밤은 '夕'이라 했다. 하루 중에도 특정한 때의 기록이 있는데, 날이 밝기 전을 '妹' 동이 터 해가 나올 때를 '明'・'旦'이라 했고, 그후를 '大采'(朝)・'大食'이라 했으며, 한낮을 '中日'(혹 日中), 오후에 해가 서쪽으로 기울 때가 '戾'이며, 그후는 '小食'・'郭兮'이고, 황혼 때는 '小采'(暮), 황혼 이후는 '昏'이라 하였다.

종합해 볼 때, 商代에 보편적으로 사용했던 曆法은 《尙書・堯典》에서 말한 "1년은 366일이다. 윤달이 있으므로 사계절이 정해지고 1년을 이룬다 期三百有六旬有六日, 以閏月定四時, 成歲"는 陰陽合曆으로 그 당시로서는 세계에서 비교적 선진적인 曆法이었다고 할 수 있다.

● 의학 지식

卜辭에 㾶·㿋라는 자가 있다. 전자는 사람이 침상에 누워 있는 모양이고, 후자는 사람이 침상에서 땀을 흘리며 누워 있는 모양이다.

'疾'이라고 한 丁山의 해석은 옳다. 胡厚宣은 武丁 시기의 甲骨文 자료를 광범위하게 수집하여 《殷人疾病考》를 썼는데, 그는 殷代人의 질병에는 대략 頭病·眼病·耳病·牙病·舌病·喉病·鼻病·腹病·足病·趾病·尿病·婦人病·小兒病·傳染病 등 16가지가 있으며, 오늘날의 內·外·胸·眼·耳·鼻·喉·牙·泌尿·婦人·小兒·傳染 등 모든 科가 망라되었다고 피력했다. 미신에 빠진 殷代人들은 天神이나 祖妣가 재앙을 내려 질병이 생긴다고 여겼기 때문에, 甲骨文을 통해 볼 때도 그 치료 방법은 점을 치고 기원하는 것뿐이었다.[52]

그후 陳世輝·周宗岐 등은 더욱 깊이 연구하여, 甲骨文에 '心疾'과 팔·다리 부위의 관절종양이 있다고 보충했다. 그 중에 구강과 관련된 질병은 특히 상세하게 구분지어 연구했다.[53]

1973년 考古 발굴단은 河北 藁城 臺西村에서 商代 유적지 2호·6호의 실내와 외곽, 그리고 4·7·8 문화층과 14호 묘지 중에서 2,30여 개의 식물 씨앗(복숭아씨·은행씨·벗겨 놓은 배씨 포함)과 돌낫 한 자루를 발견하였다. 中國科學院 植物研究所와 中醫研究院의 연구에 의하면 전자는 의약용이고, 후자는 의료 공구(현재의 외과 수술용 칼)로 간주하였다. 이것은 중대한 발견이었다. 이로써 殷人들의 질병 치료 방법과 당시 의학 발전 수준에 대해 새로운 인식을 하게 되었으며, 中國 고대 의학사 연구에 있어서 진귀한 실물 자료를 제공하였다.[54]

6. 종교와 제사

종교 신앙은 사회 의식 형태 중의 하나이다. 초자연적인 신령을 숭배하는 것은 자연과 사회 역량이 사람의 의식에서 왜곡되고 허구화된 것을 반영하는 것이다.

商代의 종교 신앙은, 원시 사회 초기의 종교 의식·종교 관념과 비교했을 때 큰 변화와 발전을 보였다. 商代 종교 신앙의 최대 특징은 上帝의 숭배에 있다. 이것은 계급 사회와 국가 생산에 따라 殷王이 막강한 통치자로 부상한 후에 형성된 새로운 종교 관념이다. 그렇지만 고대의 토템 사상 또한 문헌의 기록에서 볼 수 있을 뿐만 아니라 甲骨文·金文에서도 그 흔적을 엿볼 수 있다. 그외 조상 숭배와 多神 종교관도 복사에 많이 반영되어 있는데, 이것들은 비록 上帝 숭배와 공존되었지만 上帝의 제제를 받아 종속적인 위치에 처했다.

• 토템 숭배의 유적

원시 사회 최초의 종교 신앙인 토템 숭배는 세계 각지의 유적에 보편적으로 존재했다. 원시인들은 각 씨족들이 어느 특정 동·식물 혹은 무생물과 친속 관계 혹은 특수한 관계가 있다고 믿어, 이것들은 곧 각 씨족의 토템, 즉 보호자나 상징(일반적으로 熊·狼·鹿·鷹 등의 동물이 많다)이 된 것이다.

商代는 이미 노예 사회로 접어들었지만 여전히 토템 숭배의 흔적을 엿볼 수 있다. 우선 《詩經》·《楚辭》·《呂氏春秋》·《史記》 등에는 모두 玄鳥가 商의 조상을 낳았다는 전설이 있다. 예를 들어 《詩·商頌·玄鳥》에 "하늘이 玄鳥에 명하시어, 내려가 상의 조상을 낳게 하고 넓은 땅에 살게 하셨네. 천제께서 무위 갖춘 湯王에게 사방 넓은 곳을 영유케 하셨네"라는 기록이 있으며, 《史記·殷本紀》에는 "殷나라 契의 어머니는 簡狄이며 융씨의 딸로 帝嚳의 두번째 妃가 되었다. 세 사람이 목욕을 하는데 玄鳥가 알을 떨어뜨려 簡狄이 그것을 주워먹고 契를 잉태해 낳았다"고 기록되었다.

于省吾는 商代 말기 銅器인 '玄鳥婦壺' 주둥이 위에 '玄鳥婦'라는 3

자가 씌어진 명문이 있는데, 이것은 商代人들이 玄鳥를 토템으로 삼았다는 유력한 증거라고 하였다.[55] 胡厚宣은 8片의 甲骨에서 모두 10개 항의 高祖 王亥에게 제사 지내는 卜辭를 찾아내었는데, '亥' 자 위에 토템 부호인 새(鳥)가 그려져 있었다. 祖庚·祖甲 시기의 甲骨로 간주되는 갑골 1片에 다음과 같은 卜辭가 있다.

□□卜, 王貞: 其奧(于)上甲父(王)亥. (《明》738)
점을 치고 王이 묻습니다: 上甲의 아버지 王亥에게 奧祭를 드릴까요?

廩辛 甲骨 1片에 다음과 같은 내용이 있다.

貞: 告于高且王亥, 三牛. 其五牛. (《寧滬》1·141, 《京津》3926)
묻습니다: 高祖 王亥에게 告祭를 드리는 데 소 3마리를 올릴까요, 그렇지 않으면 소 5마리를 드릴까요?

康丁 甲骨 3片에 다음과 같은 卜辭가 있다.

四羊四豕五羌(于王)亥. (《庫》1064)
羊 4마리, 돼지 4마리, 羌人 5명을 王亥에게 드릴까요?

□□□貞: □□羌(于王)亥. (《粹》51)
……묻습니다: 王亥에게 羌人을 드릴까요?

又伐五羌(于)王亥. (《京都》3047)
王亥에게 侑祭·伐祭를 드리는 데 羌人 5명을 올릴까요?

武乙 甲骨 3片에 다음과 같은 卜辭가 있다.

辛巳卜貞: 王亥上甲卽于河. (《佚》888)
辛巳日에 점을 치고 묻습니다: 河에 있는 王亥·上甲의 종묘에서 卽祭를 드릴까요?

辛巳卜貞: 來☒王亥貴十☒上甲貴十☒. (《明續》2309)
辛巳日에 점을 치고 묻습니다: 다음 ☒日 王亥에게 貴祭를 드리는 데 10마리, 上甲에게 貴祭를 드리는 데 10마리를 드릴까요?

辛巳卜貞: 來辛卯酒河十牛, 卯十牢, 王亥貴十牛, 卯十牢, 上甲貴十牛, 卯十牢.
辛巳日에 점을 치고 묻습니다: 오는 辛卯日에 河神에게 酒祭를 드리는데 소 10마리를 드리고, 특별히 기른 소 10마리를 잘라 드릴까요? 王亥에게 소 10마리로 貴祭를 드리고, 특별히 기른 소 10마리를 잘라 드릴까요? 上甲에게 소 10마리로 貴祭를 드리고, 특별히 기른 소 10마리를 잘라 드릴까요?

辛巳卜, 貞: 王亥上甲卽宗于河. (《屯南》H24: 416)
辛巳日에 점을 치고 묻습니다: 黃河 신에 卽祭를 드릴 때 王亥·上甲도 함께 드릴까요?

王亥는 殷代人이 특별히 중시하던 조상이다. 王亥에게 제사 지냈던 卜辭는 《殷墟卜辭綜類》에서 도합 96항 이상을 수록(그 중 《明》7백38은 중복되었고, 누락된 것도 있고, 상술한 10개 항의 새 토템 부호의 卜辭가 《綜類》에 5개 항이 수록되어 있다)하고 있으며, 王亥에게 제사 지낼 때는 "제물로 5牛·30牛·40牛에서 3백 牛까지 사용했는데, 이는 가장 융승하게 지내던 祭禮였다."[56]

《山海經·大荒東經》에서 "어떤 사람은 王亥가 두 손에 새를 쥐고 그 머리를 먹고 있다"고 하였고, 또 王亥와 鳥의 관계가 단지 '먹는다'로 만 연결된다면 무언가 잘못되었을 것이라고 하였다.

《國語·魯語》에 "契은 上甲 微의 八代祖로, 上甲은 契을 그의 생활의 모범으로 삼아 따랐다. 고로 商族은 그를 존경하고 報祭로 그에게 보답했다 上甲微能帥契者也, 商人報焉"는 구절이 있는데, 甲骨文에서 上甲은 은혜에 보답하는 제사를 받았을 뿐 아니라, 商王들이 선공·선왕에게 合祭를 지낼 때 上甲으로부터 시작되었으므로 그 지위의 특별함을 엿볼 수 있다. 王亥는 바로 上甲의 부친이다. 卜辭에서는 王亥를 高祖라고 하였는데, 高祖란 "까마득히 먼 조상 遙遠的祖先"이란 뜻이다. 이러한 일련의 기록들은 우리가 새(鳥) 토템의 유래가 王亥와 결부된 근원을 모색하는 데 큰 도움을 주고 있다.[57]

• 조상 숭배

원시 사회에서 신과 영혼에 대한 신앙이 움틈에 따라 혼령 숭배와 조상 숭배가 출현하였고, 부계 사회 확립 이후 씨족의 조상 숭배는 가문 숭배로 전환했다.

卜辭 내용을 볼 때, 殷代의 숭배 사상은 완전하게 형식화되지는 않았다. 이 점은 빈번했던 占卜과 거의 언급되지 않은 부분이 없는 占卜 내용에서 알 수 있고, "殷代人은 귀신을 숭상했다 殷人尙鬼"고 한 것처럼 융숭하고 다양한 제사에서도 표현되어 있으며, 동기·옥기·골기 등에 조각된 험상궂은 동물 형상(西周 시대의 온화하고 중용적인 풍격과는 다르다) 속에서도 찾아볼 수 있다. 그러나 조상 숭배의 융숭함과, 조상 숭배와 천신 숭배의 접근, 그리고 이들의 혼합은 은대 이후 中國 종교의 기틀을 확립시켰다. 즉 조상 숭배는 천신 숭배를 압도했고, 殷 이후의 조상 숭배(특히 喪服에 표현되는 것)는 봉건적인 토지재산소유제

의 분배·계승과 상호 관련이 있는 것이다. 이렇게 볼 때 종교는 당시의 사회 물질 생활 조건을 반영했으며, 동시에 당시의 사회 제도 성질을 반영한 것이다.[58]

商 왕실의 占卜 기록인 卜辭는 조상 숭배를 여실히 반영했으며, 또한 商代 제왕들의 선공·선왕과 先妣에 대한 숭배를 반영하고 있다. 그 주요 특징 중 하나는 제사의 빈번함과 융숭함에 있다.

董作賓의 연구에 의하면, 武丁 시대 조상에게 제사 지내던 祭典에는 彡·壹·劦·出·宂·勺·福·歲·御·㠱·卌·帝·炆·告·求·祝 등이 있으며, 彡·翌·祭·壹·劦 등 5종 제전이 중심이 되었다.

彡·翌은 단독으로 거행하되 연속적인 것이고, 翌의 뒤에 祭를 지냈으며, 祭를 지내고 10일 후 壹에 들어가고, 壹 다음 10일 후 다시 劦에 들어가며, 그후에 3가지를 연합해 거행하지만 각기 다른 계통을 이룬다. 祖甲 때는 世代의 전후에 따라 약 30旬 동안 전체를 한 차례 제사 지냈다. 帝乙·帝辛 때는 6世를 낮추어, 上甲微에서 文武丁에 이르기까지 21世를 제사 지냈는데, 彡은 11旬이 필요하고, 翌도 11旬이 필요하며, 祭·壹·劦 세 종류는 연합하여 거행하는 데 13旬이 필요했다. 그러나 제사를 시작하는 '貢典'에 10일간 점을 쳐 도합 36旬(태음력으로는 대략 1년)이 필요했다. 전체 제례는 재위 순서에 따라 거행해서 祖妣에까지 이르는데, 한 차례가 끝나면 다시 반복하는 등 질서정연하게 치러져 商代 말기에는 '年'을 아예 '祀'라고 해 "왕 몇 년 佳王某祀"이라는 기록을 볼 수 있다.

이외에 又(出)·叙(宂)·勺·夕福·濩·聂·歲·彡龠·彡夕·彔·𢼄 등의 제사명이 있다.[59]

甲骨文으로 볼 때, 商代人들이 이처럼 조상에게 빈번하고 융숭한 제사를 지낸 가장 중요한 원인 중 하나는 조상들이 당시 왕에게 재앙을 내리거나 또 복을 준다고 여겼기 때문이다. 실제로 甲骨 卜辭에는 조상이 재앙을 내리는가를 묻는 降禍·降昌·降凶·擎王·祟王·祟我·它

(ᄇ)王·它禾·它雨 등의 기록이 있다. 각기 그 예를 들어 보면 다음과
같다.

爲亡其降囚. (《京津》1172)
爲이 재앙을 내리지 않을까요?

爲其降昌. (《鐵》19·2)
爲이 재앙을 내릴까요?

乙酉卜, 爭貞: 佳父乙降凶; 貞: 不佳父乙降凶. (《乙》5408)
乙酉日에 점을 치고 爭이 묻습니다: 父乙이 불상사를 내릴까요?
묻습니다: 父乙이 불상사를 내리지 않을까요?

貞: 祖乙擘王; 祖乙弗其擘王. (《乙》5395)
묻습니다: 祖乙이 王에게 재앙을 내릴까요? 그렇지 않으면 祖乙
이 王에게 재앙을 내리지 않을까요?

貞: 上甲祟王. (《林》2·3·15)
묻습니다: 上甲이 王에게 재앙을 내릴까요?

乙未卜, 爭貞: 王亥祟我; 貞: 王亥不我祟. (《丙》3)
乙未日에 점을 치고 爭이 묻습니다: 王亥가 우리에게 재앙을 내릴
까요? 묻습니다: 王亥가 우리에게 재앙을 내리지 않을까요?

母庚弗它王. (《掇二》89)
母庚이 王에게 재앙을 내리지 않을까요?

貞: 妣庚不亡我. (《續存》1·2226)
묻습니다: 妣庚이 우리에게 재앙을 내리지 않을까요?

高且它禾. (《京都》2358)
高祖가 곡식에 재앙을 내릴까요?

隹王亥它雨. (《粹》75)
王亥가 비에 재앙을 내릴까요?

甲骨 卜辭에는 조상이 복을 준다는 신의 가호 受又(祐), 순조로움을 뜻하는 若, 왕을 순조롭게 한다는 若王, 왕을 돕는다는 左(佐)王 등의 기록도 있다. 역시 각각 예를 들어 본다.

貞: 大甲受王又. (《乙》7513)
묻습니다: 大甲이 대왕에게 도움을 줄까요?

辛卯卜, 爭貞: 我狩, 下乙弗若. (《續》1·46·3)
辛卯日에 점을 치고 爭이 묻습니다: 우리가 사냥을 하는 데 下乙이 순조롭지 못하게 할까요?

貞: 且乙若王不. (《乙》882·1946合)
묻습니다: 祖乙이 대왕에게 순조롭게 하지 않을까요?

貞: 咸允左王; 貞: 咸弗左王. (《乙》2139·6719·7016·7509合)
묻습니다: 咸은 정말 대왕을 도울까요? 묻습니다: 咸은 대왕을 돕지 않을까요?

이외에도 甲骨文으로 볼 때 조상이 죽은 후 上帝와 함께 제사를 받는데, 아래와 같은 武丁 卜辭가 말해 주고 있다.

貞: 咸賓于帝. 貞: 咸不賓于帝.

貞: 大[甲]賓于帝; 貞: 大甲不賓于帝.

貞: 下乙[賓]于帝; 貞: 下乙不賓于帝.

(《乙》2293·2435·7197·7198·7434·7511·7549·8328合)

묻습니다: 咸을 帝와 함께 제사할까요. 咸을 帝와 함께 제사하지 말까요?

묻습니다: 大甲을 帝와 함께 제사할까요. 大甲을 帝와 함께 제사하지 말까요?

묻습니다: 下乙을 帝와 함께 제사할까요. 下乙을 帝와 함께 제사하지 말까요?

島邦男·陳夢家·胡厚宣·張政烺 등의 고증으로 咸은 바로 大乙湯이라는 것을 알았다. 大乙湯은 高祖·烈祖·武王으로 추앙되고, 大甲은 太宗, 祖乙(下乙)은 中宗인데, 세 분 王은 殷代의 성군으로 甲骨文에서 그들을 三示로 칭하고 함께 제사 지냈다.

여기에서 '賓于帝'라고 한 것은 살아 생전에 덕이 높았던 그들이 죽은 후에도 천제와 같은 위치에서 받들임을 받는 것을 나타낸다. 殷代 人들이 至上神을 帝라고 칭하고 조상도 역시 帝라고 칭한 것은, 그들이 같은 권능을 가지고 있어 동등하게 숭배했다는 것을 나타낸다. 武丁 卜辭에는 그 생부 小乙을 父乙帝(《乙》956)라고 칭하고, 庚甲 卜辭에서는 그 생부 武丁을 帝丁(《粹》376)이라고 했으며, 廩康 卜辭에서는 그 생부 祖甲을 帝甲(《粹》259, 《庫》1772, 《戩》5·13, 《續》2·18·9, 《後上》4·16), 武乙 卜辭에서는 그 생부 康丁을 帝丁(《南輔》62)이라 하였고, 帝乙 때는 그 생부 文丁을 文武帝(《徵帝》143, 《續》2·7·1, 《前》1·22·2,

《龜》2·25·3,《珠》84,《明》308)라고 칭했다.

조상을 帝와 같이 대우했기 때문에 殷代人들은 비를 원하고, 풍년을 기원하며, 좋은 벼의 수확을 원함에 있어 조상에게 먼저 기원하고, 다시 조상으로 하여금 상제에게 도와 주도록 간청하게 했으나 직접적으로 상제에게 간구하지는 않았다. 方國이 침입해 오면 먼저 조상에게 기원해서 도움을 청했다. 이에 관한 卜辭는 매우 많지만 일일이 열거하지 않겠다.[60]

● 多神 종교 관념

혹자는 노예의 발생, 원시 공동 사회의 해체, 동질 문화의 새로운 발전은 자연력과 사회 응집력을 가진 종교화 과정에서 반영되어 나왔는데, 이것이 바로 司祭의 출현과 다신교 발생의 전제 조건이었다고 말하고 있다.

甲骨文을 볼 때 商代人들은 日·月·星辰·風·雨·雷·電과 山·川·土地 등을 인격화하여, 上帝의 사신으로 삼아 숭배하고 제사를 지냈다.

우선 商代人들은 日(해)을 神으로 삼고, 아침·저녁으로 제사를 지냈다. 甲骨文에는 賓日·旣日·又出日·又入日·御各(落)日 등의 기록이 있는데 賓·旣·又·御 등은 모두 제사 명칭이다.

甲骨文 중 月에 제사 지내는 자료는 보이지 않지만, 月蝕에 대한 기록이 있다. 月蝕을 제사함은 무언가가 달을 먹어 신령스러움을 범하고 있다고 믿어 제사를 지내 그 재앙을 쫓자는 것이다. 甲骨文에는 祭星·祭大星·祭鳥星·祭䲱星·祭歲星·祭火星의 기록이 있으며, 제사 방식에는 新·出·攸·卯·又 등이 있다.

甲骨文에는 尞雲이라는 기록이 있다. 尞는 尞祭이고,《說文》에서 "나무를 태워 하늘에 제사 지내는 것 燎柴祭天也"이라고 하였다.

甲骨文에는 또 '大風囚'·'大風亡囚'·'寧風'과 '四方風'에 제사한

기록이 있다.

甲骨文에 亳土·𡊮土를 제사한 기록이 있는데, 土는 社이다.[61] 1965
년 겨울에 考古 발굴단은 江蘇 銅山 丘灣에서 商나라 말기에 사람을
죽여 社에 제사 지냈던 유적지를 발견하였던 바 甲骨 卜辭와 호증할 수
있는 좋은 증거가 되었다.[62]

이외에 甲骨 卜辭에 河·岳·山·川에 대한 제사가 있는 것은, 商代
人들이 이들을 자연신으로 숭배하고 제사를 지냈다는 것을 반영하는
것이다. 그 중 학자들의 연구에 의하면, 商代人들은 火祭를 많이 행했
는데 이것은 불이 인간 생활과 밀접한 관계가 있고, 또 불에 대한 숭배
사상에서 기인되었다고 한다.

火祭와 관계 있는 제사 명칭에는 柴·束·取(燎)·爇·叙·新·禘·
索·木·焌·炆 등 10여 종이 있다.[63]

●至上神 숭배

지고무상한 上帝의 권능과, 商代人들의 상제를 향한 신봉과 숭배 정
신은 甲骨 卜辭의 여러 곳에 표출되어 있다. 胡厚宣은 일찍이 帝와 風·
雲·雷·雨, 帝와 농산물 수확, 帝와 城邑 건축, 帝와 方國 정벌, 帝가
인간에게 화복을 내리고, 帝는 殷王에게 도움과 해를 줄 수 있으며, 帝
는 명령을 내릴 수 있고, 帝宗과 帝臣 등 여러 측면에서 상세히 분석하
여 마지막으로 다음과 같은 결론을 얻었다.

"결론적으로 甲骨文字를 통해 볼 때, 殷代는 武丁 시기에 절대 권능
의 上帝에 대한 종교 신앙이 있었다. 殷代人의 마음속에 이 上帝는 대
자연의 風·雲·雷·雨·水害·旱災를 주재하고, 벼를 생장시키고, 농
산물의 수확을 좌우한다고 믿었다. 그는 하늘에 있으면서 능히 城邑에
내려와 재앙을 줄 수 있기 때문에 성읍의 확장을 위해서는 우선 上帝
에게 기원해 응답을 얻어야 했다. 이웃 민족이 침입하면, 殷代人은 上
帝가 그렇게 하도록 명령을 내렸다고 여겼고, 출사·정벌할 때는 반드

시 먼저 上帝에게 도움을 줄 수 있는지 여부를 점쳐 물었다.

帝는 비록 하늘에 있지만, 능히 인간 세상에 내려와 복과 화·질병을 주고 직접적으로 殷王을 보호하거나 재앙을 줄 수 있다고 여겼다. 帝는 심지어 인간들의 모든 일을 지휘하고 명령할 수 있다고 생각해 殷王이 祭典과 정책을 수립할 때 먼저 帝의 뜻을 예측하고 행해야 했다. 帝의 권능이 이처럼 지대함에 따라 帝는 또 帝宗이라고도 불리고, 帝宗은 經典에서 말하는 天宗이다. 帝의 아래에는 帝使·帝臣이 있다. 日·月·星辰·風·雲·雷·雨 등은 帝에게 부림을 당하므로 帝使라고 칭한다. 그들이 처한 五方에는 각각 그것을 주관하는 전담 神이 있는데, 이를 帝五臣 혹은 帝五工臣이라고 칭한다. 殷代人은 帝가 전지전능하고 더없이 존엄하여 그에게 접근할 수 있는 사람은 단지 왕만이 가능하다고 여겼다. 商代의 주요 先王, 즉 高祖太乙·太宗太甲·中宗祖乙 같은 왕들은 죽은 후에 모두 승천하여 帝와 나란히 될 수 있다고 믿었다. 따라서 上帝를 帝로 칭했고, 인간 왕이 죽은 후에도 역시 帝라고 칭하였다. 武乙에서 帝乙에 이르기까지 殷王은 죽은 生父에 대해서도 모두 帝라고 칭하였다.

천상 세계를 통일한 절대 권능의 神의 발생은 인간 세계를 통일한 帝王이 출현했음을 반영한 것이다. 인간을 통일한 황제가 없다면 결코 天上을 통일한 절대 권능의 神이 있을 수 없다. 殷代의 이러한 사회 의식 형태의 종교 신앙은 계급 사회의 경제 기초와 서로 어우러져 적응되었던 것이다. 卜辭 중에서 이런 절대 권능의 神에 대한 종교 신앙을 통해 볼 때, 殷代는 결코 계급 사회 이전의 씨족 사회가 아니었다. 그 때는 분명 이미 계급 사회로 돌입한 시기였다."[64]

제 11 장
甲骨文 연구의 회고

1899년(淸 光緖 25年) 甲骨文이 발견된 이래 어느덧 80여 년이 지났다. 80여 년의 세월이 그리 길지는 않지만, 甲骨文은 발견으로부터 수집·정리·수록·연구되어 세계적으로 명성을 떨친 신흥 학문——甲骨學을 이룩하였고, 그동안 얻은 성과는 실로 눈부신 것이었다.

甲骨文 연구의 역사, 즉 甲骨學이 발아 단계를 거쳐 기초가 확립되고 끊임없이 발전했던 과정을 돌이켜보면, 한편으로는 선배학자들이 이 분야에서 부지런히 갈고 일군 공적을 마음에 새기게 되고, 다른 한편으로는 값진 경험을 거울삼아 甲骨文을 익히는 방법과 절차를 터득할 수 있게 되었다. 또한 이것을 기점으로 비교적 짧은 시간 내에 甲骨文 연구를 새로운 발전 단계로 도약시킨 것이다.

서술의 편의와 甲骨文 연구 과정에서 밟았던 각기 다른 시기를 사실대로 반영하기 위해 80년을 몇 단계로 구분한다. 본래 신중국 건립 전의 50년과 신중국 건립 후의 30년은 자연히 단락이 나누어지지만 신중국 건립 전의 50년은, 첫째로 기간이 너무 길고, 둘째로 甲骨學의 성립부터 발전까지는 각각 다른 특징을 가지고 있음을 고려하여, 1928년 殷墟를 과학적으로 발굴하기 시작한 때를 분기로 이 시기를 다시 둘로 나눈다. 제1단계인 1928년 이전은 초기 연구에 속하며, 甲骨學의 성립 시기라 할 수 있고, 1928년 이후는 제2단계로 甲骨學의 중요한 발전 시기이다. 신중국 건립 이후는 제3단계로, 甲骨學 연구가 활발하게 진행된 새로운 도약의 시기라고 할 수 있다.

각 단계의 상황을 간단하게 설명하면 다음과 같다.

제1절 초기의 甲骨文 연구

甲骨文 연구의 초기 단계는 1899년부터 1927년까지 약 30년을 말한다. 그 중 전반 10년 동안 연구에 종사했던 학자는 단지 孫詒讓 한 사람뿐이었고, 후반 20년 동안은 많은 학자들이 연구에 참여하였지만 羅振玉·王國維를 대표로 하여 세칭 '羅王之學'이라 일컫는다.

1. 孫詒讓의 '험난한 길을 개척한' 功

王懿榮은 본래 金石文字에 조예가 깊은 학자였다. 1899년 최초로 甲骨文을 인식한 그는 대량으로 甲骨片을 사들였지만, 그 다음해에 세상을 뜸으로써 甲骨에 대한 수록과 연구는 돌아볼 겨를이 없었다. 劉鶚은 1천여 편의 甲骨을 구입한 한편, 골동상을 통해 다방면으로 수집하여 모두 5천여 편을 모았다. 1903년에 1천58편을 골라 《鐵雲藏龜》를 편찬하였는데, 이것은 甲骨文을 탁본하여 출판한 최초의 자료서였다. 그러나 劉鶚 또한 甲骨文字에 대해 깊이 있는 연구는 하지 못하였다. 고증학의 대가 瑞安 孫詒讓(仲容)은 《鐵雲藏龜》를 보고 "늘그막에 생각지도 않게 이 값진 유물을 보고 기쁜 마음 금할 길 없어 두 달 동안 힘들여 읽어보았다. 앞뒤로 중복된 것을 서로 참조하여 살펴보니 대략 그 문자를 인식할 수 있었다"[1] 고 하였다.

1904년 마침내 저술된 《契文擧例》 2권은 甲骨文字를 고석한 최초의 전문서였다. 이 책은 日月·貞卜·卜事·鬼神·卜人·官氏·方國·典禮·文字·雜例 등 10편으로 나누어 연구하여 이후 甲骨 분류 연구의 선례를 마련하였다.

羅振玉은 《殷墟書契前編》 自序에서 덧붙여 평하기를 "仲容(孫詒讓)은

본래《倉頡篇》·《爾雅》·《周官》에 권위 있는 학자이지만《契文擧例》는 주된 요지를 천명하지 못했다"고 하였고,《丙辰日記》12월 11일자에 또 기술하기를 "王國維가 孫詒讓의《契文擧例》를 보내와 대강 읽어보니 얻은 것은 열에 하나요, 잃은 것은 열에 아홉이었는데, 그것은 이 연구가 어려운 까닭이지 孫詒讓이 소홀했던 탓은 아니다"[2]고 하였다.

1905년 孫詒讓은《契文擧例》에 이어《名原》2권을 저술하였다. 그는 甲骨文·金文·石鼓文 등을《說文》古籒와 서로 비교 검토하고, 偏旁을 분석함으로써 古文字의 형체를 밝혀내고, 古文 大小篆의 변화 발전을 탐색하는 새로운 연구 방법을 시도하여 甲骨文으로 古文字를 고증하는 또 하나의 선례를 보였다.

王國維는 "孫詒讓의《名原》역시 甲骨文字를 상당히 면밀히 분석하였지만,《契文擧例》와 마찬가지로 단지《鐵雲藏龜》에만 의존한 탓에 독단적인 판단이 많다"[3]고 하였다.

陳夢家는 羅振玉·王國維 두 사람의《契文擧例》에 대한 평가가 지나치게 가혹하다고 여겨지나 대체로 수긍이 가는 말이라고 생각했다. 동시에 孫詒讓의 한계는 단지《鐵雲藏龜》만을 근거로 하였고(당시엔 오직 이 자료서만 출판되었기 때문), 또 실물을 접하지 않아 생겨난 착오이므로 이해될 수 있다고 하였다. 그가 고석한 문자는 모두 1백85자로, 비록 대부분은 金文과 비교하는 가운데 인식해 낸 상용자였으나 그는 甲骨文字를 체계적으로 연구한 최초의 학자였다. 그러나 단지 옳게 풀이한 약간의 單字(잘못 인식한 많은 단자 포함)를 근거로 殷代의 제도를 추측했기 때문에 그다지 믿을 만한 것이 못 되었다.

예를 들면 王을 立으로, 貞을 貝, 往을 臺, 吉은 亯, 獸는 獲, 止는 正으로 잘못 해석하였고, 母·女 2자의 통용됨을 몰랐으며, 旬亡田은 它父田으로 읽었을 뿐 아니라, 辰巳의 '巳'는 子丑의 '子'로 잘못 번역하였다. 王자를 잘못 풀이한 까닭에 卜辭가 殷代 왕실의 산물임을 몰랐고, 이로 인해《契文擧例》에 祖乙·祖丁·祖辛·祖甲·祖庚·大甲·大丁·大戊·

羌甲·南庚의 이름을 나열하여 놓고, 〈殷本紀〉의 祖乙·祖辛·祖丁이라기보다는 商代의 諸侯·臣·民의 이름일 것이라 여겼다.[4]

孫詒讓이 연구한 甲骨文은 비록 《周禮正義》·《墨子閒詁》·《古籀拾遺》·《古籀餘論》 등의 저술만큼 큰 성과는 얻지 못했지만, 《契文擧例》는 王國維의 말처럼 "험난한 길을 개척하여 이룬 것이므로 받들지 않을 수 없는" 최초의 전문서임에 틀림없다.

2. 羅·王 두 사람의 甲骨學에 대한 공헌

甲骨文이 발견된 처음 10년, 즉 1899-1908년을 돌이켜보면 甲骨의 수록과 연구에 꼽을 수 있는 저서는 다만 두세 권뿐이다.

두번째 10년부터는 羅振玉이 힘써서 수집하고 탁본하여 전파시킨 데다, 또 王國維의 힘을 얻어 영향을 확대시킴으로써 甲骨學이라는 새로운 학문 분야의 확립을 위한 기초를 굳건하게 하였다.

羅振玉은 1894년 丹徒(지금의 鎭江) 劉鐵雲家의 가정교사로 劉鐵雲의 네 아들을 가르쳤고, 후일 장녀 孝則을 鐵雲의 넷째아들 大紳에게 시집 보냄으로써 두 사람은 사돈이 되었다. 羅振玉은 1902년 劉鐵雲의 집에서 甲骨 탁본을 처음으로 보았고, 그에게 인쇄하여 책을 만들 것을 권유한 것이 甲骨과 관계를 맺게 된 동기가 되었다.

羅振玉의 甲骨學에 대한 공헌은 우선 수집과 전파의 확대에 있다.[5] 그밖에 고석과 연구에서도 큰 성과가 있었는데 대부분 《殷商貞卜文字考》와 《殷墟書契考釋》 2권에 나타나 있다.

일본인 林泰輔는 1909년 《淸國 河南省 湯陰縣에서 발견된 龜甲 獸骨 淸國河南省湯陰縣發現之龜甲獸骨》을 저술하여 羅振玉에게 기증하였다. 羅振玉은 근거할 만한 자료도 어느 정도 축적되어 지난날 《鐵雲藏龜序》의 미흡했던 점을 보충할 수 있다고 여겼다. 더욱이 아직 확정할 수 없는 미심쩍은 부분이 있어 3개월간의 정열을 쏟아 《殷商貞卜文字考》를 저술하였다. 내용은 考史·正名·卜法·餘說 등 4편으로 구성하였는데, 비록 문자 해독 및 기타 논술에 착오는 있었지만 독창적인 창견이 많은 바, 그 중 殷墟에 관한 고증과 확정은 바로 羅振玉의 중요한 공헌 중의 하나이다.

그밖에 成湯부터 帝辛까지 제왕의 이름과 시호 중 卜辭에 보이는 것이 17명이라는 것, 즉 《史記》의 天乙은 복사의 大乙을 잘못 기록한 것, 武乙의 아들이 《史記》에는 大丁이라고 하였지만 《竹書紀年》에는 文丁이라고 하여 甲骨 刻辭와 일치됨으로써 《史記》가 틀리고 《竹書》가 맞다는 것을 알게 된 점이 있다. 나머지 15명은 《史記》와 일치된다. 또 卜辭에 小丁·祖戊가 있는데, 商代의 제왕이라는 심증은 가지만 仲丁 이후 9世의 亂으로 문헌의 기록에서 누락되었을 것으로 추측했다. 연이은 商代 祭典의 고찰에서 商代 사람들은 귀신을 숭상하는 풍습이 있었음을 알아냈으며, 또한 卜法이나 문자 연구에서도 적지 않은 유익한 견해를 피력하였다.

1915년에는 《殷墟書契考釋》을 편찬하였는데 그 중 대부분은 《殷商貞卜文字考》를 근거로 하여 보충 수정한 것이다. 그는 저작 과정중에 甲骨學·商代史를 연구하는 데에 세 가지 어려움이 있음을 깊이 체험하였다.

첫째는 문헌의 부족이고, 둘째는 卜辭의 문구가 너무 간단하며, 셋째는 문자 형체가 불규칙한 점이다. 이 세 가지 어려움을 극복하기 위해서는 우선 문자를 분석하여야 하는데 "許愼의 《說文》으로부터 金文의 근원을 찾고, 金文을 통하여 甲骨文을 분석 由許書以溯金文, 由金文以窺書契"하며 그 연후에 문물 제도를 고찰해야 한다는 것이다. 이러한 학문적인 경험은 오늘날 우리가 古文字를 통해서 古代史를 연구하는 데 귀감이 되었다고 하겠다.

1927년 2월 羅振玉은 또 《考釋》 초판본을 개정하여 상중하 3권으로 나누어 펴냈는데, 王國維의 고증을 인용 서술한 부분이 많았다. 문자의 고석에서 羅振玉은 字形·字音·字義 모두를 알 수 있는 5백60자를 각각 고증·서술하였고, 이어 許愼의 《說文》과 비교하여 다음과 같이 피력하였다.

"篆文과 일치하는 것은 열에 서넛이고, 때로는《說文》의 或體字와 일치하는 것도 있으며, 今隸와 일치하는 것도 있다. 許愼의《說文》에 나오는 古籀와 견주어 볼 때는 일치하지 않는 것이 열에 여덟아홉이었다. 일치하는 자를 볼 때는 籀文과 일치하는 것은 많으나 古文과 일치하는 것은 적었다. 이로써 大篆은 商周 두 시대의 문자가 오래 전하다 이루어진 것이고, 小篆은 大篆이 오래 되어 이루어진 것이지 史籀가 大篆을 만들었거나 재상 李斯가 小篆을 만든 것이 아님을 알 수 있다."

개정판에 해석된 문자는 초판본의 4백85자에서 5백71자로 증가되었다. 요컨대《考釋》은 羅振玉이 甲骨文字 연구를 집대성한 저작이다.

王國維는《최근 2,30년간에 중국에서 새로 발견된 학문 最近二三十年中中國新發現之學問》에서 殷墟 문자 출토 후 "문자를 깊이 있게 해석한 사람은 羅振玉이 처음이고, 小屯이 옛 殷墟임을 고증한 사실과 商나라 제왕의 이름을 고석해 낸 것 역시 羅振玉으로부터 비롯했다"[6] 하였고, 商承祚의《殷墟文字類編》에서도 羅振玉의《殷商貞卜文字考》와《殷墟書契考釋》에는 새로운 창견이 백출했다고 하였다.

郭沫若은《中國古代社會硏究》에서 "甲骨이 출토된 이후 그 수집·보존·전파의 공로는 단연 羅振玉이 으뜸이며, 문자를 고석한 공로 역시 羅振玉에게 돌려야 한다"고 하였으며,《殷墟書契考釋》에 대한 추앙은 더 나아가 "甲骨을 논할 때 이를 효시로 삼지 않을 수 없고, 中國 古代 學問을 논함에 있어서도 이를 효시로 삼지 않을 수 없다"[7]고까지 격찬했다.

王國維는 字가 伯隅 또 靜安이라고도 하며, 처음에는 號를 禮堂으로 하였다가 뒤에 觀堂으로 고쳤다. 浙江 海寧 사람으로 1877년(淸 光緒 3년)에 태어났다. 22세에 上海로 건너가 汪康年 등이 주관하는《時務報》의 서기를 맡았다.《時務報》가 억류되자 羅振玉이 운영하는 東文學士에서 공부하였고, 그후에 羅振玉의 도움으로 日本 東京 理化學堂에 들어가 수학하였는데, 중도에 휴학하고 고국으로 돌아왔다. 辛亥革命 후 가족을 이끌고 羅振玉을 따라 日本으로 이주하면서, 전공을 古代史로 바꾸어 乾·嘉學派[乾隆·嘉慶 시기(1736-1820) 訓古·考證을 표방하던 經學派이다. 이들은 古文經學의 훈고 방법에다 논리를 더하여 이를 古文獻의 정리와 言語文字 연구의 방편으로 삼았다]의 치학 방법을 받아들임과 아울러 甲骨文·金文을 집중적으로 연구하여 古代史에 대한 이해를 넓혔다.

젊은 시절 급진적인 사상을 가졌던 王國維는 새로운 문체와 필법으로 번역 작업에 종사하였다. 그후 군벌 내전이 그치지 않자 비관적인 사유가 싹텄지만, 羅振玉의 딸과 결혼하여 인연을 맺음으로써 문풍이 바뀌었다.

1922년(47세)에 蒙古人 允升의 추천으로 淸宮에 들어와 南書房行走가 되었고, 5품의 관리 직함과 봉록을 받았다. 1923년 溥儀가 출궁을 당한 뒤 王國維는 胡適의 추천으로 淸華大學硏究所 교수를 역임했고, 1927년 5월 3일 頤和園의 昆明湖에 스스로 몸을 던져 향년 51세로 생을 마감하였다.

王國維는 원래 西洋哲學·文學을 공부하여 哲學的인 이념과 상상력이 풍부하였으나, 결국 甲骨文·金文 연구로 전환하여 古代史를 연구했기 때문에 전공 분야의 선택에서 상당한 갈등을 경험했다. 王國維는 乾嘉의 학문을 계승하여 中國 봉건사회 최후의 大史學者라 일컬을 수 있는데다 서양의 자본주의 철학, 논리적 사상과 고고학적 지식까지 겸하였다. 이 두 가지의 결합은 마치 고문헌과 고고 자료의 결합을 방불케 하여 古代史 연구의 '이중증거법'을 탄생시켰다. 中國과 서양, 신구의 학문을 한몸에 담아 연구 방법상 비록 부조화의 모순이 있기는 했으나, 王國維는 이를 합리적으로 승화시켜 괄목할 만한 성과를 거둔 대학자였다.

혹자는 단지 고루하고 보수적인 그의 정치 사상의 일면만을 보고 '봉건사회의 퇴물'이라 하고, 그의 학술을 평할 때 구학문이라는 말을 덧붙인다. 사실 王國維는 탄탄한 구학문의 바탕 위에 자본주의의 연역적 분석 방법을 학술 연구에 응용하였기 때문에 순수한 구학문과는 전혀 다른 것이다. 郭沫若은 王國維를 추앙하여 '新史學의 원조'라고 찬양하였다. 확실히 王國維는 考古學·古文字學·古代史 연구에서 커다란 성과를 이루어 냈다.

王國維의 문하생 徐中舒는 일찍이 《王靜安先生傳》을 저술하여 王國維의 전생애에 걸친 학문에 대해 철저한 분석을 하였다. 그는 다음과 같이 말하고 있다.

"대체로 선생의 학문 기간을 4기로 나눌 수 있다. 22세 이전은 고향 海寧에 거하면서 經典과 騈·散文 연구를 겸하였는데 이 시기가 제1기이다. 22세 이후 上海·武昌·通州·蘇州 등 객지에 8,9년간을 머물면서 먼저 동서양의 문자를 연구하였고, 계속해서 西洋哲學·文學을 연구하였다. 젊고 혈기 왕성하였을 때는 다른 사람의 견해는 수용하지 않고, 단지 쇼펜하우어만을 추앙하였다. 일찍이 그의 말을 빌려 儒家의 학문을 비난한 바 논조는 이를 데 없이 강경하였다. 그후에는 詩와 詞를 공부하였는데, 특히 詞에 관한 한 스스로를 北宋 제가와 견주고 南宋 이후로는 견줄 이가 없다고 자부하였다. 이때가 제2기이다. 31세에서 36세까지 5년 사이에는 北京에 있으면서 詞曲의 연구에 전념하였는데 자연과 意境을 표방하였다. 그 설이 워낙 투철하고 순수하여 中國 文學史에서 통속문학의 가치를 인정한 것은 선생을 효시로 본다. 이때가 제3기이다. 36세 이후에는 羅振玉을 따라 동경으로 가서 이전의 학문을 버리고 오로지 經學과 史學에만 몰두하였다. 이 시기 선생의 학문은 이미 스스로 창조하는 시기에 들어섰다. 따라서 서양학설로 中國 經典을 반추해 내 經典에 구속되지 않은 경지에 올랐다. 이때가 제4기이다."[8]

王國維는 36세 이후 '스스로 창조하는 시기'에 돌입했다. 그러나 經史를 공부하려면 반드시 古文字에 통달해야 했는데, 이것은 乾嘉 이래 학자들이 학문하는 과정이기도 했다. 王國維가 앞선 이들을 능가할 수 있었던 유리한 조건이 있었다면 그것은 甲骨文이 대량 출토되어 古文字 연구의 새로운 자료를 확충했기 때문이었다.

王國維는 1914년 羅振玉을 위해 《殷墟書契考釋》을 대필해 주었고, 또 〈後序〉를 쓰면서 "三代 이후 古文字를 논한 미증유의 저서"라고 격찬하였다. 1915년에 펴낸 《殷墟卜辭中所見地名考》·《三代地理小記》 및 《鬼方昆

夷獫狁考》등은 方國 지리에 관한 고증으로, 古代史와 역사 지리 연구에 중요한 문헌이 되었다.

1916년 王國維는 또《殷禮徵文》1卷을 써서 干支로 紀日했던 殷代 사람들이 日名으로 이름을 삼은 유래와, 商代는 선공·선왕과 先妣에 대하여 特祭를 지낸 것, 殷祭(곧 合祭)와 外祭 등을 상세히 고증하여 殷商의 祭典을 깊이 있게 연구한 불후의 명저를 탄생시켰다.

上甲 微를 선두로 한 商代의 선공·선왕들은 왜 日名으로 이름을 삼았는가. 漢 이래의 학자들은 이에 대해 이미 많은 논쟁을 벌여 왔다.《白虎通·姓名篇》에는 "殷代에는 낳은 날을 이름으로 한다 殷以生日名子"고 실려 있고,《史記·殷本紀》의〈索隱〉에 보면, "皇甫謐은 '微의 字는 上甲인데 그 어머니가 甲日에 낳았던 까닭이다 微字上甲, 其母因甲日生故也' 商代는 자식들이 태어나면 태어난 날을 이름으로 삼는데 이것은 微로부터 시작했다 商家生子, 以日爲名, 蓋自微始"고 하였다.

王國維는 上甲·報丁 등이 商 先公의 본명임을 알아내었지만, 日名으로 이름을 삼은 이유에 대해서는 설명하지 못하였다. 이렇듯 불확실한 해석은 사람들을 만족시킬 수는 없었다. 그는 殷墟에서 출토된 대량의 祭祀 卜辭를 근거로 甲이라는 이름의 조상은 모두 甲日에 제사 지냈고, 乙이라는 이름의 사람은 모두 乙日에 제사 지냈다는 사실을 알아냈다. 그리고 또 점치는 날로 이를 증명하였는데, 甲을 제사 지낼 때는 甲日에 점을 쳤고, 또 제물로 드릴 희생물을 점치는 것에서 증명해 낸 바는 乙을 제사할 때는 甲日에, 丁을 제사할 때는 丙日, 즉 제사 하루 전에 卜牲禮를 행했다는 중요한 사실을 밝혀냈다.

따라서 王國維의 최종 결론은 다음과 같다. "商代人의 칭호는 모두 제사를 지내기 위해서 만들어진 것이다. 甲日에 태어난 사람은 甲日에 제사 지내고, 上甲·大甲·小甲·河亶甲·沃甲·羊甲·且甲이라고 이름하였고, 乙日에 태어난 사람은 乙日에 제사 지내고, 報乙·大乙·且乙·小乙·武乙·帝乙이라고 이름하였다. 이는 모두 자손들이 붙인 이름이지 부모가 붙인 것이 아니다. 上甲의 이름은 微이고, 大乙은 스스로를 '予小子 履'라 하였다. 周代人은 帝辛을 '商王 受' 또는 '受德'이라 하였다. 이로써 商代 여러 왕들은 모두 이름이 있었고, 甲·乙 등은 후손들이 붙인 것이며, 특히 甲·乙 앞에 붙인 上·大·小·且·帝 등은 후세에 붙였다는 증거가 된다."

商代 사람들은 항상 甲日에 甲을 제사 지내고, 乙日에 乙을 제사 지냈으며, 이 이름은 제사를 지내기 위해 지어졌다는 王國維의 논리는 높은 식견의 소산이라고 평가된다. 그러나 이름으로 취한 것이 낳은 날인지 죽은 날인지, 아니면 다른 이유로 취해졌는지에 대해서는 아직 학계의 논쟁이 그치지 않고 있다.[9]

王國維는 商代는 親疏厚薄에 관계 없이 선공·선왕에게 모두 特祭를 지냈는데, 이는 周代의 사당에 높은 제단을 쌓고 드린 조상의 제사 중 遠祖의 위패를 모신 제도나 王이 자기 위로 4代 王만을 제사 지내고 그 이상은 제사 지내지 않으며, 더욱이 特祭가 없었던 제도와 크게 다르다고 하였다. 오늘날 典章 제도를 연구함에 있어 殷周 두 시대의 禮制에 일정한 구별과 변화가 있다고 지적하였는데, 이는 의심의 여지없이 분명한 일이다. 그러나 卜辭로 말하자면, 殷代人들이 지내는 주기적인 제사[周祭]에는 여전히 직계·방계의 구분이 있다. 王國維도 《殷祭》 제1절에서 이 점을 강조하였다. 이로 볼 때 殷代人은 친소후박의 관념이 있었다는 것을 알 수 있다. 그리고 다시 《公羊傳》·《左氏傳》 및 《禮記》의 내용을 인용했지만, 周初의 자료와 卜辭를 비교 연구한 것이 아니어서 타당하지 않다. 그렇다 할지라도 어쨌든 王國維의 殷代人의 이름과 제사 제도의 연구는 우리가 殷代 문화 제도를 연구하는 데 크게 기여했다. 그 중에서도 先妣들에게 특제를 지냈다는 사실에 대한 지적은, 우리가 商代는 기본적으로 '일부일처제'의 혼인 형태였다는 것을 인식하는 데 믿을 만한 근거를 제공했다.[10]

1917년 王國維는 《殷卜辭中所見先公先王考》 및 《續考》를 잇달아 발표

하여 학계에서 부동의 위치를 차지하였다. 郭沫若은 "卜辭의 연구에서는 王國維에게 감사해야 한다. 그는 먼저 卜辭 중에서 殷代의 선공·선왕을 골라내어 《史記·殷本紀》와 〈帝王世紀〉에 전하는 殷代의 왕통에 확실한 물증을 제시하였고, 또 그들의 잘못을 개정하였다"[11]고 하였다.

王國維의 선공·선왕에 대한 고증은 우선 王亥로부터 시작하였다. '王' 자는 武丁·祖庚 시기와 같은 甲骨文의 초기 단계에서는 '大'으로 썼는데, 孫詒讓은 '立'자로 잘못 해석하였고, 羅振玉은 '王'인지 '立'인지 혼동하였다. 그러나 王國維는 이를 초기의 '王'자로 단정하였는데, 이는 전체 卜辭를 이해하는 데 관건이 되는 중요한 발견으로 탁월한 식견이었으며, 王亥 2자를 人名으로 인식함으로써 문헌의 잘못을 깨끗이 정리한 그의 연구는 실로 격찬할 만하다. 지금까지 殷墟 卜辭를 이용하여 殷商의 世系를 고증한 학자는 적지 않으나, 羊甲을 羌甲(沃甲)이라 하고, 祖乙이 小乙이라고 오인한 것 외에 王國維의 고증은 정확하고 틀림이 없었다.

1917년은 王國維의 학문 연구 결과가 더없이 풍성했던 한 해였다. 그는 商周 두 시대의 문화를 비교하여 《殷周制度論》이라는 명저를 내면서 周代人의 제도가 商代人과 크게 다른 점은 嫡長子 계승제, 이로 인한 후대로 세습시키는 제도, 天者는 君이고 諸侯는 臣인 제도, 조상의 서열을 숫자로 세는 제도, 동성 불혼 제도, 이로 인한 宗法 및 喪服 제도의 형성 등이라고 여겼다.

그는 "商의 왕위 계승법은 형제 상속을 위주로 하고 아들 계승으로 이를 보충하였으며, 형제가 없으면 아들이 계승했다"고 하였다. 따라서 "형제 계승을 버리고 아들 계승으로의 전환은 周代로부터 시작되었다" 또한 "商代人은 嫡庶의 제도가 없었던 까닭에 종법이 있을 수 없었다. 문헌에는 있다고 나와 있지만 한 종족이 그 종족 중 귀하고 어진 사람을 宗으로 삼았을 뿐이었기 때문에 宗으로 받들어진 사람은 때로 바뀔 수도 있다. 이는 周의 大宗·小宗과 같다. 帝王의 妃와 母는 모두 날로 이름을 삼았는데, 이는 先王의 경우와 같다. 비록 殷 이전에 여자가 姓을 갖는 제도가 없었다고 말할 수는 없지만 여자를 姓으로 칭하지 않은 것은 사실이다"12)고 하였다.

王國維는 이 글로 한때 명성을 떨치고 신구 사학자들은 '師表'로 떠받들었다. 신파 사학자는 郭沫若을 대표로 삼는다. 그는 西周의 노예제설을 주장하여 商代 사회의 진보성을 과소평가하였다. 그는《卜辭中的古代社會》에서 당시는 소위 金石 幷用 시대이고 아직 원시 사회의 말기 단계였다고 단정하였다. 商代는 노예제였고, 西周가 봉건제임을 주장하는 일부 학자들은 殷周 두 시기 무렵에는 격변기였을 것으로 믿고, 王國維 학설에 고무를 받아 정도의 차이는 있지만《殷周制度論》에 대해 긍정적인 반응을 보였다.

郭沫若은 殷商 사회에 대해 잘못 내린 결론을 후에《古代研究的自我批判》과《奴隸制時代》에서 스스로 시정을 하였다. 그는 "周代人의 문화는 殷代人을 계승한 것이다" "2천여 년 전의 孔子가 했던 말들은 역시 정확했다"13) 하였고, 胡厚宣 역시 "周初의 문화 제도는 周公 한 사람이 창립한 것이 아니고, 또 周代 고유의 것도 아니다. 周初의 여러 가지 일들은 후세에 억지로 갖다붙인 것이 아니면, 모두 殷代에서 그 자취를 찾을 수 있다"14)고 하였다.

이는 정확한 표현이다. 卜辭에는 太子·小王이라는 호칭이 있고 大宗·小宗의 구별이 있으며, 특히 商代 후기에는 적장자가 王位를 계승하는 제도가 점차 확립되었고, 姓으로 여자를 칭하는 문제에 있어서는 武丁 시대 卜辭에 婦好·婦婷·婦邦·婦嬁·婦楚·婦周·婦娆·婦姬 등 王妃를 기록한 내용에서 설명된다. 이로 볼 때 王國維의 결론은 토론할 여지가 있다. 물론 그는 지하에서 발굴된 실물과 古文獻 자료를 서로 印證하여 연구했고, 또 단순한 文字學의 범위를 탈피하여 商周 두 시대의 역사와 典章 제도의 탐구에 착안함으로써 학문 발전에 실로 큰 도움을 준 것은 사실이다.

1919년 王國維는《釋旬》·《釋西》·《釋物》·《說珏朋》·《釋昱》·《釋史》·

《釋禮》·《釋辭》·《釋天》·《說耿》등을 썼고, 이들을 1923년 《觀堂集林》에
모두 수록하였다. 이전 孫詒讓·羅振玉 두 사람이 고석한 문자는 수백 자
에 달하지만 알기 쉬운 상용자가 다수를 차지하였다. 王國維는 文字·音
韻·訓詁學에 정통하여 고석한 자는 비록 10여 자에 불과하나 모두 절묘
한 뜻이 있고, 앞선 학자들이 발견하지 못한 새로운 창견이었다.

20세기 20년대는 '疑古派' 사학의 전성기였다. 이 학파는 康有爲의 《근
거 없고 망막한 상고 시대에 대한 고찰 上古茫昧無稽考》에서 시작하였는
데 日本 유학생들이 日本에서 崔東壁의 《考信錄》등을 찾았고, 소위 中國
文化西來說이라는 일파와 합세하여 민족 문화를 의문의 베일에 싸이게
했다. 王國維는 淸華硏究院에 있으면서 古代史의 고증은 반드시 남겨진
옛 문헌, 즉 《詩》·《書》·《易》·《禮》·《春秋》·《左傳》·《國語》·《世本》·
《竹書紀年》·《戰國策》및 周秦 두 시대의 諸家와 《史記》, 또 지하에서 발
굴된 자료(甲骨文·金文)를 서로 검증하는 '이중증거법'을 이용해야 한다
고 주장하였다.

그는 또 "오늘에 태어난 우리들은 다행히도 문헌 자료 외에 지하의 새
로운 자료를 얻었다. 이러한 새로운 자료는 문헌의 자료를 보충·개정하
는 근거로 삼아야 하며, 역시 古書의 어떤 부분이 실록인가를 증명해야
한다. 百家의 수긍할 수 없는 말이라 할지라도 무언가 한 가지 사실을 나
타낼 수 있기 때문이다. 이중증거법은 오늘날 비로소 행해진 것이다. 문헌
중의 아직 증명되지 않은 부분은 부정할 수 없을지라도 이미 증명된 부
분은 긍정하지 않을 수 없다"[15]고 하였다.

장구한 봉건사회에서 문헌 자료, 특히 儒家의 經典은 맹목적인 존경과
숭배를 받아 왔기 때문에, 이러한 經典을 연구하는 '經學'이 극히 발달했
다. 史學은 단지 '經學'·《春秋》學에 예속되어 있을 뿐이었다. 魏晉 이후
목록학자들은 經·史·子·集 등 4부(《隋書·經籍志》를 대표로 한다)로 개
정하였다.

淸朝 후기에 이르러 章學誠은 "6경은 모두 史學이다 六經皆史"[16] 梁啓

超는 "천지간에 저작과 관계되는 모든 것은 사학이다 盈天地間凡涉著作之林皆史學"[17] 張爾田은 "6예는 모두 史學이다 六藝皆史"[18]는 기치를 높이 들어 經學 독존의 구전통을 타파하고 사학의 범위를 확대시키려 하였으나 여전히 문헌 자료에서 맴돌 뿐이었다. 왜냐하면 그 시기에는 과학적인 고고 자료가 없었고, 간혹 발견되는 고기물은 단지 골동품으로 간주되어 아직 그 사료적 가치를 충분히 인식하지 못하였기 때문이었다.

王國維가 '이중증거법'을 주장하면서부터 고고 자료와 古文獻을 서로 결합시켜 古代史의 진면목을 탐구하였는데, 이것은 中國 고대 문화의 확정에 중대한 의의를 지니고 있다. 이런 까닭에 郭沫若은 《고대 연구의 자아 비판 古代硏究的自我批判》에서 "우리가 殷墟를 발견한 것은 新史學의 효시이며, 王國維의 업적이 新史學을 개척하였다는 표현은 조금도 지나치지 않다"[19]고 하였다.

제2절 甲骨學의 중요 발전 시기

20년대말에서 30년대초를 기점으로 甲骨學은 羅振玉・王國維의 뒤를 이어 중요한 발전 시기에 들어섰다. 이 시기의 중요한 특성은 세 가지로 요약할 수 있다.

첫째, 甲骨文의 산발적 발견에서 체계적이고 계획적인 발굴로 발전되었다. 이는 단지 甲骨 자료면에서 전에 없던 출처를 제공하였을 뿐만 아니라, 과학적인 발굴로 인하여 殷墟의 지층과 갱위 및 甲骨과 함께 나온 유물을 얻게 된 것은 甲骨의 斷代와 사회 성질 문제를 종합적으로 연구할 수 있는 유리한 조건이 되었다.

둘째, 羅振玉・王國維 두 사람의 甲骨學 연구는 어떤 의미에서 신흥의 甲骨學을 구태의연하게 舊學 이른바 '國學'의 범주로 끌어들였다고 말할 수 있다. 그러나 郭沫若에 이르러 마르크스주의・역사유물주의 관점을 무기로 삼아 甲骨學을 '國學'의 굴레에서 탈피시켜 인류 사회의 본래 면모를 탐구하고 역사 규율을 게시하는 新史學의 중요 요소로 당당히 부각시켰다.

셋째, 연구에 종사한 많은 학자가 각 분야에서 훌륭한 성과를 올림으로써 甲骨學은 공전의 발전 국면을 맞았다.

앞의 두 가지 원인에 의해 마지막 한 가지의 성과를 얻었다고 할 수 있다. 다시 말하면 자료가 충분히 축적되고 새로운 연구 방법이 시도된 후에야 풍성한 결실을 맺을 수 있는 것이다.

1. 郭沫若의 甲骨學에 대한 연구와 공헌

郭沫若의 학문 연구에 나타난 가장 두드러진 특징은 대담하게 새로움을 창조한 데 있다. 철학과 사회과학의 영역에서 자기의 독특한 견해를 마음껏 발휘하여 古代史 분기 등 중대한 문제의 연구에 지대한 공헌을 하였을 뿐만 아니라 甲骨文·金文 연구에서도 괄목할 만한 성과가 있었는데, 그 원인은 선배학자들의 굴레를 과감히 뛰어넘는 데 있었다. 그는 초기에 羅振玉·王國維의 영향을 깊이 받았으나 그후 "中國의 고대 사회를 청산하려면 우리는 羅·王 두 사람의 업적을 그 출발점으로 삼아서는 안 되고, 오로지 국학의 범위를 뛰어넘은 후에야 비로소 국학의 진면모를 알 수 있다"는 점을 깨달았다. 郭沫若의 의견을 개괄하면 다음과 같다.

1) 학문 연구는 마땅히 마르크스·레닌주의 아래 이루어져야 한다.
2) 고대 사회의 기원과 발전을 확실히 이해하려면 반드시 제1자료를 파악해야 하는데, 우선 古文字學을 깊이 연구해야 한다.
3) 甲骨文·金文 연구의 최종 목적은 문자 도구로 古代史 연구 중의 난관을 돌파하고 정치를 위해 힘쓰는 데 있다.

郭沫若의 학문 연구상의 두번째 특징은 자기의 견해에 대한 끊임없는 수정과 과감한 자아비판에 있다.
자신의 말을 인용하면 "거의 항상 오늘의 나와 어제의 내가 투쟁한다"고 하였는데, 다시 말해 자신의 견해를 고집하지 않고 실사구시의 과학적 태도를 견지한 것은 그가 이룬 업적의 숨은 원인이 되었던 것이다.
郭沫若은 1929년 甲骨 刻辭를 연구하기 시작하여, 1930년 《中國古代社會硏究》를 펴냈고, 그 중 〈卜辭中的古代社會〉는 甲骨 刻辭를 체계적으로 운용하여 殷商 역사를 연구한 저작이다. 이밖에 〈殷墟之發掘〉 및 〈殷墟에서 철은 여전히 발견되지 않았다 殷墟中仍無鐵的發現〉가 부록에 수록되어 있다.
1931년 《甲骨文字硏究》 2권을 발간(大東書局, 石印本)하였다.
1933년 5월 《卜辭通纂》을 출판하였으며(日本 東京 文求堂, 石印本), 大

龜四版과 새로 얻은 卜辭·何氏甲骨을 합하여《別一》로 만들고, 日本에 소장된 甲骨들을 가려내어《別二》로 하였으며,《通纂》은《別一》·《別二》·《考釋》·《索引》을 합하여 모두 4권이다.

1933년 12월에는《中國古代銘刻匯考》3권을 출판하였고(日本 東京 文求堂, 石印本), 그 중 甲骨에 관한 논문 9편을 묶어《殷契餘論》이라 이름하였다.

1934년 5월《中國古代銘刻匯考續編》을 출판하였는데(日本 東京 文求堂, 石印本), 甲骨에 관한 論文 3편을 실었다.

1937년《殷契粹編》및 考釋 도합 5권(日本 東京 文求堂, 石印本)을 출판하였다.

1939년《評章太炎先生與金祖同論甲骨文書》저술(日本《書苑》一卷 五期).

1942년 金祖同의 甲骨文 論著에 치사를 보내는 章太炎을 위해《甲骨文辨證序》를 썼다. (처음《說文月刊》第二卷 合訂本에 실었다가《甲骨文辨證》에 전재하였다.)

같은 해《殷周是奴隸社會考》출판(1942년 4월刊《學習生活》3卷 1期).

1943년《論古代社會》를 집필하였으며(《今昔集》에 수록), 같은 해 10월 東方書店에서 출판하였다. 그후 다시《郭沫若全集·今昔蒲劍》에 수록했다.

1944년《古代硏究的自我批判》을 발표했다. (《群衆》9권 20기, 후에《十批判書》에 수록, 1954년 출판.)

1945년《靑銅時代》를 출판(文治出版社, 排印本)했다. 그 중《先秦天道觀之進展》·《由周代農事詩論到周代社會》·《駁 說儒 》에서는 卜辭 자료를 인용하거나 殷代의 역사적 사실을 논하였다.

위의 목록을 통해 郭沫若의 甲骨學·商代史 연구에 관한 저술이 매우 풍부하였음을 엿볼 수 있다. 그 중 甲骨學에 관한 중요 논저와 그 학술가치에 관하여 다음과 같이 약술한다.

•《中國古代社會研究》

이 책은 모건의《古代社會》의 구체적인 자료를 中國 역사와 대조 연구한 최초의 시도였다. 郭沫若이 1929년에 쓴 自序에서 "본서의 성질은 엥겔스의《가족·사유 재산 및 국가의 기원》의 속편격이다" 하였고, 풍전등화와 같은 당시의 사회 현실에서 식견 있는 학자들이 지나간 中國 역사의 진상과 금후 발전 전망에 대해 깊이 연구 토론하여 진정으로 선각자 역할을 해야 한다고 분명히 밝히고 있다.

《中國古代社會研究》중에 수록되어 있는 〈卜辭中的古代社會〉의 〈序說〉에는 卜辭 출토의 역사를 상세하게 언급하였다. 제1장 〈社會基礎的生産狀況〉은 卜辭를 통해 어업·목축·농업·공예·무역 등을 논하였다. 제2장 〈上層建築的社會組織〉에서는 첫번째로 잡혼 제도·모권 중심·씨족회의 등이 포함된 씨족사회의 자취를 논하고, 두번째로는 씨족사회의 붕괴를 논하였는데, 사유 재산의 발생과 계급 제도의 맹아를 포괄하여 설명했다.

1947년 이 책의 재판 때, 그는 〈後記〉에서 다음과 같이 이 책에 대한 최종적인 결론을 맺었다.

"1930년《中國古代社會研究》의 출판으로부터 지금까지 꼬박 17년이 흘러갔다. 이 책은 나의 대표작이라고 할 수 있는 획기적인 저작이었고, 中國 사학계에 상당한 영향을 끼쳤던 것 같다. 내가 채택한 방법은 정확한 것이었으나 자료의 인용에 매번 舊說을 沿用하고, 명확한 시대의 구분이 없었으므로 많은 잘못들이 빚어져 혼돈을 면치 못했다. 17년이 지난 지금 나 자신 연구의 깊이가 한층 더해졌고 견해 역시 보다 성숙되어 많은 착오들을 이미 나 스스로 규명하였다. 이러한 규명들은《卜辭通纂》·《兩周金文辭大系》·《靑銅時代》·《十批判書》 등에 실었다. 특히《十批判書》속의 〈고대 연구의 자아비판〉에서 확실히 볼 수 있다" 하였고, 그는 계속해서 "이 책의 사상 분석 부분은 독특한 일면이 있는데, 17년이 지난 지금에 이르러서도 그렇게 써낼 수는 없을 것 같다. 지금 와서 읽어봐도 어떤 부분은 상당히 예리했다고 느껴진다"고 하였다.

당시 봉건적인 자산 계급의 사학자들은 역사에 대해 각종 왜곡을 저질렀는데, 특히 학계는 중국 사회사에 대한 커다란 논쟁을 폈다. 트로츠키 무리들은 '中國 사회 특수론'을 외치며 中國의 노예제 단계의 존재를 부인하였다. 郭沫若 저서의 출판은 그러한 각양각색의 反마르크스주의 관점에 큰 타격을 주게 되었다.

•《甲骨文字研究》

이 저서는 考釋에 관한 논문 17편을 수록하였다. 1952년 재판시 9편을 빼고 다른 1편을 넣어 도합 9편으로 만들었다. 郭沫若이 이 책을 저술한 것은 결코 단순히 문자를 고증하기 위함만은 아니었고, 이미 알려졌거나 아직 모르는 甲骨文字를 명백히 논증함으로써 商代의 생산 방법·생산 관계와 의식 형태를 이해하고자 했던 것이다. 이 책은《中國古代社會研究》의 자매편이 되며, 상호 보완 작용을 하고 있다.

商承祚는《郭沫若 동지를 그리며 緬懷郭沫若同志》중에서 "郭沫若의 甲骨文·金文의 해석 방법과 예리한 관찰력을 나는 존경해 마지않았으며,《釋祖妣》·《釋五十》·《釋朋》·《釋支干》등은 더없이 중요한 논문이라고 생각한다. 이는 마치 한알 한알 맑은 구슬이 독자의 마음을 비추어 독자로 하여금 깊이 생각하고 연구하도록 인도하는 것 같다"[20]고 하였다.

확실히《釋祖妣》에서는 고대 天神上帝 관념의 기원을 논했고, 후에 확충하여《先秦天道觀之進展》[21]을 완성하면서 卜辭에서는 帝를 칭함에 있어 天이라 하지 않았고, 天이라 칭한 것은 대략 殷周 두 시기 사이였다고 지적하였다. 그 이유는 商代人들은 조상을 숭배하였고 上帝는 더욱 경건한 것으로 여겼는데, 西周의 통치자는 한편으로 天命 思想을 계승하고, 다른 한편으로는 비록 商代 사람들이 上帝를 경건하고 신성하다고 믿었으나 민심을 잃으니 결국 망해 버린 것을 보았다. 그래서 동요와 회의를 느껴 "덕을 중시함으로써 백성을 보호하는 敬德保民" 사상을 내걸어 이를 수정하였다. 예컨대 西周 金文〈大盂鼎〉에 "文王은 하늘의 큰 명을 받들어 受天有大命"라 하였고, 〈毛公鼎〉에서는 "皇天은 우리에게 이렇게 후한 덕을 내려 주었다 皇天弘猒乒德"고 말한 것들이 그 증거라 할 수 있다.

•《卜辭通纂》

본서는 중요 甲骨文을 종류에 따라 항목별로 나누어 설명하고, 탁본과 고석을 거쳐 1) 干支, 2) 數字, 3) 世系, 4) 天象, 5) 食貨, 6) 征伐, 7) 畋游, 8) 雜纂 등의 여덟 가지로 구분하였다. 고석은 각 면의 끝에 하였고, 아울러 부분적 결론을 맺어 놓아 독자로 하여금 능히 商代 사회에 대한 체계적이고 전면적인 이해를 할 수 있게 하였다.

郭沫若의 고석에는 독창적인 견해가 있다. 그 중 世系에서는 甲을 河亶甲으로, 羌甲(郭沫若은 兮甲이라 칭했다)을 沃甲으로, 喙甲을 陽甲으로 정정하였다.

이로써 商代 先王 世系에 대한 각계의 끊임없던 논쟁은 해결이 난 것이다. 그밖에 干支로 일정을 기록한 점, 殷의 수레는 2마리의 말이 끈 점, 비가 올 것인가의 여부를 점치고 겸해서 四方 어느 방향에서 올 것인가지 물었던 점, 卜辭에는 64자로 된 긴 文章이 있으며(院藏 3·2·0259), 179일 후에 驗辭를 기록했던 경우 등은 모두 羅振玉·王國維가 발견하지 못한 것으로, 郭沫若이 편찬한 《卜辭通纂》이전에는 기대할 수도 없었던 새로운 수확들이었다.

•《殷契粹編》

이 책은 개인 소장가가 가진 甲骨을 정선한 저작이다. 郭沫若이 日本에 거주하면서 《卜辭通纂》의 집필을 끝냈을 때, 마침 金祖同은 劉體智가 소장한 甲骨 탁본 전부를 가지고 日本으로 가 郭沫若에게 선별하여 인쇄토록 권하였던 것이다. 劉體智는 2만여 편을 소장한 中國 내의 대소장가로 羅振玉 이후 제일인자였다. 郭沫若은 위조품과 가치 없는 조각들을 제외한 1천5백95편을 선별하여 《殷契粹編》을 편찬했다. 그 중 제113편은 劉體

智의 두 조각과 燕京大學 소장품을 철합한 것으로 王國維가 철합했던 것에 새로운 예증을 덧붙였을 뿐만 아니라, 上甲 이래 주기적으로 지내는 제사의 순서를 밝혀 商代 제사 계보 규정 연구의 기초를 확립했다.[22]

또한 1천1백62편의 卜辭에 "丁酉日에 점을 칩니다. 여러 나라의 小子·小臣을 가르치라고 할까요? 丁酉卜, 其乎目多方小子小臣其敎戒"라는 내용이 있는데, 郭沫若은 "多方은 多國을 뜻하는 것으로 周書에 많이 인용되기도 하였다. 多國의 小子·小臣들은 商代人의 敎戒를 받았으니 留學 제도의 기원을 남긴 것이 아니고 무엇이겠는가"라고 생각했다.

이외에도 商代人의 서법을 논하여 武丁 때는 문자가 웅장하고, 廩辛·康丁 때는 문자가 비록 조잡하나 아름다웠으며, 帝乙의 시기는 문장이 매우 수려하다고 평하고 있으며, "세상에 남겨진 契文은 실로 一代의 書法이고, 그것을 쓰고 새긴 사람은 商代의 鍾繇·王羲之·顏眞卿·柳公權이다"[23]고 하였다. 요컨대 郭沫若의 甲骨學 연구는 광범위하고도 깊이가 있어 왕왕 다른 사람이 발견하지 못한 부분에까지 생각이 미쳤다. 그의 《卜辭通纂》·《殷契粹編》 두 저서는 甲骨學을 배우고 연구하는 사람들에게 필수불가결한 참고서이다.

2. 羅·王의 제자 및 唐蘭·于省吾 등이 문자 분석에서 얻은 수확

唐蘭은 "甲骨文字의 연구는 雪堂 羅振玉이 길을 열었고, 觀堂 王國維가 뒤이어 史的으로 고찰했으며, 彦堂 董作賓은 시대를 구분하여 연구했으며, 鼎堂 郭沫若은 甲骨文字의 辭例들을 깊이 있게 고찰하여 전성기를 이루었다"[24]고 하였다.

羅·王·郭의 업적에 관해서는 앞에서 이미 언급했고, 董作賓의 중요한 공헌으로 殷墟 발굴과 《甲骨文斷代研究例》·《殷曆譜》 등의 논저를 들 수 있는 바 제2장·제7장을 참고하기 바란다. '四堂'을 제외하고도 적지 않은 학자들이 일생을 甲骨의 정리와 연구에 바쳐 여러 방면에서 공헌한 바가 적지 않다. 만약 전체적으로 보지 않고 특정 영역, 또는 특별한 주제의 연구만을 보면 종종 그 성취한 바가 '四堂'을 뛰어넘을 만한 자도 있다.

《五十年甲骨學論著目》의 통계에 따르면 1899년부터 1949년까지 50년 동안 甲骨學을 연구하고 논저가 있는 저자는 모두 2백89명으로 추정되고, 그 중 중국인은 2백30명, 외국인은 59명이었다. 그들의 저술을 보면 전문서적이 1백48종, 논문이 7백28종, 도합 8백76종인데, 그 중 문자 해석에 속한 저서가 15종, 연구서가 5백53종, 通論은 67종, 평론이 84종, 어휘를 모은 것이 32종, 기타가 21종이었다. 만일 문장의 장단, 분량, 문제의 경중, 가치의 고저를 논하지 않고 단지 제목 또는 종류별로 통계를 내면, 10종 이상의 저술이 있는 저자가 18명이다. 즉 楊樹達 92종, 胡厚宣 54종, 董作賓 42종, 孫海波 23종, 羅振玉 20종, 陳夢家 20종, 王國維 19종, 郭沫若 18종, 金璋 17종, 丁山 15종, 唐蘭 15종, 王襄 12종, 商承祚 12종, 吉卜生 11종, 明義士 11종, 戴家祥 10종, 聞一多 10종, 金祖同 10종으로 나타나 있다.

만일 50년을 10년 단위로 나누어 보면 첫번째 10년(1899-1909년)에 발표된 논저가 4종, 두번째 10년(1910-1919년)의 것이 41종, 세번째 10년(1920-1929년)의 95종, 네번째 10년(1930-1939년)은 3백71종이며, 다섯번째 10년(1940-1949년)에는 3백12종에 달했다. 이로 볼 때 30년대와 40년대에 발표된 논저가 가장 많은데, 이는 사회 발전 통례에 잘 부합되고 있다.

연구의 성질로 볼 때도 역시 5期로 나눌 수 있다.

첫번째는 骨董 시기인데, 甲骨文을 골동품으로 보았던 시기로 王懿榮·劉鶚이 대표라 할 수 있다.

두번째는 金石學의 종속 시기로 甲骨文을 金石學에 종속된 것으로 보았으며, 이 시기의 대표자로는 馬衡·陸和九를 들 수 있다.

세번째는 古文字學 시기로 甲骨上의 문자를 전문적으로 연구했는데, 孫

詒讓・羅振玉・唐蘭・于省吾를 대표로 들 수 있다.

네번째는 史料 시기로 甲骨文을 역사 연구의 자료로 간주하고 이러한 직접적인 역사적 자료로 고대 역사를 연구하였는데, 이 시기는 王國維・郭沫若・董作賓・胡厚宣 등을 대표로 꼽을 수 있다.

다섯번째는 考古 시기인데, 考古學에 입각한 과학적 방법으로 甲骨을 발굴하고 탐구・토론하며, 甲骨文字와 殷墟에서 발굴한 주거지・묘장・유적・기물들을 종합적으로 연구했다. 이 시기의 대표자는 前중앙연구원 李濟・梁思永・石璋如・董作賓・胡厚宣 등이다.[25]

위에서 말한 각종 저작 중 연구 부분이 대종을 이루어 저서는 모두 5백 53종에 달하고, 그 중 문자 한 가지 분야의 연구만도 2백23종에 이른다. 이로 볼 때 羅振玉이 三難을 극복하기 위하여 먼저 문자를 연구하여야 하는데 《說文》에 의거하여 金文까지 소급해 보고, 金文에서 다시 甲骨文을 살펴야 한다"고 제창한 문자 인식 방법 이후, 羅振玉은 제자 商承祚에게, 商承祚는 그의 제자 孫海波 및 王國維의 淸華硏究院의 제자 余永梁・戴家祥・徐中舒・劉盼遂・朱芳圃・吳其昌 등에게 전하므로 이들은 직접 羅振玉・王國維의 학문적인 가르침을 받았고, 容庚・柯昌濟・唐蘭・于省吾 등도 많든 적든 羅振玉・王國維가 창시한 고증 방법을 인용하여 적극적으로 문자 고증에 종사하여 많은 성과를 거두었음을 알 수 있다.

이외에 王襄・葉玉森・胡光煒・郭沫若・丁山・陳邦懷・張政烺・楊樹達 등도 문자 고석에서 적지 않은 수확을 올렸다.

甲骨文 單字를 가장 많이 고석해 낸 학자로는 孫詒讓・羅振玉을 꼽는데, 특히 羅振玉은 모두 5백여 자를 해석하였지만 孫詒讓・羅振玉이 해석한 것은 상용자가 많았기 때문에 판별하기가 쉬웠다는 일설도 있다. 王國維・郭沫若의 고석은 가장 정확하고 상세하였다. 이 시기 문자를 고석하고 판별하는 데에는 상당한 어려움이 있어 한 문자를 고석하는 데에도 널리 자료를 인용하여 증명해야 했기 때문에 많은 정력을 쏟아야 했다. 따라서 밝혀낸 문자들은 비록 적다 해도 그 공헌은 큰 것이었다. 唐

蘭·于省吾 두 사람이 밝혀낸 문자들은 수백 자에 이르는데, 비록 틀린 부분이 없는 것은 아니었지만 매우 힘든 연구였다고 하겠다.

唐蘭(立庵)은 청년기에 無錫國學專修館에서 수학했고, 宋明理學을 연구하여 王蘧常·吳其昌과 함께 唐文治의 3대 제자라 불렸다. 王國維는 "작금에 약관의 나이로 古文字學을 연구하는 사람은 네 사람이 있는데 嘉興의 立庵 唐蘭, 東筦의 希伯 容庚, 膠州의 純卿 柯昌濟, 番禺의 錫永 商承祚이다. 唐蘭은 홀로 학문에만 전념해 읽지 않는 책이 거의 없었다"[26]고 하였다.

唐蘭에게는 古文字學의 通論인 《古文字學導論》이 있는데, 이는 1935년 北京大學에서 쓰던 교재였다. 1963년에 도편·발문을 붙여 영인본이 나왔고, 1981년에 齊魯書社에서 다시 정리하여 개정본을 냈다. 張政烺은 개정본의 〈出版附記〉에서 "中國 古文字 연구는 이미 1,2천 년의 역사를 지녔지만 이론적인 저작은 매우 적다. 그 중에서도 唐蘭의 이 책은 전무후무한 거작으로 오늘날도 여전히 유용하게 쓰인다. 지금 이 책을 완벽하게 편집하여 출간함에 앞으로 古文字學 연구의 발전에 도움이 되고 고무작용을 하기 바란다"고 하였다. 《中國文字學》은 開明書店에서 1949년에 초판되었고, 1979년 上海 古籍出版社에서 재판하였다.

甲骨文字를 전문적으로 고석한 《殷墟文字記》는 1934년에 北京大學에서 쓰던 교재였는데 1978년에 수정본이 나왔고, 또 1981년에 中華書局에서 출판했다. 《天壤閣甲骨文存考釋》이 1939년 輔仁大學에서 출판되었으며, 그외 단편으로는 《釋井》·《釋陀》·《釋內》 등이 있다.

唐蘭이 《天壤閣甲骨文存考釋》의 序言에서 "나는 卜辭의 文字 연구에 가장 오랫동안 정력을 쏟아 해석해 낸 字가 이전 사람의 배가 된다. 혹시 이 말을 듣고 과장이라 여길지 모른다"고 하였다. 다만 《殷墟文字記》를 예로 볼 때 이 책에 수록된 문자 고석이 33편이고, 문자 해석이 1백 자에 가까우니 唐蘭의 말이 결코 과장은 아니다.

于省吾(思泊)는 1940년《雙劍誃殷契駢枝》를 처음 펴낸 후에 1941년 《續編》, 1943년《三編》(이상 石印本)을 엮었다. 1945년에는 또《四編》(원고본)을 저술하였다. 그후 1979년 이들을 삭제하거나 고쳐 쓴 다음《甲骨文字釋林》에 모두 수록하였다. 于省吾는《釋林》의 序에서 "내가 古文字 연구에 몸바친 지도 이미 40여 년이 되었다. 비록 중단한 적은 없었으나 힘은 많이 들고 성취한 것은 적었다. 甲骨文字만을 보더라도 내가 새로 밝혀낸 문자와 이미 알고 있는 문자의 音讀義訓 방면에서 舊說의 잘못을 지적하고 새로운 해석을 제기한 것이 아직 3백 개에 못 미친다"고 하였다. 羅振玉·王國維 이후, 한 사람의 노력으로 3백 개에 가까운 문자를 해석했다는 것은 얼마나 놀라운 성과인가. "힘은 많이 들고 성취한 것은 적었다"는 표현은 물론 자기 겸손의 말이기도 하지만, 다른 한편으로는 于省吾가 40여 년간 甲骨文을 위해 얼마나 어려운 세월을 보냈는지 족히 짐작할 만하다.

陳夢家는 문자 해석의 제3시기(1933년부터)에 대해 다음과 같은 말을 하였다. "가장 공헌이 컸던 대표적인 인물은 郭沫若·唐蘭과 于省吾이다. 그들은 甲骨文字와 銅器 銘文에 대해 같은 맥락의 깊은 연구를 했는데, 古器物과 일반적인 古代史에 대해 풍부한 지식을 갖고 있어 孫詒讓·羅振玉·王國維의 뒤를 이으며 甲骨文字 연구에 더욱 매진하여 창조적인 공헌을 하였다."

그는 계속해서 "于省吾는 淸代의 文字學과 訓古學의 대가로 段玉裁와 王念孫을 추앙하였고, 경전의 해석에 있어서는 王國維의 이중증거법을 발전시켰다. 1940-1945년 그는《殷契駢枝》4권을 저술하는 한편, 상술한 학문 정신을 기초로 甲骨文字 고석을 시도했다. 즉 偏旁을 분석하여 形體를 정하고, 聲韻을 通假하여 音을 정하며, 古文獻을 근거로 옛뜻을 풀이하여 形과 音을 서로 통하게 하였다. 그는 "契文은 여러 방면에서 실마리를 찾을 수 있으므로 먼저 문자의 인식이 선행되어야 한다"고 여기고, 그 방법으로 '形·義의 제 뜻을 탐구하는 것을 목적'으로 하였다. 다시 말

해 그는 비교 검증과 고증을 통해 古文字를 고석해 왔기 때문에 그의 풀
이는 비교적 신중하고 정확했다"[27]고 하였다.

3. 胡厚宣 등의 殷商 역사 연구의 성취

淸華大學의 대학원생이었던 程憬은 일찍이 1928년 모건의 《古代社會》
와 엥겔스의 《가족·사유 재산 및 국가의 기원》의 관점을 통하여 殷商 사
회의 역사를 탐구하고 토론하여 무리지어 기거하는 데서 야기된 多母多
父에 대한 칭호를 '씨족 사회'의 특징으로 간주하였다.[28]

그외 陸懋德·徐中舒·呂振羽·顧頡剛·丁山·金祖同·張蔭麟 등의 사
회·역사에 관한 일반 논저는 모두 60여 종이나 된다. 그 중 朱芳圃가 편
저한 《甲骨學商史編》(《甲骨學文字編》의 자매편)은 河南大學에서 강의한
'甲骨學'의 교재를 기초로 정리·편성하였는데, 民族·世系·人物·都
邑·方國·文化·制度·産業 등 8개 부문으로 나누어 商代 사회·역사를
분류하고 탐구하였다. 비록 독창적인 견해는 많지 않았으나 羅振玉·王
國維·董作賓·郭沫若 등 여러 학자들의 이론을 한데 모아 펴냈기 때문
에 초학자에게 큰 도움이 되었다.

甲骨文이라는 이 지하 출토물을 진귀한 史料로 인정하고 고대 역사를
연구한 학자로는 王國維·郭沫若·董作賓·胡厚宣이 대표적이다.

陳夢家는 "前중앙연구원이 安陽에서 발굴을 주도하였기 때문에 歷史言
語硏究所의 甲骨 연구가 전개되었다. 李濟·梁思永·郭寶鈞·石璋如가
殷墟 발굴 보고를 할 때, 그들은 卜辭를 접촉한 적이 없었고, 丁山·徐中
舒·張政烺은 연구실에서 문자 고증에 몰두했지만 발굴에 참가한 적이 없
었다. 발굴에 참여하면서 甲骨 연구를 한 이는 董作賓·胡厚宣·高去尋
뿐이었다"[29]고 하였다.

胡厚宣이 큰 업적을 이룩하게 된 관건이 된 것은 殷墟 발굴에 참여하면서 또한 甲骨을 장기적으로 수집하고 연구했던 점이다. 그는 中國 내에서 개인적으로 甲骨을 많이 수집한 학자이다. 대량의 甲骨 卜辭를 수집하였기 때문에 조직적으로 비교하여 연구한 결과 商代 사회 형태에 대하여 기본적인 윤곽을 잡아 《甲骨學商史論叢》 4집을 저술하였는데 먼저 1·2집이 출판되었다. 1집에는 〈殷代婚姻·家族·宗法·生育制度考〉·〈첫날은 甲, 열흘째 날은 癸라는 설에 대한 변 —甲十癸辨〉·〈甲骨文四方風名考證〉·〈殷代舌方考〉·〈殷代之天神崇拜〉·〈卜辭下乙說〉·〈殷人疾病考〉·〈武丁時五種記事刻辭考〉 등 15편의 괄목할 만한 논문이 수록되어 있고, 2집에는 〈卜辭中所見殷代農業〉·〈氣候變遷與殷代氣候之檢討〉 등 4편이 수록되어 있다.

눈으로 확인할 수 있는 사실로부터 출발하여 확실한 자료를 확보하고 많은 사실에서 관점을 정립하는 것은 마르크스주의 역사 연구의 과학적 방법이다. 상술한 논문들의 기본적인 특징은 바로 이러한 방법론에 의거하여 씌어진 것이다. 예를 들면 〈殷代婚姻·家族·宗法·生育制度考〉는 대량의 甲骨 刻辭를 근거로 먼저 수많은 武丁 妃들의 정황을 분석하여 殷王이 一夫一妻를 실행했던 것과 一夫多妻制로 변천된 것을 고증하였고, 卜辭에 있는 王族·子孫·多子孫·三族·五族과 大宗·小宗 등에 근거하여 殷商 시대에 이미 가족·종법 제도가 있었음을 고증하였다.

그외에도 또한 아이를 바람〔求生〕·아이를 가짐〔受生〕·아이를 낳는데 기쁘다, 즉 아들이다〔娩嘉〕·命名 및 多子·多女·大子와 小王 등에 관한 광범위한 卜辭를 수집하여 商代人의 生育 제도를 상세히 고찰해 냄으로써 商代人들의 男尊女卑 사상을 지적해 내었다. 그들의 목적은 "위로 宗廟를 섬기고, 아래로 후대를 계승해야 함"과 "길이 자손을 남기고 조상을 섬기기" 위함인데, 이는 왕위 계승 및 종법 제도와 밀접한 관계가 있었기 때문이었다.

앞선 연구에는 商代의 曆法에 관해 서로 다른 두 파의 학설이 대립했다. 즉 董作賓·吳其昌은 商代에는 平年은 12개월, 閏年은 13개월, 큰달은 30일, 작은달은 29일이라고 인식한 데 반해 劉朝陽·孫海波는 1년은 12개월, 閏年은 없고, 달 또한 큰달·작은달 구분 없이 모두 30일이며, 단지 특수한 상황에서만 어떤 달에 10일, 혹은 20일이 부가되었기 때문에 날을 기록하는 干支와 열흘간의 날짜가 고정적이어서 첫날은 甲, 열흘날은 癸라고 주장하였다. 서로 다른 두 학설 중 어느것이 옳고 그른가의 열쇠는 '一甲十癸' 설의 성립 여부에 달려 있다. '一甲十癸辨'에서는 祖甲卜辭를 예로 들어 1일이 꼭 甲이 아니고, 10일이 결코 癸가 아님을 증명하였다.

......

庚子卜, 旅貞: 今夕亡囚, 在十月.

辛丑卜, 旅貞: 今夕亡囚, 在十月.

壬寅卜, 旅貞: 今夕亡囚, 在十一月.

癸卯卜, 旅貞: 今夕亡囚, 在十一月. (《錄》 42)

庚子日에 점을 치고 旅가 묻습니다: 오늘 저녁에 재앙이 없을까요? 10월에.

辛丑日에 점을 치고 旅가 묻습니다: 오늘 저녁에 재앙이 없을까요? 10월에.

壬寅日에 점을 치고 旅가 묻습니다: 오늘 저녁에 재앙이 없을까요? 11월에.

癸卯日에 점을 치고 旅가 묻습니다: 오늘 저녁에 재앙이 없을까요? 11월에.

10월 辛丑과 11월 壬寅 두 날은 서로 이어져 있다. 그런즉 辛丑日은 10월 29일이나 30일이고, 壬寅日은 반드시 11월 1일이어야 된다. 그러나 1일은 壬日이지 甲日이 아니다. 따라서 열흘날이 반드시 癸日일 수 없다.

이쯤 되니 '一甲十癸'라는 설은 공격받을 필요도 없이 스스로 파기되었고, 동시에 商의 曆法은 董作賓·吳其昌의 설이 사실에 접근됨이 증명되었다.

또 그는 〈卜辭中所見殷代農業〉의 서문에서 程憬·萬國鼎·吳其昌이 商代의 농업 생산 수준을 낮게 평가한 것을 비판하고, 계속해서 농업 환경·농업 구역·농업 관리·농업 기술·농업 산물·농업 예속 등의 측면에서 殷代의 농업 발달과 농업 경작 기술의 진보상을 체계적으로 논증하여 商代 사회·역사 연구에 큰 공헌을 하였다.

〈氣候變遷與殷代氣候之檢討〉에서는 문헌상의 기록·卜辭와 기타 고고 자료에 근거하여, 古代 황하 유역은 강줄기와 호수가 종횡으로 펼쳐졌고, 강우량이 풍부하였으며, 누에와 뽕나무를 비롯하여 벼와 대나무·야생돼지·물소·들쥐가 많았을 뿐 아니라, 심지어는 외뿔소·코끼리 등 열대 혹은 아열대 동물까지 있었음을 밝혀내 "殷代의 기후는 지금의 長江 유역이나 그 이남 지방과 비슷하였을 것"으로 추론하였다. 저명한 기상학자인 쯔可楨은 이러한 관점에 적극 찬동하여, 그의 저서 《中國近五千年來氣候變遷的初步研究》에 胡厚宣의 의견을 많이 인용하였다.[30]

《殷代呂方考》·《殷人疾病考》·《殷代之天神崇拜》 등은 方國 지리 및 전쟁·의학·종교 연구의 중요 참고 문헌이 되었다. '卜辭下乙說'·'武丁時五種記事刻辭考' 등은 殷王 世系 연구 및 甲骨 시대 구분 연구에 눈부신 기여를 하였다. 이상에서 각 분야와 관련 있는 중요 저서를 소개한 바, 胡厚宣이 甲骨文을 이용한 商代 역사 연구에서 이룩한 공헌은 가히 독보적이라 하겠다.

徐中舒는 《甲骨學商史論叢序》에서 "나는 태어나자마자 甲骨文의 출현을 보게 되었기 때문에 스승과 친구들 중 이 분야를 연구하는 학자가 매우 많았다. 이들 중 학문이 높고 의지가 굳건하여 세상의 존경을 받는 이로는 3인을 꼽을 수 있는데, 海寧 王靜安 선생과 南陽 董彥堂·望都 胡厚宣 선생이다. 이 세 사람은 풍부한 소장품을 확보하고, 발굴 작업에도 종사하였기에 先民들의 자취를 탁본 속에서 찾기도 하고 실물을 만질 수도 있었으며, 그 점획 속의 卜兆를 비교하여 얻은 바가 심히 많기 때문에 甲骨學의 선구자라 하기에 충분하다"고 하였다.

高亨 역시 서문 중에 胡厚宣을 이르기를 "선생은 들은 바를 잘 기억하였고, 金石·甲骨學의 연구에 특히 정통하였다. 최근에 저술한 《甲骨學商史論叢》에는 20편의 훌륭한 글들을 모았는데 높이 평가되고 있다. 그 통찰력은 내용의 함의나 字形의 변화까지 꿰뚫었고, 그 주장은 전후 조리가 있으며, 조직력은 종횡으로 정확히 들어맞을 뿐 아니라 응용력은 좌우를 영합하고 있으니 오랜 학문의 축적과 심오한 사유의 귀결이라고 여겨지며, 결코 단편적인 지식의 엮음은 아니다"고 하였다.

高亨은 아울러 이 책의 장점에 대해서도 다음과 같이 다섯 가지로 개괄하였다. 1) 증거의 채택이 매우 상세하다. 2) 논리 정립에 소홀하지 않았다. 3) 舊說을 바로잡았다. 4) 새로운 뜻을 창조하였다. 5) 古書의 내용을 실제로 증명하였다.

陳子展은 《전후 남북에서 본 甲骨錄을 논함 題戰後南北所見甲骨錄》에서 "누군들 모를소냐, 四君(四堂을 가리킨다)의 뒤를 이어 찬란히 우뚝 솟아 甲骨文을 다시 빛낸 胡君을!"이라고 하였다. 日本 학자로 풍성한 저술을 했던 白川靜 교수는 《甲骨金文學論叢》(1-10輯)·《金文通釋》(47本 출간)·《甲骨集》·《金文集》·《說文新義》·《甲骨文의 세계——고대 은 왕조의 구조 甲骨文の世界——古代殷王朝の構造》·《漢字의 세계——中國 문화의 원점 漢字の世界——中國文化の原點》 등을 펴냈다. 그가 1953년에 쓴 《胡厚宣氏之商史硏究》 중에서 《甲骨學商史論叢》을 칭송하여 "甲骨學 분야 논문집 중의 금자탑"이라 하였으니 그 지대한 영향력을 족히 알 만하다.

吳澤의 《古代史》(殷代奴隸制社會史)는 그가 1940년 重慶 復旦大學의 史地學科에서 '殷周史'를 가르칠 때 썼던 저술이다. 이 책은 殷 민족의 기원과 건국, 殷代의 정치 구역과 지리 환경, 殷 제왕들의 이름, 世系와 年

數, 그리고 殷代 사회의 경제 구조·정치 구조와 가족 제도·의식 형태에 이르기까지 체계적으로 논하고 있다. 당시 학계는 中國의 사회사 단계, 특히 夏商周 三代의 사회 성질을 재차 토론중이었다. 저자는 范文瀾·翦伯贊·華岡·鄧初民 등과 함께 呂振羽가 제기한 '殷代奴隷制社會論'에 찬동하였다. 그때 논쟁을 위해 황급히 책을 만들어야 했고, 더욱이 항일 전쟁이라는 악조건 아래 卜辭 자료나 甲骨學에 관한 연구 결과를 이용하는데 한계가 있어 그 미흡했던 점을 지금 수정 기획중에 있다. 그 이외에도 吳澤은 〈殷代經濟硏究〉·〈殷代帝王名諡·世次·世系·家族與繼承制硏究〉·〈甲骨地名與殷代地理新考〉·〈殷代貢納制度辨〉 등 많은 논문을 썼다.

4. 이 시기의 기타 연구 성과

문자 고석과 사회·역사에 대한 연구는 상술한 바와 같다. 이 시기에 이루어진 기타의 연구 성과는 수백 종이 넘는다. 예를 들면 아래와 같다.

1) 曆法 天象에 관한 연구: 董作賓·劉朝陽·孫海波·吳其昌·胡厚宣·陳夢家·唐蘭·于省吾·楊樹達 및 일본인 新城新藏.

2) 方國 地理에 관한 연구: 郭沫若·柯昌濟·丁山·胡厚宣·陳夢家.

3) 先公·先王에 관한 연구: 董作賓·吳其昌·朱芳圃·胡厚宣·陳夢家·容庚.

4) 禮制에 관한 연구: 董作賓·胡厚宣·徐中舒·吳其昌·周傳儒·劉盼遂·陳邦懷·陳夢家·丁山.

5) 農業에 관한 연구: 徐中舒·吳其昌·胡厚宣.

6) 宗敎에 관한 연구: 郭沫若·陳夢家·胡厚宣.

이들 성과는 각 분야에서 괄목할 만하다. (부록 3의 〈甲骨學論著目錄〉을 참조.)

다음에는 소홀하게 다루어지기 쉬운 도구서와 서평에 관한 문장들을 간략히 소개한다.

이 시기의 중요한 도구서로는 目錄·索引·字典 등이 있는데, 甲骨學 지식을 보급하는 데 폭넓게 이용되었다.

目錄 방면에 중요한 저작으로 容媛의 《甲骨類目》, 董作賓의 《甲骨文論著目錄》, 胡厚宣의 《甲骨學類目》, 邵子風의 《甲骨書錄解題》 등이 있다.

字典으로는 朱芳圃의 《甲骨學文字編》[31]이 있는데, 이 책은 《鐵》·《前》·《後》·《菁》·《余》·《戩》·《拾》·《林》·《明》·《新》·《通》·《佚》(부록 2의 甲骨著錄簡表 참조) 등에서 자료를 택하고, 孫詒讓·羅振玉·王國維·王襄·商承祚·葉玉森·陳邦懷·沈兼士·容庚·陳柱·余永梁·戴家祥·胡光煒·丁山·郭沫若·徐中舒·董作賓·唐蘭·吳其昌·瞿潤緡 등 20家의 고증을 널리 채택하되 "무릇 견해가 정확한 것은 全文을 수록하고, 오류가 확연히 드러나 고증이 필요한 부분은 수록하지 않았으며" 또한 "여러 학자들의 저술 중 서로 모방한 것은 한 학자의 것만 수록하고, 兩家 학설이 모두 통용되는 것은 함께 실어서"[32] 견주어 보기에 편리하였다.

그외에 孫海波의 《甲骨文編》[33]은 商承祚의 《殷墟文字類編》[34]을 기초로 하고 내용을 더 보충하여 완성한 것이다. 자료는 《鐵》·《余》·《拾》·《菁》·《後》·《前》·《林》·《戩》 등에서 취하고, 또한 널리 통용되는 학설을 실었으며, 사이사이 본인의 견해를 삽입했다. 唐蘭은 孫海波를 일컬어 "옛 것을 좋아하고 열심히 배우는 사람"이라고 평하였다.

孫海波는 일찍이 容希伯·商錫永에게 학문을 전수받았으며, "甲骨彝器 중의 문자에 정통하여 《鐵雲藏龜》·《殷墟書契前編》·《後編》·《菁華》·《龜甲獸骨文字》 등에 실린 자료를 취하여 해석하고, 또 商錫永이 편집한 《殷墟文字類編》을 확충하여 《甲骨文編》을 펴냈는데 希伯의 《金文編》과 더불어 서로 보완 작용을 할 것이다. 《類編》이 책으로 나온 지 이미 십수 년

이 되어 주석의 중간에 오류가 발견되었는데 商錫永이 친히 교정하였으나 미처 알릴 겨를이 없었다. 근세 학자들이 교정을 시도한 바 醴陵 朱芳圃가 《甲骨學文字編》을 편집하여 독자에게 많은 편의를 제공하였다. 그러나 너무 산만하게 나열하여 쉽게 구별할 수 없는 결점이 있다. 孫海波의 저서는 신중하고 치밀하며 조리가 있어 그 스승의 것과 어깨를 겨눈다고 할 수 있다. 또한 商承祚·朱芳圃의 저서는 字形을 그릴 때 일률적으로 구분하여 구조가 다른 것만 취하고 同體는 취하지 않았다. 그러나 이번에 나온 책은 모두 새로 모사하여 조금의 오차도 없다. 또 매 문자를 모두 수록하여 문자찾기에 용이하다. 소위 고증학이란 앞선 것에 비해 뒤의 것이 훨씬 정밀하다. 이 책을 완성하는 데 5년이 소요되어 이를 아는 사람은 그 정밀함과 전문성에 탄복하지 않을 수 없다. 이제 책이 출판된 바 세상에 내놓을 만하다고 모두 믿게 되었다."[35]고 하였다.

商承祚는 책 전체를 일일이 교정하였고, 또 이 책을 "문자의 해석이 신중할 뿐 아니라 商代에 사용한 문자의 예는 더욱 찾기 쉬워 배우려는 자들에게 남긴 공이 적지 않다"[36]고 평하였다.

曾毅公의 《甲骨地名通檢》은 甲骨文의 지명을 고찰한 색인이다. 董作賓은 1930년에 《甲骨年表》를 편하였고, 1936년에는 董作賓·胡厚宣이 《甲骨年表》를 새롭게 보완 수정하여 재판하였는데, 淸 光緖 25년(1899년)에서 民國 25년(1936년) 8월까지, 그리고 1930-1936년 사이에 증가된 자료를 추가한 것 외에도 원본의 오류를 1백13건이나 교정하였다.

《五十年甲骨學論著目》을 근거로 하면 이 시기의 書評은 모두 37종인데, 만일 序·跋·校補 등 평론성을 지닌 문장을 합한다면 이 수를 훨씬 넘을 것이다.

書評을 비교적 많이 쓴 사람으로 戴家祥·孫海波 그리고 陳夢家 등을 꼽을 수 있다. 戴家祥은 어려서부터 이모부 端安 孫詒讓에게서 책을 빌려 읽었고, 후에 淸華硏究院에 들어가 王門의 제자 余永梁과 함께 가장 젊은 학도라 불리었다. 古文字學 특히 音韻訓詁 방면에 조예가 깊어 《評殷

契通釋》·《評龜甲文字槪論》·《評甲骨學文字編》·《評孫詒讓年譜》·《評史前期中國社會硏究》 등을 저술했다. 孫海波에게는 《評殷契遺珠》·《評鐵雲藏龜零拾》·《評殷墟書契續編校記》·《評甲骨地名通檢》·《評金璋所藏甲骨卜辭》·《評甲骨叕存》 등이 있다.

陳夢家는 《評殷契遺珠幷論羅氏前編的來源》·《評鐵雲藏龜零拾》·《讀天壤閣甲骨文存》을 썼다. 그외 方國瑜의 《獲白麟解質疑》, 斐文中의 《跋董作賓獲白麟解》, 瞿潤緡의 《大龜四版考釋商榷》, 郭沫若의 《評章太炎先生與金祖同論甲骨文書》, 翦伯贊의 《殷代奴隷制度硏究之批判》 등은 모두 書評 중 영향력 있는 저술들이다.

도구서는 처음 입문하려는 사람들에게 편의를 도모하고, 전문가들이 더욱 깊이 연구할 때에도 큰 도움을 준다. 서평은 학자들의 열띤 논쟁을 촉진시키는 원동력이 되고, 학술적인 분위기를 고조시킬 수 있어 甲骨學 연구에서도 필요불가결의 요소라고 하겠다.

제3절 甲骨學 연구의 새로운 단계

신중국 건립 후 학자들은 마르크스·레닌주의와 毛澤東 사상의 기초 위에, 변증법적 유물론과 역사적 유물론의 관점으로 甲骨文 연구를 지도하였고, 또 풍부한 甲骨文과 기타 고고 자료 및 옛 문헌을 서로 연결시켜 商代 사회의 역사를 조명함으로써 甲骨文 연구를 새로운 발전 단계로 접어들게 하였다.

신중국 건립 전 中國 내에서는 일부 甲骨片을 국가가 소장하고 있었으나 상당량의 甲骨은 민간에 흘러 들어갔다. 구사회가 물려 준 자료를 독점하는 풍조가 여전히 성행하여 소장된 자료는 공사를 막론하고 명성 있는 전문가들 외에 일반 사람은 보기조차 어려웠다. 신중국 건립 후 당과 정부는 역사 문물에 관한 정책을 개선하여 사회 각처에 흩어져 있던 甲骨을 여러 가지 방법과 절차를 거쳐 박물관·도서관·고등교육기관 및 관계 있는 연구기관으로 집중시켰는데, 이에 편승해 개인 소장가와 오랫동안 甲骨 연구에 종사한 전문가들은 자기가 그동안 수집해 온 진귀한 문물을 아낌없이 국가에 헌납했다. 이는 신중국 건립 전에는 상상할 수도 없었던 일이었다.

대략적인 통계에 따르면, 현재 中國 내의 24省·39市·9백10개 학술기관은 도합 9만여 편의 甲骨을 소장하고 있는데,[37] 이는 甲骨文의 연구를 위해 매우 유리한 조건을 조성해 주었다.

그밖에 중국의 당과 정부는 殷墟의 보호와 발굴, 새로 출토된 자료, 철저한 보관, 제때에 정리하여 발표하는 일들을 중시하고 세심한 관심을 기울였다. 예를 들면 小屯 南地의 甲骨은 殷代人들이 甲骨을 처리했던 상황에 관한 이해 및 甲骨의 단대 연구 방면에 새로운 자료를 제공하였다. 그러나 신중국 건립 전에 출판된 《殷墟文字甲編》은 제9차 발굴 전에 얻은 것이고, 《殷墟文字乙編》은 제13-15차 발굴 중에 얻은 것인데 10년, 20년을 끌다가 1948년에야 비로소 책으로 나왔다. 胡厚宣이 《甲編》을 고석한 것은 아직까지 책으로 출판되지 못했다. 제13차 발굴에서는 甲骨 1만 7천 8백4편을 출토하였는데, 그 중 특히 127坑의 것은 가지런히 매장되어 甲骨 수량이 많았을 뿐만 아니라 근 3백 개의 완전한 귀갑판이 있었다. "이 것은 殷墟 발굴, 심지어 甲骨文字 출토 이래 전무후무한 경사였다." 그러 나 이와 관련된 胡厚宣의 저술 《殷墟 제13차 발굴에서 얻은 龜甲文字의 각종 예들 殷墟第十三次發掘所得龜甲文字擧例》은 지금까지 묵혀두고 발 표하지 않았다. 이러한 전후 상황을 비교해 보면 실로 큰 차이가 있다.

전면적인 자료의 확보는 마르크스주의적으로 역사를 연구하는 중요 방 법 중 하나이다. 신중국 건립 후 정확한 이론 지도 이외에, 지하에서 이처 럼 많은 실물이 출토되어 이용할 수 있게 된 것은 中國 역사·과학 발전 에 더없는 물적 증거가 되었다. 그러나 신중국 건립 후 각 방면에서 보다 큰 발전을 거두었던 까닭은 郭沫若·陳夢家·胡厚宣·唐蘭·于省吾·徐 中舒·容庚·商承祚 등 높은 의식과 적극성을 겸비한 노대가들이 끊임없 이 능력을 발휘하였고, 또 정확한 지표 아래 자신들이 친히 문자를 고석 하고 商代 사회·역사를 탐구했기 때문이며, 동시에 대학자들이 자기의 지식을 후학에게 전하고[傳] 젊은이들의 학문 연구를 도와 주며[幫], 제자 를 직접 거느리고 가르쳐[帶] 새로운 인재를 배양해서 甲骨 연구의 역량 있는 일꾼을 배출해 냈던 결과라고 하겠다.

젊은 학자의 특징은 사고의 맥락이 탁 트이고 대체로 틀에 얽매이지 않 는 것이다. 예를 들어 李學勤은 甲骨 연구에서 획기적인 관점을 제기하 여 학계의 주목을 끌었고, 주제별 집중 연구를 추진하였다. 吉林大學의 姚 孝遂·林澐, 四川大學의 伍士謙·繆文遠·常正光, 中山大學의 曾憲通· 陳煒湛 등은 甲骨 연구에서 새로운 창견으로 업적을 쌓았다. 또한 오랜 친 구 裘錫圭는 수십 년을 하루같이 古文字學에 몰두하여 甲骨文·金文에 정통하고 戰國文字에 탁월한 견해를 가졌는데, 그는 바로 胡厚宣이 심혈 을 기울여 길러낸 우뚝한 인재이다.

원로와 청년학자들이 뜻을 같이하고 서로 협력해서 근 30년 동안 연구한 결과 甲骨學에 관한 전문서 1백48부, 논문 2백61편 등 도합 4백9종이 발표되었다. 일부 甲骨文의 수록·고석·소개, 혹은 卜甲·卜骨 및 卜辭 자체의 규율에 대한 연구 성과 외에 殷商 사회·역사의 연구와 긴밀하게 연결시킨 논저도 적지 않다. 예컨대 사회 성질·토지 제도·농업 경제·형법과 계급 투쟁·천문 역법·방국 지리·종묘 제례·종교와 의학 등에 걸쳐 광범위한 탐색을 하였다.

그 중 陳夢家는 斷代와 年歷學에 관한 문제를 중점적으로 연구해 큰 성과를 올렸다.

신중국 건립 이래로 발표된 단편적인 논문은 본서의 관계 있는 章과 節에서 이미 언급했다. 그외 더 자세한 것은 부록 3의 〈甲骨論著目錄〉을 참고할 수 있다. 여기서는 1949년 이후 출판된 서적과 홍콩·臺灣 학자, 그외 외국 학자를 포괄해서 중요 저작을 열거하면 아래와 같다.

1. 자료서의 편집 출판

신중국 건립 후 편집 출판된 甲骨文 자료로서 중요한 것은 胡厚宣의 《戰後寧滬新獲甲骨集》·《戰後南北所見甲骨錄》·《戰後京津新獲甲骨集》·《甲骨續存》·《甲骨文合集》 등이다. 그 중 《甲骨文合集》(1-13册)은 郭沫若이 主編, 胡厚宣이 總編輯을 맡았는데, 20년의 노력 끝에 1979년부터 마침내 中華書局이 나누어 출판하기 시작했다. 이 책은 甲骨文과 商代 역사 연구의 필요에 부응하기 위하여 모두 4만여 편의 비교적 참고할 가치가 있는 甲骨을 골라 수록하였다. 卜辭와 記事 刻辭를 포함해 대부분이 甲骨文字 자체를 연구하는 데 중요한 자료이며, 殷商 사회·정치·경제·문화 등 각 방면의 상황을 반영할 수 있는 진귀한 卜甲·卜骨들로서 기본적으로 수집이 완벽했다. 80년 이래 甲骨文을 집대성한 이 명저는 甲

骨學과 商代史 연구에 촉진제 역할을 할 것임에 의심의 여지가 없다.

이외에 李亞農의《殷契摭佚續編》, 郭若遇의《殷契拾掇》·《殷契拾掇二編》, 董作賓·嚴一萍의《殷墟文字外編》, 董作賓의《殷墟文字乙編下輯》, 中國科學院 考古研究所의《殷墟文字乙編下輯》, 饒宗頤의《巴黎所見甲骨錄》·《日本所見甲骨錄》·《海外甲骨錄遺》·《歐美亞所見甲骨錄存》, 陳邦懷의《甲骨文零拾》, 中國科學院 考古研究所의《小屯南地甲骨》, 일본 貝塚茂樹의《京都大學人文科學研究所藏甲骨文字》, 캐나다 국적 許進雄의《캐나다 皇家安大略(Andrew)博物館藏甲骨文字》·《殷墟卜辭後編》, 미국 국적 周鴻翔의《美國所見甲骨錄》, 일본 伊藤道治의《日本所見甲骨錄》 등이 있다.

2. 卜辭의 종합 연구

卜辭의 종합적인 연구 부분에서는 陳夢家의《殷墟卜辭綜述》과 일본 島邦男의《殷墟卜辭研究》를 꼽는다.

容庚의 제자인 陳夢家는 前중앙연구원이 殷墟를 과학적으로 발굴한 이후부터 甲骨文字를 접하기 시작하여 많은 문자를 고석하고, 고증에 관한 논문을 썼다. 신중국 건립 후에도 끊임없이 질적·양적으로 수준 높은 논문을 발표하였다. 예를 들면《甲骨斷代與坑位》·《殷代卜人篇——甲骨斷代學丙篇》·《殷代銅器》·《商王廟號考》·《商殷與夏周的年代問題》·《殷代社會的歷史文化》등 文字學·年代學·사회 제도·단대 표준 등에 깊이 있는 연구를 하였다.

《殷墟卜辭綜述》은 비록 甲骨學 통론서이지만 이전 사람들의 연구 성과 및 저자 자신의 연구 결과를 아주 훌륭히 종합하였기 때문에 甲骨文의 발견·전파·연구에 대한 총결산이라 하겠다. 이 책은 총론·문자·문법·단대·연대·천문 역법·방국 지리·정치 구역·先公舊臣·先王先妣·廟號·친족·百官·농업 및 기타·종교·신분·總結·부록 등 20장으로 나누었으며, 모두 70여만 자나 되는 눈부신 거작이다.

島邦男의 《殷墟卜辭硏究》는 약 50여만 자로 서론·본론 두 부분으로 나누었다. 서론의 내용은 '貞人補正'과 '卜辭上父母兄子的稱謂'이고, 본론은 크게 2편으로 나누고 다시 11장으로 세분하였다. 제1편은 〈殷室的祭祀〉로 모두 '對先王先妣的五祀'·'禘祀'·'外祭'·'祭儀' 등 4장이 있다. 제2편 〈殷代的社會〉는 '殷的地域'·'殷的方國'·'殷的封建'·'殷的官僚'·'殷的社會'·'殷的産業'·'殷的曆法' 등 7장으로 나누었다.

屈萬里는 전후 2년의 차이가 있는 陳·島 두 사람의 두 책에 대해 "비록 내용은 비슷한 것 같으나 서로 일치하지는 않는다. 언급한 범위를 보면 陳夢家의 것은 광범위하고, 제사와 토지를 논한 부분은 島邦男의 저술이 상세하다. 두 책을 합해 본다면 民國 丙申年(1956년) 이전 甲骨 刻辭 연구(島邦男의 책에는 1956년까지 논하였다)의 성과를 대체로 갖추었다"[38]고 말했다.

3. 殷墟 발굴과 甲骨學 일반 지식의 소개

殷墟 발굴과 甲骨學의 일반적인 지식을 비롯해 부분적인 연구까지를 포함해서 소개한 저서로는 胡厚宣의 《殷墟發掘》이 있다. 이 책은 초기 甲骨文의 발견과 연구, 신중국 건립 전의 殷墟 발굴 작업과 신중국 국민의 殷墟 考古學(1956년까지)에 대한 전반적이고 체계적인 분석과 소개를 했다.

그밖에 河南省 安陽市 文化局의 《殷墟——노예 사회의 축소판 殷墟——奴隸社會的一個縮影》, 일본 梅原末治의 《殷墟》에서는 殷墟 발굴과 殷墟 문화에 대해 소개했다. 許順湛의 《찬란한 鄭州 商代 文化 燦爛的鄭州商代文化》, 河南省 문화국 문물작업대의 《鄭州二里岡》, 河北省 博物館 등이 편집한 《藁城臺西商代遺址》 등에서는 安陽 이외의 기타 商 文化 유적지에 대해 개괄적인 소개를 하였다.

胡厚宣의《五十年甲骨文發現的總結》·《五十年甲骨學論著目》, 董作賓의 《甲骨學五十年》·《甲骨學六十年》은 1899년 이래의 甲骨學에 대한 결산 보고서이다. 그 중 《五十年甲骨學論著目》은 저자가 보았거나 소장(듣기는 하였으나 보지 못한 것 일부 포함)한 中·日·英·佛·獨·俄 등 각종 문자로 된 전문서 1백48종, 논문 7백28종, 도합 8백76종을 발견·수록·고석·연구·통설·평론·집석·기타 저서 등 8항으로 분류하였다. 그리고 매항은 성질에 따라 약간 부분으로 나누었고, 출판 연월 및 판본 출처를 상세히 설명한 뒤 著者·篇名·編年의 세 가지 색인을 붙였다.

이 목록은 거의 모든 자료가 망라되어 있고, 분류가 상세하여 甲骨學·古文字學·殷商 역사를 배우고 연구하는 데 필요불가결한 도구서이다.

蕭艾의《甲骨文史話》, 孟世凱의《殷墟甲骨文簡述》은 비록 두꺼운 책은 아니지만, 전자는 역사적 사실에 치중하였고 후자는 史料 분석에 치중하였다. 王宇信의《建國以來甲骨文研究》는 신중국 건립 후 30년 동안의 "甲骨學系가 얻은 중요 성과와 제기된 주요 논제들이 개괄되어 있다."[39] 嚴一萍의《甲骨學》은 〈甲骨과 殷商 변방의 인식 認識甲骨與殷商的疆域〉·〈甲骨의 출토·탁본과 수록 甲骨的出土傳拓與著錄〉·〈진위 감별과 철합 辨偽與綴合〉·〈찬착과 점복 鑽鑿與占卜〉·〈문자의 풀이와 문자의 인식 釋字與識字〉·〈글귀의 통순과 문례의 인식 通句讀與識文例〉·〈斷代〉·〈甲骨文字의 예술 甲骨文字的藝術〉·〈甲骨學 전도에 대한 전망 甲骨學前途之展望〉 등 9장으로 나누어 甲骨學 일반 지식을 소개한 저서이다.

許進雄의《殷卜辭 중 5종 제사의 연구 殷卜辭中五種祭祀的研究》·《卜骨上의 착찬 형태 卜骨上的鑿鑽形態》·《骨卜 기술과 卜辭 단대 骨卜技術與卜辭斷代》는 점복·제사 및 단대 방면에 비교적 깊이 있는 탐구를 하였다. 그 중 卜甲·卜骨의 鑽鑿 형태를 斷代와 연결시켜 더욱 심층적인 고찰을 한 것은 甲骨學 연구에 주의할 가치가 있는 새로운 방법을 창안한 것이다.

이외에 饒宗頤의《殷代貞卜人物通考》, 董作賓·黃然偉의《續甲骨年表》,

嚴一萍의 《續殷曆譜》, 章鴻釗의 《中國古曆析疑》, 董作賓의 《中國年曆總譜》등은 甲骨學이나 그외 어떤 부분의 연구에든 참고할 가치가 충분하다.

4. 문자 고석과 자전류의 편찬

문자 고석에 관한 자료는 초창기에 나온 일부 전문서를 재판한 경우가 많았다. 예를 들면 郭沫若의 《甲骨文字硏究》는 원래 1931년에 출판되었는데 1952년 人民出版社가 재판하였고, 1962년에는 科學出版社가 다시 출판하였다. 吳其昌의 《殷墟書契解詁》는 원래 1934-1937년 武漢大學 《文哲季刊》에 실렸는데, 1959년 臺灣 藝文印書館에서 종합해 출판하였다.

唐蘭의 《殷墟文字記》는 현재 이미 재판되었다. 楊樹達은 신중국 건립 전에 발표한 文字 考證에 관한 논문들을 수정하여 《積微居甲文說》·《耐林廎甲文說》두 책에 나누어 수록하였다. 朱芳圃는 신중국 건립 후 10여 년간 연구한 甲骨文·金文의 결과를 《殷周文字釋叢》에 집대성하였는데, 1962년 中華書局에서 출판하였다.

그는 서문에서 "이 책에는 도합 1백81자가 풀이되어 있는데 새로 밝혀진 것은 甲骨文 41자, 金文 18자이다. 나머지는 지난 說을 수정하고 새로운 해설을 붙였다"고 하였다. 于省吾의 《甲骨文字釋林》은 문자 고석에 있어 전에 없던 새로운 발견이 아주 많은데 앞서 언급했으므로 중복하지 않는다.

자전류로는 孫海波의 《甲骨文編》이 1965년 보완 개편되어 中華書局에서 출판되었다. 초판보다 2천6백여 자 추가 수록하여 출판하면서 더욱 완비되고 찾기 쉽게 편집하였다. 그밖에 金祥恒의 《續甲骨文編》은 藝文印書館이 1959년에 펴냈고, 李孝定의 《甲骨文字集釋》은 1965년에 펴냈다. 于省吾가 主編한 《甲骨文字考釋類編》은 자전서를 집대성한 것인데 편찬 중에 있어 머지않아 출판될 것이다.

島邦南의 《殷墟卜辭綜類》는 자전과 색인의 효능을 다 갖추고 있어 현재 비교적 많이 이용되고 있는 참고서로 甲骨 연구에 편리를 제공했다. 그러나 잘못된 부분도 있어 한 차례 수정이 요망된다. 姚孝遂는《'殷墟卜辭綜類' 簡評》에서 이 책의 특징을 다음과 같이 지적하였다. 첫째, 자료의 수록이 비교적 완벽하다. 둘째, 자료의 선택이 비교적 신중하다. 셋째, 편집 체제가 비교적 신선하다. 넷째, 檢字와 색인이 비교적 편리하다. 특히 "자료에 대해 깊이 있는 관찰을 했고, 舊說에 미혹되지 않았다. 선별의 과정에서 비교적 신중하여 어떤 때는 여러 의견을 열거하기도 했고, 자기 자신의 독창적인 견해를 피력하기도 했다." 이와 동시에《綜類》의 해독상의 착오, 전후 모순되는 곳, 중복과 잘못 채택한 것, 僞刻을 인용한 것 등에 대한 결점을 하나하나 시정하였고, 끝에는 '《殷墟卜辭綜類》 교정표'를 첨부하여 참고하도록 하였다.[40]

그외에 徐中舒가 主編한《漢語古文字字形表》는 甲骨文·金文·戰國文字 약 3천 자, 古文字體 약 1만 자를 가려뽑아 문자의 발전 단계에 따라 殷代·西周·春秋戰國 세 시기로 구분하여 수록했으며, 끝에는 檢字表를 붙였다.《漢語大字典》편찬의 부산물로《甲骨文編》·《金文編》및《金文編》에서 채택하지 않은 새로 출토된 銅器·周原 甲骨·侯馬盟書·戰國簡書帛書 등에서 자료를 발췌한 본서는 새로운 문자 자료가 많고, 배열 또한 틀에 맞아《古籀匯編》과 비교하면 훨씬 새롭다.

또 高明의《古文字類編》은 古文字·合體文字·族徽文字를 광범위하게 수록하였고, 시대 전후에 따라 문자 순서를 배열하였기 때문에 古文字를 깊이 연구하려는 사람들이 반드시 갖추어야 할 참고서이며, 특히 古文字를 배우려는 청년들에게 더욱 도움이 될 것이다.

5. 商代史 연구 및 그와 관련된 저작

胡厚宣의《고대 연구의 사료 문제 古代研究的史料問題》는 1950년 商務

印書館에서 펴냈다. 그 내용은 비록 구체적인 사료의 해석과 운용에 편중되어 있지만, 다른 저서에서 甲骨文을 잘못 인용하였거나 오용한 예를 많이 지적하여 학자들의 주의와 관심을 불러일으키기에 족하였다.

郭沫若은 1950-1952년 사이 《도마뱀의 깨진 꿈 蜥蜴的殘夢》·〈'殷周의 殉葬 사실에 대한 기록'을 읽고 讀到'記殷周殉人之史實'》·《殷代의 殉葬 문제에 관한 기술 申述一下關于殷代殉人的問題》·《周代 사회에 관한 논의 關于周代社會的商討》·《발굴중에 본 周代 殉葬 상황 發掘中所見的周代殉葬情形》·《노예와 농노의 갈등에 관해서 關于奴隸和農奴的糾葛》·《墨家의 節葬은 殉葬을 반대한 것은 아니다 墨家節葬不非殉》·《奴隸制時代》를 잇달아 발표하여 殷周 두 사회의 성격과 古代史 分期의 문제, 그 중 특히 甲骨文에 대한 전반적이고 깊이 있는 연구까지 포함되어 甲骨文 연구에 박차를 가하였다.

1952년 上海 新文藝出版社는 상술한 논문을 모아 《奴隸制時代》라는 제목으로 출판하여 학계에 회자하는 유명한 사학 명저가 되게 하였다. 1954년 人民出版社가 개정판을 발행하였고, 1972년에는 또 《中國 古代史 연구 중의 두 가지 문제에 관하여 關于中國古史研究中的兩個問題》·《고대문자의 변증적 발전 古代文字之辨證的發展》및 《中國 古代史의 분기 문제——서를 대신하여 中國古代史的分期問題——代序》를 추가 수록하고 다시 새롭게 개편하여 1973년 5월에 출판하였다.

商代 역사와 관련된 기타 전문 저서로는 아래의 10여 종이 있다.

李亞農의 《殷代社會生活》, 上海 人民出版社, 1955년. 그후에 《欣然齋史論集》을 추가 수록하였다.

周谷城의 《古史零證》, 新知識出版社, 1956년.

丁山의 《甲骨文所見氏族及其制度》, 科學出版社, 1956년.

劉節의 《古史考存》, 人民出版社, 1958년.

許順湛의 《商代社會經濟基礎初探》, 河南 人民出版社, 1958년.

周鴻翔의 《殷商帝王本紀》, 홍콩, 1958년.

王玉哲의 《中國上古史綱》, 上海 人民出版社, 1959년.

陳邦懷의 《殷代社會史料徵存》, 天津 人民出版社, 1959년.

呂振羽의 《殷周時代的中國社會》, 三聯書店, 1962년.

金景芳의 《中國奴隸社會的幾個問題》, 中華書局, 1962년.

楊寬의 《古史新探》, 中華書局, 1965년.

顧維勤의 《由考古資料中看商周奴隸社會的階級壓迫》, 中華書局, 1975년.

일본 학자 貝塚茂樹의 《中國の古代國家》, 東京 弘文堂, 1952년.

貝塚茂樹의 《古代殷帝國》, 京都 みすず書房, 1957년.

西嶋定生의 《中國古代帝國の形成と構造——二十等爵制の研究》, 東京大學出版會, 1961년.

伊藤道治의 《古代殷王朝の存亡》, 東京 角川書店, 1967년.

白川靜의 《甲骨文の世界——古代殷王朝の構造》, 東京 平凡社, 1972년.

이상의 예는 모두 유명한 사학자들의 저작이다.

돌이켜보면 근 30년에 가까운 甲骨學의 연구는 실로 커다란 성과를 거두었다고 할 수 있다. 그러나 이에 만족할 수는 없다. 부족한 점은 여전히 남아 있기 때문이다. 예를 들어 30년대나 40년대와 서로 비교할 때 각종 저작의 수량면에서 결코 증가되지 않았고, 문자 고석이나 甲骨文 자료를 운용하여 商周 두 시대의 역사를 고찰하는 데 있어서도 충분한 연구와 토론을 거쳐야 할 문제가 적지 않다. 이러한 과정을 거쳐야만이 전문가들 사이의 의견 차이를 점차 좁혀 나갈 수 있고, 일치되거나 비교적 접근된 인식에 도달할 수 있기 때문이다.

6. 금후 어떻게 甲骨學 연구를 전개할 것인가

앞으로 어떻게 甲骨學 연구를 전개할 것인가에 대해 胡厚宣은 《80년 이 래의 甲骨學 八十年來的甲骨學》[41]이라는 학술 보고에서 주의해야 할 열 가지 의견을 내놓았다. 그 大意를 발췌 인용하여 본서의 맺음말로 삼는다.

첫째, 전면적인 자료 수집이다.

甲骨學과 商代史 연구에 필요한 자료는 적다고 할 수 없고, 대상이 비 교적 명확하므로 자료를 충분히 확보하고, 史料에 대해 면밀한 분석 연 구를 거치고 나면 자기의 관점이 형성된다. 절대 먼저 관점을 세우고 나 서 자료를 찾아 그것에 맞추어서는 안 된다. 이렇게 얻어진 결론은 항상 오래 가지 못하기 때문이다. 그러나 자료가 많게 되면 문장을 쓸 때 선별 에 주의하여야 하며 사족을 붙여서는 안 된다. 물론 어떤 때는 잘려진 토 막글까지도 필요하고, 어떤 때는 형식 갖추기로 충분하기 때문에 세심한 분석이 필요하다.

둘째, 대조하여 보충한다.

사진 · 탁본편을 포함해 중복된 자료를 대조해 보고 서로 보충한다.

셋째, 甲骨의 同文을 주의하여 서로 보완한다.

殘文과 同文을 서로 보완하고, 成套 卜辭의 결손 부분을 서로 보충한 다. 殷代 사람은 늘 한 가지 일을 여러 번 점을 쳤고, 刻辭도 1판의 새김 에 그치지 않았다. 일찍이 《卜辭同文例》[42]에서는 지금까지 볼 수 있었던 卜辭의 예를 종합하고 이를 깊이 관찰하였는데, 2판 또는 2판 이상의 甲 骨에서 동일한 卜辭의 내용이 8번이나 중복된 경우가 있었고, 卜辭의 내 용과 卜序가 같은 것도 있었으며, 같은 내용에 貞人이 다른 것, 내용은 같으나 한쪽은 같은 일을 긍정 · 부정으로 물었던 경우도 있었다. 어떤 때 는 甲版에 쓰인 글의 부족을 乙版에서 보충할 수 있었고, 乙版에서 찾지 못했던 것을 甲版에서 찾아낸 경우도 있다. 殘文 · 同文 또는 成套 卜辭

의 결손 부분을 세심히 유의하면 결함을 보충할 수 있다.

넷째, 조각을 모아 맞추고 주의해서 연결시킨다.

다섯째, 진위를 감별하는 문제는 세심한 주의가 필요하다.

예를 들면 大英博物館 甲骨片의 진위 문제는 지금까지도 논쟁이 그치지 않고 있다.

여섯째, 특히 斷代 연구에 주의해야 한다.

예를 들면 武丁 이전에 甲骨이 있었는가 없었는가, 소위 '제4기' 甲骨은 초기의 것인가 아니면 말기의 것인가, 廩辛·康丁의 甲骨은 도대체 어떻게 구분하는가 등은 모두 異論이 분분하므로 더욱 깊은 연구가 필요하다.

일곱째, 문자 인식의 문제이다.

상용자는 이미 알고 있고 새로운 字를 고석하는 데는 상당한 어려움이 있다. 그러나 이 작업은 끊임없이 추진되어야 한다. 그 이유는 甲骨文으로 古代史를 연구하는 데 문자의 인식이 첫째 관문이고, 또 商代史를 연구하는 사람은 반드시 문자 도구에 정통하고 원시 자료를 보아야 함은 필수적이다. 2차·3차적인 자료는 가능한 한 적게 이용해야 하기 때문이다.

여덟째, 1字·1組·1版의 내용을 전면적인 문제로 보아야 한다.

文字는 문장 속에 있고, 卜辭는 文例 중에 있어, 全版의 각 문제들이 고립적으로 존재하지 않기 때문이다. 토막 자료들을 유기적으로 연관시키고 전반적으로 검토하면 역법·천문·정벌 등의 깊은 연구에 도움이 될 것이다.

아홉째, 甲骨은 분기·분류하여 종합적으로 분석한다.

예컨대 商代史 연구는 金石文字, 기타 고고 자료, 고문헌을 종합하여 비교 연구해야 하기 때문이다.

열째, 종횡으로 교차시켜 연구한다.

만약 이미 橫的으로 각 帝王에 대해, 혹은 두세 제왕 시대의 역사를 단대하여 연구했으면, 縱的으로 商代의 정치·경제·문화, 기타 여러 방면에 대한 체계적인 고찰이 요구된다. 다시 말하면 종횡으로 교차시켜 연구하고 서로 연관지어 상호 보충해야 할 것이다.

原 注

【제1장】甲骨文의 발견, 수집과 전파

1) 胡厚宣:《五十年甲骨文發現的總結》, p.8-9 참조, 商務印書館, 1951년.

2) 董作賓・胡厚宣:《甲骨年表》, 商務印書館, 1937년.

3) 胡厚宣:《五十年甲骨學論著目》, 中華書局, 1952년.

4) 汐翁:《龜甲文》, 1931년 北京《華北日報・華北畵刊》제89기.

5) 王襄:《題易穭園殷契拓冊》, 1935년《河北博物院半月刊》제85기.

6) 衛聚賢:《秦漢時發現甲骨文說》, 1939년《說文月刊》1권 4기.

　　何天行:《甲骨文已發現于古代說》, 1940년 上海《學術》제1집.

7) 羅振常:《洹洛訪古游記》〈宣統三年二月二十三日條〉, 上海 蟬隱廬書店, 1930년.

8) 明義士:《甲骨硏究》, 齊魯大學, 1933년, 石印本.

　　羅振玉:《五十日夢痕錄》,《雪堂叢刻》참조.

9) 林泰輔:《淸國河南湯陰發現之龜甲獸骨》, 日本《史學雜誌》제20권 제8-10기.

10) 富岡謙藏:《古里城出土龜甲之說明》, 日本《史學硏究會講演集》第三冊.

11) 方法斂:《中國原始文字考》, 1906년.

12) 汐翁:《龜甲文》; 董作賓:《甲骨年表》참조.

13) 王漢章:《古董錄》, 1933년《河北第一博物院畵報》제50기.

14) 劉鶚:《鐵雲藏龜自序》, 1903년 10월.

15) 羅振玉:《殷商貞卜文字考自序》, "光緖 己亥에 나는 河南 湯陰에서 古龜甲獸骨이 발견되었다는 말을 들었다. 그 위에는 문자가 새겨져 있었는데 福山 王文敏公이 모두 사들였다. 이들을 보지 못함이 안타깝다. 다음해 의화란이 발생하여 文敏은 순국하고, 그가 소장했던 것은 모두 丹徒 劉鶚에게 들어갔다. 그 다음해 비로소 江南으로 전해져 나도 볼 수 있었는데 과연 진귀한 보물이었다."

　　王國維:《戩壽堂所藏殷墟文字序》, "光緖 戊戌・己亥 연간, 洹河 언덕에 물이 침식해 들어간 곳에서 주민들이 龜甲・牛骨을 얻었는데 위에 문자가 있었다. 골동상이 北京으로 가지고 가 이를 福山 王文敏公이 사들였다."

　　明義士:《甲骨硏究》, "1899년(己亥, 光緖 25년) 저명한 학자 王懿榮(字 廉生, 諡 文敏公)은 北京의 某약방에 가서 龍骨을 샀다. 문자가 새겨진 귀판을 얻었는데 문자가 金文과 비슷하여 곧 그 유래를 캤다. 또 다른 문자가 새겨진 많은 龍骨을 매자당 은 2냥을 주고 사들였다. 집에 돌아와 연구한 결과 자못 소득이 컸다. 王廉生은 甲骨을 연구한 최초의 인물이다."

16) 胡厚宣:《殷墟發掘》, p.15, 學習生活出版社, 1955년.

17) 董作賓·胡厚宣:《甲骨年表》, p.1, 商務印書館, 1937년.

18) 胡厚宣:《五十年甲骨文發現的總結》·《殷墟發掘》 참조.

19) 庫壽齡:《河南之卜骨》,《皇家亞洲學會分會雜誌》 제45기.

20) 郭沫若:《中國古代社會研究》, p.212, 人民出版社, 1954년.

21) 郭沫若:《卜辭通纂》, 1933년, 日本 東京 文求堂書店, 石印本.

22) 明義士:《殷墟卜辭》, 1917년, 石印本.

23) 胡厚宣:《五十年甲骨文發現的總結》·《殷墟發掘》; 郭沫若:《中國古代社會研究》 참조.

24) 董作賓·胡厚宣:《甲骨年表》; 董作賓:《甲骨學五十年》; 陳夢家:《殷墟卜辭綜述》 참조.

【제2장】殷墟 발굴과 기타 지역의 考古 발견

1) 戴家祥:《甲骨文的發現及其學術意義》,《歷史教學問題》 1957년 제3기.

2) 胡厚宣:《殷墟發掘》, p.45-46.

3) 1930년《安陽發掘報告》 제2기 참조.

4) 董作賓:《民國十七年十月試掘安陽小屯報告書》, 1929년《安陽發掘報告》제1기에 실림;《國立中央研究院十七年度總報告》, 歷史言語研究所 부분의《安陽調查》.

5) 제1차 殷墟 발굴에서 얻은 甲骨은 董作賓이《新獲卜辭寫本》·《新獲卜辭寫本後記》로 발표하였다. 董作賓:《中華民國十七年十月試掘安陽小屯報告書》 참조.

6) 제2차 殷墟 발굴 보고는 李濟의《小屯地面下情形分析初步》와《殷商陶器初論》 참조. 1929년《安陽發掘報告》제1기.

7) 제3차 발굴 보고는 李濟의《民國十八年秋季發掘殷墟之經過及其重要發現》참조. 1930년《安陽發掘報告》제2기에 게재됨. 董作賓의《大龜四版考釋》은《安陽發掘報告》제3기에 실림. 큰짐승머리 刻辭 두 점은 董作賓이《獲白麟解》에 발표했고,《安陽發掘報告》제2기에 게재됨.

8) 제4차 발굴 총보고는 李濟의《安陽最近發掘報告及六次工作之總估計》에 있는데 1933년《安陽發掘報告》제4기에 게재됨. 구역별 보고는 郭寶鈞의《B區發掘記之一》이 있다.(同上) 새로 발견한 사슴머리 刻辭는 董作賓의《甲骨文斷代研究例》에 발표되었고, 1933년《慶祝蔡元培先生六十五歲論文集》上册에 게재됨. 四盤磨의 발굴은 五金鼎의《摘記小屯迤西之三處小發掘》에 보이고,《安陽發掘報告》제4기에 게재됐다. 后岡의 발굴은 梁思永의《後岡發掘小記》(同上)와

《小屯·龍山與仰韶》에 보이고, 1935년 《慶祝蔡元培先生六十五歲論文集》下册에 게재됨. 字骨의 연구에 관하여는 董作賓의 《釋後岡出土的一片卜辭》가 있는데, 《安陽發掘報告》제4기에 게재됨.

9) 제5차 발굴의 초보적인 발굴 보고는 李濟의 《安陽最近發掘報告及六次工作之總估計》, 郭寶鈞의 《B區發掘記之二》가 있는데 1933년 《安陽發掘報告》제4기에 실림. 李濟의 《殷墟銅器五種及其相關之問題》는 《慶祝蔡元培先生六十五歲論文集》上册에 실림.

10) 제6차 발굴 보고는 李濟의 《安陽最近發掘報告及六次工作之總估計》, 五金鼎의 《摘記小屯迤西之三處小發掘》이 있는데 《安陽發掘報告》제4기에 실림.

11) 제7차 발굴은 前중앙연구원의 《二十一年度總報告》와 石璋如의 《第七次殷墟發掘E區工作報告》에 보이는데 《安陽發掘報告》제4기에 게재됨.

12) 제8차 발굴은 前중앙연구원의 《二十二年度總報告》와 石璋如의 《殷墟最近之重要發現附論小屯地層》을 참조. 《中國考古學報》제2책에 게재됨.

13) 제9차 발굴은 石璋如의 《小屯後五次發掘的重要發現》과 《小屯的文化層》참조. 1945년 《六同別錄》上册에 게재됨. 侯家庄 남쪽에서 발견한 甲骨文은 董作賓의 《安陽侯家莊出土之甲骨文字》를 참조. 1936년 《田野考古報告》제1책에 게재됨.

14) 제10차 발굴 개황은 石璋如의 《小屯的文化層》을 참조.

15) 제11차 발굴은 石璋如의 《小屯的文化層》을 참조.

16) 제12차 발굴은 石璋如의 《小屯的文化層》을 참조.

17) 제13-15차 발굴은 石璋如의 《小屯後五次發掘的重要發現》과 《小屯的文化層》을 참조.

18) 胡厚宣: 《殷墟發掘》, p.115-116; 陳夢家: 《殷墟卜辭綜述》, p.37-38 참조.

19) 胡厚宣: 《殷墟發掘》, p.117-120 참조.

20) 胡厚宣: 《殷墟發掘》, p.121 참조.

21) 이 발굴의 상황에 대해서는 郭寶鈞의 《1950年春殷墟發掘報告》를 참조. 《中國考古學報》제5책에 게재됨. 다른 발굴의 간단한 보고가 4편 있는데 《科學通報》1950년 1-4기에 게재됨.

22) 馬得志 등의 《1953年安陽大司空村發掘報告》(1955년 《考古學報》제9책)는 제3차 발굴에 대해 상세한 소개를 했다. 여기서 殷墓 중 바르게 누인 매장과 엎드린 매장의 차이점, 묘주의 신분 등에 대한 연구를 했는데 열띤 쟁론을 일으켰다. 이에 관해 글을 쓴 사람은 趙光賢·吳震·吳汝祚 등이다.

23) 河南省 문화국 문물작업대: 《1955年秋安陽小屯殷墟的發掘》, 1958년 《考古學報》제3기에 게재되었으니 참조.

24) 1958년 간행된 《文物參考資料》 제12기에 게재된 趙霞光의 《安陽市西郊的殷代文化遺址》를 참조. 1963년 간행된 《考古》 제4기에 게재된 周到 등의 《1957年秋安陽高樓莊殷代遺址發掘》을 참조.

25) 河南省 문화국 문물작업대: 《1958年春河南安陽市大司空村殷代墓葬發掘簡報》 참조. 《考古通訊》 1958년 제10기에 게재됨.

26) 고고안양발굴대: 《1958-1959年殷墟發掘簡報》, 1961년 《考古》 제2기에 게재됨.

27) 고고안양발굴대: 《1962年安陽大司空村發掘簡報》, 1964년 《考古》 제8기에 게재됨.

28) 고고안양발굴대: 《1971年安陽後岡發掘簡報》, 1972년 《考古》 제3기에 게재됨. 《1972年春安陽後岡發掘簡報》, 1972년 《考古》 제5기에 게재됨.

29) 고고안양발굴대: 《1973年安陽小屯南地發掘簡報》, 1975년 《考古》 제1기에 게재됨. 《小屯南地甲骨》의 〈前言〉 부분을 참조.

30) 1974년 《文物》 제7-8기에 게재된 胡厚宣의 《中國奴隸社會的人殉和人祭》 참조. 安陽工農考古短訓班의 《安陽殷墟奴隸祭祀坑的發掘》과 楊錫章의 《從商代祭祀坑看商代奴隸社會的人牲》, 1977년 《考古》 제1기에 게재됨.

31) 1977년 《考古學報》 제2기에 게재된 고고안양발굴대의 《安陽殷墟五號墓的發掘》 참조. 1977년 《考古》 제2기에 게재된 王宇信 등의 《試論殷墟五號墓的 '婦好' 》 참조. 1977년 《考古》 제5기에 게재된 《安陽殷墟五號墓座談紀要》 10개 단위 18명의 학자의 의견 참조. 1977년 《文物》 제11기에 게재된 李學勤의 《論 '婦好' 墓的年代及有關問題》 참조.

32) 고고안양작업대의 《1969-1977年殷墟西區墓葬發掘報告》가 1979년 《考古學報》 제1기에 게재되었으니 참조.

33) 安志敏: 《1952年秋季鄭州二里岡發掘記》, 《考古學報》 1954년 제8기에 게재됨.

34) 《河南鄭州二里岡又發掘出〈俯身葬〉人骨兩具和鑿痕龜甲一片》, 《文物參考資料》 1953년 제10기에 게재됨.

35) 《一年來鄭州市的文物調查發掘工作》, 《文物參考資料》 1954년 제4기에 게재됨; 정주시문물작업대: 《鄭州市人民公園第二十五號商代墓葬淸理簡報》, 《文物參考資料》 1954년 제12기에 게재됨.

36) 《人民日報》 1954년 11월 12일, 《光明日報》 1954년 11월 19일 참조.

37) 趙霞光: 《鄭州南關外商代遺址發掘簡報》, 《考古通訊》 1958년 제2기에 게재됨; 河南省 박물관: 《鄭州南關外商代遺址的發掘》, 《考古學報》 1973년 제1기에 게재됨.

38) 河南省 문화국 문물작업대 제1대:《鄭州洛達廟商代遺址試掘簡報》,《文物參考資料》1957년 제10기에 게재됨.

39) 河南省 문화국 문물작업대 제1대:《鄭州旭畄王村遺址發掘報告》,《考古學報》1958년 제3기에 게재됨.

40) 黃河水庫考古隊 하남분대:《河南陝縣七里舖商代遺址的發掘》,《考古學報》1960년 제1기에 게재됨.

41) 游淸漢:《河南省安陽市十里廟發現商代遺址》,《考古》1959년 제7기에 게재됨.

42) 河南省 문화국 문물작업대:《河南偃師灰咀遺址發掘簡報》,《文物》1959년 제12기에 게재됨.

43) 河南省 문화국 문물작업대:《河南新鄉潞王坟商代遺址發掘報告》,《考古學報》1960년 제1기에 게재됨;《河南澠池鹿寺商代遺址試掘簡報》,《考古》1964년 제9기에 게재됨.

44) 《河北省邢臺市發現商代遺址》,《文物參考資料》1956년 제9기에 게재됨; 河北省 문물관리위원회:《邢臺曹演莊遺址發掘報告》,《考古學報》1958년 제4기에 게재됨.《邢臺賈村商代遺址試掘簡報》,《文物參考資料》1958년 제10기에 게재됨.《1958年邢臺地區古遺址·古墓葬的發現與淸理》,《文物》1959년 제9기에 게재됨; 唐雲明:《河北邢臺東先賢村商代遺址的調查》,《考古》1959년 제2기에 게재됨.

45) 北京大學·河北省 문화국 한단고고발굴대:《1957年邯鄲發掘簡報》,《考古》1959년 제10기에 게재됨.

46) 河北省 박물관:《河北藁城縣商代遺址和墓葬的調查》,《考古》1973년 제5기에 게재됨.《河北藁城縣臺西村商代遺址1973年的重要發現》,《文物》1974년 제8기에 게재됨.

47) 山東省 문물관리처:《濟南大辛莊遺址試掘簡報》,《考古》1959년 제4기에 게재됨.《濟南大辛莊商代遺址勘查紀要》,《文物》1959년 제11기에 게재됨.

48) 郭勇:《山西十年來考古與文物工作的槪況》,《考古》1959년 제2기에 게재됨.

49) 《文物參考資料》1953년 제7기와 1954년 제4기 참조.

50) 《歷史敎學》1955년 1월호의〈鄭州發現商代文化遺址〉참조.

51) 《文物》1979년 제10기에 게재됨.

52) 《文物參考資料》1956년 제11기에 게재됨.

53) 《文物參考資料》1956년 제7기에 게재됨.

54) 《文物參考資料》1956년 제11기에 게재됨.

55) 北京 문물관리처:《北京地區的又一重要考古收獲——昌平白浮西周木槨墓的新啓示》,《考古》1976년 제4기에 게재됨.

56) 《十批判書》 제1편 〈古代研究的自我批判〉 참조.

57) 《西周與東周》 제1장 〈中國古代的民族問題〉 참조.

58) 陳全方: 《早周都城岐邑初探》, 《文物》 1979년 제10기에 게재됨.

59) 王宇信: 《周代的甲骨文》, 《中國史研究》 1979년 제3기에 게재됨: 陝西 주원 고고대: 《陝西岐山鳳雛村發現周初甲骨文》, 《文物》 1979년 제10기에 게재됨; 徐錫台: 《周原出土的甲骨文所見人名·官名·方國·地名淺釋》·《探討周原甲骨文中有關周初的曆法問題》, 1979년 中華書局이 출판한 《古文字研究》 제1집 참조.

【제3장】 卜甲과 卜骨

1) 梁思永: 《小屯龍山與仰韶》; 吳金鼎: 《摘記小屯迤西之三處小發掘》 참조.

2) 陳夢家: 《殷墟卜辭綜述》, p.7 참조.

3) 《安陽發掘報告》 제4기 참조.

4) 董作賓: 《甲骨文斷代研究例》 참조.

5) 《中國考古學報》 제1책 참조.

6) 石璋如: 《殷墟最近之重要發現附論小屯地層》, 1947년 《中國考古學報》 제2책에 게재됨.

7) 胡厚宣: 《武丁時五種記事刻辭考》, 《甲骨學商史論叢》 初集에 수록.

8) 同上.

9) 同上.

10) 《安陽發掘報告》 제4기 참조.

11) 《殷墟卜辭綜述》, p.5 참조.

12) 《武丁時五種記事刻辭考》 참조.

13) 《安陽發掘報告》 제4기 참조.

14) 《甲骨文斷代研究例》 참조.

15) 胡厚宣: 《甲骨學緒論》, 《甲骨學商史論叢》 제2집에 수록.

16) 《殷墟卜辭綜述》, p.6 참조.

17) 李學勤: 《論美澳收藏的幾件商周文物》, 《文物》 1979년 제12기에 게재됨.

18) 羅振玉: 《殷墟書契考釋》 참조.

19) 王襄: 《題所錄貞卜文冊》 참조.

20) 胡厚宣: 《甲骨學緒論》 참조.

21) 1948년 《中國考古學報》 제4책 참조.

22) 《安陽發掘報告》 제2기 참조.

23) 1931년 《師大國學叢刊》 제1권 제2기 참조.

24) 1932년 《史學年報》 제4기 참조.

25) 1934년 3월 18일·25일 北京 《世界日報》 참조.

26) 《齊魯大學季刊》 제2기 참조.

27) 《殷墟卜辭綜述》, p.326-327 참조.

28) 張秉權: 《殷墟文字丙編》 제184호 참조.

29) 同上 제95호 참조.

30) 胡厚宣: 《氣候變遷與殷代氣候之檢討》, 《甲骨學商史論叢》 제2집에 수록.

31) 胡厚宣: 《甲骨學緒論》 참조.

32) 胡厚宣: 《五十年甲骨文發現的總結》, p.51 참조.

33) 東吳大學: 《中國藝術史集刊》 제2권 참조.

34) 《古代文字之辨證的發展》, 《考古學報》 1972년 제1기에 게재됨.

35) 《甲骨學五十年》 참조.

36) 《甲骨學商史論叢》 初集 참조.

37) 《五十年甲骨文發現的總結》 참조.

38) 《安陽發掘報告》 제3기 참조.

39) 1937년 《中國地質學會會志》 제17권 제1호 참조.

40) 伍獻文 문장을 감정한 '武丁大龜' 之腹甲, 前중앙연구원 《動植物研究集刊》 제14권 제1-6기, 1943년에 게재됨.

41) 《武丁時五種記事刻辭考》 참조.

42) 王國維: 《釋物》, 《觀堂集林》 권6 참조; 商承祚: 《殷契佚存考釋》 203.

43) 胡厚宣: 《氣候變遷與殷代氣候之檢討》 참조.

44) 卜辭에 〈𢀛千牛千人〉(《合》 301)이라는 기록이 있다.

45) 王襄이 矛로 해석한 것은 《簠室殷契類纂》 1·3 참조; 董作賓이 矛로 해석한 것은 《帚矛說》 참조, 《安陽發掘報告》 제4기에 게재됨.

46) 《天壤閣甲骨文存考釋》 17 참조.

47) 《甲骨文字釋林》 참조.

48) 《殷墟卜辭綜述》, p.18-19 참조.

49) 《武丁時五種記事刻辭考》 참조.

50) 《甲骨學商史論叢》 初集에 게재됨.

51) 1944년 12월 《齊魯大學史學叢刊》 제1기에 게재됨.

【제4장】 卜法과 文例

1) 尹達: 《中國新石器時代》, 三聯書店, 1955년.

2) 安志敏: 《1952年秋季鄭州二里岡發掘記》, 《考古學報》 1954년 제8기에 게재됨.

3) 唐蘭:《在甲骨金文中所見的一種已經遺失的中國古代文字》,《考古學報》 1957년 제2기에 게재됨.

4) 郭沫若:《古代文字之辨證的發展》,《奴隸制時代》, p.254, 1977년 참조.

5)《考古學報》1980년 제4기에 게재됨.

6) 張亞初·劉麗:《從商周八卦數字符號談筮法的幾個問題》,《考古》1981년 제2기에 게재됨.

7)《左傳》僖公四年: 初, 晉獻公欲以驪姬爲夫人, 卜之不吉, 筮之吉. 公曰:"從 筮." 卜人曰:"筮短龜長, 不如從長."

8)《安陽發掘報告》제1기 참조.

9) 董作賓:《商代龜卜之推測》제3기〈釁衁〉참조.

10)《殷墟卜辭綜述》, p.11 참조.

11)《殷墟卜辭綜述》, p.17 참조.

12) 郭沫若:《古代文字之辨證的發展》, 1977년《奴隸制時代》, p.251-252 참조.

13) 胡厚宣:《卜辭同文例》,《中央研究院歷史語言研究所集刊》9本 2分, p.140-144, 1940년 참조.

14) 胡厚宣:《釋兹用兹御》,《中央研究院歷史語言研究所集刊》8本 4分에 게재.

15) 楊向奎:《釋不玄冥》,《歷史研究》1955年 第1期에 게재됨.

16) 胡光煒:《甲骨文例》下, p.26 참조.

【제5장】文 字

1) 郭沫若:《古代文字之辨證的發展》참조.

2)《中國史稿》第1册, p.23 참조.

3) 同上, p.66.

4)《文物》1973년 제2기에 게재됨.

5)《古代文字之辨證的發展》참조.

6)《光明日報》1977년 7월 14일 참조.

7)《光明日報》1978년 2월 23일 참조.

8) 1978년《大公報在港復刊三十周年記念文集》참조.

9)《文物》1973년 제2기 참조.

10)《中國語文》1978년 제3기 참조.

11) 北京大學 역사과 고고연구실 商周組:《商周考古》, 文物出版社, 1979년, p.21.

12) 1924년 3월 北京大學《國學季刊》제1권 제4기에 게재됨.

13)《甲骨文字釋林》, 中華書局, 1979년 참조.

14) 陳晉:《說文研究法》, 商務印書館, 1933년, p.145 참조.

15)《殷墟文字續考》, 清華研究院《國學論叢》1권 4호, 1928년에 게재됨.

16)《觀堂集林》卷6 참조.

17) 中華書局, 1981년 5월, 影印本.

18) 齊魯書社, 1981년 1월, 影印本.

19) 中華書局, 1979년 출판.

20) 四川人民出版社, 1981년 출판.

【제6장】文 法

1) 中國科學院, 1953년 10월 출판.

2) 과학출판사, 1956년 7월, 제3장〈文法〉참조.

3)《積微居甲文說》, 科學出版社, 1954년.

4) 郭沫若:《殷契粹編》, 科學出版社, 1956년, p.588 참조.
   陳煒湛:《卜辭文法三題》,《古文字研究》제4집, 中華書局, 1980년 12월,
p.187-188.

5)《殷墟卜辭綜述》, p.101-103 참조.

6)《殷墟卜辭綜述》, p.129-130 참조.

7) 管燮初:《殷墟甲骨刻辭的語法研究》, p.7-10 참조.

8) 管燮初:《殷墟甲骨刻辭的語法研究》, p.11-13 참조.

9)《殷墟卜辭綜述》, p.92 참조.

10)《甲骨文字研究》, 人民出版社, 1952년, 重印本.

11)《殷契粹編》, p.357 참조.

12)《殷墟卜辭綜述》, p.441 참조.

13) 同上, p.112.

14)《燕京學報》제28기, 1940년 12월 참조.

15)《殷墟卜辭綜述》, p.128 참조.

16) 裘錫圭:《說明》,《古文字研究》제1집, 中華書局, 1977년에 게재됨.

17)《殷墟甲骨刻辭的語法研究》, p.40-41 참조.

18)《古文字研究》제7집, 中華書局, 1982년 6월 참조.

19)《殷墟卜辭綜述》, p.128-129 참조.

20)《殷墟甲骨刻辭的語法研究》, p.49-50 참조.

21)《古文字研究》제4집, p.188-203 참조.

22)《殷墟卜辭綜述》, p.133 참조.

23)《殷墟甲骨刻辭的語法研究》, p.51 참조.

24) 《中學語文教學》, 1979년 제6기 참조.

【제7장】 斷 代

1) 《觀堂集林》 제9조 〈祖某·父某·兄某〉 참조.

2) 《殷墟卜辭綜述》, p.135-136 참조.

3) 董作賓: 《甲骨文斷代研究例》, 1933년 1월 출판된 《慶祝蔡元培先生六十五歲論文集》에 수록.

4) 《古史新證》 제3장 참조.

5) 郭沫若 《殷契粹編》 250: 祖丁·祖辛의 사이에는 ㄅ甲이 있다. 'ㄅ'자는 卜辭 ㄆ인 것으로 생각되며, 孫詒讓은 羌이라 해석했다. 羅振玉은 羊이라 해석하여 羊甲은, 즉 《史記》의 陽甲이라 여겼으며, 王家維·董作賓은 그 설을 따랐다. 그러나 殷王 世系에 따르면, 祖丁·祖辛의 사이는 당연히 沃甲이므로 董作賓은 "陽甲을 끼워넣으니 순서가 좀 이상하다"고 말했다. 만약 羌甲이라 해석하면, 沃甲이라는 음과도 통할 수 없다. 郭沫若은 ㄅ이라 해석하고, ㄅ은 곧 狗의 象形字로 귀를 사람에게 대고 서 있는 모습을 본떴으며, 狗음은 沃음과 서로 비슷하여 빌려 사용할 수 있다고 말했다. 于省吾는 甲骨文의 羌甲이 〈殷本紀〉에는 沃甲이라 했는데, 이는 羌자의 잘못된 글자라 여겼다. 羌자는 처음에는 芺으로 잘못 쓰였다가, 후인이 渓 혹은 沃이라 고쳤다고 했다. 于省吾의 說이 옳다.

6) 1955년, 臺灣 藝文印書館 출판.

7) 1940년 1월 《北京大學四十周年記念論文集》 乙編 상책에 게재됨. 또 1944년 《甲骨學商史論叢》 初集 제3책에 수록.

8) 《東方學報》, 京都 제9책에 게재됨.

9) 1946년 東京 弘文堂 출판.

10) 《東方學報》, 京都 第23期에 게재됨.

11) 李學勤의 《評陳夢家 '殷墟卜辭綜述'》에서는 陳夢家가 정한 貞人에 대해 보충하고 고침. 島邦男의 《殷墟卜辭研究》의 서론 중의 〈貞人補正〉 항목은 董·陳 두 사람이 정한 貞人 구분에 대해 상세한 연구 토론을 전개함. 饒宗頤의 《殷代貞卜人物通考》에서도 모든 貞人에 대해 진지한 연구를 함. 이외에 다른 학자들은 貞人의 시대 문제에 대해 유익한 견해를 내놓았다. 이상의 논저는 모두 貞人 연구를 하는 데 참고할 수 있다. (本書 부록 3 〈甲骨論著目錄〉 참조.)

12) 《戰後京津新獲甲骨集·序要》 참조.

13) 《甲骨文斷代研究法的再檢討》, 《東方學報》, 京都 제23기에 게재됨.

14) 《殷墟卜辭綜述》, p.33·145-165 참조.

15) 林澐은 《從子卜辭試論商代家族形態》 중에서 "소위 '自組 卜辭'라고 하는

것은 내가 1965년에 이미 考定한 武丁 前期의 王室 卜辭이다"고 하였다.(吉林 大學 研究生 卒業論文: 〈甲骨斷代中一個重要問題的再研究〉)《古文字研究》제1집, 中華書局, 1979년 8월 출판.

16) 肖楠:《安陽小屯南地의 '自組卜甲'——兼論 '自組 卜辭' 的時代及其相關問題》,《考古》1976년 제4기에 게재됨.

17) 李學勤:《關于自組卜辭的一些問題》,《古文字研究》제3집, 中華書局, 1980년.

18) 《屯南》2765(H104:1)·2766(H104:2)·4511(T53 '4A' :140-4515(T53 '4A' :144)·4516(T53 '4A' :145+H91:1+H91:4)·4517(T53 '4A' :146)·4518 (T53 '4A' :147) 참조.

19) 《屯南》2698(H102:1) 참조.

20) 陳夢家는 父庚이 있다고 보았음.《綜述》, p.146 참조.

21) 江鴻:《盤龍城與商朝的南土》,《文物》1976년 제4기에 게재됨.

22) 陳夢家:《綜述》, p.153.

23) 《小屯南地甲骨》上冊 第一分冊의 〈前言〉, 中華書局, 1980년 10월, p.17-26 참조.

24) 李學勤:《帝乙時代的非王卜辭》,《考古學報》1958년 제1기에 게재됨. 李學勤은 현재 '帝乙時代' 說을 포기했음.

25) 屈萬里:《殷墟文字甲編考釋》, p.438 참조.

26) 肖楠:《略論午組卜辭》,《考古》1979년 제6기에 게재됨.

27) 《戰後京津新獲甲骨集·序要》·《甲骨續存》 참조.

28) 《甲骨文斷代研究的再檢討》 참조.

29) 《殷墟卜辭綜述》, p.158-161 참조.

30) 《帝乙時代的非王卜辭》 참조.

31) 姚孝遂:《吉林大學所藏甲骨選釋》,《吉林大學社會科學學報》1963년 제4기에 게재됨.

32) 《古文字研究》제1집 참조.

33) 李學勤:《論〈婦好〉墓的年代及有關問題》,《文物》1977년 제11기에 게재됨.

34) 1977년 《考古》에 소개한 殷墟 5호묘 좌담회에서, 歷組 卜辭를 3,4기의 卜辭로 나눌 수 있다는 전제하에 裴錫圭는 婦好墓의 시대는 응당 康丁이나 武乙 時期일 것이라고 주장하였고(《考古》1977년 제5期, p.343-344 참조), 지금은 武丁 말기의 것이라고 여기고 있음.

35) 裴錫圭:《論 '歷組卜辭' 的時代》, 中國古文字研究會 제3차 年會논문집,《古文字研究》제6집 참조.

36)《小屯南地甲骨》上册 第1分册의〈前言〉, p.31-45 참조.

37) 肖楠:《論武乙·文丁卜辭》,《古文字研究》제3집, 中華書局, 1980년 11월 참조.

38) 孫詒讓:《契文舉例》下, p.30.

39) 李旦丘:《鐵雲藏龜零拾》, p.2-6.

40) 張永山·羅琨:《論歷組卜辭的年代》,《古文字研究》제3집에 게재됨.

【제8장】진위 감별과 조각맞추기

1) 明義士:《殷墟卜辭序》; 胡厚宣:《五十年甲骨文發現的總結》, p.33-34 참조.

2)《圖書季刊》新2卷 3기, p.321-328;《圖書館學季刊》9卷 3·4기, p.493-498;《岭南學報》7卷 2기, p.19-20 참조.

3) 陳夢家:《殷墟卜辭綜述》, p.652 참조.

4) 白瑞華:《庫方二氏藏甲骨卜辭·補遺》참조.

5)《殷墟卜辭綜述》, p.499 참조.

6) 胡厚宣:《甲骨文〈家譜刻辭〉眞僞問題再商榷》,《古文字研究》제4집, 中華書局, 1980년 참조.

7) 于省吾:《甲骨文〈家譜刻辭〉眞僞辨》참조.

8) 董作賓:《方法斂博士對于甲骨文之貢獻》, 1940년 9월《圖書季刊》新2卷 2기에 게재됨.

9) 陳夢家:《述方法斂所摹甲骨卜辭》, 1940년 3월《圖書季刊》新2卷 1기에 게재됨.

10)《殷墟卜辭綜述》, p.672 참조.

11) 胡厚宣:《臨淄孫氏舊藏甲骨文字考辨》,《文物》1973년 제9기에 게재됨.

12) 松丸道雄:《甲骨文僞造問題新探》, 陳維廉譯·陳應年校,《古文字研究》제6집에 게재됨.

13) 梁啓超가 강의한 원고는 학생 周傳儒·姚名達·吳其昌 등이《飲水室專集》에 정리해 수록, 中華書局에서 1955년 단행본으로 펴냄.

14) 董作賓:《甲骨學五十年》, 臺灣 藝文印書館, 1955년 참조.

15) 金祖同:《章太炎先生書後跋》, 1939년 日本《書苑》1卷 6기에 게재됨,《甲骨文辨證》上集 참조.

16) 中華書局, 1937년, 石印本.

17) 齊魯大學 國學研究所, 1939년.

18) 修文堂書店, 1950년.

19) 科學出版社, 1955년.

20) 藝文印書館, 1975년.

21) 臺灣 중앙연구원 역사언어연구소는 1957년부터 1972년까지 연이어 上·中·下 3집을 6권으로 출판.

22) 商周 甲骨 출토의 총수는 약 15,6만 편 정도임. 어떤 이는 이미 20만 편 이상에 달했다고 말하는데 너무 높은 것으로 사료됨.

23) 童恩正·張陞楷·陳景春:《關于使用電子計算機綴合商代卜甲碎片的初步報告》,《考古》1977년 제3기에 게재됨.

【제9장】甲骨文과 다른 학문과의 관계(上)

1) 胡厚宣:《五十年甲骨文發現的總結》.

2) 羅振玉:《殷商貞卜文字考》참조.

3) 《後漢書·儒林傳》참조.

4) 兪樾:《兒笘錄》참조.

5) 胡厚宣:《說垈》,《古文字研究》제1집에 게재됨. 中華書局, 1979년 8월 참조.

6) 胡厚宣은 이곳에서 徐中舒의 《士王皇三字之探原》을 참조했음.《歷史語言研究所集刊》10本 10分, 1934년에 게재됨.

7) 林澐:《說王》,《考古》1965년 제6기에 게재됨.

8) 吳大澂:《說文古籀補》참조.

9) 혹자는 㝔를 大石 文化의 石棚·立石이라 말하는데, 본래는 원시 사회에서 신에게 제사 지내던 곳임.

10) 阮元:《積古齋鐘鼎彝器款識》10권, 嘉慶 9년 완원 自刻本;
     吳榮光:《筠淸館金文》5권, 道光 22年刊本, 宜都 楊氏重刻本.

11) 潘祖蔭:《攀古樓彝器款識》2권, 同治 11년 自刻本; 朱善旂:《敬吾心室彝器款識》不分卷, 光緒 34년 石印本; 劉鐵雲:《裒殘守缺齋藏器目》, 計商周秦漢145器.; 端方:《陶齋吉金錄》8권·《續錄》2권·《又續》1권; 前 8권, 光緒 34년 石印本, 後 3권, 宣統 元年 石印本.

12) 容庚:《甲骨文字之發現及其考釋》, 北京大學《國學季刊》제1권 제4기에 게재됨. 1924년 3월.

13) 《考古》1961년 제2기 참조.

14) 《考古學報》1956년 제3기 참조.

15) 《考古》1975년 제1기 참조.

16) 《北京大學學報》(人文) 1964년 제5기 참조.

17) 《考古》1964년 제8기 참조.

18) 《試論殷墟文化分期》,《北京大學學報》(人文) 1964년 제5기 참조; 鄒衡:《夏

商周考古論文集》, 文物出版社, 1980년에 수록.

19) 安金槐:《試論鄭州商代城址 ——隞都》,《文物》1961년 제4·5기에 게재됨; 趙全嘏:《鄭州商代遺址的考古發掘及其時代關係》,《學術月刊》1957년 3월호에 게재됨.

20) 鄒衡:《論湯都鄭亳及其前後的遷徙》,《夏商周考古論文集》에 수록.

21) 北京大學:《商周考古》, 文物出版社, 1979년, p.30 참조.

22)《尙書序》: "自契至于成湯八遷, 湯始居亳, 從先王居."(《史記·殷本紀》);《尙書·盤庚上》: "先王有服, 恪謹天命, 玆猶不常寧, 不常厥邑, 于今五邦.";張衡《西京賦》: "殷人屢遷, 前八後五, 居相圯耿, 不常厥土."

23)《雪堂叢刻》, 1915년;《觀堂別集補遺》, 1927년《王忠慤公遺書》에 수록, 1940년《王靜安先生遺書》에 수록.

24) 梁思永:《小屯龍山與仰韶》,《蔡元培先生六十五歲記念論文集》에 수록.

25) 安特生의 이론,《甘肅考古記》(本書 제1장 제3절 참조) 참조; 瓦西里耶夫의 理論은 甘肅省博物館·北京大學歷史系考古專業連城考古發掘隊의《從馬家窯類型駁瓦西里耶夫的〈中國文化西來說〉》,《文物》1976년 제3기에 게재됨.

26) 徐中舒:《再論小屯與仰韶》,《安陽發掘報告》제3기, 1931년에 게재됨; 翦伯贊:《諸夏的分布與鼎鬲文化》,《中國史論集》, 文風書局, 1947년, p.48 참조.

27)《中國通史簡編》, 新知書店, 1947년, p.13 참조.

28) 河南省博物館 等:《鄭州商代城址試掘簡報》,《文物》1977년 제1기에 게재됨.《鄭州商代城址發掘報告》,《文物資料叢刊》1977년 제1기에 게재됨.

29) 鄒衡:《關于探討夏文化的幾個問題》,《文物》1979년 제3기에 게재됨.

【제10장】甲骨文과 다른 학문과의 관계(下)

1) 1940년《史菫》제1책 참조.

2) 周鴻翔:《商殷帝王本紀》, 1959년 홍콩 출판.

3) 竺可楨:《論以歲差定 '尙書·堯典' 四仲中星之年代》, 原載《科學》1927년 11권 12기 참조;《竺可楨文集》, 科學出版社, 1979년에 수록.

4) 高魯:《星象統箋》, 天文研究所, 1933년 참조.

5) 胡厚宣:《甲骨文四方風名考證》,《甲骨學商史論叢》初集 제2책에 수록.

6) 郭沫若:《殷契粹編序》.

7) 胡厚宣:《殷代之天神崇拜》,《甲骨學商史論叢》初集 제2책에 수록.

8)《靑銅時代》참조.

9)《甲骨學商史論叢》初集 제2책에 있는《甲骨文四方風名考證》참조;《復旦學報》(人文) 1956년 제1기에 게재된《釋殷代求年于四方和四方風的祭祀》참조.

10) 陳夢家:《六國紀年》, 上海 人民出版社, 1956년 12월.

11) 1951년 1월 20일《光明日報》참조.

12) 呂振羽:《殷周時代的中國社會》, 1936년 11월, 上海 不二書店 출판.

13)《論語·八佾》참조.

14) 徐旭生:《略談研究夏文化的問題》,《新建設》1960년 제3기에 게재됨.

15)《五十年甲骨文發現的總結》, p.4-5 참조.

16) 郭沫若:《甲骨文字研究序》.

17) 于省吾:《甲骨文字釋林序》.

18)《레닌(列寧)選集》第3卷, 人民出版社, 1972년, p.176 참조.

19) 胡厚宣:《釋餘一人》,《歷史研究》1957년 제1기에 게재됨;《重論〈餘一人〉問題》,《古文字研究》第6輯, 中華書局, 1981년 11월과《古文字研究論文集》(《四川大學學報叢刊》第10輯), 1982년 5월에 게재됨.

20) 羅振玉:《殷墟書契考釋》참조.

21) 束世澂:《夏代和商代的奴隸制》,《歷史研究》1956년 제1기에 게재됨.

22) 于省吾:《甲骨文字釋林·釋小臣的職別》참조.

23) 朱芳圃:《甲骨學商史編》第三〈人物〉一節 참조.

24) 司馬遷:《報任少卿書》참조.

25) 趙佩馨:《甲骨文中所見的商代五刑——幷釋刖·剢二字》,《考古》1961년 제2기에 게재됨.

26) 胡厚宣:《殷代的刖刑》,《考古》1973년 제2기에 게재됨; 塞峰:《⿱分刖字滕義——有關刖足幾個文字的解釋》,《南京大學學報》(哲社) 1979년 제2기에 게재됨.

27) 齊文心:《殷代的奴隸監獄和奴隸暴動——兼甲骨文圉·〈戎〉二字用法的分析》,《中國史研究》1979년 제1기에 게재됨.

28) 于省吾:《甲骨文字釋林序》참조.

29) 楊升南:《略論商代的軍隊》,《甲骨探史錄》, 三聯書店, 1982년 9월에 수록.

30) 石璋如:《殷墟最近之重要發現附論小屯地層》,《中國考古學報》1947년 제2기에 게재됨.

31) 胡厚宣:《殷代古方考》,《甲骨學商史論叢》初集 제2책에 수록.

32) 胡厚宣:《殷墟發掘》, p.108 참조.

33) 于省吾:《殷代的交通工具和馹傳制度》,《東北人民大學人文科學學報》1955년 제2기에 게재됨.

34)《殷代古方考》,《甲骨學商史論叢》初集 제2책에 수록.

35) 陳夢家:《殷墟卜辭綜述》, p.301-304.

36) 楊鍾健·劉東生:《安陽殷墟之哺乳動物群補遺》,《考古學報》제4책에 게재됨.

37) 郭寶鈞：《中國青銅器時代》, p.41.

38) 郭沫若：《殷契粹編考釋》.

39) 郭沫若：《中國古代社會研究》, 人民出版社, 1954년, p.225-229 참조.

40) 于省吾：《甲骨文字釋林》中卷《釋𢦏》.

41) 楊根·丁家盈：《司母戊大鼎的合金成分及其鑄造技術的初步研究》,《文物》1959년 제12기에 게재됨.

42) 岑仲勉：《西周社會制度問題》, 上海 人民出版社, 1951년.

43) 姜亮夫：《漢字結構的基本精神》,《浙江學刊》1963년 第1期에 게재됨.

44) 王宇信：《建國以來甲骨文研究》, 中國社會科學出版社, 1981년 3월, p.154-156 참조.

45) 燕耘：《商代卜辭中的冶鑄史料》,《考古》1973년 제5기에 게재됨.

46) 胡厚宣：《殷代的蠶桑和絲織》,《文物》1972년 제11기에 게재됨.

47) 王若愚：《從臺西村出土的商代織物和紡織工具談當時的紡織》,《文物》1979년 제6기에 게재됨. 同期에 발표된 上海 紡織科學研究院의《臺西村商代遺址出土的紡織品》도 참고할 만함.

48) 羅平·唐雲明：《關于殷代的商品交換和貨幣——對吳榮曾 '中國古代的錢幣'——文的意見》,《河北日報》1957년 5월 29일에 게재됨; 朱活：《試論我國古代貨幣的起源》,《文物參考資料》1958년 제8기에 게재됨.

49)《殷墟發掘》, p.82·107 참조.

50)《安陽新發現的殷代車馬坑》,《考古》1972년 제4기에 게재됨.

51) 于省吾：《殷代的交通工具和馹傳制度》,《東北人民大學人文科學學報》1955년 제2기에 게재됨.

52)《甲骨學商史論叢》初集 제3책에 수록된 胡厚宣의《殷人疾病考》참조.

53) 陳世輝：《殷人疾病補考》,《中華文史論叢》제4집, 1963년 10월에 게재됨; 周宗岐：《殷墟甲骨文中所見口腔疾病考》,《中華口腔科雜誌》1956년 제3호에 게재됨.

54) 河北省 박물관·河北省 文管處 대서 발굴 소조직：《河北藁城縣臺西村商代遺址1973年的重要發現》,《文物》1974년 제8기에 게재됨; 耿鑒庭·劉亮：《藁城商代遺址中出土的桃仁和郁李仁》, 同上; 河北省 박물관 등：《藁城臺西商代遺址》, 文物出版社, 1977년, p.79-85.

55) 于省吾：《略論圖騰與宗敎的起源和夏商圖騰》,《歷史研究》1959년 제11기에 게재됨.

56) 王國維：《殷卜辭中所見先公先王考》참조.

57) 胡厚宣：《甲骨文商族鳥圖騰的遺迹》,《歷史論叢》제1집, 中華書局, 1964년에

게재됨;《甲骨文所見 商族鳥圖騰的新證據》,《文物》1977년 제2기에 게재됨.

58) 《殷墟卜辭綜述》, p.561-562 참조.

59) 董作賓:《殷曆譜》참조.

60) 胡厚宣:《殷代之天神崇拜》,《甲骨學商史論叢》初集 제2책에 수록;《殷卜辭中的上帝和王帝》,《歷史研究》1959년 제9·10기에 게재됨.

61) 《殷墟卜辭綜述》, p.582-584 참조.

62) 南京博物院:《江蘇銅山丘灣古遺址的發掘》,《考古》1973년 제2기에 게재됨; 兪偉超:《銅山丘灣社祀遺迹的推定》,《考古》1973년 제5기에 게재됨; 王宇信·陳紹棣:《關于江蘇銅山丘灣祭祀遺址》,《文物》1973년 제12기에 게재됨.

63) 王輝:《殷人火祭說》,《古文字研究論文集》(《四川大學學報叢刊》제10집), 1982년 5월에 수록.

64) 胡厚宣:《殷卜辭中的上帝和王帝》,《歷史研究》1959년 제9·10기에 게재됨.

【제11장】甲骨文 연구의 회고

1) 孫詒讓:《契文擧例》自序.

2) 孫詒讓은《契文擧例》를 1904년 썼고, 丙辰年 겨울(1917년초)에야 王國維가 그 원고를 上海에서 얻어 羅振玉에게 부쳤음.《吉石庵叢書》에 실린 것은 이미 10여 년이 지난 뒤였음.

3) 王國維:《最近二三十年中中國新發現之學問》,《論衡》제45기, 1925년 9월에 게재됨.

4) 陳夢家:《殷墟卜辭綜述》, p.56 참조.

5) 本書 제1장 제2절 참조.

6) 《論衡》제45기, 1925년 9월에 게재됨.

7) 郭沫若:《中國古代社會研究》, 人民出版社, 1954년, p.213.

8) 徐中舒:《王靜安先生傳》,《東方雜誌》제24권 13호에 게재됨.

9) 李學勤은 1979년 訪美하여 미국 피츠버그 소재 카네기박물관에서《庫》985·1106 2片의 갈비뼈가 이미 함께 합쳐져 있음을 보았다. 李學勤은 비록 불로 지진 흔적은 보이지 않는다 해도 문자가 조금도 바뀌거나 난잡하지 않으므로 연습삼아 새긴 것은 아니며, 문자를 새긴 방법이 정밀하므로 결코 위작이 아니라고 하였다. 그런데 綴合시킨 字骨 양면에는 모두 13행의 刻辭가 있었는데, 그 중 9행이 순차적으로 丁·乙·辛 3일의 이름을 점쳐 물은 것이며, 이것은 금방 죽은 殷王에게 日 이름을 선택한 卜辭였다. 따라서 이 갑골은 僞刻된 것이 아닐 뿐 아니라 다시 한 번 李學勤이 1957년《論殷代親族制度》에서 日名은 생일, 죽은 날 혹은 형제 순서라는 고정불변한 것에 의한 것이 아니고 사후에 선정된

것임을 증명하였다. 그러나 어떤 학자들은 이 肋骨이 위각이라고 주장했다.《論美澳收藏的幾件商周文物》,《文物》1979년 제12기에 게재됨.

10) 王國維는 "先妣에게 모두 特祭를 지낸다"는 사실을 밝혀 殷代 부녀들이 일정한 사회적 지위가 있었음을 설명하였다. 그러나 어떤 왕비를 제사 지낼 때는 반드시 남편의 이름을 앞에 두어, 여전히 남자를 중심으로 "처는 남편 때문에 귀해지고, 先妣는 先王 때문에 귀해진다"는 말을 실감케 하였다. 예를 들면 乙辛 卜辭인 "庚辰卜, 貞, 王賓示壬奭妣庚, 翌日亡尤"(《後上》1·7)·"甲子卜, 貞, 王賓示癸奭妣甲, 壴亡尤"(《後上》1·9)·"丙寅卜, 貞, 王賓大乙奭妣丙, 壴亡尤"(《後上》2·1) 등이다. 소위 '奭'은 배우자이다. 武丁 때는 배우자를 母·妾으로 칭하였고, 祖庚·祖甲 이후에는 奭이라 부르기 시작하였다. 周祭 卜辭 중에는 단지 직계 선왕의 법으로 정해진 배우자만이 제사에 올려졌고, 일반인은 모두 한 祖에 1명의 왕비만 있어 일부일처제의 확립을 설명한다. 仲丁 이후에는 2,3명의 배우자가 있었다. 그러나 배우자가 죽어 다른 배우자를 세우거나, 한 배우자를 폐하고 다른 배우자를 세운 것은 다처제로 해석할 수 없다.

11) 郭沫若:《古代硏究的自我批判》참조.

12) 王國維:《殷周制度論》, 1917년 7월《學術叢書》로 편입되었고,《觀堂集林》卷10과 朱芳圃의《甲骨學商史編》에 수록.

13) 孔子가 말한 "周因于殷禮, 所損益可知也"를 가리킴.《論語·爲政》참조.

14) 胡厚宣:《殷代封建制度考》,《甲骨學商史論叢》初集에 게재됨.

15) 王國維:《古史新證·總論》, 1935년, 北京 來薰閣, 影印本 참조.

16) 章學誠:《文史通義》.

17) 梁啓超:《中國歷史硏究法》.

18) 張爾田:《史微》.

19) 郭沫若:《古代硏究的自我批判》,《十批判書》참조.

20) 《中華文史論叢》第八輯, 1978년 참조.

21) 《靑銅時代》, 1945년 참조.

22) 本書 제8장 제2절 참조.

23) 郭沫若:《殷契粹編》自序 참조.

24) 唐蘭:《天壤閣甲骨文存》自序 참조.

25) 胡厚宣:《五十年甲骨學論著目》序言 부분 참조.

26) 王國維:《殷墟文字類編序》참조.

27) 《殷墟卜辭綜述》, p.68·71 참조.

28) 程憬:《殷民族的氏族社會》, 1928년 中山大學《語言歷史所周刊》第4集, 제39·40·42기에 게재됨.

29)《殷墟卜辭綜述》, p.52 참조.

30)《考古學報》1972년 제1기 참조; 수정하여《竺可楨文集》에 수록, 科學出版社, 1979년.

31) 朱芳圃:《甲骨學文字編》, 1933년, 商務印書館, 石印本.

32)《甲骨學文字編·序例》참조.

33) 孫海波:《甲骨文編》, 1934년, 哈佛燕京學社, 石印本.

34) 商承祚:《殷墟文字類編》, 1923년 초판 발행, 1927년 교정판 발행.

35) 唐蘭:《甲骨文編序》.

36) 商承祚:《甲骨文編序》.

37) 胡厚宣 相告.

38) 屈萬里:《殷墟卜辭研究》序文, 溫天河·李壽林 譯本, 台北 鼎文書局, 1975년.

39) 胡厚宣:《序建國以來甲骨文研究》, 中國社會科學出版社, 1981년.

40) 姚孝遂:《〈殷墟卜辭綜述〉簡評》,《古文字研究》제3집 참조.

41) 1979년 4월 胡厚宣이《甲骨文合集》의 출판을 논의하기 위해 上海에 왔을 때 復旦大學·華東師範大學의 요청을 받아〈八十年來的甲骨學〉에 관한 강연을 한 바, 이를 요약한 것임.

42) 1947년 9월 중앙연구원《史語所集刊》9本 2分에 게재됨.

부록 1. 甲骨大事簡表

1989年　王懿榮은 최초로 甲骨文을 인식했고, 구매하기 시작했다.

1903年　劉鶚 《鐵雲藏龜》 問世, 본서는 최초의 甲骨 수록서이다.

1904年　孫詒讓 撰 《契文舉例》 二卷, 본서는 최초의 甲骨文 연구서이다.

1908年　羅振玉은 甲骨의 출토 지점이 安陽 小屯의 殷墟인 것을 알고 찾아
　　　　간 최초의 학자이다.

1910年　羅振玉 《殷商貞卜文字考》 出版.

1913年　羅振玉 《殷墟書契前編》 八卷 在日本 出版.

1915年　羅振玉 《殷墟書契考釋》 出版.

1917年　王國維 撰著 《殷卜辭中所見先公先王考》·《續考》·《殷周制度論》,
　　　　并爲姬佛陀編印 《戩壽堂所藏殷墟文字》.

　　　　孫詒讓 《契文舉例》 出版.

1925年　王國維 著 《古史新證》.

1928年　前中央研究院派董作賓赴安陽調查發掘殷墟遺址.

1929年　李濟主 持第二次 殷墟 發掘, 得〈大龜四版〉.

1930年　郭沫若 《古代社會研究》·《甲骨文字研究》 出版.

1931年　董作賓 發表 《大龜四版考釋》.

1932年　董作賓 撰寫 《甲骨文斷代研究例》.

1933年　郭沫若 《卜辭通纂》 一卷, 《考釋》 三卷, 《索引》 一卷 在日本 出版.

1934年　第九次 殷墟 發掘 得〈大龜七版〉.

　　　　唐蘭作 《殷墟文字記》.

　　　　孫海波 《甲骨文編》 十四卷, 合文及附錄·檢字·備查名 一卷 出版.

1936年　第十三次 殷墟 發掘於YH127境得甲骨一萬七千餘片, 其中有完整
　　　　甲骨近三百版, 實爲重大收獲.

1940年　于省吾 《雙劍誃殷契駢枝》 初編 出版.

1944年　胡厚宣 《甲骨學商史論叢》 初集 出版.

1945年 董作賓《殷曆譜》出版.

1948年 董作賓 輯《殷墟文字甲編》出版.

1949年 胡厚宣《五十年甲骨學論著目》出版.

1950年 中國科學院考古研究所開始對安陽殷墟進行科學發掘.

1951年 陳夢家《甲骨斷代學》出版.

1955年 郭若愚・曾毅公・李學勤《殷墟文字綴合》出版.

1956年 陳夢家《殷墟卜辭綜述》出版.

1973年 小屯 南地를 발굴하여, 甲骨五千多片을 얻음으로써 斷代 연구에 있어 새롭고 중요한 자료로 제공되었다.

1977年 陝西 岐山鳳 雛村에서 西周 甲骨 一萬七千餘片이 발견되어, 甲骨 學史上 또 한 차례 놀랄 만한 대발견으로 기록되었다.

1978年 郭沫若 主編, 胡厚宣이 總編輯한《甲骨文合集》13권이 잇따라 출판되기 시작하여 甲骨學史上 새로운 이정표를 정립하였다.

부록 2. 甲骨著錄簡表(출간된 저서)

編號	簡稱	書名及卷數	編 者	片 數	版 本
1	鐵	鐵雲藏龜	劉 鶚	1058片	1903年 10月 抱殘守缺齋 石印本六册. 1931年 5月 上海 蟫隱廬石印本, 與《鐵雲藏龜之餘》合六册. 附鮑鼎釋文.
2	前	殷墟書契(前編) 八卷	羅振玉	2229片	1913年 影印四册; 1932年重印本四册.
3	菁	殷墟書契菁華	羅振玉	68片	1914年 10月 影印本一册; 又翻印本一册.
4	餘	鐵雲藏龜之餘	羅振玉	40片	1915年 1月 影印一册; 1930年 重印本一册. 1931年 蟫隱廬 石印本附《鐵雲藏龜》後.
5	後	殷墟書契後編 二卷	羅振玉	1104片	1916年 3月 影印本一册.
6	圖	殷墟古器物 圖錄	羅振玉	4片	1916年 4月 影印本一册; 又藝術叢編第一集本; 又翻印本.
7	明	殷墟卜辭	明義士	2369片	1917年 上海別發洋行 石印本一册.
8	戩	戩壽堂所藏 殷墟文字	姬佛陀	655片	1917年 5月 藝術叢編石印本 一册; 又單行本與王國維考釋 合二册.
9	林	龜甲獸骨文字 二卷	林泰輔	1023片	1921年(大正十年) 商周遺文會 影印本二册, 後附鈔釋. 又北平當晉書社翻印本二册.
10	簠	簠室殷契徵文 十二卷	王 襄	1125片	1925年 5月 天津博物院石印本 與考釋合四册.
11	拾	鐵雲藏龜拾遺	叶玉森	240片	1925年 5月 影印本, 與考釋合一册; 又翻印本一册.
12	別	傳古別錄第二集	羅福頤	4片	1928年 影印本一册.
13	新	新獲卜辭寫本	董作賓	381片	1928年 12月 石印本與後記 合一册; 又1929年12月載 《安陽發掘報告》第一期.

編號	簡稱	書名及卷數	編者	片數	版本
14	大	大龜四版考釋	董作賓	4片	1931年6月載《安陽發掘報告》第三期, 附照片.
15	書	書道全集（第一卷）	中村不折	97片	1931年(昭和六年) 書道院影印本一冊.
16	眞	殷墟文字存眞一至八集	關百益	800片	1931年 河南博物館石印本.
17	遺	周漢遺寶	原田淑人	2片	1932年(昭和七年) 日本帝室博物館出版一冊.
18	箸	箸矛說	董作賓	99片	1933年2月載《安陽發掘報告》第四期.
19	崗	釋後崗出土之一片卜辭	董作賓	1片	1933年2月《安陽發掘報告》第四期.
20	福	福氏所藏甲骨文字	商承祚	37片	1933年4月 金陵大學中國文化研究所影印本與考釋合一冊.
21	契	殷契卜辭	容庚, 瞿潤緡	874片	1933年5月, 哈佛燕京學社石印本與釋文, 文編合三冊.
22	通	卜辭通纂	郭沫若	929片	1933年(昭和八年) 5月, 日本東京文求堂石印本合別一, 別二, 考釋, 索引共四冊.
23	骨	甲骨文	王子玉	172片	1933年8月載《續安陽縣志》寫本木刻.
24	續	殷墟書契續編六卷	羅振玉	2016片	1933年9月 影印本六冊.
25	佚	殷契佚存	商承祚	1000片	1933年10月 金陵大學中國文化研究所影印本, 與考釋合二冊.
26	亞	上海亞洲文會博物館所藏甲骨文字	吉卜生	89片	1934年《中國雜誌》21卷6號《商代之象形文字 The Picture Writing of Shang》一文所附.
27	鄴	鄴齋所藏甲骨拓本	金祖同	26片	1935年2月上海中國書店石印本, 與卜辭講話合一冊.
28	庫	庫方二氏藏甲骨卜辭	方法斂	1687片	1935年 商務印書館石印本一冊.

編號	簡稱	書名及卷數	編者	片數	版本
29	鄴初	鄴中片羽初集	黃濬	245片	1935年 尊古齋影印本.
30	衡	衡齋金石識小錄	黃濬	2片	1935年 尊古齋影印本二冊.
31	相	殷墟甲骨相片	白瑞華	104片	1935年 紐約影印本一冊.
32	柏	柏根氏舊藏甲骨文字	明義士	74片	1935年《齊大季刊》六, 七期, 附摹本, 考釋; 又單行本一冊.
33	侯	安陽侯家庄出土之甲骨文字	董作賓	42片	1936年 8月《田野考古報告》第一集 附摹本, 拓本.
34	掇	殷墟甲骨掇片	白瑞華	22片	1937年 美國紐約影印本一冊.
35	粹	殷契粹編	郭沫若	1595片	1937年 5月 日本文求堂石印本, 與考釋合五冊, 附索引.
36	鄴二	鄴中片羽二集	黃濬	93片	1937年 8月 尊古齋影印本二冊.
37	錄	甲骨文錄	孫海波	930片	1938年 1月 河南通志館出版, 與考釋合二冊, 附索引.
38	七	甲骨卜辭七集	方法斂	527片	1938年 紐約影印本一冊.
39	天	天壤閣甲骨文存	唐蘭	108片	1939年 4月 北平輔仁大學出版, 與考釋合二冊.
40	零	鐵雲藏龜零拾	李旦丘	93片	1939年 5月 上海中法文化出版委員會出版(孔德圖書館叢書第一鍾), 與考釋合一冊.
41	珠	殷墟遺珠二卷	金祖同	1459片	1939年 5月 上海中法文化出版委員會出版, (孔德圖書館叢書第一鍾)與發凡合三冊.
42	金	金璋所藏甲骨卜辭	方法斂	484片	1939年 紐約影印本一冊.
43	雜	卜辭雜例	胡厚宣	71片	1939年 12月 中央研究院歷史語言研究所集刊 8本3分.
44	叕	甲骨叕存	曾毅公	75片	1939年 11月 喆廠叢刊本, 石印一冊.
45	鄴三	鄴中片羽三集	黃濬	215片	1940年 1月 北平尊古齋影印本二冊.
46	誠	誠齋殷墟文字	孫海波	500片	1940年 2月 北平修文堂書店影印, 與考釋合一冊.

編號	簡稱	書名及卷數	編者	片數	版本
47	中	中央大學藏甲骨文字	李孝定	250片	1940年 8月 石印摹寫本,與蔣維崧釋文合一冊.
48	雙古	雙劍誃古器物圖錄二卷	于省吾	4片	1940年 11月 影印本二冊.
49	五	甲骨五十片	白瑞華	50片	1940年 紐約影印本一冊.
50	安	河南安陽遺寶	梅原末治	149片	1940年(昭和十五年)日本影印本一冊.
51	同	卜辭同文例	胡厚宣	273片	1940年 中央研究院歷史語言研究所集刊 9本2分.
52	撫	殷契撫佚	李旦丘	118片	1941年 1月 上海來薰閣書店影印(孔德圖書館叢書第三鍾)與考釋合一冊.
53	敀	敀圃甲骨釋要	何遂	22片	1941年 影印本一冊.
54		殷文丁時卜辭中一旬間之氣象記錄	董作賓	1片	1943年 12月 氣象學報17卷1,2,3,4期合刊.
55	商初	甲骨學商史論叢初集	胡厚宣	8片	1944年 成都齊魯大學國學研究所專刊之一,四冊.
56	厦	厦門大學所藏甲骨文字	胡厚宣	29片	1944年 3月載《甲骨學商史論叢初集》第四冊.
57	駢	殷契駢枝三編	于省吾	2片	1944年 5月 石印本一冊.
58	歷	殷歷譜	董作賓	15片	1945年 4月 中央研究院歷史語言研究所專刊,四冊.
59	日	武丁日譜	董作賓	237片	1945年載《殷歷譜》下編九.
60	六	甲骨六錄	胡厚宣	659片	1945年 7月 成都齊魯大學國學研究所專刊一冊.
61	化	骨的文化	懷履光	24片	1945年 石印本.
62	元	元嘉造象室所藏甲骨文字	胡厚宣	270片	1946年 齊魯大學國學研究所專刊.
63	頌	頌齋所藏甲骨文字	胡厚宣	13片	1946年 齊魯大學國學研究所專刊.
64	劍	雙劍誃所藏甲骨文字	胡厚宣	254片	1946年齊 魯大學國學研究所專刊.

編號	簡稱	書名及卷數	編者	片數	版本
65	戰	戰後新出土的新大龜七版	胡厚宣	7片	1947年 2月 至4月, 上海中央日報文物周刊22至31期.
66	卜	龜卜	金祖同	125片	1948年 1月 上海溫知書店影印本一冊.
67		卜辭記事文字史官簽名例	胡厚宣	37片	1948年 1月 中央研究院歷史語言研究所集刊第12本.
68	甲	殷墟文字甲編	董作賓	3942片	1948年 4月 商務印書館影印本一冊.
69	乙	殷墟文字乙編上中輯	董作賓	6272片	上輯1948年 10月 中輯1949年 3月, 中央研究院歷史語言研究所出版, 上, 中輯各一冊.
70	撫續	殷墟撫佚續編	李旦丘	343片	1950年 9月 商務印書館(考古學特刊第一號)出版.
71	綴	甲骨綴合編	曾毅公	396片	1950年 修文堂書店出版.
72	寧滬	戰後寧滬新獲甲骨集三卷	胡厚宣	1143片	1951年 來薰閣書店石印本二冊.
73	南北	戰後南北所見甲骨錄	胡厚宣	3276片	1951年 來薰閣石印本三冊.
74	掇	殷契拾掇	郭若愚	547片	1951年8月 上海出版公司出版.
75	掇二	殷契拾掇二編	郭若愚	510片	1953年3月 上海出版公司出版.
76	乙	殷墟文字乙編下輯	董作賓	2833片	1953年 12月 中央研究院歷史語言研究所出版; 1956年 3月 中國科學院考古所特刊第四號科學出版社出版.
77	京津	戰後京津新獲甲骨錄	胡厚宣	5642片	1954年 群聯出版社出版, 四冊.
78	合	殷墟文字綴合	郭若愚等	482片	1955年 4月 科學出版社出版.
79	續存	甲骨續存	胡厚宣	3753片	1955年 12月 上海群聯出版社出版.
80	外	殷墟文字外編	董作賓	464片	1956年 6月 藝文印書館出版.
81	巴	巴黎所見甲骨錄	饒宗頤	26片	1956年 12月 出版.

編號	簡稱	書名及卷數	編者	片數	版本
82	日見	日本所見甲骨錄(一)	饒宗頤	75片	1956年 6月《東方文化》第三卷第一期抽印本.
83	丙	殷墟文字丙編	張秉權	349片	中央研究院歷史語言研究所出版. 上輯 1957年 8月 出54版. 1959年 10月 出56版；中輯 1962年 出57版, 1965年 4月 出60版；下輯 1967年 12月 出55版, 1972年 出67版.
84	畫	中國畫譜殷商編	嚴一萍	88版	1958年 藝文印書館出版.
85	京都	京都大學人文科學研究所藏甲骨文字	貝塚茂樹	3246片	1959年(昭和三十四年) 京都大學人文科學研究所出版.
86	甲零	甲骨文零拾	陳邦懷	160片	1959年 天津人民出版社出版. 1970年 日本汲古書院重印.
87	甲釋	小屯甲編考釋附圖	屈萬里	211版	1961年 中央研究院歷史語言研究所出版, 爲甲編之綴合, 後附甲編佚載10版.
88	吉大	吉林大學所藏甲骨選釋	姚孝遂	7片	《吉林大學社會科學學報》1963年 4期.
89	小川	故小川睦之輔氏藏甲骨文字	伊藤道治	7片	1966年 3月 日本京都《東方學報》第三十七册.
90	大原	大原美術館所藏甲骨文字	伊藤道治	39片	1968年 倉敷考古館《研究集報》第四號.
91	鄧	東莞鄧氏舊藏甲骨	李棪	45片	1969年 香港《聯合書院學報》第七期.
92	北美	北美所見甲骨選粹	李棪	42片	1970年 香港中文大學中國文化研究所學報第三卷第二期.
93	藤井	藤井有邻館所藏甲骨文字	伊藤道治	16片	1971年 3月 日本京都《東方學報》第四十二册.
94	明后	殷墟卜辭後編	明義士 著許進雄 編	2805片	1972年 藝文印書館出版.

編號	簡稱	書名及卷數	編　者	片　數	版　本
95	明續	殷墟卜辭續編第一集	許進雄	3176版	11972年 加拿大皇家安大略博物館出版.
96		安陽新出土的牛胛骨及其刻辭	郭沫若	10片	《考古》1972年 2期.
97	臨孫	臨淄孫氏舊藏甲骨文字考辨	胡厚宣	14片	《文物》1973年 9期.
98		介紹一片伐人方的卜辭	沈之瑜	1片	《考古》1974年 第4期.
99	綴新	甲骨綴合新編	嚴一萍	705版	1975年 藝文印書館出版.
100	甲集	甲骨集成第一集	嚴一萍	887片	1975年 藝文印書館出版.
101	美錄	美國所藏甲骨錄	周鴻翔	704片	1976年 美國加里福尼亞大學出版.
102	合集	骨文合集	郭末若主編 胡厚宣總編輯	5萬片	1979年 以後由中華書局分册出版, 共十三册.
103	屯南	小屯南地甲骨上册	中國社會科學院考古研究所編	4589號	1980年 10月 由中華書國出版.

부록 3. 甲骨論著目錄

一. 總　論

中國早期文字　方法斂《卡內基博物院彙刊》第4期, 1906年.

淸國河南湯隱發現之龜甲獸骨　林泰輔 日本《史學雜誌》20卷 8~10期, 1910年.

古羑里城出土龜甲之說明　富崗謙藏 日本《史學硏究會演講集》第三册, 1910年.

五十日夢痕錄　羅振玉《雪堂叢刊》, 1915年.

甲骨文之發現及其考釋　容慶　北大《國學季刊》1卷 4期, 1924年.

最近二三十年中中國新發現之學問　王國維《論衡》45期, 1925年; 又收入
　　《王靜安先生遺書》, 1940年.

隨庵所藏殷墟文字跋　王國維《觀堂別集》, 1927年.

龜甲文　汐翁　北京《華北畫刊》第89期, 1931年.

殷墟甲骨紀略　王漢章　天津美術館《美術叢刊》第1期, 1931年.

洹洛訪古記　羅振常　上海蟬隱廬石印本二册, 1930年.

題所錄貞卜文册　王襄《河北第一博物院畫刊》32期, 1933年 1月 10日.

甲骨學硏究　明義士 濟魯大學講義, 1933年.

題易穭園殷契拓册　王襄《河北第一博物院畫刊》85期. 1935年 3月 25日.

小屯龍山與仰韶　梁思永《中央硏究院歷史語言硏究所集刊外編第一種
　　——慶祝蔡元培先生六十五歲論文集》, 商務印書館, 1933年~1934年.

河南安陽發見之遺物　梅原末治　日本京都《東方學報》第七期, 1936年.

甲骨文發現歷史及其材料之統計　胡厚宣《甲骨學商史論叢》初集 第四册,
　　1944年 3月.

甲骨學緖論　胡厚宣《甲骨學商史論叢》二集 第二册, 1945年 3月.

殷墟文字乙編序　董作賓《中國考古學報》第4册, 1949年 12月.

殷墟文字甲編自序　董作賓《中國考古學報》第4册, 1949年 12月.

五十年甲骨文發現的總結　胡厚宣　商務印書館, 1951年 2月版.

五十年甲骨學論著目　胡厚宣　中華書局, 1952年 1月.

甲骨學論著目錄(1949~1979)　肖楠《古文字研究》第一輯, 中華書局, 1979
　　年 8月.

甲骨學五十年　董作賓 藝文印書館, 1955年 7月.

殷墟卜辭綜述　陳夢家 科學出版社, 1956年.

甲骨學六十年　董作賓 藝文印書館, 1965年 6月.

中國古代文化的認識　董作賓《大陸雜誌》第3卷 第12期, 1951年 12月.

殷墟發掘對於中國古代文化的貢獻　石璋如《學術季刊》第2卷 4期.

今日之甲骨學　董作賓《金匱論古》綜合刊 第1期, 1954年.

我們最古的書: 甲骨文——龜册　懿恭《文物參考資料》1954年 5期.

關於殷墟甲骨的一般知識　羅福頤《文物參考資料》1954年 5期.

甲骨文字的初步研究　董作賓《大陸雜誌》第3卷 第9期, 1951年 11月.

解放後甲骨的新資料和整理研究　陳夢家《文物參考資料》1954年 5期.

甲骨補記　陳夢家《文物參考資料》1954年 12期.

甲骨文分類研究的商榷　柯純卿《中國史學會濟南分會會刊》1956年 2期.

殷代甲骨文字與古代文化　董作賓《東方學》第1輯, 1955年 10月.

甲骨文金文與經學　屈萬里《學人——文史叢刊》第1輯, 1957年 11月.

介紹甲骨文　孫海波《史學月刊》1957年 第2期.

甲骨文的發現及其學術意義　戴家祥《歷史教學問題》1957年 3期.

甲骨實物之整理　董作賓《中央研究院歷史語言學研究所集刊》 第29本,
　　1958年 11月.

關於甲骨的基礎知識　李學勤《歷史教學》1959年 第7期.

安陽出土的刻辭甲骨　慎儉《北京晚報》1960年 2月 28日.

甲骨文述要　高鴻縉《册府》創刊號, 1962年 9月.

甲骨文　遼河雁《遼寧日報》1963年 4月 14日.

最近十年之甲骨學　董作賓《大陸雜誌》第21卷, 1·2期, 1960年 7月.

近年來甲骨學在東亞研究之成績　董作賓《考古人類學刊》 第15·16期,
　　1960年 11月.

胡厚宣談甲骨學的研究工作　《光明日報》1961年 12月 3日.

徐宗元作有關甲骨金文研究的報告　吳綿吉《厦門大學學報》(社會科學版)

1963年 第2期.

論甲骨刻辭文學　姚孝遂《吉林大學社會科學學報》1963年 第2期.

甲骨文資料對於書本文獻之糾正與補闕　屈萬里《大陸雜誌》第28卷 11期. 1964年 6月.

甲骨文史料性質之分析　張秉權《中國學報》第5期. 1966年 6月.

殷墟'骨簡'及其有關問題　劉淵臨《中央研究院歷史語言研究所集刊》第39本 下册, 1969年 11月.

安陽發掘與中國古史問題　李濟《中央研究院歷史語言研究所集刊》第40本 下册, 1969年 11月.

甲骨文簡說　張秉權《大陸雜誌》第41卷 8期, 1970年 10月.

說商簡　田倩君《中國文字》第42册, 1971年 2月.

殷墟甲骨文研究概述　裘錫圭《中學語文教學》1979年 第6期.

殷墟甲骨文研究的發展　孟世凱《河南文獻通訊》1980年 第3期.

甲骨學研究述評　潘悠《華東師大學報》1980年 4期.

甲骨文史話　蕭艾 文物出版社, 1980年 6月.

殷墟甲骨文簡述　孟世凱 文物出版社, 1980年 6月.

建國以來甲骨文研究　王宇信 中國社會科學出版社, 1981年 3月.

甲骨字三十年與我國甲骨文研究的展望　王宇信《鄭州大學學報》, 1980年 第4期.

甲骨年表　董作賓・胡厚宣 商務印書館, 1937年.

續甲骨年表　董作賓・黃然偉《中央文化研究院歷史語言研究所單刊乙種》, 1967年 6月.

殷墟發掘　胡厚宣 學習出版社, 1955年 5月.

安陽考古概觀　石璋如《史林》47卷 4期, 1964年 7月.

安陽殷墟　楊建芳 中華書國, 1956年 6月.

安陽殷墟又出土一批甲骨文　肖純《廣明日報》1974年 6月.

1973年安陽小屯南地發掘簡報　中國科學院考古研究所安陽工作隊《考古》1975年 1期.

小屯南地甲骨上册　史任《考古》1981年 4期.

小屯南地甲骨與甲骨分期　李學勤《文物》1981年 5期.

山西洪趙縣坊堆村出土的卜骨　暢文齋·顧鐵符《文物參考資料》1956年 7期.

談安陽小屯以外出土的有字甲骨　李學勤《文物參考資料》1956年 11期.

我省周原地區發現一萬多片西周早期甲骨　陝西日報 1977年 10月 17日.

周代的甲骨文　宇信《中國史研究》1979年 3期.

陝西周原考古的新收獲　陳全方《光明日報》1979年 7月 25日《文物與考古》
　　第107期.

陝西岐山鳳雛村發現周初甲骨文　陝西周原考古隊《文物》1979年 10期.

周原出土的甲骨文所見人名·官名·方國·地名淺釋　徐錫台《古文字研究》
　　第一輯, 中華書局 1979年 8月.

扶風發現西周甲骨文　辛向東《陝西日報》1980年 9月 16日.

扶風縣齊家村西周甲骨發掘簡報　陝西周原考古隊《文物》1981年 第4期.

周元甲骨初論　　徐中舒《考古字研究論文集》四川大學學報叢刊第十輯,
　　1981年 12月.

陝西岐山鳳雛村西周甲骨文概論　陳全方《古文字研究論文集》四川大學學
　　報叢刊 第十輯, 1981年 12月.

周原卜辭選釋　李學勤·王宇信《古文字研究》第四輯, 中華書局, 1980年
　　12月.

春秋晉卜骨文字考　董作賓《大陸雜誌》第13卷 9期, 1956年 11月.

古文字研究工作的現狀及展望　吉林大學古文字研究室《古文字研究》第一
　　輯, 中華書局, 1979年 8月.

二, 文　字

殷商貞卜文字考　羅振玉　玉簡齋石印本, 1910年.

殷墟書契待問篇　羅振玉　自印本, 1916年.

契文舉例　孫詒讓《吉石庵叢書》, 1917年, 蟬隱廬石印本, 1927年.

契文舉例校讀(1-22)白玉崢《中國文字》第29冊～第52冊, 1968年 9月～
　　1974年 6月.

戩壽堂所藏殷墟文字考釋　王國維《藝術叢編》, 1917年.

簠室殷契類纂　王襄　天津博物院石印本 2冊, 1920年 12月, 又增訂本 2冊, 1929年 10月.

殷契鉤沈　叶玉森《學衡》24期, 1923年.

說契　叶玉森《學衡》31期, 1924年 7月；又單行本；又北京富晉書社放大影印本與《孯契枝譚》合一册, 1929年.

殷墟文字考　商承祚　南京《國學研究會國學叢刊》2卷 4期, 1925年.

殷墟文字考·續考　余永梁　清華研究院《國學論叢》1卷 1號, 1926年；1卷 4號, 1928年 10月.

殷墟書系考釋　羅振玉　王國維手寫石人本 一册, 1914年 12月；又商承祚決定不移軒刻本節錄 四章一册, 附入《殷墟文字類編》一書, 1923年 10月；增訂本, 1927年.

殷墟書契考釋小箋　陳邦懷　石印本, 1925年.

殷墟文字類編　商承祚　決定不移軒刻本, 1923年 10月；刪校本, 1927年.

說文古文考　胡光煒　金陵大學講義, 1927年印；中國社會科學院歷史研究所(南京大學圖書館藏書) 重印, 1980年.

甲骨文字研究　郭沫若　大東書局, 1931年；人民出版社, 1952年 重印；又科學出版社, 1962年版.

殷契餘論　郭沫若《中國古代銘刻彙考》所收, 文求堂, 1933年.

殷墟文字小記　唐蘭　北京大學講義, 石印本, 1934年；中國社會科學院歷史研究所翻印, 1978年.

殷墟文字二記　唐蘭《古文字研究》第一輯, 中華書局, 1979年 8月.

中國文字學　唐蘭　上海古籍出版社新印本, 1979年 9月.

古文字學導論　唐蘭　齋魯書社, 增訂本, 1981年 1月.

古文字學類篇　高明　中華書局, 1980年 10月.

漢語古文字字形表　徐中舒　四川人民出版社, 1981年.

甲骨文編　孫海波　燕京大學 哈佛燕京學社石印本五册, 1934年 10月；中國科學院考古研究所編輯重版, 中華書局, 1965年.

續甲骨文編　金祥恒　藝文印書館, 1959年 10月；《大陸雜誌》第21卷 1·2

期, 1960年 7月.

甲骨文編與金文編 王羲耀《歷史教學問題》1981年 第2期.

殷墟書契解詁 吳其昌 武漢大學《文哲季刊》3卷 2~4期; 4卷 2~4期;
5卷 1·4期; 1934~1937年.

卜辭文字小記 孫海波《考古社刊》3期, 1935年; 5期, 1936年.

卜辭通纂考釋 郭沫若 日本文求堂印, 1937年.

殷契粹編考釋 郭沫若 日本文求堂印, 1937年.

雙劍誃殷契駢枝 于省吾 石印本 一冊, 1940年 10月.

雙劍誃殷契駢枝續編 于省吾 石印本 一冊, 1941年 8月.

雙劍誃殷契駢枝三編 于省吾 石印本 一冊, 1979年 6月.

甲骨文字釋林 于省吾 中華書局, 1944年 5月.

戰後殷墟出土的新大龜七版 胡厚宣《中央日報文物周刊》22~31期, 1947年.

殷契雜釋 李亞農《中國考古學報》第5冊, 1951年.

積微居甲文說·卜辭瑣記 楊樹達 中國科學院, 1954年 5月.

耐林廎甲文說·卜辭求義 楊樹達 上海群聯書店, 1954年 11月.

殷墟文字札記 張秉權《中央研究院歷史語言研究所集刊》第25本, 1954年
6月.

漢城大學所藏大胛骨刻辭考釋 董作賓《中央研究院歷史語言研究所集刊》
第28本 下冊, 1957年 5月.

讀契札記 胡小石《江海學刊》第1期, 1958年 3月.

讀契札記(續) 胡小石《江海學刊》第2期, 1958年 4月.

甲骨文金石文札記 平心《華東師大學報》1958年 1期.

甲骨文金石文札記(二) 平心《華東師大學報》1958年 3期.

殷墟文字甲編考釋 屈萬里《中央研究院歷史語言研究所(中國科學報告集
之二)》, 1961年 6月.

殷周文字釋叢 朱芳圃 中華書局, 1962年 11月.

讀契識小錄 李孝定《中央研究院歷史語言研究所集刊》第35本, 1964年 9月.

讀契識小錄之二 李孝定《中央研究院歷史語言研究所集刊》第36本, 1965
年 12月.

甲骨文字集釋 李孝定　中央研究院專刊五十, 1965年.

美國綱稱森藝術館藏甲骨卜辭考釋　嚴一萍《中國文字》第22冊～第29冊, 1966年 12月～1968年 9月.

加拿大多倫多博物觀所藏一片骨柶銘名的考釋　金祥恒《華岡學報》, 第4期, 1967年 12月.

多飲盧藏甲骨文字考釋　李殿魁《中國文字》第30冊, 1968年 12月.

讀契小記　周清海《中國文字》, 第41冊, 1971年 9月.

加拿大多倫多大學安達黎奧博物館所藏一片牛胛骨刻辭考釋　金祥恒《中國文字》, 第38冊, 1970年 12月.

加拿大安省皇家博物館所藏一片胛骨的刻辭考釋　史景成《中國文字》第46冊, 1972年 12月.

論甲骨金文中演變發展的几个例子　高景城《光明日報》1951年 3月 17日.

從麼些文看甲骨文(上中下)　董作賓《大陸雜誌》第3卷 1·2·3期, 1951年 7·8月.

甲骨文字雜考　徐宗元《福建師院學報(社會科學)》1956年 1期.

甲骨文及金石文考釋　平心《華東師大學報》1956年 4期.

在甲骨金文中所見的一種已經遺失的中國古代文字　唐蘭《考古學報》1957年 2期.

關於殷代已在進行文字簡化種種　歐陽海《文物》1959年 第12期.

甲骨文通借字舉隅　金祥恒《中國文字》第10冊, 1962年 12月.

甲骨文金文　及其相關問題　龍宇純《中央研究院歷史語言研究所集刊》第34本, 1963年 12月.

從我國文字的演進來談六書　金祥恒《思與言》5卷 4期, 1967年 11月.

從六書的觀点看甲骨文字　李孝定《南洋大學學報》第2期, 1968年.

十干試釋　勞榦《大陸雜誌》第36卷 11期, 1968年 6月.

屯乙八八九六版辭釋　丁驌《中國文字》第38冊, 1970年 12月.

中國古代文字記錄的遺產　錢存訓 著·周寧森 譯《香港中文大學中國文化研究所學報》4卷 2期, 1971年 12月.

語音的上下文和甲骨文字的考釋　王方宇《故宮季刊》6卷 2期, 1971年.

古代文字辯證的發展　郭沫若*《考古》1972年 第3期.

關於古文字研究的若干問題　于省吾《文物》1973年 第2期.

契文考釋辨正舉例　姚孝遂《古文字研究》第一輯, 中華書局, 1979年 8月.

甲骨文字辨析　陳煒湛《中山大學學報》1980年 第1期.

釋流散到德國的一片卜辭　胡厚宣《鄭州大學學報》第四集, 中華書國, 1980
　　年 12月.

甲骨文字考釋(八篇)　裘錫圭《古文字研究》第四輯, 中華書局, 1980年 12月.

甲骨文字考釋二則　胡澱咸《古文字研究》第六輯, 中華書局, 1981年 11月.

甲骨金文零釋　張亞初《古文字研究》第六輯, 中華書局, 1981年 11月.

甲骨文字的二重性及其构形關係　趙誠《古文字研究》第六輯, 中華書局,
　　1981年 11月.

甲骨文異字同形例　陳煒湛《古文字研究》第六輯, 中華書局, 1981年 11月.

卜辭考釋數則　邨笛《古文字研究》第六輯, 中華書局, 1981年 11月.

甲骨文釋文二則　沈建華《古文字研究》第六輯, 中華書局, 1981年 11月.

甲骨文口形偏旁釋例　方述鑫《古文字研究論文集》, 四川大學學報叢刊第
　　十輯, 1981年 12月.

甲骨文考釋六則　伍仕謙《古文字研究論文集》, 四川大學學報叢刊, 第十輯,
　　1981年 12月.

甲骨文一字多形問題　川大古文字研究室甲骨文字典編寫組《古文字研究論
　　文集》, 四川大學學報叢刊第十輯, 1981年 12月.

古文字考釋四篇　朱德熙《古文字研究》第八輯, 中華書局, 1983年 2月.

釋皀・釋甫・釋百・釋千　戴家祥 清華研究院《國學論叢》1卷 4期, 1928年.

釋疾・釋夢・釋蒙・釋冀　丁山《中央研究院歷史語言研究所集刊》1本 2分,
　　1930年.

獲白兕考　唐蘭 燕京大學《史學年報》第4期, 1932年.

釋I玉同字・釋因等十四文　劉盼遂《文字音韻學論叢》, 1935年.

釋四方之名　唐蘭《考古社刊》第4期, 1936年.

說堇　董作賓《考古社刊》第4期, 1936年.

釋吊　陳夢家《考古社刊》第5期, 1936年.

釋攸釋豕　陳夢家《考古社刊》第6期, 1937年.

釋臼　孫海波《禹貢半月刊》7卷 1期, 1937年.

希殺祭古語同源考　沈兼士《輔仁學志》8卷 2期, 1939年.

釋屯　唐蘭《輔仁學志》8卷 2期, 1939年.

釋牢　胡厚宣《中國科學院歷史語言研究所集刊》8本 2分, 1939年.

釋滴　葛毅卿《中央研究院歷史語言研究所集刊》8本 2分, 1939年.

奭字解　張政烺《六同別錄》上冊, 1945; 又《中央研究院歷史語言研究所集刊》13本.

釋人尸仁巳夷　于省吾　上海《大公報·文史周刊》14期, 1947年.

釋省偌·釋豕·釋圉·釋餘·釋桑　聞一多《聞一多全集》卷二, 1948年.

甲骨文字類比研究例 ── 𢽾字的整理　張秉權《中央研究院歷史語言研究所集刊》二十本 下冊, 1949年 1月.

釋'七'及其常相關連之几个數字　陳槃《大陸雜誌》1950年 6期, 1950年 9月.

釋𢀛　楊樹達《岭南學報》11卷 1期, 1950年 12月.

釋'旅'·釋'單'·釋'雙'　楊向圭《山東大學學報》1955年 2期.

釋夏　程耀芳《史學工作通訊》1957年 1期.

釋罘臣　胡淀咸《安徽師範學院學報》1957年 1期.

釋比　胡淀咸《安徽師範學院學報》1957年 1期.

卜辭由正化說　張秉權《中央研究院歷史語言研究所集刊》第29本, 1958年 11月.

釋龜蛇　秦牧《理論與實踐》1958年 2期.

𤮣的疑問　蔣維崧《山東大學學報》(中國語言文學版) 1959年 第3期.

釋白　陳世輝《歷史數學與研究》(甘肅師大學報副刊) 1959年 6期.

釋庶　于省吾·陳世輝《考古》1959年 第10期.

說且示　喬健《大陸雜誌》第20卷 7期, 1960年 4月.

岳義稽古　屈萬里《清華學報》新2卷 1期, 1960年 6月.

釋尤　屈萬里《中央研究院歷史語言研究所集刊(外編第四種)》上冊, 1960年 囦月.

釋虎　金祥恒《中國文字》第1冊, 1960年 10月.

釋得　嚴一萍《中國文字》第1册, 1960年 10月.

說呂　黃然偉《中國文字》第1册, 1960年 10月.

說人　田倩君《中國文字》第2册, 1961年 1月.

釋申電神　田倩君《中國文字》第2册, 1961年 1月.

釋龍　金祥恒《中國文字》第3册, 1961年 4月.

釋鳳　金祥恒《中國文字》第3册, 1961年 4月.

釋㼌　嚴一萍《中國文字》第3册, 1961年 4月.

釋米Ꭰ　嚴一萍《中國文字》第3册, 1961年 4月.

釋'霽'與'沫'　李孝定《中央研究院歷史語言研究所集刊外編第4種》下册,
　　1961年 6月.

釋叀　金祥恒《中國文字》第4册, 1961年 6月.

釋羊　金祥恒《中國文字》第4册, 1961年 6月.

釋牛　金祥恒《中國文字》第4册, 1961年 6月.

釋立——位泣莅涖竦　嚴一萍《中國文字》第4册, 1961年 6月.

釋奚——㜷偂　嚴一萍《中國文字》第4册, 1961年 6月.

釋竝　嚴一萍《中國文字》第4册, 1961年 6月.

釋屰——逆　嚴一萍《中國文字》第4册, 1961年 6月.

釋太——汏汰泰態　嚴一萍《中國文字》第4册, 1961年 6月.

釋日月雷河　王恒余《中國文字》第4册, 1961年 6月.

說祝　王恒余《中國科學院歷史語言研究所集刊》第32本, 1961年 7月.

釋生——止之(上)　金祥恒《中國文字》第5册, 1961年 9月.

釋生——止之(下)　金祥恒《中國文字》第6册, 1962年 1月.

一釋天·二釋大·三釋夫·四釋狀·五釋矢·六釋夭　嚴一萍《中國文字》
　　第5册, 1961年 9月.

說'明'　田倩君《中國文字》第6册, 1962年 1月.

釋莫　田倩君《中國文字》第7册, 1962年 3月.

釋朝　田倩君《中國文字》第7册, 1962年 3月.

釋又ꙮ屮ꙩ　金祥恒《中國文字》第7册, 1962年 3月.

釋㑥　嚴一萍《中國文字》第7册, 1962年 3月.

釋來姜釐　張哲《中國文字》第7册, 1962年 3月.

釋谷　于景讓《大陸雜誌》第24卷 5期, 1962年 3月.

談甘州册及其起源　商承祚《藝林叢錄》二, 1962年 5月.

釋好　平心《中華文史論叢》第一輯, 1962年.

好之同族字　平心《中華文史論叢》第一輯, 1962年.

奭字略釋　平心《中華文史論叢》第一輯, 1962年.

釋黍　張哲《中國文字》第8册, 1962年 6月.

釋赤與幽　金祥恒《中國文字》第8册, 1962年 6月.

釋曰　金祥恒《中國文字》第8册, 1962年 6月.

釋南　田倩君《中國文字》第8册, 1962年 6月.

釋麇·釋牝牡　金祥恒《中國文字》第9册, 1962年 9月.

監字考　田倩君《中國文字》第9册, 1962年 9月.

釋文·釋交　嚴一萍《中國文字》第9册, 1962年 9月.

釋奴·婢　于省吾《考古》1962年 9期.

艾·乂·宥·賄等字義訓考釋(補白集乙: 商周文字雜考)　平心《中華文史論叢》第二輯, 1962年 11月.

田字說　田倩君《中國文字》第10册, 1962年 12月.

釋畢　張哲《中國文字》第10册, 1962年 12月.

釋'用'　王夢鷗《大陸雜誌》第25卷 12期, 1962年 12月.

釋後　金祥恒《中國文字》第10册, 1962年 12月.

釋羌·苟·敬·美　王省吾《吉林大學社會科學學報》第1963年 第1期.

釋尼　于省吾《吉林大學社會科學學報》1963年 第3期.

釋阱　嚴一萍《中國文字》第11册, 1963年 3月.

釋鼎　田倩君《中國文字》第11册, 1963年 3月.

釋夐否　金祥恒《中國文字》第11册, 1963年 3月.

釋屮　金祥恒《中國文字》第11册, 1963年 3月.

釋女　田倩君《中國文字》第12册, 1963年 6月.

釋伙　金祥恒《中國文字》第12册, 1963年 6月.

釋盥　金祥恒《中國文字》第12册, 1963年 6月.

釋〓 嚴一萍《中國文字》第12册, 1963年 6月.

釋御 許進雄《中國文字》第12册, 1963年 6月.

釋稻米 張哲《中國文字》第12册, 1963年 6月.

說異 李孝定《中國科學院歷史語言研究所集刊》第34本, 1963年 12月.

釋庸 金祥恒《中國文字》第13册, 1964年 9月.

說寮 許進雄《中國文字》第13册, 1964年 9月.

說棄 田倩君《中國文字》第13册, 1964年 9月.

釋夏·釋桀·釋己 戴君仁《中國文字》第13册, 1964年 9月.

釋〓與〓 嚴一萍《中國文字》第13册, 1964年 9月.

說〓 金祥恒《中國文字》第14册, 1964年 12月.

釋〓·〓〓 金祥恒《大陸雜誌》第29卷 10·11期 1964年 12月.

釋〓 金祥恒《中國文字》第14册, 1964年 12月.

釋〓 金祥恒《中國文字》第14册, 1964年 12月.

釋〓 嚴一萍《中國文字》第14册, 1964年 12月.

釋〓 田倩君《中國文字》第14册, 1964年 12月.

釋〓 金祥恒《中國文字》第15册, 1965年 3月.

釋〓 金祥恒《中國文字》第15册, 1965年 3月.

釋祥 金祥恒《中國文字》第15册, 1965年 3月.

再釋〓 嚴一萍《中國文字》第15册, 1965年 3月.

釋小〓 嚴一萍《中國文字》第15册, 1965年 3月.

釋〓〓 嚴一萍《中國文字》第15册, 1965年 3月.

釋甲骨文叚·隸·蘊三字 張政烺《中國語文》1965年 第4期.

說「王」 林澐《考古》1965年 第6期.

甲骨文假借字續說一比母 金祥恒《中國文字》第16册, 1965年 6月.

釋〓〓〓〓 金祥恒《中國文字》第16册, 1965年 第6月.

釋喪 韓耀隆《中國文字》第16册, 1965年 6月.

釋〓 嚴一萍《中國文字》第16册, 1965年 6月.

釋〓 嚴一萍《中國文字》第16册, 1965年 6月.

釋〓〓 金祥恒《中國文字》第17册, 1965年 9月.

釋𡆥　金祥恒《中國文字》第17册, 1965年 9月.

釋命　金祥恒《中國文字》第17册, 1965年 9月.

釋㣎𤔲　金祥恒《中國文字》第17册, 1965年 9月.

續釋戒　嚴一平《中國文字》第17册, 1965年 9月.

甲骨文中之鳳·颶·颮說　謝信一《中國文字》第17册, 1965年 9月.

釋率　金祥恒《中國文字》第18册, 1965年 12月.

釋𩰫𦈢　金祥恒《中國文字》第18册, 1965年 12月.

釋𤇾　嚴一萍《中國文字》第18册, 1965年 12月.

甲骨文 '龕' 字試釋　陳邦懷《中國語文》1966年 第1期.

釋𢆶𢆶𢷎𣪊樊　金祥恒《中國文字》第19册, 1966年 3月.

釋狴　金祥恒《中國文字》第19册, 1966年 3月.

讀池田末利君《釋衍——答嚴一萍先生》　嚴一萍《中國文字》第19册, 1966
　　年 3月.

釋晉　嚴一萍《中國文字》第20册, 1966年 6月.

說夷　田倩君《中國文字》第20册, 1966年 6月.

釋牢宰　孔德成《文史哲》, 第15期, 1966年 8月.

'告' 字探源　張以仁《大陸雜誌》第33卷 4期, 1966年 8月.

釋以　田倩君《中國文字》第21册, 1966年 9月.

說祏　戴君仁《中國文字》第21册, 1966年 9月.

釋會　金祥恒《中國文字》第21册, 1966年 9月.

釋攺　金祥恒《中國文字》第21册, 1966年 9月.

契文獸類及獸形字釋　丁驌《中國文字》第21·22册, 1966年 9·12月.

有關 '對' 字的一些問題　張以仁《大陸雜誌》第33卷 7期, 1966年 10月.

釋這　毛子水《中國文字》第22册, 1966年 12月.

釋伐　馬薇𤲬《中國文字》第22册, 1966年 12月.

釋卪　金祥恒《中國文字》第22册, 1966年 12月.

釋家　田倩君《中國文字》第23册, 1967年 3月.

釋𢍮𣬠𤔲𤕠　金祥恒《中國文字》第23册, 1967年 3月.

釋𣂤𣂤　金祥恒《中國文字》第24册, 1967年 6月.

釋🦴 金祥恒《中國文字》第24册, 1967年 6月.

甲骨文屮字音義考 金祥恒《中國文字》第25册, 1967年 9月.

釋🦴 金祥恒《中國文字》第25册, 1967年 9月.

說高·臺 田倩君《中國文字》第25册, 1967年 9月.

釋帛——爲 金祥恒《中國文字》第27册, 1968年 3月.

屮非𦫳之字原辨 金祥恒《中國文字》第27册, 1968年 3月.

釋🦴 金祥恒《中國文字》第28册, 1968年 6月.

釋肜 金祥恒《中國文字》第29册, 1968年 9月.

釋🦴 金祥恒《中國文字》第29册, 1968年 9月.

釋一 田倩君《中國文字》第29册, 1968年 9月.

釋🦴 金祥恒《中國文字》第30册, 1968年 12月.

說契文龜字 丁驌《民族研究所集刊》第27期, 1969年.

說後 丁驌《中國文字》第31册, 1969年 3月.

說🦴 金祥恒《中國文字》第31册, 1969年 3月.

說劍 金祥恒《中國文字》第32册, 1969年 6月.

釋昫與龍 丁驌《中國文字》第32册, 1969年 6月.

子卯 丁驌《中國文字》第32册, 1969年 6月.

釋自 唐健垣《中國文字》第32册, 1969年 6月.

說木杏束(🦴🦴🦴) 丁驌《中國文字》第33册, 1969年 9月.

釋票 金祥恒《中國文字》第34册, 1969年 12月.

說撻線 王獻唐《中國文字》第34册, 1969年 12月.

釋每美 王獻唐《中國文字》第35册, 1970年 3月.

釋涉 金祥恒《中國文字》第35册, 1970年 3月.

釋彔及🦴 馬薇幗《中國文字》第36册, 1970年 6月.

說女字 丁驌《中國文字》第37册, 1970年 9月.

釋上 田倩君《中國文字》第38册, 1970年 12月.

牢義新釋 嚴一萍《中國文字》第38册, 1970年 12月.

妟字說 杜其容《聯合書院學報》第8期, 1970年.

釋妟 丁驌《中國文字》第39册, 1971年 3月.

釋賓・安・定　丁驌《中國文字》第39册, 1971年 3月.

說丘　田倩君《中國文字》第40册, 1971年 6月.

釋卯　嚴一萍《中國文字》第40册, 1971年 6月.

釋俎　金祥恒《中國文字》第41册, 1971年 9月.

甲骨文中的鬲與甗　劉淵臨《中央研究院歷史語言研究所集刊》第43本 4分, 1971年 12月.

釋𡥀𡥀速　嚴一萍《中國文字》第43册, 1972年 3月.

釋見　丁驌《中國文字》第44册, 1972年 6月.

釋彡　金祥恒《中國文字》第44册, 1972年 6月.

釋裼　金祥恒《中國文字》第45册, 1972年 9月.

說狷　胡鳳五《中國文字》第47册, 1973年 3月.

說'屮'　嚴一萍《中國文字》第47册, 1973年 3月.

釋澮　金祥恒《中國文字》第49册, 1973年 9月.

釋𡆥𡆥𡆥　金祥恒《中國文字》第50册, 1973年 12月.

釋示　田倩君《中國文字》第50册, 1973年 12月.

釋得　嚴一萍《大陸雜誌》第47卷 5期, 1973年 11月.

說屮𦥑𦥑　蔡哲茂《中國文字》第51册, 1974年 3月.

逆羌考　蔡哲茂《大陸雜誌》第52卷 6期, 1976年 6月.

釋工互　鄒景衡《大陸雜誌》第53卷 2期, 1976年 8月.

釋甲骨文𡥀字兼解犧尊　龍宇純《沈剛伯先生八秩榮慶論文集》, 1976年 12月.

說'玄衣朱襮裣'——兼釋甲骨文虣字　裘錫圭《文物》1976年 第12期.

說'引'字　于豪亮《考古》1977年 5期.

𠬝與糒　沈文倬《考古》1977年 6期.

釋多・蠻・杓・稱　鄒景衡《大陸雜誌》第56卷 2期, 1978年 2月.

釋芼　蕭艾《社會科學戰線》1978年 第2期.

說屮　管燮初《中國語文》1978年 3期.

甲骨文研究(釋衣・釋裂)　胡淀咸《安徽師範大學學報(哲社)》1978年 4期.

說蛍　胡厚宣《古文字研究》第一輯, 中華書局, 1979年 8月.

'差'字的形義來源　夏淥《中國語文》1979年 1期.

釋𪒠 郭若愚《上海師院學報》1979年 2期.

釋巨 汪寧生《考古》1979年 3期.

釋𡘋 于省吾《考古》1979年 4期.

說'至' 沈之瑜《文物》1979年 11期.

讀了《說𢆶》以後 王縣《中國語文》1980年 2期.

甲骨文中的𢆶與𢆶 單周堯《中國語文》1980年 2期.

釋楷 裘錫圭《古文字研究》第三輯, 中華書局, 1980年 11月.

卜辭中 '亡' 學質疑 容谷《復旦大學》1980年 4期.

釋𠄎 陳永正《古文字研究》第四輯, 中華書局, 1980年 12月.

甲骨文 '𦣞' '廿' 及相關問題 連劭名《北京大學學報》1981年 6期.

釋大·夫·天 陳復澄《古文字研究論文集》, 四川大學學報叢刊 第十輯,
    1981年 12月.

釋冥放 楊潛齋《華中師院學報》1981年 3期.

正·足·疋同源說 陝西省考古所《考古與文物》1981年 第4期.

釋𢆶 張政烺《古文字研究》第六輯, 中華書局, 1981年 11月.

甲骨文 '出' 者試探 黃錫全《古文字研究》第六輯, 中華書局, 1981年 11月.

甲骨文虎字說 胡厚宣《甲骨探史錄》, 三聯書店 1982年 9月.

殷墟甲骨文羡字說 張政烺《甲骨探史錄》, 三聯書店, 1982年 9月.

說郶史 王貴民《甲骨探史錄》, 三聯書店, 1982年 9月.

殷人之書與契 董作賓《中國藝術論叢》第一集, 商務印書館, 1938年.

殷代的鳥書 董作賓《大陸雜誌》第6卷 11期, 1953年 6月.

殷墟出土的牛距骨刻辭 高去尋《中國考古學報》第四冊, 商務印書館, 1949年.

人頭骨上的刻辭 夏錄《羊城晚報》1961年 8月 11日.

三, 卜法與文例·文法

河南安陽遺龜 卡美年《中國地質學會會志》17卷 1期, 1937年.

殷代卜龜之來源 胡厚宣《甲骨學商史論叢》初集 第四冊, 1944年.

關於殷代卜龜之來源 張政烺·胡厚宣 齊魯大學《學史叢刊》第1期, 1944年.

骨卜與龜卜探源 石漳如《大陸雜誌》第8卷 12期, 1954年 6月.

關於《文參》誤解甲骨文寅字和兆文的兩点意見   周綱仁《文物參考資料》
　　1954年 12期.

易卦源於龜卜考 屈萬里《中央研究院歷史語言研究所集刊》第27本, 1956
　　年 4月.

大肩胛骨絕非象骨之證 董作賓《中國文字》第3册, 1961年 4月.

記彝 · 羌 · 綱西族的 '羊骨卜' 林聲《考古》1963年 第3期.

云南永胜縣彝族(他魯人) '羊骨卜'的查和研究 林聲《考古》1964年 第2期.

甲骨文的發現與骨卜習慣的考證 張秉權《中央研究院歷史語言研究所集刊》
　　第37本 下册, 1967年 6月.

卜骨的攻治技術演變過程之探討 劉淵臨《中央研究院歷史語言研究所集刊》
　　第46本 1分, 1974年 12月.

'枚卜' 新證 龐朴《歷史研究》1980年 第1期.

周原出土甲骨的字型與孔型 徐錫台《考古與文物》1980年 第2期.

釋'習卜' 柳曾符《中學語文》1981年 第4期.

商周甲骨和青銅器上的卦爻辨識   管變初《考古學研究》第6集, 中華書局,
　　1981年 11月.

'王吕我枝單弱勿卜'解 田宜超《古文字研究》第6輯, 中華書局, 1981年 11月.

數名古誼 丁山《中央研究院歷史語言研究所集刊》第1本 1分, 1928年.

古代的稱數 周法高《中央研究院院刊》第1輯, 1954年 6月.

卜龜腹甲的序數 張秉權《中央研究院歷史語言研究所集刊》第28本, 1956年
　　12月.

由卜兆記數推測殷人對於數的觀念 饒宗頤《中央研究院歷史語言研究所集
　　刊外編第4種》下册, 1961年 6月.

中國上古數名的演變及其應用 鄭德坤《香港中文大學學報》第1期, 1973年
　　3月.

甲骨文中所見的 '數' 張秉權《中央研究院歷史語言研究所集刊》第46本 3
　　分, 1975年 3月.

釋九十 王字信《文物》1977年 12期.

甲骨文例　胡光煒　中山大學語言歷史研究所考古叢書之一, 1928年 7月.

骨文例　董作賓《中央研究院歷史語言研究所集刊》第7本 1分, 1936年.

卜辭雜例　胡厚宣《中央研究院歷史語言研究所集刊》第8本 3分, 1939年.

讀李達良龜版文例研究　李棪《聯合書院學報》第11期 1973年 9月.

卜辭同文例　胡厚宣《中央研究院歷史語言研究所集刊》第9本 2分, 1947年.

殷代文例分 '常例' · '特例' 二種說　董作賓《中國文字》第6册, 1962年 1月.

卜辭對貞述例　周鴻翔　1969年.

商周字例序　戴家祥　中山大學《語言歷史所周刊》第10集 111期, 1929年 12月.

卜辭記事文字史官簽名例　胡厚宣《中央研究院歷史語言研究所集刊》第12
本, 1948年.

說吉─上吉 · 所吉與大吉 · 弘吉的比較研究　張秉權《中央研究院歷史語言
研究所集刊》第23本 下册, 1952年 7月.

'釋勿勿' · '骨臼刻辭之一考察' · '釋七十'　郭沫若《古大銘刻彙考續編》所
收, 日本東京文求堂影印本 1934年.

骨臼刻辭再考　董作賓《中央研究院院刊》第1輯, 1954年 6月.

安陽出土的牛胛骨及其刻辭　郭沫若《考古》1972年 第2期, 又收入《出土
文物 · 三事》.

讀《安陽出土的牛胛骨及其刻辭》　裘錫圭《考古》1972年 5期.

關於尾右甲刻辭　唐蘭《考古社刊》第6期, 1936年.

武丁時五種記事刻辭考　胡厚宣《甲骨學商史論叢》初集 第3册, 1944年.

卜辭彝銘學多側書　唐蘭《國學季刊》5卷 3期, 1937年.

殷契亡尤說　丁山《中央研究院歷史語言研究所集刊》1本 1分, 1928年.

卜辭 '今夕亡禍說'　祝敏申《大學生》1979年 1期.

釋絲用絲御　胡厚宣《中央研究院歷史語言研究所集刊》8本 4分, 1939年.

王若曰古義　董作賓《說文月刊》第4卷 合訂本, 1944年 5月.

甲骨文中之先置賓辭　楊樹達《古文字研究》(講義本), 1945年.

殷墟甲骨刻辭的語法研究　管燮初 中國科學院, 1953年 10月.

論成套卜辭　張秉權《中央研究院歷史語言研究所集刊外編第四種》上册,
1960年 7月.

甲骨文'唯'字用法的分析　管燮初《中國語文》1962年 第6期.

甲骨卜辭中叀·隹用法探究　韓耀隆《中國文字》第43册, 1972年 3月.

有關語詞'叀'的用法問題　（日）伊藤道治《古文字研究》第6輯, 中華書國,
　　1981年 11月.

卜辭合文商榷　洪篤仁《夏門大學學報》(社會科學版) 1963年 第3期.

從甲文·金文量詞的應用, 考察漢語量詞的起源與發展　黃載君《中國語文》
　　1964年 6期.

釋'餘一人'　胡厚宣《歷史研究》1957年 1期.

重論'餘一人'問題　胡厚宣《古文字研究》第6輯, 中華書局, 1981年 11期;
　　《古文字研究論文集》, 四川大學學報叢刊第十輯, 1981年 12月.

甲骨文中第一身指稱詞的用法　韓耀隆《中國文字》第18册, 1965年 12月.

'王若曰'釋義　于省吾《中國語文》1966年 2期.

從'於'字用法證甲骨文 ⿰之不同　唐健垣《中國文字》第28册, 1968年 6月.

甲骨卜辭中'於'字用法探究　韓耀隆《中國文字》第49册, 1973年 9月.

釋不玄冥　楊向奎《歷史研究》1955年 1期.

甲骨文'不⿰'一辭的檢討　黃沛榮《中國文字》第32册, 1969年 6月.

說求御　丁驌《中國文字》第37册, 1970年 9月.

卜辭弜弗通用考　張宗騫《燕京學報》第28期, 1940年 12月.

說'弜'　裘錫圭《古文字研究》第1輯, 中華書局, 1979年 8月.

甲骨卜辭中否定詞用法探究(1-3)　韓耀隆《中國文字》第45·46·47册,
　　1972年 9月·12月, 1973年 3月.

卜辭之句式及其疑問詞　李達良《聯合書院學報》11期, 1973年 9月.

卜辭文法三題　陳煒湛《古文字研究》第4輯, 中華書局, 1980年 12月.

四, 斷 代

甲骨文斷代研究例　董作賓《中央研究院歷史語言研究所集刊外編第一種:
　　慶祝蔡元培先生六十五歲論文集》, 商務印書館, 1933～1934年; 又《中
　　央研究院歷史語言研究所專刊之五十附册》, 1965年.

甲骨斷代學(甲篇)　陳夢家《燕京學報》第40期, 1951年 6月.

甲骨斷大與坑位——甲骨斷代學丁篇　陳夢家《中國考古學報》第5册, 1951年.

殷代卜人篇——甲骨斷大學丙篇　陳夢家《考古學報》第6册, 1953年 12月.

甲骨文斷代研究的十个標準　董作賓《大陸雜誌》第4卷 8期, 1952年 4月.

殷代禮制的新舊兩波　董作賓《大陸雜誌》第6卷 3期, 1953年 2月.

卜辭之時代區分　董作賓　香港大學出版社, 1956年 12月.

爲書道全集評論卜辭時期之區分　董作賓《大陸雜誌》第14卷 9期, 1957年
　　5月.

論卜辭斷代問題——答島邦男先生　饒宗頤《東洋學》3期, 1961年 5月.

甲骨文斷代研究新例　嚴一萍《中央研究院歷史語言研究所集刊外編第四種》
　　下册, 1961年 6月.

試論殷墟文化分期　鄒衡《北京大學學報(人文科學)1964年 4・5期.

測釋河南民族博物院發掘殷墟的坑位　石璋如《中國文字》第51册.

周原卜辭十編選釋及斷代　徐錫台《古文字研究》第六輯, 中華書局, 1981年
　　11月.

略談卜辭中‘武丁諸父之稱謂’及‘殷代王位繼承法’——讀陳夢家先生《甲骨
　　斷代學》四篇記　劉啓益《歷史研究》1956年 4期.

卜辭上父母兄子之稱謂　島邦男著 小言譯 陳應年校《古文字研究》第八輯,
　　中華書局, 1983年 2月.

關於‘貞人’　董作賓《大陸雜誌》第3卷 11期, 1951年 12月.

殷代貞卜人物通考(上・下)　饒宗頤　香港大學出版社, 1959年 11月.

略論饒著《貞卜人物通考》的基礎問題(上・下)　嚴一萍《大陸雜誌》第23卷
　　9・10期, 1961年 11月.

卜辭卜人解惑　金祥恒《中國文字》第33册, 1969年 9月.

讀貞人苟的年代　許進雄《中國文字》第43册, 1972年 3月.

略談貞人的在職年代　許進雄《中國文字》第44册, 1972年 6月.

小屯丙組基址與𡊄卜辭　李學勤《甲骨探史錄》, 三聯書店, 1982年 9月.

甲骨文貞人‘専’時代的審定　王宇信《甲骨探史錄》, 三聯書店, 1982年 9月.

貞人補正　島邦男著 信齋譯 陳應年校《古文字研究》第八輯, 中華書局,

1983年 2月.

漫談甲骨文字的書法　懿恭《文物參考資料》,1957年 1期.

甲骨文書體淺說　楊魯安《書法》1981年 第6期.

鑽鑿對卜辭斷代的重要性　許進雄《中國文字》第37册,1970年 9月.

從長鑿的配置試分第三與第四期的卜骨　許進雄《中國文字》第48册,1973
　　年 6月.

骨卜技術與卜辭斷代　許進雄 加拿大多倫多出版,1974年 5月.

卜骨上的鑿鑽形態　許進雄 藝文印書館,1973年 8月.

甲骨的鑿鑽形態與分期斷代研究　于秀卿等《古文字研究》第六輯,中華書
　　局,1981年 11月.

帝乙時代的非王卜辭　李學勤《考古學報》1958年 第1期.

略論'午組卜辭'　肖楠《考古》1979年 6期.

論武乙·文丁卜辭　肖楠《古文字研究》第三輯,中華書局,1980年 11月.

關於自組卜辭的一些問題　李學勤《古文字研究》第三輯,中華書局,1980年
　　11月.

論歷組卜辭的年代　張永山·羅琨《古文字研究》第三輯,中華書局,1980年
　　11月.

關'歷組卜辭'的時代　裘錫圭《古文字研究》第六輯,中華書局,1981年 11月.

武丁時別種類型卜辭分期研究　謝濟《古文字研究》第六輯,中華書局,1981
　　年 11月.

試論歷組卜辭的分期　謝濟《甲骨探史錄》,三聯書店,1982年 9月.

關於午組卜辭的考察　(日)前川捷三著,范毓周譯《古文字研究》第八輯,中
　　華書局,1983年 2月.

試論殷墟五號墓的'婦好'　王宇信·張永山等《考古學報》1977年 2期.

安陽殷墟五號墓座談紀要《考古》1977年 5期.

論'婦好'墓的年大及有關問題　李學勤《文物》1977年 11期.

試論殷墟五號墓的年代　王宇信《鄭州大學學報(哲社)》1979年 第2期.

安陽殷墟五號墓的年大問題　李伯謙《考古》1979年 2期.

論婦好墓對殷墟文化和卜辭斷代的意義　鄭振香等《考古》1981年 第6期.

五. 辨僞與綴合

庫方二氏甲骨卜辭第1506片辨僞兼論陳氏兒家譜說　金祥恒《大陸雜誌》特
　　刊 第2輯, 1962年 5月.

甲骨辨僞四事──這是一連串與甲骨辨僞關的文章的第一篇　周鴻翔《饒宗
　　頤敎授南游贈別論文集》, 1970年 3月.

臨淄孫氏舊藏甲骨文字考辨　胡厚宣《文物》1973年 第9期.

甲骨卜辭七集中孫氏藏甲骨的眞僞問題　嚴一萍《中國文字》第52册, 1974
　　年 6月.

談談甲骨文中有關蠶桑的眞僞資料　李先登《地理知識》1978年 第5期.

甲骨文 '家譜刻辭' 眞僞問題再商榷　胡厚宣《古文字研究》第四輯, 中華書
　　局, 1980年 12月.

甲骨文 '家譜刻辭' 眞僞辨　于省吾《古文字研究》第四輯, 中華書局, 1980年
　　12月.

甲骨文僞造問題新探　（日）松丸道雄《古文字研究》第六輯, 中華書局, 1981
　　年 11月.

八月乙酉腹甲的拼合與考證的經過　嚴一萍《大陸雜誌》第9卷 1期, 1954
　　年 7月.

關於文武丁時代一片服甲的兩種綴合　嚴一萍《中國文字》第六册, 1962年
　　1月.

跋李棪齋先生綴合的兩版 '周侯屯' 牛骨卜辭　屈萬里《大陸雜誌》第31卷 3
　　期, 1965年 8月.

甲骨文破片的電腦拼對法　Chou Hung-Hsiang 著, 陳仲玉 譯《大陸雜誌》
　　第47卷 6期, 1973年 12月.

關於使用電子計算機綴合商代卜甲碎片的初步報告　童恩正 等《考古》1977
　　年 3期.

六, 歷史社會

古史新證　王國維　淸華研究院進義, 1925年; 來薰閣影印手稿本, 1934年.

卜辭中之古大社會　郭沫若《中國古代社會研究》第三篇, 上海聯合書店, 19
　　30年.

商王國的始末　古頡剛 雲南大學講義, 1939年; 又《文史雜誌》1卷 2期, 1941年.

新殷本紀　丁山《史薰》1期, 1940年.

殷非奴隷社會論　胡厚宣《甲骨學商史論叢》初集 第一册, 1944年.

甲骨學商史論叢初集·二集　胡厚宣 齊魯大學國學研究所石印本, 1944~45年.

殷代的奴隷制社會　呂振羽 耕耘出版社, 1949年.

古代史　吳澤 棠棣出版社, 1949年.

古代研究的史料問題　胡厚宣 商務印書館, 1950年 6月.

殷代的奴隷生活(古今史話之一)　平廬《大陸雜誌》第1卷 2期, 1950年 7月.

論對殷代史料的研究態度　楊紹萱《新建設》3卷 5期, 1951年.

中國奴隷社會　郭沫若《國學季刊》7卷 2期, 1951年 7月.

奴隷制時代　郭沫若 人民出版社, 1954年; 1977年重印.

對殷周社會研究提供的材料問題　蒙文通《成都江商導報增刊》1951年 10月
　　21日.

中國上古史新證　董作賓《民間知識》第9期, 1952年 12月.

西周文中的殷人身分　陳夢家《歷史研究》1954年 6期.

試論殷代的直接生產者——釋羌釋衆　王承祒《文史哲》1954年 6期.

試論殷代的 '奚' · '妾' · '反' 的社會身份　王承祒《北京大學學報(人文科
　　學)》1955年 1期.

殷代社會生活　李亞農 上海人民出版社, 1955年 6月; 又收入《欣然齋史論集》
　　上海人民出版社, 1962年; 又《李亞農史論集》, 上海人民出版社, 1979年.

殷代社會的歷史文化　陳夢家《新建設》1955年 7月.

論殷末周初的社會性質——關於我國早期奴隷制的探討　楊械《新建設》第
　　10期, 1955年 8月.

對於《試論殷代直接生產者釋羌釋衆》的几点補充意見　王承祒《文史哲》

1955年 9期.

從卜辭試論商代社會性質　孫海波《開封師院學報》1956年 創刊號.

商殷奴隸制特徵的探討　徐喜辰《東北師範大學科學集刊(歷史)》1956年 1期.

夏代和商代的奴隸制　束世澂《歷史研究》1956年 1期.

我怎樣研究上古史　董作賓 香港《孟氏圖書館館刊》第2卷 1期, 1956年 3月.

對《夏代和商代的奴隸制》——文的意見　許順湛《歷史研究》1956年 6期.

試論殷代的主要生產者 '衆' 和 '衆人' 的社會身分　趙錫元《東北人民大學人
　　文科學學報》1956年 6期.

古史零證　周谷城 新知識出版社, 1956年 11月.

商代奴隸的反抗鬥爭情況如何　馬子庄《歷史數學》1956年 9期.

讀《從卜辭試論商代社會性質》　趙錫元《史學集刊》1957年 1期.

甲骨文中的 '衆' 是不是奴隸?　七大《藝術月刊)》1957年 1期.

讀《甲骨文中的衆詩不是奴隸?》　趙錫元《光明日報》1957年 3月 14日.

關於殷代的 '奴隸'　趙錫元《史學集刊》1957年 2期.

從甲骨文看商代社會性質　于省吾《東北人民大學人文科學學報》1957年 2·
　　3合期.

商代的公社農民和奴隸問題　宋衍《歷史教學問題》1957年 3期.

論西周是封建社會——兼論殷代社會性質　徐中舒《歷史研究》1957年 5期.

關於《夏代和商代的奴隸制》一文中所引用的甲骨文材料　趙錫元《歷史研
　　究》1957年 10期.

商殷帝王本紀　周鴻翔 香港出版社, 1958年.

古史考存　劉節 人民出版社, 1958年 2月.

關於商代社會性質的討論(對於省吾先生《從甲骨文看商代社會性質》一文的意
　　見) 唐蘭《歷史研究》1958年 1期.

駁唐蘭先生《關於商代社會性質的討論》　王省吾《歷史研究》1958年 第8期.

試論殷代的奴隸制度和國家的形成　王玉哲《歷史教學》1958年 9期.

評於省吾教授研究歷史的觀點·方法　趙錫元《吉林大學人文科學學報》
　　1959年 2期.

對趙錫元同志《評于省吾教授研究歷史的觀點·方法》一文的几點意見　于省

吾《吉林大學人文科學學報》1959年 2期.

對《試述殷代的奴隸制度和國家的形成》一文的意見　趙錫元 《歷史研究》
　　1959年 11期.

商周史料考證　丁山 上海龍門聯合書店, 1960年 9月.

殷代社會史料徵存　陳翔懷 天津人民出版社, 1959年 9月.

試論殷商奴隸制向西周封建制的過渡問題　李埏 等《歷史研究》1961年 3期.

胡厚宣談商史研究《文彙報》1961年 12月 28日.

中國奴隸社會的几个問題　金景芳 中華書局, 1962年 2月.

殷周時代的中國社會　呂振羽 生活 · 讀書 · 新知三聯書店, 1962年.

殷周秦漢的奴隸制度　劉偉民《聯合書院學報》2期, 1963年 6月.

中國奴隸社會向封建社會轉變時期階級鬥爭　周自強《歷史研究》第5 · 6期,
　　1964年 12月.

古史新探　楊寬 中華書局, 1965年 10月.

奴隸制時代　郭沫若 新文藝出版社, 1952年 6月；又北京大學人民出版社,
　　1973年 3月 再版.

中國古代奴婢制度史　劉偉民 香港龍門書店, 1975年 6月.

從考古資料中看商周奴隸社會的階級壓迫　顧維勤 中華書局, 1975年 12月.

甲骨文所見殷代奴隸的反壓迫鬥爭　胡厚宣《考古學報》1976年 1期.

殷墟——奴隸社會的一个縮影　河南省安陽市文化局 文物出版社, 1976年.

《尚書 · 盤庚》所反映的商代貴族和平民的階級鬥爭　李民《鄭州大學學報(哲
　　社)》1978年 2期.

試論中國奴隸形成和消亡的具體途徑　趙錫元 《吉林大學學報(社會科學
　　版)》1979年 1期.

殷商史中的几个問題　徐中舒《四川大學學報(哲社)》1979年 2期.

試論殷代的衆 · 衆人與羌的社會地位　陳福林《社會科學戰線》1979年 3期.

殷墟卜辭中的 '衆' 的身分問題　朱鳳瀚《南開大學學報》1981年 1期.

論商代的 '衆' 人　張永山《甲骨探史錄》, 三聯書店, 1982年 9月.

甲骨探史錄　胡厚宣等 三聯書店, 1982年 9月.

七. 地 理

三代地理小記　王國維 雪堂叢刻, 1915年.

殷卜辭中所見地名考　王國維 雪堂叢刻, 1915年.

龜甲獸骨文所見之地名　任泰輔《支那上古之研究》, 1927年, 聞宥譯文；《中
　　山大學語言歷史周刊》9卷 104～105期, 1929年.

商代地理小記　陳夢家《禹貢半月刊》7卷 6・7期, 1937年.

甲骨地名通檢　曾毅公 齊魯大學, 1939年.

甲骨地名與殷代地理新考　吳澤《中山文化季刊》2卷 1期, 1944年.

甲骨地名通檢　馬宗薌 文海出版社, 1971年 9月.

卜辭地名與古人居丘說　胡厚宣《甲骨學商史論叢》初集, 第四册, 1944年.

希望中的殷周時代疆域圖　董作賓《地圖周刊四百周年紀念》, 1954年 4月
　　24日.

卜辭中的亳與商　董作賓《大陸雜志》第6卷 1期, 1953年 1月.

釋‘下邦’　拱辰《文史哲》1955年 9期.

說殷商亳及盤庚以後的五遷　趙鐵寒《大陸雜誌》第10卷 8期, 1955年 4月.

殷商爲甚麽屢次遷都　芳明《歷史教學》1956年 6期.

甲骨文中所見殷代的地域組織　徐達城《山東大學學報(人文科學)》1957年
　　2期.

殷代地理簡論　李學勤 科學出版社, 1959年.

《殷代地理簡論》評介　許藝《考古》1959年 5期.

殷代甲骨刻辭中‘夒方’地理釋證　李謹《人文雜誌》1959年 4期.

關於《殷代甲骨刻辭‘夒方’地理釋證》一文的商榷　姚孝遂《人文雜誌》1959
　　年 6期.

殷商群亳地理方位考實(之一)　趙鐵寒《大陸雜誌》第23卷 12期, 1961年 12月.

西亳地理方位考辨 —— 殷商群亳地理方位考實(之二)　趙鐵寒《政大學報》
　　第6期, 1962年 12月.

殷商群亳地理方位考實(之三)　趙鐵寒《大陸雜誌》第25卷 12期, 1962年 12月.

湯前八遷的新考證(上)　趙鐵寒《大陸雜誌》第27卷 6期, 1963年 9月.

甲骨文中所見人地同名考　張秉權《慶祝李濟先生七十歲論文集》, 1967年.

盤龍城與商朝的南土　江鴻《文物》1976年 2期.

鄭州商城即湯都亳說　鄒衡《文物》1978年 2期.

商朝國號淺議　史蘇苑《歷史教學》1981年 7期.

殷商名稱的由來　鄭慧生《歷史教學》1981年 7期.

歷代呂方考　胡厚宣《甲骨學商史論叢》初集 第2冊, 1944年.

釋'呂方方皇於土'　拱辰《文史哲》1955年 第9期.

殷代之羌與蜀　董作賓《說文月刊》1958年.

共工不死——甲骨文中的共工族及其他　李瑾《羊城晚報》1962年 5月 16日.

釋𤮯方　嚴一萍《中國文字》第33冊, 1969年 9月.

𤮯方補釋　嚴一萍《中國文字》第34冊, 1969年 12月.

甲骨文中的巴與蜀　董其祥《西南師範學院學報》1980年 3期.

周原甲骨文'楚子來告'引證　顧鐵符《考古與文物》1981年 1期.

甲骨文中的商代方國聯盟　林澐《古文字研究》第6輯, 中華書局, 1981年 11月.

周原甲骨所見諸方國考略　繆文遠《考古字研究論文集》, 四川大學學報叢刊
　　　第10輯, 1981年 12月.

'六'爲商之封國說　齊文心《甲骨探史錄》, 三聯書店, 1982年 9月.

卜辭'作邑'蠡測　彭邦炯《甲骨探史錄》, 三聯書店, 1982年 9月.

八, 廟號·世系等

未有諡法以前的易名制度　唐蘭 重慶《中央日報·讀書》第1期, 1939年.

商王名號考　陳蒙家《燕京學報字》第27期, 1940年.

竹書紀年所見殷王名疏證　楊樹達《光明日報》1951年 1月 20日.

論商人以十日爲名　董作賓《大陸雜誌》2卷 3期, 1951年 2月.

商王廟號考——甲骨斷代學乙篇　陳夢家《考古學報》第8冊, 1954年.

商王廟號新考　張光直《民族研究所集刊》15期, 1963年 春季.

對張光直先生的《商王廟號新考》的几點意見　許進雄《中國民族研究所集刊》
　　　第19期, 1965年春.

評張光直《商王廟號新考》中的論證法　任衡立《民族研究所集刊》第19期, 1965年春.

關於《商王廟號新考》一文的几點意見　許倬雲《民族研究所集刊》 19期, 1963年春.

關於《商王廟號新考》一文的補充意見　張光直《民族研究所集刊》第19期, 1965年.

聯名制與卜辭商王廟號問題　楊希枚《民族研究所集刊》第21期, 1966年春.

再論商王妣廟號的兩組說　丁驌《民族研究所集刊》第21期, 1966年.

中國古代之親屬制度——再論商王廟號的社會結构意義　陳其南《民族研究所集刊》第35期, 1974年 9月.

讀王亥與伊尹的祭日并再論殷商王制　張光直《民族研究所集刊》第35期, 1974年 9月.

略論甲骨文 '自上甲六示' 的廟號以及我國成文歷史的開始　于省吾《社會科學戰線》1978年 創刊號.

殷卜辭中所見先公先王考　王國維《學術叢書》1917年.

殷卜辭中所見先公先王續考　王國維《學術叢書》1917年.

殷卜辭中所見先公先王三續考　吳其昌《燕京學報》第14期, 1933年 12月.

殷卜辭中所見先公先王再續考　朱芳圃《新中華》復刊5卷 4期, 1947年 2月.

與王靜安徵君論卜辭上甲兩書　羅振玉《雲窓漫稿》1920年.

論雍己　吳其昌《殷墟書契解詁》(675), 刊武漢大學《文哲季刊》, 1934～37年.

論雍己在殷代祀典中的位置　董作賓《中央研究院歷史語言研究所集刊》8本 4分, 1940年.

卜辭下乙說　胡厚宣《甲骨學商史論叢》初集 第3册, 1944年.

釋四且丁　嚴一萍《大陸雜誌》18卷 8期, 1959年 4月.

王亥即伐鬼方之震　平心《中華文史論叢》第1輯, 1962年.

史記殷本紀之先王 '振' 與甲骨文之 '王夒'　金祥恒《中國文字》第26册, 1967年 12月.

釋小甲　黃奇逸·彭裕商《古文字研究論文集》, 四川大學學報叢刊第十輯, 1981年 12月.

殷代的革命政治家　董作賓《中國政治思想史及制度史論文集》,1954年11月.

伊尹遲任老彭新考 —— 中國古代社會史研究之一　平心《華東師大學報》
　　1955年1期.

論殷王妣諡法　丁驌《民族研究所集刊》第19期, 1965年春.

諸母妣　丁驌《中國文字》第33册, 1969年9月.

諸帚名　丁驌《中國文字》第34册, 1969年12月.

諸子名　丁驌《中國文字》第35册, 1970年3月.

說卜辭中之子畫　金祥恒《中國文字》第42册, 1971年12月.

姤妃和小臣　肖兵《求是學刊》1980年1期.

五十年考訂殷代世系的檢討　董作賓《學術季刊》1卷3期, 1953年12月.

年代世系表　董作賓・嚴一萍 藝文印書館, 1957年5月.

九, 禮　制

殷周制度論　王國維《學術叢書》, 1917年;《觀堂集林》卷10.

殷禮徵文　王國維《王忠慤公遺書》二集, 1927年 石印本.

甲骨文字與殷商制度　周傳儒 開明書店, 1934年.

從法考源　丁山《中央研究院歷史語言研究所集刊》4本4分, 1934年.

五等爵在殷商　董作賓《中央研究院歷史語言研究所集刊》6本3分, 1936年.

射與郊　陳夢家《清華學報》13卷1期, 1941年.

殷代婚姻家族宗法生育制度考　胡厚宣《甲骨學商史論叢》初集 第1册, 1944年.

殷代封建制度考　胡厚宣《甲骨學商史論叢》初集 第1册, 1944年.

殷代帝王名諡世次系家族與繼承制研究　吳澤《中山文化季刊》1卷4期, 1944
　　年5月.

殷代兄終弟及即選舉制度說　徐仲舒《文史雜誌》5卷5〜6期, 1945年.

殷代貢綱制考辨　吳澤 大夏大學《歷史社會學季刊》1卷2期, 1947年9月.

殷代矢射考略　王西徵《燕京學報》39期, 1950年12月.

論殷代社會的氏族組織　徐中舒《成都工商導報星期增刊》, 1951年1月7日.

古代中國的十進制氏族組織　張政烺《歷史教學》2卷3・4・6期, 1951年

9 · 10 · 12月.

'姓' 氏古義析證　楊希枚《中央研究院歷史語言研究所集刊》第23本 下册,
　　1952年 7月.

殷禮的含貝與握貝　高去尋《中央研究院院刊》第1輯, 1954年 6月.

試論商大 '兄終弟及' 的繼統法與殷商前期的社會性質　王玉哲《南開大學學
　　報(人文科學)》1956年 1期.

甲骨文所見氏族及其制度　丁山 科學出版社 1956年 9月.

論秦以前的賜姓制度　黃彰健《大陸雜誌》第14卷 11 · 12期, 1957年 6月.

論殷代親族制度　李學勤《文史哲》1957年 11期.

卜辭姓氏通釋(1~3)　魯實先《東洋學報》1卷 1期 · 2卷 1期 · 3卷 1期,
　　1959年~1960年.

殷人尙白說質疑　黃然偉《大陸雜誌》31卷 1期, 1965年 7月.

殷商王室十分組制試論　劉斌雄《民族研究所集刊》第19期, 1965年 春.

論商代的繼承制度　趙錫元《中國史研究》1980年 4期.

從武丁時代的几種 '子卜辭' 試論商代的家族形態　林澐《古文字研究》第1
　　輯, 中華書局, 1979年 8月.

十, 刑法與軍事

甲骨文中所見的商代五刑——幷釋兀刖刜二字　趙佩馨《考古》1961年 2期.

殷代的刖刑　胡厚宣《考古》1973年 2期.

'🐎' 字臆義——有關刖足几个文字的解釋　塞峰《南京大學學報》1979年
　　第2期.

殷代的奴隷監獄和奴隷暴動——兼論甲骨文 '圉' · '戎' 二字用法的分析　齊
　　文心《中國史研究》1979年 1期.

殷周戰史　董作賓《中國戰史論集》1954年 6月.

徵人方新譜　李學勤《歷史學習》(中國科學院歷史研究所油印本), 1956年 5期.

介紹一片伐人方的卜辭　沈之瑜《考古》1974年 4期.

從甲骨卜辭研究殷商軍旅中之王族三行師　金祥恒《中國文字》第52册,

1974年 6月.

商代的俘虜 姚孝遂《古文字研究》第1輯, 中華書局, 1979年 8月.

試論卜辭中的師和旅 肖楠《古文字研究》第6輯, 1981年 11月.

略論商代的軍隊 楊升南《甲骨探史錄》, 三聯書店, 1982年 9月.

甲骨文所見的商代軍制數則 寒峰《甲骨探史錄》, 三聯書店, 1982年.

十一, 土地制度與農業

秦以前中國田制史 吳其昌 武漢大學《社會科學季刊》5卷 3期, 1935年.

殷商之土地制度 萬國鼎《文史雜誌》4卷 5~6期, 1944年 9月.

關於殷周土地所有制問題 斯維至《歷史研究》1956年 4期.

試論殷代生產資料的所有制形式 朱本源《歷史研究》1956年 6期.

井田制度探源 徐仲舒《中國文化研究所彙刊》第4期, 1944年.

關於井田制概念的几个教學問題 劉恒烈《歷史教學》1964年 9期.

井田制的實質及其辯護士的嘴臉 王貴民《中山大學學報(哲學社會科學版)》
1975年 6期.

對卜辭‘王其田’的几點看法 王明閣《北方論叢》1979年 5期.

耕耤考 徐仲舒《中央研究院歷史語言研究所集刊》2本 1分, 1930年.

甲骨金文中所見的商代農稼情況 吳其昌《張菊生紀念論文集》, 1937年.

殷代焚田說 胡厚宣《中央研究院歷史語言研究所集刊》9本 3分, 1939年.

卜辭中所見之殷代農業 胡厚宣《甲骨學商史論叢》二集 第1冊, 1945年.

我國古代農藝史上的几个問題 胡靜《新建設》1954年 12月號.

殷代農作施肥說 胡厚宣《歷史研究》1955年 1期.

殷代農作施肥說補證 胡厚宣《文物》1963年 5期.

商代的谷類作物 于省吾《東北人大人文科學院學報》1957年 1期.

甲骨文所反映的上古植物水分生理學知識 朱培仁《南京農學院學報》1957
年 2期.

說貴田 胡厚宣《歷史研究》1957年 7期.

殷代的農作物栽培 游修齡《浙江農學院學報》2卷 2期, 1957年 12月.

耕耡的起源及其發展　孫常敍 上海人民出版社, 1959年 6月.

我國最早的施肥記錄　夏錄《羊城晚報》1961年 9月 19日.

我國古代農田施肥簡述　王春瑜・張占成《歷史教學》1961年 10期.

說大羡的起源　于景讓《大陸雜誌特刊》第2輯, 1962年 5月.

牛耕與犂的起源和發展　倪政祥《文史哲》1964年 3期.

殷代的農業與氣象　張秉權《中央研究院歷史語言研究所集刊》 第42本,
　　1970年 12月.

從甲骨文看商代的農田墾殖　于省吾《考古》1972年 4期.

卜辭裒田及其相關諸問題　張政烺《考古學報》1973年 1期.

清江陶文及其所反映的殷代農業和祭祀　趙峰《考古》1976年 4期.

中國牛耕技術的起源　何烈《大陸雜誌》第55卷 4期, 1977年 10月.

甲骨文'肖'與'肖田'　張政烺《歷史研究》1978年 3期.

釋'尼田'——與張政烺同志商榷　張習明《武漢大學學報(哲學社會科學版)》
　　1978年 4期.

關於肖田問題——答張習明同志　張政烺《武漢大學學報(哲學社會科學版)》
　　1979年 1期.

論殷周時期有關農業生產者的一些問題　王俊杰《甘肅師大學報(哲社)》
　　1979年 3期.

就甲骨文所見試談商代的王室田庄　王貴民《中國史研究》1980年 3期.

再論殷代農作施肥問題　胡厚宣《社會科學戰線》1981年 1期.

從卜辭中'田'的記載看殷代土地王權所有制　王明閣《北方論叢》1981年 4期.

十二, 畜牧與田獵

中國養馬史　謝承俠 科學出版社, 1959年 4月.

商代的馬和養馬業　王宇信《中國史研究》1980年 1期.

殷墟出土一塊'武丁逐豕'骨版的研究　董作賓《大陸雜誌》第8卷 6期, 1954
　　年 3月.

武丁狩獵卜辭淺說　董作賓《大陸雜誌》第8卷 12期, 1954年 6月.

安陽遺址出土之狩獵卜辭動物遺骨與裝飾紋樣　李濟《考古人類學刊》第
　　9・10合刊, 1957年 11月.

殷王田獵考(上)　黃然偉《中國文字》第14冊, 1964年 12月.

殷王田獵考(中・下)　黃然偉《中國文字》第15冊, 1965年 3月.

甲骨文 '田獵' 之 '田' 與農田的田字不能混讀　王宇信《北方論叢》1979年 3期.

甲骨文中有關野生動物的記述　毛樹堅《杭州大學學報》1981年 2月.

甲骨刻辭狩獵考　姚孝遂《古文字研究》第六集, 中華書局, 1981年 11月.

殷墟象坑和 '殷人服象' 的再檢討　王宇信・楊寶成《甲骨探史錄》, 三聯書店,
　　1982年 9月.

十三, 手工業與商業交通

商代社會經濟基礎初探　許順湛 河南人民出版社, 1958年 10月.

卜辭金文中所見社會經濟史考釋　平心《中華文史論叢》第一輯, 1962年.

商代的手工業　楊建芳《歷史數學》1964年 6期.

論殷周時代高層建築之(京)・昆侖與西業之Zikkurdt(上・下)　楊希枚《大
　　陸雜誌》第43卷 5・6期, 1967年 3月.

商代卜辭中的冶鑄史料　燕耘《考古》1973年 5期.

試論卜辭中的 '工' 與 '百工'　肖楠《考古》1981年 第3期.

殷代的蠶桑和絲織　胡厚宣《文物》1972年 11期.

殷周時代的絲綢圖案　顧方松《絲綢》1964年 4期.

中國古代蠶・桑・絲・綢的歷史　夏鼐《考古》1972年 第2期.

中國的蠶桑　徐俊良・蔣猷龍《地理知識》1978年 1期.

聯於殷代的商品交換和貨幣 ──對吳榮曾《中國古代的錢幣》一文的意見　羅
　　平・唐雲明《河北日報》1957年 5月 29日.

我國古代貨幣的起源和發展　王毓銓 學習出版社, 1957年 7月.

中國古代貨幣發展史　鄭家相 三聯書店, 1958年 4月.

試論我國古代貨幣的起源　朱活《文物參考資料》1958年 8月.

評《我國古代貨幣的起源和發展》　邵友誠《考古通訊》1958年 8期.

評《中國古代貨幣發展史》 邵友誠《考古通訊》1958年 8期.

商品貨幣與殷商奴隸制 賈谷文《考古》1976年 1期.

殷代的交通工具和驛傳制度 王省吾《東北人民大學人文科學學報》1955年
2期.

十四. 天象與年曆

上古天文材料 陳夢家《學原》1卷 6期, 1943年.

氣候變遷與殷代氣候之檢討 胡厚宣《甲骨學商史論叢》二集, 第二冊, 1944年.

關於殷代之氣候 呂炯·胡厚宣 成都《齊魯大學文史叢刊》1944年 第1期.

再談殷代氣候 董作賓 華西大學《中國文化研究所集刊》5卷, 1946年.

中國古代在天文學上的偉大貢獻 竺可楨《科學通報》第2卷 3期, 1951年 3月.

中國過去在氣象上的成就 竺可楨《科學通報》2卷 6期, 1951年 6月.

商代卜辭中的氣象記錄之商榷 張秉權《學術季刊》6卷 2期, 1957年 12月.

中國近五千年來氣候變遷的初步研究 竺可楨《考古學報》1972年 1期.

甲骨文四方風名考 胡厚宣《甲骨學商史論叢》初集 第二冊, 1944年.

釋星·釋轅風·甲文中之四方神名與風名 楊樹達《積微居甲文說》1954年.

卜辭四方風新義 嚴一萍《大陸雜誌》第15卷 1期, 1957年 7月.

關於歲星 唐蘭 重慶《中央日報·讀書》第2期, 1939年.

商代彗星的發現 平心《文彙報》1962年 8月 7日.

論殷墟卜辭的'星' 李學勤《鄭州大學學報》1981年 4期.

辰爲商星解 常正光《古文字研究論文集》, 四川大學學報叢刊第十輯, 1981
年 12月.

殷代月蝕考 董作賓《北大四十周年紀念論文集》上冊, 1940年.

殷代月蝕考 董作賓《中央研究院歷史語言研究所集刊》第22本, 1950年 7月.

甲骨月蝕龜版 平廬《大陸雜誌》第1卷 10期, 1950年 11月.

古今交食周期比較論 高平子《中央研究院歷史語言研究所集刊》第23本
上冊, 1951年 12月.

卜辭中八月乙酉月蝕考 董作賓《大陸雜誌》特刊 第1輯 下冊, 1952年 7月.

論卜辭八月乙酉月蝕　魯實先《民主評論》5卷 6期, 1953年 3月.

卜辭甲申月蝕考　張秉權《中央研究院歷史語言研究所集刊》第27本, 1956
　　年 4月.

卜辭甲申月蝕考後記(上‧下)　張秉權《大陸雜誌》第12卷 6～7期, 1956年
　　3～4月.

卜辭發未月蝕辨　嚴一萍《大陸雜誌》第13卷 5期, 1956年 9月.

論卜辭癸未月蝕的求證方法　張秉權《大陸雜誌》第13卷 8期, 1956年 10月.

卜辭發未月的新證据　張秉權《中央研究院院刊》第3輯, 1956年 12月.

卜辭之大小采與大所食說　董作賓《大陸雜誌》特刊 第二輯, 1962年 5月.

甲骨文中的日月蝕　趙却民《南京大學學報》(天文學) 1963年 第1期.

論商代月蝕的紀日法　周法高《大陸雜誌》第35卷 3期, 1967年 8月.

甲骨文日月蝕記事的整理研究　張培瑜《天文學報》1975年 第2期.

殷武丁乙卯日蝕　劉淵臨《大陸雜誌》第57卷 5期, 1978年 11月.

殷周年代考　雷海宗 武漢大學《文哲季刊》2卷 1期, 1931年.

殷商疑年　董作賓《中央研究院歷史語言研究所集刊》7本 1分, 1936年.

武王伐紂年月日今考　董作賓《文史哲學報》第3期, 1951年 2月.

從天象上推斷武王伐紂之年　趙廣賢《歷史研究》1979年 第10期.

中國古代歷史上的年大問題　唐蘭《新建設》卷1955年 3期.

商殷和夏周的年代問題　陳夢家《歷史研究》1955年 2期.

中國古史年大學在今天　董作賓《香港時報》1958年 8月 4日.

關於古史年代學的問題　董作賓《大陸雜誌》第13卷 5期, 1956年 10月.

中國古史年代　董作賓《考古人類學刊》第11期, 1958年 5月.

古史考年淺說　董作賓《知識與生活周刊》第1期, 1958年 7月 26日.

中國年曆總譜年世類說明(1～7)　董作賓《大陸雜誌》第19卷 2～8期, 1959
　　年 7～10月.

中國年曆總譜(上‧下)　董作賓 香港大學出版社, 1960年 1月.

董作賓先生的年譜學　徐匡梁《中央研究院歷史語言研究所集刊外編第4種》
　　下冊, 1961年 6月.

中國年曆簡譜　董作賓 文藝印書館, 1974年 2月.

卜辭中所見之殷曆　董作賓《安陽發掘報告》第三册, 1931年.

從甋甲骨金文中所涵殷曆推證　吳其昌《中央研究院歷史語言研究所集刊》
　　4本 3分, 1934年.

殷曆中几个重要問題　董作賓《中央研究院歷史語言研究所集刊》4本 3分,
　　1934年.

研究殷代年曆的基本問題　董作賓《北大四十周年紀念論文集》上册, 1940年.

殷曆譜　董作賓《中央研究院歷史語言研究所專刊》四川李庄石印本, 1945年.

中國古曆與世界古曆　董作賓《大陸雜誌》第2卷 10期, 1951年 5月.

殷代日至考　饒宗頤《大陸雜誌》第5卷 3期, 1952年 8月.

殷曆譜 ʼ旬譜ʼ 補　嚴一萍《大陸雜誌》第3卷 7期, 1951年 10月.

正日本藪內清氏對殷曆的誤解兼辨 ʼ至日ʼ　嚴一萍《大陸雜誌》第5卷 10期,
　　1952年 11月.

殷曆譜的自我檢討　董作賓《大陸雜誌》第9卷 4期, 1954年 8月.

殷曆之新資料　饒宗頤《大陸雜誌》第9卷 7期.

一論 ʼ殷曆譜糾譑ʼ　嚴一萍《大陸雜誌》第10卷 1期, 1955年 1月.

殷曆譜氣朔新證　許倬雲《大陸雜誌》第10卷 3期, 1955年 2月.

我對殷曆之爭的感想　苞桑《民主潮》5卷 9期, 1955年 5月.

續殷曆譜　嚴一萍 藝文印書館, 1955年 10月.

談曆(上)　董作賓《大學生生活》1卷 8期, 1955年 12月.

談曆(下)　董作賓《大學生生活》1卷 9期, 1956年 1月.

曆法的起源和先秦的曆法　雷海宗《歷史教學》1956年 8期.

答藪內清氏 ʼ關於殷曆譜的兩三个問題ʼ　嚴一萍《大陸雜誌》第14卷 1期,
　　1957年 1月.

中國古歷析疑　章鴻釗 科學出版社, 1958年 6月.

歲·時起源初考　于省吾《歷史研究》1961年 4期.

四分曆統曆　高平子《中央研究院歷史語言研究所集刊外編第四種》下册, 1961
　　年 6月.

殷禮中的二分現象　張光直《慶祝李濟先生七十年論文集》上册, 1965年 9月.

由卜辭推論殷代的曆法　杜松柏《女師專學報》1975年 3月.

殷歷譜訂補　嚴一萍《中央研究院歷史語言研究所集刊》第47本1分, 1975年
　　12月.

殷末歷譜重建的方法問題　潘武肅《食貨月刊》復刊6卷8期, 1976年11月.

探討周原甲骨文中有關周初的曆法問題　徐錫台《古文字研究》第一輯, 中
　　華書局, 1979年8月.

殷曆考辨　常正光《古文字研究》第六輯, 中華書局, 1981年11月;《古文字
　　研究論文集》, 四川大學學報叢刊第十輯, 1981年12月.

殷代年歲稱謂考　胡厚宣《甲骨學商史論叢》初集 第二冊, 1944年.

一甲十癸辨　胡厚宣《甲骨學商史論叢》初集 第二冊, 1944年.

大龜四版之四卜旬年代訂　董作賓《大陸雜誌》第3卷7期, 1951年10月.

談中國的紀年法　董作賓《新生報》1953年8月4日.

殷代的紀日法　董作賓《文史哲學報》第5期, 1953年12月.

讀'殷代的紀日法'後　齊如山《大陸雜誌》第10卷1期, 1955年1月.

關於甲骨卜旬的問題　馬漢麟《南開大學學報(人文科學)》1956年 第1期.

甲骨文無十四月辨　金祥恒《大陸雜誌》第33卷10期, 1966年11月.

月令之五行數與十干日解　王夢鷗《文史學報》第1期, 1971年5月.

甲骨卜辭月末潤旬辨　金祥恒《沈剛伯先生八秩榮慶論文集》1976年12月.

十五, 宗教・祭祀

商周之天神觀念　陳夢家《燕京學報》第19卷143〜150期, 1936年.

上帝與先祖之分野　陳夢家《燕京學報》第20卷526〜528期, 1936年.

商代的神話與巫術　陳夢家《燕京學報》第20卷, 1936年12月.

殷代的天神崇拜　胡厚宣《甲骨學商史論叢》初集 第二冊, 1944年.

釋殷代求年於四方和四方風的祭祀　胡厚宣《復旦大學(人文科學)》1956年
　　1期.

商族的祖先與上帝　趙光賢《爭鳴》1956年 第2期.

殷卜辭中的上帝和王帝(上)(下)　胡厚宣《歷史研究》1959年 第9〜10期.

略論圖騰與宗教起源和夏商圖騰　于省吾《歷史研究》1959年 第11期.

甲骨文商族鳥圖騰的遺迹　胡厚宣《歷史論叢》第一輯, 中國科學院歷史研
　　究所編, 中華書局, 1964年 9月.

甲骨文所見商族鳥圖騰的新證據　胡厚宣《文物》1977年 2期.

中國古代宗教與神話考　丁山 上海龍門聯合書局, 1961年 2月.

中國古代十日神話之研究　管東貴《中央研究院歷史語言研究所集刊》第33
　　本, 1962年 2月.

也說'且'——神主象徵·牲器崇拜之殘存形態　梁蔭源《大陸雜誌》第28卷
　　11期, 1964年 6月.

古文字上之天帝象義溯源　黎正甫《大陸雜誌》1965年 7月.

甲骨文中'虵'字與後世神話中的伏羲女媧　劉淵臨《中央研究院歷史語言研
　　究所集刊》第41本 4分, 1969年 12月.

從天帝二字探討中國文化之起源　田倩君《人文學報》第1期, 1970年 9月.

殷代宗教信仰與祭祀　趙振清《輔仁學志》(法商院院部) 4期, 1971年.

中國原始宗教和無神論的萌芽　丁寶蘭 《中山大學學報》(哲學社會科學)
　　1978年 4期.

卜辭中的天·神·命　夏淥《武漢大學學報》1980年 第2期.

甲骨中殷商廟制徵　劉盼遂《女師大學術季刊》1卷 1期, 1930年.

殷代人祭考　吳其昌《清華周刊》37卷 9～10期, 1932年.

釋示宗及主　唐蘭《考古社刊》第6期, 1937年.

祖廟與神主之起源　陳夢家《燕大文學年報》第3期, 1937年.

高禖郊祀通考　陳夢家《清華學報》12卷 3期, 1937年.

論武丁時代的祀典刻辭　馬漢麟《南開大學學報》(人文科學) 1956年 2期.

殉與用人祭(上·中·下)　楊景鷴《大陸雜誌》第13卷 第6·7·9期, 1956年
　　9·10·11月.

卜辭中所見殷商宗廟及殷祭考(上·中·下)　金祥恒 《大陸雜誌》 第20卷
　　8·9·10期, 1960年 4～5月.

'人牲'和'人殉'　姚孝遂《史學月刊》1960年 第9期.

中國古代的拜收祭及其與歷年的關係　管東貴《中央研究院歷史語言研究所
　　集刊》第31本, 1960年 12月.

祭祀在易辭　李漢三《大陸雜誌》第25卷 1期, 1962年 7月.

中國古代社的源流　凌純聲《民族研究所集刊》第17期, 1964年 春季.

略談古代'人殉'問題　彭适凡《歷史數學》1965年 7月.

卜辭中社之研究　凌純聲《考古人類學刊》25～26期, 1965年 11月.

《古代社會田狩與祭祀之關係》重定本　陳槃《中央研究院歷史語言研究所集刊》第36本, 1965年 12月.

甲骨文射牲圖說　金祥恒《中國文字》第20册, 1966年 6月.

古代郊祀之禮　黎正甫《大陸雜誌》第33卷 7期, 1966年 10月.

甲骨卜辭中五種祭祀祀首的商討　許進雄《中國文字》第22册, 1966年 12月.

五種祭祀的祀週與祀序　許進雄《中國文字》第24册, 1967年 6月.

甲骨文《出日・入日》說　金祥恒《中國文字》第26册, 1967年 12月.

祭祀卜辭中的犧牲　張秉權《中央研究院歷史語言研究所集刊》 第38本, 1968年 1月.

殷卜辭中五種祭祀的研究　許進雄《文史叢刊》1969年 6月.

殷卜辭中五種祭祀研究的新觀念 —— 加拿大皇家安大略博物館的一版明義士先生收藏的龜背甲　許進雄《中國文字》第35册, 1970年 3月.

五種祭祀的新觀念與殷曆的探討　許進雄《中國文字》第41册, 1971年 9月.

鼎 祭祀譜　嚴一萍《中國文字》第45册, 1972年 9月.

殷人祭祀用人牲設奠說　金祥恒《中國文字》第48册, 1973年 6月.

銅山丘灣商代社祀遺迹的推定　劉偉超《考古》1973年 第5期.

我國古代的人殉和人牲　黃展岳《考古》1974年 3期.

帝乙祀譜的新資料　嚴一萍《中國文字》第52册, 1974年 6月.

中國奴隸社會的人殉和人祭(上・下)　胡厚宣《文物》1974年 7～8期.

文武丁祀譜　嚴一萍《中央研究院歷史語言研究所集刊》第46本 3分, 1975年 3月.

從商代祭祀坑看商代奴隸社會的人牲　楊錫璋・楊寶成《考古》1977年 1期.

人殉・奴隸制和孔丘的爱人思想 —— 兼評柏青《駁孔丘反對殉人說》 田居儉《歷史研究》1978年 9期.

禘祀　(日)島邦男著・趙誠譯《古文字研究》第1輯, 中華書局, 1979年 8月.

釋它示 —— 論卜辭中沒有蠶神　張政烺《古文字研究》第一輯, 中華書局, 1979年 8月.

談甲骨文𠂤字幷略論殷代的人祭制度　東恩正《四川大學學報》1980年 第3期.

說文武帝 —— 兼論商末祭祀制度的變化　常玉芝《古文字研究》第四輯, 中華書局, 1980年 12月.

殷人火祭說　王輝《古文字研究論文集》, 四川大學學報叢刊 第十輯, 1981年 12月.

卜辭中的土河岳　彭裕商《古文字研究論文集》, 四川大學學報叢刊第十輯, 1981年 12月.

商代人祭及相關問題　羅琨《甲骨探史錄》, 三聯書店, 1982年 9月.

十六, 其　他

殷人疾病考　胡厚宣《學思》3卷 3・4期, 1943年 2月; 又《甲骨學商史論叢》初集 第三册, 1944年.

中國醫學之起源考略(上・下)　嚴一萍《大陸雜誌》第2卷 8・9期, 1951年 4月.

殷墟甲骨文中所見口腔疾病考　周宗岐《中華口腔科雜誌》1956年 第3號.

殷人疾病補考　陳世輝《中華文史論叢》第四輯, 1963年 10月.

跪坐蹲居與箕鋸　李濟《中央研究院歷史語言研究所集刊》第24本, 1953年 6月.

甲骨文所見的書畫同源　劉淵臨《中國文字》第38册, 1970年 12月.

甲骨文中的商代舞蹈　方起東《舞蹈論叢》1980年 2期.

甲骨文與科學的編寫　陳世輝《光明日報》1961年 3月 15日《史學》207號.

由甲骨論證三代科技財經與管理　李實 1976年.

十七, 評 論

王靜安先生年譜・著述目錄 趙萬里 清華研究院《國學論叢》1卷 3期, 1927年.

評《甲骨學文字編》 戴家祥 天津《大公報・圖書副刊》第25期, 1934年 8月
    4日.

評章太炎先生與金祖同論甲骨文書 郭沫若 日本《書苑》1卷 5期, 1939年.

評《殷契遺珠》開論羅氏前編之來源 陳夢家《圖書季刊》新2卷 1期, 1940年.

方法斂對於甲骨文字之貢獻 董作賓《圖書季刊》新2卷 3期, 1940年.

述方法斂所摹甲骨卜辭 陳夢家《圖書季刊》新2卷 1期, 1940年.

董作賓先生論著要目《中央研究院歷史語言研究所集刊外編第4種》 下册,
    1961年 6月.

董作賓先生與殷墟發掘 石璋如《大陸雜誌》第29 卷10・11期, 1964年 12月.

董作賓先生與殷墟第九次發掘 石璋如《中國文字》第38册, 1970年 12月.

劉鶚與鐵云藏龜 王更生《學粹》第14期, 1972年 6月.

論羅振玉和王國維在古文字學領域內的地位和影響 陳爲湛・曾憲通《古文
    字研究》第四輯, 1980年 12月.

郭沫若同志在甲骨學上的巨大貢獻 胡厚宣《考古學報》1978年 第4期.

郭沫若同志在甲骨學方面的重大貢獻 沈之瑜《中華文史論叢》第8輯, 1978
    年 10月.

郭沫若歷史著作年表 肖遠强《社會科學戰線》(增刊) 1978年 12月.

試論郭沫若同志的早期古文字研究 曾憲通・陳煒湛《古文字研究》第一輯,
    中華書局, 1978年 8月.

試論郭沫若的甲骨文和'商史研究' 王宇信《新華月報》1980年 第10月號.

《殷墟文字甲編》略評 高景城《光明日報》1950年 4月 2日.

《甲骨綴合編》(書評) 徐宗元《燕京學報》第39期, 1950年 12月.

評陳夢家《殷墟卜辭綜述》 李學勤《考古學報》1957年 3期.

讀春秋晉卜骨文字考後記 李宗侗《大陸雜誌》第16卷 5期, 1958年 3月.

讀《殷墟卜辭後篇》 嚴一萍《中國文字》第44册, 1972年 6月.

評《中國史稿》在奴隸制形成問題上的某些混亂 趙錫元《社會科學戰線》

1978年 創刊號.

第一部考釋甲骨的專著——《契文舉例》 蕭艾《社會科學戰線》1978年 第2期.

編好《甲骨文合集》, 向建國三十周年獻禮 胡厚宣《中國史研究》1979年 3期.

《甲骨文合集》(初紹)《人民畫報》1979年 8期.

一部大型甲骨文資料匯編——《甲骨文合集》 王貴民《中國史研究動態》1979
年 9期.

介紹著錄明義士舊藏甲骨的新刊二書 (日)前川捷三著・劉銳譯《古文字研
究》第一輯, 中華書局, 1979年 8月.

讀《美國所藏甲骨錄》 陳煒湛《學術研究》1980年 3期.

讀《殷墟文字甲編考釋》 賈平《古文字研究》第三輯, 中華書局, 1980年 11月.

《殷墟卜辭綜類》簡評 姚孝遂《古文字研究》第三輯, 中華書局, 1980年 11月.

〔附〕日文論著簡目

一, 總 論

卜辭關係文獻(1~2) 白川靜《說林》6~7, 1949年 9·10月.

卜辭關係文獻年表(3) 白川靜《說林》2~3, 1950年 3月.

殷墟文化の性格 松崎壽和《史學研究》5, 1951年 3月.

龜卜と中國文字の起源 夏目一舉《日本文化》30, 1951年 7月.

契學綜覽(1~3) 水澤利忠《甲骨學》1:1, 1951年 10月; 1:2, 1952年 10月;
　　1:3, 1954年 10月.

甲骨學の進むべき道(上・下) 貝塚茂樹《甲骨學》1:1, 1951年 10月; 1:2,
　　1952年 10月.

中國の原始文化——甲骨文 神田喜一郎《墨美》6(11月號), 1951年 11月.

中國古代史研究の近況(1)——《殷墟の考古學の研究》林巳奈夫《東洋史研
　　究》11:5~6, 1952年 7月.

中國古代史研究の近況(2)——戰後中國における甲骨學 伊藤道治《東洋
　　史研究》11:5~6, 1952年 7月.

殷墟關係文獻目錄 《北方學報》(京都)23, 1953年 3月.

殷墟發掘年表 《東方學報》(京都)23, 1953年 3月.

甲骨文研究の進展 佐藤武敏《史學雜誌》63:8, 1954年 8月.

釋南——殷と南方文化・その一 白川靜《甲骨學》3, 1954年 10月.

甲骨金文學論叢(初集・二集・三集) 白川靜 著者油印 1955年 3・5・8月.

殷力に關する二・三の問題 藪內淸《東洋四研究》15:2, 1956年 10月.

最近殷代遺蹟之研究與發掘 佐藤道治《史林》4, 1956年.

甲骨文・金文關係文獻目錄(1956~1957年) 林巳奈夫《甲骨學》6, 1958年
　　3月(1957年後班~1958年) 加藤道理《甲骨學》7, 1958年 3月; 8, 1960
　　年 3月(1959年 1月~12月); 9, 1961年 8月(1960年 1月~1961年).

甲骨學概說(上・下) 貝塚茂樹 著, 鄭淸茂 譯《大陸雜誌》17:1・2, 1958

年 7月.

殷墟卜辭研究 島邦男 弘前大學文理學部中國學研究會, 1958年 7月, 東京 汲古書院, 1975年 8月.

甲骨文字 松丸道雄 東京 奎星會出版部 1959年 10月. (書評: 赤塚忠《甲骨學》8, 1960年 3月.)

甲骨文字研究の現狀 佐藤道治《甲骨學》9, 1961年 8月.

殷・甲骨文集 白川靜 東京 二玄社 1963年 8月. (書平: 內藤戊申立命館文學 226, 1964年 7月; 松丸道雄《甲骨學》10, 1964年 7月.)

殷墟 梅原末治 東京 朝日新聞社, 1965年 11月.

殷墟卜辭綜類 島邦男 東京 大安, 1967年 11月.

甲骨文字と殷墟 伊藤道治《歷史敎育》18:7, 1970年 9月.

甲骨關係文獻序跋輯成(1〜4) 玉田繼雄 京都 立命館大學文學部中國文學研究室, 1972年 11月, 1974年 11月, 1975年 11月, 1976年 11月.

甲骨金文論集 白川靜 京都 朋友書店, 1973年 12月.

二, 文 字

釋巤 山田勝美《東京支那學會報》9, 1951年 9月.

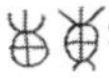

𥁕字考 池田末利《甲骨學》1:1, 1951年 10月.

釋字二則 加藤常賢《東方學》5, 1952年 12月.

釋廟 池田末利《甲骨學》3, 1954年 10月.

𠡦字に就いて 加藤常賢《甲骨學》4・5, 1956年 10月.

殷墟書契後編釋文(1〜6)《甲骨學》4・5, 1956年 10月; 6, 1958年 3月; 7, 1959年 3月; 8, 1960年 3月; 9, 1961年 8月; 10, 1964年 7月.

釋田川 松丸道雄《甲骨學》7, 1959年 3月.

魚字考 鄭文基 漢城大學文集 第8輯 1959年 5月.

賓字考 谷田孝一《甲骨學》8, 1960年 3月.

�字の第一期に屬せざる一證 島邦男《甲骨學》8, 1960年 3月.

�・�用例の檢討 石田千秋《甲骨學》8, 1960年 3月.

甲骨文の解讀　白川靜　古代史講座 1, 1961年 10月.

殷墟書契後編釋文稿　池田末利　廣島　創元社, 1964年 12月. (廣島大學文學部中國哲學研究室.)

子字考　柳本實　研究紀要 9(新潟大學教育部高田分校), 1965年 3月.

甲骨文字同義舉例　島邦男《集刊》36, 1965年 12月.

釋彾──嚴一萍氏に答える　池田末利《之那學研究》31, 1965年 12月.

殷文小記　三原研田　滋賀大學教育學部紀要16(人文・社會・教育科學), 1966年 12月.

殷文雜記(1~3)　重松伊八郎《東洋文化(無窮會)復刊》12, 1966年 1月; 15, 1967年 1月; 21, 1969年 12月.

古代中國の文字について　加藤光峰　紀要5(東洋學園女子短期大學) 1967年 2月.

殷周時代の圖象記號　林巳奈夫《東方學報》(京都) 39, 1968年 3月.

中國古代の生活と文字──漢字の發生とその起源　加藤常賢《東洋學術研究》824, 1970年 2月.

釋纞──蠻は蠶の一類　伊東倫厚　人文科學紀要51(國文學・漢文學15), 1970年 12月.

龜甲獸骨文の字迹　三原研田　滋賀大學教育學部紀要20(人文・社會・教育科學), 1971年 3月.

甲骨文屮殷文化略論　孔在錫《東亞文化》10, 1971年 10月.

甲骨文字雜考(1)'海'(2)'沈'　工樂音司　東海大學紀要(教養學部)5, 1974年 6月; 6, 1975年 7月.

三, 卜法與文例・文法

'王若曰'考　加藤常賢《二松學舍大學創立八十周年紀念論集》5:34, 1957年 10月.

龜卜について　藤野岩夫　國學院大學日本文化研究所紀要 6, 1960年.

殷墟卜辭'取韌'研究　靑林菟哉《漢文學會會報》20, 1961年 6月.

卜占法小考　長尾壯助　迹見學園國語科紀要17, 1969年 3月.

四, 斷　代

卜辭における先王の稱謂　島邦男《甲骨學》1:1, 1951年 10月.

甲骨文斷代研究法の再檢討(董氏の文武丁時代卜辭を中心として)　貝塚茂
　　樹・伊藤道治《東方學報》(京都) 23, 1953年 3月.

甲骨文と金文の書體　貝塚茂樹《書道全集》1, 1954年 9月.

殷墟卜辭斷代研究管見(1・2)　靑木木菟哉《甲骨學》3, 1954年 10月; 4・
　　5, 1956年 10月.

貞人補正　島邦男《甲骨學》4・5, 1956年 10月.

書道博物館所藏殷墟卜辭'貞人'的研究　靑木木菟哉《漢文學會會報》18,
　　1959年 6月.

甲骨文時代區分的基礎──關於貞人的意義 貝塚茂樹 著, 許進雄 譯《中國
　　文字》20, 1966年 6月.

甲骨文字の書風について　　三原硏田　滋賀大學敎育學部紀要17(人文・社
　　會・敎育科學), 1967年 12月.

甲骨文字の書風　三原硏田《泊圓》8, 1969年 6月.

午組卜辭についての考察　前川捷三《中哲文學會報》1(創刊號), 1974年 10月.

五, 歷史社會

中國の古代國家　貝塚茂樹 東京 弘文堂, 1952年 5月(書平: 善峰憲雄 ヒス
　　トリア 6)

古代殷帝國　貝塚茂樹 京都 みすず書房, 1957年 12月; 重印本, 1967年 5
　　月. (書評: 天野元之助《歷史硏究》218, 吉田光邦《東洋史硏究》17:1.)

中國古代奴婢制度の再考察──その階級的性格と身份的性格　西嶋定生
　　古代史講座 7, 1963年 3月.

衆考　石田千秋《甲骨學》10, 1964年 7月.

卜辭に見えた '衆' と '衆人' について　Kprokob 著, 松丸道雄 譯《甲骨學》
　　10, 1964年 7月.

中國古代帝國の形成──特にその成立の基礎條件　木村正雄　東京　不昧
　　堂書店, 1965年 3月. (書評: 河地重造《東洋史研究》24:2, 1965年 9月.)

古代殷王朝の存亡　伊藤道治　東京　角川書店, 1967年 7月.

甲骨文の世界──古代殷王朝の構造　白川靜　東京　平凡社, 1972年 2月.

殷の世系──いはゆる六世について　白川靜《說林》5, 1949年 8月.

殷商子姓考(附帝嚳)　加藤常賢《東洋の文化と社會》1, 1950年 11月.

殷墟卜辭の箒について　大嶋隆《甲骨學》10, 1964年 7月.

周初の對殷政策と殷の余裔(上・下)　白川靜《立命館文學》79, 1951年 9
　　月; 82, 1952年 3月.

古代支那の奴隷と官職について　藤谷治講《史學研究》58, 1955年 3月.

亞の官職　島邦南《甲骨學》6, 1958年 3月.

殷の族形態──いけゆゐ亞字款識について　白川靜《說林》(2~1) 1950年
　　1月.

中國古代の '族' について　松木光雄《歷史研究》260, 1961年 12月.

周初における殷人の活動──主として軍事關係考察　白川靜《古代學》
　　1:1, 1952年 1月.

武王克殷の背景　井上源吾　人文科學研究報告 12, 1963年 2月.

伐殷考　島邦男《文經論叢》創刊號, 1965年 11月.

六, 地　理

甲骨文の地名　島邦南《人文社會》9《史學篇》1956年 10月.

殷代雄族考: 其二・雀　白川靜《甲骨金文學論叢》6, 1957年.

甲骨卜辭地名通檢(1・2)　島邦南《甲骨學》6, 1958年 3月; 7, 1959年 3月.

殷代におゐ周　島邦南《日本中國學會報》10, 1958年 10月.

甲骨文金文に見える邑　伊藤道治《研究》33, 1964年 3月.

甲骨文金文に見える邑　伊藤道治《研究》33, 1964月.

中國上代の都市國家とその墓地 —— 商邑は何處にめ・たか(正補)　宮崎
　　市定《東洋史研究》28:4, 1970年 12月.

七, 農業・田獵

殷代產業に關する若干の問題　天野元之助《東洋學報》(京都) 23, 1953年
　　3月.

殷代の奴隷制度と農業　中島健一《史林》36:1, 1953年 5月.

耤田考　大嶋隆《甲骨學》8, 1960年 3月.

殷代の農業とその社會構造 —— 華北農業の形成過程　天野元之助《史學研
　　究》62, 1956年 8月.

殷墟卜辭中の田獵之について —— 殷代國家構造研究のために　松丸道雄
　　東洋文化研究所紀要 31, 1963年 3月.

松丸道雄著《殷墟卜辭中の田獵地について —— 殷代國家構造のために
　　池田末利《東洋學報》64～4, 1964年 3月.

八, 天象・年曆

中國の天文學　藪內淸 恒星社厚生閣, 1950年 8月.

殷代の曆法 —— 董作賓氏の論文について　藪內淸《東方學報》(京都)21,
　　1951年 3月.

古代支那の日食儀禮　谷田孝之《哲學》5, 1955年 3月.

關於殷曆的兩三个問題　藪內淸 著, 鄭淸茂 譯《大陸雜誌》14:1, 1957年 1月.

殷文化の編年　林巳奈夫《考古學雜誌》43:3, 1958年 2月.

帝乙・帝辛在位年數(發表要旨)　島邦南《集刊東洋學》1, 1959年 5月.

帝乙・帝辛在位年數　島邦南《甲骨學》9, 1961年 8月.

克殷年月日考　島邦南《集刊東洋學》14, 1965年 10月.

卜辭上の殷 —— 殷曆譜批判　島邦南《日本中國學會報》18, 1966年 10月.

中國の天文曆法　藪內淸 東京 平凡社, 1969年 8月.

帝辛三十三年殷亡說　島邦男《甲骨學》11, 1976年 6月.

九, 宗教祭祀

巫祀に就いて　加藤常賢《東京支那學會報》1, 1949年 7月.

殷の神話　白川靜《說林》, 1949年 7月.

中國古代における鬼神の意味について　永澤要二《福島大學學藝部論集》
　　1, 1950年 3月.

殷代における且先の祭祀について　岡田芳三郎《史林》33～35, 1950年 10月.

中國古代におけるトと巫について　安居香山《宗敎文化》6, 1951年 6月.

上代支那の尞祭に就いて　池田末利《宗敎研究》131, 1952年 8月.

續釋帝・天一殷末周初の宗敎制度　池田末利《廣島大學哲學》3, 1952年 12月.

釋帝天　池田末利　廣島大學文學部紀要 3, 1953年 2月.

祭祀卜辭の研究　島邦男　弘前大學文理學部文學研究室, 1953年 7月.

上代支那の人身供犠に就いて　池田末利《宗敎研究》1953年 12月.

巫祝考源　那波利貞《神道史研究》2:5, 1954年.

殷代の殉葬と奴隷制　白川靜　立命館大學人文科學研究所紀要 2, 1954年
　　1月.

巫祝考　加藤常賢《東京支那學報》1, 1955年 6月.

鬼字考――支那に於ける祖先崇拜の原初形態　池田末利　廣島大學文學部
　　紀要10, 1956年 8月.

中國古代動物犠牲考　中谷英雄　桐蔭高等學校紀要 2, 1956年 2月.

卜辭に見える祖靈觀念について　伊藤道治《東方學報》(京都) 26, 1956年
　　3月.

殷王朝における河'斤'の祭祀とその起源　赤塚忠《甲骨學》4・5, 1956年
　　10月.

古代支那の廟制について　池田末利《宗敎研究》150, 1956年 12月.

殷墟甲骨文に見える方角と風の名稱　高橋盛孝《史泉》5, 1957年 2月.

殷王朝における\Uの祭祀と中國における山嶽崇拜の特質　赤塚忠《甲骨

學》6, 1958年 月.

日中兩國の古代信仰植物の連關に就いて　水上靜夫《甲骨學》7, 1959年 3月.

臘臟考──古代中國の農耕祭祀　池田末利《東方宗敎》15, 1959年 10月.

中國民族の神權思想とその基礎　瀧洋俊亮《東洋文字硏究》8, 1960年 3月.

乙祀　赤塚忠《甲骨學》8, 1960年 3月.

殷周時代の遺物に表わされた鬼神　林巳奈夫《考古學雜誌》46:2, 1960年
　　9月.

告祭序說　池田末利《福井博士頌壽紀念東洋思想論集》1960年 11月.

殷代における祈年の祭祀形態の復原(中)　赤塚忠《甲骨學》9, 1961年 8月;
　　10, 1964年 7月.

五祀考　池田末利《東方宗敎》17, 1961年 8月.

社の變遷　池田末利《哲學》13, 1961年 9月.

宗敎面から見た殷代の三・三の問題　伊藤道治《渡洋史硏究》20・3, 1961
　　年 12月.

殷代における祖先祭祀と貞人集團──殷王朝の構造・その一　伊藤道治
　　《硏究・史學篇》28, 1962年 3月.

古代中國における土地神の祭祀　池田末利《東方宗敎》21, 1963年 7月.

殷代にける上帝祭祀の復原　赤塚忠《二松學舍大學論集》1967年 3月.

中國古代の神巫　林巳奈夫《東方學報》(京都) 38, 1967年 3月.

'綏祭 について　栗原圭介《東方學》35, 1968年 1月.

殷中期に由來する鬼神　林巳奈夫《東方學報》(京都) 41, 1970年 3月.

古代中國における靈鬼觀念の展開──文字學の考察を主として　池田末利
　　《集刊》30, 1970年秋.

古代中國における農祭 蜡 について　賴芳樹 廣島大學敎育學部紀要16(第
　　2部), 1968年 1月.

殷代的宗敎與社會　伊藤道治《史林》58:3, 1975年 5月.

中國古代における風の信仰と五行說　赤塚忠《東洋文庫書報》8, 1976年
　　3月.

卜辭に見える咸戌と咸　茂者章《史學》47:4, 1976年 7月.

十, 評　論

董作賓《小屯・殷墟文字甲編自序》　佐藤武敏《史學雜誌》60:6, 1951年 6月.

胡厚宣氏の近業など　佐藤武敏《甲骨學》1:1, 1951年 10月.

董作賓氏の甲骨文研究の一方向について　佐藤武敏《甲骨學》1:2, 1952年
　10月.

戰後新獲甲骨集について　山田勝美《甲骨學》1:2, 1952年 10月.

唐蘭の《古文字學導論》　池田末利《甲骨學》1:2, 1952年 10月.

胡厚宣氏の商史研究　白川靜《立命館文學》102, 1953年 11月.

陳夢家氏《殷墟卜辭綜述》によせて　赤塚忠《甲骨學》6, 1958年 3月.

貝塚茂樹編《古代殷帝國》　吉田光邦《渡洋四研究》17:1, 1958年 6月.

島氏《殷墟卜辭研究》を讀む(1・2)――'貞人補證'の補正　池田末利《甲骨
　學》7, 1959年 3月; 8, 1960年 3月.

貝塚茂樹《京都大學人文科學研究所藏甲骨文字》　赤塚忠《甲骨學》8, 1960
　年 3月.

金祥恒輯《續甲骨文編》　加藤《甲骨學》8, 1960年 3月.

饒宗頤著《殷代貞卜人物通考》　松丸道雄《甲骨學》8, 1960年 3月.

貝塚茂樹著《經都大學人文科學研究所藏甲骨文字體文篇》を讀んで　赤塚忠
　《甲骨學》9, 1961年 8月.

胡厚宣《戰後殷墟出土的新大龜七版》について　松丸道雄《甲骨學》9, 1961
　年 8月.

陳邦懷編著《甲骨文零拾附考釋》, 陳邦懷著《殷代社會史料征存》　松丸道雄
　《甲骨學》9, 1961年 8月.

貝塚茂樹著《中國の古代國家》　江村治樹《史林》60:6, 1977年 11月.

〔說明: 본 색인을 작성하는 과정에서 胡厚宣《五十年甲骨學論著目》, 陳夢
家《甲骨論著簡目》, 肖楠《甲骨學論著目錄》, 復旦大學歷史系《中國古代史論
文資料索引》등 자료를 참고했음을 밝힌다.〕

索 引

역자 후기

찬란했던 中國 고대 문화의 진면모를 여실히 보여 주는 甲骨文字는 발견 초기부터 씌어 있는 소재나 신비스러운 자형으로 세인의 호기심을 자극하기에 충분했고, 연구가 이루어져서는 中國文字의 연원을 모색하는 관건이 된 동시에 中國 고대의 정치·경제·사회·문화·歷史·考古 등 연구와도 깊이 관련되어 단기간에 甲骨學이라는 전혀 새로운 학문 영역을 구축하였다. 따라서 甲骨學은 고대 중국학 연구의 필요불가결의 요소로 인식되고 있다.

지정학적으로 中國과 깊은 관계가 있는 우리의 실정에서, 우리의 고대 문화를 연구할 때 甲骨文字의 활용 가능성을 배제할 수 없을 것이다. 가령 韓國古代史·古代韓國語·漢文學·韓國考古學·書藝學 등 여러 분야의 연구에서 甲骨文字를 통해 보다 근본적인 문제 해결에 접근할 수 있지 않을까 하는 기대가 그것이다.

甲骨文字 발견 1백 년을 맞이한 지금 우리들에게도 직접·간접으로 많이 알려지기는 하였으나 각기 해당 분야와 연결시켜 보기란 至難의 과제가 아닐 수 없다.

3천여 년 전의 문자였던 甲骨文은, 그 文字 자체를 충분히 이해하는 데 어려움이 있어 이와 관련된 연구는 우선 쉽게 읽을 수 있는 자료의 뒷받침이 필요함은 말할 나위 없다.

실제로 교학을 담당한 수 년 동안 그 어려움을 절감하고 있던 차, 1992년초 北京에 머무르는 동안 원로 甲骨學者 胡厚宣 교수는 내용이 충실하며 甲骨學의 전반적인 이해에 큰 도움을 줄 수 있는 저서로 吳浩坤·潘悠 부부 교수의 저작인 본서를 추천했다. 거듭해 읽는 동안 크게 공감했다.

본서에 대한 장점은 추천사에 論盡되었기 때문에 더 이상 부연할 필요가 없다. 번역 과정에서 난해하거나 의문나는 부분은 저자와의 대화를 통해 해결했지만 많은 오류가 예상되어 부끄러운 마음 감출 길 없다. 읽는 이의 기탄 없는 지적을 바란다. 韓譯의 출판으로 암투병중에 있던 潘悠 교수에게 다소나마 위안이 되었으면 하는 마음 간절하였으나 출판을 보지 못하고 세상을 뜬 潘悠 교수에게 이 글을 올리며 삼가 명복을 빈다.

끝으로 어려운 사정에도 불구하고 甲骨學의 발전을 위해 출판을 강행하신 東文選 辛成大 사장님의 높은 정신에 경의를 표하며, 복잡한 문자의 활자화에 힘쓰신 편집부 여러분께 깊이 감사드린다.

2002년 3월 22일
靑坡 언덕에서 역자

梁東淑

중화민국 국립대만사범대학 중문과 졸업
중화민국 국립대만대학 중문연구소 석사
성균관대학교 중어중문학과 문학박사
現 숙명여자대학교 중어중문학과 교수
論 文: 〈中國文字의 形成과 甲骨文의 表音性〉,
〈中國靑銅器의 起源〉,〈西周甲骨文의 考察〉,
〈商代靑銅器銘文研究〉,〈甲骨文으로 본 商代 武丁妃 婦好〉,
〈甲骨文에 나타난 商代의 疾病〉,〈甲骨文에 나타난 商代의 建築〉
〈甲骨文에 나타난 商代의 天文學〉 등 다수

문예신서
57

中國甲骨學史

초판발행: 2002년 5월 20일

지은이: 吳浩坤·潘 悠
옮긴이: 梁東淑
펴낸이: 辛成大
펴낸곳: 東文選
제10-64호, 78. 12. 16 등록
110-300 서울 종로구 관훈동 74
전화: 737-2795

편집설계: 韓仁淑 李姃昊

ISBN 89-8038-357-6 94720
ISBN 89-8038-000-3(문예신서)

【東文選 現代新書】

東文選 文藝新書 52

古文字學 첫걸음

李學勤 지음
河永三 옮김

　중국 고대 문자에 대한 이해는 바로 중국 고대의 언어·문학·고고·역사·경제·지리·예술 등 역사 문화사에 대한 총체적 이해와 직결되어 있다. 이 책은 바로 이러한 실용적 의미를 가지는 중국의 고대 문자에 대한 종합적인 소개와 이해를 목표로 삼고 있다.

　그리하여 이 책은 서문에서 밝히고 있듯이, 중국의 고문자라는 광범위하고 복잡한 내용을 어떠한 정확한 관점에 근거하여 쉽고 간략하게 체계적으로 소개할 것인가라는 부분에 중점을 두고 있다. 그래서 이 책에서는 중국 문자의 기원에서부터 갑골문·금문·전국문자 등등에 이르는 고대 문자 발전의 각단계에 대해 가장 최근의 연구성과까지를 망라하여 요약 소개하고 있다. 뿐만 아니라, 고대 문자의 이해에 필요한 기초 개념과 여러 기초 지식들, 그리고 연구에 있어서의 주의점, 나아가 더 깊은 연구에 있어서의 필요한 도서목록과 앞으로의 연구과제와 전망까지를 총괄하고 있어 중국 고대 문자를 이해하고자 하는 입문서로서는 더없는 저작이라 할 수 있다.

　저자인 李學勤 선생은 현재 중국사회과학원 역사연구소에 부소장으로 있으며, 당대의 저명한 갑골문·전국문자 등의 연구가이다.

　이 책이 출간된 후 북경대학은 물론이고, 중국과 대만의 각 중문과에서는 이미 〈중국문자학〉〈고문자학〉 과목의 교재로 채택되어 사용되고 있으며, 일본을 비롯한 서구 여러 나라에도 소개될 만큼 중국 고대 문자의 이해에 대한 매우 적절한 입문서라 할 수 있다.

東文選 文藝新書 40

중국고대사회

—文字와 人類學의 透視

許進雄 지음
洪　熹 옮김

　중국과 그밖의 고대 문명의 문자는 모두 그림에서 기원하고 있다. 상형문자는 고대인의 생활환경, 사용하였던 도구, 생활방식, 심지어는 사물을 처리하는 방법과 사상 관념까지도 반영하고 있다. 이들은 고대인들의 생활상을 이해하는 데 아주 크나큰 도움을 주고 있다. 만일 일상생활과 관련된 古文字의 창제시의 의미를 설명하고, 다시 문헌과 지하에서 발굴된 고고재료를 보충하여 될 수 있는 한 쉽고 간결한 설명과 흥미있는 내용으로 이와 관련된 시대배경을 토론한다면, 아마도 고고나 역사를 전공하지 않은 학생들에게 중국 문화를 배우고자 하는 흥미를 불러일으킬 수 있을 것이다. 더욱이 중국의 고대 문자는 表意를 위주로 창제되었으므로 이 방면의 재료가 훨씬 더 풍부하다.

　본서는 상형문자를 중심으로 고고학·인류학·민속학·역사학 등의 학문과 결부하여 고대인의 생활과 사상의 허다한 실상을 탐색하고 있으며, 인류 문명의 발전과정을 20장으로 나누어 음식·의복·주거·행위·교육·오락·생사·공예·기후·농업·의약·상업·종교·전쟁·법제 및 고대인의 생활과 밀접하게 관련된 갖가지 사항들을 토론하고 있다.

　이 책은 깊이 있는 내용들을 알기 쉽게 표현하기 위해 많은 도판들을 제공하고 있으며, 상고시대부터 한대 혹은 현대까지 문자의 연속된 발전과정을 계통적으로 소개하였다.